LA DAME DE MONSOREAU

PREMIÈRE PARTIE

I

LES NOCES DE SAINT-LUC

Le dimanche gras de l'année 1578, après la fête du populaire, et tandis que s'éteignaient dans les rues les rumeurs de la joyeuse journée, commençait une fête splendide dans le magnifique hôtel que venait de se faire bâtir, de l'autre côté de l'eau et presque en face du Louvre, cette illustre famille de Montmorency qui, alliée à la royauté de France, marchait l'égale des familles princières. Cette fête particulière, qui succédait à la fête publique, avait pour but de célébrer les noces de François d'Épinay de Saint-Luc, grand ami du roi Henri III et l'un de ses favoris les plus intimes, avec Jeanne de Cossé-Brissac, fille du maréchal de France de ce nom.

Le repas avait eu lieu au Louvre, et le roi, qui avait consenti à grand'peine au mariage, avait paru au festin avec un visage sévère qui n'avait rien d'approprié à la circonstance. Son costume, en outre, paraissait en harmonie avec son visage; c'était ce costume marron foncé sous lequel Clouet nous l'a montré assistant aux noces de Joyeuse, et cette espèce de spectre royal, sérieux jusqu'à la majesté, avait glacé d'effroi tout le monde, et surtout la jeune mariée, qu'il regardait fort de travers toutes les fois qu'il la regardait.

Cependant cette attitude sombre du roi, au milieu de la joie de cette fête, ne semblait étrange à personne; car la cause en était un de ces secrets de cour que tout le monde côtoie avec précaution, comme ces écueils à fleur d'eau auxquels on est sûr de se briser en les touchant.

A peine le repas terminé, le roi s'était levé brusquement, et force avait été aussitôt à tout le monde, même à ceux qui avouaient tout bas leur désir de rester à table, de suivre l'exemple du roi.

Alors Saint-Luc avait jeté un long regard sur sa femme, comme pour puiser du courage dans ses yeux, et s'approchant du roi :

— Sire, lui dit-il, Votre Majesté me fera-t-elle l'honneur d'accepter les violons que je veux lui donner à l'hôtel de Montmorency, ce soir?

Henri III s'était alors retourné avec un mélange de colère et de chagrin, et comme Saint-Luc, courbé devant lui, l'implorait avec une voix des plus douces et une mine des plus engageantes :

— Oui, monsieur, avait-il répondu, nous irons, quoique vous ne méritiez certainement pas cette preuve d'amitié de notre part.

Alors mademoiselle de Brissac, devenue madame de Saint-Luc, avait remercié humblement le roi. Mais Henri avait tourné le dos sans répondre à ses remercîments.

— Qu'a donc le roi contre vous, monsieur de Saint-Luc? avait alors demandé la jeune femme à son mari.

— Belle amie, répondit Saint-Luc; je vous raconterai cela plus tard, quand cette grande colère sera dissipée.

— Et se dissipera-t-elle? demanda Jeanne.

— Il le faudra bien, répondit le jeune homme.

Mademoiselle de Brissac n'était point encore assez madame de Saint-Luc pour insister; elle renfonça sa curiosité au fond de son cœur, se promettant de trouver, pour dicter ses conditions, un moment où Saint-Luc serait bien obligé de les accepter.

On attendait donc Henri III à l'hôtel de Montmorency au moment où s'ouvre l'histoire que nous allons raconter à nos lecteurs. Or il était onze heures déjà, et le roi n'était pas encore arrivé.

Saint-Luc avait convié à ce bal tout ce que le roi et tout ce que lui-même comptait d'amis; il avait compris dans les invitations les princes et les favoris des princes, particulièrement ceux de notre ancienne connaissance le duc d'Alençon, devenu duc d'Anjou à l'avénement de Henri III au trône; mais M. le duc d'Anjou, qui ne s'était pas trouvé au festin du Louvre, semblait ne pas devoir se trouver davantage à la fête de l'hôtel Montmorency.

Quant au roi et à la reine de Navarre, ils s'étaient, comme nous l'avons dit dans un ouvrage précédent, sauvés dans le Béarn, et faisaient de l'opposition ouverte en guerroyant à la tête des huguenots.

M. le duc d'Anjou, selon son habitude, faisait aussi de l'opposition, mais de l'opposition sourde et ténébreuse, dans laquelle il avait toujours soin de se tenir en arrière, tout en poussant en avant ceux de ses amis que n'avait point guéris l'exemple de La Mole et de Coconas, dont nos lecteurs, sans doute, n'ont point encore oublié la terrible mort.

Il va sans dire que ses gentilshommes et ceux du roi vivaient dans une mauvaise intelligence qui amenait au moins deux ou trois fois par mois des rencontres, dans lesquelles il était bien rare que quelqu'un des combattants ne demeurât point mort sur la place, ou tout au moins grièvement blessé.

Quant à Catherine, elle était arrivée au comble de ses vœux : son fils bien-aimé était parvenu à ce trône qu'elle ambitionnait tant pour lui, ou plutôt pour elle ; et elle régnait sous son nom, tout en ayant l'air de se détacher des choses de ce monde et de n'avoir plus souci que de son salut.

Saint-Luc, tout inquiet de ne voir arriver aucune personne royale, cherchait à rassurer son beau-père, fort ému de cette menaçante absence. Convaincu, comme tout le monde, de l'amitié que le roi Henri portait à Saint-Luc, il avait cru s'allier à

..... Commençait une fête splendide dans le magnifique hôtel... — Page 3.

une faveur, et voilà que sa fille, au contraire, épousait quelque chose comme une disgrâce. Saint-Luc se donnait mille peines pour lui inspirer une sécurité que lui-même n'avait pas, et ses amis Maugiron, Schomberg et Quélus, vêtus de leurs plus magnifiques costumes, tout raides dans leurs pourpoints splendides, et dont les fraises énormes semblaient des plats supportant leur tête, ajoutaient encore à ses transes par leurs ironiques lamentations.

— Eh! mon Dieu! mon pauvre ami, disait Jacques de Lévis, comte de Quélus, je crois en vérité que pour cette fois tu es perdu. Le roi t'en veut de ce que tu t'es moqué de ses avis, et M. d'Anjou t'en veut de ce que tu t'es moqué de son nez [1].

— Mais non, répondit Saint-Luc; tu te trompes, Quélus : le roi ne vient pas parce qu'il a été faire un pèlerinage aux Minimes du bois de Vincennes, et le duc d'Anjou est absent parce qu'il est amoureux de quelque femme que j'aurai oublié d'inviter.

— Allons donc! dit Maugiron; as-tu vu la mine que faisait le roi à dîner? Est-ce là la physionomie paterne d'un homme

[1]. La petite vérole avait tellement maltraité M. le duc d'Anjou, qu'il semblait avoir deux nez.

qui va prendre le bourdon pour faire un pèlerinage? Et quant au duc d'Anjou, son absence personnelle, motivée par la cause que tu dis, empêcherait-elle ses Angevins de venir? En vois-tu un seul ici? Regarde : éclipse totale; pas même ce tranche-montagne de Bussy!

— Heu! messieurs, disait le duc de Brissac en secouant la tête d'une façon désespérée, ceci me fait tout l'effet d'une disgrâce complète. En quoi donc, mon Dieu! notre maison, toujours si dévouée à la monarchie, a-t-elle pu déplaire à Sa Majesté?

Et le vieux courtisan levait avec douleur ses deux bras au ciel.

Les jeunes gens regardaient Saint-Luc avec de grands éclats de rire, qui, bien loin de rassurer le maréchal, le désespéraient.

La jeune mariée, pensive et recueillie, se demandait, comme son père, en quoi Saint-Luc avait pu déplaire au roi.

Saint-Luc le savait, lui, et, par suite de cette science, était le moins tranquille de tous.

Tout à coup, à l'une des deux portes par lesquelles on entrait dans la salle, on annonça le roi.

— Ah! s'écria le maréchal radieux, maintenant je ne crains plus rien, et si j'entendais annoncer le duc d'Anjou, ma satisfaction serait complète.

— Et moi, murmura Saint-Luc, j'ai encore plus peur du roi présent que du roi absent, car il ne vient que pour me jouer quelque mauvais tour; comme c'est aussi pour me jouer quelque mauvais tour que le duc d'Anjou ne vient pas.

Mais, malgré cette triste réflexion, il ne s'en précipita pas moins au-devant du roi, qui avait enfin quitté son sombre costume marron, et qui s'avançait tout resplendissant de satin, de plumes et de pierreries.

Mais au moment où paraissait à l'une des portes le roi Henri III, un autre roi Henri III, exactement pareil au premier, vêtu, chaussé, coiffé, fraisé et goudronné de même, apparaissait par la porte en face. De sorte que les courtisans, un instant emportés vers le premier, s'arrêtèrent comme le flot à la pile de l'arche, et refluèrent en tourbillonnant du premier au second roi.

Henri III remarqua le mouvement, et ne voyant devant lui que des bouches ouvertes, des yeux effarés et des corps pirouettant sur une jambe :

— Çà! messieurs, qu'y a-t-il donc? demanda-t-il.

Un long éclat de rire lui répondit.

Le roi, peu patient de son naturel, et en ce moment surtout peu disposé à la patience, commençait de froncer le sourcil, quand Saint-Luc s'approchant de lui :

— Sire, dit-il, c'est Chicot, votre bouffon, qui s'est habillé exactement comme Votre Majesté, et qui donne sa main à baiser aux dames.

Henri III se mit à rire. Chicot jouissait à la cour du dernier Valois d'une liberté pareille à celle dont jouissait, trente ans auparavant, Triboulet à la cour du roi François Ier, et dont devait jouir quarante ans plus tard Langely à la cour du roi Louis XIII.

C'est que Chicot n'était pas un fou ordinaire. Avant de s'appeler Chicot, il s'était appelé DE CHICOT. C'était un gentilhomme gascon qui, maltraité, à ce qu'on assurait, par M. de Mayenne à la suite d'une rivalité amoureuse dans laquelle, tout simple gentilhomme qu'il était, il l'avait emporté sur ce prince, s'était réfugié près de Henri III, et qui payait en vérités quelquefois cruelles la protection que lui avait donnée le successeur de Charles IX.

— Eh! maître Chicot, dit Henri, deux rois ici, c'est beaucoup!

— En ce cas, continue à me laisser jouer mon rôle de roi à ma guise, et joue le rôle du duc d'Anjou à la tienne; peut-être qu'on te prendra pour lui et qu'on te dira des choses qui t'apprendront, non pas ce qu'il pense, mais ce qu'il fait.

— En effet, dit le roi en regardant avec humeur autour de lui, mon frère d'Anjou n'est pas venu.

— Raison de plus pour que tu le remplaces. C'est dit : je suis Henri et tu es François; je vais trôner, tu vas danser; je ferai pour toi toutes les singeries de la couronne, et toi, pendant ce temps, tu t'amuseras un peu, pauvre roi!

Le regard du roi s'arrêta sur Saint-Luc.

— Tu as raison, Chicot; je veux danser, dit-il.

— Décidément, pensa Brissac, je m'étais trompé en croyant le roi irrité contre nous. Tout au contraire, le roi est de charmante humeur.

Et il courut à droite et à gauche, félicitant chacun, et surtout se félicitant lui-même d'avoir donné sa fille à un homme jouissant d'une si grande faveur près de Sa Majesté.

Cependant Saint-Luc s'était rapproché de sa femme. Mademoiselle de Brissac n'était pas une beauté, mais elle avait de charmants yeux noirs, des dents blanches, une peau éblouissante; tout cela lui composait ce qu'on peut appeler une figure d'esprit.

— Monsieur, dit-elle à son mari, toujours préoccupée qu'elle était par une seule pensée, que me disait-on, que le roi m'en voulait? Depuis qu'il est arrivé, il ne cesse de me sourire.

— Ce n'est pas ce que vous me disiez au retour du dîner, chère Jeanne, car son regard, alors, vous faisait peur.

— Sa Majesté était sans doute mal disposée alors, dit la jeune femme; maintenant...

— Maintenant c'est bien pis, interrompit Saint-Luc; le roi a les lèvres serrées. J'aimerais bien mieux qu'il me montrât les dents. Jeanne, ma pauvre amie, le roi nous ménage quelque traître surprise... Oh! ne me regardez pas si tendrement, je vous prie, et même tournez-moi le dos. Justement voici Maugiron qui vient à nous; retenez-le, accaparez-le, soyez aimable avec lui.

— Savez-vous, monsieur, dit Jeanne en souriant, que voilà une étrange recommandation, et que si je la suivais à la lettre, on pourrait croire...

— Ah! dit Saint-Luc avec un soupir, ce serait bien heureux qu'on le crût.

Et tournant le dos à sa femme, dont l'étonnement était au comble, il s'en alla faire sa cour à Chicot, qui jouait son rôle de roi avec un entrain et une majesté des plus risibles.

Cependant Henri, profitant du congé qui était donné à sa grandeur, dansait, mais, tout en dansant, ne perdait pas de vue Saint-Luc.

Tantôt il l'appelait pour lui conter quelque remarque plaisante qui, drôle ou non, avait le privilége de faire rire Saint-Luc aux éclats. Tantôt il lui offrait dans son drageoir des pralines et des fruits glacés que Saint-Luc trouvait délicieux. Enfin, si Saint-Luc disparaissait un instant de la salle où était le roi pour faire les honneurs des autres salles, le roi l'envoyait chercher aussitôt par un de ses parents ou de ses officiers, et Saint-Luc revenait sourire à son maître, qui ne paraissait content que lorsqu'il le revoyait.

Tout à coup un bruit, assez fort pour être remarqué au milieu de ce tumulte, frappa les oreilles de Henri.

— Eh! eh! dit-il, il me semble que j'entends la voix de Chicot. Entends-tu, Saint-Luc? le roi se fâche.

— Oui, sire, dit Saint-Luc sans paraître remarquer l'allusion de Sa Majesté; il se querelle avec quelqu'un, ce me semble.

— Voyez ce que c'est, dit le roi, et revenez incontinent me le dire.

Saint-Luc s'éloigna.

En effet on entendait Chicot qui criait en nasillant, comme faisait le roi en certaines occasions.

— J'ai fait des ordonnances somptuaires, cependant; mais, si celles que j'ai faites ne suffisent pas, j'en ferai encore, j'en ferai tant qu'il y en aura assez; si elles ne sont pas bonnes, elles seront nombreuses au moins. Par la corne de Belzébuth mon cousin, six pages, monsieur de Bussy, c'est trop!

Et Chicot, enflant les joues, cambrant ses hanches et mettant le poing sur le côté, jouait le roi à s'y méprendre.

— Que parle-t-il donc de Bussy? demanda le roi en fronçant le sourcil.

Saint-Luc, de retour, allait répondre au roi, quand la foule, s'ouvrant, laissa voir six pages vêtus de drap d'or, couverts de colliers, et portant sur la poitrine les armoiries de leur maître, toutes chatoyantes de pierreries. Derrière eux venait un homme jeune, beau et fier, qui marchait le front haut, l'œil insolent, la lèvre dédaigneusement retroussée, et dont le simple costume de velours noir tranchait avec les riches habits de ces pages.

— Bussy! disait-on, Bussy d'Amboise!

Et chacun courait au-devant du jeune homme qui causait cette rumeur, et se rangeait pour le laisser passer.

Maugiron, Schomberg et Quélus avaient pris place aux côtés du roi, comme pour le défendre.

— Tiens! dit le premier, faisant allusion à la présence inattendue de Bussy et à l'absence continue du duc d'Alençon, auquel Bussy appartenait; tiens, voici le valet, et l'on ne voit pas le maître.

— Patience! répondit Quélus. Devant le valet il y avait les valets du valet; le maître du valet vient peut-être derrière le maître des premiers valets.

— Vois donc, Saint-Luc, dit Schomberg, le plus jeune des mignons du roi Henri et avec cela un des plus braves; sais-tu que M. de Bussy ne te fait guère honneur? Regarde donc ce pourpoint noir: mordieu! est-ce là un habit de noces?

— Non, dit Quélus, mais c'est un habit d'enterrement.

— Ah! murmura Henri, que n'est-ce le sien, et que ne porte-t-il d'avance son propre deuil?

— Avec tout cela, Saint-Luc, dit Maugiron, M. d'Anjou ne suit pas Bussy. Serais-tu *aussi* en disgrâce de ce côté-là?

Le *aussi* frappa Saint-Luc au cœur.

— Pourquoi donc suivrait-il Bussy? répliqua Quélus. Ne vous rappelez-vous plus que lorsque Sa Majesté fit l'honneur de demander à M. de Bussy s'il voulait être à elle, M. de Bussy lui fit répondre que, étant de la maison de Clermont, il n'avait besoin d'être à personne et se contenterait purement et simplement d'être à lui-même, certain qu'il se trouverait meilleur prince que qui que ce fût au monde.

Le roi fronça le sourcil et mordit sa moustache.

— Cependant, quoi que tu dises, reprit

Vous m'excuserez, sire, je l'espère, d'avoir pris votre bouffon pour un roi. — Page 10.

Maugiron, il est bien à M. d'Anjou, ce me semble.

— Alors, riposta flegmatiquement Quélus, c'est que M. d'Anjou est plus grand seigneur que notre roi.

Cette observation était la plus poignante que l'on pût faire devant Henri, lequel avait toujours fraternellement détesté le duc d'Anjou.

Aussi, quoiqu'il ne répondît pas le moindre mot, le vit-on pâlir.

— Allons, allons, messieurs, hasarda en tremblant Saint-Luc, un peu de charité pour mes convives; ne gâtez pas mon jour de noces.

Ces paroles de Saint-Luc ramenèrent probablement Henri à un autre ordre de pensées.

— Oui, dit-il, ne gâtons pas le jour de noces à Saint-Luc, messieurs.

Et il prononça ces paroles en frisant sa moustache avec un air narquois qui n'échappa point au pauvre marié.

— Tiens! s'écria Schomberg, Bussy

est donc allié des Brissac, à cette heure?

— Pourquoi cela? dit Maugiron.

— Puisque voilà Saint-Luc qui le défend. Que diable! dans ce pauvre monde où l'on a assez de se défendre soi-même, on ne défend, ce me semble, que ses parents, ses alliés et ses amis.

— Messieurs, dit Saint-Luc, M. de Bussy n'est ni mon allié, ni mon ami, ni mon parent : il est mon hôte.

Le roi lança un regard furieux à Saint-Luc.

— Et d'ailleurs, se hâta de dire celui-ci foudroyé par le regard du roi, je ne le défends pas le moins du monde.

Bussy s'était rapproché gravement derrière les pages et allait saluer le roi, quand Chicot, blessé qu'on donnât à d'autres qu'à lui la priorité du respect, s'écria :

— Eh là! là!... Bussy, Bussy d'Amboise, Louis de Clermont, comte de Bussy, puisqu'il faut absolument te donner tous tes noms pour que tu reconnaisses que c'est à toi que l'on parle, ne vois-tu pas le vrai Henri, ne distingues-tu pas le roi du fou? Celui à qui tu vas, c'est Chicot, c'est mon fou, mon bouffon, celui qui fait tant de sottises que parfois j'en pâme de rire.

Bussy continuait son chemin, il se trouvait en face de Henri, devant lequel il allait s'incliner, lorsque Henri lui dit :

— N'entendez-vous pas, monsieur de Bussy? on vous appelle.

Et, au milieu des éclats de rire de ses mignons, il tourna le dos au jeune capitaine.

Bussy rougit de colère; mais, réprimant son premier mouvement, il feignit de prendre au sérieux l'observation du roi, et, sans paraître avoir entendu les éclats de Quélus, de Schomberg et de Maugiron, sans paraître avoir vu leur insolent sourire, il se retourna vers Chicot.

— Ah! pardon, sire, dit-il; il y a des rois qui ressemblent tellement à des bouffons, que vous m'excuserez, je l'espère, d'avoir pris votre bouffon pour un roi.

— Hein? murmura Henri en se retournant; que dit-il donc?

— Rien, sire, dit Saint-Luc qui semblait pendant toute cette soirée avoir reçu du ciel la mission de pacificateur; rien, absolument rien.

— N'importe! maître Bussy, dit Chicot se dressant sur la pointe du pied comme faisait le roi lorsqu'il voulait se donner de la majesté, c'est impardonnable!

— Sire, répliqua Bussy, pardonnez-moi, j'étais préoccupé.

— De vos pages, monsieur? dit Chicot avec humeur. Vous vous ruinez en pages, et, par la mordieu! c'est empiéter sur nos prérogatives.

— Comment cela? dit Bussy qui comprenait qu'en prêtant le collet au bouffon le mauvais rôle serait pour le roi. Je prie Votre Majesté de s'expliquer, et si j'ai effectivement eu tort; eh bien! je l'avouerai en toute humilité.

— Du drap d'or à ces maroufles! dit Chicot en montrant du doigt les pages, tandis que vous, un gentilhomme, un colonel, un Clermont, presque un prince enfin, vous êtes vêtu de simple velours noir!

— Sire, dit Bussy en se tournant vers les mignons du roi, c'est que, quand on vit dans un temps où des maroufles sont vêtus comme des princes, je crois de bon goût aux princes, pour se distinguer d'eux, de se vêtir commes des maroufles.

Et il rendit aux jeunes mignons, étincelants de parure, le sourire impertinent dont ils l'avaient gratifié un instant auparavant.

Henri regarda ses favoris pâlissants de fureur, qui semblaient n'attendre qu'un mot de leur maître pour se jeter sur Bussy. Quélus, le plus animé de tous contre ce gentilhomme, avec lequel il se fût déjà rencontré sans la défense expresse du roi, avait la main à la garde de son épée.

— Est-ce pour moi et les miens que vous dites cela? s'écria Chicot qui, ayant usurpé la place du roi, répondit ce que Henri eût dû répondre.

Et le bouffon prit, en disant ces paroles, une pose de matamore si outrée, que la moitié de la salle éclata de rire. L'autre moitié ne rit pas, et c'était tout simple : la moitié qui riait riait de l'autre moitié.

Cependant trois amis de Bussy, supposant qu'il allait peut-être y avoir rixe, étaient venus se ranger près de lui. C'étaient Charles Balzac d'Entragues, que l'on nommait plus communément Antraguet, François d'Audie, vicomte de Ribeirac, et Livarot.

En voyant ces préliminaires d'hostilités, Saint-Luc devina que Bussy était venu de la part de Monsieur pour amener quelque scandale ou adresser quelque défi. Il trembla plus fort que jamais, car il se sentait pris entre les colères ardentes de deux puissants ennemis qui choisissaient sa maison pour champ de bataille.

Il courut à Quélus, qui paraissait le plus animé de tous, et posant la main sur la garde de l'épée du jeune homme :

— Au nom du ciel! lui dit-il, ami, modère-toi et attendons!

— Eh parbleu! modère-toi toi-même! s'écria-t-il. Le coup de poing de ce butor t'atteint aussi bien que moi : qui dit quelque chose contre l'un de nous dit quelque chose contre tous, et qui dit quelque chose contre nous tous touche au roi.

— Quélus, Quélus, dit Saint-Luc, songe au duc d'Anjou, qui est derrière Bussy, d'autant plus aux aguets qu'il est absent, d'autant plus à craindre qu'il est invisible. Tu ne me fais pas l'affront de croire, je le présume, que j'ai peur du valet, mais du maître.

— Eh mordieu! s'écria Quélus, qu'a-t-on à craindre quand on appartient au roi de France? Si nous nous mettons en péril pour lui, le roi de France nous défendra.

— Toi, oui; mais moi!... dit piteusement Saint-Luc.

— Ah dame! dit Quélus, pourquoi diable aussi te maries-tu, sachant combien le roi est jaloux dans ses amitiés?

— Bon! dit Saint-Luc en lui-même, chacun songe à soi; ne nous oublions donc pas, et puisque je veux vivre tranquille au moins pendant les quinze premiers jours de mon mariage, tâchons de nous faire un ami de M. d'Anjou.

Et, sur cette réflexion, il quitta Quélus et s'avança au-devant de Bussy.

Après son impertinente apostrophe, Bussy avait relevé la tête et promené ses regards par toute la salle, dressant l'oreille pour recueillir quelque impertinence en échange de celle qu'il avait lancée. Mais tous les fronts s'étaient détournés, toutes les bouches étaient demeurées muettes : les uns avaient peur d'approuver devant le roi, les autres d'improuver devant Bussy.

Ce dernier, voyant Saint-Luc s'approcher, crut enfin avoir trouvé ce qu'il cherchait.

— Monsieur, dit Bussy, est-ce à ce que je viens de dire que je dois l'honneur de l'entretien que vous paraissez désirer?

— A ce que vous venez de dire? demanda Saint-Luc de son air le plus gracieux; que venez-vous donc de dire? Je n'ai rien entendu, moi. Non, je vous avais vu, et je désirais avoir le plaisir de vous saluer, et de vous remercier, en vous saluant, de l'honneur que fait votre présence à ma maison.

Bussy était un homme supérieur en toutes choses : brave jusqu'à la folie, mais lettré, spirituel et de bonne compagnie ; il connaissait le courage de Saint-Luc et comprit que le devoir du maître de maison l'emportait en ce moment sur la susceptibilité du raffiné. A tout autre il eût répété sa phrase, c'est-à-dire sa provocation ; mais il se contenta de saluer poliment Saint-Luc et de répondre quelques mots gracieux à son compliment.

— Oh ! oh ! dit Henri voyant Saint-Luc près de Bussy, je crois que mon jeune coq a été chanter pouille au capitan. Il a bien fait, mais je ne veux pas qu'on me le tue. Allez donc voir, Quélus... Non, pas vous, Quélus, vous avez trop mauvaise tête. Allez donc voir, Maugiron.

— Que lui as-tu dit, à ce fat de Bussy ? demanda le roi.

— Moi, sire ?

— Oui, toi.

— Je lui ai dit bonsoir, fit Saint-Luc.

— Ah ! ah ! voilà tout ? maugréa le roi.

Saint-Luc s'aperçut qu'il avait fait une sottise.

— Je lui ai dit bonsoir, reprit-il, en ajoutant que j'aurais l'honneur de lui dire bonjour demain matin.

— Bon ! fit Henri, je m'en doutais, mauvaise tête !

— Mais veuille Votre gracieuse Majesté me garder le secret, ajouta Saint-Luc en affectant de parler bas.

— Oh pardieu ! fit Henri III, ce n'est pas pour te gêner, ce que j'en dis. Il est certain que si tu pouvais m'en défaire sans qu'il en résultât pour toi quelque égratignure...

Les mignons échangèrent entre eux un rapide regard, que Henri III fit semblant de ne pas avoir remarqué.

— Car enfin, continua le roi ; le drôle est d'une insolence...

— Oui, oui, dit Saint-Luc. Cependant un jour ou l'autre, soyez tranquille, sire, il trouvera son maître.

— Heu ! fit le roi secouant la tête de bas en haut, il tire rudement l'épée ! Que ne se fait-il mordre par quelque chien enragé ! cela nous en débarrasserait bien plus commodément.

Et il jeta un regard de travers sur Bussy, qui, accompagné de ses trois amis, allait et venait, heurtant et raillant tous ceux qu'il savait être les plus hostiles au duc d'Anjou et qui, par conséquent, étaient les plus grands amis du roi.

— Corbleu ! s'écria Chicot, ne rudoyez donc pas ainsi mes mignons gentilshommes, maître Bussy ; car je tire l'épée, tout roi que je suis, ni plus ni moins que si j'étais un bouffon.

— Ah ! le drôle ! murmura Henri ; sur ma parole ! il voit juste.

— S'il continue de pareilles plaisanteries, je châtierai Chicot, sire, dit Maugiron.

— Ne t'y frotte pas, Maugiron ; Chicot est gentilhomme et fort chatouilleux sur le point d'honneur. D'ailleurs, ce n'est point lui qui mérite le plus d'être châtié, car ce n'est pas lui le plus insolent.

Cette fois il n'y avait plus à s'y méprendre ; Quélus fit signe à d'O et à d'Épernon qui, occupés ailleurs, n'avaient point pris part à tout ce qui venait de se passer.

— Messieurs, dit Quélus en les menant à l'écart, venez au conseil ; toi, Saint-Luc, cause avec le roi et achève ta paix qui me paraît heureusement commencée.

Saint-Luc préféra ce dernier rôle et

s'approcha du roi et de Chicot qui étaient aux prises.

Pendant ce temps, Quélus emmenait ses quatre amis dans l'embrasure d'une fenêtre.

— Eh bien! demanda d'Épernon, voyons, que veux-tu dire? J'étais en train de faire la cour à la femme de Joyeuse, et je te préviens que si ton récit n'est pas des plus intéressants, je ne te pardonne pas.

— Je veux vous dire, messieurs, répondit Quélus, qu'après le bal je pars immédiatement pour la chasse.

— Bon! dit d'O; pour quelle chasse?

— Pour la chasse au sanglier.

— Quelle lubie te passe par la tête d'aller, du froid qui court, te faire éventrer dans quelque taillis?

— N'importe! j'y vais.

— Seul?

— Non pas; avec Maugiron et Schomberg. Nous chassons pour le roi.

— Ah! oui, je comprends, dirent ensemble Schomberg et Maugiron.

— Le roi veut qu'on lui serve demain une hure de sanglier à son déjeuner.

— Avec un collet renversé à l'italienne, dit Maugiron faisant allusion au simple col rabattu qu'en opposition avec les fraises des mignons portait Bussy.

— Ah! ah! dit d'Épernon; bon! j'en suis, alors.

— De quoi donc s'agit-il? demanda d'O; je n'y suis pas du tout, moi.

— Eh! regarde autour de toi, mon mignon.

— Bon! je regarde.

— Y a-t-il quelqu'un qui t'ait ri au nez?

— Bussy, ce me semble.

— Eh bien! ne te paraît-il pas que c'est là un sanglier dont la hure serait agréable au roi?

— Tu crois que le roi... dit d'O.

— C'est lui qui la demande, répondit Quélus.

— Eh bien! soit, en chasse! Mais comment chasserons-nous?

— A l'affût, c'est plus sûr.

Bussy remarqua la conférence, et, ne doutant pas qu'il ne fût question de lui, il s'approcha en ricanant avec ses amis.

— Regarde donc, Antraguet, regarde donc, Ribeirac, dit-il, comme les voilà groupés; c'est touchant : on dirait Euryale et Nisus, Damon et Pythias, Castor et... Mais où est donc Pollux?

— Pollux se marie, dit Antraguet, de sorte que voilà Castor dépareillé.

— Que peuvent-ils faire là? demanda Bussy en les regardant insolemment.

— Gageons, dit Ribeirac, qu'ils complotent quelque nouvel amidon.

— Non, messieurs, dit en souriant Quélus, nous parlons chasse.

— Vraiment, seigneur Cupido! dit Bussy; il fait bien froid pour chasser. Cela vous gercera la peau.

— Monsieur, répondit Maugiron avec la même politesse, nous avons des gants très-chauds et des pourpoints doublés de fourrures.

— Ah! cela me rassure, dit Bussy; est-ce bientôt que vous chassez?

— Mais cette nuit, peut-être, dit Schomberg.

— Il n'y a pas de peut-être; cette nuit sûrement, ajouta Maugiron.

— En ce cas, je vais prévenir le roi, dit Bussy; que dirait Sa Majesté si demain, à son réveil, elle allait trouver ses amis enrhumés?

— Ne vous donnez pas la peine de prévenir le roi, monsieur, dit Quélus; Sa Majesté sait que nous chassons.

— L'alouette ? fit Bussy avec une mine interrogatrice des plus impertinentes.

— Non, monsieur, dit Quélus, nous chassons le sanglier. Il nous faut absolument une hure.

— Et l'animal ?... demanda Antraguet.

— Est détourné, dit Schomberg.

— Mais encore faut-il savoir où il passera ? demanda Livarot.

— Nous tâcherons de nous renseigner, dit d'O. Chassez-vous avec nous, monsieur de Bussy ?

— Non, répondit celui-ci continuant la conversation sur le même mode ; non, en vérité, je suis empêché. Demain il faut que je sois chez M. d'Anjou pour la réception de M. de Monsoreau, à qui monseigneur, comme vous le savez, a fait accorder la place de grand-veneur.

— Mais cette nuit ? demanda Quélus.

— Ah ! cette nuit, je ne puis encore : j'ai un rendez-vous dans une mystérieuse maison du faubourg Saint-Antoine.

— Ah ! ah ! fit d'Épernon, est-ce que la reine Margot serait incognito à Paris, monsieur de Bussy ; car nous avons appris que vous aviez hérité de La Mole ?

— Oui ; mais depuis quelque temps j'ai renoncé à l'héritage, et c'est d'une autre personne qu'il s'agit.

— Et cette personne vous attend rue du Faubourg-Saint-Antoine ? demanda d'O.

— Justement ; je vous demanderai même un conseil, monsieur de Quélus.

— Dites ! quoique je ne sois point avocat, je me pique de ne pas les donner mauvais, surtout à mes amis.

— On dit les rues de Paris peu sûres ; le faubourg Saint-Antoine est un quartier fort isolé. Quel chemin me conseillez-vous de prendre ?

— Dame ! dit Quélus, comme le batelier du Louvre passera sans doute la nuit à nous attendre, à votre place, monsieur, je prendrais le petit bac du Pré-aux-Clercs, je me ferais descendre à la tour du coin, je suivrais le quai jusqu'au Grand-Châtelet, et, par la rue de la Tixeranderie, je gagnerais le faubourg Saint-Antoine. Une fois au bout de la rue Saint-Antoine, si vous passez l'hôtel des Tournelles sans accident, il est probable que vous arriverez sain et sauf à la mystérieuse maison dont vous nous parliez tout à l'heure.

— Merci de l'itinéraire, monsieur de Quélus, dit Bussy. Vous dites le bac du Pré-aux-Clercs, la tour du coin, le quai jusqu'au Grand-Châtelet, la rue de la Tixeranderie et la rue Saint-Antoine. On ne s'en écartera pas d'une ligne, soyez tranquille.

Et, saluant les cinq amis, il se retira en disant tout haut à Balzac d'Entragues :

— Décidément, Antraguet, il n'y a rien à faire avec ces gens-là ; allons-nous-en.

Livarot et Ribeirac se mirent à rire, suivant Bussy et d'Entragues qui s'éloignèrent, mais qui, en s'éloignant, se retournèrent plusieurs fois.

Les mignons demeurèrent calmes ; ils paraissaient décidés à ne rien comprendre.

Comme Bussy allait franchir le dernier salon où se trouvait madame de Saint-Luc, qui ne perdait pas des yeux son mari, Saint-Luc lui fit un signe, montrant de l'œil le favori du duc d'Anjou qui s'éloignait. Jeanne comprit avec cette perspicacité qui est le privilège des femmes, et courant au gentilhomme, elle lui barra le passage.

— Oh ! monsieur de Bussy, dit-elle, il n'est bruit que d'un sonnet que vous avez fait, à ce qu'on assure...

— Contre le roi, madame ? demanda Bussy.

— Non, mais en l'honneur de la reine. Oh! dites-le-moi!

— Volontiers, madame, dit Bussy; et offrant son bras à madame de Saint-Luc, il s'éloigna en récitant le sonnet demandé.

Pendant ce temps, Saint-Luc s'en revint tout doucement du côté des mignons et il entendit Quélus qui disait :

— L'animal ne sera pas difficile à suivre, avec de pareilles brisées; ainsi donc, à l'angle de l'hôtel des Tournelles, près la porte Saint-Antoine, en face l'hôtel Saint-Pol.

— Avec chacun un laquais? demanda d'Épernon.

— Non pas, Nogaret, non pas, dit Quélus; soyons seuls, sachons seuls notre secret, faisons seuls notre besogne. Je le hais, mais j'aurais honte que le bâton d'un laquais le touchât : il est trop bon gentilhomme.

— Sortirons-nous tous six ensemble? demanda Maugiron.

— Tous cinq, et non pas tous six, dit Saint-Luc.

— Ah! c'est vrai, nous avions oublié que tu avais pris femme. Nous te traitions encore en garçon, dit Schomberg.

— En effet, reprit d'O, c'est bien le moins que le pauvre Saint-Luc reste avec sa femme la première nuit de ses noces.

— Vous n'y êtes pas, messieurs, dit Saint-Luc; ce n'est pas ma femme qui me retient, quoique, vous en conviendrez, elle en vaille bien la peine; c'est le roi.

— Comment, le roi?

— Oui, Sa Majesté veut que je la reconduise au Louvre.

Les jeunes gens le regardèrent avec un sourire que Saint-Luc chercha vainement à interpréter.

— Que veux-tu? dit Quélus; le roi te porte une si merveilleuse amitié qu'il ne peut se passer de toi.

— D'ailleurs nous n'avons pas besoin de Saint-Luc, dit Schomberg. Laissons-le donc à son roi et à sa dame.

— Heu! la bête est lourde, fit d'Épernon.

— Bah! dit Quélus, qu'on me mette en face d'elle, qu'on me donne un épieu, j'en fais mon affaire.

On entend la voix de Henri qui appelait Saint-Luc.

— Messieurs, dit-il, vous l'entendez, le roi m'appelle; bonne chasse! au revoir!

Et il les quitta aussitôt. Mais au lieu d'aller au roi, il se glissa le long des murailles encore garnies de spectateurs et de danseurs, et gagna la porte que touchait déjà Bussy, retenu par la belle mariée, qui faisait de son mieux pour ne pas le laisser sortir.

— Ah! bonsoir, monsieur de Saint-Luc, dit le jeune homme. Mais comme vous avez l'air effaré! Est-ce que par hasard vous seriez de la grande chasse qui se prépare? Ce serait une preuve de votre courage, mais ce n'en serait pas une de votre galanterie.

— Monsieur, répondit Saint-Luc, j'avais l'air effaré parce que je vous cherchais.

— Ah! vraiment?

— Et que j'avais peur que vous ne fussiez parti. Chère Jeanne, ajouta-t-il, dites à votre père qu'il tâche d'arrêter le roi; il faut que je dise deux mots en tête-à-tête à M. de Bussy.

Jeanne s'éloigna rapidement; elle ne comprenait rien à toutes ces nécessités, mais elle s'y soumettait parce qu'elle les sentait importantes.

— Que voulez-vous me dire, monsieur de Saint-Luc? demanda Bussy.

— Je voulais vous dire, monsieur le comte, répondit Saint-Luc, que si vous aviez quelque rendez-vous ce soir, vous feriez bien de le remettre à demain; attendu que les rues de Paris sont mauvaises; et que si ce rendez-vous, par hasard, devait vous conduire du côté de la Bastille, vous feriez bien d'éviter l'hôtel des Tournelles, où il y a un enfoncement dans lequel plusieurs hommes peuvent se cacher. Voilà ce que j'avais à vous dire, monsieur de Bussy. Dieu me garde de penser qu'un homme comme vous puisse avoir peur! cependant, réfléchissez.

En ce moment on entendait la voix de Chicot qui criait:

— Saint-Luc! mon petit Saint-Luc! voyons, ne te cache pas comme tu fais. Tu vois bien que je t'attends pour rentrer au Louvre.

— Sire, me voici, répondit Saint-Luc en s'élançant dans la direction de la voix de Chicot.

Près du bouffon était Henri III, auquel un page tendait déjà le lourd manteau fourré d'hermine, tandis qu'un autre lui présentait de gros gants montant jusqu'aux coudes, et un troisième le masque de velours doublé de satin.

— Sire, dit Saint-Luc en s'adressant à la fois aux deux Henri, je vais avoir l'honneur de porter le flambeau jusqu'à vos litières.

— Point du tout, dit Henri; Chicot va de son côté, moi du mien. Mes amis sont tous des vauriens qui me laissent retourner seul au Louvre, tandis qu'ils courent le carême prenant; j'avais compté sur eux et les voilà qui me manquent; or tu comprends que tu ne peux pas me laisser partir ainsi. Tu es un homme grave et marié, tu dois me ramener à la reine. Viens, mon ami, viens! Holà! un cheval pour M. de Saint-Luc. Non pas, c'est inutile, ajouta-t-il en se reprenant; ma litière est large, il y a place pour deux.

Jeanne de Brissac n'avait pas perdu un mot de cet entretien; elle voulut parler, dire un mot à son mari, prévenir son père que le roi enlevait Saint-Luc, mais Saint-Luc, plaçant un doigt sur sa bouche, l'invita au silence et à la circonspection.

— Peste! dit-il tout bas; maintenant que je me suis ménagé François d'Anjou, n'allons pas nous brouiller avec Henri de Valois... Sire, ajouta-t-il tout haut, me voici. Je suis si dévoué à Votre Majesté, que, si elle l'ordonnait, je la suivrais jusqu'au bout du monde.

Il y eut grand tumulte, puis grandes génuflexions, puis grand silence pour ouïr les adieux du roi à mademoiselle de Brissac et à son père. Ils furent charmants.

Puis les chevaux piaffèrent dans la cour, les flambeaux jetèrent sur les vitraux leurs rouges reflets. Enfin, moitié riant, moitié grelottant, s'enfuirent dans l'ombre et la brume tous les courtisans de la royauté et tous les conviés de la noce.

Jeanne, demeurée seule avec ses femmes, entra dans sa chambre et s'agenouilla devant l'image d'une sainte en laquelle elle avait beaucoup de dévotion. Puis elle ordonna qu'on la laissât seule et qu'une collation fût prête pour le retour de son mari.

M. de Brissac fit plus: il envoya six gardes attendre le jeune marié à la porte du Louvre, afin de lui faire escorte lorsqu'il reviendrait. Mais, au bout de deux heures d'attente, les gardes envoyèrent un de leurs compagnons prévenir le maréchal que toutes les portes étaient closes au Louvre, et qu'avant de fermer la dernière le capitaine du guichet avait répondu:

LA DAME DE MONSOREAU

Bussy fit en arrière un bond qui mit trois pas entre lui et ses assaillants. — Page 26.

— N'attendez point davantage, c'est inutile; personne ne sortira plus du Louvre cette nuit. Sa Majesté est couchée et tout le monde dort.

Le maréchal avait été porter cette nouvelle à sa fille, qui avait déclaré qu'elle était trop inquiète pour se coucher et qu'elle veillerait en attendant son mari.

II

COMMENT CE N'EST PAS TOUJOURS CELUI QUI OUVRE LA PORTE QUI ENTRE DANS LA MAISON

La porte Saint-Antoine était une espèce de voûte en pierre, pareille à peu près à notre porte Saint-Denis et à notre porte Saint-Martin d'aujourd'hui. Seulement elle tenait par son côté gauche aux bâtiments adjacents à la Bastille, et se reliait ainsi à la vieille forteresse.

L'espace compris à droite entre la porte et l'hôtel de Bretagne était grand, sombre et boueux; mais cet espace était peu fréquenté le jour, et tout à fait solitaire quand venait le soir, car les passants nocturnes semblaient s'être fait un chemin au plus près de la forteresse, afin de se placer en quelque sorte, dans ce temps où les rues étaient des coupe-gorge, où le guet était à peu près inconnu, sous la protection de la sentinelle du donjon, qui pouvait, non pas les secourir, mais tout au moins par ses cris appeler à l'aide et effrayer les malfaiteurs.

Il va sans dire que les nuits d'hiver rendaient encore les passants plus prudents que les nuits d'été.

Celle pendant laquelle se passent les événements que nous avons déjà racontés et ceux qui vont suivre était si froide, si noire et si chargée de nuages sombres et bas, que nul n'eût aperçu, derrière les créneaux de la forteresse royale, cette bienheureuse sentinelle qui, de son côté, eût été fort empêchée de distinguer sur la place les gens qui passaient.

En avant de la porte Saint-Antoine, du côté de l'intérieur de la ville, aucune maison ne s'élevait, mais seulement de grandes murailles. Ces murailles étaient, à droite, celles de l'église Saint-Paul, et à gauche celles de l'hôtel des Tournelles. C'est à l'extrémité de cet hôtel, du côté de la rue Sainte-Catherine, que la muraille faisait cet angle rentrant dont avait parlé Saint-Luc à Bussy.

Puis venait le pâté de maisons situées entre la rue de Jouy et la grande rue Saint-Antoine, laquelle avait, à cette époque, en face d'elle la rue des Billettes et l'église Sainte-Catherine.

D'ailleurs nulle lanterne n'éclairait toute la portion du vieux Paris que nous venons de décrire. Dans les nuits où la lune se chargeait d'illuminer la terre, on voyait se dresser, sombre, majestueuse et immobile, la gigantesque Bastille, qui se détachait en vigueur sur l'azur étoilé du ciel. Dans les nuits sombres, au contraire, on ne voyait là où elle était qu'un redoublement de ténèbres que trouait de place en place la pâle lumière de quelques fenêtres.

Pendant cette nuit, qui avait commencé par une gelée assez vive et qui devait finir par une neige assez abondante, aucun passant ne faisait crier sous ses pas la terre gercée de cette espèce de chaussée aboutissant de la rue au faubourg, et que nous avons dit avoir été pratiquée par le prudent détour des promeneurs attardés. Mais, en revanche, un œil exercé eût pu distinguer dans cet angle du mur des Tournelles plusieurs ombres noires qui se remuaient assez pour prouver qu'elles appartenaient à de pauvres diables de corps humains fort embarrassés de conserver la chaleur naturelle que leur enlevait, de minute en minute, l'immobilité à laquelle ils semblaient s'être volontairement condamnés dans l'attente de quelque événement.

Cette sentinelle de la tour, qui ne pouvait, à cause de l'obscurité, voir sur la place, n'eût pas davantage pu entendre, tant elle était faite à voix basse, la conversation de ces ombres noires. Pourtant cette conversation ne manquait pas d'un certain intérêt.

— Cet enragé Bussy avait bien raison, disait une de ces ombres; c'est une véritable nuit comme nous en avions à Varsovie, quand le roi Henri était roi de Pologne; et, si cela continue, comme on nous l'a prédit, notre peau se fendra.

— Allons donc, Maugiron, tu te plains comme une femme ! répondit une autre ombre. Il ne fait pas chaud, c'est vrai; mais tire ton manteau sur tes yeux et mets les mains dans tes poches, tu ne t'apercevras plus du froid.

— En vérité, Schomberg, dit une troisième ombre, tu en parles fort à ton aise et l'on voit bien que tu es Allemand. Quant à moi, mes lèvres saignent et mes moustaches sont hérissées de glaçons.

— Moi, ce sont les mains, dit une quatrième voix. Sur ma parole, je parierais que je n'en ai plus !

— Que n'as-tu pris le manchon de ta maman, pauvre Quélus ! répondit Schomberg. Elle te l'eût prêté, cette chère femme, surtout si tu lui avais conté que c'était pour la débarrasser de son cher Bussy, qu'elle aime à peu près comme la peste.

— Eh ! mon Dieu ! ayez donc de la patience, dit une cinquième voix. Tout à l'heure vous vous plaindrez, j'en suis sûr, que vous avez trop chaud.

— Dieu t'entende, d'Épernon ! fit Maugiron en battant la semelle.

— Ce n'est pas moi qui ai parlé, dit d'Épernon, c'est d'O. Moi, je me tais, de peur que mes paroles ne gèlent.

— Que disais-tu ? demanda Quélus à Maugiron.

— D'O disait, reprit Maugiron, que tout à l'heure nous aurions trop chaud, et je lui répondais : Que Dieu t'entende !

— Eh bien ! je crois qu'il l'a entendu, car je vois là-bas quelque chose qui vient par la rue Saint-Paul.

— Erreur ! Ce ne peut pas être lui.

— Et pourquoi cela ?

— Parce qu'il a indiqué un autre itinéraire.

— Comme ce serait chose étonnante, n'est-ce pas, qu'il se fût douté de quelque chose et qu'il en eût changé ?

— Vous ne connaissez point Bussy ; où il a dit qu'il passerait, il passera, quand même il saurait que le diable est embusqué sur la route pour lui barrer le passage.

— En attendant, répondit Quélus, voilà deux hommes qui viennent.

— Ma foi oui ! répétèrent deux ou trois voix reconnaissant la vérité de la proposition.

— En ce cas, chargeons ! dit Schomberg.

— Un moment ! dit d'Épernon, n'allons pas tuer de bons bourgeois ou d'honnêtes sages-femmes... Tiens ! ils s'arrêtent.

En effet, à l'extrémité de la rue Saint-Paul, qui donne sur la rue Saint-Antoine, les deux personnes qui attiraient l'attention de nos cinq compagnons s'étaient arrêtées comme indécises.

— Oh ! oh ! dit Quélus, est-ce qu'ils nous auraient vus ?

— Allons donc ! à peine si nous nous voyons nous-mêmes !

— Tu as raison, reprit Quélus. Tiens ! les voilà qui tournent à gauche... ils s'arrêtent devant une maison... Ils cherchent.

— Ma foi oui !

— On dirait qu'ils veulent entrer, dit Schomberg. Eh ! un instant !... Est-ce qu'il nous échapperait ?

— Mais ce n'est pas lui, puisqu'il doit aller au faubourg Saint-Antoine, et que ceux-là, après avoir débouché par Saint-Paul, ont descendu la rue, répondit Maugiron.

— Eh ! dit Schomberg, qui vous répondra que le fin matois ne vous a pas donné une fausse indication, soit par hasard et négligemment, soit par malice et avec réflexion ?

— Au fait, cela se pourrait, dit Quélus.

Cette supposition fit bondir comme une meute affamée toute la troupe des gentilshommes. Ils quittèrent leur retraite et s'élancèrent l'épée haute vers les deux hommes arrêtés devant la porte.

Justement l'un de ces deux hommes venait d'introduire une clef dans la serrure, la porte avait cédé et commençait à s'ouvrir, lorsque le bruit des assaillants fit lever la tête aux deux mystérieux promeneurs.

— Qu'est-ce que ceci? demanda en se retournant le plus petit des deux à son compagnon. Serait-ce par hasard à nous qu'on en voudrait, d'Aurilly?

— Ah! monseigneur, répliqua celui qui venait d'ouvrir la porte, cela m'en a bien l'air. Vous nommerez-vous ou garderez-vous l'incognito?

— Des hommes armés! un guet-apens!

— Quelques jaloux qui nous guettent. Vrai Dieu! je l'avais bien dit, monseigneur, que la dame était trop belle pour n'être point courtisée.

— Entrons vite, d'Aurilly! On soutient mieux un siége en deçà qu'au delà des portes.

— Oui, monseigneur, quand il n'y a pas d'ennemis dans la place. Mais qui vous dit...

Il n'eut pas le temps d'achever. Les jeunes gentilshommes avaient franchi cet espace d'une centaine de pas environ avec la rapidité de l'éclair. Quélus et Maugiron, qui avaient suivi la muraille, se jetèrent entre la porte et ceux qui voulaient entrer, afin de leur couper la retraite, tandis que Schomberg, d'O et d'Épernon s'apprêtaient à les attaquer de face.

— A mort, mort! cria Quélus toujours le plus ardent des cinq.

Tout à coup celui que l'on avait appelé monseigneur, et à qui son compagnon avait demandé s'il garderait l'incognito, se retourna vers Quélus, fit un pas, et se croisant les bras avec arrogance :

— Je crois que vous avez dit : A mort! en parlant à un fils de France, monsieur de Quélus, dit-il d'une voix sombre et avec un sinistre regard.

Quélus recula, les yeux hagards, les genoux fléchissants, les mains inertes.

— Monseigneur le duc d'Anjou! s'écria-t-il.

— Monseigneur le duc d'Anjou! répétèrent les autres.

— Eh bien! reprit François d'un air terrible, crions-nous toujours : A mort! à mort! mes gentilshommes?

— Monseigneur, balbutia d'Épernon, c'était une plaisanterie; pardonnez-nous.

— Monseigneur, dit d'O à son tour, nous ne soupçonnions pas que nous pussions rencontrer Votre Altesse au bout de Paris et dans ce quartier perdu.

— Une plaisanterie!... répliqua François sans même faire à d'O l'honneur de lui répondre; vous avez de singulières façons de plaisanter, monsieur d'Épernon. Voyons, puisque ce n'est pas à moi qu'on en voulait, quel est celui que menaçait votre plaisanterie?

— Monseigneur, dit avec respect Schomberg, nous avons vu Saint-Luc quitter l'hôtel Montmorency et venir de ce côté. Cela nous a paru étrange, de sorte que nous avons voulu savoir dans quel but un mari quittait sa femme la première nuit de ses noces.

L'excuse était plausible, car, selon toute probabilité, le duc d'Anjou apprendrait le lendemain que Saint-Luc n'avait point couché à l'hôtel Montmorency, et cette nouvelle coïnciderait avec ce que venait de dire Schomberg.

— M. de Saint-Luc! Vous m'avez pris pour M. de Saint-Luc, messieurs?

— Oui, monseigneur, reprirent en chœur les cinq compagnons.

— Et depuis quand peut-on se tromper ainsi à nous deux? dit le duc d'Anjou; M. de Saint-Luc a la tête de plus que moi.

— C'est vrai, monseigneur, dit Quélus; mais il est juste de la taille de M. d'Aurilly, qui a l'honneur de vous accompagner.

— Ensuite la nuit est fort sombre, monseigneur, répliqua Maugiron.

— Puis, voyant un homme mettre une clef dans une serrure, nous l'avons pris pour le principal d'entre vous, murmura d'O.

— Enfin, dit Quélus, monseigneur ne peut pas supposer que nous ayons eu à son égard l'ombre d'une mauvaise pensée, pas même celle de troubler ses plaisirs.

Tout en parlant ainsi et tout en écoutant les réponses plus ou moins logiques que l'étonnement et la crainte permettaient de lui faire, François, par une habile manœuvre stratégique, avait quitté le seuil de la porte et suivi pas à pas d'Aurilly, son joueur de luth, compagnon ordinaire de ses courses nocturnes, et se trouvait déjà à une distance assez grande de cette porte pour que, confondue avec les autres, elle ne pût pas être reconnue.

— Mes plaisirs! dit-il aigrement; et qui peut vous faire croire que je prenne ici mes plaisirs?

— Ah! monseigneur, en tout cas et pour quelque chose que vous soyez venu, répliqua Quélus, pardonnez-nous; nous nous retirons.

— C'est bien! Adieu, messieurs!

— Monseigneur, ajouta d'Épernon, que notre discrétion, bien connue de Votre Altesse...

Le duc d'Anjou, qui déjà avait fait un pas pour se retirer, s'arrêta, et fronçant le sourcil :

— De la discrétion, monsieur de Nogaret! et qui donc vous en demande, je vous prie?

— Monseigneur, nous avions cru que Votre Altesse, seule à cette heure et suivie de son confident...

— Vous vous trompiez : voici ce qu'il faut croire et ce que je veux que l'on croie.

Les cinq gentilshommes écoutèrent dans le plus profond et le plus respectueux silence.

— J'allais, reprit d'une voix lente, et comme pour graver chacune de ses paroles dans la mémoire de ses auditeurs, le duc d'Anjou, j'allais consulter le Juif Manassès, qui sait lire dans le verre et dans le marc du café. Il demeure, comme vous savez, rue de la Tournelle. En passant, d'Aurilly vous a aperçus et vous a pris pour quelques archers faisant leur ronde. Aussi, ajouta-t-il avec une espèce de gaieté effrayante pour ceux qui connaissaient le caractère du prince, en véritables consulteurs de sorciers que nous sommes, rasions-nous les murailles et nous effacions-nous dans les portes pour nous dérober, s'il était possible, à vos terribles regards.

Tout en parlant ainsi, le prince avait insensiblement regagné la rue Saint-Paul, et se trouvait à portée d'être entendu des sentinelles de la Bastille, au cas d'une attaque contre laquelle, sachant la haine sourde et invétérée que lui portait son frère, ne le rassuraient que médiocrement les excuses et le respect des mignons de Henri III.

— Et maintenant que vous savez ce qu'il faut en croire et surtout ce que vous devez dire, adieu, messieurs! Il est inutile de vous prévenir que je désire ne pas être suivi.

Tous s'inclinèrent et prirent congé du prince, qui se retourna plusieurs fois pour les accompagner de l'œil, tout en faisant quelques pas lui-même du côté opposé.

— Monseigneur, dit d'Aurilly, je vous jure que les gens à qui nous venons d'avoir affaire avaient de mauvaises intentions. Il est tantôt minuit ; nous sommes, comme ils le disaient, dans un quartier perdu ; rentrons vite à l'hôtel, monseigneur, rentrons !

— Non pas, dit le prince l'arrêtant ; profitons de leur départ, au contraire.

— C'est que Votre Altesse se trompe, dit d'Aurilly ; c'est qu'ils ne sont pas partis le moins du monde ; c'est qu'ils ont rejoint, comme monseigneur peut le voir lui-même, la retraite où ils étaient cachés ; les voyez-vous, monseigneur, là-bas, dans ce recoin, à l'angle des Tournelles ?

François regarda : d'Aurilly n'avait dit que l'exacte vérité. Les cinq gentilshommes avaient en effet repris leur position, et il était évident qu'ils méditaient un projet interrompu par l'arrivée du prince ; peut-être même ne se postaient-ils dans cet endroit que pour épier le prince et son compagnon et s'assurer s'ils allaient effectivement chez le Juif Manassès.

— Eh bien ! monseigneur, demanda d'Aurilly, que décidez-vous ? Je ferai ce qu'ordonnera Votre Altesse, mais je ne crois pas qu'il soit prudent de demeurer.

— Mordieu ! dit le prince, c'est cependant fâcheux d'abandonner la partie.

— Oui, je sais bien, monseigneur ; mais la partie peut se remettre. J'ai déjà eu l'honneur de dire à Votre Altesse que je m'étais informé : la maison est louée pour un an ; nous savons que la dame loge au premier ; nous avons des intelligences avec sa femme de chambre, une clef qui ouvre sa porte. Avec tous ces avantages, nous pouvons attendre.

— Tu es sûr que la porte avait cédé ?

— J'en suis sûr, à la troisième clef que j'ai essayée.

— A propos, l'as-tu refermée ?

— La porte ?

— Oui.

— Sans doute, monseigneur.

Avec quelque accent de vérité que d'Aurilly eût prononcé cette affirmation, nous devons dire qu'il était moins sûr d'avoir refermé la porte que de l'avoir ouverte. Cependant son aplomb ne laissa pas plus de doute au prince sur la seconde certitude que sur la première.

— Mais, dit le prince, c'est que je n'eusse pas été fâché de savoir moi-même...

— Ce qu'ils font là, monseigneur ? Je puis vous le dire sans crainte de me tromper : ils sont réunis pour quelque guet-apens. Partons. Votre Altesse a des ennemis ; qui sait ce que l'on oserait tenter contre elle ?

— Eh bien ! partons, j'y consens... mais pour revenir.

— Pas cette nuit, au moins, monseigneur. Que Votre Altesse apprécie mes craintes ; je vois partout des embuscades ; et certes il m'est bien permis d'avoir de pareilles terreurs, quand j'accompagne le premier prince du sang... l'héritier de la couronne que tant de gens ont intérêt à ne pas voir hériter !

Ces derniers mots firent une impression telle sur François, qu'il se décida aussitôt à la retraite ; toutefois ce ne fut pas sans maugréer contre la disgrâce de cette rencontre et sans se promettre intérieurement de rendre aux cinq gentilshommes, en temps et lieu, le désagrément qu'il venait d'en recevoir.

— Soit! dit-il, rentrons à l'hôtel; nous y retrouverons Bussy qui doit être revenu de ses maudites noces; il aura ramassé quelque bonne querelle et aura tué ou tuera demain matin quelqu'un de ces mignons de couchette, et cela me consolera.

— Soit, monseigneur! dit d'Aurilly; espérons en Bussy. Je ne demande pas mieux, moi; et j'ai, comme Votre Altesse, sous ce rapport, la plus grande confiance en lui.

Et ils partirent.

Ils n'avaient pas tourné l'angle de la rue de Jouy que nos cinq compagnons virent apparaître, à la hauteur de la rue Tizon, un cavalier enveloppé dans un grand manteau. Le pas sec et dur du cheval résonnait sur la terre presque pétrifiée, et, luttant contre cette nuit épaisse, un faible rayon de lune, qui tentait un dernier effort pour percer le ciel nuageux et cette atmosphère lourde de neige, argentait la plume blanche de son toquet. Il tenait en bride et avec précaution la monture qu'il dirigeait, et que la contrainte qu'il lui imposait de marcher au pas faisait écumer malgré le froid.

— Cette fois, dit Quélus, c'est lui!

— Impossible! dit Maugiron.

— Pourquoi cela?

— Parce qu'il est seul, que nous l'avons quitté avec Livarot, d'Entragues et Ribeirac, et qu'ils ne l'auront pas laissé se hasarder ainsi.

— C'est lui cependant, c'est lui! dit d'Épernon. Tiens! reconnais-tu son *hum!* sonore et sa façon insolente de porter la tête? Il est bien seul.

— Alors, dit d'O, c'est un piége.

— En tout cas, piége ou non, dit Schomberg, c'est lui; et comme c'est lui : *Aux épées, aux épées!*

C'était en effet Bussy qui venait insoucieusement par la rue Saint-Antoine, et qui suivait ponctuellement l'itinéraire que lui avait tracé Quélus; il avait, comme nous l'avons vu, reçu l'avis de Saint-Luc, et malgré le tressaillement fort naturel que ces paroles lui avaient fait éprouver, il avait congédié ses trois amis à la porte de l'hôtel Montmorency.

C'était là une de ces bravades comme les aimait le valeureux colonel, lequel disait de lui-même : « Je ne suis qu'un simple gentilhomme, mais je porte en ma poitrine un cœur d'empereur; et quand je lis dans les Vies de Plutarque les exploits des anciens Romains, il n'est pas à mon gré un seul héros de l'antiquité que je ne puisse imiter dans tout ce qu'il a fait. »

Et puis Bussy avait pensé que peut-être Saint-Luc, qu'il ne comptait pas d'ordinaire au nombre de ses amis, et dont en effet il ne devait l'intérêt inattendu qu'à la position perplexe dans laquelle lui, Saint-Luc, se trouvait, ne l'avait ainsi averti que pour l'engager à prendre des précautions qui l'eussent pu rendre ridicule aux yeux de ses adversaires, en admettant qu'il eût des adversaires prêts à l'attendre. Or Bussy craignait plus le ridicule que le danger. Il avait, aux yeux de ses ennemis eux-mêmes, une réputation de courage qui lui faisait, pour la soutenir au niveau où elle s'était élevée, entreprendre les plus folles aventures. En homme de Plutarque, il avait donc renvoyé ses trois compagnons, vigoureuse escorte qui l'eût fait respecter même d'un escadron; et seul, les bras croisés dans son manteau, sans autres armes que son épée et son poignard, il se dirigeait vers la maison où l'attendait, non pas une maitresse, comme on eût pu le croire, mais une lettre que chaque mois lui envoyait, au même jour, la reine de Navarre, en souvenir de leur bonne amitié, et que le brave gentilhomme, selon la promesse qu'il avait faite à sa belle Marguerite, promesse à laquelle il n'avait pas manqué une seule fois, allait prendre la nuit, et lui-même, pour ne compromettre personne, au logis du messager.

Il avait fait impunément le trajet de la rue des Grands-Augustins à la rue Saint-Antoine, quand, en arrivant à la hauteur de la rue Sainte-Catherine, son œil actif, perçant et exercé distingua dans les ténèbres, le long du mur, ces formes humaines que le duc d'Anjou, moins bien prévenu, n'avait point aperçues d'abord. Il y a d'ailleurs pour le cœur vraiment brave, à l'approche du péril qu'il devine, une exaltation qui pousse à sa plus haute perfection l'acuité des sens et de la pensée.

Bussy compta les ombres noires sur la muraille grise.

— Trois, quatre, cinq, dit-il, sans compter les laquais qui se tiennent sans doute dans un autre coin et qui accourront au premier appel des maîtres. On fait cas de moi, à ce qu'il paraît. Diable ! voilà pourtant bien de la besogne pour un seul homme ! Allons, allons ! ce brave Saint-Luc ne m'a point trompé, et dût-il me trouer le premier l'estomac dans la bagarre, je lui dirais : Merci de l'avertissement, compagnon !

Et, ce disant, il avançait toujours ; seulement son bras droit jouait à l'aise sous son manteau, dont, sans mouvement apparent, sa main gauche avait détaché l'agrafe.

Ce fut alors que Schomberg s'écria : *Aux épées !* et qu'à ce cri, répété par ses quatre compagnons, les gentilshommes bondirent au-devant de Bussy.

— Oui-dà, messieurs, dit Bussy de sa voix aiguë, mais tranquille, on veut tuer, à ce qu'il paraît, ce pauvre Bussy ? C'est donc une bête fauve, c'est donc ce fameux sanglier que nous comptions chasser ? Eh bien ! messieurs, le sanglier va en découdre quelques-uns, c'est moi qui vous le jure, et vous savez que je ne manque pas à ma parole !

— Soit ! dit Schomberg ; mais cela n'empêche pas que tu sois un grand mal-appris, seigneur Bussy d'Amboise, de nous parler ainsi à cheval, quand nous t'écoutons à pied.

Et en disant ces paroles, le bras du jeune homme, vêtu de satin blanc, sortit du manteau et étincela comme un éclair d'argent aux rayons de la lune, sans que Bussy pût deviner à quelle intention, si ce n'est à une intention de menace, correspondante au geste qu'il faisait.

Aussi allait-il répondre comme répondait d'ordinaire Bussy, lorsque, au moment d'enfoncer les éperons dans le ventre de son cheval, il sentit l'animal plier et mollir sous lui. Schomberg, avec une adresse qui lui était particulière et dont il avait déjà donné des preuves dans les nombreux combats soutenus par lui, tout jeune qu'il était, avait lancé une espèce de coutelas dont la large lame était plus lourde que le manche, et l'arme, en taillant le jarret du cheval, était restée dans la plaie comme un couperet dans une branche de chêne.

L'animal poussa un hennissement sourd et tomba en frissonnant sur ses genoux.

Bussy, toujours préparé à tout, se trouva les deux pieds à terre et l'épée à la main.

— Ah ! malheureux ! dit-il, c'est mon cheval favori ; vous me le paierez.

Et comme Schomberg s'approchait, em-

Frère Gorenflot. — Page 29.

porté par son courage et calculant mal la portée de l'épée que Bussy tenait serrée au corps, comme on calcule mal la portée de la dent du serpent roulé en spirale, cette épée et ce bras se détendirent et lui crevèrent la cuisse.

Schomberg poussa un cri.

— Eh bien! dit Bussy, suis-je de parole? Un de décousu déjà. C'était le poignet de Bussy et non le jarret de son cheval qu'il fallait couper, maladroit!

Et en un clin d'œil, tandis que Schomberg comprimait sa cuisse avec son mouchoir, Bussy eut présenté la pointe de sa longue épée au visage, à la poitrine des quatre autres assaillants, dédaignant de crier; car appeler au secours, c'est-à-dire reconnaître qu'il avait besoin d'aide, était indigne de Bussy; seulement, roulant son manteau autour de son bras gauche et s'en faisant un bouclier, il rompit, non pas pour fuir, mais pour gagner une muraille contre laquelle il pût s'adosser afin de n'être point pris par derrière, portant dix coups à la minute, et sentant parfois cette molle résistance de la chair qui indique que les coups ont porté. Une fois il glissa et regarda machinalement la terre. Cet instant suffit à Quélus, qui lui porta un coup dans le côté.

— Touché! cria Quélus.

— Oui, dans le pourpoint; répondit Bussy qui ne voulait pas même avouer sa blessure, comme touchent les gens qui ont peur.

Et, bondissant sur Quélus, il lia si vigoureusement son épée que l'arme sauta à dix pas du jeune homme. Mais il ne put poursuivre sa victoire, car au même instant d'O, d'Épernon et Maugiron l'attaquèrent avec une nouvelle furie. Schomberg avait bandé sa blessure, Quélus avait ramassé son épée; il comprit qu'il allait se trouver cerné, qu'il n'avait plus qu'une minute pour gagner la muraille, et que, s'il ne profitait pas de cette minute, il allait être perdu.

Bussy fit en arrière un bond qui mit trois pas entre lui et les assaillants; mais quatre épées le rattrapèrent bien vite, et cependant c'était encore trop tard, car Bussy venait, grâce à un autre bond, de s'adosser au mur. Là il s'arrêta, fort comme Achille ou comme Roland, et souriant à cette tempête de coups qui s'abîmaient sur sa tête et cliquetaient autour de lui.

Tout à coup il sentit la sueur à son front et un nuage passa sur ses yeux.

Il avait oublié sa blessure, et les symptômes d'évanouissement qu'il venait d'éprouver la lui rappelaient.

— Ah! tu faiblis! s'écria Quélus redoublant ses coups.

— Tiens! dit Bussy, juges-en.

Et du pommeau de son épée il le frappa à la tempe. Quélus roula sous ce coup de poing de fer.

Puis, exalté, furieux comme le sanglier qui, après avoir tenu tête aux chiens, fond sur eux, il poussa un cri terrible et s'élança en avant. D'O et d'Épernon reculèrent; Maugiron avait relevé Quélus et le tenait embrassé; Bussy brisa du pied l'épée de ce dernier, et taillada d'un coup d'estoc l'avant-bras de d'Épernon. Un instant Bussy fut vainqueur; mais Quélus revint à lui, mais Schomberg, tout blessé qu'il était, rentra en lice, mais quatre épées flamboyèrent de nouveau. Bussy se sentit perdu une seconde fois. Il rassembla toutes ses forces pour opérer sa retraite, et recula pas à pas pour regagner son mur. Déjà la sueur glacée de son front, le tintement sourd de ses oreilles, une taie douloureuse et sanglante étendue sur ses yeux lui annonçaient l'épuisement de ses forces. L'épée ne suivait plus le chemin que lui traçait la pensée obscurcie. Bussy chercha le mur avec sa main gauche, le toucha, et le froid du mur lui fit du bien; mais, à son grand étonnement, le mur céda. C'était une porte entre-bâillée.

Alors Bussy reprit espoir, et reconquit toutes ses forces pour ce moment suprême. Pendant une seconde, ses coups furent si rapides et si violents, que toutes les épées s'écartèrent ou se baissèrent devant lui. Alors il se laissa glisser de l'autre côté de cette porte, et se retournant il la poussa d'un violent coup d'épaule. Le pêne claqua dans la gâche. C'était fini, Bussy était hors de danger, Bussy était vainqueur puisqu'il était sauvé.

Alors, d'un œil égaré par la joie, il vit à travers le guichet à l'étroit grillage les figures pâles de ses ennemis. Il entendit les coups d'épée furieux entamer le bois de la porte, puis des cris de rage, des appels insensés. Enfin tout à coup il lui sembla que la terre manquait sous ses pieds, que la muraille vacillait. Il fit trois pas en avant et se trouva dans une cour, tourna sur lui-même et alla rouler sur les marches d'un escalier.

Puis il ne sentit plus rien, et il lui sembla qu'il descendait dans le silence et l'obscurité du tombeau.

III

COMMENT IL EST DIFFICILE PARFOIS DE DISTINGUER LE RÊVE DE LA RÉALITÉ

Bussy avait eu le temps, avant de tomber, de passer son mouchoir sous sa chemise, et de boucler le ceinturon de son épée par-dessus, ce qui avait fait une espèce de bandage à la plaie vive et brûlante d'où le sang s'échappait comme un jet de flamme; mais, lorsqu'il en arriva là, il avait déjà perdu assez de sang pour que cette perte amenât l'évanouissement auquel nous avons vu qu'il avait succombé.

Cependant, soit que, dans ce cerveau surexcité par la colère et la souffrance, la vie persistât sous les apparences de l'évanouissement, soit que cet évanouissement cessât pour faire place à une fièvre qui fît place à un second évanouissement, voici ce que Bussy vit ou crut voir dans cette heure de rêve ou de réalité, pendant cet instant de crépuscule placé entre l'ombre de deux nuits.

Il se trouvait dans une chambre avec des meubles de bois sculpté, avec une tapisserie à personnages et un plafond peint. Ces personnages, dans toutes les attitudes possibles, tenant des fleurs, portant des piques, semblaient sortir des murailles contre lesquelles ils s'agitaient pour monter au plafond par des chemins mystérieux. Entre les deux fenêtres, un portrait de femme était placé, éclatant de lumière; seulement il semblait à Bussy que le cadre de ce portrait n'était autre chose que le chambranle d'une porte. Bussy, immobile, fixé sur son lit comme par un pouvoir supérieur, privé de tous ses mouvements, ayant perdu toutes ses facultés, excepté celle de voir, regardait tous ces personnages d'un œil terne, admirant les fades sourires de ceux qui portaient des fleurs et les grotesques colères de ceux qui portaient des épées. Avait-il déjà vu ces personnages ou les voyait-il pour la première fois? C'est ce qu'il ne pouvait préciser, tant sa tête était alourdie.

Tout à coup la femme du portrait sembla se détacher du cadre, et une adorable créature, vêtue d'une longue robe de laine blanche, comme celle que portent les anges, avec des cheveux blonds tombant sur ses épaules, avec des yeux noirs comme du jais, avec de longs cils veloutés, avec une peau sous laquelle il semblait qu'on pût voir circuler le sang qui la teintait de rose, s'avança vers lui. Cette femme était si prodigieusement belle, ses bras étendus étaient si attrayants, que Bussy fit un violent effort pour aller se jeter à ses pieds. Mais il semblait retenu à son lit par des liens pareils à ceux qui retiennent le cadavre au tombeau, tandis que, dédaigneuse de la terre, l'âme immatérielle monte au ciel.

Cela le força de regarder le lit sur lequel il était couché, et il lui sembla que c'était un de ces lits magnifiques, sculptés sous François Ier, auquel pendaient des courtines de damas blanc broché d'or.

A la vue de cette femme, les personnages de la muraille et du plafond cessèrent d'occuper Bussy. La femme du portrait était tout pour lui, et il cherchait à voir quel vide elle laissait dans le cadre. Mais un nuage que ses yeux ne pouvaient percer flottait devant ce cadre et lui en dérobait la vue; alors il reporta ses yeux sur le personnage mystérieux, et, concentrant sur la merveilleuse apparition tous ses regards, il se mit à lui adresser un compliment en vers comme il les faisait, c'est-à-dire couramment.

Mais soudain la femme disparut : un corps opaque s'interposait entre elle et Bussy; ce corps marchait lourdement et allongeait les mains comme fait le patient au jeu de colin-maillard.

Bussy sentit la colère lui monter à la tête, et il entra dans une telle rage contre l'importun visiteur, que, s'il eût eu la liberté de ses mouvements, il se fût certes jeté sur lui; il est même juste de dire qu'il l'essaya, mais la chose lui fut impossible.

Comme il s'efforçait vainement de se détacher du lit auquel il semblait enchaîné, le nouveau venu parla.

— Eh bien ! demanda-t-il, suis-je enfin arrivé?

— Oui, maître, dit une voix si douce que toutes les fibres du cœur de Bussy en tressaillirent, et vous pouvez maintenant ôter votre bandeau.

Bussy fit un effort pour voir si la femme à la douce voix était bien la même que celle du portrait; mais la tentative fut inutile. Il n'aperçut devant lui qu'une jeune et gracieuse figure d'homme qui venait, selon l'invitation qui lui en avait été faite, d'ôter son bandeau, et qui promenait tout autour de la chambre des regards effarés.

— Au diable l'homme! pensa Bussy.

Et il essaya de formuler sa pensée par la parole ou par le geste, mais l'un lui fut aussi impossible que l'autre.

— Ah! je comprends maintenant, dit le jeune homme en s'approchant du lit; vous êtes blessé, n'est-ce pas, mon cher monsieur? Voyons, nous allons essayer de vous raccommoder.

Bussy voulut répondre, mais il comprit que cela était chose impossible. Ses yeux nageaient dans une vapeur glacée, et les extrêmes bourrelets de ses doigts le piquaient comme s'ils eussent été traversés par cent mille épingles.

— Est-ce que le coup est mortel? demanda avec un serrement de cœur et un accent de douloureux intérêt qui fit venir les larmes aux yeux de Bussy la voix douce qui avait déjà parlé, et que le blessé reconnut pour être celle de la dame du portrait.

— Dame! je n'en sais rien encore, mais je vais vous le dire, répliqua le jeune homme; en attendant, il est évanoui.

Ce fut là tout ce que put comprendre Bussy; il lui sembla entendre comme le froissement d'une robe qui s'éloignait. Puis il crut sentir quelque chose comme un fer rouge qui traversait son flanc, et ce qui restait d'éveillé en lui acheva de s'évanouir.

Plus tard, il fut impossible à Bussy de fixer la durée de cet évanouissement.

Seulement, lorsqu'il sortit de ce sommeil, un vent froid courait sur son visage; des voix rauques et discordantes écorchaient son oreille; il ouvrit les yeux pour voir si c'étaient les personnages de la tapisserie qui se querellaient avec ceux du plafond, et, dans l'espérance que le portrait serait toujours là, il tourna la tête de tous côtés. Mais de tapisserie, point; de plafond, pas davantage. Quant au portrait, il avait complètement disparu. Bussy n'avait à sa droite qu'un homme vêtu de gris avec un tablier blanc retroussé à la ceinture et taché de sang; à sa gauche, qu'un moine génovéfain qui lui soulevait la tête, et devant lui qu'une vieille femme marmottant des prières.

L'œil errant de Bussy s'attacha bientôt à une masses de pierres qui se dressait devant lui, et montant jusqu'à la plus grande hauteur de ces pierres pour la mesurer, il reconnut alors le Temple, ce donjon flanqué de murs et de tours; au-dessus du Temple, le ciel blanc et froid, légèrement doré par le soleil levant.

Bussy était purement et simplement dans la rue, ou plutôt sur le rebord d'un fossé, et ce fossé était celui du Temple.

— Ah! merci, mes braves gens, dit-il, pour la peine que vous avez prise de m'apporter ici. J'avais besoin d'air, mais on aurait pu m'en donner en ouvrant les fenêtres, et j'eusse été mieux sur mon lit de damas blanc et or que sur cette terre nue. N'importe! il y a dans ma poche, à moins que vous ne vous soyez déjà payés vous-mêmes, ce qui serait prudent, quelque vingt écus d'or; prenez, mes amis, prenez!

— Mais, mon gentilhomme, dit le boucher, nous n'avons pas eu la peine de vous apporter, et vous étiez là, bien véritablement là. Nous vous y avons trouvé, en passant au point du jour.

— Ah! diable! dit Bussy; et le jeune médecin y était-il?

Les assistants se regardèrent.

— C'est un reste de délire, dit le moine en secouant la tête.

Puis revenant à Bussy :

— Mon fils, lui dit-il, je crois que vous feriez bien de vous confesser.

Bussy regarda le moine d'un air effaré.

— Il n'y avait pas de médecin, pauvre cher jeune homme! dit la vieille. Vous étiez là, seul, abandonné, froid comme un mort. Voyez, il y a un peu de neige, et votre place est dessinée en noir sur la neige.

Bussy jeta un regard sur son côté endolori, se rappela avoir reçu un coup d'épée, glissa la main sous son pourpoint et sentit son mouchoir à la même place, fixé sur la plaie par le ceinturon de son épée.

— C'est singulier! dit-il.

Déjà, profitant de la permission qu'il leur avait donnée, les assistants se partageaient sa bourse avec force exclamations pitoyables à son endroit.

— Là, dit-il quand le partage fut achevé, c'est fort bien, mes amis. Maintenant, conduisez-moi à mon hôtel.

— Ah! certainement, certainement, pauvre cher jeune homme! dit la vieille; le boucher est fort, et puis il a son cheval sur lequel vous pouvez monter.

— Est-ce vrai? dit Bussy.

— C'est la vérité du bon Dieu! dit le boucher, et moi et mon cheval sommes à votre service, mon gentilhomme.

— C'est égal, mon fils, dit le moine, tandis que le boucher va chercher son cheval, vous feriez bien de vous confesser.

— Comment vous appelez-vous? demanda Bussy.

— Je m'appelle frère Gorenflot, répondit le moine.

— Eh bien! frère Gorenflot, dit Bussy en s'accommodant sur son derrière, j'espère que le moment n'est pas encore venu. Aussi, mon père, au plus pressé! J'ai froid, et je voudrais être à mon hôtel pour me réchauffer.

— Et comment s'appelle votre hôtel?

— Hôtel de Bussy.

— Comment! s'écrièrent les assistants, hôtel de Bussy!

— Oui; qu'y a-t-il d'étonnant à cela?

— Vous êtes donc des gens de M. de Bussy?

— Je suis M. de Bussy lui-même.

— Bussy! s'écria la foule, le seigneur de Bussy, le brave Bussy, le fléau des mignons!... Vive Bussy!

Et le jeune homme, enlevé sur les épaules de ses auditeurs, fut reporté en triomphe en son hôtel, tandis que le moine s'en allait comptant sa part des vingt écus d'or, secouant la tête et murmurant :

— Si c'est ce sacripant de Bussy, cela ne m'étonne plus qu'il n'ait pas voulu se confesser.

Une fois rentré dans son hôtel, Bussy fit appeler son chirurgien ordinaire, lequel trouva la blessure sans conséquence.

— Dites-moi, lui dit Bussy; cette blessure n'a-t-elle pas été pansée?

— Ma foi! dit le docteur, je ne l'affirmerai pas, quoique, après tout, elle paraisse bien fraîche.

— Et, demanda Bussy, est-elle assez grave pour m'avoir donné le délire?

— Certainement.

— Diable! fit Bussy; cependant cette tapisserie avec ses personnages portant des fleurs et des piques, ce plafond à fresques, ce lit sculpté et tendu de damas blanc et or, ce portrait entre les deux fenêtres, cette adorable femme blonde aux yeux noirs, ce médecin qui jouait à colin-maillard et à qui j'ai failli crier casse-cou, ce serait donc du délire? et il n'y aurait de vrai que mon combat avec les mignons? Où me suis-je donc battu, déjà? Ah! oui, c'est cela. C'était près de la Bastille, vers la rue Saint-Paul. Je me suis adossé à un mur, ce mur était une porte, et cette porte a cédé heureusement. Je l'ai refermée à grand'peine, je me suis trouvé dans une allée. Là, je ne me rappelle plus rien jusqu'au moment où je me suis évanoui. Ou bien ai-je rêvé, maintenant? voici la question. Ah! et mon cheval, à propos? On doit avoir retrouvé mon cheval mort sur la place. Docteur, appelez, je vous prie, quelqu'un!

Le docteur appela un valet.

Bussy s'informa, et il apprit que l'animal, saignant, mutilé, s'était traîné jusqu'à la porte de l'hôtel, et qu'on l'avait trouvé là hennissant à la pointe du jour. Aussitôt l'alarme s'était répandue dans l'hôtel; tous les gens de Bussy, qui adoraient leur maître, s'étaient mis à sa recherche, et la plupart d'entre eux n'étaient pas encore rentrés.

— Il n'y a donc que le portrait, dit Bussy, qui demeure pour moi à l'état de rêve, et c'en était un en effet. Quelle probabilité y a-t-il qu'un portrait se détache de son cadre pour venir converser avec un médecin qui a les yeux bandés? C'est moi qui suis un fou.

« Et cependant, quand je me le rappelle, ce portrait était bien charmant. Il avait... »

Bussy se mit à détailler le portrait, et à mesure qu'il en repassait tous les détails dans sa mémoire, un frisson voluptueux, ce frisson de l'amour qui réchauffe et chatouille le cœur, passait comme un velours sur sa poitrine brûlante.

— Et j'aurais rêvé tout cela! s'écria Bussy tandis que le docteur posait l'appareil sur sa blessure. Mordieu! c'est impossible! on ne fait pas de pareils rêves.

« Récapitulons. »

Et Bussy se mit à répéter pour la centième fois :

— J'étais au bal; Saint-Luc m'a prévenu qu'on devait m'attendre du côté de la Bastille. J'étais avec Antraguet, Ribeirac et Livarot. Je les ai renvoyés. J'ai pris ma route par le quai, le Grand-Châtelet, etc., etc. A l'hôtel des Tournelles, j'ai commencé d'apercevoir les gens qui m'attendaient. Ils se sont rués sur moi, ont estropié mon cheval. Nous nous sommes rudement battus. Je suis entré dans une allée; je me suis trouvé mal, et puis... Ah! voilà, c'est cet *et puis* qui me tue; il y a une fièvre, un délire, un rêve après cet *et puis*.

« Et puis, ajouta-t-il avec un soupir, je me suis retrouvé sur le talus des fossés du Temple, où un moine génovéfain a voulu me confesser.

« C'est égal, j'en aurai le cœur net, reprit Bussy après un silence d'un instant qu'il employa encore à rappeler ses souvenirs. Docteur, me faudra-t-il donc garder encore la chambre quinze jours pour cette égratignure, comme j'ai fait pour la dernière?

— C'est selon. Voyons, est-ce que vous ne pouvez pas marcher? demanda le chirurgien.

— Moi! au contraire, dit Bussy. Il me semble que j'ai du vif-argent dans les jambes.

— Faites quelques pas.

Bussy sauta à bas de son lit et donna la preuve de ce qu'il avait avancé en faisant assez allègrement le tour de sa chambre.

— Cela ira, dit le médecin, pourvu que vous ne montiez pas à cheval et que vous ne fassiez pas dix lieues pour le premier jour.

— A la bonne heure! s'écria Bussy, voilà un médecin; cependant j'en ai vu un autre cette nuit. Ah! oui, bien vu; j'ai sa figure gravée là, et si je le rencontre jamais, je le reconnaîtrai, j'en réponds.

— Mon cher seigneur, dit le médecin, je ne vous conseille pas de le chercher; on a toujours un peu de fièvre après les coups d'épée; vous devriez cependant savoir cela, vous qui êtes à votre douzième.

— Oh! mon Dieu! s'écria tout à coup Bussy frappé d'une idée nouvelle, car il ne songeait qu'au mystère de sa nuit, est-ce que mon rêve aurait commencé au delà de la porte, au lieu de commencer en deçà? Est-ce qu'il n'y aurait pas eu plus d'allée et d'escalier qu'il n'y avait de lit de damas blanc et or et de portrait? Est-ce que ces brigands-là, me croyant tué, m'auraient porté tout bellement jusqu'aux fossés du Temple, afin de dépister quelque spectateur de la scène? Alors, c'est pour le coup que j'aurais bien certainement rêvé le reste. Dieu saint! si c'est vrai, s'ils m'ont procuré le rêve qui m'agite, qui me dévore, qui me tue, je fais serment de les éventrer tous jusqu'au dernier.

— Mon cher seigneur, dit le médecin, si vous voulez vous guérir promptement, il ne faut pas vous agiter ainsi.

— Excepté cependant ce bon Saint-Luc, continua Bussy sans écouter ce que lui disait le docteur. Celui-là, c'est autre chose; il s'est conduit en ami pour moi. Aussi je veux qu'il ait ma première visite.

— Seulement, pas avant ce soir à cinq heures, dit le médecin.

— Soit! dit Bussy; mais, je vous assure, ce n'est pas de sortir et de voir du monde qui peut me rendre malade, mais de me tenir en repos et de demeurer seul.

— Au fait, c'est possible! dit le docteur; vous êtes en toutes choses un singulier malade. Agissez à votre guise, monseigneur; je ne vous recommande plus qu'une chose : c'est de ne pas vous faire donner un autre coup d'épée avant que celui-là soit guéri.

Bussy promit au médecin de faire ce qu'il pourrait pour cela, et s'étant fait habiller, il appela sa litière et se fit porter à l'hôtel Montmorency.

IV

COMMENT MADEMOISELLE DE BRISSAC, AUTREMENT DIT MADAME DE SAINT-LUC, AVAIT PASSÉ SA NUIT DE NOCES.

C'était un beau cavalier et un parfait gentilhomme que Louis de Clermont, plus connu sous le nom de Bussy d'Amboise, que Brantôme, son cousin, a mis au rang des grands capitaines du XVIe siècle. Nul homme, depuis longtemps, n'avait fait de plus glorieuses conquêtes. Les rois et les princes avaient brigué son amitié. Les reines et les princesses lui avaient envoyé leurs plus doux sourires. Bussy avait succédé à La Mole dans les affections de Marguerite de Navarre; et la bonne reine, au cœur tendre, qui après la mort du favori dont nous avons écrit l'histoire avait sans doute besoin de consolation, avait fait, pour le beau et brave Bussy d'Amboise, tant de folies, que Henri, son mari, s'en était ému, lui qui ne s'émouvait guère de ces sortes de choses, et que le duc François ne lui eût jamais pardonné l'amour de sa sœur, si cet amour n'eût acquis Bussy à ses intérêts. Cette fois encore, le duc sacrifiait son amour à cette ambition sourde et irrésolue qui, durant tout le cours de son existence, devait lui valoir tant de douleurs et rapporter si peu de fruits.

Mais au milieu de tous les succès de guerre, d'ambition et de galanterie, Bussy était demeuré ce que peut être une âme inaccessible à toute faiblesse humaine, et celui-là qui n'avait jamais connu la peur n'avait jamais non plus, jusqu'à l'époque où nous sommes arrivés du moins, connu l'amour. Ce cœur d'empereur qui battait dans sa poitrine de gentilhomme, comme il disait lui-même, était vierge et pur, pareil au diamant que la main du lapidaire n'a pas encore touché et qui sort de la mine où il a mûri sous le regard du soleil. Aussi n'y avait-il point dans ce cœur place pour les détails de pensée qui eussent fait de Bussy un empereur véritable. Il se croyait digne d'une couronne et valait mieux que la couronne qui lui servait de point de comparaison.

Henri III lui avait fait offrir son amitié, et Bussy l'avait refusée, disant que les amis des rois sont leurs valets, et quelquefois pis encore; que, par conséquent, semblable condition ne lui convenait pas. Henri III avait dévoré en silence cet affront, aggravé par le choix qu'avait fait Bussy du duc François pour son maître. Il est vrai que le duc François était le maître de Bussy comme le bestiaire est le maître du lion. Il le sert et le nourrit de peur que le lion ne le mange. Tel était ce Bussy que François poussait à soutenir ses querelles particulières. Bussy le voyait bien, mais le rôle lui convenait.

Il s'était fait une théorie à la manière de la devise des Rohan qui disaient: « Roi ne puis, prince ne daigne, Rohan je suis. » Bussy se disait: Je ne puis être roi de France, mais M. le duc d'Anjou peut et veut l'être; je serai roi de M. le duc d'Anjou.

Et, de fait, il l'était.

Quand les gens de Saint-Luc virent entrer au logis ce Bussy redoutable, ils coururent prévenir M. de Brissac.

— M. de Saint-Luc est-il au logis? demanda Bussy passant la tête aux rideaux de la portière.

— Non, monsieur, fit le concierge.

— Où le trouverai-je?

— Je ne sais, monsieur, répondit le digne serviteur. On est même fort inquiet

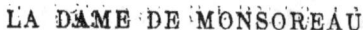

Si la jeune femme n'eût pas porté le costume de son page, Bussy ne l'eût pas reconnue. — Page 36.

à l'hôtel. M. de Saint-Luc n'est pas rentré depuis hier.

— Bah! fit Bussy tout émerveillé.

— C'est comme j'ai l'honneur de vous le dire.

— Mais madame de Saint-Luc?

— Oh! madame de Saint-Luc, c'est autre chose.

— Elle est à l'hôtel?

— Oui.

— Prévenez donc madame de Saint-Luc que je serais charmé si j'obtenais d'elle la permission de lui présenter mes respects.

Cinq minutes après, le messager revint dire que madame de Saint-Luc recevrait avec grand plaisir M. de Bussy.

Bussy descendit de ses coussins de velours et monta le grand escalier; Jeanne de Cossé était venue au-devant du jeune homme jusqu'au milieu de la salle d'honneur. Elle était fort pâle, et ses cheveux, noirs comme l'aile du corbeau, donnaient à cette pâleur le ton de l'ivoire jauni; ses yeux étaient rouges d'une douloureuse insomnie, et l'on eût suivi sur sa joue le sillon argenté d'une larme récente. Bussy, que cette pâleur avait d'abord fait sourire et qui préparait un compliment de circonstance à ces yeux battus, s'arrêta dans son improvisation à ces symptômes de véritable douleur.

— Soyez le bienvenu, monsieur de Bussy, dit la jeune femme, malgré toute la crainte que votre présence me fait éprouver.

— Que voulez-vous dire, madame? demanda Bussy; et comment ma personne peut-elle vous annoncer un malheur?

— Ah! il y a eu rencontre cette nuit entre vous et M. de Saint-Luc; cette nuit, n'est-ce pas? avouez-le.

— Entre moi et M. de Saint-Luc? répéta Bussy étonné.

— Oui, il m'a éloignée pour vous parler. Vous êtes au duc d'Anjou, il est au roi; vous avez eu querelle. Ne me cachez rien, monsieur de Bussy, je vous en supplie. Vous devez comprendre mon inquiétude. Il est parti avec le roi, c'est vrai; mais on se retrouve, on se rejoint. Confessez-moi la vérité. Qu'est-il arrivé à M. de Saint-Luc?

— Madame, dit Bussy, voilà en vérité qui est merveilleux. Je m'attendais à ce que vous me demandassiez des nouvelles de ma blessure, et c'est moi que l'on interroge.

— M. de Saint-Luc vous a blessé! il s'est battu! s'écria Jeanne. Ah! vous voyez bien.

— Mais non, madame, il ne s'est point battu le moins du monde avec moi du moins, ce cher Saint-Luc, et, Dieu merci, ce n'est point de sa main que je suis blessé. Il y a même plus, c'est qu'il a fait tout ce qu'il a pu pour que je ne le fusse pas. Mais d'ailleurs lui-même a dû vous dire que nous étions maintenant comme Damon et Pythias!

— Lui! comment me l'aurait-il dit, puisque je ne l'ai pas revu?

— Vous ne l'avez pas revu? Ce que me disait votre concierge était donc vrai?

— Que vous disait-il?

— Que M. de Saint-Luc n'était pas rentré depuis hier onze heures... Depuis hier onze heures, vous n'avez pas revu votre mari?

— Hélas non!

— Mais où peut-il être?

— Je vous le demande.

— Oh pardieu! contez-moi donc cela, madame, dit Bussy qui se doutait de ce qui était arrivé; c'est fort drôle.

La pauvre femme regarda Bussy avec le plus grand étonnement.

— Non, c'est fort triste, voulais-je dire, reprit Bussy. J'ai perdu beaucoup de sang, de sorte que je ne jouis pas de toutes mes facultés. Dites-moi cette lamentable histoire, madame, dites!

Et Jeanne raconta tout ce qu'elle savait, c'est-à-dire l'ordre donné par Henri III à Saint-Luc de l'accompagner, la fermeture des portes du Louvre, et la réponse des gardes à laquelle, en effet, aucun retour n'avait succédé.

— Ah! fort bien, dit Bussy; je comprends.

— Comment! vous comprenez? demanda Jeanne.

— Oui : Sa Majesté a emmené Saint-Luc au Louvre, et, une fois entré, Saint-Luc n'a pas pu en sortir.

— Et pourquoi Saint-Luc n'a-t-il pas pu en sortir?

— Ah dame! dit Bussy embarrassé, vous me demandez de dévoiler les secrets d'État.

— Mais enfin, dit la jeune femme, j'y suis allée au Louvre, mon père aussi.

— Eh bien?

— Eh bien! les gardes nous ont répondu qu'ils ne savaient ce que nous voulions dire, et que M. de Saint-Luc devait être rentré au logis.

— Raison de plus pour que M. de Saint-Luc soit au Louvre, dit Bussy.

— Vous croyez?

— J'en suis sûr, et si vous voulez vous en assurer de votre côté...

— Comment?

— Par vous-même.

— Le puis-je donc?

— Certainement.

— Mais j'aurai beau me présenter au palais, on me renverra comme on a déjà fait, avec les mêmes paroles qu'on m'a déjà dites. Car s'il y était, qui empêcherait que je le visse?

— Voulez-vous entrer au Louvre, vous dis-je?

— Pourquoi faire?

— Pour voir Saint-Luc.

— Mais enfin, s'il n'y est pas?

— Eh! mordieu! je vous dis qu'il y est, moi.

— C'est étrange!

— Non, c'est royal.

— Mais vous pouvez donc y entrer au Louvre, vous?

— Certainement. Moi, je ne suis pas la femme de Saint-Luc.

— Vous me confondez.

— Venez toujours.

— Comment l'entendez-vous? vous prétendez que la femme de Saint-Luc ne peut entrer au Louvre et vous voulez m'y mener avec vous!

— Pas du tout, madame; ce n'est pas la femme de Saint-Luc que je veux mener là... Une femme! fi donc!

— Alors vous me raillez... et voyant ma tristesse, c'est bien cruel à vous!

— Eh non! chère dame! Écoutez: vous avez vingt ans, vous êtes grande, vous avez l'œil noir, vous avez la taille cambrée, vous ressemblez à mon plus jeune page... comprenez-vous?... ce joli garçon à qui le drap d'or allait si bien hier soir.

— Ah! quelle folie, monsieur de Bussy! s'écria Jeanne en rougissant.

— Écoutez: je n'ai pas d'autre moyen que celui que je vous propose. C'est à prendre ou à laisser. Voulez-vous voir votre Saint-Luc, dites?

— Oh! je donnerais tout au monde pour cela.

— Eh bien! je vous promets de vous le faire voir sans que vous ayez rien à donner, moi!

— Oui... mais...

— Oh! je vous ai dit de quelle façon.

— Eh bien! monsieur de Bussy, je ferai ce que vous voudrez; seulement prévenez ce jeune garçon que j'ai besoin d'un de ses habits et je lui enverrai une de mes femmes.

— Non pas. Je vais faire prendre chez moi un des habits tout neufs que je destine à ces drôles pour le premier bal de la reine-mère. Celui que je croirai le plus assorti à votre taille, je vous l'enverrai; puis vous me rejoindrez à un endroit convenu: ce soir, rue Saint-Honoré, près de la rue des Prouvaires, par exemple, et de là...

— De là?

— Eh bien! de là, nous irons au Louvre ensemble.

Jeanne se mit à rire et tendit la main à Bussy.

— Pardonnez-moi mes soupçons, dit-elle.

— De grand cœur. Vous me fournirez

une aventure qui va faire rire toute l'Europe. C'est encore moi qui suis votre obligé.

Et, prenant congé de la jeune femme, il retourna chez lui faire les préparatifs de la mascarade.

Le soir, à l'heure dite, Bussy et madame de Saint-Luc se rencontrèrent à la hauteur de la barrière des Sergents. Si la jeune femme n'eût pas porté le costume de son page, Bussy ne l'eût pas reconnue. Elle était adorable sous son déguisement. Tous deux, après avoir échangé quelques paroles, s'acheminèrent vers le Louvre.

A l'extrémité de la rue des Fossés-Saint-Germain-l'Auxerrois, ils rencontrèrent grande compagnie. Cette compagnie tenait toute la rue et leur barrait le passage.

Jeanne eut peur. Bussy reconnut aux flambeaux et aux arquebuses le duc d'Anjou, reconnaissable d'ailleurs à son cheval pie et au manteau de velours blanc qu'il avait l'habitude de porter.

— Ah! dit Bussy en se retournant vers Jeanne, vous étiez embarrassé, mon beau page, de savoir comment vous pourriez pénétrer dans le Louvre? Eh bien! soyez tranquille maintenant : vous allez y faire une triomphale entrée.

— Eh! monseigneur! cria de tous ses poumons Bussy au duc d'Anjou.

L'appel traversa l'espace et, malgré le piétinement des chevaux et le chuchotement des voix, parvint jusqu'au prince.

Le prince se retourna.

— Toi, Bussy! s'écria-t-il tout enchanté; je te croyais blessé à mort, et j'allais à ton logis de la Corne-du-Cerf, rue de Grenelle.

— Ma foi! monseigneur, dit Bussy sans même remercier le prince de cette marque d'attention; si je ne suis pas mort, ce n'est la faute de personne, excepté la mienne. En vérité, monseigneur, vous me fourrez dans de beaux guets-apens, et vous m'abandonnez dans de joyeuses positions. Hier, à ce bal de Saint-Luc, c'était un véritable coupe-gorge universel. Il n'y avait que moi d'Angevin, et ils ont, sur mon honneur! failli me tirer tout le sang que j'ai dans le corps.

— Par la mort! Bussy, ils le payeront cher, ton sang, et je leur en ferai compter les gouttes.

— Oui, vous dites cela, reprit Bussy avec sa liberté ordinaire, et vous allez sourire au premier que vous rencontrerez. Si en souriant, du moins, vous montriez les dents; mais vous avez les lèvres trop serrées pour cela.

— Eh bien! reprit le prince, accompagne-moi au Louvre et tu verras.

— Que verrai-je, monseigneur?

— Tu verras comme je vais parler à mon frère.

— Écoutez, monseigneur, je ne vais pas au Louvre s'il s'agit de recevoir quelque rebuffade. C'est bon pour les princes du sang et pour les mignons, cela.

— Sois tranquille! j'ai pris la chose à cœur.

— Me promettez-vous que la réparation sera belle?

— Je te promets que tu seras content. Tu hésites encore, je crois?

— Monseigneur, je vous connais si bien!

— Viens, te dis-je; on en parlera.

— Voilà votre affaire toute trouvée, glissa Bussy à l'oreille de la comtesse. Il va y avoir entre ces bons frères, qui s'exècrent, un esclandre effroyable, et vous, pendant ce temps, vous retrouverez votre Saint-Luc.

— Eh bien! demanda le duc, te décides-tu et faut-il que je t'engage ma parole de prince?

— Oh! non, dit Bussy, cela me porterait malheur. Allons, vaille que vaille, je vous suis, et si l'on m'insulte, je saurai bien me venger.

Et Bussy alla prendre son rang près du prince, tandis que le nouveau page, suivant son maître au plus près, marchait immédiatement derrière lui.

— Te venger! Non, non, dit le prince répondant à la menace de Bussy, ce soin ne te regarde pas, mon brave gentilhomme. C'est moi qui me charge de la vengeance. Écoute, ajouta-t-il à voix basse, je connais tes assassins.

— Bah! fit Bussy, Votre Altesse a pris tant de soin que de s'en informer?

— Je les ai vus.

— Comment cela? dit Bussy étonné.

— Où j'avais affaire moi-même, à la porte Saint-Antoine; ils m'ont rencontré et ont failli me tuer à ta place. Ah! je ne me doutais pas que ce fût toi qu'ils attendissent, les brigands! sans cela...

— Eh bien! sans cela?...

— Est-ce que tu avais ce nouveau page avec toi? demanda le prince en laissant la menace en suspens.

— Non, monseigneur, dit Bussy, j'étais seul; et vous, monseigneur?

— Moi, j'étais avec Aurilly; et pourquoi étais-tu seul?

— Parce que je veux conserver le nom de brave Bussy qu'ils m'ont donné.

— Et ils t'ont blessé? demanda le prince avec sa rapidité à répondre par une feinte aux coups qu'on lui portait.

— Écoutez, dit Bussy, je ne veux pas leur en faire la joie, mais j'ai un joli coup d'épée tout au travers du flanc.

— Ah! les scélérats! s'écria le prince; Aurilly me le disait bien qu'ils avaient de mauvaises idées!

— Comment! dit Bussy, vous avez vu l'embûche! comment! vous étiez avec Aurilly qui joue presque aussi bien de l'épée que du luth! comment! il a dit à Votre Altesse que ces gens-là avaient de mauvaises pensées, vous étiez deux, et ils n'étaient que cinq, et vous n'avez pas guetté pour prêter main-forte!

— Dame! que veux-tu? j'ignorais contre qui cette embûche était dressée.

— Mort-diable! comme disait le roi Charles IX, en reconnaissant les amis du roi Henri III, vous avez cependant bien dû songer qu'ils en voulaient à quelque ami à vous. Or, comme il n'y a guère que moi qui aie le courage d'être votre ami, il n'était pas difficile de deviner que c'était à moi qu'ils en voulaient.

— Oui, peut-être as-tu raison, mon cher Bussy, dit François; mais je n'ai pas songé à tout cela.

— Enfin! soupira Bussy comme s'il n'eût trouvé que ce mot pour exprimer tout ce qu'il pensait de son maître.

On arriva au Louvre. Le duc d'Anjou fut reçu au guichet par le capitaine et les concierges. Il y avait consigne sévère; mais, comme on le pense bien, cette consigne n'était pas pour le premier du royaume après le roi. Le prince s'engouffra donc sous l'arcade du pont-levis avec toute sa suite.

— Monseigneur, dit Bussy en se voyant dans la cour d'honneur, allez faire votre algarade, et rappelez-vous que vous me l'avez promise solennelle; moi, je veux dire deux mots à quelqu'un.

— Tu me quittes, Bussy? dit avec inquiétude le prince qui avait un peu compté sur la présence de son gentilhomme.

— Il le faut, mais que cela n'empêche ; soyez tranquille ! au fort du tapage, je reviendrai. Criez, monseigneur, criez, mordieu ! criez, pour que je vous entende, ou, si je ne vous entends pas crier, vous comprenez, je n'arriverai pas.

Puis, profitant de l'entrée du duc dans la grande salle, il se glissa, suivi de Jeanne, dans les appartements.

Bussy connaissait le Louvre comme son propre hôtel. Il prit un escalier dérobé, deux ou trois corridors solitaires et arriva à une espèce d'antichambre.

— Attendez-moi ici, dit-il à Jeanne.

— Oh ! mon Dieu ! vous me laissez seule ! dit la jeune femme effrayée.

— Il le faut, répondit Bussy ; je dois vous éclairer le chemin et vous ménager les entrées.

V

COMMENT MADEMOISELLE DE BRISSAC, AUTREMENT DIT MADAME DE SAINT-LUC, S'ARRANGEA POUR PASSER LA SECONDE NUIT DE SES NOCES AUTREMENT QU'ELLE N'AVAIT PASSÉ LA PREMIÈRE.

Bussy alla droit au cabinet des armes qu'affectionnait tant le roi Charles IX, et qui, par une nouvelle distribution, était devenu la chambre à coucher du roi Henri III, lequel l'avait accommodé à son usage. Charles IX, roi chasseur, roi forgeron, roi poëte, avait dans cette chambre des cors, des arquebuses, des manuscrits, des livres et des étaux. Henri III y avait deux lits de velours et de satin, des dessins d'une grande licence, des reliques, des scapulaires bénits par le pape, des sachets parfumés venant d'Orient et une collection des plus belles épées d'escrime qui se pussent voir.

Bussy savait bien que Henri ne serait pas dans cette chambre, puisque son frère lui demandait audience dans la galerie ; mais il savait aussi que près de la chambre du roi était l'appartement de la nourrice de Charles IX, devenu celui du favori de Henri III. Or, comme Henri III était un prince très-changeant dans ses amitiés, cet appartement avait été successivement occupé par Saint-Mégrin, Maugiron, d'O, d'Épernon, Quélus et Schomberg, et en ce moment il devait l'être, selon la pensée de Bussy, par Saint-Luc, pour qui le roi, ainsi qu'on l'a vu, éprouva une si grande recrudescence de tendresse, qu'il avait enlevé le jeune homme à sa femme.

C'est qu'à Henri III, organisation étrange, prince futile, prince profond, prince craintif, prince brave ; c'est qu'à Henri III, toujours ennuyé, toujours inquiet, toujours rêveur, il fallait une éternelle distraction : le jour, le bruit, les jeux, l'exercice, les momeries, les mascarades, les intrigues ; la nuit, la lumière, les caquetages, la prière ou la débauche. Aussi Henri III est-il à peu près le seul personnage de ce caractère que nous retrouvions dans notre monde moderne. Henri III, l'hermaphrodite antique, était destiné à voir le jour dans quelque ville d'Orient, au milieu d'un monde de muets, d'esclaves, d'eunuques, d'icoglans, de philosophes et de sophistes, et son règne devait marquer une ère particulière de molles débauches et de folies inconnues, entre Néron et Héliogabale.

Or Bussy, se doutant donc que Saint-Luc habitait l'appartement de la nourrice, alla frapper à l'antichambre commune aux deux appartements.

Le capitaine des gardes vint ouvrir.

— Monsieur de Bussy ! s'écria l'officier étonné.

— Oui, moi-même, mon cher monsieur de Nancey, dit Bussy. Le roi désire parler à M. de Saint-Luc.

— Fort bien, répondit le capitaine; qu'on prévienne M. de Saint-Luc que le roi veut lui parler.

A travers la porte restée entr'ouverte, Bussy décocha un regard au page.

Puis se retournant vers M. de Nancey :

— Mais que fait-il donc, ce pauvre Saint-Luc? demanda Bussy.

— Il joue avec Chicot, monsieur, en attendant le roi qui vient de se rendre à la demande d'audience que lui a faite M. le duc d'Anjou.

— Voulez-vous permettre que mon page m'attende ici? demanda Bussy au capitaine des gardes.

— Bien volontiers, répondit le capitaine.

— Entrez, Jean, dit Bussy à la jeune femme; et de la main il lui montra l'embrasure d'une fenêtre dans laquelle elle alla se réfugier.

Elle y était blottie à peine, que Saint-Luc entra. Par discrétion, M. de Nancey se retira hors de la portée de la voix.

— Que me veut donc encore le roi? dit Saint-Luc, la voix aigre et la mine refrognée. Ah! c'est vous, monsieur de Bussy?

— Moi-même, cher Saint-Luc, et avant tout...

Il baissa la voix.

— Avant tout, merci du service que vous m'avez rendu.

— Ah! dit Saint-Luc, c'était tout naturel, et il me répugnait de voir assassiner un brave gentilhomme comme vous. Je vous croyais tué.

— Il s'en est fallu de peu; mais peu, dans ce cas-là, c'est énorme.

— Comment cela?

— Oui, j'en ai été quitte pour un joli coup d'épée que j'ai rendu avec usure, je crois, à Schomberg et à d'Épernon. Quant à Quélus, il doit remercier les os de son crâne. C'est un des plus durs que j'aie encore rencontrés.

— Ah! racontez-moi donc votre aventure, elle me distraira, dit Saint-Luc en bâillant à se démonter la mâchoire.

— Je n'ai pas le temps dans ce moment-ci, mon cher Saint-Luc. D'ailleurs je suis venu pour tout autre chose. Vous vous ennuyez fort, à ce qu'il paraît?

— Royalement, c'est tout dire.

— Eh bien! je viens pour vous distraire. Que diable! un service en vaut un autre.

— Vous avez raison; celui que vous me rendez n'est pas moins grand que celui que je vous ai rendu. On meurt d'ennui aussi bien que d'un coup d'épée; c'est plus long, mais c'est plus sûr.

— Pauvre comte! dit Bussy; vous êtes donc prisonnier, comme je m'en doutais?

— Tout ce qu'il y a de plus prisonnier. Le roi prétend qu'il n'y a que mon humeur qui le distraie. Le roi est bien bon, car, depuis hier, je lui ai fait plus de grimaces que son singe et lui ai dit plus de brutalités que son bouffon.

— Eh bien! voyons : ne puis-je pas à mon tour, comme je vous l'offrais, vous rendre un service?

— Certainement, dit Saint-Luc; vous pouvez aller chez moi, ou plutôt chez le maréchal de Brissac, pour rassurer ma pauvre petite femme, qui doit être fort inquiète et qui trouve certainement ma conduite des plus étranges.

— Que lui dirai-je?

— Eh pardieu! dites-lui ce que vous avez vu, c'est-à-dire que je suis prisonnier, consigné au guichet; que, depuis hier, le roi me parle de l'amitié comme Cicéron qui a écrit là-dessus, et de la vertu comme Socrate qui l'a pratiquée.

— Et que lui répondez-vous? demanda Bussy en riant.

— Morbleu! je lui réponds qu'à propos d'amitié je suis un ingrat; et, à propos de vertu, que je suis un pervers; ce qui n'empêche pas qu'il s'obstine et qu'il me répète en soupirant : « Ah! Saint-Luc, l'amitié n'est donc qu'une chimère! Ah! Saint-Luc, la vertu n'est donc qu'un nom! » Seulement, après l'avoir dit en français, il le redit en latin et le répète en grec.

A cette saillie, le page, auquel Saint-Luc n'avait pas encore fait la moindre attention, poussa un éclat de rire.

— Que voulez-vous, cher ami? il croit vous toucher. *Bis repetita placent;* à plus forte raison, *ter.* Mais est-ce là tout ce que je puis faire pour vous?

— Ah! mon Dieu, oui; du moins j'en ai bien peur.

— Alors, c'est fait.

— Comment cela?

— Je me suis douté de tout ce qui est arrivé, et j'ai d'avance tout dit à votre femme.

— Et qu'a-t-elle répondu?

— Elle n'a pas voulu croire d'abord. Mais, ajouta Bussy en jetant un coup d'œil du côté de l'embrasure de la fenêtre, j'espère qu'elle se sera enfin rendue à l'évidence. Demandez-moi donc autre chose, quelque chose de difficile, d'impossible même; il y aura plaisir à entreprendre cela.

— Alors, mon cher Bussy, empruntez pour quelques instants l'hippogriffe au gentil chevalier Astolfe, et amenez-le contre une de mes fenêtres; je monterai en croupe derrière vous, et vous me conduirez près de ma femme. Libre à vous de continuer après, si bon vous semble, votre voyage vers la lune.

— Mon cher, dit Bussy, il y a une chose plus simple, c'est de mener l'hippogriffe à votre femme, et que votre femme vienne vous trouver.

— Ici?

— Oui, ici.

— Au Louvre?

— Au Louvre même. Est-ce que ce ne serait pas plus drôle encore, dites?

— Oh! mordieu! je crois bien.

— Vous ne vous ennuieriez plus?

— Non, ma foi!

— Car vous vous ennuyez, m'avez-vous dit?

— Demandez à Chicot. Depuis ce matin, je l'ai pris en horreur, et lui ai proposé trois coups d'épée. Ce coquin s'est fâché que c'était à crever de rire. Eh bien! je n'ai pas sourcillé, moi; mais je crois que, si cela dure, je le tuerai tout de bon pour me distraire, ou que je m'en ferai tuer.

— Peste! ne vous y jouez pas : vous savez que Chicot est un rude tireur. Vous vous ennuieriez bien plus encore dans une bière que vous ne vous ennuyez dans votre prison, allez!

— Ma foi! je n'en sais rien.

— Voyons! dit Bussy riant, voulez-vous que je vous donne mon page?

— A moi?

— Oui, un garçon merveilleux.

— Merci, dit Saint-Luc, je déteste les pages. Le roi m'a offert de faire venir celui des miens qui m'agréait le plus, et j'ai refusé. Offrez-le au roi qui monte sa maison. Moi, je ferai en sortant d'ici ce qu'on fit à Chenonceaux lors du festin vert : je ne me ferai plus servir que par des femmes, et encore je ferai moi-même le programme du costume.

SAINT-LUC.

— Bah! dit Bussy insistant, essayez toujours!
— Bussy, dit Saint-Luc dépité, ce n'est pas bien à vous de me railler ainsi.
— Laissez-moi faire.
— Mais non!
— Quand je vous dis que je sais ce qu'il vous faut.
— Mais non, non, non, cent fois non!
— Holà! page, venez ici!
— Mordieu! s'écria Saint-Luc.

Le page quitta sa fenêtre et vint tout rougissant.
— Oh! oh! murmura Saint-Luc stupéfait de reconnaître Jeanne sous la livrée de Bussy.
— Eh bien! demanda Bussy, faut-il le renvoyer?
— Non, vrai Dieu! non! s'écria Saint-Luc. Ah! Bussy, Bussy, c'est moi qui vous dois une amitié éternelle!
— Vous savez qu'on ne vous entend

pas, Saint-Luc, mais qu'on vous regarde.

— C'est vrai, dit celui-ci, et, après avoir fait deux pas vers sa femme, il en fit trois en arrière.

En effet, M. de Nancey, étonné de la pantomime par trop expressive de Saint-Luc, commençait à prêter l'oreille, quand un grand bruit, venant de la galerie vitrée, le fit sortir de sa préoccupation.

— Ah! mon Dieu! s'écria M. de Nancey, voilà le roi qui querelle quelqu'un, ce me semble.

— Je le crois en effet, répliqua Bussy jouant l'inquiétude; serait-ce, par hasard, M. le duc d'Anjou, avec lequel je suis venu?

Le capitaine des gardes assura son épée à son côté, et partit dans la direction de la galerie où, en effet, le bruit d'une vive discussion perçait voûtes et murailles.

— Dites que je n'ai pas bien fait les choses? dit Bussy en se retournant vers Saint-Luc.

— Qu'y a-t-il donc? demanda celui-ci.

— Il y a que M. d'Anjou et le roi se déchirent en ce moment, et que, comme ce doit être un superbe spectacle, j'y cours pour n'en rien perdre. Vous, profitez de la bagarre, non pour fuir, le roi vous rejoindrait toujours, mais pour mettre en lieu de sûreté ce beau page que je vous donne; est-ce possible?

— Oui, pardieu! et d'ailleurs, si cela ne l'était pas, il faudrait bien que cela le devînt; mais heureusement j'ai fait le malade; je garde la chambre.

— En ce cas, adieu, Saint-Luc! Madame, ne m'oubliez pas dans vos prières.

Et Bussy, tout joyeux d'avoir joué ce mauvais tour à Henri III, sortit de l'antichambre et gagna la galerie où le roi, rouge de colère, soutenait au duc d'Anjou

pâle de rage que, dans la scène de la nuit précédente, c'était Bussy qui était le provocateur.

— Je vous affirme, sire, s'écriait le duc d'Anjou, que d'Épernon, Schomberg, d'O, Maugiron et Quélus l'attendaient à l'hôtel des Tournelles.

— Qui vous l'a dit?

— Je les ai vus moi-même, sire, de mes deux yeux vus.

— Dans l'obscurité, n'est-ce pas? la nuit était noire comme l'intérieur d'un four.

— Aussi n'est-ce point au visage que je les ai reconnus.

— A quoi donc? aux épaules?

— Non, sire, à la voix.

— Ils vous ont parlé?

— Ils ont fait mieux que cela, ils m'ont pris pour Bussy et m'ont chargé.

— Vous?

— Oui, moi.

— Et qu'alliez-vous faire à la porte Saint-Antoine?

— Que vous importe!

— Je veux le savoir, moi. Je suis curieux, aujourd'hui.

— J'allais chez Manassès.

— Chez Manassès, un juif!

— Vous allez bien chez Ruggieri, un empoisonneur.

— Je vais où je veux, je suis le roi.

— Ce n'est pas répondre, c'est assommer.

— D'ailleurs, comme je l'ai dit, c'est Bussy qui a été le provocateur.

— Bussy?

— Oui.

— Où cela?

— Au bal de Saint-Luc.

— Bussy a provoqué cinq hommes? Allons donc! Bussy est brave, mais Bussy n'est pas fou.

— Par la mordieu! je vous dis que j'ai entendu la provocation, moi. D'ailleurs il en était bien capable, puisque, malgré tout ce que vous me dites, il a blessé Schomberg à la cuisse, d'Épernon au bras, et presque assommé Quélus.

— Ah! vraiment! dit le duc; il ne m'avait point parlé de cela : je lui en ferai mon compliment.

— Moi, dit le roi, je ne complimenterai personne, mais je ferai un exemple de ce batailleur.

— Et moi, dit le duc, moi que vos amis attaquent, non-seulement dans la personne de Bussy, mais encore dans la mienne, je saurai si je suis votre frère, et s'il y a en France, excepté Votre Majesté, un seul homme qui ait le droit de me regarder en face sans qu'à défaut du respect la crainte lui fasse baisser les yeux.

En ce moment, attiré par les clameurs des deux frères, parut Bussy, galamment habillé de satin vert tendre avec des nœuds roses.

— Sire, dit-il en s'inclinant devant Henri III, daignez agréer mes très-humbles respects.

— Pardieu! le voici, dit Henri.

— Votre Majesté, à ce qu'il paraît, me fait l'honneur de s'occuper de moi? demanda Bussy.

— Oui, répondit le roi, et je suis bien aise de vous voir; quoi qu'on m'ait dit, votre visage respire la santé.

— Sire, le sang tiré rafraîchit le visage, dit Bussy; et je dois avoir le visage très-frais ce soir.

— Eh bien! puisqu'on vous a battu, puisqu'on vous a meurtri, plaignez-vous, seigneur de Bussy, et je vous ferai justice.

— Permettez, sire! dit Bussy; on ne m'a ni battu ni meurtri, et je ne me plains pas.

Henri demeura stupéfait et regarda le duc d'Anjou.

— Eh bien! que disiez-vous donc? demanda-t-il.

— Je disais que Bussy a reçu un coup de dague qui lui traverse le flanc.

— Est-ce vrai, Bussy? demanda le roi.

— Puisque le frère de Votre Majesté l'assure, dit Bussy, cela doit être vrai; un premier prince du sang ne saurait mentir.

— Et ayant un coup d'épée dans le flanc, dit Henri, vous ne vous plaignez pas?

— Je ne me plaindrais, sire, que si, pour m'empêcher de me venger moi-même, on me coupait la main droite; encore, continua l'intraitable duelliste, je me vengerais, je l'espère bien, de la main gauche.

— Insolent! murmura Henri.

— Sire, dit le duc d'Anjou, vous avez parlé de justice; eh bien! faites justice, nous ne demandons pas mieux. Ordonnez une enquête, nommez des juges, et que l'on sache bien de quel côté venait le guet-apens, et qui avait préparé l'assassinat.

Henri rougit.

— Non, dit-il, j'aime mieux encore cette fois ignorer où sont les torts et envelopper tout le monde dans un pardon général. J'aime mieux que ces farouches ennemis fassent la paix, et je suis fâché que Schomberg et d'Épernon se trouvent retenus chez eux par leurs blessures. Voyons, monsieur d'Anjou, quel était le plus enragé de tous mes amis, à votre avis, dites? Cela doit vous être facile, puisque vous prétendez les avoir vus.

— Sire, dit le duc d'Anjou, c'était Quélus.

— Ma foi oui! dit Quélus, je ne m'en cache pas, et Son Altesse a bien vu.

— Alors, dit Henri, que M. de Bussy

et M. de Quélus fassent la paix au nom de tous.

— Oh! oh! dit Quélus, que signifie cela, sire?

— Cela signifie que je veux qu'on s'embrasse ici, devant moi, à l'instant même.

Quélus fronça le sourcil.

— Eh quoi! signor, dit Bussy en se retournant du côté de Quélus et en imitant le geste italien de Pantalon, ne me ferez-vous point cette faveur?

La saillie était si inattendue, et Bussy l'avait faite avec tant de verve, que le roi lui-même se mit à rire. Alors s'approchant de Quélus :

— Allons, monsou, dit-il, le roi le veut.

Et il lui jeta les deux bras au cou.

— J'espère que cela ne vous engage à rien, dit tout bas Quélus à Bussy.

— Soyez tranquille! répondit Bussy du même ton. Nous nous retrouverons un jour ou l'autre.

Quélus, tout rouge et tout défrisé, se recula furieux.

Henri fronça le sourcil, et Bussy, toujours pantalonnant, fit une pirouette et sortit de la salle du conseil.

VI

COMMENT SE FAISAIT LE PETIT COUCHER DU ROI HENRI III

Après cette scène, commencée en tragédie et terminée en comédie, et dont le bruit, échappé au dehors comme un écho du Louvre, se répandit par la ville, le roi tout courroucé reprit le chemin de son appartement, suivi de Chicot qui demandait à souper.

— Je n'ai pas faim, dit le roi en franchissant le seuil de sa porte.

— C'est possible, dit Chicot; mais moi j'enrage, et je voudrais mordre quelque chose, ne fût-ce qu'un gigot.

Le roi fit comme s'il n'avait pas entendu. Il dégrafa son manteau, qu'il posa sur son lit, ôta son toquet, maintenu sur sa tête par de longues épingles noires, et le jeta sur son fauteuil; puis s'avançant vers le couloir qui conduisait à la chambre de Saint-Luc, laquelle n'était séparée de la sienne que par une simple muraille :

— Attends-moi ici, bouffon, dit-il; je reviens.

— Oh! ne te presse pas, mon fils, dit Chicot, ne te presse pas; je désire même, continua-t-il en écoutant le pas de Henri qui s'éloignait, que tu me laisses le temps de te ménager une petite surprise.

Puis, lorsque le bruit des pas se fut tout à fait éteint :

— Holà! dit-il en ouvrant la porte de l'antichambre.

Un valet accourut.

— Le roi a changé d'avis, dit-il; il veut un joli souper fin pour lui et Saint-Luc. Surtout il a recommandé le vin; allez, laquais!

Le valet tourna sur ses talons et courut exécuter les ordres de Chicot, qu'il ne doutait pas être les ordres du roi.

Quant à Henri, il était passé, comme nous l'avons dit, dans l'appartement de Saint-Luc, lequel, prévenu de la visite de Sa Majesté, s'était couché et se faisait lire des prières par un vieux serviteur qui, l'ayant suivi au Louvre, avait été fait prisonnier avec lui. Sur un fauteuil doré, dans un coin, la tête entre ses deux mains, dormait profondément le page qu'avait amené Bussy.

Le roi embrassa toutes ces choses d'un coup d'œil.

— Qu'est-ce que ce jeune homme? demanda-t-il à Saint-Luc avec inquiétude.

— Votre Majesté, en me retenant ici, ne m'a-t-elle pas autorisé à faire venir un page?

— Oui, sans doute, répondit Henri III.

— Eh bien! j'ai profité de la permission, sire.

— Ah! ah!

— Sa Majesté se repent-elle de m'avoir accordé cette distraction? demanda Saint-Luc.

— Non pas, mon fils, non pas; distrais-toi, au contraire. Eh bien! comment vas-tu?

— Sire, dit Saint-Luc, j'ai une grande fièvre.

— En effet, dit le roi, tu as le visage empourpré, mon enfant; voyons le pouls? tu sais que je suis un peu médecin.

Saint-Luc tendit la main avec un mouvement visible de mauvaise humeur.

— Oui-dà! dit le roi, plein, intermittent, agité.

— Oh! sire, dit Saint-Luc, c'est qu'en vérité je suis bien malade.

— Sois tranquille, dit Henri, je te ferai soigner par mon propre médecin.

— Merci, sire, je déteste Miron.

— Je te garderai moi-même.

— Sire, je ne souffrirai pas...

— Je vais faire dresser un lit pour moi dans ta chambre, Saint-Luc. Nous causerons toute la nuit. J'ai mille choses à te raconter.

— Ah! s'écria Saint-Luc désespéré, vous vous dites médecin, vous vous dites mon ami, et vous voulez m'empêcher de dormir! Morbleu! docteur, vous avez une drôle de manière de traiter vos malades! Morbleu! sire, vous avez une singulière façon d'aimer vos amis.

— Eh quoi! tu veux rester seul, souffrant comme tu es?

— Sire, j'ai mon page Jean.

— Mais il dort.

— C'est comme cela que j'aime les gens qui me veillent; au moins ils ne m'empêchent point de dormir moi-même.

— Laisse-moi au moins te veiller avec lui; je ne te parlerai que si tu te réveilles.

— Sire, j'ai le réveil très-maussade, et il faut être bien habitué à moi pour me pardonner toutes les sottises que je dis avant d'être bien éveillé.

— Au moins, viens assister à mon coucher.

— Et je serai libre après de revenir me mettre au lit?

— Parfaitement libre.

— Eh bien! soit. Mais je ferai un triste courtisan; je vous en réponds. Je tombe de sommeil.

— Tu bâilleras tout à ton aise.

— Quelle tyrannie, dit Saint-Luc, quand vous avez tous vos autres amis!

— Ah! oui, ils sont dans un bel état, et Bussy me les a bien accommodés. Schomberg a la cuisse crevée; d'Épernon a le poignet taillardé comme une manche à l'espagnole; Quélus est encore tout étourdi de son coup de poing d'hier et de son embrassade d'aujourd'hui; reste d'O qui m'ennuie à mourir et Maugiron qui me boude. Allons! réveille ce grand bélître de page, et fais-toi passer une robe de chambre.

— Sire, si Votre Majesté veut me laisser.

— Pourquoi faire?

— Le respect...

— Allons donc!

— Sire, dans cinq minutes je serai chez Votre Majesté.

— Dans cinq minutes, soit! Mais pas plus de cinq minutes, entends-tu? et pendant ces cinq minutes, trouve-moi de bons contes, Saint-Luc, que nous tâchions de rire un peu.

Et là-dessus le roi, qui avait obtenu la moitié de ce qu'il voulait, sortit à moitié content.

La porte ne se fut pas plutôt refermée derrière lui que le page se réveilla en sursaut, et d'un bond fut à la portière.

— Ah ! Saint-Luc dit-il, quand le bruit des pas se fut perdu, vous allez encore me quitter. Mon Dieu ! quel supplice ! je meurs d'effroi ici. Si l'on allait découvrir...

— Ma chère Jeanne, dit Saint-Luc, Gaspard que voilà ici — et il lui montrait le vieux serviteur — vous défendra contre toute indiscrétion.

— Alors, autant vaut que je m'en aille, dit la jeune femme en rougissant.

— Si vous l'exigez absolument, Jeanne, dit Saint-Luc d'un ton attristé, je vous ferai reconduire à l'hôtel Montmorency, car la consigne n'est que pour moi, Mais si vous étiez aussi bonne que belle, si vous aviez dans le cœur quelques sentiments pour le pauvre Saint-Luc, vous l'attendriez quelques instants. Je vais tant souffrir de la tête, des nerfs et des entrailles, que le roi ne voudra pas d'un si triste compagnon et me renverra coucher.

Jeanne baissa les yeux.

— Allez donc, dit-elle, j'attendrai ; mais je vous dirai, comme le roi : Ne soyez pas longtemps.

— Jeanne, ma chère Jeanne, vous êtes adorable, dit Saint-Luc; rapportez-vous-en à moi de revenir le plus tôt possible près de vous. D'ailleurs il me vient une idée, je vais la mûrir un peu, et à mon retour je vous en ferai part.

— Une idée qui vous rendra la liberté ?

— Je l'espère.

— Alors, allez !

— Gaspard, dit Saint-Luc, empêchez bien que personne n'entre ici. Puis, dans un quart d'heure, fermez la porte à clef, apportez-moi cette clef chez le roi. Allez dire à l'hôtel qu'on ne soit point inquiet de madame la comtesse, et ne revenez que demain.

Gaspard promit en souriant d'exécuter les ordres que la jeune femme écoutait en rougissant.

Saint-Luc prit la main de sa femme, la baisa tendrement, et courut à la chambre de Henri, qui déjà s'impatientait.

Jeanne, toute seule et toute frémissante, se blottit dans l'ample rideau qui tombait des tringles du lit, et là, rêveuse, inquiète, courroucée, elle chercha de son côté, en jouant avec une sarbacane, un moyen de sortir victorieuse de l'étrange position où elle se trouvait.

Quand Saint-Luc entra chez le roi, il fut saisi du parfum âpre et voluptueux qu'exhalait la chambre royale. Les pieds de Henri foulaient en effet une jonchée de fleurs dont on avait coupé les tiges, de peur qu'elles n'offensassent la peau délicate de Sa Majesté ; roses, jasmins, violettes, giroflées, malgré la rigueur de la saison, formaient un moelleux et odorant tapis au roi Henri III.

La chambre, dont le plafond avait été abaissé et décoré de belles peintures sur toile, était meublée, comme nous l'avons dit, de deux lits, l'un desquels était si large, que, quoique son chevet fût appuyé au mur, il tenait près du tiers de la chambre.

Ce lit était d'une tapisserie d'or et de soie à personnages mythologiques, représentant l'histoire de Cenée ou de Cénis, tantôt homme et tantôt femme, laquelle métamorphose ne s'opérait pas, comme on peut le présumer, sans les plus fantastiques efforts de l'imagination du peintre. Le ciel du lit était de toile d'argent lamée d'or et de figures de soie, et les armes royales richement brodées étaient appliquées à la portion du baldaquin qui, appliquée à la muraille, formait le chevet du lit.

Il y avait aux fenêtres même tapisserie qu'aux lits, et les canapés et les fauteuils étaient formés de même étoffe que celle du lit et des fenêtres. Au milieu du plafond, une chaîne d'or laissait pendre une lampe de vermeil, dans laquelle brûlait une huile qui répandait, en se consumant, un parfum exquis. A la droite du lit, un satyre d'or tenait à la main un candélabre où brûlaient quatre bougies roses parfumées aussi. Ces bougies, grosses comme des cierges, jetaient une lumière qui, jointe à celle de la lampe, éclairait suffisamment la chambre.

Le roi, les pieds nus posés sur les fleurs qui jonchaient le parquet, était assis sur sa chaise d'ébène incrustée d'or; il avait sur les genoux sept ou huit petits chiens épagneuls tout jeunes, et dont les frais museaux chatouillaient doucement ses mains. Deux serviteurs triaient et frisaient ses cheveux, retroussés comme ceux d'une femme, sa moustache à crochet et sa barbe rare et floconneuse. Un troisième enduisait le visage du prince d'une couche onctueuse de crème rose d'un goût tout particulier et d'odeur des plus appétissantes.

Henri fermait les yeux et se laissait faire avec la majesté et le sérieux d'un dieu indien.

— Saint-Luc! disait-il; où est Saint-Luc?

Saint-Luc entra. Chicot le prit par la main et l'amena devant le roi.

— Tiens, dit-il à Henri, le voici, ton ami Saint-Luc; ordonne-lui de se débarbouiller ou plutôt de se barbouiller aussi avec de la crème; car si tu ne prends cette indispensable précaution, il arrivera une chose fâcheuse : ou lui sentira mauvais pour toi qui sens si bon, ou toi tu sentiras trop bon pour lui qui ne sentira rien. Çà! les graisses et les peignes! ajouta Chicot en s'étendant sur un grand fauteuil en face du roi; j'en veux tâter aussi, moi.

— Chicot, Chicot! s'écria Henri, votre peau est trop sèche et absorberait une trop grande quantité de crème; à peine y en a-t-il assez pour moi; et votre poil est si dur qu'il casserait mes peignes.

— Ma peau s'est séchée à tenir la campagne pour toi, prince ingrat; et si mon poil est si dur, c'est que les contrariétés que tu me donnes le tiennent continuellement hérissé; mais si tu me refuses la crème pour mes joues, c'est-à-dire pour mon extérieur, c'est bon, mon fils, je ne te dis que cela !

Henri haussa les épaules en homme peu disposé à s'amuser des facéties de son bouffon.

— Laissez-moi, dit-il; vous radotez.

Puis se tournant vers Saint-Luc :

— Eh bien ! mon fils, dit-il, ce mal de tête?

Saint-Luc porta la main à son front et poussa un gémissement.

— Figure-toi, continua Henri, que j'ai vu Bussy d'Amboise. Aïe !... Monsieur, dit-il au coiffeur, vous me brûlez.

Le coiffeur s'agenouilla.

— Vous avez vu Bussy d'Amboise, sire? dit Saint-Luc tout frissonnant.

— Oui, répondit le roi; comprends-tu ces imbéciles qui l'ont attaqué à cinq et qui l'ont manqué? Je les ferai rouer. Si tu avais été là, dis donc, Saint-Luc?

— Sire, répondit le jeune homme, il est probable que je n'eusse pas été plus heureux que mes compagnons.

— Allons donc! que dis-tu? je gage mille écus d'or que tu touches dix fois Bussy contre Bussy six. Pardieu! il faudra que demain nous voyions cela. Tires-tu toujours, mon enfant?

— Mais oui, sire.

— Je demande si tu t'exerces souvent?

— Presque tous les jours quand je me porte bien; mais quand je suis malade, sire, je ne suis bon à rien absolument.

— Combien de fois me touchais-tu?

— Nous faisions jeu égal à peu près, sire.

— Oui, mais je tire mieux que Bussy. Par la mordieu! monsieur, dit Henri à son barbier, vous m'arrachez la moustache!

Le barbier s'agenouilla.

— Sire, dit Saint-Luc, indiquez-moi un remède pour le mal de cœur.

— Il faut manger, dit le roi.

— Oh! sire, je crois que vous vous trompez.

— Non, je t'assure!

— Tu as raison, Valois, dit Chicot, et comme j'ai grand mal de cœur ou d'estomac, je ne sais pas bien lequel, je suis l'ordonnance.

Et l'on entendit un bruit singulier, pareil à celui qui résulte du mouvement très-multiplié des mâchoires d'un singe.

Le roi se retourna et vit Chicot qui, après avoir englouti à lui tout seul le double souper qu'il avait fait monter au nom du roi, faisait jouer bruyamment ses mandibules tout en dégustant le contenu d'une tasse de porcelaine du Japon.

— Eh bien! dit Henri, que diable faites-vous là, monsieur Chicot?

— Je prends ma crème à l'intérieur, dit Chicot, puisque extérieurement elle m'est défendue.

— Ah! traître! s'écria le roi en faisant un demi-tour de tête si malencontreux que le doigt pâteux du valet de chambre emplit de crème la bouche du roi.

— Mange, mon fils! dit gravement Chicot. Je ne suis pas si tyrannique que toi : intérieure ou extérieure, je te les permets toutes deux.

— Monsieur, vous m'étouffez! dit Henri au valet de chambre.

Le valet de chambre s'agenouilla comme avaient fait le coiffeur et le barbier.

— Qu'on aille me chercher mon capitaine des gardes! s'écria Henri; qu'on me l'aille chercher à l'instant même!

— Et pourquoi faire, ton capitaine des gardes? demanda Chicot passant son doigt dans l'intérieur de la tasse de porcelaine et faisant glisser ensuite son doigt entre ses lèvres.

— Pour qu'il passe son épée au travers du corps de Chicot, et que, si maigre qu'il puisse être, il en fasse un rôti à mes chiens.

Chicot se redressa, et se coiffant de travers :

— Par la mordieu! dit-il, du Chicot à tes chiens! du gentilhomme à tes quadrupèdes! Eh bien! qu'il y vienne, mon fils, ton capitaine des gardes, et nous verrons!

Et Chicot tira sa longue épée, dont il s'escrima si plaisamment contre le coiffeur, contre le barbier, contre le valet de chambre, que le roi ne put s'empêcher de rire.

— Mais j'ai faim, dit le roi d'une voix dolente, et le coquin a mangé à lui seul tout le souper!

— Tu es un capricieux, Henri, dit Chicot. Je t'ai offert de te mettre à table, et tu as refusé. En tous cas, il reste ton

LA DAME DE MONSOREAU

Et Chicot s'accommoda dans un grand fauteuil, son épée mise entre ses jambes. — Page 59.

bouillon. Moi, je n'ai plus faim et je vais me coucher.

Pendant ce temps, le vieux Gaspard était venu apporter la clef à son maître.

— Moi aussi, dit Saint-Luc; car je manquerais, si je restais plus longtemps debout, de respect à mon roi, en tombant devant lui, dans des attaques nerveuses. J'ai le frisson.

— Tiens, Saint-Luc, dit le roi en tendant au jeune homme une poignée de petits chiens, emporte, emporte!

— Pourquoi faire? demanda Saint-Luc.

— Pour les faire coucher avec toi; ils prendront ton mal et tu ne l'auras plus.

— Merci, sire, dit Saint-Luc en remettant les chiens dans leur corbeille; je n'ai pas de confiance dans votre recette.

— Je t'irai voir cette nuit, Saint-Luc, dit le roi.

— Oh! ne venez pas, sire, je vous en supplie, dit Saint-Luc; vous me réveilleriez en sursaut, et l'on dit que cela rend épileptique.

Et sur ce, ayant salué le roi, il sortit de la chambre, poursuivi par les signes d'amitié que lui prodigua Henri tant qu'il put le voir.

Chicot avait déjà disparu.

Les deux ou trois personnes qui avaient assisté au coucher sortirent à leur tour.

Il ne resta près du roi que les valets, qui lui couvrirent le visage d'un masque de toile fine enduite de graisse parfumée. Des trous pour le nez, pour les yeux et pour la bouche, étaient ménagés dans ce masque. Un bonnet d'une étoffe de soie et d'argent le fixait sur le front et aux oreilles.

Puis on passa les bras du roi dans une brassière de satin rose, bien douillettement doublée de soie fine et de ouate; puis on lui présenta des gants d'une peau si souple qu'on eût dit qu'ils étaient de tricot. Ces gants montaient jusqu'aux coudes, et ils étaient oints intérieurement d'une huile parfumée qui leur donnait cette élasticité dont à l'extérieur on cherchait inutilement la cause.

Ces mystères de la toilette royale achevés, on fit boire à Henri son consommé dans une tasse d'or; mais, avant de le porter à ses lèvres, il en versa la moitié dans une autre tasse toute pareille à la sienne, et ordonna qu'on envoyât cette moitié à Saint-Luc en lui souhaitant une bonne nuit.

Ce fut alors le tour de Dieu, qui, ce soir-là, sans doute à cause de la grande préoccupation du roi, fut traité assez légèrement. Henri ne fit qu'une seule prière, sans même toucher à ses chapelets bénits; et faisant ouvrir son lit bassiné avec de la coriandre, du benjoin et de la cannelle, il se coucha.

Puis, une fois accommodé sur ses nombreux oreillers, Henri ordonna que l'on enlevât la jonchée de fleurs qui commençait à épaissir l'air de la chambre. On ouvrit pendant quelques secondes les fenêtres pour renouveler cet air trop chargé de carbone. Après quoi un grand feu de sarments brûla dans la cheminée de marbre, et, rapide comme un météore, ne s'éteignit néanmoins qu'après avoir répandu sa douce chaleur dans tout l'appartement.

Alors le valet ferma tout, rideaux et portières, et fit entrer le grand chien favori du roi, qui s'appelait Narcisse. D'un bond, il sauta sur le lit du roi, trépigna, tourna un instant, puis il se coucha en s'allongeant en travers sur les pieds de son maître.

Enfin on souffla les bougies roses qui brûlaient aux mains du satyre d'or, on baissa la lumière de la veilleuse en y substituant une mèche moins forte, et le valet chargé de ces derniers détails sortit à son tour sur la pointe du pied.

Déjà plus tranquille, plus nonchalant, plus oublieux que ces moines oisifs de son royaume enfouis dans leurs grasses abbayes, le roi de France ne se donnait plus la peine de songer qu'il y eût une France.

Il dormait.

Une demi-heure après, les gens qui veillaient dans les galeries, et qui, de leurs différents postes, pouvaient distinguer les fenêtres de la chambre de Henri, virent à travers les rideaux s'éteindre tout à fait la lampe royale, et les rayons argentés de la lune remplacer sur les vitres la douce lumière rose qui les colorait. Ils pensèrent en conséquence que Sa Majesté dormait de mieux en mieux.

En ce moment, tous les bruits du dedans et du dehors s'étaient éteints, et l'on eût entendu la chauve-souris la plus silencieuse voler dans les sombres corridors du Louvre.

VII

COMMENT, SANS QUE PERSONNE SUT LA CAUSE DE CETTE CONVERSION, LE ROI HENRI SE TROUVA CONVERTI DU JOUR AU LENDEMAIN.

Deux heures se passèrent ainsi.

Soudain un cri terrible retentit. Ce cri était parti de la chambre de Sa Majesté.

Cependant la veilleuse était toujours éteinte, le silence toujours profond, et nul bruit ne se faisait entendre, sauf cet étrange appel du roi.

Car c'était le roi qui avait crié.

Bientôt on distingua le bruit d'un meuble qui tombait, d'une porcelaine qui éclatait en morceaux, des pas insensés courant dans la chambre ; puis ce furent des cris nouveaux mêlés à des aboiements de chiens. Aussitôt les lumières brillent, les épées reluisent dans les galeries, et les pas lourds des gardes appesantis par le sommeil ébranlent les piliers massifs.

— Aux armes ! crie-t-on de toutes parts, aux armes ! le roi appelle, courons chez le roi !

Et au même instant, s'élançant d'un pas rapide, le capitaine des gardes, le colonel des suisses, les familiers du château, les arquebusiers de service se précipitèrent dans la chambre royale, qu'un jet de flamme inonda aussitôt : vingt flambeaux illuminèrent la scène.

Près du fauteuil renversé, des tasses brisées, devant le lit en désordre et dont les draps et les couvertures étaient épars dans la chambre, Henri, grotesque et effrayant dans son attirail de nuit, se tenait, les cheveux hérissés, les yeux fixes.

Sa main droite était étendue, tremblante comme une feuille au vent.

Sa main gauche crispée se cramponnait à la poignée de son épée qu'il avait machinalement saisie.

Le chien, aussi agité que son maître, le regardait les pattes écartées et hurlait.

Le roi paraissait muet à force de terreur, et tout ce monde, n'osant rompre le silence, s'interrogeant des yeux, attendait avec une anxiété terrible.

Alors parut à demi habillée, mais enveloppée dans un vaste manteau, la jeune reine, Louise de Lorraine, blonde et douce créature qui mena la vie d'une sainte sur cette terre, et que les cris de son époux avaient réveillée.

— Sire, dit-elle plus tremblante que tout le monde, qu'y a-t-il donc, mon Dieu ?... vos cris sont arrivés jusqu'à moi et je suis venue.

— Ce.... ce... ce n'est rien, dit le roi sans mouvoir ses yeux qui semblaient regarder dans l'air une forme vague et invisible pour tout autre que pour lui.

— Mais Votre Majesté a crié, reprit la reine... Votre Majesté est donc souffrante ?

La terreur était peinte si visiblement sur les traits de Henri qu'elle gagnait peu à peu tous les assistants. On reculait, on avançait, on dévorait des yeux la personne du roi pour s'assurer qu'il n'était pas blessé, qu'il n'avait pas été frappé de la foudre ou mordu par quelque reptile.

— Oh ! sire, s'écria la reine, sire, au nom du ciel, ne nous laissez pas dans une pareille angoisse ! Voulez-vous un médecin ?

— Un médecin ! dit Henri du même ton sinistre ; non, le corps n'est point malade, c'est l'âme, c'est l'esprit ; non, non, pas de médecin... un confesseur.

Chacun se regarda, on interrogea les portes, les rideaux, le parquet, le plafond.

En aucun lieu n'était restée la trace de l'objet invisible qui avait si fort épouvanté le roi.

Cet examen était fait avec un redoublement de curiosité : le mystère se compliquait, le roi demandait un confesseur !

Aussitôt la demande faite, un messager a sauté sur son cheval, des milliers d'étincelles ont jailli du pavé de la cour du Louvre. Cinq minutes après, Joseph Foulon, le supérieur du couvent de Sainte-Geneviève, était réveillé, arraché pour ainsi dire de son lit, et il arrivait chez le roi.

Avec le confesseur, le tumulte a cessé, le silence se rétablit; on s'interroge, on conjecture; on croit deviner, mais surtout on a peur... Le roi se confesse!

Le lendemain, de grand matin, le roi, levé avant tout le monde, ordonne qu'on referme la porte du Louvre, qui ne s'est ouverte que pour laisser passer le confesseur.

Puis il fait venir le trésorier, le cirier, le maître des cérémonies; il prend ses heures reliées de noir et lit des prières, s'interrompt pour découper des images de saints, et tout à coup commande qu'on fasse venir tous ses amis.

A cet ordre, on passe d'abord chez Saint-Luc ; mais Saint-Luc est plus souffrant que jamais. Il languit, il est écrasé de fatigue. Son mal est dégénéré en accablement, son sommeil, ou plutôt sa léthargie a été si profonde, que seul de tous les commensaux du palais, quoiqu'une mince muraille le sépare seule du prince, il n'a rien entendu de la scène de la nuit. Aussi demande-t-il à rester au lit; il y fera toutes les prières que le roi lui ordonnera.

A ce déplorable récit, Henri fait le signe de la croix, ordonne qu'on lui envoie son apothicaire.

Puis il recommande qu'on apporte au Louvre toutes les disciplines du couvent des génovéfains ; il passe, vêtu de noir, devant Schomberg qui boite, devant d'Épernon qui a le bras en écharpe, devant Quélus encore tout étourdi, devant d'O et Maugiron qui tremblent. Il leur distribue, en passant, des disciplines, et leur ordonne de se flageller le plus rudement que leurs bras puissent frapper.

D'Épernon fait observer qu'ayant le bras droit en écharpe, il doit être excepté de la cérémonie, attendu qu'il ne pourra rendre les coups qu'on lui donnera, ce qui fera pour ainsi dire un désaccord dans la gamme de la flagellation.

Henri III lui répond que sa pénitence n'en sera que plus agréable à Dieu.

Lui-même donne l'exemple. Il ôte son pourpoint, sa veste, sa chemise, et se frappe comme un martyr. Chicot a voulu rire et gausser selon son habitude, mais un regard terrible du roi lui a appris que ce n'était pas l'heure ; alors il a pris comme les autres une discipline ; seulement, au lieu de se frapper, il assomme ses voisins ; et lorsqu'il ne trouve plus aucun torse à sa portée, il enlève des écailles de la peinture des colonnes et des boiseries.

Ce tumulte rassérène peu à peu le visage du roi, quoiqu'il soit visible que son esprit reste toujours profondément frappé.

Tout à coup il quitte sa chambre en ordonnant qu'on l'attende. Derrière lui, les pénitences cessent comme par enchantement. Chicot seul continue de frapper sur d'O qu'il a en exécration. D'O le lui rend du mieux qu'il peut. C'est un duel de coups de martinet.

Henri est passé chez la reine. Il lui a fait don d'un collier de perles de vingt-cinq mille écus, l'a embrassée sur les deux joues, ce qui ne lui est pas arrivé depuis plus d'un an, et l'a suppliée de déposer les ornements royaux et de se couvrir d'un sac.

Louise de Lorraine, toujours bonne et douce, y consent aussitôt. Elle demande pourquoi son mari, en lui donnant un collier de perles, désire qu'elle se mette un sac sur les épaules.

— Pour mes péchés, répond Henri.

Cette réponse satisfait la reine, car elle connaît mieux que personne de quelle somme énorme de péchés son mari doit faire pénitence. Elle s'habille au gré de Henri qui revient dans sa chambre en y donnant rendez-vous à la reine.

A la vue du roi, la flagellation recommence. D'O et Chicot, qui n'ont point cessé, sont en sang. Le roi les complimente et les appelle ses vrais et seuls amis.

Au bout de dix minutes, la reine arrive, vêtue de son sac. Aussitôt on distribue des cierges à toute la cour, et pieds nus, par cet horrible temps de givre et de neige, les beaux courtisans, les belles dames et les bons Parisiens, dévots au roi et à Notre-Dame, s'en vont à Montmartre, grelottant d'abord, mais échauffés bientôt par les coups furieux que distribue Chicot à tous ceux qui ont le malheur de se trouver à portée de sa discipline.

D'O s'est avoué vaincu et a pris la file à cinquante pas de Chicot.

A quatre heures du soir, la promenade lugubre était terminée, les couvents avaient reçu de riches aumônes, les pieds de toute la cour étaient gonflés, les dos de tous les courtisans étaient écorchés; la reine avait paru en public avec une énorme chemise de toile grossière, le roi avec un chapelet de têtes de morts : il y avait eu larmes, cris, prières, encens, cantiques.

La journée, comme on le voit, avait été bonne.

En effet, chacun a souffert du froid et des coups pour faire plaisir au roi, sans que personne ait pu deviner pourquoi ce prince, qui avait si bien dansé l'avant-veille, se macérait ainsi le surlendemain.

Les huguenots, les ligueurs et les libertins ont regardé passer en riant la procession des flagellants, disant, en vrais dépréciateurs que sont ces sortes de gens, que la dernière procession était plus belle et plus fervente, ce qui n'était point vrai.

Henri est rentré à jeun, avec de longues raies bleues et rouges sur les épaules ; il n'a pas quitté la reine de tout le jour, et il a profité de tous les moments de repos, de toutes les stations aux chapelles, pour lui promettre des revenus nouveaux et faire des plans de pèlerinage avec elle.

Quant à Chicot, las de frapper et affamé par l'exercice inusité auquel l'a condamné le roi, il s'est dérobé un peu au-dessus de la porte Montmartre, et avec frère Gorenflot, ce même moine génovéfain qui a voulu confesser Bussy, et qui est de ses amis, il est entré dans le jardin d'une guinguette fort en renom, où il a bu du vin épicé et mangé une sarcelle tuée dans les marais de la Grange-Batelière. Puis, au retour de la procession, il a repris son rang et est revenu jusqu'au Louvre, frappant de plus belle les pénitents et les pénitentes, et distribuant, comme il le disait lui-même, ses indulgences plénières.

Le soir arrivé, le roi se sentit fatigué de son jeûne, de sa course pieds nus et des coups furieux qu'il s'était donnés. Il se fit servir un souper maigre, bassiner les épaules, allumer un grand feu, et passa chez Saint-Luc, qu'il trouva allègre et dispos.

Depuis la veille, le roi était bien changé; toutes ses idées étaient tournées vers le néant des choses humaines, vers la pénitence et la mort.

— Ah! dit-il avec cet accent profond de l'homme dégoûté de la vie, Dieu a en vérité bien fait de rendre l'existence si amère!

— Pourquoi cela, sire? demanda Saint-Luc.

— Parce que l'homme fatigué de ce monde, au lieu de craindre la mort, y aspire.

— Pardon, sire! dit Saint-Luc, parlez pour vous; mais je n'y aspire pas du tout, à la mort.

— Écoute, Saint-Luc, dit le roi en secouant la tête, si tu faisais bien, tu suivrais mon conseil, je dirai plus, mon exemple.

— Bien volontiers, sire, si cet exemple me sourit.

— Veux-tu que nous laissions, moi ma couronne, toi ta femme, et que nous entrions dans un cloître? J'ai des dispenses de notre saint-père le pape; dès demain, nous ferons profession. Je m'appellerai frère Henri...

— Pardon, sire, pardon! vous tenez peu à votre couronne que vous connaissez trop; mais moi je tiens beaucoup à ma femme que je ne connais pas encore assez. Donc je refuse.

— Oh! oh! dit Henri, tu vas mieux, à ce qu'il paraît!

— Infiniment mieux, sire; je me sens l'esprit tranquille, le cœur à la joie. J'ai l'âme disposée d'une manière incroyable au bonheur et au plaisir.

— Pauvre Saint-Luc! dit le roi en joignant les mains.

— C'était hier, sire, qu'il fallait me proposer cela. Oh! hier, j'étais quinteux, maussade, endolori. Pour rien, je me serais jeté dans un puits. Mais ce soir, c'est autre chose : j'ai passé une bonne nuit, une journée charmante; et, mordieu! vive la joie!

— Tu jures, Saint-Luc! dit le roi.

— Ai-je juré, sire? C'est possible, mais vous jurez aussi quelquefois, vous, ce me semble.

— J'ai juré, Saint-Luc, mais je ne jurerai plus.

— Je n'ose pas dire cela. Je jurerai le moins possible : voilà la seule chose à laquelle je veux m'engager. D'ailleurs Dieu est bon et miséricordieux pour nos péchés, quand nos péchés tiennent à la faiblesse humaine.

— Tu crois donc que Dieu me pardonnera?

— Oh! je ne parle pas pour vous, sire; je parle pour votre serviteur. Peste! vous, vous avez péché... en roi... tandis que moi j'ai péché en simple particulier; j'espère bien que, le jour du jugement, le Seigneur aura deux poids et deux balances.

Le roi poussa un soupir, murmura un *Confiteor*, se frappa la poitrine au *Meâ culpâ*.

— Saint-Luc, dit-il à la fin, veux-tu passer la nuit dans ma chambre?

— C'est selon, demanda Saint-Luc; qu'y ferons-nous, dans la chambre de Votre Majesté?

— Nous allumerons toutes les lumières, je me coucherai, et tu me liras les litanies des saints.

— Merci, sire.

— Tu ne veux donc pas?

— Je m'en garderai bien.

— Tu m'abandonnes, Saint-Luc, tu m'abandonnes!

— Non; je ne vous quitte pas, au contraire.

— Ah! vraiment!
— Si vous voulez.
— Certainement, je le veux.
— Mais à une condition sine quâ non.
— Laquelle?
— C'est que Votre Majesté va faire dresser des tables, envoyer chercher des violons et des courtisanes, et, ma foi! nous danserons!

— Saint-Luc! Saint-Luc! s'écria le roi, au comble de la terreur.

— Tiens! dit Saint-Luc, je me sens folâtre, ce soir, moi. Voulez-vous boire et danser, sire?

Mais Henri ne répondait point. Son esprit, parfois si vif et si enjoué, s'assombrissait de plus en plus et semblait lutter contre une secrète pensée qui l'alourdissait, comme ferait un plomb attaché aux pattes d'un oiseau qui étendrait vainement ses ailes pour s'envoler.

— Saint-Luc, dit enfin le roi d'une voix funèbre, rêves-tu quelquefois?

— Souvent, sire.

— Tu crois aux rêves?

— Par raison.

— Comment cela?

— Eh oui! les rêves consolent de la réalité. Ainsi, cette nuit, j'ai fait un rêve charmant.

— Lequel?

— J'ai rêvé que ma femme...

— Tu penses encore à ta femme, Saint-Luc?

— Plus que jamais.

— Ah! fit le roi avec un soupir et regardant le ciel.

— J'ai rêvé, continua Saint-Luc, que ma femme avait, tout en gardant son charmant visage, car elle est jolie, ma femme, sire...

— Hélas! oui, dit le roi. Ève était jolie aussi, malheureux! et Ève nous a tous perdus.

— Ah! voilà donc d'où vient votre rancune? Mais revenons à mon rêve, sire!

— Moi aussi, dit le roi, j'ai rêvé...

— Ma femme donc, tout en gardant son charmant visage, avait pris les ailes et la forme d'un oiseau, et tout aussitôt, bravant guichets et grilles, elle avait passé par-dessus les murailles du Louvre, et était venue donner du front contre mes vitres avec un charmant petit cri que je comprenais et qui disait : Ouvre-moi, Saint-Luc! ouvre-moi, mon mari!

— Et tu as ouvert? dit le roi presque désespéré.

— Je le crois bien, s'écria Saint-Luc, et avec empressement encore!

— Mondain!

— Mondain tant que vous voudrez, sire.

— Et tu t'es réveillé alors?

— Non pas, sire, je m'en suis bien gardé; le rêve était trop charmant.

— Alors tu as continué de rêver?

— Le plus que j'ai pu, sire.

— Et tu espères, cette nuit...

— Rêver encore, oui, n'en déplaise à Votre Majesté; voilà pourquoi je refuse l'offre obligeante qu'elle me fait d'aller lui lire des prières. Si je veille, sire, je veux au moins trouver l'équivalent de mon rêve. Ainsi, si, comme je l'ai dit à Votre Majesté, elle veut faire dresser les tables, envoyer chercher les violons...

— Assez, Saint-Luc, assez! dit le roi en se levant. Tu te perds, et tu me perdrais avec toi si je demeurais plus longtemps ici. Adieu, Saint-Luc! J'espère que le ciel t'enverra, au lieu de ce rêve tentateur, quelque rêve salutaire qui t'amènera à partager demain mes pénitences et à nous sauver de compagnie.

— J'en doute, sire, et même j'en suis si certain que si j'ai un conseil à donner à

Votre Majesté, c'est de mettre dès ce soir à la porte du Louvre ce libertin de Saint-Luc, qui est tout à fait décidé à mourir impénitent.

— Non, dit Henri, non : j'espère que d'ici à demain la grâce te touchera comme elle m'a touché. Bonsoir, Saint-Luc ! je vais prier pour toi.

— Bonsoir, sire ! je vais rêver pour vous.

Et Saint-Luc commença le premier couplet d'une chanson plus que légère que le roi avait l'habitude de chanter dans ses moments de bonne humeur, ce qui activa encore la retraite du roi qui ferma la porte et rentra chez lui en murmurant :

— Seigneur, mon Dieu ! votre colère est juste et légitime, car le monde va de mal en pis.

VIII

COMMENT LE ROI EUT PEUR D'AVOIR EU PEUR, ET COMMENT CHICOT EUT PEUR D'AVOIR PEUR

En sortant de chez Saint-Luc, le roi trouva toute la cour réunie, selon ses ordres, dans la grande galerie.

Alors il distribua quelques faveurs à ses amis, envoya en province d'O, d'Épernon et Schomberg, menaça Maugiron et Quélus de leur faire leur procès s'ils avaient de nouvelles querelles avec Bussy, donna sa main à baiser à celui-ci, et tint longtemps son frère François serré contre son cœur.

Quant à la reine, il se montra envers elle prodigue d'amitiés et d'éloges, à tel point que les assistants en conçurent le plus favorable augure pour la succession de la couronne de France.

Cependant l'heure ordinaire du coucher approchait, et l'on pouvait facilement voir que le roi retardait cette heure autant que possible ; enfin l'horloge du Louvre résonna dix fois ; Henri jeta un long regard autour de lui : il sembla choisir parmi tous ses amis celui qu'il chargerait de cette fonction de lecteur que Saint-Luc venait de refuser.

Chicot le regardait faire.

— Tiens, dit-il avec son audace accoutumée, tu as l'air de me faire les doux yeux, ce soir, Henri ! Chercherais-tu par hasard à placer une bonne abbaye de dix mille livres de rente ? Tudiable ! quel prieur je ferais ! Donne, mon fils, donne !

— Venez avec moi, Chicot, dit le roi. Bonsoir, messieurs ! je vais me coucher.

Chicot se retourna vers les courtisans, retroussa sa moustache, et avec une tournure des plus gracieuses, tout en roulant de gros yeux tendres :

— Bonsoir, messieurs, répéta-t-il parodiant la voix de Henri, bonsoir ! nous allons nous coucher.

Les courtisans se mordirent les lèvres ; le roi rougit.

— Çà ! mon barbier, dit Chicot, mon coiffeur, mon valet de chambre et surtout ma crème !

— Non, dit le roi, il n'est besoin de rien de tout cela ce soir ; nous allons entrer dans le carême et je suis en pénitence.

— Je regrette la crème, dit Chicot.

Le roi et le bouffon rentrèrent dans la chambre que nous connaissons.

— Ah çà ! Henri, dit Chicot, je suis donc le favori, moi ? Je suis donc l'indispensable ? Je suis donc très-beau, plus beau que ce Cupidon de Quélus ?

— Silence ! bouffon, dit le roi ; et vous, messieurs de la toilette, sortez !

Les valets obéirent ; la porte se referma.

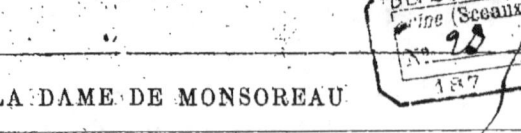

Sire, vous n'avez le droit de me frapper qu'à la tête : je suis gentilhomme. — Page 66.

Henri et Chicot demeurèrent seuls; Chicot regardait Henri avec une sorte d'étonnement.

— Pourquoi les renvoies-tu? demanda le bouffon. Ils ne nous ont pas encore graissés. Est-ce que tu comptes me graisser de ta main royale? Dame! c'est une pénitence comme une autre.

Henri ne répondit pas. Tout le monde était sorti de la chambre, et les deux rois, le fou et le sage, se regardaient.

— Prions! dit Henri.

— Merci! s'écria Chicot; ce n'est point assez divertissant. Si c'est pour cela que tu m'as fait venir, j'aime encore mieux retourner dans la mauvaise compagnie où j'étais. Adieu, mon fils! Bonsoir!

— Restez! dit le roi.

— Oh! oh! fit Chicot en se redressant, ceci dégénère en tyrannie. Tu es un despote, un Phalaris, un Denys. Je m'ennuie ici, moi; toute la journée tu m'as fait déchirer les épaules de mes amis à coups de nerf de bœuf, et voilà que nous prenons la tournure de recommencer ce soir! Peste! Ne recommençons pas, Henri. Nous ne sommes plus que nous deux ici, et à deux... tout coup porte!

— Taisez-vous, misérable bavard, dit le roi, et songez à vous repentir!

— Bon! nous y voilà. Me repentir, moi! Et de quoi veux-tu que je me repente? de m'être fait le bouffon d'un moine? *Confiteor...* je me repens. *Meâ culpâ*, c'est ma faute, c'est ma faute, c'est ma très-grande faute!

— Pas de sacrilége, malheureux! pas de sacrilége! dit le roi.

— Ah çà! dit Chicot, j'aimerais autant être enfermé dans la cage des lions ou dans la loge des singes que d'être enfermé dans la chambre d'un roi maniaque. Adieu! je m'en vais.

Le roi enleva la clef de la porte.

— Henri, dit Chicot, je te préviens que tu as l'air sinistre, et que si tu ne me laisses pas sortir, j'appelle, je crie, je brise la porte, je casse la fenêtre. Ah mais! ah mais!

— Chicot, dit le roi du ton le plus mélancolique, Chicot, mon ami, tu abuses de ma tristesse.

— Ah! je comprends, dit Chicot, tu as peur de rester tout seul : les tyrans sont comme cela. Fais-toi faire douze chambres comme Denys, ou douze palais comme Tibère. En attendant, prends ma longue épée et laisse-moi reporter le fourreau chez moi, hein?

A ce mot de peur, un éclair était passé dans les yeux de Henri; puis, avec un frisson étrange, il s'était levé et avait parcouru la chambre.

Il y avait une telle agitation dans tout le corps de Henri, une telle pâleur sur son visage, que Chicot commença à le croire réellement malade, et qu'après l'avoir regardé d'un air effaré faire trois ou quatre tours dans sa chambre, il lui dit :

— Voyons, mon fils, qu'as-tu? conte tes peines à ton ami Chicot.

Le roi s'arrêta devant le bouffon, et le regardant :

— Oui, dit-il, tu es mon ami, mon seul ami.

— Il y a, dit Chicot, l'abbaye de Valencey qui est vacante.

— Écoute, Chicot, dit Henri, tu es discret?

— Il y a aussi celle de Pithiviers, où l'on mange de si bons pâtés de mauviettes.

— Malgré tes bouffonneries, continua le roi, tu es homme de cœur.

— Alors ne me donne pas un abbaye, donne-moi un régiment.

— Et même tu es homme de bon conseil.

— En ce cas, ne me donne pas de régiment, fais-moi conseiller. Ah! non, j'y pense, j'aime mieux un régiment ou une abbaye. Je ne veux pas être conseiller : je serais forcé d'être toujours de l'avis du roi.

— Taisez-vous, taisez-vous, Chicot! l'heure approche, l'heure terrible.

— Ah! voilà que cela te reprend! dit Chicot.

— Vous allez voir, vous allez entendre.

— Voir quoi? entendre qui?

— Attendez, et l'événement même vous apprendra les choses que vous voulez savoir; attendez!

— Mais non, mais non, je n'attends pas! Mais quel chien enragé avait donc mordu ton père et ta mère, la nuit où ils ont eu la fatale idée de t'engendrer?

— Chicot, tu es brave?

— Je m'en vante; mais je ne mets pas ainsi ma bravoure à l'épreuve, tudiable! Quand le roi de France et de Pologne crie la nuit de façon à faire scandale dans le Louvre, moi chétif, je suis dans le cas de déshonorer ton appartement. Adieu, Henri ! appelle tes capitaines des gardes, tes suisses, tes portiers, et laisse-moi gagner au large ; foin du péril que je ne connais pas !

— Je vous commande de rester, fit le roi avec autorité.

— Voilà, sur ma parole ! un plaisant maître qui veut commander à la peur ; j'ai peur, moi. J'ai peur, te dis-je ; à la rescousse ! au feu !

Et Chicot, pour dominer le danger sans doute, monta sur une table.

— Allons, drôle, dit le roi ; puisqu'il faut cela pour que tu te taises, je vais tout te raconter.

— Ah ! ah ! dit Chicot en se frottant les mains, en descendant avec précaution de sa table et en tirant son énorme épée ; une fois prévenu, c'est bon ; nous allons en découdre. Raconte, raconte, mon fils ! Il paraîtrait que c'est quelque crocodile, heim ? Tudiable ! la lame est bonne, car je m'en sers pour rogner mes cornes chaque semaine, et elles sont rudes, mes cornes. Tu disais donc, Henri, que c'est un crocodile ?

Et Chicot s'accommoda dans un grand fauteuil, plaçant son épée nue entre ses cuisses et entrelaçant la lame de ses deux jambes, comme les serpents, symbole de la paix, entrelacent le caducée de Mercure.

— La nuit dernière, dit Henri, je dormais...

— Et moi aussi, dit Chicot.

— Soudain un souffle parcourt mon visage.

— C'était la bête qui avait faim, dit Chicot, et qui léchait ta graisse.

— Je m'éveille à demi, et je sens ma barbe se hérisser de terreur sous mon masque.

— Ah ! tu me fais délicieusement frissonner, dit Chicot en se pelotonnant dans son fauteuil et en appuyant son menton au pommeau de son épée.

— Alors, dit le roi avec un accent si faible et si tremblant que le bruit des paroles arriva à peine à l'oreille de Chicot, alors une voix retentit dans la chambre avec une vibration si douloureuse, qu'elle ébranla tout mon cerveau.

— La voix du crocodile, oui. J'ai lu dans le voyageur Marco Polo que le crocodile a une voix terrible qui imite le cri des enfants ; mais tranquillise-toi, mon fils : s'il vient, nous le tuerons.

— Écoute bien !

— Pardieu ! si j'écoute ! dit Chicot en se détendant comme par un ressort ; j'en suis immobile comme une souche et muet comme une carpe, d'écouter.

Henri continua d'un accent plus sombre et plus lugubre encore :

— Misérable pécheur, dit la voix...

— Bah ! interrompit Chicot, la voix parlait ? ce n'était donc pas un crocodile ?

— Misérable pécheur ! dit la voix, je suis la voix de ton Seigneur Dieu.

Chicot fit un bond et se retrouva accroupi d'aplomb dans son fauteuil.

— La voix de Dieu ? reprit-il.

— Ah ! Chicot, répondit Henri, c'est une voix effrayante.

— Est-ce une belle voix ? demanda Chicot, et ressemble-t-elle, comme dit l'Écriture, au son de la trompette ?

— Es-tu là ? entends-tu ? continua la voix ; entends-tu, pécheur endurci ? es-tu bien décidé à persévérer dans tes iniquités ?

— Ah ! vraiment, vraiment, vraiment ! dit Chicot ; mais la voix de Dieu ressemble assez à celle de ton peuple, ce me semble.

— Puis, reprit le roi, suivirent mille autres reproches qui, je vous le proteste, Chicot, m'ont été bien cruels.

— Mais encore, dit Chicot, continue un peu, mon fils; raconte, raconte ce que disait la voix, que je sache si Dieu était bien instruit.

— Impie! s'écria le roi, si tu doutes, je te ferai châtier!

— Moi! dit Chicot, je ne doute pas; ce qui m'étonne seulement, c'est que Dieu ait attendu jusques à aujourd'hui pour te faire tous ces reproches-là. Il est devenu bien patient depuis le déluge. En sorte, mon fils, continua Chicot, que tu as eu une peur effroyable?

— Oh! oui, dit Henri.

— Il y avait de quoi.

— La sueur me coulait le long des tempes, et la moelle était figée au cœur de mes os.

— Comme dans Jérémie, c'est tout naturel; je ne sais, ma parole de gentilhomme! ce qu'à ta place je n'eusse pas fait; et alors tu as appelé?

— Oui.

— Et l'on est venu?

— Oui.

— Et a-t-on bien cherché?

— Partout.

— Pas de bon Dieu?

— Tout s'était évanoui.

— A commencer par le roi Henri. C'est effrayant!

— Si effrayant que j'ai appelé mon confesseur.

— Ah! bon! il est accouru?

— A l'instant même.

— Voyons un peu, sois franc, mon fils; dis la vérité, contre ton ordinaire. Que pense-t-il de cette révélation-là, ton confesseur?

— Il a frémi.

— Je crois bien!

— Il s'est signé; il m'a ordonné de me repentir comme Dieu me le prescrivait.

— Fort bien! il n'y a jamais de mal à se repentir. Mais de la vision en elle-même, ou plutôt de l'audition, qu'en a-t-il dit?

— Qu'elle était providentielle; que c'était un miracle; qu'il me fallait songer au salut de l'État. Aussi ai-je, ce matin...

— Qu'as-tu fait ce matin, mon fils?

— J'ai donné cent mille livres aux jésuites.

— Très-bien!

— Et haché à coups de discipline ma peau et celle de mes jeunes seigneurs.

— Parfait! Mais ensuite?

— Eh bien! ensuite... Que penses-tu, Chicot? Ce n'est pas au rieur que je parle, c'est à l'homme de sang-froid, à l'ami.

— Ah! sire, dit Chicot sérieux, je pense que Votre Majesté a eu le cauchemar.

— Tu crois?...

— Que c'est un rêve que Votre Majesté a fait, et qu'il ne se renouvellera pas si Votre Majesté ne se frappe pas trop l'esprit.

— Un rêve? dit Henri en secouant la tête. Non, non : j'étais bien éveillé, je t'en réponds, Chicot.

— Tu dormais, Henri.

— Je dormais si peu que j'avais les yeux tout grands ouverts.

— Je dors comme cela, moi.

— Oui, mais avec mes yeux je voyais, ce qui n'arrive pas quand on dort réellement.

— Et que voyais-tu?

— Je voyais la lune aux vitres de ma chambre, et je regardais l'améthyste qui est au pommeau de mon épée briller, là où vous êtes, Chicot, d'une lumière sombre.

— Et la lampe, qu'était-elle devenue?
— Elle s'était éteinte.
— Rêve, cher fils, pur rêve!
— Pourquoi n'y crois-tu pas, Chicot? N'est-il pas dit que le Seigneur parle aux rois, quand il veut opérer quelque grand changement sur la terre?
— Oui, il leur parle, c'est vrai, dit Chicot, mais si bas qu'ils ne l'entendent jamais.
— Mais qui te rend donc si incrédule?
— C'est que tu aies si bien entendu.
— Eh bien! comprends-tu pourquoi je t'ai fait rester? dit le roi.
— Parbleu! répondit Chicot.
— C'est pour que tu entendes toi-même ce que dira la voix.
— Pour qu'on croie que je dis quelque bouffonnerie, si je répète ce que j'ai entendu. Chicot est si nul, si chétif, si fou, que, le dit-il à chacun, personne ne le croira. Pas mal joué, mon fils!
— Pourquoi ne pas croire plutôt, mon ami, dit le roi, que c'est à votre fidélité bien connue que je confie ce secret?
— Ah! ne mens pas, Henri; car si la voix vient, elle te reprochera ce mensonge, et tu as bien assez de tes autres iniquités. Mais n'importe! j'accepte la commission. Je ne suis pas fâché d'entendre la voix du Seigneur : peut-être dira-t-elle aussi quelque chose pour moi.
— Eh bien! que faut-il faire?
— Il faut te coucher, mon fils.
— Mais si, au contraire...
— Pas de mais.
— Cependant...
— Crois-tu par hasard que tu empêcheras la voix de Dieu de parler parce que tu resteras debout? Un roi ne dépasse les autres hommes que de la hauteur de la couronne; et quand il est tête nue, crois-moi, Henri, il est de même taille et quelquefois plus petit qu'eux.

— C'est bien, dit le roi; tu restes?
— C'est convenu.
— Eh bien! je vais me coucher.
— Bon!
— Mais tu ne te coucheras pas, toi?
— Je n'aurai garde.
— Seulement je n'ôte que mon pourpoint.
— Fais à ta guise.
— Je garde mon haut-de-chausses.
— La précaution est bonne.
— Et toi?
— Moi, je reste où je suis.
— Et tu ne dormiras pas?
— Ah! pour cela, je ne puis pas te le promettre; le sommeil est comme la peur, mon fils, une chose indépendante de la volonté.
— Tu feras ce que tu pourras, au moins.
— Je me pincerai, sois tranquille; d'ailleurs la voix me réveillera.
— Ne plaisante pas avec la voix, dit Henri qui avait déjà une jambe dans le lit et qui la retira.
— Allons donc! dit Chicot, faudra-t-il que je te couche?
Le roi poussa un soupir, et, après avoir avec inquiétude sondé du regard tous les coins et tous les recoins de la chambre, il se glissa tout frissonnant dans son lit.
— Là! fit Chicot, à mon tour!
Et il s'étendit dans son fauteuil, arrangeant tout autour de lui et derrière lui les coussins et les oreillers.
— Comment vous trouvez-vous, sire?
— Pas mal, dit le roi; et toi?
— Très-bien; bonsoir, Henri!
— Bonsoir, Chicot; mais ne t'endors pas?
— Peste! je n'en ai garde! dit Chicot en bâillant à se démonter la mâchoire.
Et tous deux fermèrent les yeux, le

roi pour faire semblant de dormir, Chicot pour dormir réellement.

IX

COMMENT LA VOIX DU SEIGNEUR SE TROMPA ET PARLA A CHICOT CROYANT PARLER AU ROI

Le roi et Chicot restèrent pendant l'espace de dix minutes à peu près immobiles et silencieux. Tout à coup le roi se leva comme en sursaut et se mit sur son séant.

Au mouvement et au bruit qui le tiraient de cette douce somnolence qui précède le sommeil, Chicot en fit autant.

Tous deux se regardèrent avec des yeux flamboyants.

— Quoi? demanda Chicot à voix basse.

— Le souffle, dit le roi à voix plus basse encore, le souffle!

Au même instant, une des bougies que tenait dans sa main le satyre d'or s'éteignit, puis une seconde, puis une troisième, puis enfin la dernière.

— Oh! oh! dit Chicot, quel souffle!

Chicot n'avait pas prononcé la dernière de ces syllabes que la lampe s'éteignit à son tour, et que la chambre demeura éclairée seulement par les dernières lueurs du foyer.

— Casse-cou! dit Chicot en se levant tout debout.

— Il va parler, dit le roi en se courbant dans son lit; il va parler!

— Alors, dit Chicot, écoute.

En effet, au même instant on entendit une voix creuse et sifflante par intervalles qui disait dans la ruelle du lit :

— Pécheur endurci, es-tu là?

— Oui, oui, Seigneur, dit Henri dont les dents claquaient.

— Oh! oh! dit Chicot, voilà une voix bien enrhumée pour venir du ciel! N'importe : c'est effrayant!

— M'entends-tu? demanda la voix.

— Oui, Seigneur, balbutia Henri, et j'écoute courbé sous votre colère.

— Crois-tu donc m'avoir obéi, continua la voix, en faisant toutes les momeries extérieures que tu as faites aujourd'hui, sans que le fond de ton cœur ait été sérieusement atteint?

— Bien dit! s'écria Chicot; oh! bien touché!

Les mains du roi se choquaient en se joignant; Chicot s'approcha de lui.

— Eh bien! murmura Henri, eh bien! crois-tu maintenant, malheureux?

— Attendez! dit Chicot.

— Que veux-tu?

— Silence donc! Écoute : tire-toi tout doucement de ton lit et laisse-moi m'y mettre à ta place.

— Pourquoi cela?

— Afin que la colère du Seigneur tombe d'abord sur moi.

— Penses-tu qu'il m'épargnera pour cela?

— Essayons toujours.

Et, avec une affectueuse insistance, il poussa tout doucement le roi hors du lit et se mit en son lieu.

— Maintenant, Henri, dit-il, va t'asseoir dans mon fauteuil et laisse-moi faire.

Henri obéit; il commençait à deviner.

— Tu ne réponds pas, reprit la voix; preuve que tu es endurci dans le péché.

— Oh! pardon, pardon, Seigneur! dit Chicot en nasillant comme le roi.

Puis s'allongeant vers Henri :

— C'est drôle! dit-il; comprends-tu, mon fils? le bon Dieu qui ne reconnaît pas Chicot!

— Ouais! fit Henri, que veut dire cela?

— Attends, attends, tu vas en voir bien d'autres!

— Malheureux! dit la voix.

— Oui, Seigneur, oui! répondit Chicot; oui, je suis un pécheur endurci, un affreux pécheur.

— Alors, reconnais tes crimes et repens-toi!

— Je reconnais, dit Chicot, avoir été un grand traître vis-à-vis de mon cousin de Condé, dont j'ai séduit la femme, et je me repens.

— Mais que dis-tu donc là? murmura le roi. Veux-tu bien te taire! Il y a longtemps qu'il n'est plus question de cela.

— Ah! vraiment, dit Chicot; passons à autre chose!

— Parle! dit la voix.

— Je reconnais, continua le faux Henri, avoir été un grand larron vis-à-vis des Polonais qui m'avaient élu roi, que j'ai abandonnés une belle nuit, emportant tous les diamants de la couronne, et je me repens.

— Eh! bélître! dit Henri, que rappelles-tu là? c'est oublié.

— Il faut bien que je continue de le tromper, reprit Chicot. Laissez-moi faire.

— Parle! dit la voix.

— Je reconnais, dit Chicot, avoir soustrait le trône de France à mon frère d'Alençon, à qui il revenait de droit, puisque j'y avais formellement renoncé en acceptant le trône de Pologne, et je me repens.

— Coquin! dit le roi.

— Ce n'est pas encore cela! reprit la voix.

— Je reconnais m'être entendu avec ma bonne mère Catherine de Médicis pour chasser de France mon beau-frère le roi de Navarre, après avoir détruit tous ses amis, et ma sœur la reine Marguerite, après avoir détruit tous ses amants; de quoi j'ai un repentir bien sincère.

— Ah! brigand que tu es! murmura le roi, les dents serrées de colère.

— Sire, n'offensons pas Dieu en essayant de lui cacher ce qu'il sait aussi bien que nous.

— Il ne s'agit pas de politique, poursuivit la voix.

— Ah! nous y voilà! poursuivit Chicot avec un accent lamentable. Il s'agit de mes mœurs, n'est-ce pas?

— A la bonne heure! dit la voix.

— Il est vrai, mon Dieu, continua Chicot parlant toujours au nom du roi, que je suis bien efféminé, bien paresseux, bien mou, bien niais et bien hypocrite!

— C'est vrai, fit la voix avec un son caverneux.

— J'ai maltraité les femmes, la mienne surtout, une si digne femme!

— On doit aimer sa femme comme soi-même et la préférer à toutes choses, dit la voix furieuse.

— Ah! s'écria Chicot d'un ton désespéré, j'ai bien péché, alors!

— Et tu as fait pécher les autres, en donnant l'exemple...

— C'est vrai, c'est encore vrai!

— Tu as failli damner ce pauvre Saint-Luc.

— Bah! fit Chicot, êtes-vous bien sûr, mon Dieu, que je ne l'aie pas damné tout à fait?

— Non, mais cela pourra bien lui arriver, et à toi aussi, si tu ne le renvoies demain matin, au plus tard, dans sa famille.

— Ah! ah! dit Chicot au roi, la voix me paraît amie de la maison de Cossé.

— Et si tu ne le fais duc et sa femme duchesse, continua la voix, pour indemnité de ses jours de veuvage anticipé.

— Et si je n'obéis pas? dit Chicot laissant percer dans sa voix un soupçon de résistance.

— Si tu n'obéis pas, reprit la voix en grossissant d'une façon terrible, tu cuiras pendant l'éternité dans la grande chaudière où cuisent en t'attendant Sardanapale, Nabuchodonosor et le maréchal de Retz.

Henri III poussa un gémissement. La peur, à cette menace, le reprenait plus poignante que jamais.

— Peste! dit Chicot, remarques-tu, Henri, comme le ciel s'intéresse à M. de Saint-Luc? On dirait, le diable m'emporte! qu'il a le bon Dieu dans sa manche.

Mais Henri n'entendait pas les bouffonneries de Chicot, ou, s'il les entendait, elles ne pouvaient le rassurer.

— Je suis perdu, disait-il avec égarement, je suis perdu! et cette voix d'en haut me fera mourir.

— Voix d'en haut? reprit Chicot. Ah! pour cette fois, tu te trompes. Voix d'à côté, tout au plus.

— Comment! voix d'à côté? demanda Henri.

— Eh oui! n'entends-tu donc pas, mon fils, que la voix vient de ce mur-là? Henri, le bon Dieu loge au Louvre. Probablement que, comme l'empereur Charles-Quint, il passe par la France pour descendre en enfer.

— Athée! blasphémateur!

— C'est honorable pour toi, Henri. Aussi je te fais mon compliment. Mais je l'avouerai, je te trouve bien froid à l'honneur que tu reçois. Comment! le bon Dieu est au Louvre, et n'est séparé de toi que par une cloison, et tu ne vas pas lui faire une visite? Allons donc, Valois, je ne te reconnais point là, et tu n'es pas poli!

En ce moment, une branche perdue dans un coin de la cheminée s'enflamma et, jetant une lueur dans la chambre, illumina le visage de Chicot.

Ce visage avait une telle expression de gaieté, de raillerie, que le roi s'en étonna.

— Eh quoi! dit-il, tu as le cœur de railler? tu oses...

— Eh oui! j'ose, dit Chicot, et tu oseras toi-même tout à l'heure, ou la peste me crève! Mais raisonne donc, mon fils, et fais ce que je te dis.

— Que j'aille voir...

— Si le bon Dieu est bien effectivement dans la chambre à côté.

— Mais si la voix parle encore?

— Est-ce que je ne suis pas là pour répondre? Il est même très-bon que je continue de parler en ton nom : cela fera croire à la voix qui me prend pour toi que tu y es toujours; car elle est noblement crédule; la voix divine, et ne connaît guère son monde. Comment! depuis un quart d'heure que je brais, elle ne m'a pas reconnu? C'est humiliant pour une intelligence.

Henri fronça le sourcil : Chicot venait d'en dire tant, que son incroyable crédulité était entamée.

— Je crois que tu as raison, Chicot, dit-il, et j'ai bien envie...

— Mais va donc! dit Chicot en le poussant.

Henri ouvrit doucement la porte du corridor qui donnait dans la chambre voisine, qui était, on se le rappelle, l'ancienne chambre de la nourrice de Charles IX, habitée pour le moment par Saint-Luc. Mais il n'eut pas plus tôt fait quatre pas dans le couloir, qu'il entendit la voix re-

LA DAME DE MONSOREAU

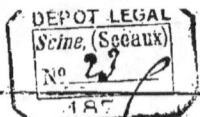

Il se trouva que Bussy et lui étaient face à face. — Page 70.

doubler de reproches. Chicot y répondait par les plus lamentables doléances.

— Oui, disait la voix, tu es inconstant comme une femme, mou comme un sybarite, corrompu comme un païen!

— Hé! pleurnichait Chicot, hé! hé! est-ce ma faute, grand Dieu! si tu m'as fait la peau si douce, les mains si blanches, le nez si fin, l'esprit si changeant? Mais c'est fini, mon Dieu! à partir d'aujourd'hui je ne veux plus porter que des che-

mises de grosse toile. Je m'enterrerai dans le fumier comme Job et je mangerai de la bouse de vache comme Ézéchiel.

Cependant Henri continuait d'avancer dans le corridor, remarquant avec admiration qu'à mesure que la voix de Chicot diminuait, la voix de son interlocuteur augmentait, et que cette voix semblait sortir effectivement de la chambre de Saint-Luc.

Henri allait frapper à la porte, quand il

aperçut un rayon de lumière qui filtrait à travers le large trou de la serrure ciselée.

Il se baissa au niveau de cette serrure et regarda.

Tout à coup Henri, qui était fort pâle, rougit de colère, se releva et se frotta les yeux comme pour mieux voir ce qu'il ne pouvait croire tout en le voyant.

— Par la mordieu! murmura-t-il, est-il possible qu'on ait osé me jouer à ce point-là?

En effet, voici ce qu'il voyait par le trou de la serrure :

Dans un coin de cette chambre, Saint-Luc, en caleçon de soie et en robe de chambre, soufflait dans une sarbacane les paroles menaçantes que le roi prenait pour des paroles divines; et près de lui, appuyée à son épaule, une jeune femme en costume blanc et diaphane, arrachant de temps en temps la sarbacane de ses mains, y soufflait, en grossissant sa voix, toutes les fantaisies qui naissaient d'abord dans ses yeux malins et sur ses lèvres rieuses. Puis c'étaient des éclats de folle joie à chaque reprise de sarbacane, attendu que Chicot se lamentait et pleurait à faire croire au roi, tant l'imitation était parfaite et le nasillement naturel, que c'était lui-même qu'il entendait pleurer et se lamenter de ce corridor.

— Jeanne de Cossé dans la chambre de Saint-Luc, un trou dans la muraille, une mystification à moi! gronda sourdement Henri. Oh! les misérables! ils me le paieront cher!

Et sur une phrase plus injurieuse que les autres soufflée par madame de Saint-Luc dans la sarbacane, Henri se recula d'un pas, et, d'un coup de pied fort viril pour un efféminé, enfonça la porte dont les gonds se descellèrent à moitié et dont la serrure sauta.

Jeanne, demi-nue, se cacha avec un cri terrible sous les rideaux, dans lesquels elle s'enveloppa.

Saint-Luc, la sarbacane à la main, pâle de terreur, tomba à deux genoux devant le roi pâle de colère.

— Ah! criait Chicot du fond de la chambre royale, ah! miséricorde! j'en appelle à la Vierge Marie, à tous les saints... je m'affaiblis, je meurs!

Mais dans la chambre à côté nul des acteurs de la scène burlesque que nous venons de raconter n'avait encore eu la force de parler, tant la situation avait rapidement tourné au dramatique.

Henri rompit le silence par un mot, et cette immobilité par un geste.

— Sortez! dit-il en étendant le bras.

Et, cédant à un mouvement de rage indigne d'un roi, il arracha la sarbacane des mains de Saint-Luc et la leva comme pour l'en frapper. Mais alors ce fut Saint-Luc qui se redressa, comme si un ressort d'acier l'eût mis sur ses jambes.

— Sire, dit-il, vous n'avez le droit de me frapper qu'à la tête : je suis gentilhomme.

Henri jeta violemment la sarbacane sur le plancher. Quelqu'un la ramassa : c'était Chicot qui, ayant entendu le bruit de la porte brisée et jugeant que la présence d'un médiateur ne serait pas inutile, était accouru à l'instant même.

Il laissa Henri et Saint-Luc se démêler comme ils l'entendaient, et courant droit au rideau, sous lequel il devinait quelqu'un, il en tira la pauvre femme toute frémissante.

— Tiens! tiens! dit-il, Adam et Ève après le péché! Et tu les chasses, Henri? demanda-t-il en interrogeant le roi du regard.

— Oui, dit Henri.

— Attends, alors : je vais faire l'ange exterminateur !

Et, se jetant entre le roi et Saint-Luc, il tendit sa sarbacane en guise d'épée flamboyante sur la tête des deux coupables et dit :

— Ceci est mon paradis que vous avez perdu par votre désobéissance. Je vous défends d'y entrer !

Puis se penchant à l'oreille de Saint-Luc qui, pour la protéger, s'il était besoin, contre la colère du roi, enveloppait le corps de sa femme :

— Si vous avez un bon cheval, dit-il, crevez-le ; mais faites vingt lieues d'ici à demain.

X

COMMENT BUSSY SE MIT A LA RECHERCHE DE SON RÊVE, DE PLUS EN PLUS CONVAINCU QUE C'ÉTAIT UNE RÉALITÉ.

Cependant Bussy était rentré avec le duc d'Anjou, rêveurs tous deux : le duc parce qu'il redoutait les suites de cette sortie vigoureuse, à laquelle il avait en quelque sorte été forcé par Bussy ; Bussy parce que les événements de la nuit précédente le préoccupaient par-dessus tout.

— Enfin, se disait-il en regagnant son logis après force compliments faits au duc d'Anjou sur l'énergie qu'il avait déployée, enfin, ce qu'il y a de certain, c'est que j'ai été attaqué, c'est que je me suis battu, c'est que j'ai été blessé, puisque je sens là, au côté droit, ma blessure qui est même fort douloureuse. Or, en me battant, je voyais comme je vois là la croix des Petits-Champs, je voyais le mur de l'hôtel des Tournelles et les tours crénelées de la Bastille. C'est à la place de la Bastille, un peu en avant de l'hôtel des Tournelles, entre la rue Sainte-Catherine et la rue Saint-Paul, que j'ai été attaqué, puisque je m'en allais faubourg Saint-Antoine chercher la lettre de la reine de Navarre. C'est donc là que j'ai été attaqué, près d'une porte ayant une barbacane, par laquelle, une fois cette porte refermée sur moi, j'ai regardé Quélus qui avait les joues si pâles et les yeux si flamboyants. J'étais dans une allée ; au bout de l'allée, il y avait un escalier. J'ai senti la première marche de cet escalier, puisque j'ai trébuché contre. Alors je me suis évanoui ; puis a commencé mon rêve, puis je me suis retrouvé, par un vent très-frais, couché sur le talus des fossés du Temple, entre un moine, un boucher et une vieille femme.

« Maintenant, d'où vient que mes autres rêves s'effacent si vite et si complétement de ma mémoire, tandis que celui-ci s'y grave plus avant à mesure que je m'éloigne du moment où je l'ai fait ? Ah ! dit Bussy, voilà le mystère ! »

Et il s'arrêta à la porte de son hôtel, où il venait d'arriver en ce moment même, et, s'appuyant au mur, il ferma les yeux.

— Morbleu ! dit-il, il est impossible qu'un rêve laisse dans l'esprit une pareille impression. Je vois la chambre avec sa tapisserie à personnages ; je vois le plafond peint ; je vois mon lit en bois de chêne sculpté, avec ses rideaux de damas blanc et or ; je vois le portrait, je vois la femme blonde... je suis moins sûr que la femme et le portrait ne soient pas la même chose ; enfin je vois la bonne et joyeuse figure du jeune médecin qu'on a conduit à mon lit les yeux bandés. Voilà pourtant bien assez d'indices. Récapitulons : une tapisserie, un plafond, un lit sculpté, des rideaux de damas blanc et or, un portrait, une femme et un médecin. Allons! allons! il faut que je me mette à la recherche de tout cela, et, à moins d'être la dernière des brutes, il faut que je le retrouve!

« Et d'abord, dit Bussy, pour bien entamer la besogne, allons prendre un costume plus convenable pour un coureur de nuit; ensuite, à la Bastille! »

En vertu de cette résolution assez peu raisonnable de la part d'un homme qui, après avoir manqué la veille d'être assassiné à un endroit, allait le lendemain, à la même heure ou à peu près, explorer le même endroit, Bussy remonta chez lui, fit assurer le bandage qui fermait sa plaie par un valet quelque peu chirurgien qu'il avait à tout hasard, passa de longues bottes qui montaient jusqu'au milieu des cuisses, prit son épée la plus solide, s'enveloppa de son manteau, monta dans sa litière, fit arrêter au bout de la rue du Roi-de-Sicile, descendit, ordonna à ses gens de l'attendre, et, gagnant la grande rue Saint-Antoine, s'achemina vers la place de la Bastille.

Il était neuf heures du soir à peu près; le couvre-feu avait sonné; Paris devenait désert. Grâce au dégel, qu'un peu de soleil et une plus tiède atmosphère avaient amené dans la journée, les mares d'eau glacée et les trous vaseux faisaient de la place de la Bastille un terrain parsemé de lacs et de précipices, que contournait comme une chaussée ce chemin frayé dont nous avons déjà parlé.

Bussy s'orienta; il chercha l'endroit où son cheval s'était abattu, et crut l'avoir trouvé; il fit les mêmes mouvements de retraite et d'agression qu'il se rappelait avoir faits; il recula jusqu'au mur et examina chaque porte pour retrouver le recoin auquel il s'était appuyé et le guichet par lequel il avait regardé Quélus. Mais toutes les portes avaient un recoin et presque toutes un guichet; il y avait une allée derrière les portes. Par une fatalité qui paraîtra moins extraordinaire quand on songera que le concierge était à cette époque une chose inconnue aux maisons bourgeoises, les trois quarts des portes avaient des allées.

— Pardieu! se dit Bussy avec un dépit profond, quand je devrais heurter à chacune de ces portes, interroger tous les locataires; quand je devrais dépenser mille écus pour faire parler les valets et les vieilles femmes, je saurai ce que je veux savoir. Il y a cinquante maisons : à dix maisons par soirée, c'est cinq soirées que je perdrai; seulement j'attendrai qu'il fasse un peu plus sec.

Bussy achevait ce monologue quand il aperçut une petite lumière, tremblotante et pâle, qui s'approchait en miroitant dans les flaques d'eau, comme un fanal dans la mer.

Cette lumière s'avançait lentement et inégalement de son côté, s'arrêtant de temps en temps, obliquant parfois à gauche, parfois à droite, puis, d'autres fois, trébuchant tout à coup et se mettant à danser comme un feu follet, puis reprenant sa marche calme, puis enfin se livrant à de nouvelles divagations.

— Décidément, dit Bussy, c'est une singulière place que la place de la Bastille; mais n'importe, attendons!

Et Bussy, pour attendre plus à son aise, s'enveloppa de son manteau et s'emboîta dans l'angle d'une porte. La nuit était des plus obscures, et l'on ne pouvait pas se voir à quatre pas.

La lanterne continua de s'avancer, faisant les plus folles évolutions. Mais comme Bussy n'était pas superstitieux, il demeura convaincu que la lumière qu'il voyait n'était pas un feu errant de la nature de ceux qui épouvantaient si fort les voyageurs au moyen âge, mais purement et simplement un falot pendu au bout d'une main qui se rattachait elle-même à un corps quelconque.

En effet, après quelques secondes d'attente, la conjecture se trouva juste. Bussy, à trente pas de lui à peu près, aperçut une forme noire, longue et mince comme un poteau, laquelle forme prit, petit à petit, le contour d'un être vivant, tenant la lanterne à son bras gauche, tantôt étendu soit en face de lui, soit sur le côté, tantôt dormant le long de sa hanche. Cet être vivant paraissait pour le moment appartenir à l'honorable confrérie des ivrognes, car c'était à l'ivresse seulement qu'on pouvait attribuer les étranges circuits qu'il dessinait et l'espèce de philosophie avec laquelle il trébuchait dans les trous boueux et pataugeait dans les flaques d'eau.

Une fois, il lui arriva même de glisser sur une couche de glace mal dégelée, et un retentissement sourd, accompagné d'un mouvement involontaire de la lanterne, qui sembla se précipiter du haut en bas, indiqua à Bussy que le nocturne promeneur, mal assuré sur ses deux pieds, avait cherché un centre de gravité plus solide.

Bussy commença dès lors de se sentir cette espèce de respect que tous les nobles cœurs éprouvent pour les ivrognes attardés, et il allait s'avancer pour porter du secours à ce desservant de Bacchus, comme disait maître Ronsard, lorsqu'il vit la lanterne se relever avec une rapidité qui indiquait dans celui qui s'en servait si mal une plus grande solidité qu'on n'aurait pu le croire en s'en rapportant à l'apparence.

— Allons, murmura Bussy, encore une aventure, à ce qu'il paraît !

Et comme la lanterne reprenait sa marche et paraissait s'avancer directement de son côté, il se renfonça plus avant que jamais dans l'angle de la porte.

La lanterne fit dix pas encore, et alors Bussy, à la lueur qu'elle projetait, s'aperçut d'une chose étrange, c'est que l'homme qui la portait avait un bandeau sur les yeux.

— Pardieu ! dit-il, voilà une singulière idée, de jouer au colin-maillard avec une lanterne, surtout par un temps et sur un terrain comme celui-ci ! Est-ce que je recommencerais à rêver, par hasard ?

Bussy attendit encore, et l'homme au bandeau fit cinq ou six pas.

— Dieu me pardonne, dit Bussy, je crois qu'il parle tout seul. Allons, ce n'est ni un ivrogne ni un fou : c'est un mathématicien qui cherche la solution d'un problème.

Ces derniers mots étaient suggérés à l'observateur par les dernières paroles qu'avait prononcées l'homme à la lanterne, et que Bussy avait entendues.

— Quatre cent quatre-vingt-huit, quatre cent quatre-vingt-neuf, quatre cent quatre-vingt-dix, murmurait l'homme à la lanterne ; ce doit être bien près d'ici.

Et alors, de la main droite, le mystérieux personnage leva son bandeau, et se trouvant en face d'une maison, il s'approcha de la porte.

Arrivé près de la porte, il l'examina avec attention.

— Non, dit-il, ce n'est pas celle-ci.

Puis il abaissa son bandeau et se remit en marche en reprenant son calcul.

— Quatre cent quatre-vingt-onze, quatre cent quatre-vingt-douze, quatre cent quatre-vingt-treize, quatre cent quatre-vingt-quatorze; je dois brûler, dit-il.

Et il leva de nouveau son bandeau, et s'approchant de la porte voisine de celle où Bussy se tenait caché, il l'examina avec non moins d'attention que la première.

— Hum! hum! dit-il, cela pourrait bien être; non, si, si, non; ces diables de portes se ressemblent toutes!

— C'est une réflexion que j'avais déjà faite, se dit en lui-même Bussy; cela me donne de la considération pour le mathématicien.

Le mathématicien replaça son bandeau et continua son chemin.

— Quatre cent quatre-vingt-quinze, quatre cent quatre-vingt-seize, quatre cent quatre-vingt-dix-sept, quatre cent quatre-vingt-dix-huit, quatre cent quatre-vingt-dix-neuf... S'il y a une porte en face de moi, dit le chercheur, ce doit être celle-là.

En effet, il y avait une porte, et cette porte était celle où Bussy se tenait caché; il en résulta que, lorsque le mathématicien présumé leva son bandeau, il se trouva que Bussy et lui étaient face à face.

— Eh bien? dit Bussy.

— Oh! fit le promeneur en reculant d'un pas.

— Tiens! dit Bussy.

— Ce n'est pas possible! s'écria l'inconnu.

— Si fait, seulement c'est extraordinaire. C'est vous qui êtes le médecin?

— Et vous le gentilhomme?

— Justement.

— Jésus! quelle chance!

— Le médecin, continua Bussy, qui hier soir a pansé un gentilhomme qui avait reçu un coup d'épée dans le côté?

— Droit.

— C'est cela, je vous ai reconnu tout de suite; c'est vous qui avez la main si douce, si légère et en même temps si habile.

— Ah! monsieur, je ne m'attendais pas à vous trouver là.

— Que cherchiez-vous donc?

— La maison.

— Ah! fit Bussy, vous cherchiez la maison?

— Oui.

— Vous ne la connaissez donc pas?

— Comment voulez-vous que je la connaisse? répondit le jeune homme; on m'y a conduit les yeux bandés.

— On vous y a conduit les yeux bandés?

— Sans doute.

— Alors vous êtes bien réellement venu dans cette maison?

— Dans celle-ci ou dans une des maisons attenantes; je ne puis dire laquelle, puisque je la cherche...

— Bon! dit Bussy; alors je n'ai pas rêvé!

— Comment! vous n'avez pas rêvé?

— Il faut vous dire, mon cher ami, que je croyais que toute cette aventure, moins le coup d'épée, bien entendu, était un rêve.

— Eh bien! dit le jeune médecin, vous ne m'étonnez pas, monsieur.

— Pourquoi cela?

— Je me doutais qu'il y avait un mystère là-dessous.

— Oui, mon ami, et un mystère que je veux éclaircir; vous m'y aiderez, n'est-ce pas?

— Bien volontiers.

— Bon; avant tout, deux mots.

— Dites.

— Comment vous appelle-t-on?

— Monsieur, dit le jeune médecin, je n'y mettrai pas de mauvaise volonté. Je sais bien qu'en bonne façon, et selon la mode, à une question pareille je devrais me camper fièrement sur une jambe et vous dire, la main sur la hanche : Et vous, monsieur, s'il vous plaît? Mais vous avez une longue épée, et je n'ai que ma lancette; vous avez l'air d'un digne gentilhomme, et je dois vous paraître un coquin, car je suis mouillé jusqu'aux os et crotté jusqu'au derrière ; je me décide donc à répondre tout franc à votre question : Je me nomme Remy le Haudouin.

— Fort bien, monsieur, merci mille fois! Moi, je suis le comte Louis de Clermont, seigneur de Bussy.

— Bussy d'Amboise, le héros Bussy! s'écria le jeune docteur avec une joie manifeste. Quoi! monsieur, vous seriez ce fameux Bussy, ce colonel que... qui... Oh!

— C'est moi-même, monsieur, reprit modestement le gentilhomme. Et maintenant que nous voilà bien éclairés l'un sur l'autre, de grâce, satisfaites ma curiosité, tout mouillé et tout crotté que vous êtes.

— Le fait est, dit le jeune homme regardant ses trousses toutes mouchetées par la boue, le fait est que, comme Épaminondas le Thébain, je serai forcé de rester trois jours à la maison, n'ayant qu'un seul haut-de-chausses et ne possédant qu'un seul pourpoint. Mais pardon ! vous me faisiez l'honneur de m'interroger, je crois?

— Oui, monsieur, j'allais vous demander comment vous étiez venu dans cette maison.

— C'est à la fois très-simple et très-compliqué, vous allez voir, dit le jeune homme.

— Voyons?

— Monsieur le comte... Pardon ! jusqu'ici j'étais si troublé, que j'ai oublié de vous donner votre titre.

— Cela ne fait rien, allez toujours.

— Monsieur le comte, voici donc ce qui est arrivé : je loge rue Beautreillis, à cinq cent deux pas d'ici. Je suis un pauvre apprenti chirurgien, pas maladroit, je vous assure.

— J'en sais quelque chose, dit Bussy.

— Et qui ai fort étudié, continua le jeune homme, mais sans avoir de clients. On m'appelle, comme je vous l'ai dit, Remy le Haudouin : Remy de mon nom de baptême, et le Haudouin parce que je suis né à Nanteuil le Haudouin. Or, il y a sept ou huit jours, un homme ayant reçu, derrière l'Arsenal, un grand coup de couteau, je lui ai cousu la peau du ventre et resserré fort proprement dans l'intérieur de cette peau les intestins qui s'égaraient. Cela m'a fait dans le voisinage une certaine réputation, à laquelle j'attribue le bonheur d'avoir été hier, dans la nuit, réveillé par une petite voix flûtée.

— Une voix de femme! s'écria Bussy.

— Oui, mais prenez-y garde, mon gentilhomme : tout rustique que je sois, je suis sûr que c'était une voix de suivante. Je m'y connais, attendu que j'ai plus entendu de ces voix-là que des voix de maîtresses.

— Et alors qu'avez-vous fait?

— Je me suis levé et j'ai ouvert ma porte; mais à peine étais-je sur le palier que deux petites mains, pas trop douces, mais pas trop dures non plus, m'ont appliqué sur le visage un bandeau.

— Sans rien dire? demanda Bussy.

— Si fait, en me disant : Venez; n'essayez pas de voir où vous allez; soyez discret : voici votre récompense.

— Et cette récompense était...?

— Une bourse contenant des pistoles qu'elle me remit dans la main.

— Ah! ah! et que répondîtes-vous?

— Que j'étais prêt à suivre ma charmante conductrice. Je ne savais pas si elle était charmante ou non, mais je pensai que l'épithète, pour être peut-être un peu exagérée, ne pouvait pas nuire.

— Et vous suivîtes sans faire d'observations, sans exiger de garanties?

— J'ai lu souvent de ces sortes d'histoires dans les livres, et j'ai remarqué qu'il en résultait toujours quelque chose d'agréable pour le médecin. Je suivis donc, comme j'avais l'honneur de vous le dire; on me guida sur un sol dur; il gelait, et je comptai quatre cents, quatre cent cinquante, cinq cents, et enfin cinq cent deux pas.

— Bien, dit Bussy, c'était prudent; alors vous devez être à cette porte?

— Je ne dois pas en être loin, du moins, puisque cette fois j'ai compté jusqu'à quatre cent quatre-vingt-dix-neuf; à moins que la rusée péronnelle, et je la soupçonne de cette noirceur, ne m'ait fait faire des détours.

— Oui; mais en supposant qu'elle ait songé à cete précaution, dit Bussy, elle a bien, quand le diable y serait, donné quelque indice, prononcé quelque nom?

— Aucun.

— Mais vous-même avez dû faire quelque remarque?

— J'ai remarqué tout ce qu'on peut remarquer avec des doigts habitués à remplacer quelquefois les yeux, c'est-à-dire une porte avec des clous; derrière la porte, une allée; au bout de l'allée, un escalier.

— A gauche?

— C'est cela. J'ai compté les degrés mêmes.

— Combien?

— Douze.

— Et l'entrée tout de suite?

— Un corridor, je crois, car on a ouvert trois portes.

— Bien!

— Puis j'ai entendu une voix... Ah! celle-là, par exemple, c'était une voix de maîtresse, douce et suave.

— Oui, oui, c'était la sienne.

— Bon, c'était la sienne.

— J'en suis sûr.

— C'est déjà quelque chose que vous soyez sûr. Puis on m'a poussé dans la chambre où vous étiez couché; et l'on m'a dit d'ôter mon bandeau.

— C'est cela.

— Je vous ai aperçu alors.

— Où étais-je?

— Couché sur un lit.

— Sur un lit de damas blanc à fleurs d'or?

— Oui.

— Dans une chambre tendue en tapisserie?

— A merveille.

— Avec un plafond à personnages?

— C'est cela; de plus, entre deux fenêtres...

— Un portrait?

— Admirable.

— Représentant une femme de dix-huit à vingt ans?

— Oui.

— Blonde?

— Très-bien.

— Belle comme tous les anges?

— Plus belle.

— Bravo! Alors qu'avez-vous fait?

— Je vous ai pansé.

— Et très-bien, ma foi!

— Du mieux que j'ai pu.

— Admirablement, mon cher monsieur,

En avant de la selle était une femme sur la bouche de laquelle il appuyait la main. — Page 81.

admirablement; car ce matin la plaie était presque fermée et bien rose.

— C'est grâce à un baume que j'ai composé, et qui me paraît, à moi, souverain; car bien des fois, ne sachant sur qui faire des expériences, je me suis troué la peau en différentes places, et, ma foi! les trous se refermaient en deux ou trois jours.

— Mon cher monsieur Remy, s'écria Bussy, vous êtes un homme charmant, et je me sens tout porté d'inclination vers vous... Mais après? Voyons, dites!

— Après? vous tombâtes évanoui de nouveau. La voix me demandait de vos nouvelles.

— D'où vous demandait-elle cela?

— D'une chambre à côté.

— De sorte que vous n'avez pas vu la dame?

— Je ne l'ai pas aperçue.

— Vous lui répondites?

— Que la blessure n'était pas dangereuse, et que dans vingt-quatre heures il n'y paraîtrait plus.

— Elle parut satisfaite?
— Charmée; car elle s'écria : Quel bonheur, mon Dieu!
— Elle a dit : Quel bonheur! Mon cher monsieur Remy, je ferai votre fortune. Après, après?
— Après, tout était fini : puisque vous étiez pansé, je n'avais plus rien à faire là. La voix me dit alors : Monsieur Remy...
— La voix savait votre nom?
— Sans doute, toujours par suite de l'aventure du coup de couteau que je vous ai racontée.
— C'est juste; la voix vous dit : Monsieur Remy...
— Soyez homme d'honneur jusqu'au bout; ne compromettez pas une pauvre femme emportée par un excès d'humanité, reprenez votre bandeau et souffrez, sans supercherie, que l'on vous conduise chez vous.
— Vous promîtes?
— Je donnai ma parole.
— Et vous l'avez tenue?
— Vous le voyez bien, répondit naïvement le jeune homme, puisque je cherche la porte.
— Allons, dit Bussy, c'est un trait de galant homme; et, bien que j'en enrage au fond, je ne puis m'empêcher de vous dire : Touchez là, monsieur Remy!
Et Bussy, enthousiasmé, tendit la main au jeune docteur.
— Monsieur!... dit Remy embarrassé.
— Touchez, touchez! vous êtes digne d'être gentilhomme.
— Monsieur, dit Remy, ce sera une gloire éternelle pour moi que d'avoir touché la main du brave Bussy d'Amboise; en attendant, j'ai un scrupule.
— Et lequel?
— Il y avait dix pistoles dans la bourse.
— Eh bien?

— C'est beaucoup trop pour un homme qui fait payer ses visites cinq sous, quand il ne fait pas ses visites pour rien; et je cherchais la maison...
— Pour rendre la bourse?
— Justement.
— Mon cher monsieur Remy, c'est trop de délicatesse, je vous jure; vous avez honorablement gagné cet argent, et il est bien à vous.
— Vous croyez? dit Remy intérieurement fort satisfait.
— Je vous en réponds; mais seulement ce n'est point la dame qui vous devait payer, car je ne la connais pas et elle ne me connaît pas davantage.
— Voilà encore une raison, vous voyez bien!
— Je voulais dire seulement que, moi aussi, j'avais une dette envers vous.
— Vous, une dette envers moi?
— Oui, et je l'acquitterai. Que faites-vous à Paris? Voyons... parlez... Faites-moi vos confidences, mon cher monsieur Remy.
— Ce que je fais à Paris? Rien du tout, monsieur le comte, mais j'y ferais quelque chose si j'avais des clients.
— Eh bien! vous tombez à merveille; je vais vous en donner un d'abord : voulez-vous de moi? Je suis une fameuse pratique, allez! Il ne se passe pas de jour que je ne détruise chez les autres ou qu'on ne détériore en moi l'œuvre la plus belle du Créateur. Voyons... voulez-vous entreprendre de raccommoder les trous qu'on fera à ma peau et les trous que je ferai à la peau des autres?
— Ah! monsieur le comte, dit Remy, je suis d'un mérite trop mince...
— Non, au contraire, vous êtes l'homme qu'il me faut, ou le diable m'emporte! Vous avez la main légère comme une

main de femme, et avec cela le baume Ferragus...

— Monsieur !

— Vous viendrez habiter chez moi... vous aurez votre logis à vous, vos gens à vous ; acceptez, ou, sur ma parole ! vous me déchirez l'âme. D'ailleurs votre tâche n'est pas terminée : il s'agit de poser un second appareil, cher monsieur Remy.

— Monsieur le comte, répondit le jeune docteur, je suis tellement ravi, que je ne sais comment vous exprimer ma joie. Je travaillerai, j'aurai des clients !

— Mais non, puisque je vous dis que je vous prends pour moi tout seul... avec mes amis, bien entendu. Maintenant, vous ne vous rappelez aucune autre chose ?

— Aucune.

— Ah ! bien ; aidez-moi à me retrouver, alors, si c'est possible.

— Comment ?

— Voyons... vous qui êtes un homme d'observation, vous qui comptez les pas, vous qui tâtez les murs, vous qui remarquez les voix, comment se fait-il qu'après avoir été pansé par vous je me sois trouvé transporté de cette maison sur le revers des fossés du Temple ?

— Vous ?

— Oui... moi... Avez-vous aidé en quelque chose à ce transport ?

— Non pas ! je m'y serais opposé, au contraire, si l'on m'avait consulté... Le froid pouvait vous faire grand mal.

— Alors je m'y perds, dit Bussy ; vous ne voulez pas chercher encore un peu avec moi ?

— Je veux tout ce que vous voudrez, monsieur ; mais j'ai bien peur que ce ne soit inutile ; toutes ces maisons se ressemblent.

— Eh bien ! dit Bussy, il faudra revoir cela le jour.

— Oui ; mais le jour nous serons vus.

— Alors il faudra s'informer.

— Nous nous informerons, monseigneur.

— Et nous arriverons au but. Croyez-moi, Remy, nous sommes deux maintenant, et nous avons une réalité, ce qui est beaucoup.

XI

QUEL HOMME C'ÉTAIT QUE M. LE GRAND-VENEUR BRYAN DE MONSOREAU.

Ce n'était pas de la joie, c'était presque du délire qui agitait Bussy, lorsqu'il eut acquis la certitude que la femme de son rêve était une réalité, et que cette femme lui avait en effet donné la généreuse hospitalité dont il avait gardé au fond du cœur le vague souvenir.

Aussi ne voulut-il point lâcher le jeune docteur qu'il venait d'élever à la place de son médecin ordinaire. Il fallut que, tout crotté qu'il était, Remy montât avec lui dans sa litière ; il avait peur, s'il le lâchait un seul instant, qu'il ne disparût comme une autre vision ; il comptait l'amener à l'hôtel de Bussy, le mettre sous clef pour la nuit, et, le lendemain, il verrait s'il devait lui rendre la liberté.

Tout le temps du retour fut employé à de nouvelles questions ; mais les réponses tournaient dans le cercle borné que nous avons tracé tout à l'heure. Remy le Haudouin n'en savait guère plus que Bussy, si ce n'est qu'il avait la certitude, ne s'étant pas évanoui, de n'avoir pas rêvé.

Mais pour tout homme qui commence à devenir amoureux, et Bussy le devenait à vue d'œil, c'était déjà beaucoup que d'avoir quelqu'un à qui parler de la femme qu'il aimait ; Remy n'avait pas vu cette femme, c'est vrai ; mais c'était encore un mérite de plus aux yeux de Bussy, puisque Bussy pouvait essayer de lui faire comprendre combien elle était en tout point supérieure à son portrait.

Bussy avait fort envie de causer toute la nuit de la dame inconnue, mais Remy commença ses fonctions de docteur en exigeant que le blessé dormît, ou tout au moins se couchât ; la fatigue et la douleur donnaient le même conseil au beau gentilhomme, et ces trois puissances réunies l'emportèrent.

Mais ce ne fut pas cependant sans que Bussy eût installé lui-même son nouveau commensal dans trois chambres qui avaient été autrefois son habitation de jeune homme, et qui formaient une portion du troisième étage de l'hôtel Bussy. Puis, bien sûr que le jeune médecin, satisfait de son nouveau logement et de la nouvelle fortune que la Providence lui préparait, ne s'échapperait pas clandestinement de l'hôtel, il descendit au splendide appartement qu'il occupait lui-même au premier.

Le lendemain, en s'éveillant, il trouva Remy debout près de son lit. Le jeune homme avait passé la nuit sans pouvoir croire au bonheur qui lui tombait du ciel, et il attendait le réveil de Bussy pour s'assurer qu'à son tour il n'avait point rêvé.

— Eh bien ! demanda Remy, comment vous trouvez-vous ?

— A merveille, mon cher Esculape ; et vous, êtes-vous satisfait ?

— Si satisfait, mon excellent protecteur, que je ne changerais certes pas mon sort contre celui du roi Henri III, quoiqu'il ait dû, pendant la journée d'hier, faire un fier chemin sur la route du ciel. Mais il ne s'agit point de cela ; il faut voir la blessure.

— Voyez !

Et Bussy se tourna sur le côté, pour que le jeune chirurgien pût lever l'appareil.

Tout allait au mieux : les lèvres de la plaie étaient roses et rapprochées. Bussy, heureux, avait bien dormi, et le sommeil et le bonheur venant en aide au chirurgien, celui-ci n'avait déjà presque plus rien à faire.

— Eh bien ! demanda Bussy, que dites-vous de cela, maître Ambroise Paré ?

— Je dis que je n'ose pas vous avouer que vous êtes à peu près guéri, de peur que vous ne me renvoyiez dans ma rue Beautreillis, à cinq cent deux pas de la fameuse maison.

— Que nous retrouverons, n'est-ce pas, Remy ?

— Je le crois bien.

— Maintenant tu dis donc, mon enfant ? dit Bussy.

— Pardon ! s'écria Remy les larmes aux yeux, vous m'avez tutoyé, je crois, monseigneur ?

— Remy, je tutoie les gens que j'aime. Cela te contrarie-t-il que je t'aie tutoyé ?

— Au contraire, s'écria le jeune homme en essayant de saisir la main de Bussy et de la baiser, au contraire ! Je craignais d'avoir mal entendu. Oh ! monseigneur de Bussy, vous voulez donc que je devienne fou de joie ?

— Non, mon ami, je veux seulement que tu m'aimes un peu à ton tour ; que tu te regardes comme de la maison, et que tu me permettes d'assister aujourd'hui, tandis que tu feras ton petit déménagement, à la prise d'estortuaire [1] du grand-veneur de la cour.

---

1. L'estortuaire était ce bâton que le grand-veneur remettait au roi pour qu'il pût écarter les branches des arbres en courant au galop.

— Ah! dit Remy; voilà que nous voulons déjà faire des folies?

— Eh! non, au contraire: je te promets d'être bien raisonnable.

— Mais il vous faudra monter à cheval?

— Dame! c'est de toute nécessité.

— Avez-vous un cheval bien doux d'allure et bon coureur?

— J'en ai quatre à choisir.

— Eh bien! prenez pour vous aujourd'hui celui que vous voudriez faire monter à la dame au portrait, vous savez?

— Ah! si je le sais!... je le crois bien. Tenez, Remy, vous avez en vérité trouvé pour toujours le chemin de mon cœur; je redoutais effroyablement que vous ne m'empêchassiez de me rendre à cette chasse, ou plutôt à ce semblant de chasse, car les dames de la cour et bon nombre de curieuses de la ville y seront admises. Or, Remy, mon cher Remy, tu comprends que la dame au portrait doit naturellement faire partie de la cour ou de la ville. Ce n'est pas une simple bourgeoise, bien certainement: ces tapisseries, ces émaux si fins, ce plafond peint, ce lit de damas blanc et or, enfin tout ce luxe de si bon goût révèle une femme de qualité ou tout au moins une femme riche; si j'allais la rencontrer là?...

— Tout est possible, répondit philosophiquement le Haudoin.

— Excepté de retrouver la maison, soupira Bussy.

— Et d'y pénétrer quand nous l'aurons retrouvée, ajouta Remy.

— Oh! je ne pense jamais à cela que lorsque je suis dedans, dit Bussy; d'ailleurs, ajouta-t-il, quand nous en serons là, j'ai un moyen.

— Lequel?

— C'est de me faire administrer un autre coup d'épée.

— Bon, dit Remy, voilà qui me donne l'espoir que vous me garderez.

— Sois donc tranquille! dit Bussy; il me semble qu'il y a vingt ans que je te connais; et, foi de gentilhomme! je ne saurais plus me passer de toi.

La charmante figure du jeune praticien s'épanouit sous l'expression d'une indicible joie.

— Allons, dit-il, c'est décidé; vous allez à la chasse pour chercher la dame, et moi je retourne rue Beautreillis pour chercher la maison.

— Il serait curieux, dit Bussy, que nous revinssions ayant fait chacun notre découverte.

Et, sur ce, Bussy et le Haudoin se quittèrent plutôt comme deux amis que comme un maître et un serviteur.

Il y avait en effet grande chasse commandée au bois de Vincennes pour l'entrée en fonctions de M. Bryan de Monsoreau, nommé grand-veneur depuis quelques semaines. La procession de la veille et la rude entrée en pénitence du roi, qui commençait son carême le mardi-gras, avaient fait douter un instant qu'il assistât en personne à cette chasse; car lorsque le roi tombait dans ses accès de dévotion, il en avait parfois pour plusieurs semaines à ne pas quitter le Louvre, quand il ne poussait pas l'austérité jusqu'à entrer dans un couvent; mais, au grand étonnement de toute la cour, on apprit, vers les neuf heures du matin, que le roi était parti pour le donjon de Vincennes et courait le daim avec son frère monseigneur le duc d'Anjou et toute la cour.

Le rendez-vous était au rond-point du roi saint Louis. C'était ainsi qu'on nommait à cette époque un carrefour où l'on voyait encore, disait-on, le fameux chêne où le roi-martyr avait rendu la justice. Tout le monde était donc rassemblé à neuf heures, lorsque le nouvel officier, objet de la curiosité générale, inconnu qu'il était à peu près à toute la cour, parut monté sur un magnifique cheval noir.

Tous les yeux se portèrent sur lui.

C'était un homme de trente-cinq ans environ, de haute taille ; son visage marqué de petite vérole et son teint nuancé de taches fugitives, selon les émotions qu'il ressentait, prévenaient désagréablement le regard et le forçaient à une contemplation plus assidue, ce qui rarement tourne à l'avantage de ceux que l'on examine.

En effet, les sympathies sont provoquées par le premier aspect : l'œil franc et le sourire loyal appellent le sourire et la caresse du regard.

Vêtu d'un justaucorps de drap vert tout galonné d'argent, ceint du baudrier d'argent avec les armes du roi brodées en écusson, coiffé de la barette à longue plume, brandissant de la main gauche un épieu et de la droite l'estortuaire destiné au roi, M. de Monsoreau pouvait paraître un terrible seigneur, mais ce n'était certainement pas un beau gentilhomme.

— Fi ! la laide figure que vous nous avez ramenée de votre gouvernement, monseigneur ! dit Bussy au duc d'Anjou ; sont-ce là les gentilshommes que votre faveur va chercher au fond des provinces ? Du diable si l'on en trouverait un pareil dans Paris, qui est cependant bien grand et bien peuplé, de vilains messieurs ! On dit, et je préviens Votre Altesse que je n'en ai rien voulu croire, que vous avez voulu absolument que le roi reçût le grand-veneur de votre main.

— Le seigneur de Monsoreau m'a bien servi, dit laconiquement le duc d'Anjou, et je le récompense.

— Bien dit, monseigneur ; il est d'autant plus beau aux princes d'être reconnaissants que la chose est rare ; mais s'il ne s'agit que de cela, moi aussi, je vous ai bien servi, monseigneur, ce me semble, et je porterais le justaucorps de grand-veneur autrement bien, je vous prie de le croire, que ce grand fantôme. Il a la barbe rouge ; je ne m'en étais pas aperçu d'abord : c'est encore une beauté de plus.

— Je n'avais pas entendu dire, répondit le duc d'Anjou, qu'il fallût être moulé sur le modèle de l'Apollon ou de l'Antinoüs pour occuper les charges de la cour.

— Vous ne l'aviez pas entendu dire, monseigneur ? reprit Bussy avec le plus grand sang-froid ; c'est étonnant !

— Je consulte le cœur et non le visage, répondit le prince, les services rendus et non les services promis.

— Votre Altesse va dire que je suis bien curieux, reprit Bussy, mais je cherche, et inutilement, je l'avoue, quel service ce Monsoreau a pu vous rendre.

— Ah ! Bussy, dit le duc avec aigreur, vous l'avez dit : vous êtes bien curieux, trop curieux même.

— Voilà bien les princes ! s'écria Bussy avec sa liberté ordinaire. Ils vont toujours questionnant ; il faut leur répondre sur toutes choses, et si vous les questionnez, vous, sur une seule, ils ne vous répondent pas.

— C'est vrai, dit le duc d'Anjou ; mais sais-tu ce qu'il faut faire si tu veux te renseigner ?

— Non.

— Va demander la chose à M. de Monsoreau lui-même.

— Tiens, dit Bussy, vous avez, ma foi,

raison, monseigneur; et avec lui, qui n'est qu'un simple gentilhomme, il me restera au moins une ressource, s'il ne me répond pas.

— Laquelle?

— Ce sera de lui dire qu'il est un impertinent.

Et, sur cette réponse, tournant le dos au prince, sans réfléchir autrement, aux yeux de ses amis et le chapeau à la main, il s'approcha de M. de Monsoreau, qui, à cheval au milieu du cercle, point de mire de tous les yeux qui convergeaient sur lui, attendait avec un sang-froid merveilleux que le roi le débarrassât du poids de tous les regards tombant à plomb sur sa personne.

Lorsqu'il vit venir Bussy, le visage gai, le sourire à la bouche, le chapeau à la main, il se dérida un peu.

— Pardon, monsieur, dit Bussy; mais je vous vois là très-seul. Est-ce que la faveur dont vous jouissez vous a déjà fait autant d'ennemis que vous pouviez avoir d'amis huit jours avant d'avoir été nommé grand-veneur?

— Par ma foi! monsieur le comte, répondit le seigneur de Monsoreau, je n'en jurerais pas, seulement je le parierais. Mais puis-je savoir à quoi je dois l'honneur que vous me faites en troublant ma solitude?

— Ma foi! dit bravement Bussy, à la grande admiration que le duc d'Anjou m'a inspirée pour vous.

— Comment cela?

— En me racontant votre exploit, celui pour lequel vous avez été nommé grand-veneur.

M. de Monsoreau pâlit d'une manière si affreuse, que les sillons de la petite vérole qui diapraient son visage semblèrent autant de points noirs dans sa peau jaunie; en même temps, il regarda Bussy d'un air qui présageait une violente tempête.

Bussy vit qu'il venait de faire fausse route; mais il n'était pas homme à reculer : tout au contraire, il était de ceux qui réparent d'ordinaire une indiscrétion par une insolence.

— Vous dites, monsieur, répondit le grand-veneur, que monseigneur vous a raconté mon dernier exploit?

— Oui, monsieur, dit Bussy, tout au long; ce qui m'a donné un violent désir, je l'avoue, d'en entendre le récit de votre propre bouche.

M. de Monsoreau serra l'épieu dans sa main crispée, comme s'il eût éprouvé le violent désir de s'en faire une arme contre Bussy.

— Ma foi! monsieur, dit-il, j'étais tout disposé à reconnaître votre courtoisie en accédant à votre demande; mais voici malheureusement le roi qui arrive, ce qui m'en ôte le temps; si vous le voulez bien, ce sera pour plus tard.

Effectivement le roi, monté sur son cheval favori, qui était un beau genêt d'Espagne de couleur isabelle, s'avançait rapidement du donjon au rond-point.

Bussy, en faisant décrire un demi-cercle à son regard, rencontra des yeux le duc d'Anjou : le prince riait de son plus mauvais sourire.

— Maître et valet, pensa Bussy, font tous deux une vilaine grimace quand ils rient; qu'est-ce donc alors quand ils pleurent?

Le roi aimait les belles et bonnes figures; il fut donc peu satisfait de celle de M. de Monsoreau, qu'il avait déjà vue une fois et qui ne lui revint pas davantage à la seconde qu'à la première fois. Cependant il accepta d'assez bonne grâce l'estortuaire que celui-ci lui présentait, un genou en terre, selon l'habitude. Aussitôt que le roi fut armé, les maîtres piqueurs annoncèrent que le daim était détourné, et la chasse commença.

Bussy s'était placé sur le flanc de la troupe, de manière à voir défiler devant lui tout le monde; il ne laissa passer personne sans avoir examiné s'il ne retrouverait pas l'original du portrait, mais ce fut inutilement: il y avait de bien jolies, de bien belles, de bien séduisantes femmes à cette chasse, où le grand-veneur faisait ses débuts; mais il n'y avait point la charmante créature qu'il cherchait.

Il en fut réduit à la conversation, et à la compagnie de ses amis ordinaires, Antraguet, toujours rieur et bavard, lui fut une grande distraction dans son ennui.

— Nous avons un affreux grand-veneur, dit-il à Bussy; qu'en penses-tu?

— Je le trouve horrible; quelle famille cela va nous faire si les personnes qui ont l'honneur de lui appartenir lui ressemblent! Montre-moi donc sa femme.

— Le grand-veneur est à marier, mon cher, répliqua Antraguet.

— Et d'où sais-tu cela?

— De madame de Veudron, qui le trouve fort beau et qui en ferait volontiers son quatrième mari, comme Lucrèce Borgia fit du comte d'Este. Aussi vois comme elle lance son cheval bai derrière le cheval noir de M. de Monsoreau.

— Et de quel pays est-il seigneur? demanda Bussy.

— D'une foule de pays.

— Situés...?

— Vers l'Anjou.

— Il est donc riche?

— On le dit; mais voilà tout; il paraît qu'il est de petite noblesse.

— Et qui est la maîtresse de ce hobereau?

— Il n'a pas de maîtresse: le digne monsieur tient à être unique dans son genre; mais voilà monseigneur le duc d'Anjou qui t'appelle de la main; viens vite!

— Ah! ma foi! monseigneur le duc d'Anjou attendra. Cet homme pique ma curiosité. Je le trouve singulier. Je ne sais pas pourquoi on a de ces idées-là, tu sais, la première fois qu'on rencontre les gens; je ne sais pourquoi il me semble que j'aurai maille à partir avec lui, et puis ce nom, Monsoreau!

— Mont de la souris, reprit Antraguet, voilà l'étymologie; mon vieil abbé m'a appris cela ce matin : *Mons Soricis*.

— Je ne demande pas mieux, répliqua Bussy.

— Ah! mais, attends donc! s'écria tout à coup Antraguet.

— Quoi?

— Mais Livarot connaît cela.

— Quoi, cela?

— Le *Mons Soricis*. Ils sont voisins de terre.

— Dis-nous donc cela tout de suite. Eh! Livarot!

Livarot s'approcha.

— Ici vite, Livarot, ici! Le Monsoreau?

— Eh bien? demanda le jeune homme.

— Renseigne-nous sur le Monsoreau.

— Volontiers.

— Est-ce long?

— Non, ce sera court. En trois mots, je vous dirai ce que j'en sais et ce que j'en pense. J'en ai peur!

— Bon! Et maintenant que tu nous as dit ce que tu en penses, dis-nous ce que tu en sais.

— Écoute!... je revenais un soir...

Vous êtes ma femme, et, dût l'enfer vous venir en aide, cette nuit même vous serez à moi. — Page 92.

— Cela commence d'une façon terrible, dit Antraguet.
— Voulez-vous me laisser finir?
— Oui.
— Je revenais un soir de chez mon oncle d'Entragues à travers le bois de Méridor, il y a de cela quelques six mois à peu près, quand tout à coup j'entends un cri effroyable, et je vois passer, la selle vide, une haquenée blanche emportée dans le hallier; je pousse, je pousse, et au bout d'une longue allée assombrie par les premières ombres de la nuit, j'avise un homme sur un cheval noir; il ne courait pas, il volait. Le même cri étouffé se fait alors entendre de nouveau, et je distingue en avant de la selle une femme sur la bouche de laquelle il appuyait la main. J'avais mon arquebuse de chasse; tu sais que j'en joue d'habitude assez juste. Je le vise, et, ma foi! je l'eusse tué si, au moment même où je lâchais la détente, la mèche ne se fût éteinte.

— Eh bien! demanda Bussy, après?
— Après, je demandai à un bûcheron quel était ce monsieur au cheval noir qui enlevait les femmes : il me répondit que c'était M. de Monsoreau.
— Eh bien! mais, dit Antraguet, cela se fait, ce me semble, d'enlever les femmes, n'est-ce pas, Bussy?
— Oui, dit Bussy, mais on les laisse crier, au moins.
— Et la femme, qui était-ce? demanda Antraguet.
— Ah! voilà; on ne l'a jamais su.
— Allons, dit Bussy, décidément c'est un homme remarquable, et il m'intéresse.
— Tant il y a, dit Livarot, qu'il jouit, le cher seigneur, d'une réputation atroce.
— Cite-t-on d'autres faits?
— Non, rien; il n'a même jamais fait ostensiblement grand mal; de plus encore, il est assez bon, à ce qu'on dit, envers ses paysans; ce qui n'empêche pas que dans la contrée qui jusque aujourd'hui a eu le bonheur de le posséder on le craigne à l'égal du feu. D'ailleurs, chasseur comme Nemrod, non pas devant Dieu peut-être, mais devant le diable, jamais le roi n'aura eu un grand veneur pareil. Il vaudra mieux du reste pour cet emploi que Saint-Luc, à qui il était destiné d'abord et à qui l'influence de M. le duc d'Anjou l'a soufflé.
— Tu sais qu'il t'appelle toujours, le duc d'Anjou? dit Antraguet.
— Bon, qu'il appelle; et toi, tu sais ce qu'on dit de Saint-Luc?
— Non; est-il encore prisonnier du roi? demanda en riant Livarot.
— Il le faut bien, dit Antraguet, puisqu'il n'est pas ici.
— Pas du tout, mon cher : parti cette nuit à une heure pour visiter les terres de sa femme.
— Exilé?

— Cela m'en a tout l'air.
— Saint-Luc exilé! impossible.
— C'est l'Évangile, mon cher.
— Selon Saint-Luc?
— Non, selon le maréchal de Brissac, qui m'a dit ce matin la chose de sa propre bouche.
— Ah! voilà du nouveau et du curieux; par exemple, cela fera tort au Monsoreau.
— J'y suis, dit Bussy.
— A quoi es-tu?
— Je l'ai trouvé.
— Qu'as-tu trouvé?
— Le service qu'il a rendu à M. d'Anjou.
— Saint-Luc?
— Non, le Monsoreau.
— Vraiment?
— Oui, ou le diable m'emporte! Vous allez voir, vous autres; venez avec moi.
Et Bussy, suivi de Livarot, d'Antraguet, mit son cheval au galop pour rattraper M. le duc d'Anjou, qui, las de lui faire des signes, marchait à quelques portées d'arquebuse en avant de lui.
— Ah! monseigneur, s'écria-t-il en rejoignant le prince, quel homme précieux que ce M. de Monsoreau!
— Ah! vraiment?
— C'est incroyable!
— Tu lui as donc parlé? fit le prince toujours railleur.
— Certainement : sans compter qu'il a l'esprit fort orné.
— Et lui as-tu demandé ce qu'il avait fait pour moi?
— Certainement; je ne l'abordais qu'à cette fin.
— Et il t'a répondu? demanda le duc plus gai que jamais.
— A l'instant même, et avec une politesse dont je lui sais un gré infini.

— Et que t'a-t-il dit, voyons, mon brave tranche-montagne? demanda le prince.

— Il m'a courtoisement confessé, monseigneur, qu'il était le pourvoyeur de Votre Altesse.

— Pourvoyeur de gibier?

— Non, de femmes.

— Plaît-il? fit le duc dont le front se rembrunit à l'instant même; que signifie ce badinage, Bussy?

— Cela signifie, monseigneur, qu'il enlève pour vous les femmes sur son grand cheval noir, et que, comme elles ignorent sans doute l'honneur qu'il leur réserve, il leur met la main sur la bouche pour les empêcher de crier.

Le duc fronça le sourcil, crispa ses poings avec colère, pâlit et mit son cheval à un si furieux galop, que Bussy et les siens demeurèrent en arrière.

— Ah! ah! dit Antraguet, il me semble que la plaisanterie est bonne.

— D'autant meilleure, répondit Livarot, qu'elle ne fait pas, ce me semble, à tout le monde l'effet d'une plaisanterie.

— Diable! fit Bussy, il paraîtrait que je l'ai sanglé ferme, le pauvre duc!

Un instant après, on entendit la voix de M. d'Anjou qui criait :

— Eh! Bussy, où es-tu? Viens donc!

— Me voici, monseigneur, dit Bussy en s'approchant.

Il trouva le prince éclatant de rire.

— Tiens! dit-il, monseigneur, il paraît que ce que je vous ai dit est devenu drôle?

— Non, Bussy, je ne ris pas de ce que tu m'as dit.

— Tant pis! je l'aimerais mieux; j'aurais eu le mérite de faire rire un prince qui ne rit pas souvent.

— Je ris, mon pauvre Bussy, de ce que tu plaides le faux pour savoir le vrai.

— Non, le diable m'emporte! monseigneur; je vous ai dit la vérité.

— Bien. Alors, pendant que nous ne sommes que nous deux, voyons, conte-moi ta petite histoire : où donc as-tu pris ce que tu es venu me conter?

— Dans les bois de Méridor, monseigneur!

Cette fois encore le duc pâlit, mais il ne dit rien.

— Décidément, murmura Bussy, le duc se trouve mêlé en quelque chose dans l'histoire du ravisseur au cheval noir et de la femme à la haquenée blanche.

— Voyons, monseigneur, ajouta tout haut Bussy en riant à son tour de ce que le duc ne riait plus, s'il y a une manière de vous servir qui vous plaise mieux que les autres, enseignez-nous-la : nous en profiterons, dussions-nous faire concurrence à M. de Monsoreau.

— Pardieu! oui, Bussy, dit le duc, il y en a une, et je te la vais expliquer.

Le duc tira Bussy à part.

— Écoute, lui dit-il; j'ai rencontré par hasard à l'église une femme charmante : comme quelques traits de son visage, cachés sous un voile, me rappelaient ceux d'une femme que j'avais beaucoup aimée, je l'ai suivie et me suis assuré du lieu où elle demeure. Sa suivante est séduite et j'ai une clef de la maison.

— Eh bien! jusqu'à présent, monseigneur, il me semble que voilà qui va bien!

— Attends!

— On la dit sage, quoique libre, jeune et belle!

— Ah! monseigneur, voilà que nous entrons dans le fantastique.

— Écoute : tu es brave, tu m'aimes, à ce que tu prétends?

— J'ai mes jours.

— Pour être brave?

— Non, pour vous aimer.

— Bien. Es-tu dans ces jours-là?

— Pour rendre service à Votre Altesse, je m'y mettrai. Voyons?

— Eh bien! il s'agirait de faire pour moi ce qu'on ne fait d'ordinaire que pour soi-même.

— Ah! ah! dit Bussy; est-ce qu'il s'agirait, monseigneur, de faire la cour à votre maîtresse pour que Votre Altesse s'assure qu'elle est réellement aussi sage que belle? Cela me va.

— Non, mais il s'agirait de savoir si quelque autre ne la lui fait pas.

— Ah! voyons, cela s'embrouille; monseigneur, expliquons-nous.

— Il s'agirait de t'embusquer et de me dire quel est l'homme qui vient chez elle.

— Il y a donc un homme?

— J'en ai peur.

— Un amant, un mari?

— Un jaloux, tout au moins.

— Tant mieux, monseigneur!

— Comment! tant mieux?

— Cela double vos chances.

— Merci! en attendant, je voudrais savoir quel est cet homme.

— Et vous me chargez de m'en assurer?

— Oui; et si tu consens à me rendre ce service...

— Vous me ferez grand veneur à mon tour, quand la place sera vacante?

— Ma foi! Bussy, j'en prendrais d'autant mieux l'obligation que jamais je n'ai rien fait pour toi.

— Tiens! monseigneur s'en aperçoit?

— Il y a longtemps déjà que je me le dis.

— Tout bas, comme les princes se disent ces choses-là.

— Eh bien?

— Quoi, monseigneur?

— Consens-tu?

— A épier la dame?

— Oui.

— Monseigneur, la commission, je vous l'avoue, me flatte médiocrement, et j'en aimerais mieux une autre.

— Tu t'offrais à me rendre service, Bussy, et voilà déjà que tu recules!

— Dame! vous m'offrez un métier d'espion, monseigneur.

— Eh non! métier d'ami; d'ailleurs ne crois pas que je te donne une sinécure : il faudra peut-être tirer l'épée.

Bussy secoua la tête.

— Monseigneur, dit-il, il y a des choses qu'on ne fait bien que soi-même, fût-on prince.

— Alors tu me refuses?

— Ma foi! oui, monseigneur.

Le duc fronça le sourcil.

— Je suivrai donc ton conseil, dit-il; j'irai moi-même, et si je suis tué ou blessé dans cette circonstance, je dirai que j'avais prié mon ami Bussy de se charger de ce coup d'épée à donner ou à recevoir, et que pour la première fois de sa vie il a été prudent.

— Monseigneur, répondit Bussy, vous m'avez dit l'autre soir : « Bussy, j'ai en haine tous ces mignons de la chambre du roi, qui en toute occasion nous raillent et nous insultent; tu devrais bien aller aux noces de Saint-Luc soulever une occasion de querelle et nous en défaire. » Monseigneur, j'y suis allé : ils étaient cinq, j'étais seul; je les ai défiés. Ils m'ont tendu une embuscade, m'ont attaqué tous ensemble, m'ont tué mon cheval, et cependant j'en ai blessé deux et j'ai assommé le troisième. Aujourd'hui vous me demandez de faire du tort à une femme. Pardon, monseigneur : cela sort des services qu'un prince peut exiger d'un galant homme, et je refuse.

— Soit, dit le duc; je ferai ma faction tout seul, ou avec Aurilly, comme je l'ai déjà faite.

— Pardon! dit Bussy qui sentit comme un voile se soulever dans son esprit.

— Quoi?

— Est-ce que vous étiez en train de monter votre faction, monseigneur, lorsque l'autre jour vous avez vu les mignons qui me guettaient?

— Justement.

— Votre belle inconnue, demanda Bussy, demeure donc du côté de la Bastille?

— Elle demeure en face de Sainte-Catherine.

— Vraiment?

— C'est un quartier où l'on est égorgé parfaitement, tu dois en savoir quelque chose.

— Est-ce que Votre Altesse a guetté encore, depuis ce soir-là?

— Hier.

— Et monseigneur a vu...?

— Un homme qui furetait dans tous les coins de la place, sans doute pour voir si personne ne l'épiait, et qui, selon toute probabilité, m'ayant aperçu, s'est tenu obstinément devant cette porte.

— Et cet homme était seul, monseigneur? demanda Bussy.

— Oui, pendant une demi-heure à peu près.

— Et après cette demi-heure?

— Un autre homme est venu le rejoindre, tenant une lanterne à la main.

— Ah! ah! fit Bussy.

— Alors l'homme au manteau... continua le prince.

— Le premier avait un manteau? interrompit Bussy.

— Oui. Alors l'homme au manteau et l'homme à la lanterne se sont mis à causer ensemble, et comme ils ne paraissaient pas disposés à quitter leur poste de la nuit, je leur ai laissé la place et je suis revenu.

— Dégoûté de cette double épreuve?

— Ma foi! oui, je l'avoue... De sorte qu'avant de me fourrer dans cette maison, qui pourrait bien être quelque égorgeoir...

— Vous ne seriez pas fâché qu'on y égorgeât un de vos amis.

— Ou plutôt que cet ami, n'étant pas prince, n'ayant pas les ennemis que j'ai, et d'ailleurs habitué à ces sortes d'aventures, étudiât la réalité du péril que je puis courir et m'en vînt rendre compte.

— A votre place, monseigneur, dit Bussy, j'abandonnerais cette femme.

— Non pas.

— Pourquoi?

— Elle est trop belle.

— Vous dites vous-même qu'à peine vous l'avez vue.

— Je l'ai vue assez pour avoir remarqué d'admirables cheveux blonds...

— Ah!

— Des yeux magnifiques...

— Ah! ah!

— Un teint comme je n'en ai jamais vu, une taille merveilleuse.

— Ah! ah! ah!

— Tu comprends qu'on ne renonce pas facilement à une pareille femme.

— Oui, monseigneur, je comprends; aussi la situation me touche.

Le duc regarda Bussy de côté.

— Parole d'honneur! dit Bussy.

— Tu railles?

— Non, et la preuve, c'est que si monseigneur veut me donner ses instructions et m'indiquer le logis, je veillerai ce soir.

— Tu reviens donc sur ta décision?

— Eh! monseigneur, il n'y a que notre saint-père Grégoire XIII qui ne soit pas faillible; seulement, dites-moi ce qu'il y aura à faire.

— Il y aura à te cacher à distance de la porte que je t'indiquerai, et si un homme entre, à le suivre, pour t'assurer qui il est.

— Oui; mais si, en entrant, il referme la porte derrière lui?

— Je t'ai dit que j'avais une clef.

— Ah! c'est vrai; il n'y a plus qu'une chose à craindre, c'est que je suive un autre homme et que la clef n'aille à une autre porte.

— Il n'y a pas à s'y tromper : cette porte est une porte d'allée; au bout de l'allée, à gauche, il y a un escalier; tu montes douze marches et tu te trouves dans le corridor.

— Comment savez-vous cela, monseigneur, puisque vous n'avez jamais été dans la maison?

— Ne t'ai-je point dit que j'avais pour moi la suivante? Elle m'a tout expliqué.

— Tudieu! que c'est commode d'être prince! on vous sert votre besogne toute faite. Moi, monseigneur, il m'eût fallu reconnaître la maison moi-même, explorer l'allée, compter les marches, sonder le corridor. Cela m'eût pris un temps énorme, et qui sait encore si j'eusse réussi?

— Ainsi donc tu consens?

— Est-ce que je sais refuser quelque chose à Votre Altesse? Seulement vous viendrez avec moi pour m'indiquer la porte.

— Inutile! en rentrant de la chasse, nous faisons un détour; nous passons par la porte Saint-Antoine, et je te la fais voir.

— A merveille, monseigneur! Et que faudra-t-il faire à l'homme, s'il vient?

— Rien autre chose que de le suivre jusqu'à ce que tu aies appris qui il est.

— C'est délicat; si, par exemple, cet homme pousse la discrétion jusqu'à s'arrêter au milieu du chemin et à couper court à mes investigations?

— Je te laisse le soin de pousser l'aventure du côté qu'il te plaira.

— Alors Votre Altesse m'autorise à faire comme pour moi?

— Tout à fait.

— Ainsi ferai-je, monseigneur.

— Pas un mot à tous nos jeunes seigneurs.

— Foi de gentilhomme!

— Personne avec toi dans cette exploration!

— Seul, je vous le jure.

— Eh bien! c'est convenu, nous revenons par la Bastille... je te montre la porte... tu viens chez moi... je te donne la clef... et ce soir...

— Je remplace monseigneur : voilà qui est dit.

Bussy et le prince revinrent joindre alors la chasse que M. de Monsoreau conduisait en homme de génie. Le roi fut charmé de la manière précise dont le chasseur consommé avait fixé toutes les haltes et disposé tous les relais. Après avoir été chassé deux heures, après avoir tourné dans une enceinte de quatre ou cinq lieues, après avoir été vu vingt fois, l'animal revint se faire prendre juste à son lancer.

M. de Monsoreau reçut les félicitations du roi et du duc d'Anjou.

— Monseigneur, dit-il, je me trouve trop heureux d'avoir pu mériter vos compliments, puisque c'est à vous que je dois la place.

— Mais vous savez, monsieur, dit le duc, que, pour continuer à les mériter, il faut que vous partiez ce soir pour Fontainebleau : le roi veut y chasser après-demain et les jours suivants, et ce n'est pas trop d'un jour pour prendre connaissance de la forêt.

— Je le sais, monseigneur, répondit Monsoreau, et mon équipage est déjà préparé. Je partirai cette nuit.

— Ah ! voilà, monsieur de Monsoreau ! dit Bussy ; désormais plus de repos pour vous. Vous avez voulu être grand-veneur, vous l'êtes ; il y a, dans la charge que vous occupez, cinquante bonnes nuits de moins que pour les autres hommes ; heureusement encore que vous n'êtes point marié, mon cher monsieur.

Bussy riait en disant cela : le duc laissa errer un regard perçant sur le grand-veneur ; puis, tournant la tête d'un autre côté, il alla faire ses compliments au roi sur l'amélioration qui depuis la veille paraissait s'être faite en sa santé.

Quant à Monsoreau, il avait, à la plaisanterie de Bussy, encore une fois pâli de cette pâleur hideuse qui lui donnait un si sinistre aspect.

XII

COMMENT BUSSY RETROUVA A LA FOIS LE PORTRAIT ET L'ORIGINAL

La chasse fut terminée vers les quatre heures du soir ; et à cinq heures, comme si le roi avait prévu les désirs du duc d'Anjou, toute la cour rentrait à Paris par le faubourg Saint-Antoine.

M. de Monsoreau, sous le prétexte de partir à l'instant même, avait pris congé des princes, et se dirigeait avec ses équipages vers Fromenteau.

En passant devant la Bastille, le roi fit remarquer à ses amis la fière et sombre apparence de la forteresse : c'était un moyen de leur rappeler ce qui les attendait, si par hasard, après avoir été ses amis, ils devenaient ses ennemis.

Beaucoup comprirent et redoublèrent de déférence envers Sa Majesté.

Pendant ce temps, le duc d'Anjou disait tout bas à Bussy qui marchait à ses côtés :

— Regarde bien, Bussy, regarde bien à droite, cette maison de bois qui abrite sous son pignon une petite statue de la Vierge ; suis de l'œil la même ligne et compte, la maison à la Vierge comprise, quatre autres maisons.

— Bien, dit Bussy.

— C'est la cinquième, dit le duc, celle qui est juste en face de la rue Sainte-Catherine.

— Je la vois, monseigneur ; tenez, voici, au bruit de nos trompettes qui annoncent le roi, toutes les maisons qui se garnissent de curieux.

— Excepté celle que je t'indique, cependant, dit le duc, dont les fenêtres demeurent fermées.

— Mais dont un coin du rideau s'entr'ouvre, dit Bussy avec un effroyable battement de cœur.

— Sans que toutefois on puisse rien apercevoir. Oh ! la dame est bien gardée ou se garde bien. En tous cas, voici la maison ; à l'hôtel, je t'en donnerai la clef.

Bussy darda son regard par cette étroite ouverture ; mais, quoique ses yeux restassent constamment fixés sur elle, il ne vit rien.

En revenant à l'hôtel d'Anjou, le duc donna effectivement à Bussy la clef de la maison désignée, en lui recommandant de nouveau de faire bonne garde ; Bussy promit tout ce que voulut le duc et repassa par l'hôtel.

— Eh bien? dit-il à Remy.

— Je vous ferai la même question, monseigneur?

— Tu n'as rien trouvé?

— La maison est aussi inabordable le jour que la nuit. Je flotte entre cinq ou six maisons qui se touchent.

— Alors, dit Bussy, je crois que j'ai été plus heureux que toi, mon cher le Haudouin.

— Comment cela, monseigneur? Vous avez donc cherché de votre côté?

— Non. Je suis passé dans la rue seulement.

— Et vous avez reconnu la porte?

— La Providence, mon cher ami, a des voies détournées et des combinaisons mystérieuses.

— Alors vous êtes sûr?

— Je ne dis pas que je suis sûr; mais j'espère.

— Et quand saurai-je si vous avez eu le bonheur de trouver ce que vous cherchiez?

— Demain matin.

— En attendant, avez-vous besoin de moi?

— Aucunement, mon cher Remy.

— Vous ne voulez pas que je vous suive?

— Impossible!

— Soyez prudent au moins, monseigneur.

— Ah! dit Bussy, la recommandation est inutile : je suis connu pour cela.

Bussy dîna en homme qui ne sait pas où ni de quelle façon il soupera; puis, à huit heures sonnant, il choisit la meilleure de ses épées, attacha, malgré l'ordonnance que le roi venait de promulguer, une paire de pistolets à sa ceinture, et se fit porter, dans sa litière, à l'extrémité de la rue Saint-Paul. Arrivé là, il reconnut la maison à la statue de la Vierge, compta les quatre maisons suivantes, s'assura bien que la cinquième était la maison désignée, et alla, enveloppé dans un grand manteau de couleur sombre, se blottir à l'angle de la rue Sainte-Catherine, bien décidé à attendre deux heures, et au bout de deux heures, si personne ne venait, à agir comme pour son propre compte.

Neuf heures sonnaient à Saint-Paul comme Bussy s'embusquait. Il était là depuis dix minutes à peine, quand, à travers l'obscurité, il vit arriver, par la porte de la Bastille, deux cavaliers. A la hauteur de l'hôtel des Tournelles, ils s'arrêtèrent. L'un d'eux mit pied à terre, jeta la bride aux mains du second, qui, selon toute probabilité, était un laquais, et après lui avoir vu reprendre le chemin par lequel ils étaient venus, après l'avoir vu se perdre, lui et ses deux chevaux, dans l'obscurité, il s'avança vers la maison confiée à la surveillance de Bussy.

Arrivé à quelques pas de la maison, l'inconnu décrivit un grand cercle, comme pour explorer les environs du regard; puis, croyant être sûr qu'il n'était point observé, il s'approcha de la porte et disparut.

Bussy entendit le bruit de cette porte qui se refermait derrière lui.

Il attendit un instant, de peur que le personnage mystérieux ne fût resté en observation derrière le guichet; puis, quelques minutes s'étant écoulées, il s'avança à son tour, traversa la chaussée, ouvrit la porte, et, instruit par l'expérience, il la referma sans bruit.

Alors il se retourna : le guichet était bien à la hauteur de son œil, et c'était bien, selon toute probabilité, par ce guichet qu'il avait regardé Quélus.

DIANE DE MÉRIDOR.

Ce n'était pas tout, et Bussy n'était pas venu pour rester là. Il s'avança lentement, tâtonnant aux deux côtés de l'allée, au bout de laquelle, à gauche, il trouva la première marche d'un escalier.

Là il s'arrêta pour deux raisons : d'abord il sentait ses jambes faiblir sous le poids de l'émotion ; ensuite il entendait une voix qui disait :

— Gertrude, prévenez votre maîtresse que c'est moi et que je veux entrer.

La demande était faite d'un ton trop impératif pour souffrir un refus ; au bout d'un instant, Bussy entendit la voix d'une femme de chambre qui répondait :

— Passez au salon, monsieur ; madame va venir vous y rejoindre.

Puis il entendit encore le bruit d'une porte qui se refermait.

Bussy alors pensa aux douze marches qu'avait comptées Remy ; il compta douze marches à son tour, et se trouva sur le palier.

Il se rappela le corridor et les trois

portes, fit quelques pas en retenant sa respiration et en étendant la main devant lui. Une première porte se trouva sous sa main, c'était celle par laquelle l'inconnu était entré; il poursuivit son chemin, en trouva une seconde, chercha, sentit une seconde clef, et, tout frissonnant des pieds à la tête, il fit tourner cette clef dans la serrure et poussa la porte.

La chambre dans laquelle se trouva Bussy était complétement obscure, moins la portion de cette chambre qui recevait, par une porte latérale, un reflet de lumière du salon.

Ce reflet portait sur une fenêtre tendue de deux rideaux de tapisserie qui firent passer un nouveau frisson de joie dans le cœur du jeune homme.

Ses yeux se portèrent sur la partie du plafond éclairée par cette même lumière, et il reconnut le plafond mythologique qu'il avait déjà remarqué; il étendit la main et sentit le lit sculpté.

Il n'y avait plus de doute pour lui; il se retrouvait dans cette chambre où il s'était réveillé, pendant cette nuit où il avait reçu la blessure qui lui avait valu l'hospitalité.

Ce fut un bien autre frisson encore qui passa par les veines de Bussy, lorsqu'il toucha ce lit et qu'il se sentit tout enveloppé de ce délicieux parfum qui s'échappe de la couche d'une femme jeune et belle.

Bussy s'enveloppa dans les rideaux du lit et écouta.

On entendait dans la chambre à côté le pas impatient de l'inconnu; de temps en temps il s'arrêtait, murmurant entre ses dents :

— Eh bien! viendra-t-elle?

A la suite de l'une de ces interpellations, une porte s'ouvrit dans le salon; la porte semblait parallèle à celle qui était déjà entr'ouverte. Le tapis frémit sous la pression d'un petit pied; le frôlement d'une robe de soie arriva jusqu'à l'oreille de Bussy, et le jeune homme entendit une voix de femme, empreinte à la fois de crainte et de dédain, qui disait :

— Me voici, monsieur; que me voulez-vous encore?

— Oh! oh! pensa Bussy en s'abritant sous son rideau, si cet homme est l'amant, je félicite fort le mari.

— Madame, dit l'homme à qui l'on faisait cette froide réception, j'ai l'honneur de vous prévenir que, forcé de partir demain matin pour Fontainebleau, je viens passer cette nuit près de vous.

— M'apportez-vous des nouvelles de mon père? demanda la même voix de femme.

— Madame, écoutez-moi.

— Monsieur, vous savez ce qui a été convenu hier, quand j'ai consenti à devenir votre femme : c'est que, avant toute chose, ou mon père viendrait à Paris, ou j'irais retrouver mon père.

— Madame, aussitôt après mon retour de Fontainebleau, nous partirons, je vous en donne ma parole d'honneur; mais en attendant...

— Oh! monsieur, ne fermez pas cette porte, c'est inutile : je ne passerai pas une nuit, pas une seule nuit sous le même toit que vous, que je ne sois rassurée sur le sort de mon père.

Et la femme qui parlait d'une façon si ferme souffla dans un petit sifflet d'argent qui rendit un son aigu et prolongé.

C'était la manière dont on appelait les domestiques, à cette époque où les sonnettes n'étaient point encore inventées.

Au même instant, la porte par laquelle était entré Bussy s'ouvrit de nouveau et donna passage à la suivante de la jeune femme; c'était une grande et vigoureuse fille d'Anjou, qui paraissait attendre cet appel de sa maîtresse et qui, l'ayant entendu, se hâtait d'accourir.

Elle entra dans le salon, et, en entrant, elle ouvrit la porte.

Un jet de lumière pénétra alors dans la chambre où était Bussy, et entre les deux fenêtres il reconnut le portrait.

— Gertrude, dit la dame, vous ne vous coucherez point, et vous vous tiendrez toujours à la portée de ma voix.

La femme de chambre se retira sans répondre, par le même chemin qu'elle était venue, laissant la porte du salon toute grande ouverte, et par conséquent le merveilleux portrait éclairé.

Pour Bussy, il n'y avait plus de doute: ce portrait, c'était bien celui qu'il avait vu.

Il s'approcha doucement pour coller son œil à l'ouverture que l'épaisseur des gonds laissait entre la porte et la muraille; mais, si doucement qu'il marchât, au moment où son regard pénétrait dans la chambre, le parquet cria sous son pied.

A ce bruit, la femme se retourna; c'était l'original du portrait, c'était la fée du rêve.

L'homme, quoiqu'il n'eût rien entendu, en la voyant se retourner, se retourna aussi.

C'était le seigneur de Monsoreau.

— Ah! dit Bussy, la haquenée blanche... la femme enlevée... Je vais sans doute entendre quelque terrible histoire.

Et il essuya son visage, qui spontanément venait de se couvrir de sueur.

Bussy, nous l'avons dit, les voyait tous deux: elle pâle, debout et dédaigneuse; lui assis, non point pâle, mais livide, agitant son pied impatient et se mordant la main.

— Madame, dit enfin le seigneur de Monsoreau, n'espérez pas continuer longtemps avec moi ce rôle de femme persécutée et victime; vous êtes à Paris, vous êtes dans ma maison; et, de plus, vous êtes maintenant la comtesse de Monsoreau, c'est-à-dire ma femme.

— Si je suis votre femme, pourquoi refuser de me conduire à mon père? pourquoi continuer de me cacher aux yeux du monde?

— Vous avez oublié le duc d'Anjou, madame.

— Vous m'avez affirmé qu'une fois votre femme, je n'avais plus rien à craindre de lui.

— C'est-à-dire...

— Vous m'avez affirmé cela.

— Mais encore, madame, faut-il que je prenne quelques précautions!

— Eh bien! monsieur, prenez ces précautions, et revenez me voir quand elles seront prises.

— Diane, dit le comte au cœur duquel la colère montait visiblement, Diane, ne faites pas un jeu de ce lien sacré du mariage. C'est un conseil que je veux bien vous donner.

— Faites, monsieur, que je n'aie plus de défiance dans le mari, et je respecterai le mariage!

— Il me semblait cependant avoir, par la manière dont j'ai agi envers vous, mérité toute votre confiance.

— Monsieur, je pense que dans toute cette affaire mon intérêt ne vous a pas seul guidé, ou que, s'il en est ainsi, le hasard vous a bien servi.

— Oh! c'en est trop! s'écria le comte; je suis dans ma maison, vous êtes ma femme, et dût l'enfer vous venir en aide, cette nuit même vous serez à moi !

Bussy mit la main à la garde de son épée et fit un pas en avant ; mais Diane ne lui donna pas le temps de paraître.

— Tenez, dit-elle en tirant un poignard de sa ceinture, voilà comme je vous réponds !

Et bondissant dans la chambre où était Bussy, elle referma la porte, poussa le double verrou, et tandis que Monsoreau s'épuisait en menaces, heurtant les planches du poing :

— Si vous faites seulement sauter une parcelle de bois de cette porte, dit Diane, vous me connaissez, monsieur : vous me trouverez morte sur le seuil !

— Et soyez tranquille, madame, dit Bussy en enveloppant Diane de ses bras, vous auriez un vengeur.

Diane fut près de pousser un cri ; mais elle comprit que le seul danger qui la menaçât lui venait de son mari. Elle demeura donc sur la défensive, mais muette ; tremblante, mais immobile. M. de Monsoreau frappa violemment du pied ; puis, convaincu sans doute que Diane exécuterait sa menace, il sortit du salon en repoussant violemment la porte derrière lui. Puis on entendit le bruit de ses pas s'éloigner dans le corridor et décroître dans l'escalier.

— Mais vous, monsieur, dit alors Diane en se dégageant des bras de Bussy et en faisant un pas en arrière, qui êtes-vous et comment vous trouvez-vous ici ?

— Madame, dit Bussy en rouvrant la porte et en s'agenouillant devant Diane, je suis l'homme à qui vous avez conservé la vie. Comment pourriez-vous croire que je suis entré chez vous dans une mauvaise intention, ou que je forme des desseins contre votre honneur ?

Grâce au flot de lumière qui inondait la figure du jeune homme, Diane le reconnut.

— Oh ! vous ici, monsieur ! s'écria-t-elle en joignant les mains ; vous étiez là ? vous avez tout entendu ?

— Hélas ! oui, madame.

— Mais qui êtes-vous ? votre nom, monsieur ?

— Madame, je suis Louis de Clermont, comte de Bussy.

— Bussy ! vous êtes le brave Bussy ! s'écria naïvement Diane sans se douter de la joie que cette exclamation répandait dans le cœur du jeune homme. Ah ! Gertrude, continua-t-elle en s'adressant à sa suivante, qui, ayant entendu sa maîtresse parler avec quelqu'un, entrait tout effarée ; Gertrude, je n'ai plus rien à craindre, car à partir de ce moment je mets mon honneur sous la sauvegarde du plus noble et du plus loyal gentilhomme de France.

Puis tendant la main à Bussy :

— Relevez-vous, monsieur, dit-elle ; je sais qui vous êtes : il faut que vous sachiez qui je suis.

XIII

CE QUE C'ÉTAIT QUE DIANE DE MÉRIDOR

Bussy se releva tout étourdi de son bonheur, et entra avec Diane dans le salon que venait de quitter M. de Monsoreau.

Il regardait Diane avec l'étonnement de l'admiration ; il n'avait pas osé croire que la femme qu'il cherchait pût soutenir la comparaison avec la femme de son rêve, et voilà que la réalité surpassait tout ce qu'il avait pris pour un caprice de son imagination.

Diane avait dix-huit ou dix-neuf ans,

c'est-à-dire qu'elle était dans ce premier éclat de la jeunesse et de la beauté qui donne son plus pur coloris à la fleur, son plus charmant velouté au fruit; il n'y avait pas à se tromper à l'expression du regard de Bussy; Diane se sentait admirée, et elle n'avait pas la force de tirer Bussy de son extase.

Enfin elle comprit qu'il fallait rompre ce silence qui disait trop de choses.

— Monsieur, dit-elle, vous avez répondu à l'une de mes questions, mais point à l'autre : je vous ai demandé qui vous êtes, et vous me l'avez dit; mais j'ai demandé aussi comment vous vous trouvez ici, et à cette demande vous n'avez rien répondu.

— Madame, dit Bussy, aux quelques mots que j'ai surpris de votre conversation avec M. de Monsoreau, j'ai compris que les causes de ma présence ressortiraient tout naturellement du récit que vous avez bien voulu me promettre. Ne m'avez-vous pas dit de vous-même tout à l'heure que je devais savoir qui vous étiez?

— Oh! oui, comte, je vais tout vous raconter, répondit Diane; votre nom m'a suffi pour m'inspirer toute confiance, car votre nom, je l'ai entendu souvent redire comme le nom d'un homme de courage, à la loyauté et à l'honneur duquel on pouvait tout confier.

Bussy s'inclina.

— Par le peu que vous avez entendu, dit Diane, vous avez pu comprendre que j'étais la fille du baron de Méridor, c'est-à-dire que j'étais la seule héritière d'un des plus nobles et des plus vieux noms de l'Anjou.

— Il y eut, dit Bussy, un baron de Méridor qui, pouvant sauver sa liberté à Pavie, vint rendre son épée aux Espagnols lorsqu'il sut le roi prisonnier, et qui, ayant demandé pour toute grâce d'accompagner François Ier à Madrid, partagea sa captivité, et ne le quitta que pour venir en France traiter de sa rançon.

— C'est mon père, monsieur, et si jamais vous entrez dans la grande salle du château de Méridor, vous verrez, donné en souvenir de ce dévouement, le portrait du roi François Ier de la main de Léonard de Vinci.

— Ah! dit Bussy, dans ce temps-là les princes savaient encore récompenser leurs serviteurs!

— A son retour d'Espagne, mon père se maria. Deux premiers enfants, deux fils, moururent. Ce fut une grande douleur pour le baron de Méridor, qui perdait l'espoir de se voir revivre dans un héritier. Bientôt le roi mourut à son tour, et la douleur du baron se changea en désespoir; il quitta la cour quelques années après et vint s'enfermer avec sa femme dans son château de Méridor. C'est là que je naquis comme par miracle, dix ans après la mort de mes frères.

« Alors tout l'amour du baron se reporta sur l'enfant de sa vieillesse; son affection pour moi n'était pas de la tendresse, c'était de l'idolâtrie. Trois ans après ma naissance, je perdis ma mère; certes, ce fut une nouvelle angoisse pour le baron; mais, trop jeune pour comprendre ce que j'avais perdu, je ne cessai pas de sourire, et mon sourire le consola de la mort de ma mère.

« Je grandis, je me développai sous ses yeux. Comme j'étais tout pour lui, lui aussi, pauvre père, il était tout pour moi. J'atteignis ma seizième année sans me douter qu'il y eût un autre monde que celui de mes brebis, de mes paons, de mes cygnes et de mes tourterelles, sans songer que cette vie dût jamais finir et sans désirer qu'elle finît.

« Le château de Méridor était entouré de vastes forêts appartenant à M. le duc d'Anjou ; elles étaient peuplées de daims, de chevreuils et de cerfs que personne ne songeait à tourmenter, et que le repos dans lequel on les laissait rendait familiers ; tous étaient plus ou moins de ma connaissance ; quelques-uns étaient si bien habitués à ma voix qu'ils accouraient quand je les appelais ; une biche, entre autres, ma protégée, ma favorite, Daphné, pauvre Daphné ! venait manger dans ma main.

« Un printemps, je fus un mois sans la voir ; je la croyais perdue et je l'avais pleurée comme une amie, quand tout à coup je la vis reparaître avec deux petits faons ; d'abord les petits eurent peur de moi, mais en voyant leur mère me caresser, ils comprirent qu'ils n'avaient rien à craindre et vinrent me caresser à leur tour.

« Vers ce temps, le bruit se répandit que M. le duc d'Anjou venait d'envoyer un sous-gouverneur dans la capitale de la province. Quelques jours après, on sut que ce sous-gouverneur venait d'arriver et qu'il se nommait le comte de Monsoreau.

« Pourquoi ce nom me frappa-t-il au cœur quand je l'entendis prononcer ? Je ne puis m'expliquer cette sensation douloureuse que par un pressentiment.

« Huit jours s'écoulèrent. On parlait fort et fort diversement dans tout le pays du seigneur de Monsoreau. Un matin, les bois retentirent du son du cor et de l'aboi des chiens ; je courus jusqu'à la grille du parc, et j'arrivai tout juste pour voir passer, comme l'éclair, Daphné poursuivie par une meute ; ses deux faons la suivaient.

« Un instant après, monté sur un cheval noir qui semblait avoir des ailes, un homme passa, pareil à une vision : c'était M. de Monsoreau.

« Je voulus pousser un cri, je voulus demander grâce pour ma pauvre protégée, mais il n'entendit pas ma voix ou n'y fit point attention, tant il était emporté par l'ardeur de sa chasse.

« Alors, sans m'occuper de l'inquiétude que j'allais causer à mon père s'il s'apercevait de mon absence, je courus dans la direction où j'avais vu la chasse s'éloigner ; j'espérais rencontrer soit le comte lui-même, soit quelques-uns des gens de sa suite, et les supplier d'interrompre cette poursuite qui me déchirait le cœur.

« Je fis une demi-lieue, courant ainsi sans savoir où j'allais ; depuis longtemps, biche, meute et chasseurs, j'avais tout perdu de vue. Bientôt je cessai d'entendre les abois ; je tombai au pied d'un arbre et je me mis à pleurer. J'étais là depuis un quart d'heure à peu près, quand, dans le lointain, je crus distinguer le bruit de la chasse ; je ne me trompais point, ce bruit se rapprochait de moment en moment ; en un instant, il fut à si peu de distance, que je ne doutai point que la chasse ne dût passer à portée de ma vue. Je me levai aussitôt et je m'élançai dans la direction où elle s'annonçait.

« En effet, je vis passer dans une clairière la pauvre Daphné haletante ; elle n'avait plus qu'un seul faon ; l'autre avait succombé à la fatigue, et sans doute avait été déchiré par les chiens.

« Elle-même se lassait visiblement ; la distance entre elle et la meute était moins grande que la première fois ; sa course s'était changée en élans saccadés, et en passant devant moi elle brama tristement.

« Comme la première fois, je fis de vains efforts pour me faire entendre. M. de Monsoreau ne voyait rien que l'animal qu'il poursuivait; il passa plus rapide encore que je ne l'avais vu, le cor à la bouche et sonnant furieusement.

« Derrière lui, trois ou quatre piqueurs animaient les chiens avec le cor et avec la voix. Ce tourbillon d'aboiements, de fanfares et de cris passa comme une tempête, disparut dans l'épaisseur de la forêt et s'éteignit dans le lointain.

« J'étais désespérée; je me disais que si je m'étais trouvée seulement cinquante pas plus loin, au bord de la clairière qu'il avait traversée, il m'eût vue, et qu'alors à ma prière il eût sans doute fait grâce au pauvre animal.

« Cette pensée ranima mon courage : la chasse pouvait une troisième fois passer à ma portée. Je suivis un chemin tout bordé de beaux arbres, que je reconnus pour conduire au château de Beaugé. Ce château, qui appartenait à M. le duc d'Anjou, était situé à trois lieues à peu près du château de mon père. Au bout d'un instant, je l'aperçus, et seulement alors je songeai que j'avais fait trois lieues à pied, et que j'étais seule et bien loin du château de Méridor.

« J'avoue qu'une terreur vague s'empara de moi, et qu'à ce moment seulement je songeai à l'imprudence et même à l'inconvenance de ma conduite. Je suivis le bord de l'étang, car je comptais demander au jardinier, brave homme qui, lorsque j'étais venue jusque-là avec mon père, m'avait donné de magnifiques bouquets; je comptais, dis-je, demander au jardinier de me conduire, quand tout à coup la chasse se fit entendre de nouveau. Je demeurai immobile, prêtant l'oreille. Le bruit grandissait. J'oubliai tout. Presque au même instant, de l'autre côté de l'étang, la biche bondit hors du bois, mais poursuivie de si près qu'elle allait être atteinte. Elle était seule, son second faon avait succombé à son tour; la vue de l'eau sembla lui rendre des forces; elle aspira la fraîcheur par ses naseaux, et se lança dans l'étang, comme si elle eût voulu venir à moi..

« D'abord elle nagea rapidement et parut avoir retrouvé toute son énergie. Je la regardais les larmes aux yeux, les bras tendus, et presque aussi haletante qu'elle; mais insensiblement ses forces s'épuisèrent, tandis qu'au contraire celles des chiens, animés par la curée prochaine, semblaient redoubler. Bientôt les chiens les plus acharnés l'atteignirent, et elle cessa d'avancer, arrêtée qu'elle était par leurs morsures. En ce moment, M. de Monsoreau parut à la lisière du bois, accourut jusqu'à l'étang et sauta à bas de son cheval. Alors, à mon tour, je réunis toutes mes forces pour crier : Grâce! les mains jointes. Il me sembla qu'il m'avait aperçue; je criai de nouveau, et plus fort que la première fois. Il m'entendit, car il leva la tête, et je le vis courir à un bateau, dont il détacha l'amarre, et avec lequel il s'avança rapidement vers l'animal, qui se débattait au milieu de toute la meute qui l'avait joint. Je ne doutais pas que, mû par ma voix, par mes gestes et par mes prières, ce ne fût pour lui porter secours que M. de Monsoreau se hâtait ainsi, quand tout à coup, arrivé à la portée de Daphné, je le vis tirer son couteau de chasse; un rayon de soleil, en s'y reflétant, en fit jaillir un éclair, puis l'éclair disparut; je jetai un cri : la lame tout entière s'était plongée dans la gorge du pauvre animal. Un flot de sang jaillit, teignant en rouge l'eau de l'étang. La biche brama d'une façon mortelle et lamentable, battit l'eau de ses pieds, se dressa presque debout, et retomba morte.

« Je poussai un cri presque aussi douloureux que le sien, et je tombai évanouie sur le talus de l'étang.

« Quand je revins à moi, j'étais couchée dans une chambre du château de Beaugé, et mon père, qu'on avait envoyé chercher, pleurait à mon chevet.

« Comme ce n'était rien qu'une crise nerveuse produite par la surexcitation de la course, dès le lendemain je pus revenir à Méridor. Cependant, durant trois ou quatre jours, je gardai la chambre.

« Le quatrième, mon père me dit que, pendant tout le temps que j'avais été souffrante, M. de Monsoreau, qui m'avait vue au moment où l'on m'emportait évanouie, était venu prendre de mes nouvelles; il avait été désespéré lorsqu'il avait appris qu'il était la cause involontaire de cet accident, et avait demandé à me présenter ses excuses, disant qu'il ne serait heureux que lorsqu'il entendrait sortir le pardon de ma bouche.

« Il eût été ridicule de refuser de le voir; aussi, malgré ma répugnance, je cédai.

« Le lendemain, il se présenta; j'avais compris le ridicule de ma position : la chasse est un plaisir que partagent souvent les femmes elles-mêmes; ce fut donc moi, en quelque sorte, qui me défendis de cette ridicule émotion et qui la rejetai sur la tendresse que je portais à Daphné.

« Ce fut alors le comte qui joua l'homme désespéré, et qui vingt fois me jura sur son honneur que s'il eût pu deviner que je portais quelque intérêt à sa victime, il eût eu grand bonheur à l'épargner; cependant ses protestations ne me convainquirent point, et le comte s'éloigna sans avoir pu effacer de mon cœur la douloureuse impression qu'il y avait faite.

« En se retirant, le comte demanda à mon père la permission de revenir. Il était né en Espagne, il avait été élevé à Madrid : c'était pour le baron un attrait que de parler d'un pays où il était resté si longtemps. D'ailleurs le comte était de bonne naissance, sous-gouverneur de la province, favori, disait-on, de M. le duc d'Anjou : mon père n'avait aucun motif pour lui refuser cette demande, qui lui fut accordée.

« Hélas! à partir de ce moment cessa sinon mon bonheur, du moins ma tranquillité. Bientôt je m'aperçus de l'impression que j'avais faite sur le comte. D'abord il n'était venu qu'une fois la semaine, puis deux, puis enfin tous les jours. Plein d'attentions pour mon père, le comte lui avait plu. Je voyais le plaisir que le baron éprouvait dans sa conversation, qui était toujours celle d'un homme supérieur. Je n'osais me plaindre; car de quoi me serais-je plainte? Le comte était galant avec moi comme avec une maîtresse, respectueux comme avec une sœur.

« Un matin, mon père entra dans ma chambre avec un air plus grave que d'habitude, et cependant sa gravité avait quelque chose de joyeux.

« — Mon enfant, me dit-il; tu m'as toujours assuré que tu serais heureuse de ne pas me quitter.

« — Oh! mon père, m'écriai-je, vous le savez, c'est mon vœu le plus cher !

« — Eh bien! ma Diane, continua-t-il en se baissant pour m'embrasser au front, il ne tient qu'à toi de voir ton vœu se réaliser. »

« Je me doutais de ce qu'il allait me dire, et je pâlis si affreusement qu'il s'ar-

LA DAME DE MONSOREAU

Je sais que vous ne m'aimez point, et je ne veux point abuser de la situation où vous êtes. — Page 114.

rêta avant que d'avoir touché mon front de ses lèvres.

« — Diane ! mon enfant ! s'écria-t-il, ô mon Dieu ! qu'as-tu donc ?

« — M. de Monsoreau, n'est-ce pas ? balbutiai-je.

« — Eh bien ? demanda-t-il étonné.

« — Oh ! jamais, mon père, si vous avez quelque pitié pour votre fille, jamais !

« — Diane, mon amour, dit-il, ce n'est pas de la pitié que j'ai pour toi, c'est de l'idolâtrie, tu le sais ; prends huit jours pour réfléchir, et si, dans huit jours...

« — Oh ! non, non ! m'écriai-je, c'est inutile ; pas huit jours, pas vingt-quatre heures, pas une minute. Non, non, oh ! non. »

« Et je fondis en larmes.

« Mon père m'adorait ; jamais il ne m'avait vue pleurer ; il me prit dans ses bras et me rassura en deux mots ; il venait de me donner sa parole de gentilhomme qu'il ne me parlerait plus de ce mariage.

« Effectivement, un mois se passa sans que je visse M. de Monsoreau et sans que j'entendisse parler de lui. Un matin nous reçûmes, mon père et moi, une invitation de nous trouver à une grande fête que M. de Monsoreau devait donner au frère du roi qui venait visiter la province dont il portait le nom. Cette fête avait lieu à l'hôtel de ville d'Angers.

« A cette lettre était jointe une invitation personnelle du prince, lequel écrivait à mon père qu'il se rappelait l'avoir vu autrefois à la cour du roi Henri, et qu'il le reverrait avec plaisir.

« Mon premier mouvement fut de prier mon père de refuser, et certes j'eusse insisté si l'invitation eût été faite au nom seul de M. de Monsoreau; mais le prince était de moitié dans l'invitation, et mon père craignit par un refus de blesser Son Altesse.

« Nous nous rendîmes donc à cette fête. M. de Monsoreau nous reçut comme si rien ne s'était passé entre nous; sa conduite vis-à-vis de moi ne fut ni indifférente ni affectée; il me traita comme toutes les autres dames, et je fus heureuse de n'avoir été, de son côté, l'objet d'aucune distinction, soit en bonne, soit en mauvaise part.

« Il n'en fut pas de même du duc d'Anjou. Dès qu'il m'aperçut, son regard se fixa sur moi pour ne plus me quitter. Je me sentais mal à l'aise sous le poids de ce regard, et sans dire à mon père ce qui me faisait désirer de quitter le bal, j'insistai de telle façon que nous nous retirâmes des premiers.

« Trois jours après, M. de Monsoreau se présenta à Méridor; je l'aperçus de loin dans l'avenue du château, et je me retirai dans ma chambre.

« J'avais peur que mon père ne me fît appeler; mais il n'en fut rien. Au bout d'une demi-heure, je vis sortir M. de Monsoreau sans que personne m'eût prévenue de sa visite. Il y eut plus, mon père ne m'en parla point; seulement je crus remarquer qu'après cette visite du sous-gouverneur il était plus sombre que d'habitude.

« Quelques jours s'écoulèrent encore. Je revenais de faire une promenade dans les environs, lorsqu'on me dit en rentrant que M. de Monsoreau était avec mon père. Le baron avait demandé deux ou trois fois de mes nouvelles, et deux ou trois fois aussi s'était informé avec inquiétude du lieu où je pouvais être allée. Il avait donné ordre qu'on le prévînt de mon retour.

« En effet, à peine étais-je rentrée dans ma chambre que mon père accourut.

« — Mon enfant, me dit-il, un motif dont il est inutile que tu connaisses la cause me force à me séparer de toi pendant quelques jours; ne m'interroge pas; seulement songe que ce motif doit être bien urgent, puisqu'il me détermine à être une semaine, quinze jours, un mois peut-être, sans te voir.

« Je frissonnai, quoique je ne pusse deviner à quel danger j'étais exposée. Mais cette double visite de M. de Monsoreau ne me présageait rien de bon.

« — Et où dois-je aller, mon père? demandai-je.

« — Au château de Lude, chez ma sœur, où tu resteras cachée à tous les yeux. Quant à ton arrivée, on veillera à ce qu'elle ait lieu pendant la nuit.

« — Ne m'accompagnez-vous pas?

« — Non, je dois rester ici pour détourner les soupçons; les gens de la maison eux-mêmes ignoreront où tu vas.

« — Mais qui me conduira donc?

« — Deux hommes dont je suis sûr.

« — O mon Dieu! mon père! »

« Le baron m'embrassa.

« — Mon enfant, dit-il, il le faut. »

« Je connaissais tellement l'amour de mon père pour moi que je n'insistai pas davantage, et ne lui demandai pas d'autre explication.

« Il fut convenu seulement que Gertrude, la fille de ma nourrice, m'accompagnerait.

« Mon père me quitta en me disant de me tenir prête.

« Le soir, à huit heures, il faisait très-sombre et très-froid, car on était dans les plus longs jours de l'hiver; le soir, à huit heures, mon père vint me chercher. J'étais prête comme il me l'avait recommandé; nous descendîmes sans bruit, nous traversâmes le jardin; il ouvrit lui-même une petite porte qui donnait sur la forêt; et là nous trouvâmes une litière toute attelée et deux hommes : mon père leur parla longtemps, me recommandant à eux, à ce qu'il me parut; puis je pris ma place dans la litière; Gertrude s'assit près de moi. Le baron m'embrassa une dernière fois et nous nous mîmes en marche.

« J'ignorais quelle sorte de danger me menaçait et me forçait de quitter le château de Méridor. J'interrogeai Gertrude, mais elle était aussi ignorante que moi. Je n'osai adresser la parole à nos conducteurs, que je ne connaissais pas. Nous marchions donc silencieusement et par des chemins détournés, lorsqu'après deux heures de marche environ, au moment où, malgré mes inquiétudes, le mouvement égal et monotone de la litière commençait à m'endormir, je me sentis réveillée par Gertrude, qui me saisissait le bras, et plus encore par le mouvement de la litière qui s'arrêtait.

« — Oh! mademoiselle, dit la pauvre fille, que nous arrive-t-il donc? »

« Je passai ma tête par les rideaux : nous étions entourés par six cavaliers masqués; nos hommes, qui avaient voulu se défendre, étaient désarmés et maintenus.

« J'étais trop épouvantée pour appeler du secours, d'ailleurs qui serait venu à nos cris? Celui qui paraissait le chef des hommes masqués s'avança vers la portière.

« — Rassurez-vous, mademoiselle, dit-il, il ne vous sera fait aucun mal, mais il faut nous suivre.

« — Où cela? demandai-je.

« — Dans un lieu où, bien loin d'avoir rien à craindre, vous serez traitée comme une reine. »

« Cette promesse m'épouvanta plus que n'eût fait une menace.

« — Oh! mon père! mon père! murmurai-je.

« — Écoutez, mademoiselle, me dit Gertrude, je connais les environs : je vous suis dévouée, je suis forte, nous aurons bien du malheur si nous ne parvenons pas à fuir. »

« Cette assurance que me donnait une pauvre suivante était loin de me tranquilliser. Cependant, c'est une si douce chose de se sentir soutenue, que je repris un peu de force.

« — Faites de nous ce que vous voudrez, messieurs, répondis-je; nous sommes deux pauvres femmes, et nous ne pouvons nous défendre. »

« Un des hommes descendit, prit la place de notre conducteur et changea la direction de notre litière. »

Bussy, comme on le comprend bien, écoutait le récit de Diane avec l'attention la plus profonde. Il y a dans les premières émotions d'un grand amour naissant un sentiment presque religieux pour la personne qu'on commence à aimer. La femme que le cœur vient de choisir est élevée, par ce choix, au-dessus des autres femmes; elle grandit, s'épure, se divinise; chacun de ses gestes est une faveur qu'elle vous accorde, chacune de ses paroles est une grâce qu'elle vous fait; si elle vous regarde, elle vous réjouit; si elle vous sourit, elle vous comble.

Le jeune homme avait donc laissé la belle narratrice dérouler le récit de toute sa vie sans oser l'arrêter, sans avoir l'idée de l'interrompre; chacun des détails de cette vie, sur laquelle il sentait qu'il allait être appelé à veiller, avait pour lui un puissant intérêt et il écoutait les paroles de Diane, muet et haletant comme si son existence eût dépendu de chacune de ses paroles.

Aussi, comme la jeune femme, sans doute trop faible pour la double émotion qu'elle éprouvait à son tour, émotion dans laquelle le présent réunissait tous les souvenirs du passé, s'était arrêtée un instant, Bussy n'eut point la force de demeurer sous le poids de son inquiétude, et joignant les mains :

— Oh! continuez, madame, dit-il, continuez.

Il était impossible que Diane pût se tromper à l'intérêt qu'elle inspirait; tout dans la voix, dans le geste, dans l'expression de la physionomie du jeune homme était en harmonie avec la prière que contenaient ses paroles. Diane sourit tristement et reprit :

— Nous marchâmes trois heures à peu près, puis la litière s'arrêta. J'entendis crier une porte; on échangea quelques paroles; la litière reprit sa marche, et je sentis qu'elle roulait sur un terrain retentissant comme est un pont-levis. Je ne me trompais pas; je jetai un coup d'œil hors de la litière : nous étions dans la cour d'un château.

« Quel était ce château? Ni Gertrude ni moi n'en savions rien. Souvent, pendant la route, nous avions tenté de nous orienter, mais nous n'avions vu qu'une forêt sans fin. Il est vrai que l'idée était venue à chacune de nous qu'on nous faisait, pour nous ôter toute idée du lieu où nous étions, faire dans cette forêt un chemin inutile et calculé.

« La porte de notre litière s'ouvrit, et le même homme qui nous avait déjà parlé nous invita à descendre.

« J'obéis en silence. Deux hommes qui appartenaient sans doute au château nous étaient venus recevoir avec des flambeaux. Comme on m'en avait fait la terrible promesse, notre captivité s'annonçait accompagnée des plus grands égards. Nous suivîmes les hommes aux flambeaux; ils nous conduisirent dans une chambre à coucher richement ornée, et qui paraissait avoir été décorée à l'époque la plus brillante, comme élégance et comme style, du temps de François Ier.

« Une collation nous attendait sur une table somptueusement servie.

« — Vous êtes chez vous, madame, me dit l'homme qui déjà deux fois nous avait adressé la parole, et comme les soins d'une femme de chambre vous sont nécessaires, la vôtre ne vous quittera point; sa chambre est voisine de la vôtre. »

« Gertrude et moi échangeâmes un regard joyeux.

« — Toutes les fois que vous voudrez appeler, continua l'homme masqué, vous n'aurez qu'à frapper avec le marteau de cette porte, et quelqu'un, qui veilléra constamment dans l'antichambre, se rendra aussitôt à vos ordres.

« Cette apparente attention indiquait que nous étions gardées à vue.

« L'homme masqué s'inclina et sortit; nous entendîmes la porte se refermer à double tour.

« Nous nous trouvâmes seules, Gertrude et moi.

« Nous restâmes un instant immobiles, nous regardant à la lueur des deux candélabres qui éclairaient la table où était servi le souper. Gertrude voulut ouvrir la bouche; je lui fis signe du doigt de se taire; quelqu'un nous écoutait peut-être.

« La porte de la chambre qu'on nous avait désignée comme devant être celle de Gertrude était ouverte; la même idée nous vint en même temps de la visiter; elle prit un candélabre, et, sur la pointe du pied, nous y entrâmes toutes deux.

« C'était un grand cabinet destiné à faire, comme chambre de toilette, le complément de la chambre à coucher. Il avait une porte parallèle à la porte de l'autre pièce par laquelle nous étions entrées : cette deuxième porte, comme la première, était ornée d'un petit marteau de cuivre ciselé, qui retombait sur un clou de même métal. Clous et marteaux, on eût dit que le tout était l'ouvrage de Benvenuto Cellini.

« Il était évident que les deux portes donnaient dans la même antichambre.

« Gertrude approcha la lumière de la serrure : le pêne était fermé à double tour.

« Nous étions prisonnières.

« Il est incroyable combien, quand deux personnes, même de condition différente, sont dans une même situation et partagent un même danger, il est incroyable, dis-je, combien les pensées sont analogues, et combien elles passent facilement par-dessus les éclaircissements intermédiaires et les paroles inutiles.

« Gertrude s'approcha de moi.

« — Mademoiselle a-t-elle remarqué, dit-elle à voix basse, que nous n'avons monté que cinq marches en quittant la cour?

« — Oui, répondis-je.

« — Nous sommes donc au rez-de-chaussée?

« — Sans aucun doute.

« — De sorte que, ajouta-t-elle plus bas, en fixant les yeux sur les volets extérieurs, de sorte que...

« — Si ces fenêtres n'étaient pas grillées... interrompis-je.

« — Oui, si mademoiselle avait du courage...

« — Du courage! m'écriai-je; oh! sois tranquille, j'en aurai, mon enfant. »

« Ce fut Gertrude qui, à son tour, mit son doigt sur sa bouche.

« — Oui, oui, je comprends, » lui dis-je.

« Gertrude me fit signe de rester où j'étais, et alla reporter le candélabre sur la table de la chambre à coucher.

« J'avais déjà compris son intention et je m'étais rapprochée de la fenêtre, dont je cherchais les ressorts.

« Je les trouvai, ou plutôt Gertrude, qui était venue me rejoindre, les trouva. Le volet s'ouvrit.

« Je poussai un cri de joie; la fenêtre n'était pas grillée.

« Mais Gertrude avait déjà remarqué la cause de cette prétendue négligence de nos gardiens : un large étang baignait le pied de la muraille : nous étions gardées par dix pieds d'eau, bien mieux que nous ne l'eussions été certainement par les grilles de nos fenêtres.

« Mais en se reportant de l'eau à ses rives, mes yeux reconnurent un paysage qui leur était familier, nous étions prisonnières au château de Beaugé, où, plusieurs fois, comme je l'ai déjà dit, j'étais venue avec mon père, et où, un mois auparavant, on m'avait recueillie le jour de la mort de ma pauvre Daphné.

« Le château de Beaugé appartenait à M. le duc d'Anjou.

« Ce fut alors qu'éclairée comme par la lueur d'un coup de foudre, je compris tout.

« Je regardai l'étang avec une sombre satisfaction ; c'était une dernière ressource contre la violence, un suprême refuge contre le déshonneur.

« Nous refermâmes les volets. Je me jetai tout habillée sur mon lit, Gertrude se coucha dans un fauteuil et dormit à mes pieds.

« Vingt fois pendant cette nuit je me réveillai en sursaut en proie à des terreurs inouïes ; mais rien ne justifiait ces terreurs que la situation dans laquelle je me trouvais ; rien n'indiquait de mauvaises intentions contre moi : on dormait, au contraire, tout semblait dormir au château, et nul autre bruit que le cri des oiseaux de marais n'interrompait le silence de la nuit.

« Le jour parut ; le jour, tout en enlevant au paysage ce caractère effrayant que lui donne l'obscurité, me confirma dans mes craintes de la nuit : toute fuite était impossible sans un secours extérieur, et d'où nous pouvait venir ce secours ?

« Vers les neuf heures, on frappa à notre porte : je passai dans la chambre de Gertrude, en lui disant qu'elle pouvait permettre d'ouvrir.

« Ceux qui frappaient et que je pouvais voir par l'ouverture de la porte de communication étaient nos serviteurs de la veille ; ils venaient enlever le souper auquel nous n'avions pas touché et apporter le déjeuner.

« Gertrude leur fit quelques questions, auxquelles ils sortirent sans avoir répondu.

« Je rentrai alors ; tout m'était expliqué par notre séjour au château de Beaugé et par le prétendu respect qui nous entourait. M. le duc d'Anjou m'avait vue à la fête donnée par M. de Monsoreau ; M. le duc d'Anjou était devenu amoureux de moi ; mon père avait été prévenu, et avait voulu me soustraire aux poursuites dont j'allais sans doute être l'objet ; il m'avait éloignée de Méridor ; mais trahi soit par un serviteur infidèle, soit par un hasard malheureux, sa précaution avait été inutile, et j'étais tombée aux mains de l'homme auquel il avait tenté vainement de me soustraire.

« Je m'arrêtai à cette idée, la seule qui fût vraisemblable, et en réalité la seule qui fût vraie.

« Sur les prières de Gertrude, je bus une tasse de lait et mangeai un peu de pain.

« La matinée s'écoula à faire des plans de fuite insensés. Et cependant, à cent pas devant nous, amarrée dans les roseaux, nous pouvions voir une barque toute garnie de ses avirons. Certes, si cette barque eût été à notre portée, mes forces, exaltées par la terreur, jointes aux forces naturelles de Gertrude, eussent suffi pour nous tirer de notre captivité.

« Pendant cette matinée, rien ne nous troubla. On nous servit le dîner comme on nous avait servi le déjeuner ; je tombais de faiblesse. Je me mis à table, servie par Gertrude seulement ; car, dès que nos gardiens avaient déposé nos repas, ils se retiraient. Mais tout à coup, en brisant mon pain, je mis à jour un petit billet.

« Je l'ouvris précipitamment ; il contenait cette seule ligne :

« Un ami veille sur vous. Demain
« vous aurez de ses nouvelles et de celles
« de votre père. »

« On comprend quelle fut ma joie : mon cœur battait à rompre ma poitrine. Je montrai le billet à Gertrude. Le reste de la journée se passa à attendre et à espérer.

« La seconde nuit s'écoula aussi tranquille que la première ; puis vint l'heure du déjeuner attendue avec tant d'impatience ; car je ne doutai point que je ne trouvasse dans mon pain un nouveau billet. Je ne me trompais pas, le billet était conçu en ces termes :

« La personne qui vous a enlevée ar-
« rive au château de Beaugé ce soir à dix
« heures ; mais à neuf, l'ami qui veille sur
« vous sera sous vos fenêtres avec une let-
« tre de votre père, qui vous commandera
« la confiance, que sans cette lettre vous
« nelui accorderiez peut-être pas.
« Brûlez ce billet. »

« Je lus et relus cette lettre, puis je la jetai au feu selon la recommandation qu'elle contenait. L'écriture m'était complétement inconnue, et, je l'avoue, j'ignorais d'où elle pouvait venir.

« Nous nous perdîmes en conjectures, Gertrude et moi ; cent fois pendant la matinée nous allâmes à la fenêtre pour regarder si nous n'apercevions personne sur les rives de l'étang et dans les profondeurs de la forêt ; tout était solitaire.

« Une heure après le dîner, on frappa à notre porte ; c'était la première fois qu'il arrivait que l'on tentât d'entrer chez nous à d'autres heures qu'à celles de nos repas ; cependant, comme nous n'avions aucun moyen de nous enfermer en dedans, force nous fut de laisser entrer.

« C'était l'homme qui nous avait parlé à la porte de la litière et dans la cour du château. Je ne pus le reconnaître au visage, puisqu'il était masqué lorsqu'il nous parla ; mais aux premières paroles qu'il prononça, je le reconnus à la voix.

« Il me présenta une lettre.

« — De quelle part venez-vous, monsieur ? lui demandai-je.

« — Que mademoiselle se donne la peine de lire, me répondit-il, et elle verra.

« — Mais je ne veux pas lire cette lettre, ne sachant pas de qui elle vient.

« — Mademoiselle est la maîtresse de faire ce qu'elle voudra. J'avais ordre de lui remettre cette lettre ; je dépose cette lettre à ses pieds ; si elle daigne la ramasser, elle la ramassera. »

« Et, en effet, le serviteur, qui paraissait un écuyer, plaça la lettre sur le tabouret où je reposais mes pieds et sortit.

« — Que faire ? demandai-je à Gertrude.

« — Si j'osais donner un conseil à mademoiselle, ce serait de lire cette lettre. Peut-être contient-elle l'annonce de quelque danger auquel, prévenues par elle, nous pourrions nous soustraire. »

« Le conseil était si raisonnable, que je revins sur la résolution prise d'abord, et que j'ouvris la lettre. »

Diane, à ce moment, interrompit son récit, se leva, ouvrit un petit meuble du genre de ceux auxquels nous avons conservé le nom italien de stippo, et d'un portefeuille de soie tira une lettre.

Bussy jeta un coup d'œil sur l'adresse.

« A la belle Diane de Méridor, » lut-il.

Puis regardant la jeune femme :

— Cette adresse, dit-il, est de la main du duc d'Anjou.

— Ah! répondit-elle avec un soupir, il ne m'avait donc pas trompée.

Puis, comme Bussy hésitait à ouvrir la lettre :

— Lisez, dit-elle ; le hasard vous a poussé du premier coup au plus intime de ma vie, je ne dois plus avoir de secrets pour vous.

Bussy obéit et lut :

« Un malheureux prince, que votre beauté divine a frappé au cœur, viendra vous faire ce soir à dix heures ses excuses de sa conduite à votre égard, conduite qui, lui-même le sent bien, n'a d'autre excuse que l'amour invincible qu'il éprouve pour vous.

« FRANÇOIS. »

— Ainsi cette lettre était bien du duc d'Anjou ? demanda Diane.

— Hélas oui ! répondit Bussy, c'est son écriture et son seing.

Diane soupira.

— Serait-il moins coupable que je ne le croyais ? murmura-t-elle.

— Qui ? le prince ? demanda Bussy.

— Non, lui, le comte de Monsoreau.

Ce fut Bussy qui soupira à son tour.

— Continuez, madame, dit-il, et nous jugerons le prince et le comte.

— Cette lettre, que je n'avais alors aucun motif de ne pas croire réelle, puisqu'elle s'accordait si bien avec mes propres craintes, m'indiquait, comme l'avait prévu Gertrude, le danger auquel j'étais exposée, et me rendait d'autant plus précieuse l'intervention de cet ami inconnu qui m'offrait son secours, au nom de mon père. Je n'eus donc plus d'espoir qu'en lui.

« Nos investigations recommençaient, mes regards et ceux de Gertrude, plongeant à travers les vitres, ne quittaient point l'étang et cette partie de la forêt qui faisait face à nos fenêtres. Dans toute l'étendue que nos regards pouvaient embrasser, nous ne vîmes rien qui parût se rapporter à nos espérances et les seconder.

« La nuit arriva ; mais, comme nous étions au mois de janvier, la nuit venait vite ; quatre ou cinq heures nous séparaient donc encore du moment décisif : nous attendîmes avec anxiété.

« Il faisait une de ces belles gelées d'hiver pendant lesquelles, si ce n'était le froid, on se croirait vers la fin du printemps ou vers le commencement de l'automne : le ciel brillait, tout parsemé de mille étoiles, et, dans un coin de ce ciel, la lune, pareille à un croissant, éclairait le paysage de sa lueur argentée ; nous ouvrîmes la fenêtre de la chambre de Gertrude, qui devait, dans tous les cas, être moins rigoureusement observée que la mienne.

« Vers sept heures, une légère vapeur monta de l'étang ; mais, pareille à un voile de gaze transparente, cette vapeur n'empêchait pas de voir, ou plutôt nos yeux, s'habituant à l'obscurité, étaient parvenus à percer cette vapeur.

« Comme rien ne nous aidait à mesurer le temps, nous n'aurions pas pu dire quelle heure il était, lorsqu'il nous sembla sur la lisière du bois voir à travers cette transparente obscurité se mouvoir des ombres. Ces ombres paraissaient s'approcher avec précaution, gagnant les arbres qui, rendant les ténèbres plus épaisses, semblaient les protéger. Peut-être eussions-nous cru, au reste, que ces ombres n'étaient qu'un jeu de notre vue fatiguée, lorsque le hennissement d'un che-

L'église Sainte-Catherine.

val traversa l'espace et arriva jusqu'à nous.

« — Ce sont nos amis, murmura Gertrude.

« — Ou le prince, répondis-je.

« — Oh! le prince, dit-elle, le prince ne se cacherait pas. »

« Cette réflexion si simple dissipa mes soupçons et me rassura.

« Nous redoublâmes d'attention.

« Un homme s'avança seul ; il me sembla qu'il quittait un autre groupe d'hommes, lequel était resté à l'abri sous un bouquet d'arbres.

« Cet homme marcha droit à la barque, la détacha du pieu où elle était amarrée, descendit dedans, et la barque, glissant sur l'eau, s'avança silencieusement de notre côté.

« A mesure qu'elle s'avançait, mes yeux faisaient des efforts plus violents pour percer l'obscurité.

« Il me sembla d'abord reconnaître la grande taille, puis les traits sombres et fortement accusés du comte de Monsoreau; enfin, lorsqu'il fut à dix pas de nous, je ne conservai plus aucun doute.

« Je craignais maintenant presque autant le secours que le danger.

« Je restai muette et immobile, rangée dans l'angle de la fenêtre, de sorte qu'il ne pouvait me voir. Arrivé au pied du mur, il arrêta sa barque à un anneau, et je vis apparaître sa tête à la hauteur de l'appui de la croisée.

« Je ne pus retenir un léger cri.

« — Ah! pardon, dit le comte de Monsoreau; je croyais que vous m'attendiez.

« — C'est-à-dire que j'attendais quelqu'un, monsieur, répondis-je, mais j'ignorais que ce quelqu'un fût vous. »

« Un sourire amer passa sur le visage du comte.

« — Qui donc, excepté moi et son père, veille sur l'honneur de Diane de Méridor?

« — Vous m'avez dit, monsieur, dans la lettre que vous m'avez écrite, que vous veniez au nom de mon père.

« — Oui, mademoiselle; et comme j'ai prévu que vous douteriez de la mission que j'ai reçue, voici un billet du baron. »

« Et le comte me tendit un papier.

« Nous n'avions allumé ni bougies ni candélabres, pour être plus libres de faire dans l'obscurité tout ce que commanderaient les circonstances. Je passai de la chambre de Gertrude dans la mienne. Je m'agenouillai devant le feu, et, à la lueur de la flamme du foyer, je lus :

« Ma chère Diane, M. le comte de
« Monsoreau peut seul t'arracher au dan-
« ger que tu cours, et ce danger est im-
« mense. Fie-toi donc entièrement à lui
« comme au meilleur ami que le ciel nous
« puisse envoyer.

« Il te dira plus tard ce que du fond de
« mon cœur je désirerais que tu fisses
« pour acquitter la dette que nous allons
« contracter envers lui.

« Ton père, qui te supplie de le croire,
« et d'avoir pitié de toi et de lui,
« Baron de Méridor. »

« Rien de positif n'existait dans mon esprit contre M. de Monsoreau; la répulsion qu'il m'inspirait était bien plutôt instinctive que raisonnée. Je n'avais à lui reprocher que la mort d'une biche, et c'était un crime bien léger pour un chasseur.

« J'allai donc à lui.

« — Eh bien? demanda-t-il.

« — Monsieur, j'ai lu la lettre de mon père; il me dit que vous êtes prêt à me conduire hors d'ici; mais il ne me dit pas où vous me conduisez.

« — Je vous conduis où le baron vous attend, mademoiselle.

« — Et où m'attend-il?

« — Au château de Méridor.

« — Ainsi je vais revoir mon père?

« — Dans deux heures.

« — Oh! monsieur, si vous dites vrai... »

« Je m'arrêtai; le comte attendait visiblement la fin de ma phrase.

« — Comptez sur toute ma reconnaissance, ajoutai-je d'une voix tremblante et affaiblie, car je devinais quelle chose il pouvait attendre de cette reconnaissance que je n'avais pas la force de lui exprimer.

« — Alors, mademoiselle, dit le comte, vous êtes prête à me suivre? »

« Je regardai Gertrude avec inquiétude; il était facile de voir que cette sombre figure du comte ne la rassurait pas plus que moi.

« — Réfléchissez que chaque minute qui

s'envole est précieuse pour vous au delà de ce que vous pouvez imaginer, dit-il. Je suis en retard d'une demi-heure à peu près ; il va être dix heures bientôt, et n'avez-vous point reçu l'avis qu'à dix heures le prince serait au château de Beaugé?

« — Hélas oui! répondis-je.

« — Le prince une fois ici, je ne puis plus rien pour vous que risquer sans espoir ma vie, que je risque en ce moment avec la certitude de vous sauver.

« — Pourquoi mon père n'est-il donc pas venu?

« — Pensez-vous que votre père ne soit pas entouré? Pensez-vous qu'il puisse faire un pas sans qu'on sache où il va?

« — Mais vous? demandai-je.

« — Moi, c'est autre chose; moi, je suis l'ami, le confident du prince.

« — Mais, monsieur, m'écriai-je, si vous êtes l'ami, si vous êtes le confident du prince, alors...

« — Alors je le trahis pour vous; oui, c'est bien cela. Aussi vous disais-je tout à l'heure que je risquais ma vie pour sauver votre honneur. »

« Il y avait un tel accent de conviction dans cette réponse du comte, et elle était si visiblement d'accord avec la vérité, que, tout en éprouvant un reste de répugnance à me confier à lui, je ne trouvai pas de mots pour exprimer cette répugnance.

« — J'attends, » dit le comte.

« Je regardai Gertrude aussi indécise que moi.

« — Tenez, me dit M. de Monsoreau, si vous doutez encore, regardez de ce côté. »

« Et du côté opposé à celui par lequel il était venu, longeant l'autre rive de l'étang, il me montra une troupe de cavaliers qui s'avançait vers le château.

« — Quels sont ces hommes? demandai-je.

« — C'est le duc d'Anjou et sa suite, répondit le comte.

« — Mademoiselle, mademoiselle, dit Gertrude, il n'y a pas de temps à perdre.

« — Il n'y en a déjà que trop de perdu, dit le comte; au nom du ciel, décidez-vous donc! »

« Je tombai sur une chaise ; les forces me manquaient.

« — Oh! mon Dieu! mon Dieu! que faire? murmurai-je.

« — Écoutez, dit le comte, écoutez! ils frappent à la porte. »

« En effet, on entendit retentir le marteau sous la main de deux hommes que nous avions vus se détacher du groupe pour prendre les devants.

« — Dans cinq minutes, dit le comte, il ne sera plus temps. »

« J'essayai de me lever ; mes jambes faiblirent.

« — A moi, Gertrude! balbutiai-je, à moi!

« — Mademoiselle, dit la pauvre fille, entendez-vous la porte qui s'ouvre? Entendez-vous les chevaux qui piétinent dans la cour?

« — Oui! oui! répondis-je en faisant un effort. Mais les forces me manquent.

« — Oh! n'est-ce que cela? » dit-elle; et elle me prit dans ses bras, me souleva comme elle eût fait d'un enfant, et me remit dans les bras du comte.

« En sentant l'attouchement de cet homme, je frissonnai si violemment, que je faillis lui échapper et tomber dans le lac.

« Mais il me serra contre sa poitrine et me déposa dans le bateau.

« Gertrude m'avait suivie, et était descendue sans avoir besoin d'aide.

« Alors je m'aperçus que mon voile s'était détaché et flottait sur l'eau.

« L'idée me vint qu'il indiquerait notre trace.

« — Mon voile! mon voile! dis-je au comte; rattrapez donc mon voile. »

« Le comte jeta un coup d'œil vers l'objet que je lui montrais du doigt.

« — Non, dit-il; mieux vaut que cela soit ainsi. »

« Et, saisissant les avirons, il donna une si violente impulsion à la barque, qu'en quelques coups de rames nous nous trouvâmes près d'atteindre la rive de l'étang.

« En ce moment, nous vîmes les fenêtres de ma chambre s'éclairer : des serviteurs entraient avec des lumières.

« — Vous ai-je trompée? dit M. de Monsoreau, et était-il temps?

« — Oh! oui, oui, monsieur, lui dis-je; vous êtes bien véritablement mon sauveur. »

« Cependant les lumières couraient avec agitation, tantôt dans ma chambre, tantôt dans celle de Gertrude. Nous entendîmes des cris ; un homme entra, devant lequel s'écartèrent tous les autres. Cet homme s'approcha de la fenêtre ouverte, se pencha en dehors, aperçut le voile flottant sur l'eau et poussa un cri.

« — Voyez-vous que j'ai bien fait de laisser là ce voile? dit le comte ; le prince croira que, pour lui échapper, vous vous êtes jetée dans le lac, et tandis qu'il vous fera chercher, nous fuirons. »

« C'est alors que je tremblai réellement devant les sombres profondeurs de cet esprit qui, d'avance, avait compté sur un pareil moyen.

« En ce moment, nous abordâmes. »

XIV

CE QUE C'ÉTAIT QUE DIANE DE MÉRIDOR. — LE TRAITÉ.

Il se fit encore un instant de silence. Diane, presque aussi émue à ce souvenir qu'elle l'avait été à la réalité, sentait sa voix prête à lui manquer. Bussy l'écoutait avec toutes les facultés de son âme, et il vouait d'avance une haine éternelle à ses ennemis, quels qu'ils fussent.

Enfin, après avoir respiré un flacon qu'elle tira de sa poche, Diane reprit :

— A peine eûmes-nous mis pied à terre, que sept ou huit hommes accoururent à nous. C'étaient des gens au comte, parmi lesquels il me sembla reconnaître les deux serviteurs qui accompagnaient notre litière quand nous avions été attaqués par ceux-là qui m'avaient conduite au château de Beaugé. Un écuyer tenait en main deux chevaux; l'un des deux était le cheval noir du comte; l'autre était une haquenée blanche qui m'était destinée. Le comte m'aida à monter la haquenée, et quand je fus en selle il s'élança sur son cheval.

« Gertrude monta en croupe d'un des serviteurs du comte.

« Ces dispositions furent à peine faites, que nous nous éloignâmes au galop.

« J'avais remarqué que le comte avait pris ma haquenée par la bride, et je lui avais fait observer que je montais assez bien à cheval pour qu'il se dispensât de cette précaution; mais il me répondit que ma monture était ombrageuse et pourrait faire quelque écart qui me séparerait de lui.

« Nous courions depuis dix minutes, quand j'entendis la voix de Gertrude qui m'appelait. Je me retournai, et je m'aperçus que notre troupe s'était dédoublée; quatre hommes avaient pris un sentier latéral et l'entraînaient dans la forêt, tandis que le comte de Monsoreau et les quatre autres suivaient avec moi le même chemin.

« — Gertrude ! m'écriai-je. Monsieur, pourquoi Gertrude ne vient-elle pas avec nous ?

« — C'est une précaution indispensable, me dit le comte ; si nous sommes poursuivis, il faut que nous laissions deux traces ; il faut que de deux côtés on puisse dire qu'on a vu une femme enlevée par des hommes. Nous aurons alors la chance que M. le duc d'Anjou fasse fausse route, et coure après votre suivante au lieu de courir après nous. »

« Quoique spécieuse, la réponse ne me satisfit point ; mais que dire ? mais que faire ? Je soupirai et j'attendis.

« D'ailleurs le chemin que suivait le comte était bien celui qui me ramenait au château de Méridor. Dans un quart d'heure, au train dont nous marchions, nous devions être arrivés au château ; quand tout à coup, parvenu à un carrefour de la forêt qui m'était bien connu, le comte, au lieu de continuer à suivre le chemin qui me ramenait chez mon père, se jeta à gauche et suivit une route qui s'en écartait visiblement. Je m'écriai aussitôt, et, malgré la marche rapide de ma haquenée, j'appuyais déjà la main sur le pommeau de la selle pour sauter à terre, quand le comte, qui sans doute épiait tous mes mouvements, se pencha de mon côté, m'enlaça de son bras, et, m'enlevant de ma monture, me plaça sur l'arçon de son cheval. La haquenée, se sentant libre, s'enfuit en hennissant à travers la forêt.

« Cette action s'était exécutée si rapidement de la part du comte, que je n'avais eu que le temps de pousser un cri.

« M. de Monsoreau me mit la main sur la bouche.

« — Mademoiselle, me dit-il, je vous jure, sur mon honneur, que je ne fais rien que par ordre de votre père, comme je vous en donnerai la preuve à la première halte que nous ferons ; si cette preuve ne vous suffit point ou vous paraît douteuse, sur mon honneur encore, mademoiselle, vous serez libre !

« — Mais, monsieur, vous m'aviez dit que vous me conduisiez chez mon père ! m'écriai-je en repoussant sa main et en rejetant ma tête en arrière.

« — Oui, je vous l'avais dit, car je voyais que vous hésitiez à me suivre, et un instant de plus de cette hésitation nous perdait, lui, vous et moi, comme vous avez pu le voir. Maintenant, voyons, dit le comte en s'arrêtant, voulez-vous tuer le baron ? voulez-vous marcher droit à votre déshonneur ? Dites un mot, et je vous ramène au château de Méridor.

« — Vous m'avez parlé d'une preuve que vous agissiez au nom de mon père ?

« — Cette preuve, la voilà, dit le comte ; prenez cette lettre, et dans le premier gîte où nous nous arrêterons, lisez-la. Si, quand vous l'aurez lue, vous voulez revenir au château, je vous le répète, sur mon honneur, vous serez libre. Mais s'il vous reste quelque respect pour les ordres du baron, vous n'y retournerez pas, j'en suis bien certain.

« — Allons donc, monsieur, et gagnons promptement ce premier gîte, car j'ai hâte de m'assurer si vous me dites la vérité.

« — Souvenez-vous que vous me suivez librement.

« — Oui, librement, autant toutefois qu'une jeune fille est libre dans cette situation, où elle voit d'un côté la mort de son père et son déshonneur, et, de l'autre, l'obligation de se fier à la parole d'un homme qu'elle connaît à peine; n'importe, je vous suis librement, monsieur; et c'est ce dont vous pourrez vous assurer, si vous voulez bien me faire donner un cheval. »

« Le comte fit signe à un de ses hommes de mettre pied à terre. Je sautai à bas du sien, et, un instant après, je me retrouvai en selle près de lui.

« — La haquenée ne peut être loin, dit-il à l'homme démonté; cherchez-la dans la forêt, appelez-la; vous savez qu'elle vient comme un chien, à son nom ou au sifflet. Vous nous rejoindrez à la Châtre.

« Je frissonnai malgré moi. La Châtre était à dix lieues déjà du château de Méridor, sur la route de Paris.

« — Monsieur, lui dis-je, je vous accompagne; mais à la Châtre, nous ferons nos conditions.

« — C'est-à-dire, mademoiselle, répondit le comte, qu'à la Châtre vous me donnerez vos ordres. »

« Cette prétendue obéissance ne me rassurait point; cependant, comme je n'avais pas le choix des moyens, et que celui qui se présentait pour échapper au duc d'Anjou était le seul, je continuai silencieusement ma route. Au point du jour, nous arrivâmes à la Châtre. Mais au lieu d'entrer dans le village, à cent pas des premiers jardins, nous prîmes à travers terres, et nous nous dirigeâmes vers une maison écartée.

« J'arrêtai mon cheval.

« — Où allons-nous? demandai-je.

« — Écoutez, mademoiselle, me dit le comte, j'ai déjà remarqué l'extrême justesse de votre esprit, et c'est à votre esprit même que j'en appelle. Pouvons-nous, fuyant les recherches du prince le plus puissant après le roi, nous arrêter dans une hôtellerie ordinaire, au milieu d'un village dont le premier paysan qui nous aura vus nous dénoncera? On peut acheter un homme, on ne peut pas acheter tout un village. »

« Il y avait dans toutes les réponses du comte une logique ou tout au moins une spéciosité qui me frappait.

« — Bien, lui dis-je. Allons. »

« Et nous nous remîmes en marche.

« Nous étions attendus; un homme, sans que je m'en fusse aperçue, s'était détaché de notre escorte et avait pris les devants. Un bon feu brillait dans la cheminée d'une chambre à peu près propre; et un lit était préparé.

« — Voici votre chambre, mademoiselle, dit le comte; j'attendrai vos ordres. »

« Il salua, se retira et me laissa seule.

« Mon premier soin fut de m'approcher de la lampe, et de tirer de ma poitrine la lettre de mon père... La voici, monsieur de Bussy. Je vous fais mon juge, lisez. »

Bussy prit la lettre et lut :

« Ma Diane bien-aimée, si, comme je n'en doute pas, te rendant à ma prière, tu as suivi M. le comte de Monsoreau, il a dû te dire que tu avais eu le malheur de plaire au duc d'Anjou, et que c'était ce prince qui t'avait fait enlever et conduire au château de Beaugé; juge par cette violence ce dont le duc est capable, et quelle est la honte qui te menace. Eh bien! cette honte, à laquelle je ne survivrais pas, il y a un moyen d'y échapper : c'est d'épouser notre noble ami; une fois comtesse de Monsoreau, c'est sa femme que le comte défendra, et par tous les moyens il m'a juré de te défendre. Mon désir est donc, ma fille chérie, que ce mariage ait lieu le plus tôt possible, et si tu accèdes à mes désirs, à mon consentement bien positif je joins ma bénédiction paternelle et prie Dieu qu'il veuille bien t'accorder tous les trésors de bonheur que son amour tient en réserve pour les cœurs pareils au tien.

« Ton père, qui n'ordonne pas, mais qui supplie,

« Baron de Méridor. »

— Hélas! dit Bussy, si cette lettre est bien de votre père, madame, elle n'est que trop positive.

— Elle est de lui, et je n'ai aucun doute à en faire; néanmoins, je la relus trois fois avant de prendre aucune décision. Enfin, j'appelai le comte.

« Il entra aussitôt : ce qui me prouva qu'il attendait à la porte.

« Je tenais la lettre à la main.

« — Eh bien! me dit-il, vous avez lu?

« — Oui, répondis-je.

« — Doutez-vous toujours de mon dévouement et de mon respect?

« — J'en eusse douté, monsieur, répondis-je, que cette lettre m'eût imposé la croyance qui me manquait. Maintenant, voyons, monsieur, en supposant que je sois disposée à céder aux conseils de mon père, que comptez-vous faire?

« — Je compte vous mener à Paris, mademoiselle; c'est encore là qu'il est le plus facile de vous cacher.

« — Et mon père?

« — Partout où vous serez, vous le savez bien, et dès qu'il n'y aura plus de danger de vous compromettre, le baron viendra me rejoindre.

« — Eh bien! monsieur, je suis prête à accepter votre protection aux conditions que vous imposez.

« — Je n'impose rien, mademoiselle, répondit le comte; j'offre un moyen de vous sauver, voilà tout.

« — Eh bien! je me reprends, et je dis avec vous : Je suis prête à accepter le moyen de salut que vous m'offrez, à trois conditions.

« — Parlez, mademoiselle.

« — La première, c'est que Gertrude me sera rendue.

« — Elle est là, dit le comte.

« — La seconde est que nous voyagerons séparés jusqu'à Paris.

« — J'allais vous offrir cette séparation pour rassurer votre susceptibilité.

« — Et la troisième, c'est que notre mariage, à moins d'urgence reconnue de ma part, n'aura lieu qu'en présence de mon père.

« — C'est mon plus vif désir, et je compte sur sa bénédiction pour appeler sur nous celle du ciel. »

« Je demeurai stupéfaite. J'avais cru trouver dans le comte quelque opposition à cette triple expression de ma volonté, et, tout au contraire, il abondait dans mon sens.

« — Maintenant, mademoiselle, dit M. de Monsoreau, me permettez-vous, à mon tour, de vous donner quelques conseils?

« — J'écoute, monsieur.

« — C'est de ne voyager que la nuit.

« — J'y suis décidée.

« — C'est de me laisser le choix des gîtes que vous occuperez et le choix de la route ; toutes mes précautions seront prises dans un seul but, celui de vous faire échapper au duc d'Anjou.

« — Si vous m'aimez comme vous le dites, monsieur, nos intérêts sont les mêmes ; je n'ai donc aucune objection à faire contre ce que vous demandez.

« — Enfin, à Paris, c'est d'adopter le logement que je vous aurai préparé, si simple et si écarté qu'il soit.

« — Je ne demande qu'à vivre cachée, monsieur, et plus le logement sera simple et écarté, mieux il conviendra à une fugitive.

« — Alors nous nous entendons en tout point, mademoiselle, et il ne me reste plus, pour me conformer à ce plan tracé par vous, qu'à vous présenter mes très-humbles respects, à vous envoyer votre femme de chambre et à m'occuper de la route que vous devez suivre de votre côté.

« — De mon côté, monsieur, répondis-je, je suis gentille-femme comme vous êtes gentilhomme ; tenez toutes vos promesses, et je tiendrai toutes les miennes. »

« — Voilà tout ce que je demande, dit le comte, et cette promesse m'assure que je serai bientôt le plus heureux des hommes.

« A ces mots, il s'inclina et sortit.

« Cinq minutes après, Gertrude entra.

« La joie de cette bonne fille fut grande ; elle avait cru qu'on la voulait séparer de moi pour toujours. Je lui racontai ce qui venait de se passer ; il me fallait quelqu'un qui pût entrer dans toutes mes vues, seconder tous mes désirs, comprendre dans l'occasion à demi-mot, obéir sur un signe et sur un geste. Cette facilité de M. de Monsoreau m'étonnait, et je craignais quelque infraction au traité qui venait d'être arrêté entre nous.

« Comme j'achevais, nous entendîmes le bruit d'un cheval qui s'éloignait. Je courus à la fenêtre ; c'était le comte qui reprenait au galop la route que nous venions de suivre. Pourquoi reprenait-il cette route au lieu de marcher en avant ? c'est ce que je ne pouvais comprendre. Mais il avait accompli le premier article du traité en me rendant Gertrude, il accomplissait le second en s'éloignant ; il n'y avait rien à dire. D'ailleurs, vers quelque but qu'il se dirigeât, ce départ du comte me rassurait.

« Nous passâmes toute la journée dans la petite maison, servies par notre hôtesse ; le soir seulement, celui qui m'avait paru le chef de notre escorte entra dans ma chambre et me demanda mes ordres ; comme le danger me paraissait d'autant plus grand que j'étais près du château de Beaugé, je lui répondis que j'étais prête : cinq minutes après, il rentra et m'indiqua en s'inclinant qu'on n'attendait plus que moi. A la porte, je trouvai ma haquenée blanche ; comme l'avait prévu le comte de Monsoreau, elle était revenue au premier appel.

« Nous marchâmes toute la nuit, et nous nous arrêtâmes, comme la veille, au point du jour. Je calculai que nous devions avoir fait quinze lieues à peu près ; au reste, toutes les précautions avaient été prises par M. de Monsoreau pour que je ne souffrisse ni de la fatigue ni du froid ; la haquenée qu'il m'avait choisie avait le trot d'une douceur particulière, et, en sortant de la maison, on m'avait jeté sur les épaules un manteau de fourrure.

« Cette halte ressembla à la première, et toutes nos courses nocturnes à celle que nous venions de faire : toujours les mêmes égards et les mêmes respects ; partout les mêmes soins ; il était évident que nous étions précédés par quelqu'un qui se chargeait de faire préparer les logis : était-ce le comte ? je n'en sus rien, car, accomplissant cette partie de nos conventions avec la même régularité que les autres, pas une seule fois pendant la route je ne l'aperçus.

« Vers le soir du septième jour, j'aperçus du haut d'une colline un grand amas de maisons. C'était Paris.

« Nous fîmes halte pour attendre la nuit,

CHICOT.

puis, l'obscurité venue, nous nous remîmes en route; bientôt nous passâmes sous une porte au delà de laquelle le premier objet qui me frappa fut un immense édifice, qu'à ses hautes murailles je reconnus pour quelque monastère, puis nous traversâmes deux fois la rivière. Nous prîmes à droite, et, après dix minutes de marche, nous nous trouvâmes sur la place de la Bastille. Alors un homme qui semblait nous attendre se détacha d'une porte, et s'approchant du chef de l'escorte:

« — C'est ici, » dit-il.

« Le chef de l'escorte se retourna vers moi.

« — Vous entendez, madame? nous sommes arrivés. »

« Et, sautant à bas de son cheval, il me présenta la main pour descendre de ma haquenée, comme il avait l'habitude de le faire à chaque station.

« La porte était ouverte ; une lampe éclairait l'escalier, posée sur les degrés.

« — Madame, dit le chef de l'escorte, vous êtes ici chez vous ; à cette porte finit la mission que nous avons reçue de vous accompagner : puis-je me flatter que cette mission a été accomplie selon vos désirs, et avec le respect qui nous avait été recommandé ?

« — Oui, monsieur, lui dis-je, et je n'ai que des remerciements à vous faire. Offrez-les en mon nom aux braves gens qui m'ont accompagnée. Je voudrais les rémunérer d'une façon plus efficace, mais je ne possède rien.

« — Ne vous inquiétez point de cela, madame, répondit celui auquel je présentais mes excuses ; ils sont récompensés largement. »

« Et remontant à cheval après m'avoir saluée :

« — Venez, vous autres, dit-il, et que pas un de vous, demain matin, ne se souvienne assez de cette porte pour la reconnaître. »

« A ces mots, la petite troupe s'éloigna au galop et se perdit dans la rue Saint-Antoine.

« Le premier soin de Gertrude fut de refermer la porte, et ce fut à travers le guichet que nous les vîmes s'éloigner.

« Puis nous nous avançâmes vers l'escalier, éclairé par la lampe ; Gertrude la prit et marcha devant.

« Nous montâmes les degrés et nous nous trouvâmes dans le corridor ; les trois portes en étaient ouvertes.

« Nous prîmes celle du milieu et nous nous trouvâmes dans le salon où nous sommes. Il était tout éclairé comme en ce moment.

« J'ouvris cette porte, et je reconnus un grand cabinet de toilette, puis cette autre, qui était celle de ma chambre à coucher, et, à mon grand étonnement, je me trouvai en face de mon portrait.

« Je reconnus celui qui était dans la chambre de mon père, à Méridor ; le comte l'avait sans doute demandé au baron et obtenu de lui.

« Je frissonnai à cette nouvelle preuve que mon père me regardait déjà comme la femme de M. de Monsoreau.

« Nous parcourûmes l'appartement ; il était solitaire, mais rien n'y manquait : il y avait du feu dans toutes les cheminées, et, dans la salle à manger, une table toute servie m'attendait. Je jetai rapidement les yeux sur cette table : il n'y avait qu'un seul couvert ; je me rassurai.

« — Eh bien ! mademoiselle, me dit Gertrude, vous le voyez, le comte tient jusqu'au bout sa promesse.

« — Hélas ! oui, répondis-je avec un soupir, car j'eusse mieux aimé qu'en manquant à quelqu'une de ses promesses il m'eût dégagée des miennes. »

« Je soupai ; puis une seconde fois nous fîmes la visite de toute la maison, mais sans y rencontrer âme vivante plus que la première fois ; elle était bien à nous, et à nous seules.

« Gertrude coucha dans ma chambre.

« Le lendemain, elle sortit et s'orienta. Ce fut alors seulement que j'appris d'elle que nous étions au bout de la rue Saint-Antoine, en face l'hôtel des Tournelles, et que la forteresse qui s'élevait à ma droite était la Bastille.

« Au reste, ces renseignements ne m'apprenaient pas grand'chose. Je ne connaissais point Paris, n'y étant jamais venue.

« La journée s'écoula sans rien amener

de nouveau : le soir, comme je venais de me mettre à table pour souper, on frappa à la porte.

« Nous nous regardâmes, Gertrude et moi.

« On frappa une seconde fois.

« — Va voir qui frappe, lui dis-je.

« — Si c'est le comte? demanda-t-elle en me voyant pâlir.

« — Si c'est le comte, répondis-je en faisant un effort sur moi-même, ouvre-lui, Gertrude : il a fidèlement tenu ses promesses; il verra que, comme lui, je n'ai qu'une parole. »

« Un instant après, Gertrude reparut.

« — C'est M. le comte, madame, dit-elle.

« — Qu'il entre, » répondis-je.

« Gertrude s'effaça et fit place au comte, qui parut sur le seuil.

« — Eh bien! madame, me demanda-t-il, ai-je fidèlement accompli le traité?

« — Oui, monsieur, répondis-je, et je vous en remercie.

« — Vous voulez bien alors me recevoir chez vous? ajouta-t-il avec un sourire dont tous ses efforts ne pouvaient effacer l'ironie.

« — Entrez, monsieur. »

« Le comte s'approcha et demeura debout. Je lui fis signe de s'asseoir.

« — Avez-vous quelques nouvelles, monsieur? lui demandai-je.

« — D'où et de qui, madame?

« — De mon père et de Méridor, avant tout.

« — Je ne suis point retourné au château de Méridor et n'ai pas revu le baron.

« — Alors de Beaugé et du duc d'Anjou.

« — Ceci, c'est autre chose : je suis allé à Beaugé et j'ai parlé au duc.

« — Comment l'avez-vous trouvé?

« — Essayant de douter.

« — De quoi?

« — De votre mort.

« — Mais vous la lui avez confirmée?

« — J'ai fait ce que j'ai pu pour cela.

« — Et où est le duc?

« — De retour à Paris depuis hier soir.

« — Pourquoi est-il revenu si rapidement?

« — Parce qu'on ne reste pas de bon cœur en un lieu où l'on croit avoir la mort d'une femme à se reprocher.

« — L'avez-vous vu depuis son retour à Paris?

« — Je le quitte.

« — Vous a-t-il parlé de moi?

« — Je ne lui en ai pas laissé le temps.

« — De quoi lui avez-vous parlé, alors?

« — D'une promesse qu'il m'a faite et que je l'ai poussé à mettre à exécution.

« — Laquelle?

« — Il s'est engagé, pour services à lui rendus par moi, à me faire nommer grand-veneur.

« — Ah! oui, dis-je avec un triste sourire, car je me rappelais la mort de ma pauvre Daphné, vous êtes un terrible chasseur, je me le rappelle, et vous avez, comme tel, des droits à cette place.

« — Ce n'est point comme chasseur que je l'obtiens, madame, c'est comme serviteur du prince; ce n'est point parce que j'y ai des droits qu'on me la donnera, c'est parce que M. le duc d'Anjou n'osera point être ingrat envers moi. »

« Il y avait dans toutes ces réponses, malgré le ton respectueux avec lequel elles étaient faites, quelque chose qui m'effrayait : c'était l'expression d'une sombre et implacable volonté.

« Je restai un instant muette.

« — Me sera-t-il permis d'écrire à mon père? demandai-je.

« — Sans doute ; mais songez que vos lettres peuvent être interceptées.

« — M'est-il défendu de sortir ?

« — Rien ne vous est défendu, madame ; mais seulement je vous ferai observer que vous pouvez être suivie.

« — Mais au moins dois-je le dimanche entendre la messe !

« — Mieux vaudrait, je crois, pour votre sûreté, que vous ne l'entendissiez pas ; mais si vous tenez à l'entendre, entendez-la du moins — c'est un simple conseil que je vous donne, remarquez-le bien — à l'église Sainte-Catherine.

« — Et où est cette église ?

« — En face de votre maison, de l'autre côté de la rue.

« — Merci, monsieur. »

« Il se fit un nouveau silence.

« — Quand vous reverrai-je, monsieur ?

« — J'attends votre permission pour revenir.

« — En avez-vous besoin ?

« — Sans doute. Jusqu'à présent, je suis un étranger pour vous.

« — Vous n'avez point de clef de cette maison ?

« — Votre mari seul a le droit d'en avoir une.

« — Monsieur, répondis-je effrayée de ces réponses si singulièrement soumises plus que je ne l'eusse été de réponses absolues ; monsieur, vous reviendrez quand vous voudrez, ou quand vous croirez avoir quelque chose d'important à me dire.

« — Merci, madame, j'userai de la permission, mais n'en abuserai pas… et la première preuve que je vous en donne, c'est que je vous prie de recevoir mes respects. »

« Et à ces mots le comte se leva.

« — Vous me quittez ? demandai-je de plus en plus étonnée de cette façon d'agir à laquelle j'étais loin de m'attendre.

« — Madame, répondit le comte, je sais que vous ne m'aimez point, et je ne veux point abuser de la situation où vous êtes, et qui vous force à recevoir mes soins. En ne demeurant que discrètement près de vous, j'espère que peu à peu vous vous habituerez à ma présence ; de cette façon, le sacrifice vous coûtera moins quand le moment sera venu de devenir ma femme.

« — Monsieur, lui dis-je en me levant à mon tour, je reconnais toute la délicatesse de vos procédés, et, malgré l'espèce de rudesse qui accompagne chacune de vos paroles, je les apprécie. Vous avez raison, et je vous parlerai avec la même franchise que vous m'avez parlé : j'avais contre vous quelques préventions que le temps guérira, je l'espère.

« — Permettez-moi, madame, me dit le comte, de partager cette espérance et de vivre dans l'attente de cet heureux moment. »

« Puis, me saluant avec tout le respect que j'aurais pu attendre du plus humble de mes serviteurs, il fit signe à Gertrude, devant laquelle toute cette conversation avait eu lieu, de l'éclairer, et sortit.

XV

CE QUE C'ÉTAIT QUE DIANE DE MÉRIDOR. — LE MARIAGE

— Voilà, sur mon âme ! un homme étrange ! dit Bussy.

— Oh ! oui, bien étrange, n'est-ce pas, monsieur ? car son amour se formulait vis-à-vis de moi avec toute l'âpreté de la haine. Gertrude, en revenant, me retrouva donc plus triste et plus épouvantée que jamais.

« Elle essaya de me rassurer ; mais il était

visible que la pauvre fille était aussi inquiète que moi-même. Ce respect glacé, cette ironique obéissance, cette passion contenue et qui vibrait en notes stridentes dans chacune de ses paroles, était plus effrayante que ne l'eût été une volonté nettement exprimée et que j'eusse pu combattre.

« Le lendemain était un dimanche : depuis que je me connaissais, je n'avais jamais manqué d'assister à l'office divin. J'entendis la cloche de l'église Sainte-Catherine qui semblait m'appeler. Je vis tout le monde s'acheminer vers la maison de Dieu; je m'enveloppai d'un voile épais, et, suivie de Gertrude, je me mêlai à la foule des fidèles qui accouraient à l'appel de la cloche.

« Je cherchai le coin le plus obscur, et j'allai m'y agenouiller contre la muraille. Gertrude se plaça, comme une sentinelle, entre le monde et moi. Pour cette fois-là, ce fut inutile; personne ne fit ou ne parut faire attention à nous.

« Le surlendemain, le comte revint et m'annonça qu'il était nommé grand-veneur; l'influence de M. le duc d'Anjou lui avait fait donner cette place, presque promise à un des favoris du roi nommé M. de Saint-Luc. C'était un triomphe auquel il s'attendait à peine lui-même.

— En effet, dit Bussy, cela nous étonna tous.

— Il venait m'annoncer cette nouvelle, espérant que cette dignité hâterait mon consentement; seulement il ne pressait pas, il n'insistait pas, il attendait tout de ma promesse et des événements.

« Quant à moi, je commençais d'espérer que, le duc d'Anjou me croyant morte et le danger n'existant plus, je cesserais d'être engagée au comte.

« Sept autres jours s'écoulèrent sans rien amener de nouveau que deux visites du comte. Ces visites, comme les précédentes, furent froides et respectueuses; mais je vous ai expliqué ce qu'avaient de singulier, et je dirai presque de menaçant, cette froideur et ce respect.

« Le dimanche suivant, j'allai à l'église, comme j'avais déjà fait, et repris la même place que j'avais occupée huit jours auparavant. La sécurité rend imprudente : au milieu de mes prières, mon voile s'écarta... Dans la maison de Dieu, d'ailleurs, je ne pensais qu'à Dieu... Je priais ardemment pour mon père, quand tout à coup je sentis que Gertrude me touchait le bras; il me fallut un second appel pour me tirer de l'espèce d'extase religieuse dans laquelle j'étais plongée. Je levai la tête, je regardai machinalement autour de moi, et j'aperçus avec terreur, appuyé contre une colonne, le duc d'Anjou qui me dévorait des yeux.

« Un homme, qui semblait son confident plutôt que son serviteur, était près de lui.

— C'était Aurilly, dit Bussy, son joueur de luth.

— En effet, répondit Diane, je crois que c'est ce nom que Gertrude me dit plus tard.

— Continuez, madame, dit Bussy, continuez, par grâce! je commence à tout comprendre.

— Je ramenai vivement mon voile sur mon visage, il était trop tard : il m'avait vue, et, s'il ne m'avait point reconnue, ma ressemblance, du moins, avec cette femme qu'il avait aimée et qu'il croyait avoir perdue venait de le frapper profondément. Mal à l'aise sous son regard que je sentais peser sur moi, je me levai et m'avançai vers la porte; mais à la porte je le retrouvai : il avait trempé ses doigts dans le bénitier et me présentait l'eau bénite.

« Je fis semblant de ne pas le voir et passai sans accepter ce qu'il m'offrait.

« Mais, sans que je me retournasse, je compris que nous étions suivies ; si j'eusse connu Paris, j'eusse essayé de tromper le duc sur ma véritable demeure, mais je n'avais jamais parcouru d'autre chemin que celui qui conduisait de la maison que j'habitais à l'église ; je ne connaissais personne à qui je pusse demander l'hospitalité pour un quart d'heure ; pas d'amis, un seul défenseur que je craignais plus qu'un ennemi, voilà tout.

— O mon Dieu ! murmura Bussy, pourquoi le ciel, la Providence ou le hasard ne m'ont-ils pas conduit plus tôt sur votre chemin ?

Diane remercia le jeune homme d'un regard.

— Mais pardon ! reprit Bussy ; je vous interromps toujours, et cependant je meurs de curiosité. Continuez, je vous en supplie !

— Le même soir, M. de Monsoreau vint. Je ne savais point si je devais lui parler de mon aventure, lorsque lui-même fit cesser mon hésitation.

« — Vous m'avez demandé, dit-il, s'il vous était défendu d'aller à la messe ; et je vous ai répondu que vous étiez maîtresse souveraine de vos actions, et que vous feriez mieux de ne pas sortir. Vous n'avez pas voulu m'en croire ; vous êtes sortie ce matin pour aller entendre l'office divin à l'église de Sainte-Catherine ; le prince s'y trouvait par hasard ou plutôt par fatalité, et vous y a vue.

« — C'est vrai, monsieur, et j'hésitais à vous faire part de cette circonstance, car j'ignorais si le prince m'avait reconnue pour celle que je suis, ou si ma vue l'avait simplement frappé.

« — Votre vue l'a frappé, votre ressemblance avec la femme qu'il regrette lui a paru extraordinaire : il vous a suivie et a pris des informations ; mais personne n'a rien pu lui dire, car personne ne sait rien.

« — Mon Dieu ! monsieur ! m'écriai-je.

« — Le duc est un cœur sombre et persévérant, dit M. de Monsoreau.

« — Oh ! il m'oubliera, je l'espère.

« — Je n'en crois rien : on ne vous oublie pas quand on vous a vue. J'ai fait tout ce que j'ai pu pour vous oublier, moi, et je n'ai pas pu. »

« Et le premier éclair de passion que j'aie remarqué chez M. de Monsoreau passa en ce moment dans les yeux du comte.

« Je fus plus effrayée de cette flamme qui venait de jaillir de ce foyer qu'on eût cru éteint, que je ne l'avais été le matin à la vue du prince.

« Je demeurai muette.

« — Que comptez-vous faire ? me demanda le comte.

« — Monsieur, ne pourrais-je changer de maison, de quartier, de rue ; aller demeurer à l'autre bout de Paris, ou, mieux encore, retourner dans l'Anjou ?

« — Tout cela serait inutile, dit M. de Monsoreau en secouant la tête : c'est un terrible limier que M. le duc d'Anjou ; il est sur votre trace. Maintenant, allez où vous voudrez, il la suivra jusqu'à ce qu'il vous joigne.

« — O mon Dieu ! vous m'effrayez.

« — Ce n'est point mon intention ; je vous dis ce qui est, et pas autre chose.

« — Alors c'est moi qui vous ferai à mon tour la question que vous m'adressiez tout à l'heure. Que comptez-vous faire, monsieur ?

« — Hélas! reprit le comte de Monsoreau avec une amère ironie, je suis un homme de pauvre imagination, moi. J'avais trouvé un moyen; ce moyen ne vous convient pas, j'y renonce. Mais ne me dites pas d'en chercher d'autres.

« — Mais, mon Dieu! repris-je, le danger est peut-être moins pressant que vous ne le croyez.

« — C'est ce que l'avenir nous apprendra, madame, dit le comte en se levant. En tout cas, je vous le répète, madame de Monsoreau aura d'autant moins à craindre du prince, que la nouvelle charge que j'occupe me fait relever directement du roi, et que moi et ma femme nous trouverons naturellement protection près du roi. »

« Je ne répliquai que par un soupir. Ce que disait là le comte était plein de raison et de vraisemblance.

« M. de Monsoreau attendit un instant, comme pour me laisser tout le loisir de lui répondre, mais je n'en eus pas la force. Il était debout, prêt à se retirer. Un sourire amer passa sur ses lèvres; il s'inclina et sortit.

« Je crus entendre quelques imprécations s'échapper de sa bouche dans l'escalier.

« J'appelai Gertrude.

« Gertrude avait l'habitude de se tenir ou dans le cabinet, ou dans la chambre à coucher quand venait le comte; elle accourut.

« J'étais à la fenêtre, enveloppée dans les rideaux de façon à ce que, sans être aperçue, je pusse voir ce qui se passait dans la rue.

« Le comte sortit et s'éloigna.

« Nous restâmes une heure à peu près, attentives à tout examiner, mais personne ne vint.

« La nuit s'écoula sans rien amener de nouveau.

« Le lendemain, Gertrude, en sortant, fut accostée par un jeune homme, qu'elle reconnut pour être celui qui, la veille, accompagnait le prince; mais à toutes ses instances elle refusa de répondre, à toutes ses questions elle resta muette.

« Le jeune homme, lassé, se retira.

« Cette rencontre m'inspira une profonde terreur; c'était le commencement d'une investigation qui certes ne devait point s'arrêter là. J'eus peur que M. de Monsoreau ne vînt pas le soir, et que quelque tentative ne fût faite contre moi dans la nuit; je l'envoyai chercher; il vint aussitôt.

« Je lui racontai tout et lui fis le portrait du jeune homme d'après ce que Gertrude m'en avait rapporté.

« — C'est Aurilly, dit-il; qu'a répondu Gertrude?

— « Gertrude n'a rien répondu. »

M. de Monsoreau réfléchit un instant.

« — Elle a eu tort, dit-il.

« — Comment cela?

« — Oui, il s'agit de gagner du temps.

« — Du temps?

« — Aujourd'hui, je suis encore dans la dépendance de M. le duc d'Anjou : mais dans quinze jours, dans douze jours, dans huit jours peut-être, c'est le duc d'Anjou qui sera dans la mienne. Il s'agit donc de le tromper pour qu'il attende.

« — Mon Dieu!

« — Sans doute l'espoir le rendra patient. Un refus complet le pousserait vers quelque parti désespéré.

« — Monsieur, écrivez à mon père! m'écriai-je; mon père accourra et ira se jeter aux pieds du roi. Le roi aura pitié d'un vieillard.

« — C'est selon la disposition d'esprit où

sera le roi, et selon qu'il sera dans sa politique d'être pour le moment l'ami ou l'ennemi de M. le duc d'Anjou. D'ailleurs il faut six jours à un messager pour aller trouver votre père; il faut six jours à votre père pour venir. Dans douze jours, M. le duc d'Anjou aurait fait, si nous ne l'arrêtons pas, tout le chemin qu'il peut faire.

« — Et comment l'arrêter? »

« M. de Monsoreau ne répondit point. Je compris sa pensée et je baissai les yeux.

« — Monsieur, dis-je après un moment de silence, donnez vos ordres à Gertrude, et elle suivra vos instructions. »

« Un sourire imperceptible passa sur les lèvres de M. de Monsoreau à ce premier appel de ma part à sa protection.

« Il causa quelques instants avec Gertrude.

« — Madame, me dit-il, je pourrais être vu sortant de chez vous : deux ou trois heures nous manquent seulement pour attendre la nuit; me permettez-vous de passer ces deux ou trois heures dans votre appartement? »

« M. de Monsoreau avait presque le droit d'exiger; il se contentait de demander : je lui fis signe de s'asseoir.

« C'est alors que je remarquai la suprême puissance que le comte avait sur lui-même; à l'instant même il surmonta la gêne qui résultait de notre situation respective, et sa conversation, à laquelle cette espèce d'âpreté que j'ai déjà signalée donnait un puissant caractère, commença variée et attachante. Le comte avait beaucoup voyagé, beaucoup vu, beaucoup pensé; et j'avais au bout de deux heures, compris toute l'influence que cet homme étrange avait prise sur mon père. »

Bussy poussa un soupir.

« La nuit venue, sans insister, sans demander davantage, et comme satisfait de ce qu'il avait obtenu, il se leva et sortit.

« Pendant la soirée, nous nous remîmes, Gertrude et moi, à notre observatoire. Cette fois, nous vîmes distinctement deux hommes qui examinaient la maison. Plusieurs fois ils s'approchèrent de la porte; toute lumière intérieure était éteinte; ils ne purent nous voir.

« Vers onze heures, ils s'éloignèrent.

« Le lendemain, Gertrude, en sortant, retrouva le même jeune homme à la même place; il vint de nouveau à elle et l'interrogea comme il avait fait la veille. Ce jour-là, Gertrude fut moins sévère et échangea quelques mots avec lui.

« Le jour suivant, Gertrude fut plus communicative; elle lui dit que j'étais la veuve d'un conseiller, qui, restée sans fortune, vivait fort retirée; il voulut insister pour en savoir davantage, mais il fallut qu'il se contentât, pour l'heure, de ces renseignements.

« Le jour d'après, Aurilly parut avoir conçu quelques doutes sur la véracité du récit de la veille; il parla de l'Anjou, de Beaugé, et prononça le mot de Méridor.

« Gertrude répondit que tous ces noms lui étaient parfaitement inconnus.

« Alors il avoua qu'il était au duc d'Anjou, que le duc d'Anjou m'avait vue et était amoureux de moi; puis, à la suite de cet aveu, vinrent des offres magnifiques pour elle et pour moi : pour elle, si elle voulait introduire le prince près de moi; pour moi, si je voulais le recevoir.

« Chaque soir, M. de Monsoreau venait, et chaque soir je lui disais où nous en étions. Il restait alors depuis huit heures jusqu'à minuit; mais il était évident que son inquiétude était grande.

Pont Notre-Dame, à Paris.

« Le samedi soir, je le vis arriver plus pâle et plus agité que de coutume.

« — Écoutez, me dit-il, il faut tout promettre pour mardi ou mercredi.

« — Tout promettre! et pourquoi? m'écriai-je.

« — Parce que M. le duc d'Anjou est décidé à tout, qu'il est bien en ce moment avec le roi, et qu'il n'y a rien par conséquent à attendre du roi.

« — Mais, d'ici à mercredi, doit-il donc se passer quelque événement qui viendra à notre aide?

« — Peut-être. J'attends de jour en jour cette circonstance qui doit mettre le prince dans ma dépendance. Je la pousse, je la hâte non-seulement de mes vœux, mais de mes actions. Demain il faut que je vous quitte, que j'aille à Montereau.

« — Il le faut? répondis-je avec une espèce de terreur mêlée d'une certaine joie.

« — Oui; j'ai là un rendez-vous indispensable pour hâter cette circonstance dont je vous parlais.

« — Et si nous sommes dans la même situation, que faudra-t-il donc faire, mon Dieu !

« — Que voulez-vous que je fasse contre un prince, madame, quand je n'ai aucun droit de vous protéger ? Il faudra céder à la mauvaise fortune...

« — Oh ! mon père ! mon père ! » m'écriai-je.

« Le comte me regarda fixement.

« — Oh ! monsieur !

« — Qu'avez-vous donc à me reprocher ?

« — Oh ! rien ; au contraire.

« — Mais n'ai-je pas été dévoué comme un ami, respectueux comme un frère ?

« — Vous vous êtes en tout point conduit en galant homme.

« — N'avais-je pas votre promesse ?

« — Oui.

« — Vous l'ai-je une seule fois rappelée ?

« — Non.

« — Et cependant, quand les circonstances sont telles que vous vous trouvez placée entre une position honorable et une position honteuse, vous préférez d'être la maîtresse du duc d'Anjou à être la femme du comte de monsoreau.

« — Je ne dis pas cela, monsieur.

« — Mais alors, décidez-vous donc.

« — Je suis décidée.

« — A être la comtesse de Monsoreau ?

« — Plutôt que la maîtresse du duc d'Anjou.

« — Plutôt que la maîtresse du duc d'Anjou !... L'alternative est flatteuse. »

« Je me tus.

« — N'importe ! dit le comte ; vous entendez ? Que Gertrude gagne jusqu'à mardi, et mardi nous verrons. »

« Le lendemain, Gertrude sortit comme d'habitude, mais elle ne vit point Aurilly. A son retour, nous fûmes plus inquiètes de son absence que nous ne l'eussions été de sa présence. Gertrude sortit de nouveau sans nécessité de sortir, pour le rencontrer seulement ; mais elle ne le rencontra point. Une troisième sortie fut aussi inutile que les deux premières.

« J'envoyai Gertrude chez M. de Monsoreau ; il était parti et on ne savait point où il était.

« Nous étions seules et isolées ; nous nous sentîmes faibles. Pour la première fois, je compris mon injustice envers le comte.

— Oh ! madame ! s'écria Bussy, ne vous hâtez donc pas de revenir ainsi à cet homme ; il y a quelque chose dans toute sa conduite que nous ne savons pas, mais que nous saurons.

— Le soir vint, accompagné de terreurs profondes ; j'étais décidée à tout plutôt que de tomber vivante aux mains du duc d'Anjou. Je m'étais munie de ce poignard, et j'avais résolu de me frapper aux yeux du prince, au moment où lui ou de ses gens essayeraient de porter la main sur moi. Nous nous barricadâmes dans nos chambres. Par une négligence incroyable, la porte de la rue n'avait pas de verrou intérieur. Nous cachâmes la lampe et nous nous plaçâmes à notre observatoire.

« Tout fut tranquille jusqu'à onze heures du soir ; à onze heures, cinq hommes débouchèrent par la rue Saint-Antoine, parurent tenir conseil, et s'en allèrent s'embusquer dans l'angle de l'hôtel des Tournelles.

« Nous commençâmes à trembler ; ces hommes étaient probablement là pour nous.

« Cependant ils se tinrent immobiles ; un quart d'heure à peu près s'écoula.

«Au bout d'un quart d'heure, nous vîmes paraître deux autres hommes au coin de la rue Saint-Paul. La lune, qui glissait entre les nuages, permit à Gertrude de reconnaître Aurilly dans l'un de ces deux hommes.

« — Hélas ! mademoiselle, ce sont eux, murmura la pauvre fille.

« — Oui, répondis-je toute frissonnante de terreur, et les cinq autres sont là pour leur prêter secours.

« — Mais il faudra qu'ils enfoncent la porte, dit Gertrude, et, au bruit, les voisins accourront.

« — Pourquoi veux-tu que les voisins accourent ? Nous connaissent-ils et ont-ils quelque motif de se faire une mauvaise affaire pour nous défendre ? Hélas ! en réalité, Gertrude, nous n'avons de véritable défenseur que le comte.

« — Eh bien ! pourquoi refusez-vous donc toujours d'être comtesse ? »

« Je poussai un soupir.

XVI

CE QUE C'ÉTAIT QUE DIANE DE MÉRIDOR. — LE MARIAGE.

« Pendant ce temps, les deux hommes qui avaient paru au coin de la rue Saint-Paul s'étaient glissés le long des maisons et se tenaient sous nos fenêtres.

« Nous entr'ouvrîmes doucement la croisée.

« — Es-tu sûr que c'est ici ? demanda une voix.

« — Oui, monseigneur, parfaitement sûr. C'est la cinquième maison à partir du coin de la rue Saint-Paul.

« — Et la clef, penses-tu qu'elle ira ?

« — J'ai pris l'empreinte de la serrure.

« Je saisis le bras de Gertrude et je le serrai avec violence.

« — Et une fois entré ?

« — Une fois entré, c'est mon affaire. La suivante nous ouvrira. Votre Altesse possède dans sa poche une clef d'or qui vaut bien celle-ci.

« — Ouvre donc, alors. »

« Nous entendîmes le grincement de la clef dans la serrure. Mais tout à coup les hommes embusqués à l'angle de l'hôtel se détachèrent de la muraille et s'élancèrent vers le prince et vers Aurilly en criant : « A mort ! à mort ! »

« Je n'y comprenais plus rien ; ce que je devinais seulement, c'est qu'un secours inattendu, inespéré, inouï, nous arrivait : je tombai à genoux et je remerciai le ciel.

« Mais le prince n'eut qu'à se montrer, le prince n'eut qu'à dire son nom, toutes les voix se turent, toutes les épées rentrèrent au fourreau, et chaque agresseur fit un pas en arrière.

— Oui, oui, dit Bussy, ce n'était point au prince qu'ils en voulaient : c'était à moi.

— En tout cas, reprit Diane, cette attaque éloigna le prince. Nous le vîmes se retirer par la rue de Jouy, tandis que les cinq gentilshommes de l'embuscade allaient reprendre leur poste au coin de l'hôtel des Tournelles.

« Il était évident que, pour cette nuit du moins, le danger venait de s'écarter de nous, car ce n'était point à moi qu'en voulaient les cinq gentilshommes. Mais nous étions trop inquiètes et trop émues pour ne point rester sur pied. Nous demeurâmes debout contre la fenêtre, et nous attendîmes quelque événement inconnu que nous sentions instinctivement s'avancer à notre rencontre.

« L'attente fut courte. Un homme à cheval parut, tenant le milieu de la rue Saint-Antoine. C'était sans doute celui que les cinq gentilshommes embusqués attendaient, car en l'apercevant ils crièrent : *Aux épées! aux épées!* et s'élancèrent sur lui.

« Vous savez tout ce qui a rapport à ce gentilhomme, dit Diane, puisque ce gentilhomme c'était vous.

— Au contraire, madame, dit Bussy, qui dans le récit de la jeune femme espérait tirer quelque secret de son cœur; au contraire, je ne sais rien que le combat, puisque après le combat je m'évanouis.

— Il est inutile de vous dire, reprit Diane avec une légère rougeur, l'intérêt que nous prîmes à cette lutte si inégale et néanmoins si vaillamment soutenue. Chaque épisode du combat nous arrachait un frissonnement, un cri, une prière. Nous vîmes votre cheval faiblir et s'abattre. Nous vous crûmes perdu; mais il n'en était rien, le brave Bussy méritait sa réputation. Vous tombâtes debout et n'eûtes pas même besoin de vous relever pour frapper vos ennemis; enfin, entouré, menacé de toutes parts, vous fîtes retraite comme le lion, la face tournée à vos adversaires, et vous vîntes vous appuyer à la porte; alors la même idée nous vint, à Gertrude et à moi, c'était de descendre pour vous ouvrir; elle me regarda : «Oui,» lui dis-je; et toutes deux nous nous élançâmes vers l'escalier. Mais, comme je vous l'ai dit, nous nous étions barricadées en dedans; il nous fallut quelques secondes pour écarter les meubles qui obstruaient le passage, et au moment où nous arrivions sur le palier, nous entendîmes la porte de la rue qui se refermait.

« Nous restâmes toutes deux immobiles. Quelle était donc la personne qui venait d'entrer, et comment était-elle entrée?

« Je m'appuyai à Gertrude, et nous demeurâmes muettes et dans l'attente.

« Bientôt des pas se firent entendre dans l'allée; ils se rapprochaient de l'escalier; un homme parut, chancelant, tendit les bras, et tomba sur les premières marches en poussant un sourd gémissement.

« Il était évident que cet homme n'était point poursuivi; qu'il avait mis la porte, si heureusement laissée ouverte par le duc d'Anjou, entre lui et ses adversaires, et que, blessé dangereusement, à mort peut-être, il était venu s'abattre au pied de l'escalier.

« En tout cas, nous n'avions rien à craindre, et c'était au contraire cet homme qui avait besoin de notre secours.

« — La lampe ! » dis-je à Gertrude.

« Elle courut et revint avec la lumière.

« Nous ne nous étions pas trompées : vous étiez évanoui. Nous vous reconnûmes pour le brave gentilhomme qui s'était si vaillamment défendu, et, sans hésiter, nous nous décidâmes à vous porter secours.

« En un instant, vous fûtes apporté dans ma chambre et déposé sur le lit.

« Vous étiez toujours évanoui; les soins d'un chirurgien paraissaient urgents. Gertrude se rappela avoir entendu raconter une cure merveilleuse faite quelques jours auparavant par un jeune docteur de la rue... de la rue Beautreillis. Elle savait son adresse, elle m'offrit de l'aller quérir.

« — Mais, lui dis-je, ce jeune homme peut nous trahir.

« — Soyez tranquille, dit-elle; je prendrai mes précautions. »

« C'est une fille vaillante et prudente à la fois, continua Diane. Je me fiai donc entièrement à elle. Elle prit de l'argent, une clef et mon poignard ; et je restai seule près de vous... et priant pour vous.

— Hélas ! dit Bussy, je ne connaissais pas tout mon bonheur, madame.

— Un quart d'heure après, Gertrude revint ; elle ramenait le jeune docteur ; il avait consenti à tout et la suivait les yeux bandés.

« Je demeurai dans le salon tandis qu'on l'introduisait dans la chambre. Là on lui permit d'ôter le bandeau qui lui couvrait les yeux.

— Oui, dit Bussy, c'est en ce moment que je repris connaissance, que mes yeux se portèrent sur votre portrait et qu'il me sembla que je vous voyais entrer.

— J'entrai en effet ; mon inquiétude l'emportait sur la prudence. J'échangeai quelques questions avec le jeune docteur ; il examina votre blessure, me répondit de vous, et je fus soulagée.

— Tout cela était resté dans mon esprit, dit Bussy, mais comme un rêve reste dans la mémoire ; et cependant quelque chose me disait là, ajouta le jeune homme en mettant la main sur son cœur, que je n'avais point rêvé.

— Lorsque le chirurgien eut pansé votre blessure, il tira de sa poche un petit flacon contenant une liqueur rouge et versa quelques gouttes de cette liqueur sur vos lèvres. C'était, me dit-il, un élixir destiné à vous rendre le sommeil et à combattre la fièvre.

« Effectivement, un instant après avoir avalé ce breuvage, vous fermâtes les yeux de nouveau et vous retombâtes dans l'espèce d'évanouissement dont un instant vous étiez sorti.

« Je m'effrayai, mais le docteur me rassura. Tout était pour le mieux, me dit-il, et il n'y avait plus qu'à vous laisser dormir.

« Gertrude lui couvrit de nouveau les yeux d'un mouchoir et le reconduisit jusqu'à la porte de la rue Beautreillis.

« Seulement elle crut s'apercevoir qu'il comptait les pas.

— En effet, madame, dit Bussy, il les avait comptés.

— Cette supposition nous effraya. Ce jeune homme pouvait nous trahir. Nous résolûmes de faire disparaître toute trace de l'hospitalité que nous vous avions donnée ; mais d'abord l'important était de vous faire disparaître, vous.

« Je rappelai tout mon courage ; il était deux heures du matin, les rues étaient désertes. Gertrude répondit de vous soulever ; elle y parvint, je l'aidai, et nous vous emportâmes jusque sur les talus des fossés du Temple. Puis nous revînmes tout épouvantées de cette hardiesse qui nous avait fait sortir, deux femmes seules, à une heure où les hommes eux-mêmes sortaient accompagnés.

« Dieu veillait sur nous. Nous ne rencontrâmes personne et rentrâmes sans avoir été vues.

« En rentrant, je succombai sous le poids de mon émotion et je m'évanouis.

— Oh ! madame ! madame ! dit Bussy en joignant les mains ; comment reconnaîtrai-je jamais ce que vous avez fait pour moi ?

Il se fit un instant de silence, pendant lequel Bussy regardait ardemment Diane. La jeune femme, le coude appuyé sur une table, avait laissé retomber sa tête dans sa main.

Au milieu de ce silence, on entendit vibrer l'horloge de l'église Sainte-Catherine.

— Deux heures ! dit Diane en tressaillant. Deux heures, et vous ici !

— Oh! madame! supplia Bussy, ne me renvoyez pas sans m'avoir tout dit. Ne me renvoyez pas sans m'avoir indiqué par quels moyens je puis vous être utile. Supposez que Dieu vous ait donné un frère, et dites à ce frère ce qu'il peut faire pour sa sœur.

— Hélas! plus rien maintenant, dit la jeune femme; il est trop tard.

— Qu'arriva-t-il le lendemain? demanda Bussy; que fîtes-vous pendant cette journée où je ne pensai qu'à vous, sans être sûr cependant que vous n'étiez pas un rêve de mon délire, une vision de ma fièvre?

— Pendant cette journée, reprit Diane, Gertrude sortit et rencontra Aurilly. Aurilly était plus pressant que jamais : il ne dit pas un mot de ce qui s'était passé la veille; mais il demanda au nom de son maître une entrevue.

« Gertrude parut consentir, mais elle demanda jusqu'au mercredi suivant, c'est-à-dire jusqu'aujourd'hui, pour me décider.

« Aurilly promit que son maître se ferait violence jusque-là.

« Nous avions donc trois jours devant nous.

« Le soir, M. de Monsoreau revint.

« Nous lui racontâmes tout, excepté ce qui avait rapport à vous. Nous lui dîmes que la veille le duc avait ouvert la porte avec une fausse clef, mais qu'au moment même où il allait entrer, il avait été chargé par cinq gentilshommes, au milieu desquels étaient MM. d'Épernon et de Quélus. J'avais entendu prononcer ces deux noms, et je les lui répétai.

« — Oui, oui, dit le comte, j'ai déjà entendu parler de cela; ainsi il a une fausse clef? Je m'en doutais.

« — Ne pourrait-on changer la serrure? demandai-je.

« — Il en ferait faire une autre, dit le comte.

« — Poser des verrous à la porte?

« — Il viendra avec dix hommes et enfoncera portes et verrous.

« — Mais cet événement qui devait vous donner, m'avez-vous dit, tout pouvoir sur le duc?

« — Est retardé, indéfiniment peut-être. »

« Je restai muette et, la sueur au front, je ne me dissimulai plus qu'il n'y avait d'autre moyen d'échapper au duc d'Anjou que de devenir la femme du comte.

« — Monsieur, lui dis-je, le duc, par l'organe de son confident, s'est engagé à attendre jusqu'à mercredi soir; moi, je vous demande jusqu'à mardi.

« — Mardi soir, à la même heure, madame, dit le comte, je serai ici. »

« Et, sans ajouter une parole, il se leva et sortit.

« Je le suivis des yeux; mais au lieu de s'éloigner, il alla à son tour se placer dans cet angle sombre du mur des Tournelles et parut décidé à veiller sur moi toute la nuit.

« Chaque preuve de dévouement que me donnait cet homme était comme un nouveau coup de poignard pour mon cœur.

« Les deux jours s'écoulèrent avec la rapidité d'un instant; rien ne troubla notre solitude. Maintenant ce que je souffris pendant ces deux jours, en entendant se succéder le vol rapide des heures, est impossible à décrire.

« Quand la nuit de la seconde journée vint, j'étais atterrée; tout sentiment semblait petit à petit se retirer de moi. J'étais froide, muette, insensible en apparence comme une statue : mon cœur seul battait, le reste de mon corps semblait avoir cessé de vivre.

« Gertrude se tenait à la fenêtre. Moi, assise où je suis, de temps en temps seulement je passais mon mouchoir sur mon front mouillé de sueur.

« Tout à coup Gertrude étendit la main de mon côté; mais ce geste, qui autrefois m'eût fait bondir, me trouva impassible.

« — Madame! dit-elle.

« — Eh bien? demandai-je.

« — Quatre hommes... je vois quatre hommes... Ils s'approchent de ce côté... ils ouvrent la porte... ils entrent.

« — Qu'ils entrent, répondis-je sans faire un mouvement.

« — Mais ces quatre hommes, c'est sans doute le duc d'Anjou, Aurilly et les deux hommes de leur suite. »

« Je tirai pour toute réponse mon poignard et le plaçai près de moi sur la table.

« — Oh! laissez-moi voir du moins! dit Gertrude en s'élançant vers la porte.

« — Vois, » répondis-je.

« Un instant après, Gertrude rentra.

« — Mademoiselle, dit-elle, c'est M. le comte. »

« Je remis mon poignard dans ma poitrine sans prononcer une seule parole. Seulement je tournai la tête du côté du comte.

« Sans doute il fut effrayé de ma pâleur.

« — Que me dit Gertrude? s'écria-t-il; que vous m'avez pris pour le duc, et que, si c'eût été le duc, vous vous fussiez tuée? »

« C'était la première fois que je le voyais ému. Cette émotion était-elle réelle ou factice?

« — Gertrude a eu tort de vous dire cela, monsieur, répondis-je; du moment où ce n'est pas le duc, tout est bien.

« Il se fit un instant de silence.

« — Vous savez que je ne suis pas venu seul? dit le comte.

« — Gertrude a vu quatre hommes.

« — Vous doutez-vous qui ils sont?

« — Je présume que l'un est prêtre, et que les deux autres sont nos témoins.

« — Alors vous êtes prête à devenir ma femme?

« — N'est-ce pas chose convenue? Seulement je me souviens du traité; il était convenu encore qu'à moins d'urgence reconnue de ma part, je ne me marierais pas hors de la présence de mon père.

« — Je me rappelle parfaitement cette condition, mademoiselle; mais croyez-vous qu'il y ait urgence?

« — Oui, je le crois.

« — Eh bien?

« — Eh bien! je suis prête à vous épouser, monsieur. Mais rappelez-vous ceci : c'est que je ne serai réellement votre femme que lorsque j'aurai revu mon père. »

« Le comte fronça le sourcil et se mordit les lèvres.

« — Mademoiselle, dit-il, mon intention n'est point de forcer votre volonté; si vous avez engagé votre parole, je vous rends votre parole : vous êtes libre; seulement... »

« Il s'approcha de la fenêtre et jeta un coup d'œil dans la rue.

« — Seulement, dit-il, regardez. »

« Je me levai, mue par cette puissante attraction qui nous pousse à nous assurer de notre malheur, et au-dessous de la fenêtre j'aperçus un homme enveloppé d'un manteau qui semblait chercher un moyen de pénétrer dans la maison.

— O mon Dieu! dit Bussy; et vous dites que c'était hier?

— Oui, comte, hier, vers les neuf heures du soir.

— Continuez, dit Busssy.

— Au bout d'un instant, un autre homme

vint rejoindre le premier ; celui-là tenait une lanterne à la main.

« — Que pensez-vous de ces deux hommes ? me demanda M. de Monsoreau.

« — Je pense que c'est le duc et son affidé, » répondis-je.

Bussy poussa un gémissement.

« — Maintenant, continua le comte, ordonnez : faut-il que je reste, faut-il que je me retire ?

« Je balançai un instant : oui, malgré la lettre de mon père, malgré la promesse jurée, malgré le danger présent, palpable, menaçant, oui, je balançai... et si ces deux hommes n'eussent point été là...

— Oh ! malheureux que je suis ! s'écria Bussy : l'homme au manteau, c'était moi, et celui qui portait la lanterne, c'était Remy le Haudoin, ce jeune docteur que vous avez envoyé chercher.

— C'était vous ! s'écria Diane avec stupeur.

— Oui, oui, moi qui, de plus en plus convaincu de la réalité de mes souvenirs, cherchais à retrouver la maison où j'avais été recueilli, la chambre où j'avais été transporté, la femme où plutôt l'ange qui m'avait apparu. Oh ! j'avais donc bien raison de m'écrier que j'étais un malheureux !

Et Bussy demeura comme écrasé sous le poids de cette fatalité qui s'était servie de lui pour déterminer Diane à donner sa main au comte.

— Ainsi, reprit-il au bout d'un instant, vous êtes sa femme ?

— Depuis hier, répondit Diane.

Et il se fit un nouveau silence, qui n'était interrompu que par la respiration haletante des deux jeunes gens.

— Mais vous, demanda tout à coup Diane, comment êtes-vous entré dans cette maison, comment vous trouvez-vous ici ?

Bussy lui montra silencieusement la clef.

— Une clef ! s'écria Diane ; d'où vient cette clef et qui vous l'a donnée ?

— Gertrude n'avait-elle pas promis au prince de l'introduire près de vous ce soir ? Le prince avait vu M. de Monsoreau et m'avait vu moi-même, comme M. de Monsoreau et moi l'avions vu ; il a craint quelque piège et m'a envoyé à sa place.

— Et vous avez accepté cette mission ? dit Diane avec le ton du reproche.

— C'était le seul moyen de pénétrer près de vous. Serez-vous assez injuste pour m'en vouloir d'être venu chercher une des plus grandes joies et une des plus grandes douleurs de ma vie ?

— Oui, je vous en veux, dit Diane, car il eût mieux valu que vous ne me revissiez pas, et que, ne me revoyant pas, vous m'oubliassiez.

— Non, madame, dit Bussy ; vous vous trompez. C'est Dieu au contraire qui m'a conduit près de vous pour pénétrer au plus profond de cette trame dont vous êtes victime. Écoutez : du moment où je vous ai vue, je vous ai voué ma vie. La mission que je me suis imposée va commencer. Vous avez demandé des nouvelles de votre père ?

— Oh ! oui ! s'écria Diane, car, en vérité, je ne sais pas ce qu'il est devenu.

— Eh bien ! dit Bussy, je me charge de vous en donner, moi ; gardez seulement un bon souvenir à celui qui, à partir de ce moment, va vivre par vous et pour vous.

— Mais cette clef ? dit Diane avec inquiétude.

— Cette clef, dit Bussy, je vous la rends, car je ne veux la tenir que de votre main ; seulement je vous engage ma foi de gentilhomme que jamais sœur

La tête du duc d'Anjou était si pâle, qu'elle semblait celle d'une statue de marbre.

n'aura confié la clef de son appartement à un frère plus dévoué et plus respectueux.

— Je me fie à la parole du brave Bussy, dit Diane ; tenez, monsieur.

Et elle rendit la clef au jeune homme.

— Madame, dit Bussy, dans quinze jours nous saurons ce qu'est véritablement M. de Monsoreau.

Et saluant Diane avec un respect mêlé à la fois d'ardent amour et de profonde tristesse, Bussy disparut par les montées.

Diane inclina la tête vers la porte pour écouter le bruit des pas du jeune homme qui s'éloignait, et ce bruit avait déjà cessé depuis longtemps que, le cœur bondissant et les yeux baignés de larmes, elle écoutait encore.

XVII

COMMENT VOYAGEAIT LE ROI HENRI III, ET QUEL TEMPS IL LUI FALLAIT POUR ALLER DE PARIS A FONTAINEBLEAU

Le jour qui se levait quatre ou cinq

heures après les événements que nous venons de raconter vit, à la lueur d'un soleil pâle et qui argentait à peine les franges d'une nuage rougeâtre, le départ du roi Henri III pour Fontainebleau, où, comme nous l'avons dit, une grande chasse était projetée pour le surlendemain.

Ce départ, qui chez un autre fût resté inaperçu, comme tous les actes de la vie de ce prince étrange dont nous avons entrepris d'esquisser le règne, faisait au contraire événement par le bruit et le mouvement qu'il traînait avec lui.

En effet, sur le quai du Louvre, vers les huit heures du matin, commençait à s'allonger, sortant par la grande porte située entre la cour du Coin et la rue de l'Astruce, une foule de gentilshommes de service, montés sur de bons chevaux et enveloppés de manteaux fourrés, puis les pages en grand nombre, puis un monde de laquais, et enfin une compagnie de suisses, précédant immédiatement la litière royale.

Cette litière, traînée par huit mules richement caparaçonnées, mérite une mention toute particulière.

C'était une machine formant un carré long, supportée par quatre roues, toute garnie de coussins à l'intérieur, toute drapée de rideaux de brocart à l'extérieur; elle pouvait avoir quinze pieds de long sur huit de large. Dans les endroits difficiles, ou dans les montagnes trop rudes, on substituait aux huit mules un nombre indéfini de bœufs dont la lente mais vigoureuse opiniâtreté n'ajoutait pas à la vitesse, sans doute, mais donnait au moins l'assurance d'arriver au but, sinon une heure, du moins deux ou trois heures plus tard.

Cette machine contenait le roi Henri III et toute sa cour, moins la reine, Louise de Vaudemont, qui, il faut le dire, faisait si peu partie de la cour de son mari, si ce n'est dans les pèlerinages et dans les processions, que ce n'est point la peine d'en parler.

Laissons donc la pauvre reine de côté, et disons de quoi se composait la cour de voyage du roi Henri.

Elle se composait du roi Henri III d'abord, de son médecin Marc Miron, de son chapelain, dont le nom n'est point parvenu jusqu'à nous, de son fou Chicot, notre vieille connaissance, des cinq ou six mignons en faveur, et qui étaient, pour le moment, Quélus, Schomberg, d'Épernon, d'O et Maugiron, d'une paire de grands chiens lévriers qui, au milieu de tout ce monde, assis, couché, debout, agenouillé, accoudé, glissaient leurs longues têtes de serpent, souvent de minute en minute, avec des bâillements démesurés, et d'une corbeille de petits chiens anglais que le roi portait tantôt sur ses genoux, tantôt suspendue à son cou par une chaîne ou par des rubans.

De temps en temps on tirait d'une espèce de niche pratiquée à cet effet une chienne aux mamelles gonflées de lait qui donnait à téter à tout ce corbillon de petits chiens, que regardaient en compassion, et en collant leur museau pointu contre le chapelet de têtes de mort qui cliquetait au côté gauche du roi, les deux grands lévriers qui, sûrs de la faveur toute particulière dont ils jouissaient, ne se donnaient pas même la peine d'être jaloux.

Au plafond de la litière se balançait une cage en fils de cuivre doré, contenant les plus belles tourterelles du monde, c'est-à-dire avec un plumage blanc comme la neige et un double collier noir.

Quand par hasard quelque femme entrait dans la litière royale, la ménagerie s'augmentait de deux ou trois singes de l'espèce des ouistitis ou des sapajous, le singe étant pour le moment l'animal en faveur près des élégantes de la cour du dernier Valois.

Une Notre-Dame de Chartres, sculptée en marbre par Jean Goujon pour le roi Henri II, était posée debout au fond de la litière dans une niche dorée, et abaissait sur son divin fils des regards qui semblaient tout étonnés de ce qu'ils voyaient.

Aussi tous les pamphlets du temps, et il n'en manquait pas, tous les vers satiriques de l'époque, et il s'en élucubrait bon nombre, faisaient-ils à cette litière l'honneur de s'occuper fréquemment d'elle, et la désignaient-ils sous le nom d'arche de Noé.

Le roi était assis au fond de la litière, juste au-dessous de la niche de Notre-Dame ; à ses pieds, Quélus et Maugiron tressaient des rubans, ce qui était une des occupations les plus sérieuses des jeunes gens de l'époque, dont quelques-uns étaient arrivées à faire, par une force de combinaison inconnue auparavant, et qui ne s'est pas retrouvée depuis, des nattes à douze brins ; Schomberg, dans un angle, faisait une tapisserie à ses armes, avec une nouvelle devise qu'il croyait avoir trouvée et qu'il n'avait que retrouvée ; dans l'autre coin causaient le chapelain et le docteur ; d'O et d'Épernon regardaient par les ouvertures et, réveillés trop matin, bâillaient comme les lévriers ; enfin Chicot, assis sur une des portières, les jambes pendantes hors de la machine, afin d'être toujours prêt à descendre ou à remonter, selon son caprice, chantait des cantiques, récitait des pasquils ou faisait des anagrammes, selon la fureur du temps, et trouvait dans chaque nom de courtisan, soit français, soit latin, des personnalités infiniment désagréables pour celui dont il estropiait ainsi l'individualité.

En arrivant à la place du Châtelet, Chicot commença d'entamer un cantique.

Le chapelain, qui, ainsi que nous l'avons dit, causait avec Miron, se retourna en fronçant le sourcil.

— Chicot, mon ami, dit Sa Majesté, prends garde à toi ; écharpe mes mignons, mets en pièce ma Majesté, dis ce que tu voudras de Dieu, Dieu est bon ; mais ne te brouille pas avec l'Église.

— Merci de l'avis, mon fils, dit Chicot ; je ne voyais pas notre digne chapelain qui cause là-bas, avec le docteur, du dernier mort qu'il lui a envoyé à mettre en terre, et qui se plaint que c'était le troisième de la journée, et toujours aux heures des repas, ce qui le dérange. Pas de cantiques, tu parles d'or ; c'est trop vieux. Je vais chanter une chanson toute nouvelle.

— Sur quel air ? demanda le roi.

— Toujours le même, dit Chicot, et il se mit à chanter à pleine gorge :

> Notre roi doit cent millions.

— Je dois plus que cela, dit Henri ; ton chansonnier est mal renseigné.

Chicot reprit sans se démonter :

> Henri doit deux cents millions,
> Et faut, pour acquitter les dettes
> Que messieurs les mignons ont faites,
> De nouvelles inventions,
> Nouveaux impôts, nouvelles tailles,
> Qu'il faut du profond des entrailles
> Des pauvres sujets arracher,
> Malheureux qui traînent leurs vies
> Sous la griffe de ces harpies
> Qui avalent tout sans mâcher.

— Bien, dit Quélus tout en nattant sa

soie, tu as une belle voix, Chicot; le second couplet, mon ami.

— Dis donc, Valois, dit Chicot sans répondre à Quélus, empêche donc tes amis de m'appeler leur ami ; cela m'humilie.

— Parle en vers, Chicot, répondit le roi, ta prose ne vaut rien.

— Soit, dit Chicot, et il reprit :

> Leur parler et leur vêtement
> Se voit tel qu'une honnête femme
> Aurait peur d'en recevoir blâme,
> Vêtue aussi lascivement.
> Leur cou se tourne à son aise,
> Dedans les replis de leur fraise ;
> Déjà le moment n'est plus bon
> Pour l'emploi blanc de leur chemise ;
> Et faut, pour façon plus exquise,
> Faire de riz leur amidon.

— Bravo! dit le roi ; n'est-ce pas toi, d'O, qui as inventé l'amidon de riz ?

— Non pas, sire, dit Chicot, c'est M. de Saint-Mégrin, qui est trépassé l'an dernier sous les coups de M. de Mayenne. Que diable! ne lui enlevez pas ça, à ce pauvre mort : il ne compte que sur cet amidon et sur ce qu'il a fait à M. de Guise pour aller à la postérité ; en lui enlevant l'amidon, il resterait à moitié route.

Et, sans faire attention à la figure du roi qui s'assombrissait à ce souvenir, Chicot continua :

> Leur poil est tondu au compas.

— Il est toujours question des mignons, bien entendu, interrompit Chicot.

— Oui, oui, va, dit Schomberg.

Chicot reprit :

> Leur poil est tondu au compas,
> Mais non d'une façon pareille,
> Car en avant, depuis l'oreille,
> Il est long, et derrière bas.

— Ta chanson est déjà vieille, dit d'Épernon.

— Vieille! elle est d'hier.

— Eh bien! la mode a changé ce matin; regarde.

Et d'Épernon ôta son toquet pour montrer à Chicot ses cheveux de devant presque aussi ras que ceux de derrière.

— Oh! la vilaine tête! dit Chicot.

Et il continua :

> Leurs cheveux droits par artifice,
> Par la gomme qui les hérisse,
> Retordent leurs plis refrisés ;
> Et dessus leur tête légère,
> Un petit bonnet par derrière
> Les rend encore plus déguisés.

— Je passe le quatrième couplet, dit Chicot, il est trop immoral. Et il reprit :

> Pensez-vous que nos vieux Français,
> Qui par leurs armes valeureuses
> En tant de guerres dangereuses
> Ont fait retentir leurs exploits ;
> Et pendant le fruit de leur gloire,
> Avec le nom de leur victoire,
> En tant de périlleux hasards,
> Eussent la chemise empesée,
> Eussent la perruque friquée,
> Eussent le teint blanchi de fards?

— Bravo! dit Henri, et si mon frère était là, il te serait bien reconnaissant, Chicot.

— Qui appelles-tu ton frère, mon fils? dit Chicot. Est-ce par hasard Joseph Foulon, abbé de Sainte-Geneviève, chez lequel on dit que tu vas faire tes vœux?

— Non pas, dit Henri qui se prêtait à toutes les plaisanteries de Chicot. Je parle de mon frère François.

— Ah! tu as raison; celui-là n'est pas ton frère en Dieu, mais frère en diable. Bon! bon! tu parles de François, fils de France par la grâce de Dieu, duc de Brabant, de Lauthier, de Luxembourg, de Gueldre, d'Alençon, d'Anjou, de Touraine, de Berry, d'Évreux et de Château-Thierry, comte de Flandre, de Hollande, de Zélande, de Zutphen, du Maine, du Perche, de Mantes, Meulan et Beaufort, marquis du Saint-Empire, seigneur de

Frise et de Malines, défenseur de la liberté belge; à qui la nature a fait un nez, à qui la petite vérole en a fait deux, et sur qui moi j'ai fait ce quatrain :

> Messieurs, ne soyez étonnés
> Si voyez à François deux nez ;
> Car, par droit comme par usage,
> Faut deux nez à double visage.

Les mignons éclatèrent de rire, car le duc d'Anjou était leur ennemi personnel, et l'épigramme contre le prince leur fit momentanément oublier le pasquil que Chicot venait de chanter contre eux.

Quant au roi, comme jusqu'à ce moment il n'avait reçu que les éclaboussures de ce feu roulant, il riait plus haut que tout le monde, n'épargnant personne, donnant du sucre et de la pâtisserie à ses chiens, et frappant de la langue sur son frère et sur ses amis.

Tout à coup Chicot s'écria :

— Oh! ce n'est pas politique! Henri, Henri, c'est audacieux et imprudent!

— Quoi donc? dit le roi.

— Non, foi de Chicot! tu ne devrais pas avouer ces choses-là, fi donc!

— Quelles choses? demanda Henri étonné.

— Ce que tu dis de toi-même, quand tu signes ton nom; ah! Henriquet, ah! mon fils.

— Gare à vous, sire, dit Quélus qui soupçonnait quelque méchanceté sous l'air confit en douceur de Chicot.

— Que diable veux-tu dire? demanda le roi.

— Comment signes-tu, voyons?

— Pardieu... je signe... je signe... Henri de Valois.

— Bon. Remarquez, messieurs, dit Chicot, que je ne le lui fais pas dire; voyons, n'y a-t-il pas moyen de trouver un V dans ces treize lettres?

— Sans doute. Valois commence par un V.

— Prenez vos tablettes, messire chapelain, car voici le nom sous lequel il vous faut désormais inscrire le roi : Henri de Valois n'est qu'une anagramme.

— Comment?

— Oui, qu'une anagramme; je vais vous dire le véritable nom de Sa Majesté actuellement régnante. Nous disons : Dedans Henri de Valois il y a un V, mettez un V sur vos tablettes.

— C'est fait, dit d'Épernon.

— N'y a-t-il pas aussi un *i* ?

— Certainement, c'est la dernière lettre du mot Henri.

— Que la malice des hommes est grande, dit Chicot, d'avoir été séparer ainsi des lettres faites pour être accolées l'une à l'autre! mettez-moi *i* à côté du V. Cela y est-il?

— Oui, dit d'Épernon.

— Cherchons bien maintenant si nous ne trouverons pas un *l;* ça y est, n'est-ce pas? un *a*, ça y est encore; un autre *i*, nous le tenons; enfin, un *n*. Bon. Sais tu lire, Nogaret?

— Je l'avoue à ma honte, dit d'Épernon.

— Allons donc, maraud, est-ce que par hasard tu te crois d'assez grande noblesse pour être ignorant?

— Drôle! fit d'Épernon en levant sa sarbacane sur Chicot.

— Frappe, mais épelle, dit Chicot.

D'Épernon se mit à rire et épela.

— Vi-lain, vilain, dit-il.

— Bon! s'écria Chicot. Tu vois, Henri, comme cela commence : voilà déjà ton vrai nom de baptême retrouvé. J'espère que tu me feras une pension comme celle que notre frère Charles IX faisait à M. Amyot, quand je vais avoir retrouvé ton nom de famille.

— Tu te feras bâtonner, Chicot, dit le roi.

— Où cueille-t-on les cannes avec lesquelles on bâtonne les gentilshommes, mon fils; est-ce en Pologne? dis-moi cela.

— Il me semble cependant, dit Quélus, que M. de Mayenne ne s'en est pas privé avec toi, mon pauvre Chicot, le jour où il t'a trouvé avec sa maîtresse.

— Aussi est-ce un compte qui nous reste à régler ensemble. Soyez tranquille, monsieur Cupido, la chose est là, portée à son débit.

Et Chicot mit la main à son front; ce qui prouve que dès ce temps on reconnaissait la tête pour le siége de la mémoire.

— Voyons, Quélus, dit d'Épernon, tu verras que, grâce à toi, nous allons laisser échapper le nom de famille.

— Ne crains rien, dit Chicot, je le tiens, à M. de Guise je dirais : par les cornes; mais à toi, Henri, je me contenterai de dire : par les oreilles.

— Voyons le nom, voyons le nom! dirent tous les jeunes gens.

— Nous avons d'abord, dans ce qui nous reste de lettres, un H majuscule; prends l'H, Nogaret.

— Puis un e, puis là-bas, dans Valois, un o; puis, comme tu sépares le prénom du nom par ce que les grammairiens appellent particule, je mets la main sur un d et sur un e, ce qui va nous faire, avec l's qui termine le nom de la race, ce qui va nous faire : épelle, d'Épernon.

— é, r, o, d, e, s... Hérodes, dit d'Épernon.

— Vilain Hérodes! s'écria le roi.

— Juste, dit Chicot; et voilà ce que tu signes tous les jours, mon fils. Oh!

Et Chicot se renversa en donnant tous les signes d'une pudibonde horreur.

— Monsieur Chicot, vous passez les bornes, dit Henri.

— Moi, dit Chicot, je dis ce qui est, pas autre chose; mais voilà bien les rois : avertissez-les, ils se fâchent.

— Voilà une belle généalogie! dit Henri.

— Ne la renie pas, mon fils, dit Chicot; ventre de biche! c'est la bonne pour un roi qui, deux ou trois fois par mois, a besoin des Juifs.

— Il est dit, s'écria le roi, que ce maroufle-là n'aura pas le dernier! Messieurs, taisez-vous; de cette façon-là, du moins, personne ne lui donnera la réplique.

Il se fit à l'instant même le plus profond silence; et ce silence, que Chicot, fort attentif au chemin que l'on parcourait, ne paraissait aucunement disposé à rompre, durait depuis quelques minutes, lorsque, au delà de la place Maubert, à l'angle de la rue des Noyers, on vit Chicot s'élancer tout à coup hors de la litière, écarter les gardes et aller s'agenouiller à l'angle d'une maison d'assez bonne apparence qui avançait sur la rue un balcon de bois sculpté sur un entablement de poutrelles peintes.

— Hé! païen, cria le roi, si tu as à t'agenouiller, agenouille-toi au moins devant la croix qui fait le milieu de la rue Sainte-Geneviève, et non pas devant cette maison; renferme-t-elle donc quelque église, où cache-t-elle quelque reposoir?

Mais Chicot ne répondait point; il s'était jeté à deux genoux sur le pavé, et disait tout haut cette prière, dont, en prêtant l'oreille, le roi ne perdait pas un mot.

— Bon Dieu! Dieu juste! voici, je la reconnais bien, et toute ma vie je la reconnaîtrai, voici la maison où Chicot a souffert, sinon pour toi, mon Dieu, mais du moins pour une de tes créatures; Chicot ne t'a jamais demandé qu'il arrivât malheur à M. de Mayenne, auteur de son martyre, ni à maître Nicolas David, instrument de son supplice. Non, Seigneur, Chicot a su attendre, car Chicot est patient, quoiqu'il ne soit pas éternel, et voilà six bonnes années, dont une année bissextile, que Chicot entasse les intérêts du petit compte ouvert entre lui et MM. de Mayenne et Nicolas David; or, à dix du cent qui est le taux légal, puisque c'est le taux auquel le roi emprunte, en sept ans, les intérêts cumulés doublent le capital. Fais donc, grand Dieu! Dieu juste! que la patience de Chicot dure un an encore, afin que les cinquante coups d'étrivières que Chicot a reçus dans cette maison par les ordres de cet assassin de prince lorrain et de ce spadassin d'avocat normand, et qui ont tiré du corps de Chicot une pinte de sang, s'élèvent à deux pintes et à cent coup d'étrivières, et pour chacun d'eux; de telle façon que M. de Mayenne, tout gros qu'il soit, et Nicolas David, tout long qu'il est, n'aient plus assez de sang ni de peau pour payer Chicot, et qu'ils en soient réduits à faire banqueroute de quinze ou vingt pour cent, en expirant sous le quatre-vingtième ou quatre-vingt-cinquième coup de verges.

« Au nom du Père, et du Fils, et du Saint-Esprit. Ainsi soit-il!

— Amen! dit le roi.

Chicot baisa la terre, et au suprême ébahissement de tous les spectateurs, qui ne comprenaient rien à cette scène, il revint prendre sa place dans la litière.

— Ah çà! dit le roi, à qui son rang, dénué depuis trois ans de tant de prérogatives qu'il avait laissé prendre aux autres, donnait au moins le droit d'être instruit le premier, ah çà! maître Chicot, pourquoi cette longue et singulière litanie? pourquoi tous ces coups dans la poitrine? pourquoi enfin toutes ces momeries devant une maison d'apparence si profane?

— Sire, répliqua Chicot, c'est que Chicot est comme le renard, Chicot flaire et baise longtemps les pierres où il a laissé de son sang, jusqu'à ce que, contre ces pierres, il écrase la tête de ceux qui l'ont fait verser.

— Sire! s'écria Quélus, je parierais... Chicot a prononcé, comme Votre Majesté a pu l'entendre, dans sa prière le nom du duc de Mayenne... je parierais donc que cette prière a rapport à la bastonnade dont nous parlions tout à l'heure.

— Pariez, seigneur Jacques de Lévis, comte de Quélus, dit Chicot; pariez et vous gagnerez.

— Ainsi donc?... dit le roi.

— Justement, sire, reprit Chicot, dans cette maison Chicot avait une maîtresse, bonne et charmante créature, une demoiselle, ma foi. Une nuit qu'il la venait voir, certain prince jaloux fit entourer la maison, fit prendre Chicot et le fit bâtonner si rudement que Chicot passa à travers la fenêtre, et que, le temps lui manquant pour l'ouvrir, il sauta du haut de ce petit balcon dans la rue. Or, comme c'est un miracle que Chicot ne se soit pas tué, chaque fois que Chicot passe devant cette maison, il s'agenouille, prie, et, dans sa prière, remercie le Seigneur de l'avoir tiré d'un si mauvais pas.

— Ah! pauvre Chicot, et vous qui le condamniez, sire; c'est cependant, ce me semble, agir en bon chrétien que de faire ce qu'il fait.

— Tu as donc été bien rossé, mon pauvre Chicot?

— Oh! merveilleusement, sire; mais pas encore autant que je l'aurais voulu.

— Comment cela?

— Non, en vérité, je n'eusse point été

fâché de recevoir quelques estocades.

— Pour tes péchés?

— Non, pour ceux de M. de Mayenne.

— Ah! je comprends: ton intention est de rendre à César...

— A César, non pas, ne confondons point, sire; César, c'est le grand général, c'est le guerrier vaillant, c'est le frère aîné, celui qui veut être le roi de France; non, celui-là, il est en compte avec Henri de Valois, et c'est toi que ce compte regarde, mon fils; paye tes dettes, Henri, je payerai les miennes.

Henri n'aimait pas qu'on lui parlât de son cousin de Guise; aussi l'apostrophe de Chicot le rendit-il sérieux, si bien que l'on arriva vers Bicêtre sans que la conversation interrompue eût repris son cours.

On avait mis trois heures à aller du Louvre à Bicêtre; si bien que les optimistes comptaient arriver le lendemain soir à Fontainebleau, tandis que les pessimistes offraient de parier qu'on n'arriverait que le surlendemain vers midi.

Chicot prétendait qu'on n'arriverait pas du tout.

Une fois sorti de Paris, le cortége parut se mouvoir plus à son aise; la matinée était assez belle, le vent soufflait avec moins de violence; le soleil avait enfin réussi à percer son voile de nuages, et l'on eût dit un de ces beaux jours d'octobre pendant lesquels, au bruit des dernières feuilles qui tombent, les promeneurs plongent les yeux avec un doux regard dans le mystère bleuâtre des bois murmurants.

Il était trois heures de l'après-midi quand le cortége arriva aux premières murailles de l'enclos de Juvisy. De ce point, on apercevait déjà le pont bâti sur l'Orge, et la grande hôtellerie de *Cour-de-France*, qui confiait à la brise aiguë du soir le parfum de ses tourne-broches et les bruits joyeux de son foyer.

Le nez de Chicot saisit au vol les émanations culinaires. Il se pencha hors de la litière, et vit de loin, sur la porte de l'hôtellerie, plusieurs hommes enveloppés de leurs manteaux. Au milieu de ces hommes était un personnage gros et court, et dont le chapeau à larges bords couvrait entièrement la face.

Ces hommes rentrèrent précipitamment en voyant paraître le cortége.

Mais l'homme gros et court n'était point rentré si vite que sa vue n'eût frappé Chicot. Aussi, au moment même où ce gros homme rentrait, notre Gascon sautait-il à bas de la litière royale, et, allant demander son cheval à un page qui le conduisait en bride, laissait-il, effacé dans l'angle d'une muraille et perdu dans les premières ombres de la nuit, s'éloigner le cortége qui continuait son chemin vers Essonne, où le roi comptait coucher; puis, lorsque les derniers cavaliers eurent disparu, lorsque le bruit lointain des roues de la litière sur les pavés de la route se fut amorti dans l'espace, il sortit de sa cachette, fit le tour derrière le château, et se présenta à la porte de l'hôtellerie comme s'il venait de Fontainebleau. En arrivant devant la fenêtre, Chicot jeta un regard rapide à travers les vitres et vit avec plaisir que les hommes qu'il avait remarqués y étaient toujours, et parmi eux le personnage gros et court auquel il avait paru faire l'honneur d'accorder une attention toute particulière. Seulement, comme Chicot paraissait avoir des raisons de désirer de n'être point reconnu du susdit personnage, au lieu d'entrer dans la chambre où il était, il se fit servir une bouteille de vin dans la cham-

LA DAME DE MONSOREAU

Voici le présent qu'en votre nom à tous je dépose aux pieds du prince.

bre en face, se plaçant de manière à ce que nul ne pût gagner la porte sans être vu par lui.

De cette chambre, Chicot, prudemment placé dans l'ombre, pouvait plonger son regard jusqu'à l'angle d'une cheminée. Dans cet angle, sur un escabeau, était assis l'homme gros et court, lequel, croyant sans doute n'avoir à craindre aucune investigation, se laissait inonder par la lueur pétillante d'un foyer dont une brassée de sarments venait de redoubler la chaleur et la clarté.

— Je ne m'étais pas trompé, dit Chicot, et quand je faisais ma prière à la maison de la rue des Noyers, on eût dit que je flairais le retour de cet homme. Mais pourquoi revenir ainsi à la sourdine dans la bonne capitale de notre ami Hérodes? Pourquoi se cacher quand il passe? Ah! Pilate! Pilate! est-ce que le bon Dieu, par hasard, ne m'accorderait point l'année

18ᵉ LIV.   Propriété de MM. Michel Lévy frères.

que je lui ai demandée, et me forcerait au remboursement plus tôt que je ne le croyais.

Bientôt Chicot s'aperçut avec joie que, de l'endroit où il était placé, il pouvait non-seulement voir, mais encore que, par un de ces effets d'acoustique que ménage si capricieusement parfois le hasard, il pouvait entendre. Cette remarque faite, il se mit à prêter l'oreille avec une attention non moins grande que celle avec laquelle il tendait sa vue.

— Messieurs, dit l'homme gros et court à ses compagnons, je crois qu'il est temps de partir; le dernier laquais du cortège est passé depuis longtemps, et je crois qu'à cette heure la route est sûre.

— Parfaitement sûre, monseigneur, répondit une voix qui fit tressaillir Chicot, et qui sortait d'un corps auquel Chicot n'avait jusque-là accordé aucune attention, absorbé qu'il était dans la contemplation du personnage principal.

L'individu auquel appartenait le corps d'où sortait cette voix était aussi long que celui auquel il donnait le titre de monseigneur était court, aussi pâle qu'il était vermeil, aussi obséquieux qu'il était arrogant.

— Ah! maître Nicolas, se dit Chicot en riant sans bruit, *tu quoque!*... C'est bon. Nous aurons bien triste chance si, cette fois-ci, nous nous séparons sans nous dire deux mots.

Et Chicot vida son verre et paya l'hôte, afin que rien ne le mît en retard quand il jugerait à propos de partir.

La précaution n'était pas mauvaise, car les sept personnes qui avaient attiré l'attention de Chicot payèrent à leur tour, ou plutôt le personnage gros et court paya pour tous, et chacun ayant repris son cheval des mains d'un laquais ou d'un palefrenier et s'étant remis en selle, la petite troupe prit le chemin de Paris et s'enfonça bientôt dans les premières brumes du soir.

— Bon! dit Chicot, il va à Paris; alors j'y retourne.

Et Chicot, remontant à cheval à son tour, les suivit de loin sans perdre un instant de vue leurs manteaux gris, ou, lorsque par prudence il les perdait de vue, sans cesser d'entendre le pas de leurs chevaux.

Toute cette cavalcade quitta la route de Fromenteau, prit à travers terre pour joindre Choisy, puis, passant la Seine au pont de Charenton, rentra par la porte Saint-Antoine pour aller se perdre, comme un essaim d'abeilles, dans l'hôtel de Guise, qui semblait n'attendre que leur arrivée pour se refermer sur eux.

— Bon, dit Chicot en s'embusquant au coin de la rue des Quatre-Fils, il y a non-seulement du Mayenne, mais encore du Guise là-dessous. Jusqu'à présent ce n'était que curieux, mais cela va devenir intéressant. Attendons!

Et Chicot attendit en effet une bonne heure, malgré la faim et le froid qui commençaient à le mordre de leurs dents aiguës. Enfin la porte se rouvrit, mais au lieu de sept cavaliers enveloppés de leurs manteaux, ce furent sept moines génovéfains, enveloppés de leurs capuchons, qui reparurent en secouant d'énormes rosaires.

— Oh! fit Chicot, quel dénouement inattendu! L'hôtel de Guise est-il donc si embaumé de sainteté, que les sacripants se changent en agneaux du Seigneur rien qu'en touchant le seuil? C'est toujours de plus en plus intéressant.

Et Chicot suivit les moines, comme il avait suivi les cavaliers, ne doutant pas que les frocs ne recouvrissent les mêmes corps que couvraient les manteaux.

Les moines vinrent passer la Seine au pont Notre-Dame, traversèrent la Cité, franchirent le Petit-Pont, prirent la place Maubert et montèrent la rue Sainte-Geneviève.

— Ouais! dit Chicot après avoir ôté son chapeau à la maison de la rue des Noyers, où le matin il avait fait sa prière, est-ce que nous retournons à Fontainebleau, par hasard? Dans ce cas-là, je n'aurais pas pris le plus court. Mais non, je me trompe, nous n'irons pas si loin.

En effet, les moines venaient de s'arrêter à la porte de l'abbaye de Sainte-Geneviève et de s'enfoncer dans le porche, dans les profondeurs duquel on apercevait un autre moine de même ordre qu'eux, occupé à regarder avec l'attention la plus profonde les mains de ceux qui entraient.

— Tudieu! pensa Chicot, il paraît que, pour être admis ce soir à l'abbaye, il faut avoir les mains propres. Décidément il se passe quelque chose d'extraordinaire.

Cette réflexion achevée, Chicot, assez embarrassé de ce qu'il allait faire pour ne point perdre les individus qu'il suivait, regarda autour de lui, et vit avec étonnement, par toutes les rues qui convergeaient à l'abbaye, poindre des capuchons, les uns isolés, les autres marchant deux à deux, mais tous s'acheminant vers l'abbaye.

— Ah çà! fit Chicot, il se tient donc ce soir chapitre général à l'abbaye, que tous les génovéfains de France sont convoqués? Voilà, foi de gentilhomme! la première fois qu'il me prend envie d'assister à un chapitre; mais, je l'avoue, l'envie me tient bien.

Et les moines s'enfonçaient sous le porche, montraient leurs mains ou quelque signe qu'ils tenaient dans leurs mains, et passaient.

— J'entrerais bien avec eux, se dit Chicot; mais pour entrer avec eux, il me manque deux choses assez essentielles : d'abord la respectable robe qui les enveloppe, attendu que je n'aperçois aucun laïque parmi ces saints personnages, et secondement cette chose qu'ils montrent au frère portier; car décidément ils montrent quelque chose. Ah! frère Gorenflot, frère Gorenflot, si je t'avais là sous la main, mon digne ami!

Cette exclamation était arrachée à Chicot par le souvenir d'un des plus vénérables moines de l'ordre des génovéfains, convive habituel de Chicot, lorsque par hasard Chicot ne mangeait pas au Louvre, celui-là même avec lequel, le jour de la procession des pénitents, notre Gascon s'était arrêté à la buvette de la porte Montmartre et avait mangé une sarcelle et bu du vin épicé.

Et les moines continuaient d'aborder, à tel point qu'on eût cru que la moitié de la population parisienne avait pris le froc, et le frère portier, sans se lasser, les examinait avec autant d'attention les uns que les autres.

— Voyons, voyons, se dit Chicot, il y a décidément quelque chose d'extraordinaire ce soir. Soyons curieux jusqu'au bout. Il est sept heures et demie, la quête est terminée. Je dois trouver frère Gorenflot à la *Corne d'Abondance*, c'est l'heure de son souper.

Chicot laissa la légion de moines faire ses évolutions aux environs de l'abbaye et s'engouffrer dans le portail, et, mettant son cheval au galop, il gagna la grande rue Saint-Jacques, où, en face du cloître Saint-Benoît, s'élevait, florissante et très-cultivée des écoliers et des moines ergoteurs, l'hôtellerie de la *Corne d'Abondance*.

Chicot était connu dans la maison, non pas comme un habitué, mais comme un de ces mystérieux hôtes qui venaient de temps en temps laisser un écu d'or et une parcelle de leur raison dans l'établissement de maître Claude Bonhomet. Ainsi se nommait le dispensateur des dons de Cérès et de Bacchus, que versait incessamment la fameuse corne mythologique qui servait d'enseigne à sa maison.

XVIII

OU LE LECTEUR AURA LE PLAISIR DE FAIRE CONNAISSANCE AVEC FRÈRE GORENFLOT, DONT IL A DÉJÀ ÉTÉ PARLÉ DEUX FOIS DANS LE COURS DE CETTE HISTOIRE.

A la belle journée avait succédé une belle soirée; seulement, comme la journée avait été froide, la soirée était plus froide encore. On voyait se condenser sous le chapeau des bourgeois attardés la vapeur de leur haleine rougie par les lueurs du falot. On entendait distinctement les pas des passants sur le sol glacé, et le *hum!* sonore arraché par la froidure et répercuté par les surfaces élastiques, comme dirait un physicien de nos jours. En un mot, il faisait une de ces jolies gelées printanières qui font trouver un double charme à la belle couleur rose des vitres d'une hôtellerie.

Chicot entra dans la salle d'abord, plongea ses regards dans tous les coins et recoins, et ne trouvant point parmi les hôtes de maître Claude celui qu'il cherchait, il passa familièrement à la cuisine.

Le maître de l'établissement était en train d'y faire une lecture pieuse, tandis qu'un flot de friture contenu dans une immense poêle était en train d'attendre le degré de chaleur nécessaire à l'introduction dans cette poêle de plusieurs merlans tout enfarinés.

Au bruit que fit Chicot en entrant, maître Bonhomet leva la tête.

— Ah! c'est vous, mon gentilhomme? dit-il en fermant son livre. Bonsoir et bon appétit!

— Merci du double souhait, quoique la moitié en soit faite autant à votre profit qu'au mien. Mais cela dépendra.

— Comment! cela dépendra?

— Oui, vous savez que je ne puis souffrir manger seul.

— S'il le faut, monsieur, dit Bonhomet en levant son bonnet pistache, je souperai avec vous.

— Merci, mon cher hôte, quoique je vous sache excellent convive; mais je cherche quelqu'un.

— Frère Gorenflot, peut-être? demanda Bonhomet.

— Justement, répondit Chicot; a-t-il commencé de souper?

— Non, pas encore; mais dépêchez-vous, cependant.

— Que je me dépêche?

— Oui, car dans cinq minutes il aura fini.

— Frère Gorenflot n'a pas commencé de souper, et dans cinq minutes il aura fini, dites-vous?

Et Chicot secoua la tête, ce qui, dans tous les pays du monde, passe pour le signe de l'incrédulité.

— Monsieur, dit maître Claude, c'est aujourd'hui mercredi, et nous entrons en carême.

— Eh bien! dit Chicot d'un air qui prouvait peu en faveur des tendances religieuses de Gorenflot, après?

— Ah! dame! répliqua Claude avec un geste qui signifiait évidemment: Je ne comprends pas plus que vous, mais c'est ainsi.

— Décidément, répliqua Chicot, il y a quelque chose de dérangé dans la machine sublunaire : cinq minutes pour le souper de Gorenflot ! Je suis destiné à voir aujourd'hui des choses miraculeuses.

Et de l'air d'un voyageur qui met le pied sur une terre inconnue, Chicot fit quelques pas vers une espèce de cabinet particulier, dont il poussa la porte vitrée fermée d'un rideau de laine à carreaux blancs et roses, et dans le fond duquel il aperçut, à la lueur d'une chandelle à la mèche fumeuse, le digne moine qui retournait négligemment sur son assiette une maigre portion d'épinards cuits à l'eau, qu'il essayait de rendre plus savoureux par l'introduction dans cette substance herbacée d'un reste de fromage de Suresnes.

Pendant que le digne frère opère ce mélange avec une moue indiquant qu'il ne compte pas beaucoup sur cette triste combinaison, essayons de le présenter à nos lecteurs sous un jour qui les dédommagera d'avoir tardé si longtemps à faire sa connaissance.

Frère Gorenflot pouvait avoir trente-huit ans et cinq pieds de roi. Cette taille, un peu exiguë peut-être, était rachetée, à ce que disait le frère, par l'admirable harmonie des proportions ; car ce qu'il perdait en hauteur il le rattrapait en largeur, comptant près de trois pieds de diamètre d'une épaule à l'autre, ce qui, comme chacun le sait, équivaut à neuf pieds de circonférence.

Au centre de ces omoplates herculéennes s'emmanchait un large cou sillonné de muscles gros comme le pouce et saillants comme des cordes. Malheureusement le cou, lui aussi, se trouvait en proportion avec le reste, c'est-à-dire qu'il était gros et court, ce qui, aux premières émotions un peu fortes qu'éprouverait frère Gorenflot, rendrait l'apoplexie imminente. Mais, ayant la conscience de cette défectuosité et du danger qu'elle lui faisait courir, frère Gorenflot ne s'impressionnait jamais ; il était même, nous devons le dire, fort rare de le voir affecté aussi visiblement qu'il l'était à l'heure où Chicot entra dans le cabinet.

— Eh ! notre ami, que faites-vous donc là ? s'écria notre Gascon en regardant alternativement les herbes, Gorenflot, la chandelle non mouchée et certain hanap rempli jusqu'aux bords d'une eau teinte à peine par quelques gouttes de vin.

— Vous le voyez, mon frère, je soupe, répondit Gorenflot en faisant vibrer une voix puissante comme la cloche de son abbaye.

— Vous appelez cela souper, vous, Gorenflot ? Des herbes, du fromage ? Allons donc ! s'écria Chicot.

— Nous sommes dans l'un des premiers mercredis de carême : faisons notre salut, mon frère, faisons notre salut, répondit Gorenflot en nasillant et en levant béatement les yeux au ciel.

Chicot demeura stupéfait ; son regard indiquait qu'il avait déjà plus d'une fois vu Gorenflot glorifier d'une autre manière ce saint temps de carême dans lequel on venait d'entrer.

— Notre salut ! répéta-t-il ; et que diable l'eau et les herbes ont-elles à faire avec notre salut ?

— Vendredi chair ne mangeras,
Ni le mercredi mesmement,

dit Gorenflot.

— Mais à quelle heure avez-vous déjeuné ?

— Je n'ai point déjeuné, mon frère, dit le moine en nasillant de plus en plus.

— Ah! s'il ne s'agit que de nasiller, dit Chicot, je suis prêt à faire assaut avec tous les génovéfains du monde. Alors, si vous n'avez pas déjeuné, dit Chicot en nasillant en effet d'une façon immodérée, qu'avez-vous fait, mon frère?

— J'ai composé un discours, reprit Gorenflot en relevant fièrement la tête.

— Ah bah! un discours! Et pourquoi faire?

— Pour le prononcer ce soir à l'abbaye.

— Tiens! pensa Chicot, un discours ce soir; c'est drôle.

— Et même, ajouta Gorenflot en portant à sa bouche une première fourchetée d'épinards au fromage, il faut que je songe à rentrer; mon auditoire s'impatienterait peut-être.

Chicot songea au nombre infini de moines qu'il avait vus s'avancer vers l'abbaye, et se rappelant que M. de Mayenne, selon toute probabilité, était au nombre de ces moines, il se demanda comment Gorenflot, qui jusqu'à ce jour avait été apprécié pour des qualités qui n'avaient aucun rapport avec l'éloquence, avait été choisi par son supérieur Joseph Foulon, alors abbé de Sainte-Geneviève, pour prêcher devant le prince lorrain et une si nombreuse assemblée.

— Bah! dit-il, et à quelle heure prêchez-vous?

— De neuf heures à neuf heures et demie, mon frère.

— Bon! Nous avons neuf heures moins un quart. Vous me donnerez bien cinq minutes. Ventre de biche! il y a plus de huit jours que nous n'avons trouvé l'occasion de dîner ensemble.

— Ce n'est point notre faute, dit Gorenflot, et notre amitié n'en souffre nulle atteinte, je vous prie de le croire, très-cher frère : les devoirs de votre charge vous enchaînent près de notre grand roi Henri III, que Dieu conserve; les devoirs de mon état m'imposent la quête, et après la quête, les prières; il n'est donc pas étonnant que nous nous trouvions séparés.

— Oui, mais, corbœuf! dit Chicot, c'est, ce me semble, une nouvelle raison d'être joyeux quand nous nous retrouvons.

— Aussi je suis infiniment joyeux, dit Gorenflot avec la plus piteuse mine de la terre; mais il n'en faut pas moins que je vous quitte.

Et le moine fit un mouvement pour se lever.

— Achevez au moins vos herbes, dit Chicot en lui posant la main sur l'épaule et le faisant se rasseoir.

Gorenflot regarda les épinards et poussa un soupir.

Puis ses yeux se portèrent sur l'eau rougie et il détourna la tête.

Chicot vit que le moment était venu de commencer l'attaque.

— Vous rappelez-vous ce petit dîner dont je vous parlais tout à l'heure, heim! dit-il, à la porte Montmartre; vous savez, où, tandis que notre grand roi Henri III se fouettait et fouettait les autres, nous mangeâmes une sarcelle des marais de la Grange-Batelière avec un coulis d'écrevisses, et nous bûmes de ce joli vin de Bourgogne; comment appelez-vous donc ce vin-là? N'est-ce pas du vin que vous avez découvert?

— C'est un vin de mon pays, dit Gorenflot, de la Romanée.

— Oui, oui, je me rappelle, c'est le lait que vous avez tété en venant au monde, digne fils de Noé.

Gorenflot passa avec un mélancolique sourire sa langue sur ses lèvres.

— Que dites-vous de ce vin? dit Chicot.

— Il était bon, dit le moine; mais il y a cependant meilleur.

— C'est ce que soutenait l'autre soir Claude Bonhomet, notre hôte, lequel prétend qu'il en a dans sa cave cinquante bouteilles près duquel celui de son confrère de la porte Montmartre n'est que de la piquette.

— C'est la vérité, dit Gorenflot.

— Comment! c'est la vérité? s'écria Chicot; et vous buvez de cette abominable eau rougie, quand vous n'avez que le bras à tendre pour boire de pareil vin! Pouah!

Et Chicot, prenant le hanap, en jeta le contenu par la chambre.

— Il y a temps pour tout, mon frère, dit Gorenflot. Le vin est bon lorsqu'on n'a plus à faire, après l'avoir bu, qu'à glorifier le Dieu qui l'a fait; mais lorsque l'on a un discours à prononcer, l'eau est préférable, non pas au goût, mais à l'usage: *facunda est aqua.*

— Bah! fit Chicot. *Magis facundum est vinum*, et la preuve, c'est que moi qui ai aussi un discours à prononcer et qui ai foi dans ma recette, je vais demander une bouteille de ce vin de la Romanée, et, ma foi, que me conseillez-vous de prendre avec Gorenflot?

— Ne prenez pas de ces herbes, dit le moine, elles sont on ne peut plus mauvaises.

— Bzzzou! fit Chicot en prenant l'assiette de Gorenflot et en la portant à son nez, bzzzou!

Et cette fois, ouvrant une petite fenêtre, il jeta dans la rue herbes et assiette.

Puis se retournant:

— Maître Claude! cria-t-il.

L'hôte, qui probablement se tenait aux écoutes, parut sur le seuil.

— Maître Claude, dit Chicot, apportez-moi deux bouteilles de ce vin de la Romanée, que vous prétendez avoir meilleur que personne.

— Deux bouteilles! dit Gorenflot. Pourquoi faire? puisque je n'en bois pas.

— Si vous en buviez, j'en ferais venir quatre bouteilles, j'en ferais venir six bouteilles, je ferais venir tout ce qu'il y a dans la maison, dit Chicot. Mais quand je bois seul, je bois mal, et deux me suffiront.

— En effet, dit Gorenflot, deux bouteilles, c'est raisonnable, et si vous ne mangez avec cela que des substances maigres, votre confesseur n'aura rien à vous dire.

— Certainement, dit Chicot; du gras un mercredi de carême, fi donc!

Et se dirigeant vers le garde-manger, tandis que maître Bonhomet s'en allait chercher à la cave les deux bouteilles demandées, il en tira une fine poularde du Mans.

— Que faites-vous là, mon frère? dit Gorenflot qui suivait avec un intérêt involontaire les mouvements du Gascon; que faites-vous là?

— Vous voyez, je m'empare de cette carpe, de peur qu'un autre ne mette la main dessus. Les mercredis de carême, il y a concurrence sur ces sortes de comestibles.

— Une carpe! dit Gorenflot étonné.

— Sans doute, une carpe, dit Chicot en lui mettant sous les yeux une appétissante volaille.

— Et depuis quand une carpe a-t-elle un bec? demanda le moine.

— Un bec! dit le Gascon, où voyez-vous un bec? je ne vois qu'un museau.

— Des ailes? continua le Génovéfain.

— Des nageoires!

— Des plumes?

— Des écailles! mon cher Gorenflot, vous êtes ivre!

— Ivre! s'écria Gorenflot, ivre! Oh! par exemple, moi qui n'ai mangé que des épinards et qui n'ai bu que de l'eau!

— Eh bien! ce sont vos épinards qui vous chargent l'estomac et votre eau qui vous monte à la tête.

— Parbleu! dit Gorenflot, voici notre hôte; il décidera.

— Quoi?

— Si c'est une carpe ou une poularde.

— Soit, mais d'abord qu'il débouche le vin. Je tiens à savoir si c'est le même. Débouchez, maître Claude.

Maître Claude déboucha une bouteille et en versa un demi-verre à Chicot. —

Chicot avala le demi-verre et fit claquer sa langue.

— Ah! dit-il, je suis un triste dégustateur, et ma langue n'a pas la moindre mémoire; il m'est impossible de dire s'il est plus mauvais, s'il est meilleur que celui de la porte Montmartre. Je ne suis pas même sûr que ce soit le même.

Les yeux de Gorenflot étincelaient en regardant au fond du verre de Chicot les quelques gouttes de rubis liquide qui y étaient restées.

— Tenez, mon frère, dit Chicot en versant un dé de vin dans le verre du moine, vous êtes en ce monde pour votre prochain, dirigez-moi.

Gorenflot prit le verre, le porta à ses lèvres, et dégusta lentement le peu de liqueur qu'il contenait.

— C'est du même crû à coup sûr, dit-il, mais...

— Mais, reprit Chicot.

— Mais il y en avait trop peu pour que je puisse dire s'il était plus mauvais ou meilleur.

— Je tiens cependant à le savoir, dit Chicot. Peste! je ne veux pas être trompé, et si vous n'aviez pas un discours à prononcer, mon frère, je vous prierais de déguster ce vin une seconde fois.

— Ce sera pour vous faire plaisir, dit le moine.

— Pardieu! fit Chicot.

Et il remplit à moitié le verre du génovéfain.

Gorenflot porta le verre à ses lèvres avec non moins de respect que la première fois, et le dégusta avec non moins de conscience.

— Meilleur, dit-il, meilleur, j'en réponds.

— Bah! vous vous entendez avec notre hôte!

— Un bon buveur, dit Gorenflot, doit au premier coup reconnaître le crû, au second la qualité, au troisième l'année.

— Oh! l'année! dit Chicot, que je voudrais donc savoir l'année de ce vin!

— C'est bien facile, reprit Gorenflot en tendant son verre; versez-m'en deux gouttes seulement, et je vais vous la dire.

Chicot remplit le verre du moine aux trois quarts; le moine vida le verre lentement, mais sans s'y reprendre.

— 1561, dit-il en reposant le verre.

— Noël! cria Claude Bonhomet; 1561, c'est juste cela.

— Frère Gorenflot, dit le Gascon en se découvrant, on en a béatifié à Rome qui ne le méritaient pas autant que vous.

— Un peu d'habitude, mon frère, dit modestement Gorenflot.

— Et de prédisposition, dit Chicot. Peste! l'habitude seule n'y fait rien, témoin moi, qui ai la prétention d'avoir l'habitude. Eh bien! que faites-vous donc?

LA DAME DE MONSOREAU

LE PAPE GRÉGOIRE XIII.

— Vous le voyez, je me lève.
— Pour quoi faire?
— Pour aller à mon assemblée.
— Sans manger un morceau de ma carpe?
— Ah! c'est vrai, dit Gorenflot; il paraît, mon digne frère, que vous vous connaissez encore moins en nourriture qu'en boisson. Maître Bonhomet, qu'est-ce que c'est que cet animal?

Et le frère Gorenflot montra l'objet de la discussion.

L'aubergiste regarda avec étonnement celui qui lui faisait cette question.

— Oui, reprit Chicot, on vous demande qu'est-ce que cet animal?
— Parbleu! dit l'hôte, c'est une poularde.
— Une poularde! reprit Chicot d'un air consterné.
— Et du Mans même, continua maître Claude.
— Eh bien! fit Gorenflot triomphant.
— Eh bien! dit Chicot, j'ai tort, à ce

qu'il paraît; mais comme je tiens beaucoup à manger cette poularde et à ne point pécher cependant, faites-moi le plaisir, mon frère, au nom de nos sentiments réciproques, de jeter sur elle quelques gouttes d'eau et de la baptiser carpe.

— Ah! ah! fit Gorenflot.

— Oui, je vous prie, dit le Gascon, sans quoi j'aurai mangé peut-être quelque animal en état de péché mortel.

— Soit! dit Gorenflot qui, par sa nature, excellent compagnon, commençait d'être mis en train par les trois dégustations qu'il avait faites, mais il n'y a plus d'eau.

— Il est dit je ne sais plus où, reprit Chicot : Tu te serviras en cas d'urgence de ce que tu trouveras sous la main. L'intention fait tout; baptisez avec du vin, mon frère, baptisez avec du vin; l'animal en sera peut-être un peu moins catholique, mais il n'en sera pas plus mauvais.

Et Chicot emplit bord à bord le verre du moine; la première bouteille y passa.

— Au nom de Bacchus, de Momus et de Comus, trinité du grand saint Pantagruel, dit Gorenflot, je te baptise carpe.

Et, trempant le bout de ses doigts dans le vin, il en laissa tomber deux ou trois gouttes sur l'animal.

— Maintenant dit le Gascon en choquant son verre contre celui du moine, à la santé de la nouvelle baptisée; puisse-t-elle être cuite à point, et puisse l'art que va déployer maître Claude Bonhomet pour la perfectionner ajouter encore aux qualités qu'elle a reçues de la nature.

— A sa santé, dit Gorenflot en interrompant un rire bruyant pour avaler le verre de vin de Bourgogne que lui avait versé Chicot, à sa santé. Morbleu! voilà de fier vin!

— Maître Claude, dit Chicot, mettez-moi incontinent cette carpe à la broche; arrosez-la-moi avec du beurre frais, dans lequel vous allez hacher menu du lard et des échalottes, puis quand elle commencera à se dorer, glissez-moi deux rôties dans la lèchefrite, et servez chaud.

Gorenflot ne soufflait pas le mot, mais il approuvait de l'œil, et avec un certain petit mouvement de tête qui indiquait une complète adhésion.

— Maintenant, dit Chicot, quand il eut vu ses intentions remplies, des sardines, maître Bonhomet, du thon. Nous sommes en carême, comme le disait tout à l'heure le pieux frère Gorenflot, et je veux faire un dîner tout à fait maigre. Puis, attendez donc, deux autres bouteilles de cet excellent vin de la Romanée, de 1561.

Les parfums de cette cuisine, qui rappelait la cuisine méridionale si chère aux véritables gourmands, commençaient à se répandre et montaient insensiblement au cerveau du moine. Sa langue devint humide, ses yeux brillèrent, mais il se contint encore, et même il fit un mouvement pour se lever.

— Ainsi donc, dit Chicot, vous me quittez comme cela, au moment du combat?

— Il le faut, mon frère, dit Gorenflot en levant les yeux au ciel pour bien indiquer à Dieu le sacrifice qu'il lui faisait.

— C'est bien imprudent à vous d'aller prononcer un discours à jeun.

— Pourquoi? bégaya le moine.

— Parce que vous manquerez de poumons, mon frère; Gallien l'a dit : *Pulmo hominis facilè deficit*. Le poumon de l'homme est faible et manque facilement.

— Hélas! oui, dit Gorenflot, et je l'ai souvent éprouvé moi-même; si j'avais eu des poumons, j'eusse été un foudre d'éloquence.

— Vous voyez bien, fit Chicot.

— Heureusement, reprit Gorenflot en retombant sur sa chaise, heureusement que j'ai du zèle.

— Oui, mais le zèle ne suffit pas; à votre place, je goûterais de ces sardines et je boirais encore quelques gouttes de ce nectar.

— Une seule sardine, dit Gorenflot, et un seul verre.

Chicot posa une sardine sur l'assiette du frère, et lui passa la seconde bouteille.

Le moine mangea la sardine et but le contenu du verre.

— Eh bien? demanda Chicot, qui, tout en poussant le génovéfain sur l'article de la nourriture et de la boisson, demeurait fort sobre, eh bien?

— En effet, dit Gorenflot, je me sens moins faible.

— Ventre de biche! dit Chicot, quand on a un discours à prononcer, il ne s'agit pas de se sentir moins faible, il s'agit de se sentir tout à fait bien; et, à votre place, continua le Gascon, pour arriver à ce but, je mangerais les deux nageoires de cette carpe; car, si vous ne mangez pas davantage, vous risquez de sentir le vin. *Merum sobrio malè olet.*

— Ah! diable! fit Gorenflot, vous avez raison, je n'y songeais pas.

Et comme en ce moment on tirait la poularde de la broche, Chicot coupa une de ses pattes qu'il avait baptisées du nom de nageoires; patte que le moine mangea avec la jambe et avec la cuisse.

— Corps du Christ! fit Gorenflot, voilà de savoureux poisson.

Chicot lui coupa l'autre nageoire, qu'il déposa sur l'assiette du moine, tandis qu'il suçait délicatement l'aile.

— Et de fameux vin, dit-il en débouchant la troisième bouteille.

Une fois lancé, une fois échauffé, une foi réveillé dans les profondeurs de son estomac immense, Gorenflot n'eut plus la force de s'arrêter lui-même; il dévora l'aile, fit un squelette de la carcasse, et appelant Bonhomet:

— Maître Claude, dit-il, j'ai très-faim; ne m'aviez-vous pas offert certaine omelette au lard?

— Certainement, dit Chicot, et même elle est commandée. N'est-ce pas, Bonhomet?

— Sans doute, fit l'aubergiste qui ne contredisait jamais ses pratiques, quand leurs discours tendaient à un surcroît de consommation et par conséquent de dépense.

— Eh bien! apportez, apportez, maître, dit le moine.

— Dans cinq minutes, répondit l'hôte qui, sur un coup d'œil de Chicot, sortit diligemment pour préparer ce qu'on lui demandait.

— Ah! fit Gorenflot en laissant retomber sur la table son énorme poing armé d'une fourchette, cela va mieux.

— N'est-ce pas? fit Chicot.

— Et si l'omelette était là, je n'en ferais qu'une bouchée, comme, de ce verre, je ne fais qu'une gorgée.

Et l'œil étincelant de gourmandise, le moine avala le quart de la troisième bouteille.

— Ah çà! dit Chicot, vous étiez donc malade!

— J'étais niais, l'ami, dit Gorenflot; ce maudit discours m'avait écœuré; depuis trois jours j'y pense.

— Il devait être magnifique? dit Chicot.

— Splendide, fit le moine.

— Dites-m'en quelque chose en attendant l'omelette.

— Non pas, s'écria Gorenflot, un sermon à table, où as-tu vu cela, maître fou, à la cour du roi ton maître?

— On en prononce de fort beaux à la cour du roi Henri, que Dieu conserve! dit Chicot en levant son feutre.

— Et sur quoi roulent ces discours? demanda Gorenflot.

— Sur la vertu, dit Chicot.

— Ah! oui, s'écria le moine, en se renversant sur sa chaise, avec cela que voilà encore un gaillard bien vertueux que ton roi Henri III!

— Je ne sais s'il est vertueux ou non, reprit le Gascon; mais ce que je sais, c'est que je n'ai jamais rien vu dont j'aie eu à rougir.

— Je le crois, mordieu bien! dit le moine; il y a longtemps que tu ne rougis plus, maître paillard!

— Oh! fit Chicot, paillard! moi, l'abstinence en personne, la continence en chair et en os! moi qui suis de toutes les processions, de tous les jeûnes!

— Oui, de ton Sardanapale, de ton Nabuchonosor, de ton Hérodes! Processions intéressées, jeûnes calculés. Heureusement on commence à le savoir par cœur ton roi Henri III, que le diable emporte!

Et Gorenflot, en place du discours refusé, entonna à pleine gorge la chanson suivante :

> Le roi, pour avoir de l'argent,
> A fait le pauvre et l'indigent
> Et l'hypocrite;
> Le grand pardon il a gagné,
> Au pain, à l'eau et a jeûné
> Comme un ermite;
> Mais Paris qui le connaît bien,
> Ne lui voudra plus prêter rien
> A sa requête :
> Car il a déjà tant prêté
> Qu'il a du lui dire arrêté :
> — Allez en quête.

— Bravo! cria Chicot, bravo!

Puis tout bas :

— Bon, ajouta-t-il, puisqu'il chante, il parlera.

En ce moment, maître Bonhomet entra, tenant d'une main la fameuse omelette, et de l'autre deux bouteilles.

— Apporte, apporte! cria le moine, dont les yeux étincelèrent et dont un large sourire découvrit les trente-deux dents.

— Mais, notre ami, dit Chicot, il me semble que vous avez un discours à prononcer.

— Le discours est là, dit le moine en frappant son front que commençait à envahir l'ardente enluminure de ses joues.

— A neuf heures et demie, dit Chicot.

— Je mentais, dit le moine, *omnis homo mendax confiteor*.

— Et pour quelle heure était-ce donc véritablement?

— Pour dix heures.

— Pour dix heures? Je croyais que l'abbaye fermait à neuf.

— Qu'elle ferme, dit Gorenflot en regardant la chandelle à travers le bloc de rubis contenu dans son verre; qu'elle ferme, j'en ai la clef.

— La clef de l'abbaye! s'écria Chicot, vous avez la clef de l'abbaye?

— Là, dans ma poche, dit Gorenflot, en frappant sur son froc, là.

— Impossible, dit Chicot, je connais les règles monastiques, j'ai été en pénitence dans trois couvents; on ne confie pas la clef de l'abbaye à un simple frère.

— La voilà, dit Gorenflot en se renversant sur sa chaise et en montrant avec jubilation une pièce de monnaie à Chicot.

— Tiens! de l'argent, fit Chicot. Ah! je comprends. Vous corrompez le frère portier pour rentrer aux heures qui vous plaisent, malheureux pécheur!

Gorenflot fendit sa bouche jusqu'aux

oreilles avec ce béat et gracieux sourire de l'homme ivre.

— *Sufficit*, balbutia-t-il.

Et il s'apprêtait à remettre la pièce d'argent dans sa poche.

— Attendez donc, attendez donc, dit Chicot. Tiens! la drôle de monnaie!

— A l'effigie de l'hérétique, dit Gorenflot. Aussi, trouée à l'endroit du cœur.

— En effet, dit Chicot, c'est un teston frappé par le roi de Béarn, et voilà effectivement un trou.

— Un coup de poignard, dit Gorenflot; mort à l'hérétique! Celui qui tuera l'hérétique est béatifié d'avance, et je lui donne ma part du paradis.

— Ah! ah! fit Chicot, voici les choses qui commencent à se dessiner; mais le malheureux n'est pas encore assez ivre.

Et il remplit de nouveau le verre du moine.

— Oui, dit le Gascon, mort à l'hérétique! et vive la messe!

— Vive la messe! dit Gorenflot en ingurgitant le verre d'un seul trait, vive la messe!

— Ainsi, dit Chicot, qui, en voyant le teston au fond de la large main de son convive, se rappelait le frère portier examinant les mains de tous les moines qu'il avait vus abonder sous le porche de l'abbaye, ainsi, vous montrez cette pièce de monnaie au frère portier... et...

— Et j'entre, dit Gorenflot.

— Sans difficulté?

— Comme ce verre de vin entre dans mon estomac.

Et le moine absorba une nouvelle dose du généreux liquide.

— Peste! dit Chicot, si la comparaison est juste, vous devez entrer sans toucher les bords.

— C'est-à-dire, balbutia Gorenflot ivre-mort, c'est-à-dire que pour frère Gorenflot on ouvre les deux battants.

— Et vous prononcez votre discours?

— Et je prononce mon discours, dit le moine. Voilà comme ça se pratique : j'arrive, tu entends bien, Chicot, j'arrive...

— Je crois bien que j'entends; je suis tout oreilles.

— J'arrive donc, comme je le disais. L'assemblée est nombreuse et choisie; il y a des barons; il y a des comtes; il y a des ducs.

— Et même des princes.

— Et même des princes, répéta le moine; tu l'as dit, des princes, rien que cela. J'entre humblement parmi les fidèles de l'Union.

— Les fidèles de l'Union, répéta à son tour Chicot, qu'est-ce que cette fidélité-là?

— J'entre parmi les fidèles de l'Union; on appelle frère Gorenflot, et je m'avance.

A ces mots, le moine se leva.

— C'est cela, dit Chicot, avancez.

— Et je m'avance, reprit Gorenflot essayant de joindre l'exécution à la parole; mais à peine eut-il fait un pas qu'il trébucha à l'angle de la table et roula sur le parquet.

— Bravo! cria le Gascon en le relevant et en le rasseyant sur une chaise, vous vous avancez, vous saluez l'auditoire et vous dites.

— Non, je ne dis pas, ce sont les amis qui disent.

— Et que disent les amis?

— Les amis disent : Frère Gorenflot! le discours de frère Gorenflot, hein, beau nom de ligueur, frère Gorenflot!

Et le moine répéta son nom, en le caressant de l'intonation.

— Beau nom de ligueur, répéta Chicot;

quelle vérité va donc sortir du vin de cet ivrogne?

— Alors je commence.

Et le moine se releva, fermant les yeux parce qu'il était ébloui, s'appuyant au mur parce qu'il était mort-ivre.

— Vous commencez, dit Chicot, en le maintenant contre la muraille, comme Paillasse fait d'Arlequin.

— Je commence : Mes frères, c'est un beau jour pour la foi ; mes frères, c'est un bien beau jour pour la foi ; mes frères, c'est un très-beau jour pour la foi.

Après ce superlatif, Chicot vit qu'il n'y avait plus rien à tirer du moine ; aussi le lâcha-t-il.

Frère Gorenflot, qui ne gardait cet équilibre que grâce à l'appui que lui présentait Chicot, aussitôt que cet appui lui manqua, glissa le long de la muraille comme une planche mal assurée, et de ses pieds alla heurter la table du haut de laquelle la secousse qu'il lui imprima fit tomber quelques bouteilles vides.

— Amen ! dit Chicot.

Presque au même instant un ronflement pareil à celui du tonnerre fit gémir les vitres de l'étroit cabinet.

— Bon, dit Chicot, voilà les pattes de la poularde qui font leur effet. Notre ami en a pour douze heures de sommeil, et je puis le déshabiller sans inconvénient.

Aussitôt, jugeant qu'il n'avait pas de temps à perdre, Chicot dénoua les cordons de la robe du moine, en fit sortir chaque bras, et retournant Gorenflot comme il eût fait d'un sac de noix, il le roula dans la nappe, le coiffa d'une serviette, et cachant le froc du moine sous son manteau, il passa dans la cuisine.

— Maître Bonhomet, dit-il en donnant à l'aubergiste un noble à la rose, voilà pour notre souper ; voilà pour celui de mon cheval, que je vous recommande, et voilà surtout pour qu'on ne réveille point le digne frère Gorenflot, qui dort comme un élu.

— Bien ! dit l'aubergiste qui trouvait son compte à ces trois choses, bien ! soyez tranquille, monsieur Chicot.

Sur cette assurance, Chicot sortit, et, léger comme un daim, clairvoyant comme un renard, il gagna l'angle de la rue Saint-Étienne où, après avoir mis avec grand soin le teston à l'effigie de Béarn dans sa main droite, il endossa la robe du frère, et, à dix heures moins un quart, s'en vint, non sans un certain battement de cœur, se présenter à son tour au guichet de l'abbaye Sainte-Geneviève.

XIX

COMMENT CHICOT S'APERÇUT QU'IL ÉTAIT PLUS FACILE D'ENTRER DANS L'ABBAYE SAINTE-GENEVIÈVE QUE D'EN SORTIR.

Chicot, en passant le froc du moine, avait pris une précaution importante, c'était de doubler l'épaisseur de ses épaules par l'habile disposition de son manteau et des autres vêtements que la robe du moine rendait inutiles ; il avait même couleur de barbe que Gorenflot, et quoique l'un fût né sur les bords de la Saône et l'autre sur ceux de la Garonne, il s'était amusé à contrefaire tant de fois la voix de son ami, qu'il en était arriver à l'imiter à s'y méprendre. Or, chacun sait que la barbe et la voix sont les deux seules choses qui sortent des profondeurs d'un capuchon de moine.

La porte allait se fermer quand Chicot arriva, et le frère portier n'attendait plus que quelques retardaires. Le Gascon exhiba son Béarnais percé au cœur, et fut admis sans opposition. Deux moines le précédaient ; il les suivit et pénétra avec eux dans la chapelle du couvent qu'il connaissait pour y avoir souvent accompagné le roi ; le roi avait toujours accordé une protection particulière à l'abbaye Sainte-Geneviève.

La chapelle était de construction romane, c'est-à-dire qu'elle datait du onzième siècle, et que, comme toutes les chapelles de cette époque, le chœur recouvrait une crypte ou église souterraine. Il en résultait que le chœur était plus élevé que la nef de huit ou dix pieds, que l'on montait dans le chœur par deux escaliers latéraux, andis qu'une porte de fer, s'ouvrant entre les deux escaliers, conduisait de la nef à la crypte dans laquelle, une fois cette porte ouverte, on descendait par autant de degrés qu'il y en avait aux escaliers du chœur.

Dans ce chœur, qui dominait toute l'église de chaque côté de l'autel que surmontait un tableau de sainte Geneviève, attribué à maître Rosso, étaient les statues de Clovis et de Clotilde.

Trois lampes seulement éclairaient la chapelle, l'une suspendue au milieu du chœur, les deux autres disposées à égale distance dans la nef.

Cette lumière, à peine suffisante, donnait une solennité plus grande à cette église, dont elle doublait les proportions, puisque l'imagination pouvait étendre à l'infini les parties dans l'ombre.

Chicot eut d'abord besoin d'accoutumer ses yeux à l'obscurité ; pour les exercer, il s'amusa à compter les moines. Il y en avait cent vingt dans la nef et douze dans le chœur, en tout cent trente-deux. Les douze moines du chœur étaient rangés sur une seule ligne en avant de l'autel, et semblaient défendre le tabernacle comme une rangée de sentinelles.

Chicot vit avec plaisir qu'il n'était pas le dernier à se joindre à ceux que le frère Gorenflot appelait les frères de l'Union. Derrière lui entrèrent encore trois moines vêtus d'amples robes grises, lesquels allèrent se placer en avant de cette ligne que nous avons comparée à une rangée de sentinelles.

Un petit moinillon que n'avait point aperçu Chicot, et qui était sans doute quelque enfant de chœur du couvent, fit le tour de la chapelle pour voir si tout le monde était bien à son poste ; puis l'inspection finie, il alla parler à l'un des trois moines arrivés les derniers, qui se trouvaient au milieu.

— Nous sommes cent trente-six, dit le moine d'une voix forte ; c'est le compte de Dieu.

Aussitôt les cent vingt moines agenouillés dans la nef se levèrent et prirent place sur des chaises ou dans les stalles. Bientôt un grand bruit de gonds et de verrous annonça que les portes massives se fermaient.

Ce ne fut pas cependant sans un certain battement de chœur que Chicot, tout brave qu'il était, entendit le grincement des serrures. Pour se donner le temps de se remettre, il alla s'asseoir à l'ombre de la chaire d'où ses yeux se portaient tout naturellement sur les trois moines qui paraissaient des personnages principaux de cette réunion.

On leur avait apporté des fauteuils, et ils s'étaient assis, pareils à trois juges. Derrière eux, les douze moines du chœur se tenaient debout.

Quand le tumulte occasionné par la fermeture des portes et par le changement d'attitude des assistants eut cessé, une petite cloche tinta trois fois.

C'était sans doute le signal du silence,

car les *chut!* prolongés se firent entendre pendant les deux premiers coups, et au troisième tout bruit cessa.

— Frère Monsoreau! dit le même moine qui avait déjà parlé, quelles nouvelles apportez-vous à l'Union de la province d'Anjou?

Deux choses firent dresser l'oreille à Chicot :

La première, cette voix au timbre si accentué qu'elle semblait bien plus faite pour sortir sur un champ de bataille de la visière d'un casque que dans une église du capuchon d'un moine.

La seconde, ce nom de frère Monsoreau, connu depuis quelques jours seulement à la cour où, comme nous l'avons dit, il avait produit une certaine sensation.

Un moine de haute taille, et dont la robe formait des plis anguleux, traversa une partie de l'assemblée, et d'un pas ferme et hardi, monta dans la chaire. Chicot essaya de voir son visage.

C'était chose impossible.

— Bon, dit-il, et si l'on ne voit pas le visage des autres, au moins les autres ne verront pas le mien.

— Mes frères, dit alors une voix qu'à ses premiers accents Chicot reconnut pour celle du grand-veneur, les nouvelles de la province d'Anjou ne sont point satisfaisantes ; non pas que nous y manquions de sympathies, mais parce que nous y manquons de représentants. La propagation de l'Union dans cette province avait été confiée au baron de Méridor; mais ce vieillard, désespéré de la mort récente de sa fille, a, dans sa douleur, négligé les affaires de la sainte Ligue; jusqu'à ce qu'il soit consolé de la perte qu'il a faite, nous ne pouvons compter sur lui. Quant à moi, j'apporte trois nouvelles adhésions à l'association, et, selon le règlement, je les ai déposées dans le tronc du couvent. Le conseil jugera si ces trois nouveaux frères, dont je réponds d'ailleurs comme de moi-même, doivent être admis à faire partie de la sainte Union.

Un murmure d'approbation circula dans les rangs des moines, et frère Monsoreau avait regagné sa place que ce bruit n'était pas encore éteint.

— Frère La Hurière ! reprit le même moine qui paraissait destiné à faire l'appel des fidèles selon son caprice, dites-nous ce que vous avez fait dans la ville de Paris.

Un homme au capuchon rabattu parut à son tour dans la chaire que venait de laisser vacante M. de Monsoreau.

— Mes frères, dit-il, vous savez tous si je suis dévot à la foi catholique, et si j'ai donné des preuves de cette dévotion pendant le grand jour où elle a triomphé. Oui, mes frères, dès cette époque, et je m'en glorifie, j'étais un des fidèles de notre grand Henri de Guise, et c'est de la bouche même de M. de Besme, à qui Dieu accorde toutes ses bénédictions ! que j'ai reçu les ordres qu'il a daigné me donner et que j'ai suivis ; à ce point que j'ai voulu tuer mes propres locataires. Or, ce dévouement à cette sainte cause m'a fait nommer quartenier, et j'ose dire que c'est une heureuse circonstance pour la religion. J'ai pu ainsi noter tous les hérétiques du quartier Saint-Germain-l'Auxerrois où je tiens toujours, rue de l'Arbre-Sec, l'hôtel de la *Belle-Étoile*, à votre service, mes frères, et, les ayant notés, les désigner à nos amis. Certes, je n'ai plus soif du sang des huguenots comme autrefois, mais je ne saurais me dissimuler le but véritable de la sainte Union que nous sommes en train de fonder.

Frère Gorenflot ronflait juste à la même place où l'avait laissé Chicot.

— Écoutons, se dit Chicot; ce La Hurière était, si je m'en souviens bien, un furieux tueur d'hérétiques, et il doit en savoir long sur la Ligue, si l'on mesure chez messieurs les ligueurs la confiance sur le mérite.

— Parlez! parlez! dirent plusieurs voix.

La Hurière, qui trouvait l'occasion de déployer des facultés d'orateur qu'il avait rarement l'occasion de développer, quoiqu'il les crût innées en lui, se recueillit un instant, toussa et reprit :

— Si je ne me trompe, mes frères, l'extinction des hérésies particulières n'est pas seulement ce qui nous préoccupe ; il faut que les bons Français soient assurés de ne jamais rencontrer d'hérétiques parmi les princes appelés à les gouverner. Or, mes frères, où en sommes-nous? François II, qui promettait d'être un zélé, est mort sans enfants; Charles IX, qui était un zélé, est mort sans enfants; le roi Henri III, dont ce n'est point à moi de rechercher les croyances et de qualifier les actions, mourra probablement sans enfants; restera donc le duc d'Anjou, qui non-seulement n'a pas d'enfants non plus, mais qui encore paraît tiède pour la sainte Ligue.

Ici plusieurs voix interrompirent l'orateur, parmi lesquelles celle du grand-veneur.

— Pourquoi tiède, dit la voix, et qui vous fait porter cette accusation contre le prince ?

— Je dis tiède, parce qu'il n'a pas encore donné son adhésion à la Ligue, quoique l'illustre frère qui vient de m'interpeller l'ait positivement promise en son nom.

— Qui vous dit qu'il ne l'ait point donnée, reprit la voix, puisqu'il y a des adhésions nouvelles ? Vous n'avez le droit, ce me semble, de soupçonner personne, tant que le dépouillement ne sera point fait.

— C'est vrai, dit La Hurière, j'attendrai donc encore; mais, après le duc d'Anjou, qui est mortel et qui n'a point d'enfants, remarquez que l'on meurt jeune dans la famille, à qui reviendra la couronne ? Au plus farouche huguenot qu'on puisse imaginer, à un renégat, à un relaps, à un Nabuchodonosor.

Ici, au lieu de murmures, ce furent des applaudissements frénétiques qui interrompirent La Hurière.

— A Henri de Béarn, enfin, contre lequel cette association est surtout faite ; à Henri de Béarn, que l'on croit souvent à Pau ou à Tarbes occupé de ses amours, et que l'on rencontre à Paris.

— A Paris ! s'écrièrent plusieurs voix ; à Paris : c'est impossible.

— Il y est venu ! s'écria La Hurière. Il s'y trouvait la nuit où madame de Sauves a été assassinée ; il y est peut-être encore en ce moment.

— A mort le Béarnais ! crièrent plusieurs voix.

— Oui, sans doute, à mort ! cria La Hurière, et s'il vient par hasard loger à la Belle-Étoile, je réponds bien de lui ; mais il ne viendra pas. On ne prend pas un renard deux fois à la même trouée. Il ira loger ailleurs, chez quelque ami ; car il a des amis, l'hérétique. Eh bien ! c'est le nombre de ces amis qu'il faut diminuer ou faire connaître. Notre union est sainte, notre Ligue est loyale, consacrée, bénie, encouragée par notre saint-père le pape Grégoire III. Je demande donc qu'on n'en fasse pas plus longtemps mystère, que des listes soient remises aux quarteniers et aux diezeniers, qu'ils aillent avec ces listes dans les maisons inviter les bons citoyens à signer. Ceux qui signeront seront nos amis ; ceux qui refuseront de signer seront nos ennemis, et l'occasion se présentant d'une seconde Saint-Barthélemy, qui semble aux vrais fidèles devenir de plus en plus urgente, eh bien ! nous ferions ce que nous avons déjà fait dans la première, nous épargnerions à Dieu la fatigue de séparer lui-même les bons des méchants.

A cette péroraison, des tonnerres d'applaudissements éclatèrent ; puis, quand ils se furent calmés avec cette lenteur et ce tumulte qui prouvent que les acclamations ne sont qu'interrompues, la voix grave du moine qui avait déjà parlé plusieurs fois se fit entendre, et dit :

— La proposition de frère La Hurière, que la sainte Union remercie de son zèle, est prise en considération ; elle sera débattue en conseil supérieur.

Les applaudissements redoublèrent. La Hurière s'inclina plusieurs fois pour remercier l'assemblée, et, descendant les marches de la chaire, regagna sa place, courbé sous l'immensité de son triomphe.

— Ah! ah! se dit Chicot, je commence à voir clair dans tout ceci. On a moins de confiance à l'endroit de la foi catholique dans mon fils Henri que dans son frère Charles IX et MM. de Guise. C'est probable, puisque le Mayenne est fourré dans tout ceci. MM. de Guise veulent former dans l'État une petite société à part, dont ils seront les maîtres ; ainsi le grand Henri, qui est général, tiendra les armées ; ainsi le gros Mayenne tiendra la bourgeoisie ; ainsi l'illustre cardinal tiendra l'Église ; et, un beau matin, mon fils Henri s'apercevra qu'il ne tient rien du tout que son chapelet avec lequel on l'invitera poliment à se retirer dans quelque monastère. Puissamment raisonné! Ah bien! oui... mais reste le duc d'Anjou. Diable! le duc d'Anjou, qu'en fera-t-on?

— Frère Gorenflot! dit la voix du moine qui avait déjà appelé le grand-veneur et La Hurière.

Soit qu'il fût préoccupé des réflexions que nous venons de transmettre à nos lecteurs, soit qu'il ne fût pas encore habitué à répondre au nom qu'il avait pris cependant avec le froc du quêteur, Chicot ne répondit pas.

— Frère Gorenflot! reprit la voix du moinillon, voix si claire et si aiguë que Chicot tressaillit.

— Oh! oh! murmura-t-il, on dirait d'une voix de femme qui appelle frère Gorenflot. Est-ce que, dans cette honorable assemblée, non-seulement les rangs, mais encore les sexes sont confondus?

— Frère Gorenflot, répéta la même voix féminine, n'êtes-vous donc pas ici?

— Ah! mais, se dit tout bas Chicot, frère Gorenflot, c'est moi; allons.

Puis tout haut :

— Si fait, si fait, dit-il en nasillant comme le moine, me voilà, me voilà. J'étais plongé dans les profondes méditations qu'avait fait naître en moi le discours de frère La Hurière, et je n'avais pas entendu que l'on m'avait appelé.

Quelques murmures d'approbation rétrospective en faveur de La Hurière, dont les paroles vibraient encore dans tous les cœurs, se firent entendre et donnèrent à Chicot le temps de se préparer.

Chicot pouvait, dira-t-on, ne pas répondre au nom de Gorenflot, puisque nul ne levait son capuchon. Mais les assistants s'étaient comptés, on se le rappelle ; donc, inspection faite des visages, et cette inspection eût été provoquée par l'absence d'un homme censé présent, la fraude eût été découverte, et alors la position de Chicot devenait grave.

Chicot n'hésita donc point un instant. Il se leva, fit le gros dos, monta les degrés de la chaire et tout en les montant rabattit son capuchon le plus possible.

— Mes frères, dit-il en imitant à s'y méprendre la voix du moine, je suis le frère quêteur de ce couvent, et vous savez que cette charge me donne le droit d'entrer dans les demeures de tous. J'use donc de ce droit pour le bien du Seigneur.

Mes frères, continua-t-il en se rappelant l'exorde de Gorenflot si inopinément interrompu par le sommeil qui, à cette heure, en vertu du liquide absorbé, étreignait encore en maître le vrai Gorenflot, mes frères, c'est un beau jour pour la foi que celui qui nous réunit. Parlons franc, mes frères, puisque nous voilà dans la maison du Seigneur.

Qu'est-ce que le royaume de France? Un corps. Saint Augustin l'a dit : *Omnis civitas corpus est* : « Toute cité est un corps. » Quelle est la condition du salut? La bonne santé. Comment conserve-t-on la santé du corps? en pratiquant de prudentes saignées quand il y a excès de forces. Or, il est évident que les ennemis de la religion catholique sont trop forts puisque nous les redoutons ; il faut donc saigner encore une fois ce grand corps que l'on appelle la société ; c'est ce que me répètent tous les jours les fidèles dont j'apporte au couvent les œufs, les jambons et l'argent.

Cette première partie du discours de Chicot fit une vive impression dans l'auditoire.

Chicot laissa au murmure d'approbation qu'il venait de soulever le temps de se produire, puis de s'apaiser, et il reprit :

— On m'objectera peut-être que l'Église abhorre le sang. *Ecclesia abhorret a sanguine*, continua-t-il. Mais notez bien ceci, mes chers frères : le théologien ne dit pas de quel sang l'Église a horreur, et je parierais un bœuf contre un œuf que ce n'est point, en tout cas, du sang des hérétiques qu'il a voulu parler. En effet : *Fons malus corruptorum sanguis, hereticorum autem pessimus !* Et puis, un autre argument, mes frères : j'ai dit l'Église ! Mais, nous autres, nous ne sommes pas seulement l'Église. Frère Monsoreau, qui a si éloquemment parlé tout à l'heure, a, j'en suis bien certain, son couteau de grand-veneur à la ceinture. Frère La Hurière manie la broche avec facilité : *Veru agreste, lethiferum tamen instrumentum.* Moi-même, qui vous parle, mes frères, moi, Jacques-Népomucène Gorenflot, j'ai porté le mousquet en Champagne, et j'ai brûlé des huguenots dans leur prêche. Ç'aurait été pour moi un honneur suffisant, et j'aurais mon paradis tout fait. Je le croyais du moins, quand tout à coup on a soulevé dans ma conscience un scrupule : les huguenotes,

avant d'être brûlées avaient été un peu violées. Il paraît que cela gâtait la belle action, à ce que m'a dit mon directeur, du moins... Aussi me suis-je hâté d'entrer en religion, et pour effacer la souillure que les hérétiques avaient laissée en moi, j'ai fait, à partir de ce moment, vœu de passer le reste de mes jours dans l'abstinence, et de ne plus fréquenter que de bonnes catholiques.

Cette seconde partie du discours de l'orateur n'eut pas moins de succès que la première, et chacun parut admirer les moyens dont s'était servi le Seigneur pour opérer la conversion de frère Gorenflot.

Aussi quelques applaudissements se mêlèrent-ils au murmure d'approbation.

Chicot salua modestement l'assemblée.

— Il nous reste, reprit Chicot, à parler des chefs que nous nous sommes donnés, et sur lesquels il me semble à moi, pauvre génovéfain indigne ! qu'il y a quelque chose à dire. Certes, il est beau et surtout prudent de s'introduire la nuit, sous un froc, pour entendre prêcher frère Gorenflot, mais il me semble que le devoir des grands mandataires ne doit pas se borner là. Une si grande prudence prête à rire à ces damnés huguenots, qui, après tout, sont des enragés lorsqu'il s'agit d'estocades. Je demande donc que nous ayons une allure plus digne de gens de cœur que nous sommes, où plutôt que nous voulons paraître. Qu'est-ce que nous souhaitons ? L'extinction de l'hérésie... Eh bien ! mais... cela peut se crier sur les toits, ce me semble. Que ne marchons-nous par les rues de Paris comme une sainte procession, faisant montre de notre belle tenue et de nos bonnes pertuisanes ; mais non pas comme des larrons nocturnes qui regardent à chaque carrefour si le guet arrive !

Mais quel est homme qui donnera l'exemple ? dites-vous. Eh bien ! ce sera moi, moi Jacques-Népomucène Gorenflot, moi, frère indigne de l'ordre de Sainte-Geneviève, humble et pauvre quêteur de ce couvent, ce sera moi qui, la cuirasse sur le dos, la salade sur la tête et le mousquet sur l'épaule, marcherai, s'il le faut, à la tête des bons catholiques qui me voudront suivre, et cela je le ferai, ne fût-ce que pour faire rougir des chefs qui se cachent, comme si, en défendant l'Église, il s'agissait de soutenir quelque ribaude en querelle.

La péroraison de Chicot qui correspondait aux sentiments de beaucoup de membres de la Ligue, qui ne voyaient pas la nécessité d'aller au but par d'autre route que par le chemin dont la Saint-Barthélemy, six ans auparavant, avait ouvert la barrière, et que par conséquent les lenteurs des chefs désespéraient, alluma le feu sacré dans tous les cœurs, et à part trois capuchons qui demeurèrent silencieux, l'assemblée se mit à crier d'une seule voix : Vive la messe! Noël au brave frère Gorenflot! la procession! la procession !

L'enthousiasme était d'autant plus vivement excité que c'était la première fois que le zèle du digne frère se produisait sous un pareil jour. Jusque-là ses amis les plus intimes l'avaient rangé au nombre des zélés sans doute, mais des zélés que le sentiment de la conservation de soi-même retenait dans les bornes de la prudence. Point du tout, de cette demi-teinte dans laquelle il était resté, frère Gorenflot s'élançait tout à coup, armé en guerre, dans le jour éclatant de l'arène ; c'était une grande surprise qui amenait une grande réhabilitation, et quelques-uns, dans leur admiration, d'autant plus grande qu'elle était plus inattendue, mettaient dans leur esprit frère Gorenflot, qui avait prêché la première procession, à la hauteur de Pierre-l'Ermite, qui avait prêché la première croisade.

Malheureusement ou heureusement pour celui qui avait produit cette exaltation, ce n'était pas le plan des chefs de lui laisser prendre son cours. Un des trois moines silencieux se pencha à l'oreille du moinillon, et la voix flûtée de l'enfant retentit aussitôt sous les voûtes, criant trois fois :

— Mes frères, il est l'heure de la retraite, la séance est levée.

Les moines se levèrent bourdonnant, et tout en se promettant de demander d'une voix unanime, à la prochaine séance la procession proposée par le brave frère Gorenflot, prirent lentement le chemin de la porte. Beaucoup s'étaient approchés de la chaire pour féliciter le frère quêteur à la descente de cette tribune du haut de laquelle il avait eu un si grand succès ; mais Chicot réfléchissant qu'entendue de près sa voix, de laquelle il n'avait jamais pu extraire un petit accent gascon, pouvait être reconnue; que vu de près son corps, qui dans la ligne verticale présentait six ou huit bons pouces de plus que le frère Gorenflot, lequel avait sans doute grandi dans l'esprit de ses auditeurs, mais moralement surtout, pouvait exciter quelque étonnement; Chicot, disons-nous, s'était jeté à genoux et paraissait comme Samuel abîmé dans une conversation tête à tête avec le Seigneur.

On respecta donc son extase, et chacun s'achemina vers la sortie avec une agitation qui, sous le capuchon dans les plis duquel il avait ménagé des ouvertures pour ses yeux, réjouissait fort Chicot.

Cependant le but de Chicot était à peu

près manqué. Ce qui lui avait fait quitter le roi Henri III sans lui demander congé, c'était la vue du duc de Mayenne. Ce qui l'avait fait revenir à Paris, c'était la vue de Nicolas David. Chicot, comme nous l'avons dit, avait bien fait double vœu de vengeance ; mais il était bien petit compagnon pour s'attaquer à un prince de la maison de Lorraine, ou, pour le faire impunément, il lui fallait attendre longuement et patiemment l'occasion. Il n'en était pas de même de Nicolas David, qui n'était qu'un simple avocat normand, matois fort retors il est vrai, qui avait été soldat avant d'être avocat, et maître d'armes tandis qu'il était soldat ; mais, sans être maître d'armes, Chicot avait la prétention de jouer assez promptement de la rapière : la grande question était donc pour lui de rejoindre son ennemi, et, une fois rejoint, Chicot, comme les anciens preux, mettrait sa vie sous la garde de son bon droit et de son épée.

Chicot regardait donc tous les moines s'en aller les uns après les autres, afin, sous ces frocs et ces capuchons, de reconnaître, s'il était possible, la taille longue et menue de maître Nicolas, quand il s'aperçut tout à coup qu'en sortant chaque moine était soumis à un examen pareil à celui qu'il avait subi en entrant, et tirant de sa poche un signe quelconque, n'obtenait son *exeat* que lorsque le frère portier le lui avait donné sur l'inspection de ce signe. Chicot crut d'abord s'être trompé, et resta un instant dans le doute ; mais ce doute fut bientôt changé en une certitude qui fit poindre une sueur froide à la racine des cheveux de Chicot.

Frère Gorenflot lui avait bien indiqué le signe à l'aide duquel on pouvait entrer, mais il avait oublié de lui montrer le signe à l'aide duquel on pouvait sortir.

XX

COMMENT CHICOT, FORCÉ DE RESTER DANS L'ÉGLISE DE L'ABBAYE, VIT ET ENTENDIT DES CHOSES QU'IL ÉTAIT FORT DANGEREUX DE VOIR ET D'ENTENDRE.

Chicot se hâta de descendre de sa chaire et de se mêler aux derniers moines, afin de reconnaître, s'il était possible, le signe à l'aide duquel on pouvait regagner la rue, et de se procurer ce signe, s'il en était encore temps. En effet, après avoir rejoint les retardataires, après avoir allongé la tête par-dessus toutes les têtes, Chicot reconnut que le signe de sortie était un denier taillé en étoile.

Notre Gascon avait bon nombre de deniers dans sa poche, mais malheureusement pas un n'avait cette taille particulière, d'autant plus inusitée qu'elle exilait pour jamais cette pièce ainsi mutilée de la circulation monétaire.

Chicot envisagea la situation d'un coup d'œil. Arrivé à la porte, ne pouvant pas produire son denier étoilé, il était reconnu comme un faux frère, puis, comme tout naturellement les investigations ne se borneraient point là pour maître Chicot, fou du roi, charge qui lui donnait beaucoup de priviléges au Louvre et dans les autres châteaux, mais qui, dans l'abbaye Sainte-Geneviève et surtout en des circonstances pareilles, perdait beaucoup de son prestige, Chicot était pris dans un traquenard ; il gagna l'ombre d'un pilier et se blottit dans l'angle d'un confessionnal, adossé à l'angle de ce pilier.

— Et puis, se dit Chicot, en me perdant, je perds la cause de mon imbécile de souverain que j'ai la niaiserie d'aimer, tout en lui disant des injures. Sans doute il eût mieux valu retourner à l'hôtellerie de la Corne-d'Abondance, et rejoindre frère Gorenflot; mais à l'impossible nul n'est tenu.

Et tout en se parlant ainsi à lui-même, c'est-à-dire à l'interlocuteur le plus intéressé à ne pas dire un mot de ce qu'il disait, Chicot s'effaçait de son mieux entre l'angle de son confessionnal et les moulures de son pilier.

Alors il entendit l'enfant de chœur crier du parvis :

— N'y a-t-il plus personne? On va fermer les portes.

Aucune voix ne répondit. Chicot allongea le cou et vit effectivement la chapelle vide, à l'exception des trois moines plus enfroqués que jamais, lesquels se tenaient assis dans les stalles qu'on leur avait apportées au milieu du chœur.

— Bon, dit Chicot, pourvu qu'on ne ferme pas les fenêtres, c'est tout ce que je demande.

— Faisons la visite, dit l'enfant de chœur au frère portier.

— Ventre de biche! dit Chicot, voilà un moinillon que je porte dans mon cœur.

Le frère portier alluma un cierge; et, suivi de l'enfant de chœur, commença de faire le tour de l'église.

Il n'y avait pas un instant à perdre. Le frère portier et son cierge devaient passer à quatre pas de Chicot, qui ne pouvait manquer d'être découvert.

Chicot tourna habilement autour du pilier, demeurant dans l'ombre à mesure que l'ombre tournait, et, ouvrant le confessionnal fermé au loquet seulement, il se glissa dans la boîte oblongue dont il tira la porte sur lui après s'être assis dans la stalle.

Le frère portier et le moinillon passèrent à quatre pas de là, et à travers le grillage sculpté Chicot vit se refléter sur sa robe la lumière du cierge qui les éclairait.

— Que diable! se dit Chicot, ce frère portier, ce moinillon et ces trois moines ne vont pas rester éternellement dans l'église; quand ils seront sortis, j'entasserai les chaises sur les bancs, Pélion sur Ossa, comme dit M. Ronsard; et je sortirai par la fenêtre.

— Ah! oui, par la fenêtre, reprit Chicot se répondant à lui-même, mais quand je serai sorti par la fenêtre, je me trouverai dans la cour, et la cour n'est point la rue. Je crois que mieux vaut encore passer la nuit dans le confessionnal. La robe de Gorenflot est chaude; ce sera une nuit moins païenne que celle que j'eusse passée ailleurs, et j'y compte pour mon salut.

— Éteins les lampes, dit l'enfant de chœur. Que l'on voie bien du dehors que le conciliabule est fini.

Le portier, à l'aide d'un immense éteignoir, étouffa aussitôt la lumière des deux lampes de la nef qui se trouva plongée ainsi dans une funèbre obscurité.

Puis, celle du chœur.

L'église ne fut plus alors éclairée que par le rayon blafard qu'une lune d'hiver faisait glisser à grand'peine à travers les vitraux coloriés.

Puis, après la lumière, le bruit s'éteignit.

La cloche sonna deux fois.

— Ventre de biche! dit Chicot, à minuit dans une église; s'il était à ma place, mon fils Henriquet aurait une belle peur. Heureusement que nous sommes d'une complexion moins timide. Allons, Chicot, mon ami, bonsoir et bonne nuit!

Et après s'être adressé ce souhait à lui-même, Chicot s'accommoda du mieux qu'il put dans son confessionnal, poussa le petit verrou intérieur afin d'être chez lui, et ferma les yeux.

Il y avait dix minutes à peu près que ses paupières s'étaient jointes, et que son esprit, troublé par les premières vapeurs du sommeil, voyait flotter dans ce vague mystérieux qui forme le crépuscule de la pensée une foule de figures indécises, quand un coup éclatant, frappé sur un timbre de cuivre, vibra dans l'église et alla se perdre frémissant dans ses profondeurs.

— Ouais! fit Chicot en rouvrant les yeux et en dressant les oreilles : que veut dire ceci?

En même temps la lampe du chœur se ralluma bleuâtre, et de son premier reflet éclaira les trois mêmes moines, assis toujours les uns près des autres, à la même place et dans la même immobilité.

Chicot ne fut point exempt d'une certaine crainte superstitieuse; tout brave qu'il était, notre Gascon était de son époque; et son époque était celle des traditions fantastiques et des légendes terribles.

Il fit tout doucement le signe de la croix en murmurant tout bas :

— *Vade retro, Satanas!*

Mais comme les lumières ne s'éteignirent point au signe de notre rédemption, ce qu'elles n'eussent point manqué de faire si elles eussent été des lueurs infernales; comme les trois moines restèrent à leurs places malgré le *vade retro*, le Gascon commença de croire qu'il avait affaire à des lumières naturelles, et sinon à de vrais moines, du moins à des personnages en chair et en os.

Chicot ne s'en secoua pas moins, en proie à ce frisson de l'homme qui s'éveille, combiné avec le tressaillement de l'homme qui a peur.

En ce moment, une des dalles du chœur se leva lentement et resta dressée sur sa base étroite. Un capuchon gris se montra au bord de l'ouverture noire, puis un moine tout entier apparut, qui prit pied sur le marbre, tandis que la dalle se refermait doucement derrière lui.

A cette vue, Chicot oublia l'épreuve qu'il venait de tenter et cessa d'avoir confiance dans la conjuration qu'il croyait décisive. Ses cheveux se dressèrent sur sa tête, et il se figura un instant que tous les prieurs, abbés et doyens de Sainte-Geneviève depuis Optaf, mort en 533, jusqu'à Pierre Boudin, prédécesseur du supérieur actuel, ressuscitaient dans leurs tombeaux, situés dans la crypte où dormaient autrefois les reliques de sainte Geneviève, et allaient, selon l'exemple qui leur était donné, soulever de leurs crânes osseux les dalles du chœur.

Mais ce doute ne fut pas long.

— Frère Monsoreau, dit un des trois moines du chœur à celui qui venait d'apparaître d'une si étrange manière, la personne que nous attendons est arrivée?

— Oui, messeigneurs, répondit celui auquel la question était adressée, et elle attend.

— Ouvrez-lui la porte et qu'elle vienne à nous.

— Bon! dit Chicot, il paraît que la comédie avait deux actes et que je n'avais encore vu jouer que le premier. Deux actes! mauvaise coupe.

Et tout en plaisantant avec lui-même, Chicot n'en éprouvait pas moins un dernier frisson qui semblait faire jaillir un millier de pointes aiguës de la stalle de bois sur laquelle il se tenait assis.

Cependant frère Monsoreau descendait un des escaliers qui conduisait de la nef au chœur, et venait ouvrir la porte de

Ce cavalier se détachait en vigueur sur un ciel mat.

bronze donnant dans la crypte située entre les deux escaliers.

En même temps le moine du milieu abaissait son capuchon, et montrait la grande cicatrice, noble signe auquel les Parisiens reconnaissaient avec tant d'ivresse celui qui déjà passait pour le héros des catholiques, en attendant qu'il devînt leur martyr.

— Le grand Henri de Guise en personne, le même que Sa Majesté Très-Imbécile croit occupé au siége de la Charité! Ah! je comprends maintenant! s'écria Chicot; celui qui est à sa droite et qui a béni les assistants, c'est le cardinal de Lorraine, tandis que celui qui était à sa gauche, qui parlait à ce myrmidon d'enfant de chœur, c'est monseigneur de Mayenne, mon ami; mais où donc, dans tout cela, est maître Nicolas David?

En effet, comme pour donner immédiatement raison aux suppositions de Chicot, le capuchon du moine de droite et le capuchon du moine de gauche s'étaient abaissés et avaient mis à jour la tête intelligente, le front large et l'œil perçant du fameux cardinal, et le masque infiniment plus vulgaire du duc de Mayenne.

— Ah! je te reconnais, dit Chicot, trinité peu sainte, mais très-visible. Maintenant, voyons ce que tu vas faire, je suis tout yeux; voyons ce que tu vas dire, je suis tout oreilles.

En ce moment même, M. de Monsoreau était arrivé à la porte de fer de la crypte qui s'ouvrait devant lui.

— Aviez-vous cru qu'il viendrait? demanda le Balafré à son frère le cardinal.

— Non-seulement je l'ai cru, dit celui-ci, mais j'en étais si sûr que j'ai sous ma robe tout ce qu'il faut pour remplacer la sainte ampoule.

Et Chicot, assez près de la trinité, comme il l'appelait, pour tout voir et pour tout entendre, aperçut sous le faible reflet de la lampe du chœur briller une boîte en vermeil aux ciselures en relief.

— Tiens, dit Chicot, il paraît que l'on va sacrer quelqu'un. Moi qui ai toujours eu envie de voir un sacre, comme cela se rencontre!

Pendant ce temps, une vingtaine de moines, la tête ensevelie sous d'immenses capuchons, sortaient par la porte de la crypte et se plaçaient dans la nef.

Un seul, conduit par M. de Monsoreau, montait l'escalier du chœur et venait se placer à la droite de MM. de Guise, dans une stalle du chœur, ou plutôt debout sur la marche de cette stalle.

L'enfant de chœur, qui avait reparu, alla respectueusement prendre les ordres du moine de droite et disparut.

Le duc de Guise promena son regard sur cette assemblée, des cinq sixièmes moins nombreuse que la première, et qui par conséquent était, selon toute probabilité, une assemblée d'élite, et s'étant assuré que non-seulement tout ce monde l'écoutait; mais encore l'écoutait avec impatience :

— Amis, dit-il, le temps est précieux; je vais donc droit au but. Vous avez entendu tout à l'heure, car je présume que vous faisiez partie de la première assemblée; vous avez entendu tout à l'heure, dis-je, dans le rapport de quelques membres de la Ligue catholique, les plaintes de ceux de l'association qui taxent de froideur et même de malveillance un des principaux d'entre nous, le prince le plus rapproché du trône. Le moment est venu de rendre à ce prince ce que nous lui devons de respect et de justice. Vous allez l'entendre lui-même et vous jugerez, vous qui avez à cœur de remplir le premier but de la sainte Ligue, si vos chefs méritent ces reproches de froideur et d'inertie faits tout à l'heure par un des frères de la sainte Ligue, que nous n'avons pas jugé à propos d'admettre dans notre secret, par le moine Gorenflot.

A ce nom prononcé par le duc de Guise avec un accent qui décelait ses mauvaises intentions envers le belliqueux génovéfain, Chicot, dans son confessionnal, ne put s'empêcher de se livrer à une hilarité qui, pour être muette, n'en était pas moins déplacée, eu égard aux grands personnages qui en étaient l'objet.

— Mes frères, continua le duc, le prince dont on nous avait promis le concours, le prince dont nous osions à peine espérer, non pas la présence, mais le simple assentiment, mes frères, ce prince est ici.

Tous les regards se tournèrent curieusement sur le moine placé à droite des trois princes lorrains et qui se tenait debout sur le degré de sa stalle.

— Monseigneur, dit le duc de Guise en

s'adressant à celui qui, pour le moment, était l'objet de l'attention générale, la volonté de Dieu me paraît manifeste, car puisque vous avez consenti à vous joindre à nous, c'est que nous faisons bien de faire ce que nous faisons. Maintenant une prière, Altesse : abaissez votre capuchon, afin que vos fidèles voient par leurs propres yeux que vous tenez la promesse que nous leur avons faite en votre nom, promesse si flatteuse qu'ils n'osaient y croire.

Le personnage mystérieux, que Henri de Guise venait d'interpeller ainsi, porta la main à son capuchon qu'il rabattit sur ses épaules, et Chicot, qui s'était attendu à trouver sous ce froc quelque prince lorrain dont il n'avait pas encore entendu parler, vit avec étonnement apparaître la tête du duc d'Anjou, si pâle qu'à la lueur de la lampe sépulcrale elle semblait celle d'une statue de marbre.

— Oh! oh! dit Chicot, notre frère d'Anjou! il ne se lassera donc pas de jouer au trône avec la tête des autres?

— Vive monseigneur le duc d'Anjou! crièrent tous les assistants.

François devint plus pâle encore.

— Ne craignez rien, monseigneur, dit Henri de Guise; cette chapelle est sourde et les portes en sont bien fermées.

— Heureuse précaution, se dit Chicot.

— Mes frères, dit le comte de Monsoreau, Son Altesse demande à adresser quelques mots à l'assemblée.

— Oui, oui, qu'elle parle! s'écrièrent toutes les voix; nous écoutons.

Les trois princes lorrains se retournèrent vers le duc d'Anjou et s'inclinèrent devant lui. Le duc d'Anjou s'appuya aux bras de sa stalle; on eût dit qu'il allait tomber.

— Messieurs, dit-il d'une voix si sourdement tremblante qu'à peine put-on entendre les paroles qu'il prononça d'abord; messieurs, je crois que Dieu, qui souvent paraît insensible et sourd aux choses de ce monde, tient au contraire ses yeux perçants constamment fixés sur nous, et ne reste ainsi muet et insouciant en apparence que pour remédier un jour par quelque coup d'éclat aux désordres que causent les folles ambitions des humains.

Le commencement du discours du duc était comme son caractère, passablement ténébreux; aussi chacun attendit-il qu'un peu de lumière descendît sur les pensées de Son Altesse pour les blâmer ou les applaudir.

Le duc reprit d'une voix un peu plus rassurée :

— Moi aussi, j'ai jeté les yeux sur ce monde et, ne pouvant embrasser toute sa surface de mon faible regard, j'ai arrêté mes yeux sur la France. Qu'ai-je vu alors par tout ce royaume? La sainte religion du Christ ébranlée sur ses bases augustes, et les vrais serviteurs de Dieu épars et proscrits. Alors j'ai sondé les profondeurs de l'abîme ouvert depuis vingt ans par les hérésies qui sapent les croyances sous prétexte d'atteindre plus sûrement à Dieu, et mon âme, comme celle du prophète, a été inondée de douleurs.

Un murmure d'approbation courut dans l'assemblée. Le duc venait de manifester sa sympathie pour les souffrances de l'Église; ce qui déjà était presque une déclaration de guerre à ceux qui faisaient souffrir cette Église.

— Ce fut au milieu de cette affliction profonde, continua le prince, que le bruit vint à moi que plusieurs nobles gentilshommes, pieux et amis des coutumes de nos ancêtres, essayaient de consolider l'autel ébranlé. J'ai jeté les yeux autour de moi, et il m'a semblé que j'assistais déjà au jugement suprême, et que Dieu avait séparé en deux corps les réprouvés et les élus. D'un côté étaient ceux-là, et je me suis reculé avec horreur; de l'autre côté étaient les élus, et je suis venu me jeter dans leurs bras. Mes frères, me voici.

— Amen! dit tout bas Chicot.

Mais c'était une précaution inutile : Chicot eût pu répondre tout haut et sa voix n'eût pas été entendue au milieu des applaudissements et des bravos qui s'élevèrent jusqu'aux voûtes de la chapelle.

Les trois princes lorrains, après en avoir donné le signal, les laissèrent se calmer; puis le cardinal, qui était le plus rapproché du duc, faisant encore un pas de son côté, lui dit :

— Vous êtes venu de votre plein gré parmi nous, prince ?

— De mon plein gré, monsieur.

— Qui vous a instruit du saint mystère?

— Mon ami, un homme zélé pour la religion, M. le comte de Monsoreau.

— Maintenant, dit à son tour le duc de Guise, maintenant que Votre Altesse est des nôtres, veuillez, monseigneur, avoir la bonté de nous dire ce que vous comptez faire pour le bien de la sainte Ligue.

— Je compte servir la religion catholique, apostolique et romaine dans toutes ses exigences, répondit le néophyte.

— Ventre de biche! dit Chicot, voici, sur mon âme, des gens bien niais, de se cacher pour dire de pareilles choses. Que ne proposent-ils cela tout bonnement au roi Henri III, mon illustre maître? Tout cela lui irait à merveille : processions, macérations, extirpations d'hérésies comme à Rome, fagots et auto-da-fé comme en Flandre et en Espagne. Mais c'est le seul moyen de lui faire avoir des enfants, à ce bon prince. Corbœuf! j'ai envie de sortir de mon confessionnal et de me présenter à mon tour, tant ce cher duc d'Anjou m'a touché! Continue, digne frère de Sa Majesté, noble imbécile, continue!

Et le duc d'Anjou, comme s'il eût été sensible à l'encouragement, continua en effet.

— Mais, dit-il, l'intérêt de la religion n'est pas le seul but que des gentilshommes doivent se proposer. Quant à moi, j'en ai entrevu un autre.

— Ouais! fit Chicot, je suis gentilhomme aussi; cela m'intéresse donc comme les autres; parle, d'Anjou, parle.

— Monseigneur, on écoute Votre Altesse avec la plus sérieuse attention, dit le cardinal de Guise.

— Et nos cœurs battent d'espérance en vous écoutant, dit M. de Mayenne.

— Je m'expliquerai donc, dit le duc d'Anjou en sondant de son regard inquiet les profondeurs ténébreuses de la chapelle, comme pour s'assurer que ses paroles ne tomberaient qu'en oreilles dignes de recevoir la confidence.

M. de Monsoreau comprit l'inquiétude du prince et le rassura par un sourire et par un coup d'œil des plus significatifs.

— Or, quand un gentilhomme a pensé à ce qu'il doit à Dieu, continua le duc d'Anjou en baissant involontairement la voix. il pense alors à son...

— Parbleu! à son roi, souffla Chicot, c'est connu.

— A son pays, dit le duc d'Anjou, et il se demande si son pays jouit bien réellement de tout l'honneur et de tout le bien-être qu'il était destiné à avoir en partage; car un bon gentilhomme tire ses avantages de Dieu d'abord et ensuite du pays dont il est l'enfant.

L'assemblée applaudit violemment.

— Eh bien! mais, dit Chicot, et le roi? il n'en est donc plus question, de ce pauvre monarque? Et moi qui croyais, comme c'est écrit sur la pyramide de Juvisy, qu'on disait toujours : *Dieu, le roi et les dames!*

— Je me demande donc, poursuivit le duc d'Anjou, dont les pommettes saillantes s'animaient peu à peu d'une rougeur fébrile, je me demande donc si mon pays jouit de la paix et du bonheur que mérite cette patrie si douce et si belle qu'on appelle la France, et je vois avec douleur qu'il n'en est rien.

« En effet, mes frères, l'État se trouve tiraillé par des volontés et des goûts différents, tous aussi puissants les uns que les autres, grâce à la faiblesse d'une volonté supérieure, laquelle, oubliant qu'elle doit tout dominer pour le bien de ses sujets, ne se souvient de ce principe royal que par capricieux intervalles, et toujours si à contre-sens que ses actes énergiques n'ont lieu que pour faire le mal; c'est sans nul doute à la fatale destinée de la France ou à l'aveuglement de son chef qu'il faut attribuer ce malheur. Mais quoique nous en ignorions la vraie source, ou que nous ne fassions que la soupçonner, le malheur n'en est pas moins réel, et j'en accuse, moi, ou les crimes commis par la France contre la religion, ou les impiétés commises par certains faux amis du roi plutôt que par le roi lui-même. Ce qui fait, messieurs, que dans l'un ou l'autre cas j'ai dû, en serviteur de l'autel et du trône, me rallier à ceux qui, par tous les moyens, cherchent l'extinction de l'hérésie et la ruine des conseillers perfides.

« Voilà, messieurs, ce que je veux faire pour la Ligue, en m'y associant avec vous.

— Oh! oh! murmura Chicot avec des yeux tout ébahis de surprise; voilà un bout de l'oreille qui passe, et comme je l'avais cru d'abord, ce n'est point une oreille d'âne, mais de renard. »

Cet exorde du duc d'Anjou, qui peut-être a paru un peu long à nos lecteurs, séparés qu'ils sont par trois siècles de la politique de cette époque, avait tellement intéressé les assistants, que la plupart s'étaient rapprochés du prince pour ne point perdre une syllabe de ce discours prononcé avec une voix de plus en plus obscure à mesure que le sens des paroles devenait de plus en plus clair.

Le spectacle était alors curieux. Les assistants, au nombre de vingt-cinq ou trente, le capuchon en arrière, laissant voir des figures nobles, hardies, éveillées, étincelantes de curiosité, se groupaient sous la lueur de la seule lampe qui éclairât alors la scène.

De grandes ombres se répandaient dans toutes les autres parties de l'édifice, qui semblaient pour ainsi dire étrangères au drame qui se passait sur un seul point.

Au milieu du groupe, on distinguait la figure pâle du duc d'Anjou, dont les os frontaux cachaient les yeux enfoncés, et dont la bouche, quand elle s'ouvrait, semblait le rictus sinistre d'une tête de mort.

— Monseigneur, dit le duc de Guise, en remerciant Votre Altesse des paroles qu'elle vient de prononcer, je crois devoir l'avertir qu'elle n'est entourée que d'hommes dévoués, non-seulement aux principes qu'elle vient de professer, mais encore à la personne de Son Altesse Royale elle-même, et c'est ce dont, si elle en doutait, la suite de la séance pourrait la convaincre plus énergiquement qu'elle ne le pense elle-même.

Le duc d'Anjou s'inclina et en se relevant jeta un regard inquiet sur l'assemblée.

— Oh! oh! murmura Chicot; ou je me

trompe, ou tout ce que nous avons vu jusqu'à présent n'était qu'un préambule, et quelque chose va se passer ici de plus important que toutes les fadaises qu'on a dites et faites jusqu'à présent.

— Monseigneur, dit le cardinal auquel le regard du prince n'avait point échappé, si Votre Altesse éprouvait par hasard quelque crainte, les noms seuls de ceux qui l'entourent en ce moment la rassureraient, je l'espère. Voici M. le gouverneur d'Aunis, M. d'Antragues le jeune, M. de Ribeirac et M. de Livarot, gentilshommes que Votre Altesse connaît peut-être et qui sont aussi braves que loyaux. Voici encore M. le vidame de Castillon, M. le baron de Lusignan, MM. Cruce et Leclerc, tous pénétrés de la sagesse de Votre Altesse Royale et heureux de marcher sous ses auspices à l'émancipation de la sainte religion et du trône. Nous recevrons donc avec reconnaissance les ordres qu'elle voudra bien nous donner.

Le duc d'Anjou ne put dissimuler un mouvement d'orgueil. Ces Guises, si fiers qu'on n'avait jamais pu les faire plier, parlaient d'obéir.

Le duc de Mayenne reprit :

— Vous êtes, par votre naissance, par votre sagesse, monseigneur, le chef naturel de la sainte Union, et nous devons apprendre de vous quelle est la conduite qu'il faut tenir à l'égard de ces faux amis du roi dont nous parlions tout à l'heure.

— Rien de plus simple, répondit le prince avec cette espèce d'exaltation fébrile qui tient lieu de courage aux hommes faibles; quand des plantes parasites et vénéneuses croissent dans un champ, dont sans elles on tirerait une riche moisson, il faut déraciner ces herbes dangereuses. Le roi est entouré non pas d'amis, mais de courtisans qui le perdent, et qui excitent un scandale continuel dans la France et dans la chrétienté.

— C'est vrai, dit le duc de Guise d'une voix sombre.

— Et d'ailleurs ces courtisans, reprit le cardinal, nous empêchent, nous, les véritables amis de Sa Majesté, d'arriver jusqu'à elle, comme c'est le droit de nos charges et de nos naissances.

— Laissons donc, dit brusquement le duc de Mayenne, aux ligueurs vulgaires, à ceux de la première Ligue, le soin de servir Dieu. En servant Dieu, ils serviront ceux qui leur parlent de Dieu. Nous, faisons nos affaires. Des hommes nous gênent : ils nous bravent, ils nous insultent, ils manquent continuellement de respect au prince que nous honorons le plus et qui en est notre chef.

Le front du duc d'Anjou se couvrit de rougeur.

— Détruisons, continua Mayenne, détruisons jusqu'au dernier cette engeance maudite que le roi enrichit des lambeaux de nos fortunes, et que chacun de nous s'engage à en retrancher un seul de la vie. Nous sommes trente ici, comptons-les.

— C'est penser sagement, dit le duc d'Anjou, et vous avez déjà fait votre tâche, monsieur de Mayenne.

— Ce qui est fait ne compte pas, dit le duc.

— Il faut cependant nous en laisser, monseigneur, dit d'Entragues; moi, je me charge de Quélus.

— Moi, de Maugiron, dit Livarot.

— Et moi, de Schomberg, dit Ribeirac.

— Bien, bien! répétait le duc, et nous avons encore Bussy, mon brave Bussy, qui se chargera bien de quelques-uns.

— Et nous, et nous! crièrent tous les ligueurs.

M. de Monsoreau s'avança.

— Ah! ah! dit Chicot, qui, en voyant la tournure que prenaient les choses, ne riait plus, voici le grand-veneur qui vient réclamer sa part de la curée.

Chicot se trompait.

— Messieurs, dit-il en étendant la main, je réclame un instant de silence. Nous sommes des hommes résolus et nous avons peur de nous parler franchement les uns aux autres. Nous sommes des hommes intelligents et nous tournons autour de niais scrupules.

« Allons, messieurs, un peu de courage, un peu de hardiesse, un peu de franchise. Ce n'est pas des mignons du roi Henri qu'il s'agit, ce n'est pas de la difficulté que nous éprouvons à nous approcher de sa personne.

— Allons donc! dit Chicot écarquillant les yeux au fond de son confessionnal et se faisant un entonnoir acoustique de sa main gauche pour ne pas perdre un mot de ce qu'on disait. Allons donc! hâte-toi, j'attends.

— Ce qui nous occupe tous, messeigneurs, reprit le comte, c'est l'impossibilité devant laquelle nous sommes acculés. C'est la royauté que l'on nous donne et qui n'est pas acceptable pour une noblesse française : des litanies, du despotisme, de l'impuissance et des orgies; la prodigalité pour des fêtes qui font rire de pitié toute l'Europe, la parcimonie pour tout ce qui regarde la guerre et les arts. Ce n'est pas de l'ignorance, ce n'est pas de la faiblesse, une conduite pareille, messieurs; c'est de la démence.

Un silence funèbre accueillit les paroles du grand-veneur. L'impression était d'autant plus profonde que chacun se disait tout bas ce qu'il venait de dire tout haut, de sorte que chacun tressaillit comme à l'écho de sa propre voix, et frissonna en songeant qu'il était en tous points de l'avis de l'orateur.

M. de Monsoreau, qui sentait bien que ce silence ne venait que d'un excès d'approbation, continua :

— Devons-nous vivre sous un roi fou, inerte en fainéant, au moment où l'Espagne allume les bûchers, au moment où l'Allemagne réveille les vieux hérésiarques assoupis dans l'ombre des cloîtres, quand l'Angleterre, avec son inflexible politique, tranche les idées et les têtes? Toutes les nations travaillent glorieusement à quelque chose. Nous, nous dormons. Messieurs, pardonnez-moi de le dire devant un grand prince qui blâmera peut-être ma témérité, car il a le préjugé de famille; messieurs, depuis quatre ans nous ne sommes plus gouvernés par un roi, mais par un moine.

A ces mots l'explosion, habilement préparée et habilement contenue depuis une heure par la circonspection des chefs, éclata si violemment que nul n'eût reconnu dans ces énergumènes ces froids et sages calculateurs de la scène précédente.

— A bas Valois! cria-t-on; à bas frère Henri! donnons-nous pour chef un prince gentilhomme, un roi chevalier, un tyran, s'il le faut, mais pas un frocard.

— Messieurs, messieurs, dit hypocritement le duc d'Anjou, pardon, je vous en conjure, pour mon frère qui se trompe, ou plutôt qui est trompé. Laissez-moi espérer, messieurs, que nos sages remontrances, que l'efficace intervention du pouvoir de la Ligue le ramèneront dans la bonne voie.

— Siffle, serpent, dit Chicot, siffle!

— Monseigneur, répondit le duc de Guise, Votre Altesse a entendu peut-être un peu tôt, mais enfin elle a entendu l'expression sincère de la pensée de l'association. Non, il ne s'agit plus ici d'une ligue contre le Béarnais, épouvantail des imbéciles ; il ne s'agit plus d'une ligue pour soutenir l'Église, qui se soutiendra bien toute seule ; il s'agit, messieurs, de tirer la noblesse de France de la position abjecte où elle se trouve. Trop longtemps nous avons été retenus par le respect que Votre Altesse nous inspire ; trop longtemps cet amour que nous lui connaissons pour sa famille nous a renfermés violemment dans les bornes de la dissimulation. Maintenant tout est révélé, monseigneur, et Votre Altesse va assister à la véritable séance de la Ligue, dont ce qui vient de se passer n'est que le préambule.

— Que voulez-vous dire, monsieur le duc ? demanda le prince palpitant tout à la fois d'inquiétude et d'ambition.

— Monseigneur, nous nous sommes réunis, continua le duc de Guise, non pas, comme l'a dit judicieusement M. le grand-veneur, pour rebattre des questions usées en théorie, mais pour agir efficacement. Aujourd'hui, nous nous choisissons un chef capable d'honorer et d'enrichir la noblesse de France ; et comme c'était la coutume des anciens Francs, lorsqu'ils se donnaient un chef, de lui donner un présent digne de lui, nous offrons un présent au chef que nous nous sommes choisi...

Tous les cœurs battirent, mais moins fort que celui du duc.

Cependant il resta muet et immobile, et sa pâleur seule trahit son émotion.

— Messieurs, continua le duc en saisissant dans la stalle placée derrière lui un objet assez lourd qu'il éleva entre ses mains, messieurs, voici le présent qu'en votre nom à tous je dépose aux pieds du prince.

— Une couronne ! s'écria le duc se soutenant à peine, une couronne à moi, messieurs !

— Vive François III ! s'écria d'une voix qui fit trembler la voûte la troupe compacte des gentilshommes qui avaient tiré leurs épées.

— Moi, moi ! balbutiait le duc tremblant à la fois de joie et de terreur, moi ! mais c'est impossible ! Mon frère vit encore, mon frère est l'oint du Seigneur.

— Nous le déposons, dit le duc, en attendant que Dieu sanctionne par sa mort l'élection que nous venons de faire, ou plutôt en attendant que quelqu'un de ses sujets, lassé de ce règne sans gloire, prévienne par le poison ou le poignard la justice de Dieu !

— Messieurs ! dit plus faiblement le duc, messieurs !

— Monseigneur, dit à son tour le cardinal, au scrupule si noble que Votre Altesse vient d'exprimer tout à l'heure, voici notre réponse : Henri III était l'oint du Seigneur, mais nous l'avons déposé ; il n'est plus l'élu de Dieu, et c'est vous qui allez l'être, monseigneur. Voici un temple aussi vénérable que celui de Reims ; car ici ont reposé les reliques de sainte Geneviève, patronne de Paris ; ici a été inhumé le corps de Clovis, premier roi chrétien ; eh bien ! monseigneur, dans ce temple saint, en face de la statue du véritable fondateur de la monarchie française, moi, l'un des princes de l'Église, et qui, sans ambition folle, puis espérer un jour en devenir le chef, je vous dis, monseigneur : Voici, pour remplacer le saint-chrême, une huile sainte envoyée par le pape Grégoire XIII.

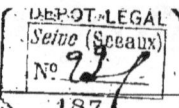

Le vent du soir soulevait sur son front ses longs cheveux blancs.

Monseigneur, nommez votre futur archevêque de Reims, nommez votre connétable, et, dans un instant, c'est vous qui serez sacré roi, et c'est votre frère Henri, qui, s'il ne vous remet pas le trône, sera considéré comme un usurpateur. Enfant, allumez les flambeaux de l'autel !

Au même instant l'enfant de chœur, qui n'attendait évidemment que cet ordre, déboucha de la sacristie un allumoir à la main, et en un instant cinquante flambeaux étincelèrent tant sur l'autel que dans le chœur.

On vit alors sur l'autel une mitre resplendissante de pierreries et une large épée fleurdelisée : c'était la mitre archiépiscopale ; c'était l'épée de connétable.

Au même instant, au milieu des ténèbres que n'avait pu dissiper l'illumination du chœur, l'orgue s'éveilla et fit entendre le *Veni Creator*.

Cette espèce de péripétie, ménagée par les trois princes lorrains et à laquelle le duc d'Anjou lui-même ne s'attendait point, produisit une impression profonde sur les assistants. Les courageux s'exaltèrent, et les faibles eux-mêmes se sentirent forts.

Le duc d'Anjou releva la tête, et d'un pas plus assuré, et d'un bras plus ferme qu'on n'aurait dû s'y attendre, il marcha droit à l'autel, prit de la main gauche la mitre, et de la main droite l'épée, et revenant vers le duc et vers le cardinal qui s'attendaient d'avance à ce double honneur, il mit la mitre sur la tête du cardinal, et ceignit l'épée au duc.

Des applaudissements unanimes saluèrent cette action décisive, d'autant moins attendue que l'on connaissait le caractère irrésolu du prince.

— Messieurs, dit le duc aux assistants, donnez vos noms à M. le duc de Mayenne, grand-maître de France; le jour où je serai roi, vous serez tous chevaliers de l'ordre.

Les applaudissements redoublèrent, et tous les assistants vinrent l'un après l'autre donner leurs noms à M. de Mayenne.

— Mordieu! dit Chicot, la belle occasion d'avoir le cordon bleu. Je n'en retrouverai jamais une pareille; et dire qu'il faut que je m'en prive!

— Maintenant, à l'autel, sire, dit le cardinal de Guise.

— M. de Monsoreau mon capitaine-colonel, MM. de Ribeirac et d'Entragues mes capitaines, M. de Livarot mon lieutenant des gardes, prenez dans le chœur les places auxquelles le rang que je vous confie vous donne droit.

Chacun de ceux qui venaient d'être nommés alla prendre le poste que, dans une véritable cérémonie du sacre, l'étiquette lui eût assigné.

— Messieurs, dit le duc en s'adressant au reste de l'assemblée, vous m'adresserez tous une demande, et je tâcherai de ne point faire un seul mécontent.

Pendant ce temps, le cardinal était passé derrière le tabernacle et y avait revêtu les ornements pontificaux. Bientôt il reparut avec la sainte ampoule, qu'il déposa sur l'autel.

Alors il fit un signe à l'enfant de chœur qui apporta le livre des Évangiles et la croix. Le cardinal prit l'un et l'autre, posa la croix sur le livre des Évangiles et les étendit vers le duc d'Anjou, qui mit la main dessus.

— En présence de Dieu, dit le duc, je promets à mon peuple de maintenir et d'honorer notre sainte religion, comme il appartient au roi très-chrétien et au fils aîné de l'Église. Et qu'ainsi Dieu me soit en aide et ses saints Évangiles.

— Amen! répondirent d'une seule voix tous les assistants.

— Amen! reprit une espèce d'écho qui semblait venir des profondeurs de l'église.

Le duc de Guise faisant, comme nous l'avons dit, les fonctions de connétable, monta les trois marches de l'autel, et en avant du tabernacle déposa son épée, que le cardinal bénit.

Le cardinal alors la tira du fourreau, et, la prenant par la lame, la présenta au roi, qui la prit par la poignée.

— Sire, dit-il, prenez cette épée qui vous est donnée avec la bénédiction du Seigneur, afin que, par elle et par la force de l'Esprit-Saint, vous puissiez résister à tous vos ennemis, protéger et défendre la sainte Église et le royaume qui vous est confié. Prenez cette épée afin que, par son secours, vous exerciez la justice, vous protégiez les veuves et les orphelins, vous répariez les désordres; afin que, vous couvrant de gloire par toutes les vertus, vous méritiez de régner avec Celui dont vous êtes l'image sur la terre, et qui règne avec le Père et le Saint-Esprit dans les siècles des siècles.

Le duc baissa l'épée de manière à ce que la pointe touchât le sol, et, après l'avoir offerte à Dieu, la rendit au duc de Guise.

L'enfant de chœur apporta un coussin qu'il déposa devant le duc d'Anjou qui s'agenouilla.

Puis le cardinal ouvrit le petit coffret de vermeil, et avec la pointe d'une aiguille d'or il en tira une parcelle d'huile sainte, qu'il étendit sur la patène.

Alors, la patène à la main gauche, il dit sur le duc deux oraisons.

Puis, prenant le saint-chrême avec le pouce, il traça une croix sur le sommet de la tête du duc, en disant :

— *Ungo te in regem de oleo sanctificato, in nomine Patris et Filii et Spiritus sancti.*

Presque aussitôt l'enfant de chœur essuya l'onction avec un mouchoir brodé d'or.

En ce moment, le cardinal prit la couronne à deux mains et l'abaissa vers la tête du prince, mais sans la poser. Aussitôt le duc de Guise et le duc de Mayenne s'approchèrent et de chaque côté soutinrent la couronne.

Enfin le cardinal, ne la soutenant plus que de la main gauche, dit en bénissant le prince de la main droite :

— Dieu te couronne de la couronne de gloire et de justice.

Puis la posant sur la tête du prince :

— Reçois cette couronne, dit-il, au nom du Père, du Fils et du Saint-Esprit.

Le duc d'Anjou, blême et frissonnant, sentit la couronne se poser sur sa tête, et instinctivement il y porta la main.

La sonnette de l'enfant de chœur retentit alors et fit courber le front de tous les assistants.

Mais ils se relevèrent bientôt, brandissant les épées et criant :

— Vive le roi François III !

— Sire, dit le cardinal au duc d'Anjou, vous régnez dès aujourd'hui sur la France, car vous êtes sacré par le pape Grégoire XIII lui-même, dont je suis le représentant.

— Ventre de biche ! dit Chicot, quel malheur que je n'aie pas les écrouelles !

— Messieurs, dit le duc d'Anjou se relevant fier et majestueux, je n'oublierai jamais les noms des trente gentilshommes qui m'ont, les premiers, jugé digne de régner sur eux ; et maintenant, adieu, messieurs. Que Dieu vous ait en sa sainte et digne garde !

Le cardinal s'inclina, ainsi que le duc de Guise ; mais Chicot, qui les voyait de côté, s'aperçut que tandis que le duc de Mayenne reconduisait le nouveau roi les deux princes lorrains échangeaient un ironique sourire.

— Ouais ! dit le Gascon ; qu'est-ce que cela signifie encore, et à quoi sert le jeu si tout le monde triche ?

Pendant ce temps, le duc d'Anjou avait regagné l'escalier de la crypte, et bientôt il disparut dans les ténèbres de l'église souterraine où, l'un après l'autre, tous les assistants le suivirent, à l'exception des trois frères qui entrèrent dans la sacristie, tandis que le frère portier éteignait les cierges de l'autel.

L'enfant de chœur referma la crypte derrière eux, et l'église se trouva éclairée par cette lampe qui, seule inextinguible, semblait un symbole inconnu du vulgaire

XXI

COMMENT CHICOT, CROYANT FAIRE UN COURS D'HISTOIRE, FIT UN COURS DE GÉNÉALOGIE

Chicot se leva dans son confessionnal pour défaidir ses jambes engourdies. Il avait tout lieu de penser que cette séance était la dernière, et, comme il était près de deux heures du matin, il avait hâte de faire ses dispositions pour le reste de la nuit.

Mais, à son grand étonnement, lorsqu'ils eurent entendu la clef de la crypte grincer deux fois dans la serrure, les trois princes lorrains sortirent de la sacristie; seulement, cette fois, ils avaient jeté le froc et repris leurs costumes habituels.

En même temps et en les voyant reparaître, l'enfant de chœur partit d'un si franc et si joyeux éclat de rire, que la contagion gagna Chicot, et qu'il se mit à rire aussi, sans savoir pourquoi.

Le duc de Mayenne s'approcha vivement de l'escalier.

— Ne riez pas si bruyamment, ma sœur, dit-il; ils sont à peine sortis et pourraient vous entendre.

— Sa sœur! fit Chicot marchant de surprise en surprise; est-ce que par hasard ce moinillon serait une femme?

En effet, le novice rejeta son capuchon en arrière, et découvrit la plus spirituelle et la plus charmante tête de femme que jamais Léonard de Vinci ait transportée sur la toile, lui qui cependant a peint la Joconde.

C'étaient des yeux noirs, pétillants de malice, mais qui, lorsqu'ils venaient à dilater leurs pupilles, élargissaient leur disque d'ébène et prenaient une expression presque terrible à force d'être sérieuse.

C'étaient une petite bouche vermeille et fine, un nez dessiné avec une correction rigoureuse; c'était enfin un menton arrondi, terminant l'ovale parfait d'un visage un peu pâle sur lequel ressortait, comme deux arcs d'ébène, un double sourcil parfaitement dessiné.

C'était la sœur de MM. de Guise, madame de Montpensier, dangereuse sirène, adroite à dissimuler sous la robe épaisse du petit moine l'imperfection tant reprochée d'une épaule un peu plus haute que l'autre, et la courbe inélégante de sa jambe droite qui la faisait boiter légèrement.

Grâce à ces imperfections, l'âme d'un démon était venue se loger dans ce corps à qui Dieu avait donné la tête d'un ange.

Chicot la reconnut pour l'avoir vue venir vingt fois faire la cour à la reine Louise de Vaudemont, sa cousine, et un grand mystère lui fut révélé par cette présence et par celle de ses trois frères, obstinés à rester après tout le monde.

— Ah! mon frère le cardinal, disait la duchesse dans un spasme d'hilarité, quel saint homme vous faites, et comme vous parlez bien de Dieu! Un instant, vous m'avez fait peur, et j'ai cru que vous preniez la chose au sérieux; et lui qui s'est laissé graisser et couronner! Oh! la vilaine figure qu'il avait sous cette couronne!

— N'importe, dit le duc, nous avons ce que nous voulions, et François n'a plus à s'en dédire maintenant; le Monsoreau, qui sans doute avait à cela quelque ténébreux intérêt, a mené les choses si loin, que maintenant nous sommes sûrs qu'il ne nous abandonnera point comme il a fait de La Mole et de Coconas à moitié chemin de l'échafaud.

— Oh! oh! dit Mayenne, c'est un chemin qu'on ne fait pas prendre facilement à des princes de notre race, et il y aura toujours plus près du Louvre à l'abbaye de Sainte-Geneviève que de l'Hôtel de Ville à la place de Grève.

Chicot comprenait qu'on s'était moqué du duc d'Anjou, et comme il détestait le prince, il eût volontiers, pour cette mystification, embrassé les Guise, en exceptant Mayenne, quitte à doubler pour madame de Montpensier.

— Revenons aux affaires, messieurs, dit le cardinal. Tout est bien fermé, n'est-ce pas?

— Oh! je vous en réponds, dit la duchesse; d'ailleurs je puis aller voir.

— Non pas, dit le duc, vous devez être fatigué, mon cher petit enfant de chœur.

— Ma foi non, c'était trop réjouissant.

— Mayenne, vous dites qu'il est ici? demanda le duc.

— Oui.

— Je ne l'ai pas aperçu.

— Je crois bien, il est caché.

— Et où cela?

— Dans un confessionnal.

Ces mots retentirent aux oreilles de Chicot comme les cent mille trompettes de l'Apocalypse.

— Qui donc est caché dans un confessionnal? demanda-t-il en s'agitant dans sa boîte; ventre de biche! je ne vois que moi.

— Alors il a tout vu et tout entendu? demanda le duc.

— N'importe, n'est-il pas à nous?

— Amenez-le-moi, Mayenne, dit le duc.

Mayenne descendit un des escaliers du chœur, parut s'orienter et se dirigea en droite ligne vers le confessionnal habité par le Gascon.

Chicot était brave; mais, cette fois, ses dents claquèrent d'épouvante, et une sueur froide commença de dégoutter de son front sur ses mains.

— Ah çà! dit-il en lui-même et essayant de dégager son épée des plis de son froc, je ne veux cependant pas mourir comme un coquin dans ce coffre. Allons au-devant de la mort, ventre de biche! Et puisque l'occasion s'en présente, tuons-le au moins avant que de mourir.

Et pour mettre à exécution ce courageux projet, Chicot, qui avait enfin trouvé la poignée de son épée, posait déjà la main sur le loquet de la porte, quand la voix de la duchesse retentit.

— Pas dans celui-là, Mayenne, dit-elle, pas dans celui-là; dans l'autre, à gauche, tout au fond.

— Ah! fort bien, dit le duc qui étendait déjà la main vers le confessionnal de Chicot, et qui, à l'indication de sa sœur, tourna brusquement vers le confessionnal opposé.

— Ouf! dit le Gascon en poussant un soupir que lui eût envié Gorenflot, il était temps; mais qui diable est donc dans l'autre?

— Sortez, maître Nicolas David, dit Mayenne, nous sommes seuls.

— Me voici, monseigneur, dit un homme en sortant du confessionnal.

— Bon, dit le Gascon, tu manquais à la fête, maître Nicolas; je te cherchais partout, et voilà qu'enfin, au moment où je ne te cherchais plus, je t'ai trouvé.

— Vous avez tout vu et tout entendu, n'est-ce pas? dit le duc de Guise.

— Je n'ai pas perdu un mot de ce qui s'est passé, et je n'en oublierai pas un détail; soyez tranquille, monseigneur.

— Vous pourrez donc tout rapporter à l'envoyé de sa Sa Sainteté Grégoire XIII? demanda le Balafré.

— Tout sans en rien omettre.

— Maintenant, mon frère de Mayenne me dit que vous avez fait des merveilles pour nous. Voyons, qu'avez-vous fait?

Le cardinal et la duchesse se rapprochèrent avec curiosité. Les trois princes et leur sœur formaient alors un seul groupe.

Éclairé en plein par la lampe, Nicolas David était à trois pieds d'eux.

— J'ai fait ce que j'avais promis, monseigneur, dit Nicolas David, c'est-à-dire que j'ai trouvé le moyen de vous faire asseoir sans conteste sur le trône de France.

— Eux aussi! s'écria Chicot. Ah! mais tout le monde va donc être le roi de France? Aux derniers les bons.

On voit que la gaieté était ressuscitée dans l'esprit du brave Chicot. Cette gaieté naissait de trois circonstances :

D'abord il échappait d'une manière inattendue à un danger imminent; ensuite il découvrait une bonne conspiration; enfin, dans cette bonne conspiration, il trouvait un moyen de perdre ses deux grands ennemis : le duc de Mayenne et l'avocat Nicolas David.

— Cher Gorenflot, murmura-t-il quand toutes ses idées se furent un peu casées dans sa tête, quel souper je te paierai demain pour la location de ton froc, va!

— Et si l'usurpation est trop flagrante, abstenons-nous de ce moyen, dit Henri de Guise. Je ne veux pas avoir à dos tous les rois de la chrétienté, qui procèdent de droit divin.

— J'ai songé à ce scrupule de monseigneur, dit l'avocat en saluant le duc et en promenant sur le triumvirat un œil assuré. Je ne suis pas seulement habile dans l'art de l'escrime, monseigneur, comme mes ennemis auraient pu le répandre pour m'enlever votre confiance ; nourri d'études théologiques et légales, j'ai consulté, comme doit le faire un bon casuiste et un juriste savant, les annales et les décrets qui donnent du poids à mon assertion dans nos habitudes de succession au trône. C'est gagner tout que gagner la légitimité, et j'ai découvert, messeigneurs, que vous êtes héritiers légitimes, et que les Valois ne sont qu'une branche parasite et usurpatrice.

La confiance avec laquelle Nicolas David prononça ce petit exorde donna une joie fort vive à madame de Montpensier, une curiosité fort grande au cardinal et au duc de Mayenne, et dérida presque le front sévère du duc de Guise.

— Il est difficile cependant, dit-il, que la maison de Lorraine, fort illustre d'ailleurs, prétende au pas sur les Valois.

— Cela est pourtant prouvé, monseigneur, dit maître Nicolas en relevant son froc pour tirer un parchemin de ses larges chausses, et en découvrant par ce mouvement la poignée d'une longue rapière.

Le duc prit le parchemin des mains de Nicolas David.

— Qu'est-ce que cela? demanda-t-il.

— L'arbre généalogique de la maison de Lorraine.

— Dont la souche est?

— Charlemagne, monseigneur.

— Charlemagne! s'écrièrent les trois frères avec un air d'incrédulité qui, néanmoins, n'était pas exempt d'une certaine satisfaction ; c'est impossible ! Le premier duc de Lorraine était contemporain de Charlemagne, mais il s'appelait Ranier et n'était nullement parent de ce grand empereur.

— Attendez donc, monseigneur, dit Nicolas. Vous comprenez bien que je n'ai point été chercher une de ces questions que l'on tranche par un simple démenti et que le premier juge d'armes met à néant. Ce qu'il vous faut, à vous, c'est un bon procès qui dure longtemps, qui occupe le parlement et le peuple, pendant lequel vous puissiez séduire, non pas le peuple, il est à vous, mais le parlement. Voyez donc, monseigneur, c'est bien cela : Ranier, premier duc de Lorraine, contemporain de Charlemagne.

« Guibert, son fils, contemporain de Louis le Débonnaire.

« Henri, fils de Guibert, contemporain de Charles le Chauve.

— Mais... dit le duc de Guise.

— Un peu de patience, monseigneur, nous y voilà. Écoutez bien. Bonne...

— Oui, dit le duc, fille de Ricin, second fils de Ranier.

— Bien, reprit l'avocat ; à qui mariée ?

— Bonne ?

— Oui.

— A Charles de Lorraine, fils de Louis IV, roi de France.

— A Charles de Lorraine, fils de Louis IV, roi de France, répéta David. Maintenant ajoutez : Frère de Lothaire, spolié de la couronne de France par l'usurpateur Hugues Capet sur Louis V.

— Oh ! oh ! firent ensemble le duc de Mayenne et le cardinal.

— Continuez, dit le Balafré, il y a une lueur là-dedans.

— Or Charles de Lorraine héritait de son frère Lothaire à l'extinction de sa race. Or la race de Lothaire est éteinte ; donc, messieurs, vous êtes les seuls et vrais héritiers de la couronne de France.

— Mordieu ! fit Chicot, l'animal est encore plus venimeux que je ne croyais.

— Que dites-vous de cela, mon frère ? demandèrent à la fois le cardinal et le duc de Mayenne.

— Je dis, répondit le Balafré, que malheureusement il existe en France une loi qu'on appelle la loi salique, et qui met toutes nos prétentions à néant.

— Voilà où je vous attendais, monseigneur, s'écria David avec l'orgueil de l'amour-propre satisfait ; quel est le premier exemple de la loi salique ?

— L'avénement au trône de Philippe de Valois, au préjudice d'Édouard d'Angleterre.

— Quelle est la date de cet avénement ?

Le Balafré chercha dans ses souvenirs.

— 1328, dit sans hésiter le cardinal de Lorraine.

— C'est-à-dire trois cent quarante et un ans après l'usurpation de Hugues Capet, deux cent quarante ans après l'extinction de la race de Lothaire. Donc depuis deux cent quarante ans vos ancêtres avaient des droits à la couronne lorsque la loi salique fut inventée. Or, chacun sait cela, la loi n'a pas d'effet rétroactif.

— Vous êtes un habile homme, maître Nicolas David, dit le Balafré en regardant l'avocat avec une admiration qui n'était pas exempte d'un certain mépris.

— C'est fort ingénieux, fit le cardinal.

— C'est fort beau, dit Mayenne.

— C'est admirable, dit la duchesse ; me voilà princesse royale. Je ne veux plus pour mari qu'un empereur d'Allemagne.

— Mon Dieu, Seigneur, dit Chicot, tu sais que je ne t'ai jamais fait qu'une prière : *Ne nos inducas in tentationem, et libera nos ab avocatis.*

Le duc de Guise seul était demeuré pensif au milieu de l'enthousiasme général.

— Et dire que de pareils subterfuges sont nécessaires à un homme de ma taille! murmura-t-il. Penser qu'avant d'obéir, les peuples regardent des parchemins comme celui-ci, au lieu de lire la noblesse de l'homme dans les éclairs de ses yeux ou de son épée!

— Vous avez raison, Henri, dix fois raison. Et si l'on se contentait de regarder au visage, vous seriez roi parmi les rois, puisque les autres princes, dit-on, paraissent peuple auprès de vous. Mais l'essentiel pour monter au trône, c'est, comme l'a dit maître Nicolas David, un bon procès; et quand nous y serons arrivés, c'est, comme vous l'avez dit vous-même, que le blason de notre maison ne dépare pas trop les blasons suspendus au-dessus des autres trônes de l'Europe.

— Alors cette généalogie est bonne, continua en soupirant Henri de Guise, et voici les deux cents écus d'or que m'a demandés pour vous mon frère de Mayenne, maître Nicolas David!

— Et en voici deux cents autres, dit le cardinal à l'avocat dont les yeux pétillaient d'aise en enfouissant l'or dans ses larges braies, pour la nouvelle mission dont nous allons vous charger.

— Parlez, monseigneur; je suis tout entier aux ordres de Votre Éminence.

— Nous ne pouvons vous charger de porter vous-même à Rome, à notre saint-père Grégoire XIII, cette généalogie à laquelle il faut qu'il donne son approbation. Vous êtes trop petit compagnon pour vous faire ouvrir les portes du Vatican.

— Hélas! dit Nicolas David, j'ai grand cœur, c'est vrai, mais je suis de pauvre naissance. Ah! si seulement j'avais été simple gentilhomme!

— Veux-tu te taire, truand! dit Chicot.

— Mais vous ne l'êtes pas, continua le cardinal, et c'est un malheur. Nous sommes donc forcés de charger de cette mission Pierre de Gondy.

— Permettez, mon frère! dit la duchesse redevenue sérieuse; les Gondy sont gens d'esprit, sans doute, mais sur qui nous n'avons aucune prise, aucun recours. Leur ambition seule nous répond d'eux, et ils peuvent trouver à satisfaire leur ambition aussi bien avec le roi Henri qu'avec la maison de Guise.

— Ma sœur a raison, Louis, dit le duc de Mayenne avec sa brutalité ordinaire, et nous ne pouvons pas nous fier à Pierre de Gondy, comme nous nous fions à Nicolas David qui est notre homme et que nous pouvons faire pendre quand il nous plaira.

Cette naïveté du duc, lancée à brûle-pourpoint au visage de l'avocat, produisit sur le malheureux légiste le plus étrange effet : il éclata d'un rire convulsif qui dénotait la plus grande frayeur.

— Mon frère Charles plaisante, dit Henri de Guise à l'avocat pâlissant, et l'on sait que vous êtes notre fidèle; vous l'avez prouvé en mainte affaire.

— Et notamment dans la mienne, pensa Chicot en montrant le poing à son ennemi, ou plutôt à ses deux ennemis.

— Rassurez-vous, Charles; rassurez-vous, Catherine; toutes mes mesures sont prises à l'avance. Pierre de Gondy portera cette généalogie à Rome, mais confondue avec d'autres papiers et sans savoir ce qu'il porte. Le pape approuvera ou désapprouvera sans que Gondy connaisse cette approbation ou cette désapprobation. Enfin Gondy, toujours ignorant de ce qu'il porte, reviendra en France avec cette généalogie approuvée ou désapprouvée. Vous, Nicolas David, vous par-

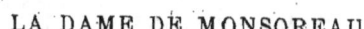

Sous un rayon de soleil doré resplendit tout à coup Diane, plus belle que jamais.

tirez presque en même temps que lui, et vous l'attendrez à Châlons, à Lyon, ou à Avignon, selon les avis que vous recevrez de nous de vous arrêter dans l'une ou l'autre de ces trois villes. Ainsi vous seul tiendrez le véritable secret de l'entreprise. Vous voyez donc bien que vous êtes toujours notre seul homme de confiance.

David s'inclina.

— Tu sais à quelle condition, cher ami, murmura Chicot, à la condition d'être pendu si tu fais un pas de travers; mais sois tranquille, je jure par sainte Geneviève, ici présente en plâtre, en marbre ou en bois, peut-être même en os, que tu te trouves placé en ce moment entre deux gibets, mais que le plus rapproché de toi, cher ami, c'est celui que je te ménage.

Les trois frères se serrèrent la main et embrassèrent leur sœur la duchesse, qui venait de leur apporter leurs trois robes de moines laissées dans la sacristie ; puis, après les avoir aidés à repasser les frocs protecteurs, elle rabattit son capuchon sur ses yeux, marcha devant eux jusqu'au porche, où les attendait le frère portier, et par lequel ils disparurent, suivis de Nicolas David, dont les écus d'or sonnaient à chaque pas.

Derrière eux, le frère portier tira les verrous, et, rentrant dans l'église, s'en vint éteindre la lampe du chœur. Aussitôt une obscurité compacte envahit la chapelle et renouvela cette mystérieuse horreur qui déjà plus d'une fois avait fait hérisser le poil de Chicot.

Puis, dans cette obscurité, le bruit des sandales du moine sur les dalles du pavé s'éloigna, faiblit et se perdit tout à fait.

Cinq minutes, qui parurent fort longues à Chicot, s'écoulèrent sans que rien troublât davantage ce silence et cette obscurité.

— Bon, dit le Gascon, il paraît que cette fois tout est bien réellement fini, que les trois actes sont joués, et que les acteurs sont partis. Tâchons de les suivre : j'ai assez de comédie comme ça pour une seule nuit.

Et Chicot, qui était revenu sur son idée d'attendre le jour dans l'église depuis qu'il voyait les tombeaux mobiles et les confessionnaux habités, souleva doucement le loquet, poussa la porte avec précaution, et allongea le pied hors de sa boîte.

Pendant les promenades de l'enfant de chœur, Chicot avait vu dans un coin une échelle destinée à nettoyer les châssis de verres coloriés. Il ne perdit pas de temps. Les mains étendues, les pieds discrètement avancés, il parvint sans bruit jusqu'à l'angle, mit la main sur l'échelle, et, s'orientant de son mieux, il alla appliquer cette échelle à une fenêtre.

A la lueur de la lune, Chicot vit qu'il ne s'était pas trompé dans ses prévisions : la fenêtre donnait sur le cimetière du couvent, qui lui-même donnait sur la rue Bordelle.

Chicot ouvrit la fenêtre, se mit à cheval dessus, et attirant l'échelle à lui avec cette force et cette adresse que donnent presque toujours la joie ou la crainte, il la fit passer de l'intérieur à l'extérieur.

Une fois descendu, il cacha l'échelle dans une haie d'ifs plantée au bas du mur, se glissa de tombe en tombe jusqu'à la dernière clôture qui le séparait de la rue, et qu'il franchit, non sans démolir quelques pierres qui descendirent avec lui de l'autre côté de la rue.

Une fois là, Chicot prit un temps pour respirer à pleine poitrine.

Il était sorti avec quelques égratignures d'un guêpier où plus d'une fois il avait senti qu'il jouait sa vie.

Puis, lorsqu'il sentit que l'air jouait plus librement dans ses poumons, il prit sa course vers la rue Saint-Jacques, ne s'arrêtant qu'à l'hôtellerie de la Corne-d'Abondance, à laquelle il frappa sans hésitation comme sans retard.

Maître Claude Bonhomet vint ouvrir en personne. C'était un homme qui savait que tout dérangement se paye, et qui comptait plus pour faire sa fortune sur les extra que sur les ordinaires.

Il reconnut Chicot au premier coup d'œil, quoique Chicot fût sorti en cavalier et qu'il revint en moine.

— Ah ! c'est vous, mon gentilhomme, dit-il, soyez le bienvenu.

Chicot lui donna un écu.

— Et frère Gorenflot ? demanda-t-il.

Un large sourire épanouit la figure du maître aubergiste ; il s'avança vers le cabinet et poussa la porte :

— Voyez, dit-il.

Frère Gorenflot ronflait juste à la même place où l'avait laissé Chicot.

— Ventre de biche! mon respectable ami, dit le Gascon, tu viens, sans t'en douter, d'avoir un fier cauchemar!

XXII

COMMENT M. ET MADAME DE SAINT-LUC VOYAGEAIENT COTE A COTE ET FURENT REJOINTS PAR UN COMPAGNON DE VOYAGE

Le lendemain matin, à peu près vers l'heure où frère Gorenflot se réveillait, chaudement empaqueté dans son froc, notre lecteur, s'il eût voyagé sur la route de Paris à Angers, eût pu voir, entre Chartres et Nogent, deux cavaliers, un gentilhomme et son page, dont les montures paisibles cheminaient côte à côte, se caressant des naseaux, et se parlant du hennissement et du souffle comme d'honnêtes animaux qui, pour être privés du don de la parole, n'en ont pas moins trouvé moyen de se communiquer leurs pensées.

Les cavaliers étaient arrivés la veille à la même heure à peu près à Chartres, sur des coursiers fumants, à la bouche souillée d'écume; un des deux coursiers était même tombé sur la place de la cathédrale, et comme c'était au moment même où les fidèles se rendaient à la messe, ce n'avait pas été un spectacle sans intérêt pour les bourgeois de Chartres que ce magnifique coursier expirant de fatigue, dont les propriétaires n'avaient point paru prendre plus de souci que si c'eût été une ignoble rosse.

Quelques-uns avaient remarqué, — les bourgeois de Chartres ont de tout temps été fort observateurs; — quelques-uns, disons-nous, avaient même remarqué que le plus grand des deux cavaliers avait alors glissé un écu dans la main d'un honnête garçon, lequel l'avait conduit, lui et son compagnon, à une auberge voisine, et que, par la porte de derrière de cette hôtellerie, donnant sur la plaine, les deux voyageurs étaient sortis une demi-heure après, montés sur deux chevaux frais, et avec les joues enluminées de ce coloris qui prouve en faveur du verre de vin chaud que l'on vient de boire.

Une fois dans la campagne encore nue, encore froide, mais parée déjà de tons bleuâtres, précurseurs du printemps, le plus grand des deux cavaliers s'était approché du plus petit, et lui avait dit en ouvrant ses bras :

— Chère petite femme, embrasse-moi tranquillement, car, à cette heure, nous n'avons plus rien à craindre.

Alors madame de Saint-Luc, car c'était bien elle, s'était penchée gracieusement en ouvrant l'épais manteau dont elle était enveloppée, et, appuyant ses deux bras sur les épaules du jeune homme, sans cesser de plonger les yeux dans son regard, elle lui avait donné ce tendre et long baiser qu'il demandait.

Il était résulté de cette assurance que Saint-Luc avait donnée à sa femme, et peut-être aussi du baiser donné par madame de Saint-Luc à son mari, que ce jour-là on s'était arrêté dans une petite hôtellerie du village de Courville, situé à quatre lieues seulement de Chartres, laquelle, par son isolement, ses doubles portes, et une foule d'autres avantages encore, donnait aux deux époux amants toute garantie de sécurité.

Là ils demeurèrent toute la journée et toute la nuit, fort mystérieusement cachés dans leur petite chambre, où, après s'être fait servir à déjeuner, ils s'enfermèrent en recommandant à l'hôte, vu le long chemin qu'ils avaient fait et la grande fatigue qui en avait été le résultat, de ne point les déranger avant le lendemain au point du jour, recommandation qui avait été ponctuellement suivie.

C'était donc dans la matinée de ce jour-là que nous retrouvons M. et madame de Saint-Luc sur la route de Chartres à Nogent.

Or ce jour-là, comme ils étaient encore plus tranquilles que la veille, ils voyageaient, non plus en fugitifs, non plus même en amoureux, mais en écoliers qui se détournent à chaque instant du chemin, pour se faire admirer l'un à l'autre sur quelque petit monticule comme une statue équestre sur son cheval, ravageant les premiers bourgeons, recherchant les premières mousses, cueillant les premières fleurs, sentinelles du printemps qui percent la neige près de disparaître, et se faisant une joie infinie du reflet d'un rayon de soleil dans le plumage chatoyant des canards ou du passage d'un lièvre dans la plaine.

— Morbleu! s'écria tout à coup Saint-Luc, que c'est bon d'être libre! As-tu jamais été libre, toi, Jeanne?

— Moi, répondit la jeune femme avec un joyeux éclat de voix, jamais; et c'est la première fois que je prends d'air et d'espace ce que j'en veux : mon père était soupçonneux, ma mère était casanière; je ne sortais pas sans une gouvernante, deux femmes de chambre et un grand laquais, de sorte que je ne me rappelle pas avoir couru sur une pelouse depuis que, folle et rieuse enfant, je bondissais dans les grands bois de Méridor avec ma bonne Diane, la défiant à la course et courant à travers les ramées, courant jusqu'à ce que nous ne nous trouvassions plus même l'une l'autre. Alors nous nous arrêtions, palpitantes, au bruit de quelque biche, de quelque daim ou de quelque chevreuil qui, effrayé par nous, s'élançait hors de son repaire, nous laissant interroger nous-mêmes avec un certain frisson le silence des vastes taillis. Mais toi, mon bien-aimé Saint-Luc, toi, tu étais libre au moins.

— Moi, libre?

— Sans doute, un homme...

— Ah bien, oui! jamais. Élevé près du duc d'Anjou, emmené par lui en Pologne, ramené par lui à Paris, condamné à ne pas le quitter par cette perpétuelle règle de l'étiquette, poursuiv , dès que je m'éloignais, par cette voix lamentable qui me criait sans cesse :

« — Saint-Luc, mon ami, je m'ennuie; viens t'ennuyer avec moi. » Libre! ah bien oui! et ce corset qui m'étranglait l'estomac, et cette grande fraise empesée qui m'écorchait le cou, et ces cheveux frisés à la gomme qui se fussent mêlés à l'humidité et souillés à la poussière ; et ce toquet enfin cloué à ma tête par des épingles. Oh! non, non, ma bonne Jeanne, je crois que j'étais encore moins libre que toi; va. Aussi tu vois, je profite de la liberté. Vive Dieu! la bonne chose! et comment s'en prive t-on lorsque l'on peut faire autrement?

— Et si l'on nous rattrape, Saint-Luc, dit la jeune femme en jetant un regard inquiet derrière elle, si l'on nous met à la Bastille?

— Si l'on nous y met ensemble, ma petite Jeanne, ce ne sera que demi-mal; il me semble que pendant toute la journée d'hier, nous sommes demeurés enfermés ni plus ni moins que si nous étions prisonniers d'État, et que nous ne nous sommes pas trop ennuyés cependant.

— Saint-Luc, ne t'y fie pas, dit Jeanne avec un sourire plein de malice et de gaieté; si l'on nous rattrape, je ne crois pas qu'on nous mette ensemble.

Et la charmante femme rougit d'avoir tant voulu dire en disant si peu.

— Alors cachons-nous bien, dit Saint-Luc.

— Oh! sois tranquille, répondit Jeanne; sous ce rapport nous n'avons rien à craindre, et nous serons bien cachés : si tu connaissais Méridor et ses grands chênes qui semblent les colonnes d'un temple dont le ciel est la voûte, et ses halliers sans fin, et ses rivières paresseuses qui coulent l'été sous de sombres arceaux de verdure et l'hiver sous des couches de feuilles mortes; puis les grands étangs, les champs de blé, les parterres de fleurs, les pelouses sans fin, et les petites tourelles d'où s'échappent sans cesse des milliers de pigeons, voltigeant et bourdonnant comme des abeilles autour d'une ruche... et puis, et puis, ce n'est pas tout, Saint-Luc : au milieu de tout cela, la reine de ce petit royaume, l'enchanteresse de ces jardins d'Armide, la belle, la bonne, l'incomparable Diane, un cœur de diamant dans une enveloppe d'or, Tu l'aimeras, Saint-Luc.

— Je l'aime déjà; elle t'a aimée.

— Oh! je suis bien sûre qu'elle m'aime encore et qu'elle m'aimera toujours. Ce n'est point Diane qui change capricieusement dans ses amitiés. Te figures-tu la vie heureuse que nous allons mener dans ce nid de fleurs et de mousse, que va reverdir le printemps! Diane a pris le gouvernement de la maison de son père, du vieux baron; il ne faut donc pas nous en inquiéter. C'est un guerrier du temps de François Ier, devenu faible et inoffensif, en raison de ce qu'il a été autrefois fort et courageux, qui n'a plus qu'un souvenir dans le passé, le vainqueur de Marignan et le vaincu de Pavie, qu'un amour dans le présent et qu'un espoir dans l'avenir, sa Diane bien-aimé. Nous pourrons habiter Méridor sans qu'il le sache et s'en aperçoive même jamais. Et s'il le sait! eh bien! nous en serons quittes en lui laissant dire que sa Diane est la plus belle fille du monde, et que le roi François Ier est le plus grand capitaine de tous les temps.

— Ce sera charmant, dit Saint-Luc; mais je prévois de grandes querelles.

— Comment cela?

— Entre le baron et moi.

— A quel propos? A propos du roi François Ier?

— Non. Je lui passe son premier capitaine; mais pour la plus belle fille du monde...

— Je ne compte plus, puisque je suis ta femme.

— Ah! c'est juste, dit Saint-Luc.

— Te représentes-tu cette existence, mon bien-aimé? continua Jeanne. Dès le matin, dans les bois, par la petite porte du pavillon qu'elle nous donnera pour logis. Je connais ce pavillon : deux tourelles reliées l'une à l'autre par un corps de logis bâti sous Louis XII, une architecture adorable, et que tu adoreras, toi qui aimes les fleurs et les dentelles; et des fenêtres, des fenêtres; une vue calme et sombre sur les grands bois qui montent à perte de vue, et dans les allées desquels on voit au loin paître quelque daim ou quelque chevreuil relevant la tête au moindre bruit; puis, du côté opposé, une perspective ouverte sur des plaines dorées, sur des villages aux toits rouges et aux murs blancs, sur la Loire miroitant au soleil et toute peuplée de petits bateaux; puis nous aurons, à trois lieues, un lac avec une barque dans les roseaux, nos chevaux, nos chiens, avec lesquels nous courrons le daim dans les grands bois, tandis que le vieux baron, ignorant de ses hôtes, dira, prêtant l'oreille aux abois lointains : Diane, écoute donc, si on ne dirait pas Astrée et Phlégéton qui chassent.

« — Eh ! s'ils chassent, bon père, répondra Diane, laisse-les chasser. »

— Dépêchons, Jeanne, dit Saint-Luc, je voudrais déjà être à Méridor.

Et tous deux piquaient leurs chevaux qui dévoraient alors l'espace pendant deux ou trois lieues, puis qui s'arrêtaient tout à coup pour laisser à leurs maîtres le loisir de reprendre une conversation interrompue ou de corriger un baiser mal donné.

Ainsi se fit la route de Chartres au Mans, où, à peu près rassurés, les deux époux séjournèrent un jour ; puis, le lendemain de ce jour qui fut encore une heureuse station sur cet heureux chemin qu'ils suivaient, ils s'engagèrent, avec la volonté bien arrêtée d'arriver le soir même à Méridor, dans les forêts sablonneuses qui s'étendaient à cette époque de Guécelard à Écomoy.

Arrivés là, Saint-Luc se regardait comme hors de tout danger, lui qui connaissait l'humeur tour à tour bouillante et paresseuse du roi, qui, selon la disposition d'esprit où il se trouvait au moment du départ de Saint-Luc, avait dû envoyer vingt courriers et cent gardes après eux avec ordre de les ramener morts ou vifs, ou qui s'était contenté de pousser un grand soupir, en tirant ses bras hors du lit, un pouce plus loin que d'ordinaire, en murmurant :

— Oh ! traître de Saint-Luc, que ne t'ai-je connu plus tôt !

Or, comme les fugitifs n'avaient été rejoints par aucun courrier, n'avaient aperçu aucun garde, il était probable qu'au lieu de s'être trouvé dans son humeur bouillante, le roi Henri III s'était trouvé dans son humeur paresseuse.

C'était ce que disait Saint-Luc en jetant de temps en temps derrière lui un coup d'œil sur cette route solitaire où n'apparaissait point le moindre persécuteur.

— Bon, pensait-il, la tempête sera retombée sur ce pauvre Chicot qui, tout fou qu'il est, et peut-être même justement parce qu'il est fou, m'a donné un si bon conseil... J'en serai quitte pour quelque anagramme plus ou moins spirituelle.

Et Saint-Luc se rappelait une anagramme terrible que Chicot avait faite sur lui au jour de sa faveur.

Tout à coup Saint-Luc sentit la main de sa femme qui reposait sur son bras.

Il tressaillit. Ce n'était point une caresse.

— Regarde ! dit Jeanne.

Saint-Luc se retourna, et vit à l'horizon un cavalier qui faisait même route qu'eux, et qui paraissait presser fort son cheval.

Ce cavalier était à la sommité du chemin ; il se détachait en vigueur sur le ciel mat, et, par cet effet de perspective que nos lecteurs ont dû remarquer quelquefois, il paraissait, dans cette position, plus grand que nature.

Cette coïncidence parut de mauvais augure à Saint-Luc, soit à cause de la disposition de son esprit, auquel la réalité semblait venir à point nommé donner un démenti, soit que réellement, et malgré le calme qu'il affectait, il craignît encore quelque retour capricieux du roi Henri III.

— Oui en effet, dit-il pâlissant malgré lui, voici un cavalier là-bas.

— Fuyons, dit Jeanne en donnant de l'éperon à son cheval.

— Non pas, dit Saint-Luc à qui la crainte qu'il éprouvait ne pouvait faire perdre son sang-froid, non pas; ce cavalier est seul, autant que j'en puis juger, et nous ne devons pas fuir devant un homme seul. Rangeons-nous et laissons-le passer; quand il sera passé, nous continuerons notre chemin.

— Mais s'il s'arrête?

— Eh bien! s'il s'arrête, nous verrons à qui nous avons affaire, et nous agirons en conséquence.

— Tu as raison, dit Jeanne, et j'avais tort d'avoir peur, puisque mon Saint-Luc est là pour me défendre.

— N'importe, fuyons toujours, dit Saint-Luc en jetant un dernier regard sur l'inconnu qui, en les apercevant, avait mis son cheval au galop; car voici une plume sur ce chapeau, et, sous ce chapeau, une fraise qui me donnent quelques inquiétudes.

— Oh! mon Dieu! Comment une plume et une fraise peuvent-elles t'inquiéter? demanda Jeanne en suivant son mari qui avait pris son cheval par la bride et qui l'entraînait avec lui dans le bois.

— Parce que la plume est d'une couleur fort à la mode en ce moment à la cour, et la fraise d'une coupe bien nouvelle; or, ce sont là de ces plumes qui coûteraient trop cher à faire teindre, et de ces fraises qui coûteraient trop de soins à amidonner aux gentilshommes manceaux, pour que nous ayons affaire à un compatriote de ces belles poulardes qu'estime tant Chicot. Piquons, piquons, Jeanne; ce cavalier me fait l'effet d'un ambassadeur du roi mon auguste maître.

— Piquons, dit la jeune femme tremblante comme la feuille à l'idée qu'elle pouvait être séparée de son mari.

Mais c'était chose plus facile à dire qu'à exécuter. Les sapins étaient fort épais et formaient une véritable muraille de branches.

De plus, les chevaux entraient jusqu'au poitrail dans le terrain sablonneux.

Pendant ce temps le cavalier s'approchait comme la foudre et l'on entendait le galop de son cheval roulant sur la pente de la montagne.

— C'est bien à nous qu'il en veut, Jésus Seigneur! s'écria la jeune femme.

— Ma foi! dit Saint-Luc s'arrêtant, si c'est à nous qu'il en veut, voyons ce qu'il nous veut, car, en mettant pied à terre, il nous rejoindra toujours.

— Il s'arrête, dit la jeune femme.

— Et même il descend, dit Saint-Luc, il entre dans le bois. Ah! ma foi! quand ce serait le diable en personne, je vais au-devant de lui.

— Attends, dit Jeanne en retenant son mari, attends; il appelle, ce me semble.

En effet, l'inconnu, après avoir attaché son cheval à l'un des sapins de la lisière, entrait dans le bois en criant:

— Eh! mon gentilhomme! mon gentilhomme! ne vous sauvez donc pas, mille diables! je rapporte quelque chose que vous avez perdu.

— Que dit-il donc? demanda la comtesse.

— Ma foi! dit Saint-Luc, il dit que nous avons perdu quelque chose.

— Eh! monsieur, continua l'inconnu, le petit monsieur, vous avez perdu votre bracelet dans l'hôtellerie de Courville. Que diable! un portrait de femme, cela ne se perd pas ainsi, le portrait de cette respectable madame de Cossé surtout. En faveur de cette chère maman, ne me faites donc pas courir pour cela.

— Mais je connais cette voix! s'écria Saint-Luc.

— Et puis il me parle de ma mère.

— Avez-vous donc perdu ce bracelet, ma mie?

— Eh! mon Dieu, oui, je m'en suis aperçue ce matin seulement; je ne pouvais me rappeler où je l'avais laissé.

— Mais c'est Bussy! s'écria tout à coup Saint-Luc.

— Le comte de Bussy, reprit Jeanne tout émue, notre ami?

— Eh! certainement, notre ami, dit Saint-Luc courant avec autant d'empressement au-devant du gentilhomme qu'il venait de mettre de soin à l'éviter.

— Saint-Luc! Je ne m'étais donc pas trompé, dit la voix sonore de Bussy, qui, d'un seul bond, se trouva près des deux époux.

— Bonjour, madame, continua-t-il en riant aux éclats et en offrant à la comtesse le portrait que réellement elle avait oublié dans l'hôtellerie de Courville, où l'on se rappelle que les voyageurs avaient passé la nuit.

— Est-ce que vous venez pour nous arrêter de la part du roi, monsieur de Bussy? dit en souriant Jeanne.

— Moi! ma foi non! je ne suis pas assez des amis de Sa Majesté pour qu'elle me charge de ses missions de confiance. Non, j'ai trouvé votre bracelet à Courville, cela m'a indiqué que vous me précédiez sur la route. J'ai alors poussé mon cheval, je vous ai aperçus, je me suis douté que c'était vous, et, sans le vouloir, je vous ai donné la chasse. Excusez-moi.

— Ainsi donc, dit Saint-Luc avec un dernier nuage de soupçon, c'est le hasard qui vous a fait suivre la même route que nous?

— Le hasard, répondit Bussy; et maintenant que je vous ai rencontrés, je dirai la Providence.

Et tout ce qui restait de doute dans l'esprit de Saint-Luc s'effaça devant l'œil si brillant et le sourire si sincère du beau gentilhomme.

— Ainsi, vous voyagez? dit Jeanne.

— Je voyage, dit Bussy en remontant à cheval.

— Mais pas comme nous?

— Non, malheureusement.

— Pas pour cause de disgrâce? voulais-je dire.

— Ma foi, peu s'en faut.

— Et vous allez?

— Je vais du côté d'Angers. Et vous?

— Nous aussi.

— Oui, je comprends, Brissac est à une dizaine de lieues d'ici, entre Angers et Saumur; vous allez chercher un refuge dans le manoir paternel, comme des colombes poursuivies; c'est charmant, et je porterais envie à votre bonheur, si l'envie n'était pas un si vilain défaut.

— Eh! monsieur de Bussy, dit Jeanne avec un regard plein de reconnaissance, mariez-vous et vous serez tout aussi heureux que nous le sommes; c'est chose très-facile, je vous jure, que le bonheur quand on s'aime.

Et elle regarda Saint-Luc en souriant, comme pour en appeler à son témoignage.

— Madame, dit Bussy, je me défie de ces bonheurs-là; tout le monde n'a pas la chance de se marier comme vous, avec privilége du roi.

— Allons donc, vous l'homme aimé de partout!

— Quand on est aimé partout, madame, dit en soupirant Bussy, c'est comme si on ne l'était nulle part.

— Eh bien! dit Jeanne en jetant un coup d'œil d'intelligence à son mari, laissez-moi vous marier; cela donnera

LA DAME DE MONSOREAU

Regarde au-dessus de cette porte, et lis, si tu sais lire.

d'abord de la tranquillité à bon nombre de maris jaloux que je connais, et puis ensuite je promets de vous faire rencontrer ce bonheur dont vous niez l'existence.

— Je ne nie pas que le bonheur existe, madame, dit Bussy avec un soupir ; je nie seulement que ce bonheur soit fait pour moi.

— Voulez-vous que je vous marie ? répéta madame de Saint-Luc.

— Si vous me mariez à votre goût, non ; si vous me mariez à mon goût, oui.

— Vous dites cela comme un homme décidé à rester célibataire.

— Peut-être.

— Mais vous êtes donc amoureux d'une femme que vous ne pouvez épouser ?

— Comte, par grâce, dit Bussy, priez donc madame de Saint-Luc de ne pas m'enfoncer mille poignards dans le cœur !

— Ah çà ! prenez garde, Bussy ! vous allez me faire accroire que c'est de ma femme que vous êtes amoureux.

— Dans ce cas, vous conviendrez au moins que je suis un amant plein de délicatesse, et que les maris auraient bien tort d'être jaloux de moi.

— Ah! c'est vrai, dit Saint-Luc se rappelant que c'était Bussy qui avait amené sa femme au Louvre. Mais n'importe! avouez que vous avez le cœur pris quelque part.

— Je l'avoue, dit Bussy.

— Par un amour, ou par un caprice? demanda Jeanne.

— Par une passion, madame.

— Je vous guérirai.

— Je ne crois pas.

— Je vous marierai.

— J'en doute.

— Et je vous rendrai aussi heureux que vous méritez de l'être.

— Hélas! madame, mon seul bonheur maintenant est d'être malheureux.

— Je suis très-opiniâtre, je vous en avertis, dit Jeanne.

— Et moi donc! dit Bussy.

— Comte, vous céderez.

— Tenez, madame, dit le jeune homme, voyageons comme de bons amis; sortons d'abord de cette sablonnière, s'il vous plaît, puis nous gagnerons pour la couchée ce charmant petit village qui reluit là-bas au soleil.

— Celui-là ou quelque autre.

— Peu m'importe, je n'ai point de préférence.

— Vous nous accompagnerez, alors?

— Jusqu'à l'endroit où je vais, à moins que vous n'y voyiez quelque inconvénient.

— Aucun, au contraire. Mais faites mieux, venez où nous allons.

— Et où allez-vous?

— Au château de Méridor.

Le sang monta au visage de Bussy et reflua vers son cœur. Il devint même si pâle que c'en était fait de son secret si, en ce moment même, Jeanne n'eût regardé son mari en souriant.

Bussy eut donc le temps de se remettre, tandis que les deux époux ou plutôt les deux amants se parlaient des yeux, et de rendre malice pour malice à la jeune femme; seulement sa malice à lui, c'était un profond silence sur ses intentions.

— Au château de Méridor, madame? dit-il quand il eut repris assez de force pour prononcer ce nom; qu'est-ce que cela, je vous prie?

— La terre d'une de mes bonnes amies, répondit Jeanne.

— D'une de vos bonnes amies?... Et... continua Bussy, qui est à sa terre?

— Sans doute, répondit madame de Saint-Luc qui ignorait complètement les événements arrivés à Méridor depuis deux mois; n'avez-vous donc jamais entendu parler du baron de Méridor, un des plus riches barons poitevins, et...

— Et...? répéta Bussy voyant que Jeanne s'arrêtait.

— Et de sa fille, Diane de Méridor, la plus belle fille de baron qu'on ait jamais vue?

— Non, madame, répliqua Bussy presque suffoqué par l'émotion.

Et tout bas le beau gentilhomme, tandis que Jeanne regardait encore son mari avec une singulière expression, le beau gentilhomme, disons-nous, se demandait par quel singulier bonheur, sur cette route, sans à-propos, sans logique, il trouvait des gens pour lui parler de Diane de Méridor, pour faire écho à la seule pensée qu'il eût dans le cœur.

Était-ce une surprise? ce n'était point probable; était-ce un piège? c'était presque impossible. Saint-Luc n'était déjà plus à Paris lorsqu'il était entré chez madame de Monsoreau et lorsqu'il avait appris que madame de Monsoreau s'appelait Diane de Méridor.

— Et ce château, est-il bien loin encore, madame? demanda Bussy.

— A sept lieues, je crois, et j'offrirais de parier que c'est là et non pas à votre petit village reluisant au soleil, dans lequel au reste je n'ai aucune confiance, que nous coucherons ce soir. Vous venez, n'est-ce pas?

— Oui, madame.

— Allons, dit Jeanne, c'est déjà un pas vers le bonheur que je vous proposais.

Bussy s'inclina et continua de marcher près des deux jeunes époux qui, grâce aux obligations qu'ils lui avaient, firent charmante mine. Pendant quelque temps, chacun garda le silence. Enfin Bussy, qui avait encore bien des choses à apprendre, se hasarda à questionner. C'était le privilège de sa position, et il paraissait au reste résolu d'en user.

— Et ce baron de Méridor dont vous me parliez, demanda-t-il, le plus riche des Poitevins, quel homme est-ce?

— Un parfait gentilhomme, un preux des anciens jours, un chevalier qui, s'il eût vécu au temps du roi Arthur, eût certes obtenu une place à la Table-Ronde.

— Et, demanda Bussy en comprimant les muscles de son visage et l'émotion de sa voix, à qui a-t-il marié sa fille?

— Marié sa fille !

— Je le demande.

— Diane, mariée !

— Qu'y aurait-il d'extraordinaire à cela?

— Rien ; mais Diane n'est point mariée ; certainement j'eusse été la première prévenue de ce mariage.

Le cœur de Bussy se gonfla, et un soupir douloureux brisa le passage de sa gorge étranglée.

— Alors, demanda-t-il, mademoiselle de Méridor est au château avec son père?

— Nous l'espérons bien, répondit Saint-Luc appuyant sur cette réponse pour montrer à sa femme qu'il l'avait comprise et qu'il partageait ses idées et s'associait à ses plans.

Il se fit un moment de silence, pendant lequel chacun poursuivait sa pensée.

— Ah ! s'écria tout à coup Jeanne en se haussant sur ses étriers, voici les tourelles du château. Tenez, tenez, voyez-vous, monsieur de Bussy, au milieu de ces grands bois sans feuilles, mais qui, dans un mois, seront si beaux ; tenez, voyez-vous le toit d'ardoise?

— Oh ! oui certainement, dit Bussy avec une émotion qui étonnait lui-même ce brave cœur, resté jusqu'alors un peu sauvage, oui, je vois. Ainsi, c'est là le château de Méridor?

Et par une réaction naturelle de la pensée, à l'aspect de ce pays si beau et si riche, même au temps de la détresse de la nature, à l'aspect de cette demeure seigneuriale, il se rappela la pauvre prisonnière ensevelie dans les brumes de Paris et dans l'étouffant réduit de la rue Saint-Antoine.

Cette fois encore il soupira, mais ce n'était plus tout à fait de douleur. A force de lui promettre le bonheur, madame de Saint-Luc venait de lui donner l'espérance.

XXIII

LE VIEILLARD ORPHELIN

Madame de Saint-Luc ne s'était point

trompée : deux heures après, on était en face du château de Méridor.

Depuis les dernières paroles échangées entre les voyageurs, et que nous avons répétées, Bussy se demandait s'il ne fallait pas raconter à ces bons amis, qui venaient de se faire connaître, l'aventure qui tenait Diane éloignée de Méridor. Mais, une fois entré dans cette voie de révélations, il fallait non-seulement révéler ce que tout le monde allait bientôt savoir, mais encore ce que Bussy seul savait et ne voulait révéler à personne. Il recula donc devant un aveu qui amenait naturellement trop d'interprétations et de questions.

Et puis Bussy voulait entrer à Méridor comme un homme parfaitement inconnu. Il voulait voir, sans préparation aucune, M. de Méridor, l'entendre parler de M. de Monsoreau et du duc d'Anjou; il voulait se convaincre enfin, non pas que le récit de Diane était sincère, il ne soupçonnait pas un instant de mensonge cet ange de pureté, mais qu'elle n'avait été elle-même trompée sur aucun point, et que ce récit qu'il avait écouté avec un si puissant intérêt avait été une interprétation fidèle des événements.

Bussy conservait, comme on le voit, deux sentiments qui maintiennent l'homme supérieur dans sa sphère dominatrice, même au milieu des égarements de l'amour : ces deux sentiments étaient la circonspection à l'égard des étrangers et le respect profond de la personne qu'on aime.

Aussi madame de Saint-Luc, trompée, malgré sa perspicacité féminine, par la puissance que Bussy avait conservée sur lui-même, demeura-t-elle persuadée que le jeune homme venait d'entendre pour la première fois prononcer le nom de Diane; et que ce nom n'éveillant en lui ni souvenir ni espérance, il s'attendait à trouver à Méridor quelque provinciale bien gauche et bien embarrassée en face des hôtes nouveaux qui lui arrivaient. En conséquence, elle se disposait à jouir de sa surprise.

Cependant une chose l'étonnait, c'est que le garde ayant sonné dans sa trompe pour l'avertir d'une visite, Diane n'accourût point sur le pont-levis, tandis que c'était un signal auquel Diane accourait toujours.

Mais au lieu de Diane, on aperçut s'avancer par le porche principal du château un vieillard courbé, appuyé sur un bâton. Il était vêtu d'un surtout de velours vert bordé d'une fourrure de renard, et à sa ceinture brillait un sifflet d'argent près d'un petit trousseau de clefs.

Le vent du soir soulevait sur son front ses longs cheveux blancs comme les dernières neiges.

Il traversa le pont-levis suivi de deux grands chiens d'une race allemande, qui marchaient derrière lui lentement et à pas égaux, la tête basse et ne se devançant pas l'un l'autre d'une ligne. Lorsque le vieillard put arriver près du parapet :

— Qui est là? demanda-t-il d'une voix faible, et qui fait l'honneur à un pauvre vieillard de le visiter?

— Moi! moi, seigneur Augustin! s'écria la voix rieuse de la jeune femme.

Car Jeanne de Cossé appelait ainsi le vieillard pour le distinguer de son frère cadet qui s'appelait Guillaume, et qui n'était mort que depuis trois ans.

Mais le baron, au lieu de répondre par l'exclamation joyeuse que Jeanne s'attendait à entendre sortir de sa bouche, le baron leva lentement la tête, et fixant sur les voyageurs des yeux sans regards :

— Vous? dit-il, je ne vois pas. Qui, vous?...

— Oh! mon Dieu! s'écria Jeanne, ne me reconnaissez-vous pas? Ah! c'est vrai! mon déguisement...

— Excusez-moi, dit le vieillard, mais je n'y vois presque plus. Les yeux des vieillards ne sont pas faits pour pleurer, et, lorsqu'ils pleurent, les larmes les brûlent.

— Ah! cher baron, dit la jeune femme, je vois bien en effet que votre vue baisse, car vous m'eussiez reconnue, même sous mes habits d'homme. Il faut donc que je vous dise mon nom?

— Oui, sans doute, répliqua le vieillard, puisque je vous dis que je vous vois à peine.

— Eh bien! je vais vous attraper, cher seigneur Augustin; je suis madame de Saint-Luc.

— Saint-Luc! dit le vieillard; je ne vous connais pas.

— Mais mon nom de jeune fille, dit la rieuse jeune femme, mais mon nom de jeune fille est Jeanne de Cossé-Brissac.

— Ah! mon Dieu! s'écria le vieillard en essayant d'ouvrir la barrière de ses mains tremblantes, ah! mon Dieu!

Jeanne, qui ne comprenait rien à cette réception étrange, si différente de celle à laquelle elle s'attendait, et qui l'attribuait à l'âge du vieillard et au déclin de ses facultés, se voyant enfin reconnue, sauta en bas de son cheval et courut se jeter dans ses bras, ainsi qu'elle en avait l'habitude; mais, en embrassant le baron, elle sentit ses joues humides; il pleurait.

— C'est de joie, pensa-t-elle. Allons! le cœur est toujours jeune.

— Venez, dit le vieillard après avoir embrassé Jeanne.

Et comme s'il n'eût pas même aperçu ses deux compagnons, le vieillard se remit à marcher vers le château de son pas égal et mesuré, suivi toujours à la même distance de ses deux chiens, qui n'avaient pris que le temps de flairer et de regarder les visiteurs.

Le château avait un aspect de tristesse étrange; tous les volets en étaient fermés; on eût dit un immense tombeau: les serviteurs qu'on apercevait passant çà et là étaient vêtus de noir. Saint-Luc adressa un regard à sa femme pour lui demander si c'était ainsi qu'elle s'attendait à trouver le château.

Jeanne comprit, et comme elle avait hâte elle-même de sortir de cette perplexité, elle s'approcha du baron, et lui prenant la main:

— Et Diane! dit-elle, est-ce que par malheur elle ne se trouverait point ici?

Le vieillard s'arrêta comme frappé de la foudre, et regardant la jeune femme avec une expression qui ressemblait presque à de la terreur:

— Diane! dit-il.

Et soudain à ce nom les deux chiens, levant la tête de chaque côté vers leur maître, poussèrent un lugubre gémissement.

Bussy ne put s'empêcher de frissonner; Jeanne regarda Saint-Luc, et Saint-Luc s'arrêta, ne sachant s'il devait s'avancer davantage ou retourner en arrière.

— Diane! répéta le vieillard comme s'il lui avait fallu tout ce temps pour comprendre la question qui lui était faite; mais vous ne savez donc pas?...

Et sa voix déjà faible et tremblante s'éteignit dans un sanglot arraché du plus profond du cœur.

— Mais quoi donc? et qu'est-il donc arrivé? s'écria Jeanne émue et les mains jointes.

— Diane est morte! s'écria le vieillard

en levant les mains avec un geste désespéré vers le ciel, et en laissant échapper un torrent de larmes.

Et il se laissa tomber sur les premières marches du perron auquel on était arrivé.

Il cachait sa tête entre ses deux mains, en se balançant comme pour chasser le souvenir funèbre qui venait sans cesse le torturer.

— Morte! s'écria Jeanne, frappée d'épouvante et pâlissant comme un spectre.

— Morte! dit Saint-Luc avec une tendre compassion pour le vieillard.

— Morte! balbutia Bussy. Il lui a laissé croire, à lui aussi, qu'elle était morte! Ah! pauvre vieillard! comme tu m'aimeras un jour!

— Morte! morte! répéta le baron; ils me l'ont tuée!

— Ah! mon cher seigneur, dit Jeanne, qui, après le coup terrible qu'elle avait reçu, venait de trouver la seule ressource qui empêche de se briser le faible cœur des femmes, les larmes.

Et elle éclata en sanglots, en inondant de pleurs la figure du vieillard, au cou duquel ses bras venaient de s'enlacer.

Le vieux seigneur se releva trébuchant.

— N'importe! dit-il; pour être vide et désolée, la maison n'en est pas moins hospitalière; entrez.

Jeanne prit le bras du vieillard sous le sien et traversa avec lui le péristyle, l'ancienne salle des gardes, devenue une salle à manger, et entra dans le salon.

Un domestique dont le visage bouleversé et dont les yeux rougis dénotaient le tendre attachement pour son maître marchait devant, ouvrant les portes; Saint-Luc et Bussy suivaient.

Arrivé dans le salon, le vieillard, toujours soutenu par Jeanne, s'assit ou plutôt se laissa tomber dans son grand fauteuil de bois sculpté.

Le valet ouvrit une fenêtre pour donner de l'air, et, sans sortir de la chambre, se retira dans un coin.

Jeanne n'osait rompre le silence. Elle tremblait de rouvrir les blessures du vieillard en le questionnant; et cependant, comme toutes les personnes jeunes et heureuses, elle ne pouvait se décider à regarder comme réel le malheur qu'on lui annonçait. Il y a un âge où l'on ne peut sonder l'abîme de la mort, parce qu'on ne croit point à la mort.

Ce fut le baron qui vint au-devant de son désir en reprenant la parole.

— Vous m'avez dit que vous étiez mariée, ma chère Jeanne; monsieur est-il donc votre mari?

Et il désignait Bussy.

— Non, seigneur Augustin, répondit Jeanne; voici M. de Saint-Luc.

Saint-Luc s'inclina plus profondément encore devant le malheureux père que devant le vieillard. Celui-ci le salua paternellement, et s'efforça même de sourire; puis, les yeux atones, se tournant vers Bussy:

— Et monsieur, dit-il, est votre frère, le frère de votre mari, un de vos parents?

— Non, cher baron, monsieur n'est point notre parent, mais notre ami : M. Louis de Clermont, comte de Bussy-d'Amboise, gentilhomme de M. le duc d'Anjou.

A ces mots le vieillard, se dressant comme par un ressort, lança un regard terrible sur Bussy; et, comme épuisé par cette provocation muette, retomba sur son fauteuil en poussant un gémissement.

— Quoi donc? demanda Jeanne.

— Le baron vous connaît-il, seigneur de Bussy? demanda Saint-Luc.

— C'est la première fois que j'ai l'honneur de voir M. le baron de Méridor, dit tranquillement Bussy, qui seul avait compris l'effet que le nom de M. le duc d'Anjou avait produit sur le vieillard.

— Ah! vous êtes gentilhomme de M. le duc d'Anjou, dit le baron; vous êtes gentilhomme de ce monstre, de ce démon, et vous osez l'avouer, et vous avez l'audace de vous présenter chez moi!

— Est-il fou? demanda tout bas Saint-Luc à sa femme, en regardant le baron avec des yeux étonnés.

— La douleur lui aura dérangé l'esprit, répondit Jeanne avec effroi.

M. de Méridor avait accompagné les paroles qu'il venait de prononcer, et qui faisaient douter à Jeanne qu'il eût toute sa raison, d'un regard plus menaçant encore que le premier; mais Bussy, toujours impassible, soutint ce regard dans l'attitude d'un profond respect et ne répliqua point.

— Oui, de ce monstre, reprit M. de Méridor dont la tête semblait s'égarer de plus en plus, de cet assassin qui m'a tué ma fille!

— Pauvre seigneur! murmura Bussy.

— Mais que dit-il donc là? demanda Jeanne interrogeant à son tour.

— Vous ne savez donc pas, vous qui me regardez avec des yeux effarés! s'écria M. de Méridor en prenant les mains de Jeanne et celles de Saint-Luc et en les réunissant entre les siennes; mais le duc d'Anjou m'a tué ma Diane; le duc d'Anjou! mon enfant, ma fille, il me l'a tuée!

Et le vieillard prononça ces dernières paroles avec un tel accent de douleur, que les larmes en vinrent aux yeux de Bussy lui-même.

— Seigneur, dit la jeune femme, cela fût-il, et je ne comprends point comment cela peut être, vous ne pouvez accuser de cet affreux malheur M. de Bussy, le plus loyal, le plus généreux gentilhomme qui soit. Mais voyez donc, mon bon père: M. de Bussy ne sait rien de ce que vous dites; M. de Bussy pleure comme nous et avec nous! Serait-il donc venu, s'il eût pu se douter de l'accueil que vous lui réserviez? Ah! cher seigneur Augustin, au nom de votre bien-aimée Diane, dites-nous comment cette catastrophe est arrivée.

— Alors vous ne saviez pas? dit le vieillard s'adressant à Bussy.

Bussy s'inclina sans répondre.

— Eh! mon Dieu, non, dit Jeanne; tout le monde ignorait cet événement.

— Ma Diane est morte, et sa meilleure amie ignorait sa mort! Oh! c'est vrai, je n'en ai écrit, je n'en ai parlé à personne; il me semblait que le monde ne pouvait vivre du moment où Diane ne vivait plus; il me semblait que l'univers entier devait porter le deuil de Diane.

— Parlez, parlez! cela vous soulagera, dit Jeanne.

— Eh bien! dit le baron en poussant un sanglot, ce prince infâme, le déshonneur de la noblesse de France, a vu ma Diane, et la trouvant si belle, l'a fait enlever et conduire au château de Beaugé, pour la déshonorer comme il eût fait de la fille d'un serf. Mais Diane, ma Diane sainte et noble, a choisi la mort. Elle s'est précipitée d'une fenêtre dans le lac, et l'on n'a plus trouvé que son voile flottant à la surface de l'eau.

Et le vieillard ne put articuler cette dernière phrase sans des larmes et des sanglots qui faisaient de cette scène un des plus lugubres spectacles que Bussy eût vus jusque-là, Bussy, l'homme de guerre, habitué à verser et à voir verser le sang.

Jeanne, presque évanouie, regardait, elle aussi, le comte avec une espèce de terreur.

— Oh! comte, s'écria Saint-Luc, c'est affreux, n'est-ce pas? Comte, il vous faut abandonner ce prince infâme; comte, un noble cœur comme le vôtre ne peut rester l'ami d'un ravisseur et d'un assassin!

Le vieillard, un peu réconforté par ces paroles, attendait la réponse de Bussy pour fixer son opinion sur le gentilhomme; les paroles sympathiques de Saint-Luc le consolaient. Dans les grandes crises morales, les faiblesses physiques sont grandes, et ce n'est point un des moindres adoucissements à la douleur de l'enfant mordu par un chien favori que de voir battre ce chien qui l'a mordu.

Mais Bussy, au lieu de répondre à l'apostrophe de Saint-Luc, fit un pas vers M. de Méridor.

— Monsieur le baron, dit-il, voulez-vous m'accorder l'honneur d'un entretien particulier?

— Écoutez M. de Bussy, cher seigneur! dit Jeanne; vous verrez qu'il est bon et qu'il sait rendre service.

— Parlez, monsieur, dit le baron en tremblant, car il pressentait quelque chose d'étrange dans le regard du jeune homme.

Bussy se tourna vers Saint-Luc et sa femme, et leur adressant un regard plein de noblesse et d'amitié :

— Vous permettez? dit-il.

Les deux jeunes gens sortirent de la salle appuyés l'un sur l'autre, et doublement heureux de leur bonheur près de cette immense infortune.

Alors, quand la porte se fut refermée derrière eux, Bussy s'approcha du baron et le salua profondément.

— Monsieur le baron, dit Bussy, vous venez, en ma présence, d'accuser un prince que je sers, et vous l'avez accusé avec une violence qui me force à vous demander une explication.

Le vieillard fit un mouvement.

— Oh! ne vous méprenez point au sens tout respectueux de mes paroles; c'est avec la plus profonde sympathie que je vous parle, c'est avec le plus vif désir d'adoucir votre chagrin, que je vous dis : Monsieur le baron, faites-moi, dans ses détails, le récit de la catastrophe douloureuse que vous racontiez tout à l'heure à M. de Saint-Luc et à sa femme. Voyons, tout s'est-il bien accompli comme vous le croyez, et tout est-il bien perdu?

— Monsieur, dit le vieillard, j'ai eu un moment d'espoir. Un noble et loyal gentilhomme, M. de Monsoreau, a aimé ma pauvre fille et s'est intéressé à elle.

— M. de Monsoreau? Eh bien! demanda Bussy, voyons, quelle a été sa conduite dans tout ceci?

— Ah! sa conduite fut loyale et digne, car Diane avait refusé sa main. Cependant ce fut lui qui le premier m'avertit des infâmes projets du duc. Ce fut lui qui m'indiqua le moyen de les faire échouer; il ne demandait qu'une chose pour sauver ma fille, et cela encore prouvait toute la noblesse et toute la droiture de son âme; il demandait, s'il parvenait à l'arracher des mains du duc, que je la lui donnasse en mariage, afin que — hélas! ma fille n'en sera pas moins perdue — lui, jeune, actif et entreprenant, pût la défendre contre un puissant prince, ce que son pauvre père ne pouvait entreprendre.

« Je donnai mon consentement avec joie; mais hélas! ce fut inutile; il arriva

LA DAME DE MONSOREAU

Gorenflot regardait le prieur avec des yeux qui passaient par toutes les expressions de l'étonnement.

trop tard, et ne trouva ma pauvre Diane sauvée du déshonneur que par la mort.

— Et depuis ce moment fatal, demanda Bussy, M. de Monsoreau n'a-t-il donc pas donné de ses nouvelles?

— Il n'y a qu'un mois que ces événements se sont passés, dit le vieillard, et le pauvre gentilhomme n'aura pas osé reparaître devant moi, ayant échoué dans son généreux dessein.

Bussy baissa la tête; tout lui était expliqué.

Il comprenait maintenant comment M. de Monsoreau avait réussi à enlever au prince la jeune fille qu'il aimait, et comment la crainte que le prince ne découvrît que cette jeune fille était devenue sa femme lui avait laissé accréditer, même près du pauvre père, le bruit de sa mort.

— Eh bien! monsieur? dit le vieillard voyant que la rêverie penchait le front du jeune homme et tenait fixés sur la terre ses yeux que le récit qu'il venait d'achever avait fait étinceler plus d'une fois.

— Eh bien! monsieur le baron, répondit Bussy, je suis chargé par monseigneur le duc d'Anjou de vous amener à Paris où son Altesse désire vous parler.

— Me parler, à moi! s'écria le baron; moi, me trouver en face de cet homme, après la mort de ma fille; et que peut-il avoir à me dire, le meurtrier?

— Qui sait? se justifier peut-être.

— Et se justifiât-il, s'écria le vieillard, non, monsieur de Bussy, non, je n'irai point à Paris! ce serait d'ailleurs trop m'éloigner de l'endroit où repose ma chère enfant dans son froid linceul de roseaux.

— Monsieur le baron, dit Bussy d'une voix ferme, permettez-moi d'insister près de vous; c'est mon devoir de vous conduire à Paris, et je suis venu exprès pour cela.

— Eh bien! j'irai donc à Paris, s'écria le vieillard tremblant de colère; mais malheur à ceux qui m'auront perdu! Le roi m'entendra, et, s'il ne m'entend pas, je ferai appel à tous les gentilshommes de France. Aussi bien, murmura-t-il plus bas, j'oubliais dans ma douleur que j'ai entre les mains une arme dont jusqu'à présent je n'ai eu à faire aucun usage. Oui monsieur de Bussy, je vous accompagnerai.

— Et moi, monsieur le baron, dit Bussy en lui prenant la main, je vous recommande la patience, le calme et la dignité qui conviennent à un seigneur chrétien. Dieu a pour les nobles cœurs des miséricordes infinies, et vous ne savez point ce qu'il vous réserve. Je vous prie aussi, en attendant le jour où ces miséricordes éclateront, de ne point me compter au nombre de vos ennemis, car vous ne savez point ce que je vais faire pour vous. A demain donc, monsieur le baron, s'il vous plaît, et, dès que le jour sera venu, nous nous mettrons en route.

— J'y consens, répondit le vieux seigneur ému malgré lui par le doux accent avec lequel Bussy avait prononcé ces paroles; mais en attendant, ami ou ennemi, vous êtes mon hôte, et je dois vous conduire à votre appartement.

Et le baron prit sur la table un flambeau d'argent à trois branches, et d'un pas pesant, gravit, suivi de Bussy d'Amboise, l'escalier d'honneur du château.

Les chiens voulaient le suivre; il les arrêta d'un signe : deux de ses serviteurs marchaient derrière Bussy avec d'autres flambeaux.

En arrivant sur le seuil de la chambre qui lui était destinée, le comte demanda ce qu'étaient devenus M. de Saint-Luc et sa femme.

— Mon vieux Germain doit avoir pris soin d'eux, répondit le baron. Passez une bonne nuit, monsieur le comte.

XXIV

COMMENT REMY LE HAUDOUIN S'ÉTAIT, EN L'ABSENCE DE BUSSY, MÉNAGÉ DES INTELLIGENCES DANS LA MAISON DE LA RUE SAINT-ANTOINE.

M. et madame de Saint-Luc ne pouvaient revenir de leur surprise. Bussy aux secrets avec M. de Méridor; Bussy se disposant à partir avec le vieillard pour Paris; Bussy enfin paraissant prendre tout à coup la direction de ces affaires qui lui paraissaient d'abord étrangères et inconnues, était pour les deux jeunes gens un phénomène inexplicable.

Quant au baron, le pouvoir magique de ce titre, Altesse Royale, avait produit sur lui son effet ordinaire; un gentilhomme du temps de Henri III n'en était pas encore à sourire devant des qualifications et des armoiries.

Altesse Royale, cela signifiait, pour M. de Méridor comme pour tout autre, excepté le roi, force majeure, c'est-à-dire la foudre et la tempête.

Le matin venu, le baron prit congé de ses hôtes qu'il installa dans le château ; mais Saint-Luc et sa femme, comprenant la gravité de la situation, se promirent de quitter Méridor aussitôt que faire se pourrait, et de rentrer dans les terres de Brissac, qui en étaient voisines, aussitôt que l'on se serait assuré du consentement du timide maréchal.

Quant à Bussy, pour justifier son étrange conduite, il n'eut besoin que d'une seconde ; Bussy, maître du secret qu'il possédait et qu'il pouvait révéler à qui lui faisait plaisir, ressemblait à l'un de ces magiciens chers aux Orientaux, qui, d'un premier coup de baguette, font tomber les larmes de tous les yeux, et qui dilatent toutes les prunelles et fendent toutes les bouches par un joyeux sourire.

Cette seconde, que nous avons dit suffire à Bussy pour opérer de si grands changements, fut employée par lui à laisser tomber tout bas quelques syllabes dans l'oreille que lui tendait avidement la charmante femme de Saint-Luc.

Ces quelques syllabes prononcées, le visage de Jeanne s'épanouit ; son front si pur se colora d'une délicieuse rougeur. On vit ses petites dents blanches et brillantées comme la nacre apparaître sous le corail de ses lèvres ; et comme son mari, stupéfait, la regardait pour l'interroger, elle mit un doigt sur sa bouche, et s'enfuit en bondissant et en envoyant un baiser de remerciement à Bussy.

Le vieillard n'avait rien vu de cette pantomime expressive ; l'œil fixé sur le manoir paternel, il caressait machinalement ses deux chiens qui ne pouvaient se décider à le quitter ; il donna quelques ordres d'une voix émue à ses serviteurs courbés sous son adieu et sous sa parole. Puis, montant à grand'peine, et grâce à l'aide de son écuyer, un vieux cheval pie qu'il affectionnait, et qui avait été son cheval de bataille dans les dernières guerres civiles, il salua d'un geste le château de Méridor et partit sans prononcer un seul mot.

Bussy, l'œil brillant, répondait aux sourires de Jeanne et se retournait fréquemment pour dire adieu à ses amis, En le quittant, Jeanne lui avait dit tout bas :

— Quel homme étrange faites-vous, seigneur comte ! je vous avais promis que le bonheur vous attendait à Méridor... Et c'est vous au contraire qui rapportez à Méridor le bonheur qui s'en était envolé.

De Méridor à Paris, il y a loin ; loin surtout pour un vieux baron criblé de coups d'épée et de mousquet reçus dans ces rudes guerres où les blessures étaient en proportion des guerriers. Longue route aussi faisait cette distance pour ce digne cheval pie que l'on appelait Jarnac, et qui, à ce nom, relevant sa tête enfoncée sous sa crinière, roulait un œil encore fier sous sa paupière fatiguée.

Une fois en route, Bussy se mit à l'étude : cette étude était de captiver par ses soins et ses attentions de fils le cœur du vieillard dont il s'était d'abord attiré la haine, et sans doute il y réussit, car le sixième jour au matin, en arrivant à Paris, M. de Méridor dit à son compagnon de voyage ces paroles, qui peignaient tout le changement que le voyage avait amené dans son esprit :

— C'est singulier, comte ! me voici plus près que jamais de mon malheur, et cependant je suis moins inquiet à l'arrivée que je ne l'étais au départ.

— Encore deux heures, seigneur Augustin, dit Bussy, et vous m'aurez jugé comme je veux être jugé par vous.

Les voyageurs entrèrent à Paris par le faubourg Saint-Marcel, éternelle entrée, dont la préférence se conçoit à cette époque, parce que cet horrible quartier, un des plus laids de Paris, semblait le plus parisien de tous, grâce à ses nombreuses églises, à ses milliers de maisons pittoresques et à ses petits ponts sur des cloaques.

— Où allons-nous? dit le baron ; au Louvre, sans doute ?

— Monsieur, dit Bussy, je dois d'abord vous mener à mon hôtel, pour que vous vous rafraîchissiez quelques minutes et que vous soyez ensuite en état de voir comme il convient la personne chez laquelle je vous conduis.

Le baron se laissa faire patiemment ; Bussy le conduisit droit à son hôtel de la rue de Grenelle-Saint-Honoré.

Les gens du comte ne l'attendaient pas, ou plutôt ne l'attendaient plus : rentré la nuit par une petite porte dont lui seul avait la clef, il avait sellé lui-même son cheval, et était parti sans avoir été vu d'aucun autre que de Remy le Haudoin. On comprend donc que sa disparition instantanée, les dangers qu'il avait courus la semaine précédente, et qui s'étaient trahis par sa blessure, ses habitudes aventureuses enfin, qu'aucune leçon ne corrigeait, avaient porté beaucoup de gens à croire qu'il avait donné dans quelque piège tendu sur son chemin par ses ennemis ; que la fortune, si longtemps favorable à son courage, avait un jour enfin été contraire à sa témérité, et que Bussy, muet et invisible, était bien mort de par quelque dague ou quelque arquebusade.

De sorte que les meilleurs amis et les plus fidèles serviteurs de Bussy faisaient déjà des neuvaines pour son retour à la lumière, retour qui leur paraissait non moins hasardeux que celui de Pirithoüs ; tandis que les autres, plus positifs, ne comptant plus que sur son cadavre, faisaient, pour le retrouver, les recherches les plus minutieuses dans les égouts, dans les caves suspectes, dans les carrières de la banlieue, dans le lit de la Bièvre ou dans les fossés de la Bastille.

Une seule personne répondait, quand on lui demandait des nouvelles de Bussy :

— Monsieur le comte se porte bien.

Mais si l'on voulait pousser plus loin l'interrogatoire, comme elle n'en savait point davantage, les renseignements qu'elle pouvait donner s'arrêtaient là.

Cette personne, qui essuyait, grâce à cette réponse rassurante, mais peu détaillée, force rebuffades et mauvais compliments, était maître Remy le Haudoin qui, du soir au matin, trottait menu, perdant son temps à des contemplations étranges, disparaissant de temps en temps de l'hôtel, soit le jour, soit la nuit, rentrant alors avec des appétits insolites, et ramenant par sa gaieté, chaque fois qu'il rentrait, un peu de joie au cœur de cette maison.

Le Haudoin, après une de ces absences mystérieuses, rentrait justement à l'hôtel au moment où la cour d'honneur retentissait de cris d'allégresse, où les valets empressés se jetaient sur la bride du cheval de Bussy et se disputaient à qui serait son écuyer, car le comte, au lieu de mettre le pied à terre, demeurait à cheval.

— Voyons, disait Bussy, vous êtes satisfaits de me voir vivant ; merci ! Vous me demandez si c'est bien moi; regardez, touchez, mais faites bien vite. Bien! maintenant aidez ce digne gentilhomme à descendre de cheval, et faites attention que je le considère avec plus de respect que je ne ferais d'un prince.

Bussy avait raison de rehausser ainsi le vieillard, à qui l'on avait à peine fait attention d'abord, et qu'à ses habits modestes, à ses habits peu soucieux de la mode, et à son cheval pie, fort vite apprécié de gens qui chaque jour manœuvraient les chevaux de Bussy, on avait été tenté de prendre pour un écuyer mis en retraite dans quelque province, et que l'aventureux gentilhomme ramenait de cet exil comme d'un autre monde.

Mais, ces paroles prononcées, ce fut aussitôt à qui s'empresserait près du baron. Le Haudoin regardait la scène en riant sous cape, selon son habitude, et il fallut toute la gravité de Bussy pour forcer ce rire à disparaître du joyeux visage du jeune docteur.

— Vite, une chambre à monseigneur! cria Bussy.

— Laquelle? demandèrent aussitôt cinq ou six voix empressées.

— La meilleure, la mienne.

Et à son tour il offrit son bras au vieillard pour gravir l'escalier, essayant de le recevoir avec plus d'honneur encore qu'il n'en avait été reçu.

M. de Méridor se laissait aller à cette entraînante courtoisie sans volonté, comme on se laisse aller à la pente de certains rêves qui vous conduisent à ces pays fantastiques, royaume de l'imagination et de la nuit.

On apporta au baron le gobelet doré du comte, et Bussy voulut lui verser lui-même le vin de l'hospitalité.

— Merci, merci, monsieur, disait le vieillard; mais irons-nous bientôt où nous devons aller?

— Oui, seigneur Augustin, bientôt, soyez tranquille, et ce ne sera pas seulement un bonheur pour vous, mais pour moi.

— Que dites-vous, et d'où vient que vous me parlez presque toujours une langue que je ne comprends pas?

— Je dis, seigneur Augustin, que je vous ai parlé d'une Providence miséricordieuse aux grands cœurs, et que nous approchons du moment où je vais, en votre nom, faire appel à cette Providence.

Le baron regarda Bussy d'un air étonné; mais Bussy, en lui faisant un signe respectueux, et qui voulait dire : « Je reviens dans un instant, » sortit le sourire sur les lèvres.

Comme il s'y attendait, le Haudoin était en sentinelle à la porte; il prit le jeune homme par le bras et l'emmena dans un cabinet.

— Eh bien! cher Hippocrate, demanda-t-il, où en sommes-nous?

— Où cela?

— Parbleu! rue Saint-Antoine.

— Monseigneur, nous en sommes à un point fort intéressant pour vous, je présume. A ceci : rien de nouveau.

Bussy respira.

— Le mari n'est donc pas revenu? dit-il.

— Si fait, mais sans aucun succès. Il y a dans tout cela un père qui doit, à ce qu'il paraît, faire le dénouement, un dieu qui, un matin où l'autre, descendra dans une machine; de sorte qu'on attend ce père absent, ce dieu inconnu.

— Bon! dit Bussy; mais comment sais-tu tout cela?

— Comprenez bien, monseigneur, dit le Haudoin avec sa bonne et franche gaieté, que votre absence faisait momentanément de ma position près de vous une sinécure ; j'ai voulu utiliser à votre avantage les moments que vous me laissiez.

— Voyons, qu'as-tu fait ? raconte, mon cher Remy, j'écoute.

— Voici : vous parti, j'ai apporté de l'argent, des livres et une épée dans une petite chambre que j'avais louée, et qui appartenait à la maison faisant l'angle de la rue Sainte-Catherine.

— Bien !

— De là je pouvais voir, depuis ses soupiraux jusqu'à ses cheminées, la maison que vous connaissez.

— Fort bien !

— A peine en possession de ma chambre, je me suis installé à une fenêtre.

— Excellent !

— Oui, mais il y avait néanmoins un inconvénient à cette excellence-là.

— Lequel ?

— C'est que si je voyais, j'étais vu, et qu'on pouvait, à tout prendre, concevoir quelque ombrage d'un homme regardant sans cesse une même perspective ; obstination qui m'eût, au bout de deux ou trois jours, fait passer pour un larron, un amant, un espion ou un fou.

— Puissamment raisonné, mon cher le Haudouin. Mais alors qu'as-tu fait ?

— Oh ! alors, monsieur le comte, j'ai vu qu'il fallait recourir aux grands moyens, et, ma foi !...

— Eh bien ?

— Ma foi ! je suis devenu amoureux.

— Hein ? fit Bussy qui ne comprenait pas en quoi l'amour de Remy pouvait le servir.

— C'est comme j'ai l'honneur de vous le dire, répéta gravement le jeune docteur ; amoureux, très-amoureux, amoureux fou.

— De qui ?

— De Gertrude.

— De Gertrude, la suivante de madame de Monsoreau ?

— Eh ! oui, mon Dieu ! de Gertrude, la suivante de madame de Monsoreau. Que voulez-vous, monseigneur, je ne suis pas un gentilhomme, moi, pour devenir amoureux des maîtresses : je suis un pauvre petit médecin, sans autre pratique qu'un client, qui, je l'espère, ne me donnera plus que de loin en loin de la besogne, et il faut bien que je fasse mes expériences *in animâ vili*, comme nous disons en Sorbonne.

— Pauvre Remy, dit Bussy, crois bien que j'apprécie ton dévouement, va !

— Eh ! monseigneur, répondit le Haudouin, je ne suis pas si fort à plaindre, après tout ; Gertrude est un beau brin de fille qui a deux pouces de plus que moi et qui me lèverait à bras tendu en me tenant par le collet de mon habit, ce qui tient chez elle à un grand développement des muscles du biceps et du deltoïde. Cela me donne pour elle une vénération qui la flatte, et comme je lui cède toujours, nous ne nous disputons jamais ; puis elle a un talent précieux.

— Lequel, mon pauvre Remy ?

— Elle raconte merveilleusement.

— Ah ! vraiment ?

— Oui, de sorte que par elle je sais tout ce qui se passe chez sa maîtresse. Hein ? qu'en dites-vous ? j'ai pensé que cela ne vous serait pas désagréable d'avoir des intelligences dans la maison.

— Le Haudouin, tu es un bon génie que le hasard ou plutôt la Providence a mis sur ma route ; alors tu en es avec Gertrude dans ces termes ?...

— *Puella me diligit*, répondit le Haudouin en se balançant avec une fatuité affectée.

— Et tu es reçu dans la maison?

— Hier soir, j'y ai fait mon entrée, à minuit, sur la pointe du pied, par la fameuse porte à guichet que vous savez.

— Et comment es-tu arrivé à ce bonheur?

— Mais assez naturellement, je dois le dire.

— Eh bien! dis.

— Le surlendemain de votre départ, le lendemain du jour de mon installation dans la petite chambre, j'ai attendu à la porte que la dame de mes futures pensées sortît pour aller aux provisions, soin dont elle se préoccupe, je dois l'avouer, tous les jours de huit heures à neuf heures du matin. A huit heures dix minutes, je l'ai vue paraître; aussitôt je suis descendu de mon observatoire, et j'ai été me placer sur sa route.

— Et elle t'a reconnu?

— Si bien reconnu, qu'elle a poussé un grand cri et s'est sauvée.

— Alors?

— Alors j'ai couru auprès d'elle et l'ai rattrapée à grand'peine, car elle court très-fort; mais, vous comprenez, les jupes, cela gêne toujours un peu.

« — Jésus! » a-t-elle dit.

« — Sainte Vierge! » ai-je crié.

« La chose lui a donné bonne idée de moi; un autre, moins pieux que moi, se fût écrié *morbleu* ou *corbœuf*.

« — Le médecin! a-t-elle dit.

« — La charmante ménagère! » ai-je répondu.

« Elle a souri; mais se reprenant aussitôt :

« — Vous vous trompez, monsieur, a-t-elle dit, je ne vous connais point.

« — Mais moi je vous connais, lui ai-je dit, car depuis trois jours je ne vis pas, je n'existe pas, je vous adore; à ce point que je ne demeure plus rue Beautreillis, mais rue Saint-Antoine, au coin de la rue Sainte-Catherine, et que je n'ai changé de logement que pour vous voir entrer et sortir; si vous avez encore besoin de moi pour panser de beaux gentilshommes, ce n'est donc plus à mon ancien logement qu'il faut venir me chercher, mais à mon nouveau.

« — Silence! a-t-elle dit.

« — Ah! vous voyez bien! » ai-je répondu.

« Et voilà comment notre connaissance s'est faite ou plutôt renouée.

— De sorte qu'à cette heure tu es?...

— Aussi heureux qu'un amant peut l'être... avec Gertrude, bien entendu, tout est relatif; mais je suis plus qu'heureux, je suis au comble de la félicité, puisque j'en suis arrivé où j'en voulais venir dans votre intérêt.

— Mais elle se doutera peut-être...

— De rien; je ne lui ai pas même parlé de vous. Est-ce que le pauvre Remy le Haudouin connaît de nobles gentilshommes comme le seigneur de Bussy? Non, je lui ai seulement demandé d'une façon indifférente :

« — Et votre jeune maître va-t-il mieux?

« — Quel jeune maître?

« — Ce cavalier que j'ai soigné chez vous.

« — Ce n'est pas mon jeune maître, a-t-elle répondu.

« — Ah! c'est que, comme il était couché dans le lit de votre maîtresse, moi j'ai cru... ai-je repris.

« — Oh mon Dieu! pauvre jeune homme, a-t-elle répondu avec un soupir, il ne nous était rien; nous ne l'avons même revu qu'une fois depuis.

« — Alors vous ne savez pas même son nom? ai-je demandé.

« — Oh! si fait.

« — Vous auriez pu l'avoir su et l'avoir oublié.

« — Ce n'est pas un nom qu'on oublie.

« — Comment s'appelle-t-il donc?

« — Avez-vous entendu parler parfois du seigneur de Bussy?

« — Parbleu! ai-je répondu, Bussy, le brave Bussy?

« — Et bien! c'est cela même.

« — Alors la dame?

« — Ma maîtresse est mariée, monsieur.

« — On est mariée, on est fidèle, et cependant on pense parfois à un beau jeune homme qu'on a vu, ne fût-ce qu'un instant, surtout quand ce beau jeune homme était blessé, intéressant et couché dans notre lit.

« — Aussi, a répondu Gertrude, pour être franche, je ne dis point que ma maîtresse ne pense pas à lui. »

Une vive rougeur monta au front de Bussy.

« — Nous en parlons même, a ajouté Gertrude, toutes les fois que nous sommes seules.

« — Excellente fille! s'écria le comte.

« — Et qu'en dites-vous? ai-je demandé.

« — Je raconte ses prouesses, ce qui n'est pas difficile, attendu qu'il n'est bruit dans Paris que des coups d'épée qu'il donne et qu'il reçoit. Je lui ai même appris, à ma maîtresse toujours, une petite chanson fort à la mode.

« — Ah! je la connais, ai-je répondu; n'est-ce pas :

Un beau chercheur de noise,
C'est le seigneur d'Amboise,
Tendre et fidèle aussi,
C'est monseigneur Bussy!

« — Justement! s'est écriée Gertrude. De sorte que ma maîtresse ne chante plus que cela. »

Bussy serra la main du jeune docteur; un indicible frisson de bonheur venait de passer dans ses veines.

— C'est tout? dit-il, tant l'homme est insatiable dans ses désirs.

— Voilà, monseigneur. Oh! j'en saurai davantage plus tard; mais, que diable! on ne peut pas tout savoir en un jour, ou plutôt dans une nuit.

XXV

LE PÈRE ET LA FILLE

Ce rapport de Remy faisait Bussy bien heureux; en effet, il lui apprenait deux choses : d'abord que M. de Monsoreau était toujours autant haï, et que lui, Bussy, était déjà plus aimé.

Et puis, cette bonne amitié du jeune homme pour lui lui réjouissait le cœur. Il y a dans tous les sentiments qui viennent du ciel un épanouissement de tout notre être qui semble doubler nos facultés. On se sent heureux, parce qu'on se sent bon.

Bussy comprit donc qu'il n'y avait plus de temps à perdre maintenant, et que chaque frisson de douleur qui serrait le cœur du vieillard était presque un sacrilége ; il y a un tel renversement des lois de la nature dans un père qui pleure la mort de sa fille, que celui qui peut consoler ce père d'un mot mérite les malédictions de tous les pères en ne le consolant pas.

En descendant dans la cour, M. de Méridor trouva un cheval frais que Bussy avait fait préparer pour lui. Un autre cheval attendait Bussy; tous deux se mirent en selle et partirent accompagnés de Remy.

Voilà une tournure, dit Gorenflot, voilà une taille... on dirait que je connais cela. — Page 213.

Ils arrivèrent dans la rue Saint-Antoine, non sans un grand étonnement de M. de Méridor, qui depuis vingt ans n'était point venu à Paris, et qui, au bruit des chevaux, aux cris des laquais, au passage plus fréquent des coches, trouvait Paris fort changé depuis le règne du roi Henri II.

Mais, malgré cet étonnement, qui touchait presque à l'admiration, le baron n'en conservait pas moins une tristesse qui s'augmentait à mesure qu'il approchait du but ignoré de son voyage. Quelle réception allait lui faire le duc, et qu'allait-il ressortir de nouvelles douleurs de cette entrevue?

Puis, de temps en temps, en regardant avec étonnement Bussy, il se demandait par quel étrange abandon il en était venu à suivre presque aveuglément ce gentilhomme d'un prince auquel il devait tous ses malheurs. N'eût-il pas bien plutôt été de sa dignité de braver le duc d'Anjou, et, au lieu d'accompagner ainsi Bussy où il lui plairait de le conduire, d'aller droit au Louvre se jeter aux genoux du roi ? Que pouvait lui dire le prince ? En quoi pouvait-il le consoler ? N'était-il point de ceux-là qui appliquent des paroles dorées comme un baume momentané sur les blessures qu'ils ont faites ? mais on n'est pas plutôt hors de leur présence que la blessure saigne plus vite et plus douloureuse qu'auparavant.

On arriva ainsi à la rue Saint-Paul. Bussy, comme un capitaine habile, s'était fait précéder par Remy, lequel avait ordre d'éclairer le chemin et de préparer les voies d'introduction dans la place.

Ce dernier s'adressa à Gertrude, et revint dire à son patron que nul feutre, nulle rapière n'embarrassaient l'allée, l'escalier ou le corridor qui conduisaient à la chambre de madame de Monsoreau.

Toutes ces consultations, on le comprend bien, se faisaient à voix basse entre Bussy et le Haudouin.

Pendant ce temps, le baron regardait avec étonnement autour de lui.

— Eh quoi ! demandait-il, c'est là que loge le duc d'Anjou ?

Et un sentiment de défiance commença de lui être inspiré par l'humble apparence de la maison.

— Pas précisément, monsieur, répondit en souriant Bussy, mais, si ce n'est point sa demeure, c'est celle d'une dame qu'il a aimée.

Un nuage passa sur le front du vieux gentilhomme.

— Monsieur, dit-il en arrêtant son cheval, nous autres gens de province nous ne sommes point faits à ces façons ; les mœurs faciles de Paris nous épouvantent, et si bien, que nous ne savons pas vivre en présence de vos mystères. Il me semble que si M. le duc d'Anjou tient à voir le baron de Méridor, ce doit être en son palais à lui et non dans la maison d'une de ses maîtresses. Et puis, ajouta le vieillard avec un profond soupir, pourquoi, vous qui paraissez un honnête homme, me menez-vous en face d'une de ses femmes ? Est-ce pour me faire comprendre que ma pauvre Diane vivrait encore si, comme la maîtresse de ce logis, elle eût préféré la honte à la mort ?

— Allons, allons, monsieur le baron, dit Bussy avec ce sourire loyal qui avait été son plus grand moyen de conviction envers le vieillard, ne faites point d'avance de fausses conjectures. Sur ma foi de gentilhomme ! il ne s'agit point ici de ce que vous pensez. La dame que vous allez voir est parfaitement vertueuse et digne de tous les respects.

— Mais qui donc est-elle ?

— C'est... c'est la femme d'un gentilhomme de votre connaissance.

— En vérité ? Mais alors, monsieur, pourquoi dites-vous que le prince l'a aimée ?

— Parce que je dis toujours la vérité, monsieur le baron ; entrez et vous en jugerez vous-même en voyant s'accomplir ce que je vous ai promis.

— Prenez garde ! je pleurais mon enfant chéri, et vous m'avez dit : « Consolez-vous, monsieur, les miséricordes de Dieu sont grandes ; » me promettre une consolation à mes peines, c'était presque me promettre un miracle.

— Entrez, monsieur, répéta Bussy avec ce même sourire qui séduisait toujours le vieux gentilhomme.

Le baron mit pied à terre.

Gertrude était accourue tout étonnée sur le seuil de la porte et regardait d'un œil effaré le Haudouin, Bussy et le vieillard, ne pouvant deviner par quelle combinaison de la Providence ces trois hommes se trouvaient réunis.

— Allez prévenir madame de Monsoreau, dit le comte, que M. de Bussy est de retour et désire à l'instant même lui parler. Mais, sur votre âme! ajouta-t-il tout bas, ne dites pas un mot de la personne qui m'accompagne.

— Madame de Monsoreau! dit le vieillard avec stupeur, madame de Monsoreau!

— Passez, monsieur le baron, dit Bussy en poussant le seigneur Augustin dans l'allée.

On entendit alors, tandis que le vieillard montait l'escalier d'un pas chancelant, on entendit, disons-nous, la voix de Diane qui répondait avec un tremblement singulier.

— M. de Bussy! dites-vous, Gertrude? M. de Bussy! Eh bien! qu'il entre.

— Cette voix, s'écria le baron en s'arrêtant soudain au milieu de l'escalier, cette voix! oh! mon Dieu, mon Dieu!

— Montez donc, monsieur le baron, dit Bussy.

Mais au même instant, et comme le baron, tout tremblant, se retenait à la rampe en regardant autour de lui, au haut de l'escalier, en pleine lumière, sous un rayon de soleil doré, resplendit tout à coup Diane, plus belle que jamais, souriante, quoiqu'elle ne s'attendît point à revoir son père.

A cette vue, qu'il prit pour quelque vision magique, le vieillard poussa un cri terrible, et les bras étendus, l'œil hagard, il offrit une si parfaite image de la terreur et du délire, que Diane, prête à se jeter à son cou, s'arrêta de son côté, épouvantée et stupéfaite.

Le baron, en étendant la main, trouva à sa portée l'épaule de Bussy et s'y appuya.

— Diane vivante! murmura le baron de Méridor, Diane! ma Diane que l'on m'avait dite morte, ô mon Dieu!

Et ce robuste guerrier, vigoureux acteur des guerres étrangères et des guerres civiles qui l'avaient constamment épargné, ce vieux chêne que le coup de foudre de la mort de Diane avait laissé debout, cet athlète qui avait si puissamment lutté contre la douleur, écrasé, brisé, anéanti par la joie, recula, les genoux fléchissants, et, sans Bussy, fût tombé, précipité du haut de l'escalier, à l'aspect de cette image chérie qui tourbillonnait devant ses yeux, divisée en atomes confus.

— Mon Dieu! monsieur de Bussy, s'écria Diane en descendant précipitamment les quelques marches de l'escalier qui la séparaient du vieillard, qu'a donc mon père?

Et la jeune femme, épouvantée de cette pâleur subite et de l'effet étrange produit par une entrevue qu'elle devait croire annoncée, interrogeait plus encore des yeux que de la voix.

— M. le baron de Méridor vous croyait morte, et il vous pleurait, madame, ainsi qu'un père comme lui doit pleurer une fille comme vous.

— Comment! s'écria Diane; et personne ne l'avait détrompé?

— Personne.

— Oh! non, non, personne, s'écria le vieillard sortant de son anéantissement passager, personne! pas même M. de Bussy.

— Ingrat! dit le gentilhomme avec le ton d'un doux reproche.

— Oh! oui, répondit le vieillard, oui, vous avez raison, car voilà un instant qui me paie de toutes mes douleurs. Oh! ma Diane, ma Diane chérie! continua-t-il en ramenant d'une main la tête de sa fille contre ses lèvres et en tendant l'autre à Bussy.

Puis tout à coup, redressant la tête comme si un souvenir douloureux ou une crainte nouvelle se fût glissée jusqu'à son cœur malgré l'armure de joie, si l'on peut s'exprimer ainsi, qui venait de l'envelopper :

— Mais que me disiez-vous donc, seigneur de Bussy, que j'allais voir madame de Monsoreau ? où est-elle ?

— Hélas ! mon père !... murmura Diane.

Bussy rassembla toutes ses forces.

— Vous l'avez devant vous, dit-il, et le comte de Monsoreau est votre gendre.

— Eh quoi ! balbutia le vieillard, M. de Monsoreau mon gendre ! tout le monde, toi, Diane, lui-même, tout le monde me l'a laissé ignorer.

— Je tremblais de vous écrire, mon père, de peur que la lettre ne tombât entre les mains du prince. D'ailleurs je croyais que vous saviez tout.

— Mais dans quel but ? demanda le vieillard ; pourquoi tous ces étranges mystères ?

— Oh ! oui, mon père, songez-y ! s'écria Diane ; pourquoi M. de Monsoreau vous a-t-il laissé croire que j'étais morte ? pourquoi vous a-t-il laissé ignorer qu'il était mon mari ?

Le baron, tremblant comme s'il eût craint de porter sa vue jusqu'au fond de ces ténèbres, interrogeait timidement du regard les yeux étincelants de sa fille et l'intelligente mélancolie de Bussy.

Pendant tout ce temps, on avait, pas à pas, gagné le salon.

— M. de Monsoreau mon gendre ! balbutiait toujours le baron de Méridor anéanti.

— Cela ne peut vous étonner, répondit Diane avec le ton d'un doux reproche ; ne m'avez-vous pas ordonné de l'épouser, mon père ?

— Oui, s'il te sauvait.

— Eh bien ! il m'a sauvée, dit sourdement Diane en tombant sur un siége placé près de son prie-Dieu. Il m'a sauvée, pas du malheur, mais de la honte, du moins.

— Alors, pourquoi m'a-t-il laissé croire à ta mort, moi qui pleurais si amèrement ? répéta le vieillard. Pourquoi me laissait-il mourir de désespoir, quand un seul mot, un seul, pouvait me rendre la vie ?

— Oh ! il y a encore quelque piége là-dessous ! s'écria Diane. Mon père, vous ne me quitterez plus ; monsieur de Bussy, vous nous protégerez, n'est-ce pas ?

— Hélas ! madame, dit le jeune homme en s'inclinant, il ne m'appartient plus de pénétrer dans les secrets de votre famille. J'ai dû, voyant les étranges manœuvres de votre mari, vous trouver un défenseur que vous puissiez avouer. Ce défenseur, j'ai été le chercher à Méridor. Vous êtes auprès de votre père, je me retire.

— Il a raison, dit tristement le vieillard. M. de Monsoreau a craint la colère du duc d'Anjou, et M. de Bussy la craint à son tour.

Diane lança un de ses regards au jeune homme, et ce regard signifiait :

— Vous qu'on appelle le brave Bussy, avez-vous peur de M. le duc d'Anjou, comme pourrait en avoir peur M. de Monsoreau ?

Bussy comprit le regard de Diane et sourit.

— Monsieur le baron, dit-il, pardonnez-moi, je vous prie, la demande singulière que je vais vous prier de faire ; et vous, madame, au nom de l'intention que j'ai de vous rendre service, excusez-moi.

Tous deux attendaient en se regardant.

— Monsieur le baron, reprit Bussy, demandez, je vous prie, à madame de Monsoreau...

Et il appuya sur ces derniers mots, qui firent pâlir la jeune femme. Bussy vit la peine qu'il avait faite à Diane et reprit :

— Demandez à votre fille si elle est heureuse du mariage que vous avez commandé et auquel elle a consenti.

Diane joignit les mains et poussa un sanglot. Ce fut la seule réponse qu'elle put faire à Bussy. Il est vrai qu'aucune autre n'eût été aussi positive.

Les yeux du vieux baron se remplirent de larmes, car il commençait à voir que son amitié, peut-être trop précipitée, pour M. de Monsoreau allait se trouver être pour beaucoup dans le malheur de sa fille.

— Maintenant, dit Bussy, il est donc vrai, monsieur, que, sans y être forcé par aucune ruse ou par aucune violence, vous avez donné la main de votre fille à M. de Monsoreau?

— Oui, s'il la sauvait.

— Et il l'a sauvée effectivement. Alors je n'ai pas besoin de vous demander, monsieur, si votre intention est de laisser votre parole engagée?

— C'est une loi pour tous et surtout pour les gentilshommes, et vous devez savoir cela mieux que tout autre, monsieur, de tenir ce qu'on a promis. M. de Monsoreau a, de son propre aveu, sauvé la vie à ma fille; ma fille est donc bien à M. de Monsoreau.

— Ah! murmura la jeune femme, que ne suis-je morte!

— Madame, dit Bussy, vous voyez bien que j'avais raison de vous dire que je n'avais plus rien à faire ici. M. le baron vous donne à M. de Monsoreau, et vous lui avez promis vous-même, au cas où vous reverriez votre père sain et sauf, de vous donner à lui.

— Ah! ne me déchirez pas le cœur, monsieur de Bussy! s'écria madame de Monsoreau en s'approchant du jeune homme; mon père ne sait pas que j'ai peur de cet homme; mon père ne sait pas que je le hais; mon père s'obstine à voir en lui mon sauveur, et moi, moi que mes instincts éclairent, je m'obstine à dire que cet homme est mon bourreau.

— Diane! Diane! s'écria le baron, il t'a sauvée!

— Oui, s'écria Bussy entraîné hors des limites où sa prudence et sa délicatesse l'avaient retenu jusque-là, oui, mais si le danger était moins grand que vous ne le croyiez, si le danger était factice, si,... que sais-je? moi! Écoutez, baron, il y a là-dessous quelque mystère qui me reste à éclaircir, et que j'éclaircirai. Mais ce que je vous proteste, moi, c'est que si j'eusse eu le bonheur de me trouver à la place de M. de Monsoreau, moi aussi j'eusse sauvé du déshonneur votre fille, innocente et belle, et, sur Dieu qui m'entend, je ne lui eusse pas fait payer ce service.

— Il l'aimait, dit M. de Méridor qui sentait lui-même tout ce qu'avait d'odieux la conduite de M. de Monsoreau, et il faut bien pardonner à l'amour.

— Et moi donc, s'écria Bussy, est-ce que...

Mais effrayé de cet éclat qui allait malgré lui s'échapper de son cœur, Bussy s'arrêta, et ce fut l'éclat qui jaillit de ses yeux qui acheva la phrase interrompue sur ses lèvres.

Diane ne la comprit pas moins, et mieux encore peut-être que si elle eût été complète.

— Eh bien! dit-elle en rougissant, vous m'avez comprise, n'est-ce pas? Eh bien! mon ami, mon frère, — vous avez réclamé ces deux titres, et je vous les donne; — eh bien! mon ami, eh bien! pouvez-vous quelque chose pour moi?

— Mais le duc d'Anjou ! le duc d'Anjou ! murmura le vieillard qui voyait toujours la foudre qui le menaçait gronder dans la colère de l'Altesse royale.

— Je ne suis pas de ceux qui craignent les colères des princes, seigneur Augustin, répondit le jeune homme ; et je me trompe fort ou nous n'avons point cette colère à redouter ; si vous le voulez, monsieur de Méridor, je vous ferai, moi, tellement ami du prince, que c'est lui qui vous protégera contre M. de Monsoreau, de qui vous vient, croyez-moi, le véritable danger : danger inconnu, mais certain ; invisible, mais peut-être inévitable.

— Mais si le duc apprend que Diane est vivante, tout est perdu, dit le vieillard.

— Allons, dit Bussy, je vois bien que, quoi que j'aie pu vous dire, vous croyez M. de Monsoreau avant moi et plus que moi. N'en parlons plus, repoussez mon offre, monsieur le baron, repoussez le secours tout-puissant que j'appelais à votre aide ; jetez-vous dans les bras de l'homme qui a si bien justifié votre confiance ; je vous l'ai dit, j'ai accompli ma tâche, je n'ai plus rien à faire ici. Adieu, madame, vous ne me verrez plus, je me retire ; adieu !

— Oh ! s'écria Diane en saisissant la main du jeune homme, m'avez-vous vue faiblir un instant, moi ? m'avez-vous vue revenir à lui ? Non, je vous le demande à genoux, ne m'abandonnez pas, monsieur de Bussy, ne m'abandonnez pas !

Bussy serra les belles mains suppliantes de Diane, et toute sa colère tomba comme tombe cette neige que fond à la crête des montagnes le chaud sourire du soleil de mai.

— Puisqu'il en est ainsi, dit Bussy, à la bonne heure, madame ! oui, j'accepte la mission sainte que vous me confiez, et avant trois jours, car il me faut le temps de rejoindre le prince qui est, dit-on, en pèlerinage à Chartres avec le roi, avant trois jours vous verrez du nouveau, ou j'y perdrai mon nom de Bussy.

Et s'approchant d'elle avec une ivresse qui embrasait à la fois son souffle et son regard :

— Nous sommes alliés contre le Monsoreau, lui dit-il tout bas ; rappelez-vous que ce n'est pas lui qui vous a ramené votre père, et ne me soyez point perfide.

Et, serrant une dernière fois la main du baron, il s'élança hors de l'appartement.

XXVI

COMMENT FRÈRE GORENFLOT SE RÉVEILLA, ET DE L'ACCUEIL QUI LUI FUT FAIT A SON COUVENT

Nous avons laissé notre ami Chicot en extase devant le sommeil non interrompu et devant le ronflement splendide de frère Gorenflot ; il fit signe à l'aubergiste de se retirer et d'emporter la lumière, après lui avoir recommandé sur toutes choses de ne pas dire un mot au digne frère de la sortie qu'il avait faite à dix heures du soir et de la rentrée qu'il venait de faire à trois heures du matin.

Comme maître Bonhomet avait remarqué une chose, c'est que, dans les relations qui existaient entre le fou et le moine, c'était toujours le fou qui payait, il tenait le fou en grande considération, tandis qu'il n'avait au contraire qu'une vénération fort médiocre pour le moine.

Il promit en conséquence à Chicot de n'ouvrir en aucun cas la bouche sur les événements de la nuit, et se retira, laissant les deux amis dans l'obscurité, ainsi que la chose venait de lui être recommandée.

Bientôt Chicot s'aperçut d'une chose qui excita son admiration, c'est que le frère Gorenflot ronflait et parlait en même temps. Ce qui indiquait, non pas, comme on pourrait le croire, une conscience bourrelée de remords, mais un estomac surchargé de nourriture.

Les paroles que prononçait Gorenflot dans son sommeil formaient, recousues les unes aux autres, un affreux mélange d'éloquence sacrée et de maximes bachiques.

Cependant Chicot s'aperçut que, s'il restait dans une obscurité complète, il aurait grand'peine à accomplir la restitution qui lui restait à faire pour que Gorenflot, à son réveil, ne se doutât de de rien ; en effet, il pouvait, dans les ténèbres, marcher imprudemment sur quelques-uns des quatre membres du moine, dont il ignorait les différentes directions, et par là douleur le tirer de sa léthargie.

Chicot souffla donc sur les charbons du brasier pour éclairer un peu la scène.

Au bruit de ce souffle, Gorenflot cessa de ronfler et murmura :

— Mes frères ! voici un vent féroce : c'est le souffle du Seigneur, c'est son haleine qui m'inspire.

Et il se remit à ronfler.

Chicot attendit un instant que le sommeil eût bien repris toute son influence, et commença de démailloter le moine.

— Brrrrou ! fit Gorenflot. Quel froid ! Cela empêchera le raisin de mûrir.

Chicot s'arrêta au milieu de son opération, qu'il reprit un instant après.

— Vous connaissez mon zèle, mes frères, continua le moine ; tout pour l'Église et pour monseigneur le duc de Guise.

— Canaille ! dit Chicot.

— Voilà mon opinion, reprit Gorenflot, mais il est certain...

— Qu'est-ce qui est certain ? demanda Chicot en soulevant le moine pour lui passer sa robe.

— Il est certain que l'homme est plus fort que le vin ; frère Gorenflot a combattu contre le vin, comme Jacob contre l'ange, et frère Gorenflot a dompté le vin.

Chicot haussa les épaules.

Ce mouvement intempestif fit ouvrir un œil au moine, et, au-dessus de lui, il vit le sourire de Chicot qui semblait livide et sinistre à cette douteuse lueur.

— Ah ! pas de fantômes, voyons, pas de farfadets ! dit le moine comme s'il se plaignait à quelque démon familier oublieux des conventions qu'il avait faites avec lui.

— Il est ivre-mort, dit Chicot en achevant de rouler Gorenflot dans sa robe et en ramenant son capuchon sur sa tête.

— A la bonne heure ! grommela le moine ; le sacristain a fermé la porte du chœur et le vent ne vient plus.

— Réveille-toi maintenant si tu veux, dit Chicot ; cela m'est bien égal.

— Le Seigneur a entendu ma prière, murmura le moine, et l'aquilon qu'il avait envoyé pour geler les vignes s'est changé en doux zéphyr.

— Amen ! dit Chicot.

Et se faisant un oreiller des serviettes et un drap de la nappe, après avoir le plus vraisemblablement possible disposé les bouteilles vides et les assiettes salies, il s'endormit côte à côte avec son compagnon.

Le grand jour lui donnant dans les yeux et la voix aigre de l'hôte grondant ses marmitons, qui retentissait dans la cuisine, réussirent à percer l'épaisse vapeur qui assoupissait les idées de Gorenflot. Il se souleva et parvint, à l'aide de ses deux mains, à s'établir sur la partie que la nature prévoyante a donnée à l'homme pour être son principal centre de gravité.

Cet effort accompli, non sans difficulté, Gorenflot se mit à considérer le pêle-mêle significatif de la vaisselle, puis Chicot, qui disposé, grâce à la circonflexion gracieuse de l'un de ses bras, de manière à tout voir, ne perdait pas un seul mouvement du moine. Chicot faisait semblant de ronfler, et cela avec un naturel qui faisait honneur à ce fameux talent d'imitation dont nous avons déjà parlé.

— Grand jour! s'écria le moine; corbleu! grand jour! il paraît que j'ai passé la nuit ici.

Puis rassemblant ses idées :

— Et l'abbaye? dit-il; oh! oh!

Il se mit à resserrer le cordon de sa robe, soin que Chicot n'avait pas cru devoir prendre.

— C'est égal, dit-il, j'ai fait un étrange rêve : il me semblait être mort et enveloppé dans un linceul taché de sang.

Gorenflot ne se trompait pas tout à fait. Il avait pris, en se réveillant à moitié, la nappe qui l'enveloppait pour un linceul, et les taches de vin pour des gouttes de sang.

— Heureusement que c'était un rêve, dit Gorenflot en regardant de nouveau autour de lui.

Dans cet examen, ses yeux s'arrêtèrent sur Chicot, qui, sentant que le moine le regardait, ronfla de double force.

— Que c'est beau, un ivrogne! dit Gorenflot contemplant Chicot avec admiration.

« Est-il heureux, ajouta-t-il, de dormir ainsi! Ah! c'est qu'il n'est pas dans ma position, lui. »

Et il poussa un soupir qui monta à l'unisson du ronflement de Chicot, de sorte que le soupir eût probablement réveillé le Gascon, si le Gascon eût dormi véritablement.

— Si je le réveillais pour lui demander avis? fit le moine; il est homme de bon conseil.

Chicot tripla la dose, et le ronflement, qui avait atteint le diapason de l'orgue, passa à l'imitation du tonnerre.

— Non, reprit Gorenflot, cela lui donnerait trop d'avantages sur moi. Je trouverai bien un bon mensonge sans lui.

« Mais quel que soit ce mensonge, continua le moine, j'aurai bien de la peine à éviter le cachot. Ce n'est pas encore précisément le cachot, c'est le pain et l'eau qui en sont la conséquence. Si j'avais du moins quelque argent pour séduire le frère geôlier!

Ce qu'entendant Chicot, il tira subtilement de sa poche une bourse assez ronde qu'il cacha sous son ventre.

Ce n'était pas une précaution inutile; plus contrit que jamais, Gorenflot s'approcha de son ami et murmura ces paroles mélancoliques :

— S'il était éveillé, il ne me refuserait pas un écu; mais son sommeil m'est sacré... et je vais le prendre.

A ces mots, frère Gorenflot, qui, après être demeuré un certain temps assis, venait de s'agenouiller, se pencha à son tour vers Chicot et fouilla délicatement dans la poche du dormeur.

Chicot ne jugea point à propos, malgré l'exemple donné par son compagnon, de faire appel à son démon familier, et le laissa fouiller à son aise dans l'une et l'autre poche de son pourpoint.

— C'est singulier, dit le moine, rien dans les poches! Ah! dans le chapeau peut-être.

Tandis que le moine se mettait en quête, Chicot vidait sa bourse dans sa

Gorenflot se cramponnait des deux mains à la longe de son âne.

main, et la remettait vide et plate dans la poche de son haut-de-chausses.

— Rien dans le chapeau! dit le moine, cela m'étonne. Mon ami Chicot, qui est un fou plein de raison, ne sort cependant jamais sans argent. Ah! vieux Gaulois, ajouta-t-il avec un sourire qui fendait sa bouche jusqu'aux oreilles, j'oubliais tes brayes.

Et glissant sa main dans les chausses de Chicot, il en retira la bourse vide.

— Jésus! murmura-t-il; et l'écot, qui le paiera?

Cette pensée produisit sur le moine une profonde impression, car il se mit aussitôt sur ses jambes, et d'un pas encore un peu aviné, mais cependant rapide, il se dirigea vers la porte, traversa la cuisine sans lier conversation avec l'hôte, malgré les avances que celui-ci lui faisait, et s'enfuit.

Alors Chicot remit son argent dans sa

bourse, sa bourse dans sa poche, et s'accoudant contre la fenêtre, que mordait déjà un rayon de soleil, il oublia Gorenflot dans une méditation profonde.

Cependant le frère quêteur, sa besace sur l'épaule, poursuivait son chemin avec une mine composée qui pouvait paraître aux passants du recueillement, et qui n'était que de la préoccupation, car Gorenflot cherchait un de ces magnifiques mensonges de moine en goguette ou de soldat attardé, mensonge dont le fond est toujours le même, tandis que la trame se brode capricieusement, selon l'imagination du menteur.

Du plus loin que frère Gorenflot aperçut les portes du couvent, elles lui parurent plus sombres encore que de coutume, et il tira de fâcheux indices de la présence de plusieurs moines conversant sur le seuil, et regardant tour à tour avec inquiétude vers les quatre points cardinaux.

Mais à peine eut-il débouché de la rue Saint-Jacques qu'un grand mouvement opéré par les frères au moment même où ils l'aperçurent lui donna une des plus horribles frayeurs qu'il eût éprouvées de sa vie.

— C'est de moi qu'ils parlent, dit-il; ils me désignent, ils m'attendent; on m'a cherché cette nuit; mon absence a fait scandale; je suis perdu!

Et la tête lui tourna; une folle idée de fuir lui vint à l'esprit; mais plusieurs religieux venaient déjà à sa rencontre; on le poursuivrait indubitablement. Frère Gorenflot se rendait justice, il n'était pas taillé pour la course; il serait rejoint, garrotté, traîné au couvent; il préféra la résignation.

Il s'avança donc, l'oreille basse, vers ses compagnons qui semblaient hésiter à venir lui parler.

— Hélas! dit Gorenflot, ils font semblant de ne plus me connaître; je suis une pierre d'achoppement.

Enfin l'un deux se hasarda, et allant à Gorenflot :

— Pauvre cher frère! dit-il.

Gorenflot poussa un soupir et leva les yeux au ciel.

— Vous savez que le prieur vous attend, dit un autre.

— Ah! mon Dieu!

— Oh! mon Dieu, oui, ajouta un troisième; il a dit qu'aussitôt rentré au couvent on vous conduisît près de lui.

— Voilà ce que je craignais, dit Gorenflot.

Et, plus mort que vif, il entra dans le couvent dont la porte se referma sur lui.

— Ah! c'est vous! s'écria le frère portier; venez vite, vite! le révérend prieur Joseph Foulon vous demande.

Et le frère portier, prenant Gorenflot par la main, le conduisit ou plutôt le traîna jusque dans la chambre du prieur.

Là aussi les portes se refermèrent.

Gorenflot baissa les yeux, craignant de rencontrer le regard courroucé de l'abbé; il se sentait seul, abandonné de tout le monde, en tête-à-tête avec un supérieur qui devait être irrité, et irrité justement.

— Ah! c'est vous enfin? dit l'abbé.

— Mon révérend... balbutia le moine.

— Que d'inquiétudes vous nous avez données! dit le prieur.

— C'est trop de bontés, mon père, reprit Gorenflot qui ne comprenait rien à ce ton indulgent auquel il ne s'attendait pas.

— Vous avez craint de rentrer après la scène de cette nuit, n'est-ce pas?

— J'avoue que je n'ai point osé rentrer, dit le moine, dont le front distillait une sueur glacée.

— Ah! cher frère, cher frère, dit l'abbé, c'est bien jeune et bien imprudent, ce que vous avez fait là.

— Laissez-moi vous expliquer, mon père.

— Et qu'avez-vous besoin de m'expliquer? Votre sortie...

— Je n'ai pas besoin de vous expliquer? dit Gorenflot; tant mieux, car j'étais embarrassé de le faire.

— Je le comprends à merveille. Un moment d'exaltation... l'enthousiasme vous a entraîné; l'exaltation est une vertu sainte; l'enthousiasme est un sentiment sacré; mais les vertus outrées deviennent presque vices; les sentiments les plus honorables, exagérés, sont répréhensibles.

— Pardon, mon père, dit Gorenflot, mais, si vous comprenez, je ne comprends pas bien, moi. De quelle sortie parlez-vous?

— De celle que vous avez faite cette nuit.

— Hors du couvent? demanda timidement le moine.

— Non pas; dans le couvent.

— J'ai fait une sortie dans le couvent, moi?

— Oui, vous.

Gorenflot se gratta le bout du nez. Il commençait à comprendre qu'il jouait aux propos interrompus.

— Je suis aussi bon catholique que vous, mais cependant votre audace m'a épouvanté.

— Mon audace! dit Gorenflot; j'ai donc été bien audacieux?

— Plus qu'audacieux, mon fils, vous avez été téméraire.

— Hélas! il faut pardonner aux écarts d'un tempérament encore mal assoupli; je me corrigerai, mon père.

— Oui, mais en attendant je ne puis m'empêcher de craindre pour vous et pour nous les conséquences de cet éclat. Si la chose s'était passée entre nous, ce ne serait rien.

— Comment! dit Gorenflot, la chose est sue dans le monde!

— Sans doute; vous saviez bien qu'il y avait là plus de cent laïques qui n'ont pas perdu un mot de votre discours.

— De mon discours? fit Gorenflot de plus en plus étonné.

— J'avoue qu'il était beau, j'avoue que les applaudissements ont dû vous enivrer, que l'assentiment unanime a pu vous monter la tête : mais que cela en arrive au point de proposer une procession dans les rues de Paris, au point d'offrir de revêtir une cuirasse et de faire appel aux bons catholiques, le casque en tête et la pertuisane sur l'épaule, vous en conviendrez, c'est trop fort.

Gorenflot regardait le prieur avec des yeux qui passaient par toutes les expressions de l'étonnement.

— Maintenant, continua le prieur, il y a un moyen de tout concilier. Cette sève religieuse, qui bout dans votre cœur généreux, vous ferait tort à Paris, où il y a tant d'yeux méchants qui vous épient. Je désire que vous alliez la dépenser...

— Où cela, mon père? demanda Gorenflot convaincu qu'il allait faire un tour de cachot.

— En province.

— Un exil! s'écria Gorenflot.

— En restant ici, il pourrait vous arriver bien pis, très-cher frère.

— Et que peut-il donc m'arriver?

— Un procès criminel, qui amènerait,

selon toute probabilité, la prison éternelle, sinon la mort.

Gorenflot pâlit affreusement; il ne pouvait comprendre comment il avait encouru la prison perpétuelle et même la peine de mort pour s'être grisé dans un cabaret et avoir passé une nuit hors de son couvent.

— Tandis qu'en vous soumettant à cet exil momentané, mon très-cher frère, non-seulement vous échappez au danger, mais encore vous plantez le drapeau de la foi en province; ce que vous avec fait et dit cette nuit, dangereux et même impossible sous les yeux du roi et de ses mignons maudits, devient en province plus facile à exécuter. Partez donc au plus vite, frère Gorenflot; peut-être même est-il déjà trop tard et les archers ont-ils reçu l'ordre de vous arrêter.

— Ouais! mon révérend père, que dites-vous là? balbutia le moine en roulant des yeux épouvantés, car à mesure que le prieur, dont il avait d'abord admiré la mansuétude, parlait, il s'étonnait des proportions que pouvait prendre un péché à tout prendre très-véniel; les archers, dites-vous, et qu'ai-je affaire aux archers, moi?

— Vous n'avez point affaire à eux; mais ils pourraient bien avoir affaire à vous.

— Mais on m'a donc dénoncé? dit frère Gorenflot.

— Je le parierais. Partez donc, partez.

— Partir! mon révérend, dit Gorenflot atterré. C'est bien aisé à dire; mais comment vivrai-je, quand je serai parti?

— Eh! rien de plus facile. Vous êtes le frère quêteur du couvent; voilà vos moyens d'existence. De votre quête vous avez nourri les autres jusqu'à présent; de votre quête vous, vous nourrirez. Et puis, soyez tranquille, mon Dieu! le système que vous avez développé vous fera assez de partisans en province pour que j'aie la certitude que vous ne manquerez de rien. Mais, allez, pour Dieu! allez, et surtout ne revenez pas que l'on ne vous prévienne.

Et le prieur, après avoir tendrement embrassé frère Gorenflot, le poussa doucement, mais avec une persistance qui fut couronnée de succès, à la porte de sa cellule.

Là toute la communauté était réunie, attendant frère Gorenflot.

A peine parut-il que chacun s'élança vers lui, et que chacun voulut lui toucher les mains, le cou, les habits. Il y en avait dont la vénération allait jusqu'à lui baiser le bas de sa robe.

— Adieu, disait l'un en le pressant sur son cœur; adieu, vous êtes un saint homme; ne m'oubliez point dans vos prières.

— Bah! se dit Gorenflot, un saint homme, moi! Tiens!

— Adieu, dit un autre en lui serrant la main, brave champion de la foi, adieu! Godefroy de Bouillon était bien peu de chose auprès de vous.

— Adieu, martyr! lui dit un troisième en baisant le bout de son cordon; l'aveuglement habite encore parmi nous, mais l'heure de la lumière arrivera.

Et Gorenflot se trouva ainsi, de bras en bras, de baisers en baisers et d'épithètes en épithètes, porté jusqu'à la porte de la rue, qui se referma derrière lui dès qu'il l'eut franchie.

Gorenflot regarda cette porte avec une expression que rien ne saurait rendre, et finit par sortir de Paris à reculons, comme si l'ange exterminateur lui eût montré la pointe de son épée flamboyante.

Le seul mot qui lui échappa en arrivant à la porte fut celui-ci :

— Le diable m'emporte! ils sont tous fous; ou, s'ils ne le sont pas, miséricorde, mon Dieu! c'est moi qui le suis!

XXVII

COMMENT FRÈRE GORENFLOT DEMEURA CONVAINCU QU'IL ÉTAIT SOMNAMBULE, ET DÉPLORA AMÈREMENT CETTE INFIRMITÉ.

Jusqu'au jour néfaste où nous sommes arrivés, jour où tombait sur le pauvre moine cette persécution inattendue, frère Gorenflot avait mené la vie contemplative, c'est-à-dire que, sortant de bon matin quand il voulait prendre le frais, tard quand il recherchait le soleil; confiant en Dieu et dans la cuisine de l'abbaye, il n'avait jamais pensé à se procurer que les extra fort mondains, et assez rares au reste de la *Corne d'abondance;* ces extra étaient soumis aux caprices des fidèles et ne se pouvaient prélever que sur les aumônes en argent auxquelles frère Gorenflot faisait faire, en passant rue Saint-Jacques, une halte; après cette halte, ces aumônes rentraient au couvent, diminuées de la somme que frère Gorenflot avait laissée en route. Il y avait bien encore Chicot, son ami, lequel aimait les bons repas et les bons convives. Mais Chicot était très-fantasque dans sa vie. Le moine le voyait parfois trois ou quatre jours de suite, puis il était quinze jours, un mois, six semaines sans reparaître, soit qu'il restât enfermé avec le roi, soit qu'il l'accompagnât dans quelque pèlerinage, soit enfin qu'il exécutât pour son propre compte un voyage d'affaires ou de fantaisie. Gorenflot était donc un de ces moines pour qui, comme pour certains soldats enfants de troupe, le monde commençait au supérieur de la maison, c'est-à-dire au colonel du couvent, et finissait à la marmite vide. Aussi ce soldat de l'Église, cet enfant de froc, si l'on nous permet de lui appliquer l'expression pittoresque que nous employions tout à l'heure à l'égard des défenseurs de la patrie, ne s'était-il jamais figuré qu'un jour il lui fallût laborieusement se mettre en route et chercher les aventures.

Encore, s'il eût eu de l'argent; mais la réponse du prieur à sa demande avait été simple et sans ornement apostolique, comme ce fragment de saint Luc :

« Cherche et tu trouveras. »

Gorenflot, en songeant qu'il allait être obligé de chercher au loin, se sentait las avant de commencer.

Cependant le principal était de se soustraire d'abord au danger qui le menaçait, danger inconnu, mais pressant, d'après ce qui avait paru ressortir du moins des paroles du prieur.

Le pauvre moine n'était pas de ceux qui peuvent déguiser leur physique et échapper aux investigations par quelque habile métamorphose; il résolut donc de gagner au large d'abord, et, dans cette résolution, franchit d'un pas assez rapide la porte Bordelle, dépassa prudemment, et en se faisant le plus mince possible, la guérite des veilleurs de nuit et le poste des suisses, dans la crainte que ces archers, dont l'abbé de Sainte-Geneviève lui avait fait fête, ne fussent des réalités trop saisissantes.

Mais une fois en plein air, une fois en rase campagne, lorsqu'il fut à cinq cents pas de la porte de la ville, lorsqu'il vit, sur les revers du fossé, disposée en manière de fauteuil, cette première herbe du printemps qui s'efforce de percer la terre déjà verdoyante ; lorsqu'il vit le soleil joyeux à l'horizon, la solitude à droite et à gauche, la ville murmurante derrière lui, il s'assit sur le talus de la route, emboîta son double menton dans sa large et grasse main, se gratta de l'index le bout carré d'un nez de dogue, et commença une rêverie accompagnée de gémissements.

Sauf la cithare, qui lui manquait, frère Gorenflot ne ressemblait pas mal à l'un de ces Hébreux qui, suspendant leur harpe aux saules, fournissaient au temps de la désolation de Jérusalem le texte du fameux verset : *Super flumina Babylonis* et le sujet d'une myriade de tableaux mélancoliques.

Gorenflot gémissait d'autant plus que neuf heures approchaient, heure à laquelle on dînait au couvent; car les moines, en arrière de la civilisation, comme il convient à des gens détachés du monde, suivaient encore, en l'an de grâce 1578, les pratiques du bon roi Charles V, lequel dînait à huit heures du matin, après sa messe.

Autant vaudrait compter les grains de sable soulevés par le vent au bord de la mer pendant un jour de tempête que d'énumérer les idées contradictoires qui vinrent, l'une après l'autre, éclore dans le cerveau de Gorenflot à jeun.

La première idée, celle dont il eut le plus de peine à se débarrasser, nous devons le dire, fut de rentrer dans Paris, d'aller droit au couvent, de déclarer à l'abbé que bien décidément il préférait le cachot à l'exil, de consentir même, s'il le fallait, à subir la discipline, le fouet, le double fouet et l'*in-pace*, pourvu que l'on jurât sur l'honneur de s'occuper de ses repas, qu'il consentirait même à réduire à cinq par jour.

A cette idée si tenace qu'elle laboura pendant plus d'un grand quart d'heure le cerveau du pauvre moine, en succéda une autre un peu plus raisonnable : c'était d'aller droit à la *Corne d'abondance*, d'y mander Chicot, si toutefois il ne le retrouvait pas endormi encore, de lui exposer la situation déplorable dans laquelle il se trouvait à la suite de ses suggestions bachiques, suggestions auxquelles lui, Gorenflot, avait eu la faiblesse de céder, et d'obtenir de ce généreux ami une pension alimentaire.

Ce plan arrêta Gorenflot un autre quart d'heure, car c'était un esprit judicieux, et l'idée n'était pas sans mérite.

C'était enfin, autre idée qui ne manquait pas d'une certaine audace, de tourner autour des murs de la capitale, de rentrer par la porte de Saint-Germain ou par la tour de Nesle, et de continuer clandestinement ses quêtes dans Paris. Il connaissait les bons endroits, les coins fertiles, les petites rues où certaines commères, élevant de succulentes volailles, avaient toujours quelque chapon mort de gras fondu à jeter dans le sac du quêteur ; il voyait, dans le miroir reconnaissant de ses souvenirs, certaine maison à perron où l'été se fabriquaient des conserves de tous genres, et cela dans le but principal, du moins frère Gorenflot aimait à se l'imaginer ainsi, de jeter au sac du frère quêteur, en échange de sa paternelle bénédiction, tantôt un quartier de gelée de coings séchés, tantôt une douzaine de noix confites, et tantôt une boîte de pommes tapées dont l'odeur seule eût fait boire un moribond. Car, il faut le dire, les idées de frère Gorenflot étaient surtout tournées vers les plaisirs de la table et les douceurs du repos ; de sorte qu'il pensait parfois, non sans une certaine inquiétude, à ces deux avocats du diable qui, au jugement dernier, plaideraient contre lui, et qu'on appelait la Paresse, et la Gourmandise. Mais en attendant, nous devons le dire, le digne moine suivait, non sans remords, peut-être, mais enfin suivait la pente fleurie qui mène à l'abîme, au fond duquel hurlent incessamment, comme Charybde et Scylla, ces deux péchés mortels.

Aussi ce dernier plan lui souriait-il ; aussi ce genre de vie lui paraissait-il celui auquel il était naturellement destiné ; mais pour accomplir ce plan, pour suivre ce genre de vie il fallait rester dans Paris, et risquer de rencontrer à chaque pas les archers, les sergents, les autorités ecclésiastiques, troupeau dangereux pour un moine vagabond.

Et puis un autre inconvénient se présentait : le trésorier du couvent de Sainte-Geneviève était un administrateur trop soigneux pour laisser Paris sans frère quêteur ; Gorenflot courait donc le risque de se trouver face à face avec un collègue qui aurait sur lui cette incontestable supériorité d'être dans l'exercice légitime de ses fonctions.

Cette idée fit frémir Gorenflot, et certes il y avait bien de quoi.

Il en était là de ses monologues et de ses appréhensions, quand il vit poindre au loin, sous la porte Bordelle, un cavalier qui bientôt ébranla la voûte sous le galop de sa monture.

Cet homme mit pied à terre près d'une maison située à cent pas à peu près de l'endroit où était assis Gorenflot ; il frappa : on lui ouvrit, et cheval et cavalier disparurent dans la maison.

Gorenflot remarqua cette circonstance, parce qu'il avait envié le bonheur de ce cavalier qui avait un cheval, et par conséquent pouvait le vendre.

Mais au bout d'un instant le cavalier, Gorenflot le reconnut à son manteau, le cavalier, disons-nous, sortit de la maison, et comme il y avait un massif d'arbres à quelque distance et devant le massif un gros tas de pierres, il alla se blottir entre les arbres et ce bastion d'une nouvelle espèce.

— Voilà bien certainement quelque guet-apens qui se prépare, murmura Gorenflot. Si j'étais moins suspect aux archers, j'irais les prévenir, ou, si j'étais plus brave, je m'y opposerais.

A ce moment, l'homme qui se tenait en embuscade, et dont les yeux ne quittaient la porte de la ville que pour inspecter les environs avec une certaine inquiétude, aperçut, dans un des regards rapides qu'il jetait à droite et à gauche, Gorenflot, toujours assis et tenant toujours son menton. Cette vue le gêna ; il feignit de se promener d'un air indifférent derrière les moellons.

— Voilà une tournure, dit Gorenflot, voilà une taille... on dirait que je connais cela... mais non, c'est impossible.

En ce moment l'inconnu, qui tournait le dos à Gorenflot, s'affaissa tout à coup comme si les muscles de ses jambes eussent manqué sous lui. Il venait d'entendre certain bruit de fers de chevaux qui venait de la porte de la ville.

En effet, trois hommes, dont deux semblaient des laquais, trois bonnes mules et trois gros porte-manteaux venaient lentement de Paris par la porte Bordelle. Aussitôt qu'il les eut aperçus, l'homme aux moellons se fit plus petit encore, si c'était possible, et, rampant plutôt qu'il ne marchait, il gagna le groupe d'arbres, et choisissant le plus gros il se blottit derrière, dans la posture d'un chasseur à l'affût.

La cavalcade passa sans le voir, ou du

moins sans le remarquer, tandis qu'au contraire l'homme embusqué semblait la dévorer des yeux.

— C'est moi qui ai empêché le crime de se commettre, se dit Gorenflot, et ma présence sur le chemin, juste en ce moment, est une de ces manifestations de la volonté divine, comme il m'en faudrait une autre à moi pour me faire déjeuner.

La cavalcade passée, le guetteur rentra dans la maison.

— Bon! dit Gorenflot, voilà une circonstance qui va me procurer, ou je me trompe fort, l'aubaine que je désirais. Homme qui guette n'aime pas être vu. C'est un secret que je possède, et ne valût-il que six deniers, eh bien! je le mettrai à prix.

Et, sans tarder, Gorenflot se dirigea vers la maison; mais à mesure qu'il approchait, il se remémorait la tournure martiale du cavalier, la longue rapière qui battait ses mollets, et d'œil terrible avec lequel il avait regardé passer la cavalcade; puis il se disait:

— Je crois décidément que j'avais tort et qu'un pareil homme ne se laisserait point intimider.

A la porte, Gorenflot était tout à fait convaincu, et ce n'était plus le nez qu'il se grattait, mais l'oreille.

Tout à coup sa figure s'illumina.

— Une idée! dit-il.

C'était un tel progrès que l'éveil d'une idée dans le cerveau endormi du moine, qu'il s'étonna lui-même que cette idée fût venue; mais on le disait déjà en ce temps-là : Nécessité est mère de l'industrie.

— Une idée, répéta-t-il, et une idée un peu ingénieuse! Je lui dirai : « Monsieur, tout homme a ses projets, ses désirs, ses espérances; je prierai pour vos projets, donnez-moi quelque chose. » Si ses projets sont mauvais, comme je n'en ai aucun doute, il aura un double besoin que l'on prie pour lui, et, dans ce but, il me fera quelque aumône. Et moi je soumettrai le cas au premier docteur que je rencontrerai. C'est à savoir si l'on doit prier pour les projets qui vous sont inconnus, quand on a conçu un mauvais doute sur ces projets. Ce que me dira le docteur, je le ferai; par conséquent ce ne sera plus moi qui serai responsable, mais lui; et si je ne rencontre pas de docteur, eh bien! si je ne rencontre pas de docteur, comme il y a doute, je m'abstiendrai. En attendant, j'aurai déjeuné avec l'aumône de cet homme aux mauvaises intentions.

En conséquence de cette détermination, Gorenflot s'effaça contre les murs et attendit.

Cinq minutes après, la porte s'ouvrit, et le cheval et l'homme apparurent, l'un portant l'autre.

Gorenflot s'approcha.

— Monsieur, dit-il, si cinq *Pater* et cinq *Ave* pour la réussite de vos projets peuvent vous être agréables...

L'homme tourna la tête du côté de Gorenflot.

— Gorenflot! s'écria-t-il.

— Monsieur Chicot! fit le moine tout ébahi.

— Où diable vas-tu donc comme cela, compère? demanda Chicot.

— Je n'en sais rien; et vous?

— C'est différent, moi, je le sais, dit Chicot, je vais droit devant moi!

— Bien loin?

— Jusqu'à ce que je m'arrête. Mais toi, compère, puisque tu ne peux pas me dire dans quel but tu te trouves ici, je soupçonne une chose.

— Laquelle?

LA DAME DE MONSOREAU

Le moine portant les deux selles sur la tête et les deux brides à ses mains. — Page 230.

— C'est que tu m'espionnais.
— Jésus Dieu! moi vous espionner! le Seigneur m'en préserve! Je vous ai vu, voilà tout.
— Vu quoi?
— Guetter le passage des mules.
— Tu es fou!
— Cependant, derrière ces pierres, avec vos yeux attentifs...
— Écoute, Gorenflot, je veux me faire bâtir une maison hors les murs; ces moellons sont à moi, et je m'assurais qu'ils étaient de bonne qualité.

— Alors, c'est différent, dit le moine qui ne crut pas un mot de ce que lui répondait Chicot; je me trompais.
— Mais enfin, toi-même, que fais-tu hors des barrières?
— Hélas! monsieur Chicot, je suis proscrit, répondit Gorenflot avec un énorme soupir.
— Hein? fit Chicot.
— Proscrit, vous dis-je.
Et Gorenflot, se drapant dans son froc, redressa sa courte taille et balança sa tête d'avant en arrière avec le regard impéra-

tif de l'homme à qui une grande catastrophe donne le droit de réclamer la pitié de ses semblables.

— Mes frères me rejettent de leur sein, continua-t-il, je suis excommunié, anathématisé.

— Bah! et pourquoi cela?

— Écoutez, monsieur Chicot, dit le moine en mettant la main sur son cœur, vous me croirez si vous voulez, mais, foi de Gorenflot! je n'en sais rien.

— Ne serait-ce pas que vous auriez été rencontré cette nuit courant le guilledou, compère?

— Affreuse plaisanterie! dit Gorenflot; vous savez parfaitement bien ce que j'ai fait depuis hier soir.

— C'est-à-dire, reprit Chicot, oui, depuis huit heures jusqu'à dix, mais non depuis dix jusqu'à trois.

— Comment, depuis dix heures jusqu'à trois?

— Sans doute, à dix heures vous êtes sorti.

— Moi! fit Gorenflot en regardant le Gascon avec des yeux dilatés par la surprise.

— Si bien sorti, que je vous ai demandé où vous alliez.

— Où j'allais? vous m'avez demandé cela?

— Oui.

— Et que vous ai-je répondu?

— Vous m'avez répondu que vous alliez prononcer un discours.

— Il y a du vrai dans tout ceci, cependant, murmura Gorenflot ébranlé.

— Parbleu! c'est si vrai, que vous me l'avez dit en partie, votre discours; il était fort long.

— Il était en trois parties; c'est la coupe que recommande Aristote.

— Il y avait même de terribles choses contre le roi Henri III, dans votre discours.

— Bah! dit Gorenflot.

— Si terribles, que je ne serais pas étonné qu'on vous poursuivît comme auteur de troubles.

— Monsieur Chicot, vous m'ouvrez les yeux; avais-je l'air bien éveillé en vous parlant?

— Je dois vous dire, compère, que vous me paraissiez fort étrange; votre regard surtout était d'une fixité qui m'effrayait; on eût dit que vous étiez éveillé sans l'être, et que vous parliez tout en dormant.

— Cependant, dit Gorenflot, je suis sûr de m'être réveillé ce matin à la *Corne d'abondance*, quand le diable y serait.

— Eh bien! qu'y a-t-il d'étonnant à cela?

— Comment! ce qu'il y a d'étonnant! puisque vous dites que j'en suis sorti à dix heures, de la *Corne d'abondance*?

— Oui, mais vous y êtes rentré à trois heures du matin, et, comme preuve, je vous dirai même que vous aviez laissé la porte ouverte et que j'ai eu très-froid.

— Et moi aussi, dit Gorenflot, je me rappelle cela.

— Vous voyez bien! répliqua Chicot.

— Si ce que vous me dites est vrai...

— Comment! si ce que je vous dis est vrai? compère, c'est la vérité. Demandez plutôt à maître Bonhomet.

— A maître Bonhomet?

— Sans doute; c'est lui qui vous a ouvert la porte. Je dois même dire que vous étiez gonflé d'orgueil à votre retour et que je vous ai dit : « Fi donc! compère, l'orgueil ne sied point à l'homme, surtout quand cet homme est un moine. »

— Et de quoi étais-je orgueilleux?

— Du succès qu'avait eu votre discours, des compliments que vous avaient faits le duc de Guise, le cardinal et M. de Mayenne, que Dieu conserve! ajouta le Gascon en levant son chapeau.

— Alors tout m'est expliqué, dit Gorenflot.

— C'est bien heureux; vous convenez donc que vous avez été à cette assemblée? comment diable l'appelez-vous? Attendez donc! l'assemblée de la Sainte-Union. C'est cela.

Gorenflot laissa tomber sa tête sur sa poitrine et poussa un gémissement.

— Je suis somnambule, dit-il; il y a longtemps que je m'en doutais.

— Somnambule? dit Chicot; qu'est-ce que cela signifie?

— Cela signifie, monsieur Chicot, dit le moine, que chez moi l'esprit domine la matière, à tel point que, tandis que la matière dort, l'esprit veille, et qu'alors l'esprit commande à la matière qui, tout endormie qu'elle est, est forcée d'obéir.

— Eh! compère, dit Chicot, cela ressemble fort à quelque magie; si vous êtes possédé, dites-le-moi franchement : un homme qui marche en dormant, qui gesticule en dormant, qui fait des discours dans lesquels il attaque le roi, toujours en dormant, ventre de biche! ce n'est point naturel, cela. Arrière, Belzébuth!... *Vade retro, Satanas!*

Et Chicot fit faire un écart à son cheval.

— Ainsi, dit Gorenflot, vous aussi, vous m'abandonnez, monsieur Chicot! *Tu quoque, Brute!* Ah! ah! je n'aurais jamais cru cela de votre part.

Et le moine désespéré essaya de moduler un sanglot.

Chicot eut pitié de cet immense désespoir, qui n'en paraissait que plus terrible pour être concentré.

— Voyons, dit-il, que m'as-tu dit?

— Quand cela?

— Tout à l'heure.

— Hélas! je n'en sais rien; je suis prêt à devenir fou, j'ai la tête pleine et l'estomac vide; mettez-moi sur la voie, monsieur Chicot.

— Tu m'as parlé de voyager?

— C'est vrai, je vous ai dit que le révérend prieur m'avait invité à voyager.

— De quel côté? demanda Chicot.

— Du côté où je voudrai, répondit le moine.

— Et tu vas?...

— Je n'en sais rien. — Gorenflot leva ses deux mains au ciel. — A la grâce de Dieu! dit-il. Monsieur Chicot, prêtez-moi deux écus pour m'aider à faire mon voyage.

— Je fais mieux que cela, dit Chicot.

— Ah! voyons, que faites-vous?

— Moi aussi, je vous ai dit que je voyageais.

— C'est vrai, vous me l'avez dit.

— Eh bien! je vous emmène.

Gorenflot regarda le Gascon avec défiance et en homme qui n'ose pas croire à une pareille faveur.

— Mais à condition que vous serez bien sage, moyennant quoi je vous permets d'être très-impie. Acceptez-vous ma proposition?

— Si je l'accepte, dit le moine, si je l'accepte!... Mais avons-nous de l'argent pour voyager?

— Tenez, dit Chicot en tirant une longue bourse, gracieusement arrondie à partir du cou.

Gorenflot fit un bond de joie.

— Combien? demanda-t-il.

— Cent cinquante pistoles.

— Et où allons-nous?

— Tu le verras, compère.

— Quand déjeunons-nous?

— Tout de suite.

— Mais sur quoi monterai-je? demanda Gorenflot avec inquiétude.

— Pas sur mon cheval, corbœuf! tu le tuerais.

— Alors, fit Gorenflot désappointé, comment faire?

— Rien de plus simple; tu as un ventre comme Silène, tu es ivrogne comme lui. Eh bien! pour que la ressemblance soit parfaite, je t'achèterai un âne.

— Vous êtes mon roi, monsieur Chicot; vous êtes mon soleil. Prenez l'âne un peu fort... Vous êtes mon Dieu. Maintenant, où déjeunons-nous?

— Ici, morbleu! ici même. Regarde au-dessus de cette porte, et lis, si tu sais lire.

En effet, on était arrivé devant une espèce d'auberge. Gorenflot suivit la direction indiquée par le doigt de Chicot et lut :

Ici, jambons, œufs, pâtés d'anguille et vin blanc.

Il serait difficile de dire la révolution qui se fit sur le visage de Gorenflot à cette vue : sa figure s'épanouit, ses yeux s'écarquillèrent, sa bouche se fendit pour montrer une double rangée de dents blanches et affamées. Enfin il leva ses deux bras en l'air en signe de joyeux remerciement, et, balançant son énorme corps avec une sorte de cadence, il chanta la chanson suivante, à laquelle son ravissement pouvait seul servir d'excuse :

Quand l'ânon est deslâché,
Quand le vin est débouché,
L'un redresse son oreille,
L'autre sort de la bouteille.
Mais rien n'est si éventé
Que le moine en pleine treille,
Mais rien n'est si débasté
Que le moine en liberté.

— Bien dit! s'écria Chicot; et pour ne pas perdre de temps, mettez-vous à table, mon cher frère; moi, je vais vous faire servir et chercher un âne.

XXVIII

COMMENT FRÈRE GORENFLOT VOYAGEA SUR UN ÂNE NOMMÉ PANURGE, ET APPRIT DANS SON VOYAGE BEAUCOUP DE CHOSES QU'IL NE SAVAIT PAS

Ce qui rendait Chicot si indifférent du soin de son propre estomac, pour lequel, tout fou qu'il était ou qu'il se vantait d'être, il avait d'ordinaire autant de condescendance que pouvait en avoir un moine, c'est qu'avant de quitter l'hôtel de la *Corne d'abondance* il avait copieusement déjeuné.

Puis les grandes passions nourrissent, à ce qu'on dit, et Chicot, dans ce moment même, avait une grande passion.

Il installa donc frère Gorenflot à une table de la petite maison, et on lui passa par une sorte de tour du jambon, des œufs et du vin, qu'il se mit à expédier avec sa célérité et sa continuité ordinaires.

Cependant Chicot était allé dans le voisinage s'enquérir de l'âne demandé par son compagnon; il trouva chez des paysans de Sceaux, entre un bœuf et un cheval, cet âne pacifique, objet des vœux de Gorenflot : il avait quatre ans, tirait sur le brun et soutenait un corps assez dodu sur quatre jambes effilées comme des fuseaux. En ce temps, un pareil âne coûtait vingt livres; Chicot en donna vingt-deux et fut béni pour sa magnificence.

Lorsque Chicot revint avec sa conquête, et qu'il entra avec elle dans la chambre même où dînait Gorenflot, Gorenflot, qui venait d'absorber la moitié d'un pâté d'anguille et de vider sa troisième bouteille, Gorenflot, enthousiasmé de la vue de sa monture et d'ailleurs disposé par les fumées d'un vin généreux à tous les sentiments tendres, Gorenflot sauta au cou de son âne, et après l'avoir embrassé sur l'une et l'autre mâchoire, il introduisit entre les deux une longue croûte de pain qui fit braire d'aise celui-ci.

— Oh! oh! fit Gorenflot, voilà un animal qui a une belle voix; nous chanterons quelquefois ensemble. Merci, ami Chicot, merci!

Et il baptisa incontinent son âne du nom de Panurge.

Chicot jeta un coup d'œil sur la table et vit que, sans tyrannie aucune, il pouvait exiger de son compagnon qu'il restât de son dîner où il en était.

Il se mit donc à dire de cette voix à laquelle Gorenflot ne savait point résister :

— Allons, en route, compère, en route! A Melun, nous goûterons.

Le ton de voix de Chicot était si impératif, et Chicot, au milieu de ce commandement un peu dur, avait su glisser une si douce promesse, qu'au lieu de faire aucune observation Gorenflot répéta :

— A Melun! à Melun!

Et, sans plus tarder, Gorenflot, à l'aide d'une chaise, se hissa sur son âne vêtu d'un simple coussin de cuir d'où pendaient deux lanières en guise d'étriers. Le moine passa ses sandales dans les deux lanières, prit la longe de l'âne dans sa main droite, appuya son poing gauche sur la hanche, et sortit de l'hôtel, majestueux comme le dieu auquel Chicot avait avec quelque raison prétendu qu'il ressemblait.

Quant à Chicot, il enfourcha son cheval avec l'aplomb d'un cavalier consommé, et les deux cavaliers prirent incontinent la route de Melun, au petit trot de leurs montures.

On fit, de la sorte, quatre lieues tout d'une traite, puis on s'arrêta un instant. Le moine profita d'un beau soleil pour s'étendre sur l'herbe et dormir. Chicot, de son côté, fit un calcul d'étapes d'après lequel il reconnut que, pour faire cent vingt lieues à dix lieues par jour, il mettrait douze jours.

Panurge brouta du bout des lèvres une touffe de chardons.

Dix lieues étaient raisonnablement tout ce qu'on pouvait exiger des forces combinées d'un âne et d'un moine.

Chicot secoua la tête:

— Ce n'est pas possible, murmura-t-il en regardant Gorenflot qui dormait sur le revers de ce fossé, ni plus ni moins que sur le plus doux édredon; ce n'est pas possible; il faut, s'il veut me suivre, que le frocard fasse au moins quinze lieues par jour.

Comme on le voit, frère Gorenflot était depuis quelque temps destiné aux cauchemars.

Chicot le poussa du coude afin de le réveiller, et, quand il serait réveillé, de lui communiquer son observation.

Gorenflot ouvrit les yeux.

— Est-ce que nous sommes à Melun? dit-il; j'ai faim.

— Non, compère, dit Chicot, pas encore, et voilà justement pourquoi je vous éveille; c'est qu'il est urgent d'y arriver. Nous allons trop doucement, ventre de biche! nous allons trop doucement.

— Eh! cela vous fâche-t-il, cher monsieur Chicot, de marcher doucement? La route de la vie va en montant, puisqu'elle aboutit au ciel, et c'est très-fatigant de monter. D'ailleurs, qui nous presse? plus de temps nous mettrons à faire la route, plus de temps nous demeurerons ensemble. Est-ce que je ne voyage pas, moi, pour la propagation de la foi, et vous pour votre plaisir? Eh bien! moins vite nous irons, mieux la foi sera propagée; moins vite nous irons, mieux vous vous amuserez. Par exemple, mon avis serait de demeurer quelques jours à Melun; on y mange, à ce que l'on assure, d'excellents pâtés d'anguille, et je voudrais faire une comparaison consciencieuse et raisonnée entre le pâté d'anguille de Melun et celui des autres pays. Que dites-vous de cela, monsieur Chicot?

— Je dis, reprit le Gascon, que mon avis, au contraire, est d'aller le plus vite possible, de ne pas goûter à Melun, et de souper seulement à Montereau pour regagner le temps perdu.

Gorenflot regarda son compagnon de voyage en homme qui ne comprend pas.

— Allons! en route, en route! dit Chicot.

Le moine, qui était couché tout de son long les mains croisées sous sa tête, se contenta de s'asseoir sur son derrière, en poussant un gémissement.

— Ensuite, continua Chicot, si vous voulez rester en arrière et voyager à votre guise, compère, vous en êtes le maître.

— Non pas, dit Gorenflot effrayé de cet isolement auquel il venait d'échapper comme par miracle, non pas. Je vous suis, monsieur Chicot; je vous aime trop pour vous quitter.

— Alors, en selle, compère, en selle!

Gorenflot tira son âne contre une borne, et parvint à s'établir dessus, cette fois, non pas à califourchon, mais de côté, à la manière des femmes; il prétendait que cela lui était plus commode pour causer. Le fait est que le moine avait prévu un redoublement de vitesse dans la marche de sa monture, et que, disposé ainsi, il avait deux points d'appui : la crinière et la queue.

Chicot prit le grand trot; l'âne suivit en brayant.

Les premiers moments furent terribles pour Gorenflot; heureusement la partie sur laquelle il reposait avait une telle surface, qu'il lui était moins difficile qu'à un autre de maintenir son centre de gravité.

De temps en temps, Chicot se haussait sur ses étriers, explorait la route, et, ne voyant pas à l'horizon ce qu'il cherchait, redoublait de vitesse.

Gorenflot laissa passer ces premiers signes d'investigation et d'impatience sans en demander la cause, préoccupé qu'il était de demeurer sur sa monture. Mais quand peu à peu il se fut remis, quand il eut appris à respirer sa brassée, comme disent les nageurs, et quand il eut remarqué que Chicot continuait le même jeu :

— Eh! dit-il, que cherchez-vous donc, cher monsieur Chicot?

— Rien, répliqua celui-ci. Je regarde où nous allons.

— Mais nous allons à Melun, ce me semble; vous l'avez dit vous-même, vous aviez même ajouté d'abord...

— Nous n'allons pas, compère, nous n'allons pas, dit Chicot en piquant son cheval.

— Comment! nous n'allons pas! s'écria le moine; mais nous ne quittons pas le trot.

— Au galop! au galop! dit le Gascon en faisant prendre cette allure à son cheval.

Panurge, entraîné par l'exemple, prit le galop, mais avec une rage mal déguisée qui ne promettait rien de bon à son cavalier.

Les suffocations de Gorenflot redoublèrent.

— Dites donc, dites donc, monsieur Chicot, s'écria-t-il aussitôt qu'il put parler, vous appelez cela un voyage d'agrément! mais je ne m'amuse pas du tout, moi.

— En avant! en avant! répondit Chicot.

— Mais la côte est dure.

— Les bons cavaliers ne galopent qu'en montant.

— Oui, mais moi je n'ai pas la prétention d'être un bon cavalier.

— Alors, restez en arrière.

— Non pas, ventrebleu! s'écria Gorenflot; pour rien au monde!

— Eh bien! alors, comme je vous le disais, en avant, en avant!

Et Chicot imprima à son cheval un degré de rapidité de plus.

— Voilà Panurge qui râle! cria Gorenflot; voilà Panurge qui s'arrête!

— Alors, adieu, compère, fit Chicot.

Gorenflot eut un instant envie de répondre de la même façon; mais il se rappela que ce cheval qu'il maudissait au fond du cœur et qui portait un homme si fantasque portait aussi la bourse qui était dans la poche de cet homme. Il se résigna donc, et battant avec ses sandales les flancs de l'âne en fureur, il le força de reprendre le galop.

— Je tuerai mon pauvre Panurge! s'écria lamentablement le moine pour porter un coup décisif à l'intérêt de Chicot, puisqu'il ne paraissait avoir aucune influence sur sa sensibilité. Je le tuerai bien sûr!

— Eh bien! tuez-le, compère, tuez-le, répondit Chicot sans que cette observation, si importante que la jugeât Gorenflot, lui fît en aucune façon ralentir sa marche; tuez-le, nous achèterons une mule.

Comme s'il eût compris ces paroles menaçantes, l'âne quitta le milieu de la route, et vola dans un petit chemin latéral bien sec, où Gorenflot ne se fût point hasardé à marcher à pied.

— A moi, criait le moine, à moi! je vais rouler dans la rivière.

— Il n'y aucun danger, dit Chicot; si vous tombez dans la rivière, je vous garantis que vous nagerez tout seul.

— Oh! murmura Gorenflot, j'en mourrais, j'en suis sûr. Et quand on pense que tout cela m'arrive parce que je suis somnambule!

Et le moine leva au ciel un regard qui voulait dire:

— Seigneur! Seigneur! quel crime ai-je donc commis, pour que m'affligiez de cette infirmité?

Tout à coup Chicot, arrivé au sommet de la montée, arrêta son cheval d'un temps si court et si saccadé, que l'animal, surpris, plia sur ses jarrets de derrière au point que sa croupe toucha presque le sol.

Gorenflot, moins bon cavalier que Chicot, et qui d'ailleurs, au lieu de bride, n'avait qu'une longe, Gorenflot, disons-nous, continua son chemin.

— Arrête, corbœuf! arrête! cria Chicot.

Mais l'âne s'était fait à l'idée de galoper, et l'idée d'un âne est chose tenace.

— Arrêteras-tu, cria Chicot, où, foi de gentilhomme, je t'envoie une balle de pistolet!

— Quel diable d'homme est ça? se dit Gorenflot, et par quel animal a-t-il été mordu?

Puis, comme la voix de Chicot retentissait de plus en plus terrible, et que le moine croyait déjà entendre siffler la balle dont il était menacé, il exécuta une manœuvre pour laquelle la manière dont il était placé lui donnait la plus grande facilité : ce fut de se laisser glisser de sa monture à terre.

— Voilà, dit-il en se laissant bravement tomber sur son derrière et en se cramponnant des deux mains à la longe de son âne, qui lui fit faire quelques pas ainsi, mais qui finit enfin par s'arrêter.

Alors Gorenflot chercha Chicot pour recueillir sur son visage les marques de satisfaction qui ne pouvaient manquer de s'y peindre à la vue d'une manœuvre si habilement exécutée.

Chicot était caché derrière une roche, et continuait de là ses signaux et ses menaces.

Cette précaution fit comprendre au moine qu'il y avait quelque chose sous jeu. Il regarda en avant et aperçut à cinq cents pas sur la route trois hommes qui cheminaient tranquillement sur leurs mules.

Au premier coup d'œil il reconnut les voyageurs qui étaient sortis le matin de Paris par la porte Bordelle, et que Chicot, à l'affût derrière son arbre, avait si ardemment suivis des yeux.

Chicot attendit dans la même posture que les trois voyageurs fussent hors de vue ; puis, alors seulement, il rejoignit son compagnon, qui était resté assis à la même place où il était tombé, tenant toujours la longe de Panurge entre les mains.

— Ah çà ! dit Gorenflot qui commençait à perdre patience, expliquez-moi un peu, cher monsieur Chicot, le commerce que nous faisons : tout à l'heure il fallait courir ventre à terre, maintenant il faut demeurer court à l'endroit où nous sommes.

— Mon bon ami, dit Chicot, je voulais savoir si votre âne était de bonne race et si je n'avais pas été volé en le payant vingt-deux livres : maintenant l'expérience est faite, et je suis on ne peut plus satisfait.

Le moine ne fut pas dupe, comme on le comprend bien, d'une pareille réponse, et il se préparait à le faire voir à son compagnon lorsque sa paresse naturelle l'emporta, lui soufflant à l'oreille de n'entrer dans aucune discussion.

Il se contenta donc de répondre, sans même cacher sa mauvaise humeur :

— N'importe ! je suis fort las, et j'ai très-faim.

— Eh bien ! qu'à cela ne tienne, reprit Chicot en frappant gaillardement sur l'épaule du frocard ; moi aussi, je suis las, moi aussi, j'ai faim, et à la première hôtellerie que nous trouverons sur notre...

— Eh bien ? demanda Gorenflot qui avait peine à croire au retour qu'annonçaient les premières paroles du Gascon.

— Eh bien ! dit celui-ci, nous commanderons une grillade de porc, un ou deux poulets fricassés et un broc du meilleur vin de la cave.

— Vraiment ! reprit Gorenflot ; est-ce bien sûr, cette fois, voyons ?

— Je vous le promets, compère.

— Eh bien ! alors, dit le moine en se relevant, mettons-nous sans retard à la recherche de cette bienheureuse hôtellerie. Viens, Panurge, tu auras du son.

L'âne se mit à braire de plaisir.

Chicot remonta sur son cheval, Gorenflot conduisit son âne par la longe.

L'auberge tant désirée apparut bientôt à la vue des voyageurs ; elle s'élevait entre Corbeil et Melun ; mais à la grande surprise de Gorenflot, qui en admirait de loin l'aspect affriolant, Chicot ordonna au moine de remonter sur son âne, et commença d'exécuter un détour par la gauche pour passer derrière la maison ; au reste,

LA DAME DE MONSOREAU

Chicot prit une vrille et fit un trou dans la cloison.

par un seul coup d'œil, Gorenflot, dont la compréhension faisait de rapides progrès, se rendit compte de cette bizarrerie ; les trois mules des voyageurs dont Chicot paraissait suivre les traces étaient arrêtées devant la porte.

— C'est donc au gré de ces voyageurs maudits, pensa Gorenflot, que vont se disposer les événements de notre voyage et se régler les heures de nos repas. C'est triste !

Et il poussa un profond soupir.

Panurge, qui, de son côté, vit qu'on l'écartait de la ligne droite que tout le monde, même les ânes, sait être la plus courte, s'arrêta court et se raidit sur les quatre pieds, comme s'il était décidé à prendre racine à l'endroit même où il se trouvait.

— Voyez, dit Gorenflot d'un ton lamentable, mon âne lui-même ne veut plus avancer.

— Ah ! il ne veut plus avancer dit Chicot ; attends ! attends !

Et il s'approcha d'une haie de cornouillers, où il tailla une baguette longue de cinq pieds, grosse comme le pouce, solide et flexible à la fois.

Panurge n'était pas un de ces quadrupèdes stupides qui ne se préoccupent point de ce qui se passe autour d'eux et qui ne pressentent les événements que lorsque ces événements leur tombent sur le dos; il avait suivi la manœuvre de Chicot, pour lequel il commençait sans doute à ressentir la considération qu'il méritait, et dès qu'il avait cru remarquer ses intentions, il avait déraidi ses jambes et était parti au pas relevé.

— Il va! il va! cria le moine à Chicot.

— N'importe, dit celui-ci; pour qui voyage en compagnie d'un âne et d'un moine, un bâton n'est jamais inutile.

Et le Gascon acheva de cueillir le sien.

XXIX

COMMENT FRÈRE GORENFLOT TROQUA SON ANE CONTRE UNE MULE, ET SA MULE CONTRE UN CHEVAL

Cependant les tribulations de Gorenflot touchaient à leur terme, pour cette journée du moins; après le détour fait, on reprit le grand chemin, et l'on s'arrêta à trois quarts de lieue plus loin, dans une auberge rivale. Chicot prit une chambre qui donnait sur la route, et commanda le souper, qui lui fut servi dans sa chambre; mais on voyait que la nutrition n'était que la préoccupation secondaire de Chicot. Il ne mangeait que de la moitié de ses dents, tandis qu'il regardait de tous ses yeux et écoutait de toutes ses oreilles.

Cette préoccupation dura jusqu'à dix heures; cependant, comme, à dix heures, Chicot n'avait rien vu ni entendu, il leva le siège, ordonnant que son cheval et l'âne du moine, renforcés d'une double ration d'avoine et de son, fussent prêts au point du jour.

A cet ordre, Gorenflot, qui depuis une heure paraissait endormi et qui n'était qu'assoupi dans cette douce extase qui suit un bon repas arrosé d'une quantité suffisante de vin généreux, poussa un soupir.

— Au point du jour? dit-il.

— Eh! ventre de biche, reprit Chicot, tu dois avoir l'habitude de te lever à cette heure-là.

— Pourquoi donc? demanda Gorenflot.

— Et les matines?

— J'avais une exemption du supérieur, répondit le moine.

Chicot haussa les épaules, et le mot *fainéants* avec un *s*, lettre qui indiquait la pluralité, vint mourir sur ses lèvres.

— Mais oui, fainéants, dit Gorenflot; mais oui; pourquoi pas, donc?

— L'homme est né pour le travail, dit sentencieusement le Gascon.

— Et le moine pour le repos, dit le frère; le moine est l'exception de l'homme.

Et, satisfait de cet argument qui avait paru toucher Chicot lui-même, Gorenflot fit une sortie pleine de dignité et gagna son lit, que Chicot, de peur de quelque imprudence sans doute, avait fait dresser dans la même chambre que le sien.

Le lendemain en effet, à la pointe du jour, si frère Gorenflot n'eût point dormi du plus profond sommeil, il eût pu voir Chicot se lever, s'approcher de la fenêtre et se mettre en observation derrière le rideau.

Bientôt, quoique protégé par la tenture, Chicot fit un pas rapide en arrière; et si Gorenflot, au lieu de continuer de dormir, eût été éveillé, il eût entendu claqueter sur le pavé le fer de trois mules.

Chicot alla aussitôt à Gorenflot, qu'il secoua par le bras jusqu'à ce que celui-ci ouvrît les yeux.

— Mais n'aurai-je donc plus un instant de tranquillité? balbutia Gorenflot qui venait de dormir dix heures de suite.

— Alerte, alerte! dit Chicot; habillons-nous et partons.

— Mais le déjeuner? fit le moine.

— Il est sur la route de Montereau.

— Qu'est-ce que c'est que cela, Montereau? demanda le moine, fort ignare en géographie.

— Montereau, dit le Gascon, est la ville où l'on déjeune; cela vous suffit-il?

— Oui, répondit laconiquement Gorenflot.

— Alors, compère, fit le Gascon, je descends pour payer notre dépense et celle de nos bêtes; dans cinq minutes, si vous n'êtes pas prêt, je pars sans vous.

Une toilette de moine n'est pas longue à faire; cependant Gorenflot mit six minutes. Aussi, en arrivant à la porte, vit-il Chicot qui, exact comme un Suisse, avait déjà pris les devants.

Le moine enfourcha Panurge qui, excité par la double ration de foin et d'avoine que venait de lui administrer Chicot, prit le galop de lui-même et eut bientôt conduit son cavalier côte à côte du Gascon.

Le Gascon était droit sur ses étriers, et de la tête aux pieds ne faisait pas un pli.

Gorenflot se dressa sur les siens, et vit à l'horizon les trois mules et les trois cavaliers qui descendaient derrière un monticule.

Le moine poussa un soupir en songeant combien il était triste qu'une influence étrangère agît ainsi sur sa destinée.

Cette fois, Chicot lui tint parole, et l'on déjeuna à Montereau.

La journée eut de grandes ressemblances avec celle de la veille; et celle du lendemain présenta à peu près la même série d'événements. Nous passerons donc rapidement sur les détails; et Gorenflot commençait à se faire tant bien que mal à cette existence accidentée quand, vers le soir, il vit Chicot perdre graduellement toute sa gaieté : depuis midi, il n'avait pas aperçu l'ombre des trois voyageurs qu'il suivait; aussi soupa-t-il de mauvaise humeur et dormit-il mal.

Gorenflot mangea et but pour deux, essaya ses meilleures chansons. Chicot demeura dans son impassibilité.

Le jour naissait à peine qu'il était sur pied, secouant son compagnon; le moine s'habilla, et, dès le départ, on prit un trot qui se changea bientôt en galop frénétique.

Mais on eut beau courir, pas de mules à l'horizon.

Vers midi, âne et cheval étaient sur les dents.

Chicot alla droit à un bureau du péage établi sur le pont de Villeneuve-le-Roi pour les bêtes à pied fourchu.

— Avez-vous vu, demanda-t-il, trois voyageurs montés sur des mules, qui ont dû passer ce matin?

— Ce matin, mon gentilhomme, répondit le péager, non; hier, à la bonne heure.

— Hier?

— Oui, hier soir, à sept heures.

— Les avez-vous remarqués?

— Dame! comme on remarque des voyageurs.

— Je vous demande si vous vous souvenez de la condition de ces hommes?

— Il m'a paru qu'il y avait un maître et deux laquais.

— C'est bien cela, dit Chicot; et il donna un écu au péager.

Puis se parlant à lui-même :

— Hier soir, à sept heures, murmura-t-il; ventre de biche! ils ont douze heures d'avance sur moi. Allons, du courage!

— Écoutez, monsieur Chicot, dit le moine, du courage, j'en ai encore pour moi; mais je n'en ai plus pour Panurge.

En effet, le pauvre animal, surmené depuis deux jours, tremblait sur ses quatre jambes et communiquait à Gorenflot l'agitation de son pauvre corps.

— Et votre cheval lui-même, continua Gorenflot, voyez dans quel état il est!

En effet, le noble animal, si ardent qu'il fût, et à cause même de son ardeur, était ruisselant d'écume, et une chaude fumée sortait par ses naseaux, tandis que le sang paraissait prêt à jaillir de ses yeux.

Chicot examina rapidement les deux bêtes, et parut se ranger à l'avis de son compagnon.

Gorenflot respirait, quand tout à coup :

— Là! frère quêteur, dit Chicot, il s'agit ici de prendre une grande résolution.

— Mais nous ne prenons que cela depuis quelques jours! s'écria Gorenflot dont le visage se décomposa d'avance sans même qu'il sût ce qui allait lui être proposé.

— Il s'agit de nous quitter, dit Chicot prenant du premier coup, comme on dit, le taureau par les cornes.

— Bah! fit Gorenflot; toujours la même plaisanterie. Nous quitter! et pourquoi?

— Vous allez trop doucement, compère.

— Vertudieu! dit Gorenflot; mais je vais comme le vent; mais nous avons galopé ce matin cinq heures de suite.

— Ce n'est point encore assez.

— Alors repartons; plus nous irons vite, plus nous arriverons tôt; car enfin je présume que nous arriverons.

— Mon cheval ne veut pas aller, et votre âne refuse le service.

— Alors comment faire?

— Nous allons les laisser ici, et nous les reprendrons en passant.

— Mais nous? Comptez-vous donc continuer la route à pied?

— Nous monterons sur des mules.

— Et en avoir?

— Nous en achèterons.

— Allons, dit Gorenflot en soupirant, encore ce sacrifice!

— Ainsi?..

— Ainsi, va pour la mule.

— Bravo! compère, vous commencez à vous former; recommandez Bayard et Panurge aux soins de l'aubergiste; moi, je vais faire nos acquisitions.

Gorenflot s'acquitta en conscience du soin dont il était chargé : pendant les quatre jours de relation qu'il avait eues avec Panurge, il avait apprécié, nous ne dirons pas ses qualités, mais ses défauts, et il avait remarqué que ses trois défauts éminents étaient ceux auxquels lui-même était enclin : la paresse, la luxure et la gourmandise. Cette remarque l'avait touché, et ce n'était qu'avec regret que Gorenflot se séparait de son âne; mais Gorenflot était non-seulement paresseux, luxurieux et gourmand, il était de plus égoïste, et il préférait encore se séparer de Panurge que de se séparer de Chicot, attendu, comme nous l'avons dit, que Chicot portait la bourse.

Chicot revint avec deux mules, sur lesquelles on fit vingt lieues ce jour-là ; de sorte que le soir, à la porte d'un maréchal, Chicot eut la joie d'apercevoir les trois mules.

— Ah! fit-il respirant pour la première fois.

— Ah! soupira à son tour le moine.

Mais l'œil exercé du Gascon ne reconnut ni les harnais des mules, ni leur maître, ni ses valets; les mules en étaient réduites à leur ornement naturel, c'est-à-dire qu'elles étaient complétement dépouillées; quant au maître et aux laquais, ils étaient disparus.

Bien plus, autour de ces animaux étaient des gens inconnus qui les examinaient et semblaient en faire l'expertise : c'étaient un maquignon d'abord, et puis le maréchal avec deux franciscains; ils faisaient tourner et retourner les mules, puis ils regardaient les dents, les pieds et les oreilles; en un mot, ils les essayaient.

Un frisson parcourut tout le corps de Chicot.

— Va devant, dit-il à Gorenflot, approche-toi des franciscains; tire-les à part, interroge-les; de moines à moines, vous n'aurez pas de secrets, j'espère; informe-toi adroitement de qui viennent ces mules, le prix qu'on veut les vendre et ce que sont devenus leurs propriétaires; puis reviens me dire tout cela.

Gorenflot, inquiet de l'inquiétude de son ami, partit au grand trot de sa mule, et revint l'instant d'après.

— Voilà l'histoire, dit-il. D'abord, savez-vous où nous sommes?

— Eh! morbleu! nous sommes sur la route de Lyon, dit Chicot, c'est la seule chose qu'il m'importe de savoir.

— Si fait, il vous importe encore de savoir, à ce que vous m'avez dit du moins, ce que sont devenus les propriétaires de ces mules.

— Oui, va!

— Celui qui semble un gentilhomme...

— Bon!

— Celui qui semble un gentilhomme a pris ici la route d'Avignon, une route qui raccourcit le chemin à ce qu'il paraît, et qui passe par Château-Chinon et Privas.

— Seul?

— Comment, seul?

— Je demande s'il a pris cette route seul.

— Avec un laquais.

— Et l'autre laquais?

— L'autre laquais a continué son chemin.

— Vers Lyon?

— Vers Lyon.

— A merveille! Et pourquoi le gentilhomme va-t-il à Avignon? Je croyais qu'il allait à Rome. Mais, reprit Chicot comme se parlant à lui-même, je te demande là des choses que tu ne peux savoir.

— Si fait... je les sais, répondit Gorenflot. Ah! voilà qui vous étonne!

— Comment, tu les sais?

— Oui, il va à Avignon; parce que Sa Sainteté le pape Grégoire XIII a envoyé à Avignon un légat chargé de ses pleins pouvoirs.

— Bon, dit Chicot, je comprends... et les mules?

— Les mules étaient fatiguées; ils les ont vendues à un maquignon qui veut les revendre à des franciscains.

— Combien?

— Quinze pistoles la pièce.

— Comment donc ont-ils continué leur route?

— Sur des chevaux qu'ils ont achetés.

— A qui ?

— A un capitaine de reîtres qui se trouve en remonte.

— Ventre de biche ! compère, s'écria Chicot, tu es un homme précieux, et c'est aujourd'hui seulement que je t'apprécie !

Gorenflot fit la roue.

— Maintenant, continua Chicot, achève ce que tu as si bien commencé.

— Que faut-il faire ?

Chicot mit pied à terre, et jetant la bride au bras du moine :

— Prends les deux mules et va les offrir pour vingt pistoles aux franciscains ; ils te doivent la préférence.

— Et ils me la donneront, dit Gorenflot, ou je les dénonce à leur supérieur.

— Bravo, compère, tu te formes !

— Ah ! mais, demanda Gorenflot, comment continuerons-nous notre route ?

— A cheval, morbleu, à cheval !

— Diable ! fit le moine en se grattant l'oreille.

— Allons donc ! dit Chicot, un écuyer comme toi !

— Bah ! dit Gorenflot, au petit bonheur ! Mais où vous retrouverai-je ?

— Sur la place de la ville.

— Allez m'y attendre.

Et le moine s'avança d'un pas résolu vers les franciscains, tandis que Chicot, par une rue de traverse, gagnait la place principale du petit bourg.

Là il trouva, à l'auberge du *Coq hardi*, le capitaine de reîtres qui buvait d'un joli petit vin d'Auxerre que les amateurs de second ordre confondaient avec les crus de Bourgogne ; il prit de lui de nouveaux renseignements qui confirmèrent en tous points ceux que lui avait donnés Gorenflot.

En un instant, Chicot eut traité avec le remonteur, de deux chevaux que celui-ci porta à l'instant même comme *morts en route*, et que, grâce à cet accident, il put donner pour trente-cinq pistoles les deux.

Il ne s'agissait plus que de faire prix pour les selles et les brides, quand Chicot vit, par une petite rue latérale, déboucher le moine portant les deux selles sur sa tête et les deux brides à ses mains.

— Oh ! oh ! fit-il, qu'est cela, compère ?

— Eh bien ! dit Gorenflot, ce sont les selles et les brides de nos mules.

— Tu les a donc retenues, froc ard ? dit Chicot avec son large sourire.

— Oui-dà ! fit le moine.

— Et tu as vendu les mules ?

— Dix pistoles chacune.

— Qu'on t'a payées ?

— Voici l'argent.

Et Gorenflot fit sonner sa poche pleine de monnaies de toute espèce.

— Ventre de biche ! s'écria Chicot, tu es un grand homme, compère.

— Voilà comme je suis, dit Gorenflot avec une modeste fatuité.

— A l'œuvre ! dit Chicot.

— Ah ! mais j'ai soif, dit le moine.

— Eh bien ! bois pendant que je vais aller seller nos bêtes, mais pas trop.

— Une bouteille.

— Va pour une bouteille.

Gorenflot en but deux, et vint rendre le reste de l'argent à Chicot.

Chicot eut un instant l'idée de laisser au moine les vingt pistoles diminuées du prix des deux bouteilles ; mais il réfléchit que du jour où Gorenflot posséderait deux écus, il n'en serait plus le maître.

Il prit donc l'argent, sans que le moine s'aperçût même du moment d'hésitation qu'il venait d'éprouver, et se mit en selle.

Le moine en fit autant, avec l'aide de l'officier des reîtres qui était un homme craignant Dieu, et qui tint le pied de Gorenflot, service en échange duquel, aussitôt qu'il fut juché sur son cheval, Gorenflot lui donna sa bénédiction.

— A la bonne heure! dit Chicot en mettant son monture au galop; voilà un gaillard bien béni.

Gorenflot, voyant courir son souper devant lui, lança son cheval sur ses traces; d'ailleurs il faisait des progrès en équitation; au lieu d'empoigner la crinière d'une main et la queue de l'autre comme il faisait autrefois, il saisit à deux mains le pommeau de la selle et, avec ce seul point d'appui, il courut tant que Chicot le voulut bien.

Il finit par y mettre plus d'activité que son patron, car toutes les fois que Chicot changeait d'allure et modérait son cheval, le moine, qui préférait le galop au trot, continuait son chemin en criant hourra à sa monture.

De si nobles efforts méritaient d'être récompensés; le lendemain soir, un peu en avant de Châlons, Chicot avait retrouvé maître Nicolas David, toujours déguisé en laquais, qu'il ne perdit plus de vue jusqu'à Lyon, dont tous trois franchirent les portes vers le soir du huitième jour après leur départ de Paris.

C'était à peu près le moment où, suivant une route opposée, Bussy, Saint-Luc et sa femme arrivaient, comme nous l'avons dit, au château de Méridor.

XXX

COMMENT CHICOT ET SON COMPAGNON S'INSTALLÈRENT A L'HOTELLERIE DU CYGNE DE LA CROIX, ET COMMENT ILS Y FURENT REÇUS PAR L'HOTE

Maître Nicolas David, toujours déguisé en laquais, se dirigea vers la place des Terreaux et choisit la principale hôtellerie de la place, qui était celle du *Cygne de la Croix*.

Chicot l'y vit entrer et demeura un instant en observation pour s'assurer qu'il y avait trouvé de la place, et que, par conséquent, il n'en sortirait pas.

— As-tu quelque objection contre l'auberge du *Cygne de la Croix?* dit le Gascon à son compagnon de voyage.

— Pas la moindre, répondit celui-ci.

— Tu vas donc entrer là, tu feras prix pour une chambre retirée: tu diras que tu attends ton frère, et en effet tu m'attendras sur le seuil de la porte; moi, je vais me promener et je ne rentrerai qu'à la nuit close; à la nuit close, je reviendrai, je te trouverai à ton poste, et comme tu auras fait sentinelle, que tu connaîtras le plan de la maison, tu me conduiras à la chambre sans que je me heurte aux gens que je ne veux pas voir. Comprends-tu?

— Parfaitement, dit Gorenflot.

— Choisis la chambre spacieuse, gaie, abordable, contiguë s'il est possible à celle du voyageur qui vient d'arriver; fais en sorte qu'elle ait des fenêtres sur la rue, afin que je voie qui entre et qui sort, ne prononce mon nom sous aucun prétexte, et promets des monts d'or au cuisinier.

En effet, Gorenflot s'acquitta merveilleusement de la commission. La chambre choisie, la nuit vint, et, la nuit venue, il alla prendre Chicot par la main et le conduisit à la chambre en question. Le moine, rusé comme l'est toujours un homme d'église, si sot d'ailleurs que la nature l'ait créé, fit observer à Chicot que leur chambre, située sur un autre palier que celle de Nicolas David, était contiguë à cette chambre, et qu'elle n'en était séparée que par une cloison de bois et de chaux, facile à percer si on le voulait.

Chicot écouta le moine avec la plus grande attention, et quelqu'un qui eût écouté l'orateur et vu l'auditeur aurait pu suivre l'épanouissement de l'un, les paroles de l'autre.

Puis, lorsque le moine eut fini :

— Tout ce que tu viens de me dire mérite récompense, répondit Chicot ; tu auras ce soir du vin de Xérès à souper, Gorenflot ; oui, tu en auras, morbleu ! ou je ne suis pas ton compère.

— Je ne connais pas l'ivresse de ce vin, dit Gorenflot, elle doit être agréable.

— Ventre de biche ! répliqua Chicot en prenant possession de la chambre, tu la connaîtras dans deux heures ; c'est moi qui te le dis.

Chicot fit demander l'hôte.

On trouvera peut-être que le narrateur de cette histoire promène à la suite de ses personnages son récit dans un bien grand nombre d'hôtelleries : à ceci, il répondra que ce n'est point sa faute si ses personnages, les uns pour servir les désirs de leur maîtresse, les autres pour fuir la colère du roi, vont, les uns au nord et les autres au midi. Or, placé qu'il est entre l'antiquité qui se passait d'auberges, grâce à l'hospitalité fraternelle, et la vie moderne, où l'auberge s'est transformée en table d'hôte, force lui est de s'arrêter dans les hôtelleries où doivent se passer les scènes importantes de son livre ; d'ailleurs les caravansérails de notre Occident se présentaient à cette époque sous une triple forme qui n'était pas à dédaigner, et qui de nos jours a perdu beaucoup de son caractère : cette triple forme était l'auberge, l'hôtellerie et le cabaret. Notez que nous ne parlons point ici de ces agréables maisons de baigneurs qui n'ont point leur équivalent de nos jours, et qui, léguées par la Rome des empereurs au Paris de nos rois, empruntaient à l'antiquité le multiple agrément de nos profanes tolérances.

Mais ces établissements étaient encore renfermés, sous le règne du roi Henri III, dans les murs de la capitale : la province n'avait encore que l'hôtellerie, l'auberge et le cabaret.

Or nous sommes dans une hôtellerie.

C'est ce que fit très-bien sentir l'hôte, lorsqu'il répondit à Chicot, qui l'avait fait demander, comme nous l'avons dit, qu'il eût à prendre patience, attendu qu'il causait avec un voyageur qui, arrivé avant lui, avait le droit de priorité.

Chicot devina que ce voyageur était son avocat.

— Que peuvent-ils se dire ? demanda Chicot.

— Vous croyez donc que l'hôte et votre homme en sont aux secrets ?

— Dame ! vous le voyez bien, puisque cette figure rogue que nous avons aperçue et qui, je le présume, est celle de l'hôte...

— Elle-même, dit le moine.

— Consent à causer avec un homme habillé en laquais.

— Ah ! dit Gorenflot, il a changé d'habits ; je l'ai aperçu : il est maintenant tout vêtu de noir.

— Raison de plus, dit Chicot ; l'hôte est sans doute de l'intrigue.

— Voulez que je tâche de confesser sa femme ? dit Gorenflot.

— Non, dit Chicot, j'aime mieux que tu ailles faire un tour par la ville.

— Bah ! et le souper ? dit Gorenflot.

— Je le ferai préparer en ton absence. Tiens, voilà un écu pour te mettre en train.

Gorenflot prit l'écu avec reconnaissance.

Le moine, dans le courant du voyage, s'était déjà plus d'une fois livré à ces ex-

NICOLAS DAVID.

cursions demi-nocturnes qu'il adorait, et que, grâce à son titre de frère quêteur, il risquait de temps en temps à Paris. Mais, depuis sa sortie du couvent, ces excursions lui étaient encore plus chères. Gorenflot maintenant aspirait à la liberté par tous les pores, et il en était arrivé à ce point que son couvent ne se présentât déjà plus à son souvenir que sous l'aspect d'une prison.

Il sortit donc avec la robe retroussée sur le côté et son écu dans sa poche.

A peine Gorenflot fut-il hors de la chambre que Chicot, sans perdre un instant, prit une vrille et fit un trou dans la cloison à la hauteur de l'œil.

Cette ouverture, grande comme celle d'une sarbacane, ne lui permettait pas, à cause de l'épaisseur des planches, de voir distinctement les différentes parties de la chambre; mais en collant son oreille à ce trou, il entendait assez distinctement les voix.

Cependant, grâce à la disposition des

personnages et à la place qu'ils occupaient dans l'appartement, le hasard voulut que Chicot pût voir distinctement l'hôte, qui causait avec Nicolas David.

Quelques mots échappaient, comme nous l'avons dit, à Chicot; mais ce qu'il saisit de la conversation, cependant, suffit à lui prouver que David faisait grand étalage de sa fidélité envers le roi, parlant même d'une mission qui lui était confiée par M. de Morvillers.

Tandis qu'il parlait ainsi, l'hôte écoutait respectueusement sans doute, mais avec un sentiment qui était au moins de l'indifférence, car il répondait peu. Chicot crut même remarquer, soit dans ses regards, soit dans l'intonation de sa voix, une ironie assez marquée chaque fois qu'il prononçait le nom du roi.

— Eh! eh! dit Chicot, notre hôte serait-il ligueur, par hasard? Mordieu! je le verrai bien.

Et comme il ne se disait rien de bien important dans la chambre de maître Nicolas David, Chicot attendit que l'hôte lui vînt rendre visite à son tour.

Enfin la porte s'ouvrit.

L'hôte tenait son bonnet à la main; mais il avait absolument la même physionomie goguenarde qui venait de frapper Chicot lorsqu'il l'avait vu causant avec l'avocat.

— Asseyez-vous là, mon cher monsieur, lui dit Chicot, et avant que nous fassions un arrangement définitif, écoutez, s'il vous plaît, mon histoire.

L'hôte parut écouter favorablement cet exorde et fit même signe de la tête qu'il désirait rester debout.

— A votre aise, mon cher monsieur! reprit Chicot.

L'hôte fit un signe qui voulait dire que, pour prendre ses aises, il n'avait besoin de la permission de personne.

— Vous m'avez vu ce matin avec un moine? continua Chicot.

— Oui, monsieur, dit l'hôte.

— Silence! il n'en faut rien dire... ce moine est proscrit.

— Bah! fit l'hôte, serait-ce donc quelque huguenot déguisé?

Chicot prit un air de dignité offensée.

— Huguenot! dit-il avec dégoût; qui donc a dit huguenot? Sachez que ce moine est mon parent, et que je n'ai points de parents huguenots. Allons donc! brave homme, vous devriez rougir de dire de pareilles énormités.

— Ah! monsieur, reprit l'autre, cela s'est vu.

— Jamais, dans ma famille, seigneur hôtelier! Ce moine, au contraire, est l'ennemi le plus acharné qui se soit jamais déchaîné contre les huguenots; de sorte qu'il est tombé dans la disgrâce de Sa Majesté Henri III, qui les protége, comme vous savez.

L'hôte paraissait commencer à prendre un vif intérêt à la persécution de Gorenflot.

— Silence! dit-il en approchant un doigt de ses lèvres.

— Comment! silence? demanda Chicot; est-ce que vous auriez ici des gens du roi, par hasard?

— J'en ai peur, dit l'hôte avec un signe de tête; là, à côté, il y a un voyageur...

— C'est qu'alors, reprit Chicot, nous nous sauverions tout de suite, mon parent et moi, car, proscrit, menacé...

— Et où iriez-vous?

— Nous avons deux ou trois adresses que nous a données un aubergiste de nos amis, maître La Hurière.

— La Hurière! vous connaissez La Hurière?

— Chut! il ne faut pas le dire; mais nous avons fait connaissance le soir de la Saint-Barthélemy.

— Allons, dit l'hôte, je vois que vous êtes tous deux, votre parent et vous, de saintes gens; moi aussi, je connais La Hurière.

J'avais même envie, quand j'achetai cette hôtellerie, de prendre en témoignage d'amitié la même enseigne que lui : *A la Belle-Étoile;* mais l'hôtellerie était connue sous la dénomination de l'hôtellerie du *Cygne de la Croix;* j'ai eu peur que ce changement ne me fît tort. Ainsi, vous dites donc, monsieur, que votre parent...

— A eu l'imprudence de prêcher contre les huguenots ; qu'il a eu un succès énorme, et que Sa Majesté Très-Chrétienne, furieuse de ce succès, qui lui dévoilait la disposition des esprits, le cherchait pour le faire emprisonner.

— Et alors? demanda l'hôte avec un accent d'intérêt auquel il n'y avait point à se tromper.

— Ma foi! je l'ai enlevé, dit Chicot.

— Et vous avez bien fait. Pauvre cher homme !

— M. de Guise m'avait bien offert de le protéger.

— Comment, le grand Henri de Guise ! Henri le Balafré?

— Henri le Saint.

— Oui, vous l'avez dit, Henri le Saint.

— Mais j'ai craint la guerre civile.

— Alors, dit l'hôte, si vous êtes des amis de M. de Guise, vous connaissez ceci?

Et l'hôte fit de la main à Chicot une espèce de signe maçonnique à l'aide duquel les ligueurs se reconnaissaient.

Chicot, dans la fameuse nuit qu'il avait passée au couvent Sainte-Geneviève, avait remarqué non-seulement ce signe, qui avait été vingt fois répété devant lui, mais encore le signe qui y répondait.

— Parbleu! dit-il; et vous ceci?

Et Chicot, à son tour, fit le second signe.

— Alors, dit l'aubergiste avec le plus complet abandon, vous êtes ici chez vous, ma maison est la vôtre; regardez-moi comme un ami; je vous regarde comme

un frère, et si vous n'avez pas d'argent...

Chicot, pour toute réponse, tira de sa poche une bourse qui, quoique déjà un peu entamée, présentait encore une corpulence assez honorable.

La vue d'une bourse bien rondelette est toujours agréable, même à l'homme généreux qui vous offre de l'argent et qui apprend ainsi que vous n'en avez pas besoin; de sorte qu'il conserve le mérite de son offre sans avoir eu besoin de la mettre à exécution.

— Bien, dit l'hôte.

— Je vous dirai, ajouta Chicot, pour vous tranquilliser davantage encore, que nous voyageons pour la propagation de la foi, et que notre voyage nous est payé par le trésorier de la Sainte-Union. Indiquez-nous donc une hôtellerie où nous n'ayons rien à craindre.

— Morbleu! dit l'hôte, vous ne serez nulle part plus en sûreté qu'ici, messieurs; c'est moi qui vous le dis.

— Mais vous parliez tout à l'heure d'un homme qui logeait là à côté.

— Oui; mais qu'il se tienne bien, car au premier espionnage que je lui vois faire, foi de Bernouillet! il déménagera.

— Vous vous nommez Bernouillet? demanda Chicot.

— C'est mon propre nom, monsieur; il est connu parmi les fidèles, peut-être pas de la capitale, mais de la province : je m'en vante aussi. Dites un mot, un seul, et je le mets à la porte.

— Pourquoi cela? dit Chicot; laissez-le, au contraire : mieux vaut avoir ses ennemis auprès de soi; on les surveille, au moins.

— Vous avez raison, dit Bernouillet avec admiration.

— Mais qui vous fait croire que cet homme est notre ennemi? Je dis notre ennemi, continua le Gascon avec un tendre sourire, parce que je vois bien que nous sommes frères.

— Oh! oui, bien certainement, dit l'hôte; ce qui me le fait croire...

— Je vous le demande.

— C'est qu'il est arrivé ici déguisé en laquais, puis qu'il a passé une espèce d'habit d'avocat; or il n'est pas plus avocat que laquais, attendu que, sous un manteau jeté sur une chaise, j'ai vu passer la pointe d'une large rapière. Puis il m'a parlé du roi comme personne n'en parle; puis enfin il m'a avoué qu'il a une mission de M. de Morvillers, qui est, comme vous savez, un ministre de Nabuchodonosor.

— De l'Hérode, comme je l'appelle.

— Du Sardanapale!

— Bravo!

— Ah! je vois que nous nous entendons, dit l'hôte.

— Pardieu! fit Chicot; ainsi je reste?

— Je le crois bien.

— Mais pas un mot de mon parent.

— Pardieu!

— Ni de moi.

— Pour qui me prenez-vous? Mais silence! voici quelqu'un.

Gorenflot parut sur le seuil.

— Oh! c'est lui, le digne homme! s'écria l'hôte.

Et il alla au moine et il lui fit le signe des ligueurs.

Ce signe frappa Gorenflot d'étonnement et d'effroi.

— Répondez, répondez donc, mon frère! dit Chicot. Notre hôte sait tout, il en est.

— Il en est! dit Gorenflot; de quoi est-il?

— De la Sainte-Union, dit Bernouillet à demi-voix.

— Vous voyez bien que vous pouvez répondre; répondez donc!

Gorenflot répondit, ce qui combla de joie l'aubergiste.

— Mais, dit Gorenflot qui avait hâte de changer la conversation, on m'a promis du xérès.

— Du vin de Xérès, du vin de Malaga, du vin d'Alicante: tous les vins de ma cave sont à votre disposition, mon frère.

Gorenflot promena son regard de l'hôte à Chicot et de Chicot au ciel. Il ne comprenait rien à ce qui lui arrivait, et il était évident que, dans son humilité toute monacale, il reconnaissait que son bonheur dépassait de beaucoup ses mérites.

Trois jours de suite, Gorenflot s'enivra: le premier jour avec du xérès, le second jour avec du malaga, le troisième jour avec de l'alicante; mais, de toutes ces ivresses, Gorenflot avoua que c'était encore celle du bourgogne qui lui semblait la plus agréable, et il en revint au chambertin.

Pendant ces quatre jours où Gorenflot avait fait ses expériences œnophiles, Chicot n'était pas sorti de sa chambre et avait guetté du soir au matin l'avocat Nicolas David.

L'hôte, qui attribuait cette réclusion de Chicot à la peur qu'il avait du prétendu royaliste, s'évertuait à faire mille tours à celui-ci.

Mais rien n'y faisait, du moins en apparence. Nicolas David, qui avait donné rendez-vous à Pierre de Gondy à l'hôtellerie du *Cygne de la Croix*, ne voulait point quitter son domicile provisoire, de peur que le messager de MM. de Guise ne le retrouvât point, de sorte qu'en présence de l'hôte il paraissait insensible à tout. Il est vrai que, la porte fermée derrière maître Bernouillet, Nicolas David donnait à Chicot, qui ne quittait pas son trou, le spectacle divertissant de ses fureurs solitaires.

Dès le lendemain de son installation dans l'auberge, s'apercevant déjà des mauvaises intentions de son hôte, il lui était échappé de dire, en lui montrant le poing, ou plutôt en montrant le poing à la porte par laquelle il était sorti:

— Encore cinq ou six jours, drôle, et tu me le paieras!

Chicot en savait assez; il était sûr que Nicolas David ne quitterait pas l'hôtellerie qu'il n'eût réponse du légat.

Mais, à l'approche de ce sixième jour, qui était le septième de l'arrivée dans l'auberge, Nicolas David, à qui l'hôte, malgré les instances de Chicot, avait signifié le prochain besoin qu'il aurait de sa chambre, Nicolas David, disons-nous, tomba malade.

L'hôte insista pour qu'il quittât son logement tandis qu'il pouvait marcher encore; l'avocat demanda jusqu'au lendemain, prétendant que le lendemain il serait mieux certainement. Le lendemain il était plus mal.

Ce fut l'hôte qui vint annoncer cette nouvelle à son ami le ligueur.

— Eh bien! dit-il en se frottant les mains, notre royaliste, notre ami d'Hérode, il va passer la revue de l'amiral, ran tan plan plan plan plan plan!

On appelait, parmi les ligueurs, *passer la revue de l'amiral*, enjamber de ce monde dans l'autre.

— Bah! fit Chicot, vous croyez qu'il va mourir?

— Fièvre abominable, mon cher frère, fièvre tierce, fièvre quartaine, avec des redoublements qui le font bondir dans son lit; il a une faim de démon, il a voulu m'étrangler et bat mes valets : les médecins n'y comprennent rien.

Chicot réfléchit.

— L'avez-vous vu? demanda-t-il?

— Certainement, puisque je vous dis qu'il a voulu m'étrangler.

— Comment était-il?

— Pâle, agité, défait, criant comme un possédé.

— Que criait-il?

— Prenez garde au roi! On veut du mal au roi!

— Le misérable!

— Le gueux! Puis de temps en temps il dit qu'il attend un homme qui vient d'Avignon, et qu'il veut voir cet homme avant de mourir.

— Voyez-vous cela! dit Chicot. Ah! il parle d'Avignon?

— A chaque minute.

— Ventre de biche! dit Chicot laissant échapper son juron favori.

— Dites donc, reprit l'hôte, ce serait drôle s'il allait mourir.

— Très-drôle, dit Chicot; mais je voudrais qu'il ne mourût pas avant l'arrivée de l'homme d'Avignon.

— Pourquoi cela? Plus tôt mourra-t-il, plus tôt en serons-nous débarrassés.

— Oui, mais je ne pousse pas la haine jusqu'à vouloir perdre l'âme et le corps; et puisque cet homme vient d'Avignon pour le confesser...

— Eh! vous voyez bien que c'est quelque fantaisie de sa fièvre, quelque imagination que la maladie lui a mise en tête, et il n'attend personne.

— Bah! qui sait? dit Chicot.

— Ah! vous êtes d'une bonne pâte de chrétien, vous, répliqua l'hôte.

— Rends le bien pour le mal, dit la loi divine.

L'hôte se retira émerveillé.

Quant à Gorenflot, demeuré parfaitement en dehors de toutes ces préoccupations, il engraissait à vue d'œil : au bout de huit jours, l'escalier qui conduisait à sa chambre criait sous son poids et commençait de l'enserrer entre la rampe et le mur, si bien que Gorenflot annonça un soir avec terreur à Chicot que l'escalier maigrissait. Au reste, David ni la Ligue, ni l'état déplorable où était tombée la religion, ne l'occupaient : il n'avait d'autre soin que de varier les menus et d'harmoniser les différents crus de Bourgogne avec les différents mets qu'il se faisait servir, tandis que l'hôte ébahi répétait, chaque fois qu'il le voyait rentrer ou sortir:

— Et dire que c'est un torrent d'éloquence que ce gros père!

XXXI

COMMENT LE MOINE CONFESSA L'AVOCAT ET COMMENT L'AVOCAT CONFESSA LE MOINE

Enfin le jour qui devait débarrasser l'hôtellerie de son hôte arriva ou parut arriver. Maître Bernouillet se précipita dans la chambre de Chicot avec des éclats de rire tellement immodérés, que celui-ci dut attendre quelque temps avant d'en connaître la cause.

— Il se meurt ! s'écriait le charitable aubergiste ; il expire, il crève enfin !

— Et cela vous fait rire à ce point ? demanda Chicot.

— Je crois bien ; c'est que le tour est merveilleux.

— Quel tour ?

— Non. Avouez que c'est vous qui le lui avez joué, mon gentilhomme.

— Moi, un tour au malade ?

— Oui.

— De quoi s'agit-il ? que lui est-il arrivé ?

— Ce qui lui est arrivé ! Vous savez qu'il criait toujours après son homme d'Avignon ?

— Eh bien ! cet homme serait-il venu enfin ?

— Il est venu.

— L'avez-vous vu ?

— Parbleu ! est-ce qu'il entre ici une seule personne sans que je la voie ?

— Et comment était-il ?

— L'homme d'Avignon ? petit, mince et rose.

— C'est cela ! laissa échapper Chicot.

— Là, vous voyez bien que c'est vous qui le lui avez envoyé, puisque vous le connaissez.

— Le messager est arrivé ! s'écria Chicot en se levant et en frisant sa moustache. Ventre de biche ! contez-moi donc cela, compère Bernouillet.

— Rien de plus simple ; d'autant plus que, si ce n'est pas vous qui avez fait le tour, vous me direz qui cela peut être. Il y a une heure donc, je suspendais un lapin au volet, quand un grand cheval et un petit homme s'arrêtèrent devant la porte.

« — Maître Nicolas est-il ici ? » demanda le petit homme.

« Vous savez que c'est sous ce nom que cet infâme royaliste s'est fait inscrire.

« — Oui, monsieur, répondis-je.

« — Dites-lui alors que la personne qu'il attend d'Avignon est arrivée.

« — Volontiers, monsieur, mais je dois vous prévenir d'une chose.

« — De laquelle ?

« — Que maître Nicolas, comme vous l'appelez, se meurt.

« — Raison de plus pour que vous fassiez ma commission sans retard.

« — Mais vous ne savez peut-être pas qu'il se meurt d'une fièvre maligne ?

« — Vraiment ! fit l'homme ; alors je ne saurais vous recommander trop de diligence.

« — Comment ! vous persistez ?

« — Je persiste.

« — Malgré le danger ?

« — Malgré tout ; je vous dis qu'il faut que je le voie. »

« Le petit homme se fâchait et parlait d'un ton impératif qui n'admettait pas de réplique.

« En conséquence, je le conduisis à la chambre du moribond.

— De sorte qu'il est là ? dit Chicot en étendant la main dans la direction de cette chambre.

— Il y est ; n'est-ce pas que c'est drôle ?

— Excessivement drôle, dit Chicot.

— Quel malheur de ne pas pouvoir entendre !

— Oui, c'est un malheur.

— La scène doit être bouffonne.

— Au dernier degré ; mais qui donc vous empêche d'entrer ?

— Il m'a renvoyé.

— Sous quel prétexte?

— Sous prétexte qu'il allait se confesser.

— Qui vous empêche d'écouter à la porte?

— Eh! vous avez raison, dit l'hôte en s'élançant hors de la chambre.

Chicot, de son côté, courut à son trou. Pierre de Gondy était assis au chevet du lit du malade; mais ils parlaient si bas tous deux, que Chicot ne put entendre un seul mot de leur conversation.

D'ailleurs, l'eût-il entendue, cette conversation, tirant à sa fin, lui eût appris peu de chose, car, après cinq minutes, M. de Gondy se leva, prit congé du mourant et sortit.

Chicot courut à la fenêtre.

Un laquais, monté sur un courtaud, tenait en bride le grand cheval dont avait parlé l'hôte : un instant après, l'ambassadeur de MM. de Guise parut, se mit en selle et tourna l'angle de la rue qui conduisait à la grande route de Paris.

— Mordieu! dit Chicot, pourvu qu'il n'emporte pas la généalogie; en tout cas, je le rejoindrai toujours, dussé-je crever dix chevaux pour le rejoindre.

« Mais non, dit-il, ces avocats sont de fins renards, le nôtre surtout, et je soupçonne... Je vous demande un peu, continua Chicot frappant du pied avec impatience et rattachant sans doute dans son esprit son idée à une autre, je vous demande un peu où est ce drôle de Gorenflot! »

En ce moment, l'hôte rentra.

— Eh bien? demanda Chicot.

— Il est parti, dit l'hôte.

— Le confesseur?

— Qui n'est pas plus confesseur que moi.

— Et le malade?

— Il s'est évanoui après la conférence.

— Vous êtes sûr qu'il est toujours dans sa chambre?

— Parbleu! il n'en sortira probablement que pour se faire conduire au cimetière.

— C'est bon; allez, et envoyez-moi mon frère aussitôt qu'il reparaîtra.

— Même s'il est ivre?

— En quelque état qu'il soit.

— C'est donc urgent?

— C'est pour le bien de la chose.

Bernouillet sortit précipitamment : c'était un homme plein de zèle.

C'était au tour de Chicot d'avoir la fièvre; il ne savait s'il devait courir après Gondy ou pénétrer chez David; si l'avocat était aussi malade que le prétendait l'aubergiste, il était probable qu'il avait chargé M. de Gondy de ses dépêches. Chicot arpentait dans sa chambre comme un fou, se frappant le front et cherchant une idée parmi les millions de globules bouillonnant dans son cerveau.

On n'entendait plus rien dans la chambre; de son observatoire, Chicot ne pouvait apercevoir que l'angle du lit enveloppé dans ses rideaux.

Tout à coup une voix retentit dans l'escalier. Chicot tressaillit : c'était celle du moine.

Gorenflot, poussé par l'hôte, qui voulait inutilement le faire taire, montait une à une les marches de l'escalier, en chantant d'une voix avinée :

Le vin
Et le chagrin
Se battent dans ma tête;
Ils y font un tel train
Que c'est une tempête.
Mais l'un est plus fort :
C'est le vin!
Si bien que le chagrin
En sort
Grand train.

Chicot courut à la porte.

— Silence donc, ivrogne! cria-t-il.

— Ivrogne! dit Gorenflot; parce qu'on a bu?...

— Voyons! viens ici, et vous, Bernouillet, vous savez?...

— Oui, dit l'aubergiste en faisant un signe d'intelligence et en descendant les escaliers quatre à quatre.

— Viens ici, te dis-je, continua Chicot en tirant le moine dans sa chambre, et causons sérieusement, si tu peux.

— Parbleu! dit Gorenflot, vous raillez, compère! Je suis sérieux comme un âne qui boit.

— Ou qui a bu, dit Chicot en levant les épaules.

Puis il le conduisit à un siège sur lequel Gorenflot se laissa aller en poussant un *ah!* plein de jubilation.

Chicot alla fermer la porte et revint à Gorenflot avec un visage si sérieux, que celui-ci comprit qu'il s'agissait d'écouter.

— Voyons, qu'y a-t-il *encore?* dit le moine, comme si ce mot résumait toutes les persécutions que Chicot lui faisait endurer.

— Il y a, répondit Chicot fort durement, que tu ne songes pas assez aux devoirs de ta profession; tu te vautres dans la débauche, tu pourris dans l'ivrognerie, et, pendant ce temps, la religion devient ce qu'elle peut, corbœuf!

Gorenflot leva ses deux gros yeux étonnés sur son interlocuteur.

— Moi! dit-il.

— Oui, toi: regarde, tu es ignoble à voir. Ta robe est déchirée, tu t'es battu en chemin, tu as l'œil gauche cerclé de noir.

— Moi! reprit Gorenflot de plus en plus étonné des reproches auxquels Chicot ne l'avait point habitué.

— Sans doute; tu as de la boue pardessus les genoux, et quelle boue! de la boue blanche, ce qui prouve que tu as été t'enivrer dans les faubourgs.

— C'est ma foi vrai! dit Gorenflot.

— Malheureux! un moins génovéfain; si tu étais cordelier, encore!

— Chicot, mon ami, je suis donc bien coupable? dit Gorenflot attendri.

— C'est-à-dire que tu mérites que le feu du ciel te consume jusqu'aux sandales; prends garde! si cela continue, je t'abandonne.

— Chicot, mon ami, dit le moine, tu ne feras pas cela.

— Il y a aussi des archers à Lyon.

— Oh! grâce, mon cher protecteur! balbutia le moine qui se mit non pas à pleurer, mais à beugler comme un taureau.

— Fi! la laide brute, continua Chicot; et dans quel moment, je te le demande, te livres-tu à de pareils déportements? quand nous avons un voisin qui se meurt.

— C'est vrai, dit Gorenflot d'un air profondément contrit.

— Voyons, es-tu chrétien, oui ou non?

— Si je suis chrétien! s'écria Gorenflot en se levant, si je suis chrétien, tripes du pape! je le suis: je le proclamerais sur le gril de saint Laurent!

Et, le bras étendu comme pour jurer, il se mit à chanter de façon à briser les vitres:

Je suis chrétien,
C'est mon seul bien,

— Assez! dit Chicot en le bâillonnant avec la main; si tu es chrétien, ne laisse pas mourir ton frère sans confession.

— C'est juste. Où est mon frère, que je le confesse? dit Gorenflot; c'est-à-dire, quand j'aurai bu, car je meurs de soif.

Et Chicot passa au moine un pot plein d'eau, que celui-ci vida presque entièrement.

— Ah! mon fils, dit-il en reposant le pot sur la table, je commence à voir clair.

— C'est bien heureux, répondit Chicot décidé à profiter de ce moment de lucidité.

— Maintenant, mon tendre ami, continua le moine, qui faut-il que je confesse?

— Notre malheureux voisin qui se meurt.

— Qu'on lui donne une pinte de vin au miel, dit Gorenflot.

— Je ne dis pas non, mais il a plus besoin des secours spirituels que des se-

LA DAME DE MONSOREAU 241

Voilà le coup, dit Chicot. — Page 248.

cours temporels. Tu vas l'aller trouver.

— Croyez-vous que je sois suffisamment préparé, monsieur Chicot? demanda timidement le moine.

— Toi! je ne t'ai jamais vu si plein d'onction qu'en ce moment. Tu le ramèneras au bien s'il est égaré, tu l'enverras droit en paradis s'il en cherche la route.

— J'y cours.

— Attends donc! il faut que je t'indique la marche à suivre.

— Pourquoi faire? on sait son état,

peut-être, depuis vingt ans qu'on est moine.

— Oui, mais ce n'est pas seulement ton état qu'il faut que tu fasses aujourd'hui, c'est aussi ma volonté.

— Votre volonté?

— Et si tu l'exécutes ponctuellement, entends-tu bien? je te place cent pistoles à la *Corne d'abondance*, à boire ou à manger, à ton choix.

— A boire et à manger, j'aime mieux cela.

— Eh bien! soit, cent pistoles, tu entends? si tu confesses ce digne moribond.

— Je le confesserai, ou la peste m'étouffe! Comment faut-il que je le confesse?

— Écoute : ta robe te donne une grande autorité, tu parles au nom de Dieu et au nom du roi; il faut, par ton éloquence, contraindre cet homme à te remettre les papiers qu'on vient de lui apporter d'Avignon.

— Pour quoi faire le contraindre à me remettre ces papiers?

Chicot regarda en pitié le moine.

— Pour avoir mille livres, double brute! lui dit-il.

— C'est juste, fit Gorenflot; j'y vais.

— Attends donc! il te dira qu'il vient de se confesser.

— Alors, s'il vient de se confesser?

— Tu lui répondras qu'il en a menti; que celui qui sort de sa chambre n'est point un confesseur, mais un intrigant comme lui.

— Mais il se fâchera.

— Que t'importe, puisqu'il se meurt?

— C'est juste.

— Alors, tu comprends, tu parleras de Dieu, tu parleras du diable, tu parleras de ce que tu voudras; mais, d'une façon ou de l'autre, tu lui tireras des mains des papiers qui viennent d'Avignon.

— Et s'il refuse?

— Tu lui refuseras l'absolution, tu le maudiras, tu l'anathématiseras.

— Ou je les lui prendrai de force.

— Eh bien! encore, soit; mais voyons, es-tu suffisamment dégrisé pour exécuter mes instructions?

— Ponctuellement; vous allez voir.

Et Gorenflot, passant une main sur son large visage, sembla en effacer les traces superficielles de l'ivresse; ses yeux devinrent calmes, bien qu'on eût pu avec de l'attention les trouver hébétés; sa bouche n'articula plus que des paroles scandées avec modération; son geste devint sobre, tout en demeurant un peu tremblant.

Puis il se dirigea vers la porte avec solennité.

— Un moment, dit Chicot; quand il t'aura donné les papiers, serre-les bien dans une main et frappe de l'autre à la muraille.

— Et s'il me les refuse!

— Frappe encore.

— Alors, dans l'un et l'autre cas, je dois frapper?

— Oui.

— C'est bien.

Et Gorenflot sortit de la chambre, tandis que Chicot, en proie à une émotion indéfinissable, collait son oreille à la muraille, afin de percevoir jusqu'au moindre bruit.

Dix minutes après, le craquement du plancher lui annonça que Gorenflot entrait chez son voisin, et bientôt il le vit apparaître dans le cercle que son rayon visuel pouvait embrasser.

L'avocat se souleva dans son lit, et regarda s'approcher l'étrange apparition.

— Eh! bonjour, mon frère, dit Gorenflot s'arrêtant au milieu de la chambre et équilibrant ses larges épaules.

— Que venez-vous faire ici, mon père? murmura le malade d'une voix affaiblie.

— Mon fils, je suis un religieux indigne; j'apprends que vous êtes en danger, et je viens vous parler des intérêts de votre âme.

— Merci, dit le moribond; mais je crois que votre soin est inutile. Je vais un peu mieux.

Gorenflot secoua la tête.

— Vous le croyez? dit-il.

— J'en suis sûr.

— Ruse de Satan, qui voudrait vous voir mourir sans confession.

— Satan serait attrapé, dit le malade; je viens de me confesser à l'instant même.

— A qui?

— A un digne prêtre qui vient d'Avignon.

Gorenflot secoua la tête.

— Comment! ce n'est pas un prêtre?

— Non.

— Comment le savez-vous?

— Je le connais.

— Celui qui sort d'ici?

— Oui, dit Gorenflot avec un accent plein d'une telle conviction que, si difficiles à démonter que soient en général les avocats, celui-ci se troubla.

— Or, comme vous n'allez pas mieux, dit Gorenflot, et comme cet homme n'était pas un prêtre, il faut vous confesser.

— Je ne demande pas mieux, dit l'avocat d'une voix un peu plus forte : mais je veux me confesser à qui me plaît.

— Vous n'avez pas le temps d'en envoyer chercher un autre, mon fils, et puisque me voilà...

— Comment! je n'aurai pas le temps! s'écria le malade avec une voix qui se développa de plus en plus ; quand je vous dis que je vais mieux ; quand je suis sûr d'en réchapper?

Gorenflot secoua une troisième fois la tête.

— Et moi, dit-il avec le même flegme, je vous affirme à mon tour, mon fils, que je ne compte sur rien de bon à votre égard ; vous êtes condamné par les médecins et aussi par la divine Providence ; c'est cruel à vous dire, je le sais bien, mais enfin nous en arrivons tous là, soit un peu plus tôt, soit un peu plus tard ; il y a la balance, la balance de la justice, et puis c'est consolant de mourir en cette vie, puisque l'on ressuscite dans l'autre. Pythagoras lui-même le disait, mon fils, et ce n'était qu'un païen. Allons, confessez-vous, mon cher enfant.

— Mais je vous assure, mon père, que je me sens déjà plus fort, et c'est probablement un effet de votre sainte présence.

— Erreur, mon fils, erreur! insista Gorenflot ; il y a au dernier moment une recrudescence vitale : c'est la lampe qui se ranime pour jeter un dernier éclat. Voyons, continua le moine en s'asseyant près du lit, dites-moi vos intrigues, vos complots, vos machinations.

— Mes intrigues, mes complots, mes machinations! répéta Nicolas David en se reculant devant le singulier moine qu'il ne connaissait pas et qui paraissait le connaître si bien.

— Oui, dit Gorenflot en disposant tranquillement ses larges oreilles à entendre et en joignant ses deux pouces au-dessus de ses mains entrelacées; puis, quand vous m'aurez dit tout cela, vous me donnerez les papiers, et peut-être Dieu permettra-t-il que je vous absolve.

— Et quels papiers? s'écria le malade d'une voix aussi forte et aussi vigoureusement accentuée que s'il eût été en pleine santé.

— Les papiers que ce prétendu prêtre vient de vous apporter d'Avignon.

— Et qui vous a dit que ce prétendu prêtre m'avait apporté des papiers? demanda l'avocat en sortant une jambe de la couverture et avec un accent si brusque, que Gorenflot en fut troublé dans le commencement de béatitude qui l'assoupissait sur son fauteuil.

Gorenflot pensa que le moment était venu de montrer de la vigueur.

— Celui qui l'a dit sait ce qu'il dit, reprit-il; allons, les papiers, les papiers, ou pas d'absolution!

— Eh! je me moque bien de ton absolution, bélître! s'écria David en bondissant hors du lit et en sautant à la gorge de Gorenflot.

— Eh mais! s'écria celui-ci, vous avez donc la fièvre chaude? vous ne voulez donc pas vous confesser, vous?

Le pouce de l'avocat, adroitement et vigoureusement appliqué sur la gorge du moine, interrompit sa phrase, qui fut continuée par un sifflement qui ressemblait fort à un râle.

— Je ne veux confesser que toi, frocard de Belzébuth ! s'écria l'avocat David ; et quant à la fièvre chaude, tu vas voir si elle me serre au point de m'empêcher de t'étrangler.

Frère Gorenflot était robuste, mais il en était malheureusement à ce moment de réaction où l'ivresse agit sur le système nerveux et le paralyse, ce qui arrive d'ordinaire en même temps que, par une réaction opposée, les facultés commencent à reprendre de la vigueur.

Il ne put donc, en réunissant toutes ses forces, que se soulever sur son siège, empoigner la chemise de l'avocat à deux mains et le repousser violemment loin de lui.

Il est juste de dire que, tout paralysé qu'il était, frère Gorenflot repoussa si violemment Nicolas David, que celui-ci alla rouler au milieu de la chambre.

Mais il se releva furieux, et sautant sur cette longue épée qu'avait remarquée maître Bernouillet, laquelle était suspendue à la muraille derrière ses habits, il la tira du fourreau et en vint présenter la pointe au cou du moine, qui, épuisé par cet effort suprême, était retombé sur son fauteuil.

— C'est à ton tour de te confesser, lui dit-il d'une voix sourde, ou tu vas mourir !

Gorenflot, complètement dégrisé par la désagréable pression de cette pointe froide sur sa chair, comprit la gravité de la situation.

— Oh ! dit-il, vous n'étiez donc pas malade ? c'était donc une comédie que cette prétendue agonie ?

— Tu oublies que ce n'est point à toi d'interroger, dit l'avocat, mais de répondre.

— Répondre à quoi ?

— A ce que je vais te demander.
— Faites.
— Qui es-tu ?
— Vous le voyez bien, dit le moine.
— Ce n'est pas répondre, fit l'avocat en appuyant l'épée un degré plus fort.
— Eh ! que diable ! faites donc attention ! Si vous me tuez avant que je ne vous réponde, vous ne saurez rien du tout.
— Tu as raison ; ton nom ?
— Frère Gorenflot.
— Tu es donc un vrai moine ?
— Comment, un vrai moine ! je le crois bien.
— Pourquoi te trouves-tu à Lyon ?
— Parce que je suis exilé.
— Qui t'a conduit dans cet hôtel ?
— Le hasard.
— Depuis combien de jours y es-tu ?
— Depuis seize jours.
— Pourquoi m'espionnais-tu ?
— Je ne vous espionnais pas.
— Comment savais-tu que j'avais reçu des papiers ?
— Parce qu'on me l'avait dit.
— Qui te l'avait dit ?
— Celui qui m'a envoyé vers vous.
— Qui t'a envoyé vers moi ?
— Voilà ce que je ne puis dire.
— Et ce que tu me diras cependant.
— Oh là ! s'écria le moine. Vertudieu ! j'appelle, je crie.
— Et moi je tue.

Le moine jeta un cri ; une goutte de sang parut à la pointe de l'épée de l'avocat.

— Son nom ? dit celui-ci.
— Ah ! ma foi, tant pis ! dit le moine ; j'ai tenu tant que j'ai pu.
— Oui, va, et ton honneur est à couvert. Celui qui t'a envoyé vers moi ?...
— C'est...

Gorenflot hésita encore ; il lui en coûtait de trahir l'amitié.

— Achève donc ! dit l'avocat en frappant du pied.

— Ma foi, tant pis! c'est Chicot.
— Le fou du roi?
— Lui-même!
— Et où est-il?
— Me voilà! dit une voix.

Et Chicot, à son tour, parut sur la porte, pâle, grave, et l'épée nue à la main.

XXXII

COMMENT CHICOT, APRÈS AVOIR FAIT UN TROU AVEC UNE VRILLE, EN FIT UN AVEC SON ÉPÉE

Maître Nicolas David, en reconnaissant celui qu'il savait être son ennemi mortel, ne put retenir un mouvement de terreur.

Gorenflot profita de ce mouvement pour se jeter de côté, et rompre ainsi la rectitude de la ligne qui se trouvait entre son cou et l'épée de l'avocat.

— A moi, tendre ami, cria-t-il, à moi! A l'aide, au secours, à la rescousse! on m'égorge.

— Ah! ah! cher monsieur David, dit Chicot, c'est donc vous?

— Oui, balbutia David, oui, sans doute, c'est moi.

— Enchanté de vous rencontrer, reprit le Gascon.

Puis se retournant vers le moine:

— Mon bon Gorenflot, lui dit-il, ta présence comme moine était fort nécessaire ici tout à l'heure, quand on croyait monsieur mourant; mais maintenant que monsieur se porte à merveille, ce n'est plus un confesseur qu'il lui faut; aussi il va avoir affaire à un gentilhomme.

David essaya de ricaner avec mépris.

— Oui, à un gentilhomme, dit Chicot, et qui va vous faire voir qu'il est de bonne race. Mon cher Gorenflot, continua-t-il en s'adressant au moine, faites-moi le plaisir d'aller vous mettre en sentinelle sur le palier, et d'empêcher qui que ce soit au monde de venir me déranger dans la petite conversation que je vais avoir avec monsieur.

Gorenflot ne demandait pas mieux que de se trouver à distance de Nicolas David.

Aussi accomplit-il le cercle qu'il lui fallait parcourir en serrant les murs le plus près possible; puis, arrivé à la porte, il s'élança dehors, plus léger de cent livres qu'il ne l'était en entrant.

Chicot ferma la porte derrière lui, et, toujours avec le même flegme, poussa le verrou.

David avait considéré ce préambule avec un saisissement qui résultait de l'imprévu de la situation; mais bientôt, se reposant sur sa force bien connue dans les armes et sur ce qu'au bout du compte il était seul avec Chicot, il s'était remis, et quand le Gascon se retourna, après avoir fermé la porte, il le trouva appuyé au pied du lit, son épée à la main et le sourire sur les lèvres.

— Habillez-vous, monsieur, dit Chicot, je vous en donnerai le temps et la facilité, car je ne veux avoir aucun avantage sur vous. Je sais que vous êtes un vaillant escrimeur, et que vous maniez l'épée comme Leclerc en personne; mais cela m'est parfaitement égal.

David se mit à rire.

— La plaisanterie est bonne, dit-il.

— Oui, répondit Chicot; elle me paraît telle, du moins, puisque c'est moi qui la fais, et elle vous paraîtra bien meilleure tout à l'heure, à vous qui êtes homme de goût. Savez-vous ce que je viens chercher en cette chambre, maître Nicolas?

— Le reste des coups de lanière que je vous redevais au nom du duc de Mayenne, le jour où vous avez si lestement sauté par une fenêtre.

— Non, monsieur; j'en sais le compte, et je les rendrai à celui qui me les a fait donner, soyez tranquille. Ce que je viens chercher, c'est certaine généalogie que

M. Pierre de Gondy, sans savoir ce qu'il portait, a porté à Avignon, et, sans savoir ce qu'il rapportait, vous a remise tout à l'heure.

David pâlit.

— Quelle généalogie? dit-il.

— Celle de MM. de Guise, qui descendent, comme vous savez, de Charlemagne en droite ligne.

— Ah! ah! dit David, vous êtes donc espion, monsieur? je vous croyais seulement bouffon, moi.

— Cher monsieur David, je serai, si vous le voulez bien, l'un et l'autre dans cette occasion : espion pour vous faire pendre, et bouffon pour en rire.

— Me faire pendre!

— Haut et court, monsieur. Vous n'avez pas la prétention d'être décapité, j'espère; c'est bon pour les gentilshommes.

— Et comment vous y prendrez-vous pour cela?

— Oh! ce sera bien simple : je raconterai la vérité, voilà tout. Il faut vous dire, cher monsieur David, que j'ai assisté le mois passé à ce petit conciliabule tenu dans le couvent de Sainte-Geneviève, entre Leurs Altesses Sérénissimes MM. de Guise et madame de Montpensier.

— Vous?

— Oui, j'étais logé dans le confessionnal en face du vôtre; on y est fort mal, n'est-ce pas? d'autant plus mal, pour mon compte du moins, que j'ai été obligé, pour en sortir, d'attendre que tout fût fini; et que la chose a été fort longue à se terminer. J'ai donc assisté au discours de M. de Monsoreau, de La Hurière et d'un certain moine dont j'ai oublié le nom, mais qui m'a paru fort éloquent. Je connais l'affaire du couronnement de M. d'Anjou, qui a été moins amusante; mais en échange la petite pièce a été drôle; on jouait la généalogie de MM. de Lorraine, revue, augmentée et corrigée par maître Nicolas David. C'était une fort drôle de pièce, à laquelle il ne manquait plus que le visa de Sa Sainteté.

— Ah! vous connaissez la généalogie? dit David se contenant à peine et mordant ses lèvres avec colère.

— Oui, dit Chicot, et je l'ai trouvée infiniment ingénieuse, surtout à l'endroit de la loi salique. Seulement, c'est un grand malheur d'avoir tant d'esprit que cela : on se fait pendre; aussi, me sentant ému d'un tendre intérêt pour un homme si ingénieux : « Comment! me suis-je dit, je laisserais pendre ce brave M. David, un maître d'armes très-agréable, un avocat de première force, un de mes bons amis enfin, et cela quand je puis au contraire non-seulement lui sauver la corde, mais encore faire sa fortune, à ce brave avocat, ce bon maître, cet excellent ami, le premier qui m'ait donné la mesure de mon cœur en prenant la mesure de mon dos? Non, cela ne sera pas. » Alors, vous ayant entendu parler de voyage, j'ai pris la résolution, rien ne me retenant, de voyager avec vous, c'est-à-dire derrière vous. Vous êtes sorti par la porte Bordelle, n'est-ce pas? Je vous guettais, vous ne m'avez pas vu; cela ne m'étonne point, j'étais bien caché; de ce moment-là, je vous ai suivi, vous perdant, vous rattrapant, prenant beaucoup de peine, je vous assure; enfin nous sommes arrivés à Lyon; je dis nous sommes, parce que, une heure après vous, j'étais installé dans le même hôtel que vous, non-seulement dans le même hôtel que vous, mais encore dans la chambre à côté; dans celle-ci, tenez, qui n'est séparée de la vôtre que par une simple cloison; vous pensez bien que je n'étais pas venu de Paris à Lyon, ne vous quittant pas des yeux, pour vous perdre de vue ici. Non, j'ai percé un petit trou à l'aide duquel j'avais l'avantage de vous examiner tant que je voulais, et, je l'avoue, je me donnais ce plaisir plusieurs fois le jour. Enfin vous êtes tombé malade; l'hôte voulait vous mettre à la porte : vous aviez donné rendez-vous à M. de Gondy au *Cygne de la Croix;* vous aviez peur qu'il ne vous trouvât point autre part, ou du moins qu'il ne vous retrouvât point assez vite. C'était un moyen : je n'en ai été dupe qu'à moitié; cependant, comme, à tout prendre, vous pouviez être malade réellement, comme nous sommes tous mortels, vérité dont je tâcherai de vous convaincre tout à l'heure, je vous ai envoyé un brave moine, mon ami, mon compagnon, pour vous exciter au repentir, vous ramener à la résipiscence; mais point : pécheur endurci que vous êtes, vous avez voulu lui perforer la gorge avec votre rapière, oubliant cette maxime de l'Évangile : « Qui frappe de l'épée périra par l'épée. » C'est alors, cher monsieur David, que je suis venu et que je vous ai dit : « Voyons, nous sommes de vieilles connaissances, de vieux amis, arrangeons la chose ensemble; dites, à cette heure que vous êtes au courant, voulez-vous l'arranger, la chose ?

— Et de quelle façon ?

— De la façon dont elle se fût arrangée si vous eussiez été véritablement malade, que mon ami Gorenflot vous eût confessé et que vous lui eussiez remis les papiers qu'il vous demandait. Alors je vous eusse pardonné et j'eusse même dit de grand cœur un *In manus* pour vous. Eh bien! je ne serai pas plus exigeant pour le vivant que pour le mort, et ce qui me reste à vous dire, le voici : « Monsieur David, vous êtes un homme accompli; l'escrime, le cheval, la chicane, l'art de mettre de grosses bourses dans de larges poches, vous possédez tout. Il serait fâcheux qu'un homme comme vous disparût tout à coup du monde où il est destiné à faire une si belle fortune. Eh bien! cher monsieur David, ne faites plus de conspirations, fiez-vous à moi, rompez avec les Guises, donnez-moi vos papiers, et, foi de gentilhomme! je ferai votre paix avec le roi. »

— Tandis qu'au contraire, si je ne vous les donne pas ? demanda Nicolas David.

— Ah! si vous ne me les donnez pas, c'est autre chose. Foi de gentilhomme, je vous tuerai! Est-ce toujours drôle, cher monsieur David ?

— De plus en plus, répondit l'avocat en caressant son épée.

— Mais si vous me les donnez, continua Chicot, tout sera oublié; vous ne me croyez pas peut-être, cher monsieur David, car vous êtes d'une nature mauvaise, et vous vous figurez que mon ressentiment est incrusté dans mon cœur comme la rouille dans le fer. Non; je vous hais, c'est vrai, mais je hais M. de Mayenne plus que vous; donnez-moi de quoi perdre M. de Mayenne et je vous sauve; et puis, voulez-vous que j'ajoute encore quelques paroles que vous ne croirez pas, vous qui n'aimez rien que vous-même? eh bien! c'est que j'aime le roi, moi, tout niais, tout corrompu, tout abâtardi qu'il est; le roi qui m'a donné un refuge, une protection contre votre boucher de Mayenne qui assassine de nuit, à la tête de quinze bandits, un seul gentilhomme, sur la place du Louvre; vous savez de qui je veux parler, c'est de ce pauvre Saint-Mégrin; n'en étiez-vous pas, de ses bourreaux, vous? Non? tant mieux! je le croyais tout à l'heure, et je le crois bien plus encore maintenant. Eh bien! je veux qu'il règne tranquillement, mon pauvre roi Henri, ce qui est impossible avec les Mayenne et les généalogies de Nicolas David. Livrez-moi donc la généalogie, et, foi de gentilhomme! je tais votre nom et fais votre fortune.

Pendant cette longue exposition de ses idées, qu'il n'avait même faite si longue que dans ce but, Chicot avait observé David en homme intelligent et ferme. Pendant cet examen, il ne vit pas se détendre une seule fois la fibre d'acier qui dilatait l'œil fauve de l'avocat; pas une bonne pensée n'éclaira ses traits assombris, pas un retour de cœur n'amollit sa main crispée sur l'épée.

— Allons, dit Chicot, je vois que tout ce que je vous dis est de l'éloquence perdue et que vous ne me croyez pas; il me reste donc un moyen de vous punir d'abord de vos torts anciens envers moi, puis de débarrasser la terre d'un homme qui ne croit plus à la probité ni à l'humanité. Je vais vous faire pendre. Adieu, monsieur David!

Et Chicot fit à reculons un pas vers la porte sans perdre de vue l'avocat.

Celui-ci fit un bond en avant.

— Et vous croyez que je vous laisserai sortir! s'écria l'avocat; non pas, mon bel espion; non pas, Chicot, mon ami: quand on sait des secrets comme ceux de la généalogie, on meurt! Quand on menace Nicolas David, on meurt! Quand on entre ici comme tu y es entré, on meurt!

— Vous me mettez parfaitement à mon aise, répondit Chicot avec le même calme; je n'hésitais que parce que je suis sûr de vous tuer. Crillon, en faisant des armes avec moi, m'a appris, il y a deux mois, une botte particulière, une seule; mais elle suffira, parole d'honneur! Allons, remettez-moi les papiers, ajouta-t-il d'une voix terrible, ou je vous tue! et je vais vous dire comment : je vous percerai la gorge, où vous vouliez saigner mon ami Gorenflot.

Chicot n'avait point achevé ces paroles que David, avec un sauvage éclat de rire, s'élança sur lui ; Chicot le reçut l'épée au poing.

Les deux adversaires étaient à peu près de la même taille; mais les vêtements de Chicot dissimulaient sa maigreur, tandis que rien ne dissimulait la nature longue, mince et flexible de l'avocat. Il semblait un long serpent, tant son bras prolongeait sa tête, tant son épée agile s'agitait comme un triple dard; mais, comme le lui avait annoncé Chicot, il avait affaire à un rude adversaire; Chicot, faisant des armes presque tous les jours avec le roi, était devenu un des plus forts tireurs du royaume; c'est ce dont Nicolas David put s'apercevoir, en trouvant toujours le fer de son adversaire, de quelque façon qu'il cherchât à l'attaquer.

Il fit un pas de retraite.

— Ah! ah! dit Chicot, vous commencez à comprendre, n'est-ce pas? Eh bien! encore une fois, les papiers?

David, pour toute réponse, se jeta de nouveau sur le Gascon, et un second combat s'engagea plus long et plus acharné que le premier, quoique Chicot se contentât de parer et n'eût pas encore porté un coup.

Cette seconde lutte se termina, comme la première, par un pas de retraite de l'avocat.

— Ah! ah! dit Chicot, à mon tour maintenant.

Et il fit un pas en avant.

Pendant qu'il marchait, Nicolas David dégagea pour l'arrêter. Chicot para prime, lia l'épée de son adversaire tierce sur tierce, et l'atteignit à l'endroit qu'il avait indiqué d'avance : il lui enfonça la moitié de sa rapière dans la gorge.

— Voilà le coup, dit Chicot.

David ne répondit pas; il tomba du coup au pied de Chicot en crachant une gorgée de sang.

Chicot à son tour fit un pas de retraite. Tout blessé à mort qu'il est, le serpent peut encore se redresser et mordre.

Mais David, par un mouvement naturel, essaya de se traîner vers son lit comme pour défendre encore son secret.

— Ah! dit Chicot, je te croyais retors, et tu es sot au contraire comme un reître. Je ne savais pas l'endroit où tu avais ca-

LA DAME DE MONSOREAU — 249

Ah! monsieur, vous me rappelez tout ce que je dois à M. de Mayenne; vous voudriez donc que je devinsse votre débiteur comme je suis le sien? — Page 260.

ché tes papiers, et voilà que tu me l'apprends.

Et tandis que David se tordait dans les convulsions de l'agonie, Chicot courut au lit, souleva le matelas et trouva, sous le chevet, un petit rouleau de parchemin que David, dans l'ignorance de la catastrophe qui le menaçait, n'avait pas songé à cacher mieux.

Au moment même où il le déroulait pour s'assurer que c'était bien le papier qu'il cherchait, David se soulevait avec rage, puis, retombant aussitôt, rendait le dernier soupir.

Chicot parcourut d'abord d'un œil étincelant de joie et d'orgueil le parchemin rapporté d'Avignon par Pierre de Gondy.

Le légat du pape, fidèle à la politique du souverain pontife depuis son avénement au trône, avait écrit au bas :

« *Fiat ut voluit Deus : Deus jura hominum fecit.* »

— Voilà, dit Chicot, un pape qui traite assez mal le roi très-chrétien.

Et il plia soigneusement le parchemin, qu'il introduisit dans la poche la plus sûre de son justaucorps, c'est-à-dire dans celle qui s'appuyait sur sa poitrine.

Puis il prit le corps de l'avocat qui était mort sans presque répandre de sang, la nature de la plaie ayant concentré l'hémorragie au dedans, le replaça dans le lit, la face tournée contre la ruelle, et, rouvrant la porte, appela Gorenflot.

Gorenflot entra.

— Comme vous êtes pâle! dit le moine.

— Oui, dit Chicot, les derniers moments de ce pauvre homme m'ont causé quelque émotion.

— Il est donc mort? demanda Gorenflot.

— Il y a tout lieu de le croire, répondit Chicot.

— Il se portait si bien tout à l'heure!

— Trop bien. Il a voulu manger des choses difficiles à digérer, et, comme Anacréon, il est mort pour avoir avalé de travers.

— Oh! oh! dit Gorenflot, le coquin qui voulait m'étrangler, moi, un homme d'église! voilà ce qui lui aura porté malheur.

— Pardonnez-lui, compère, vous êtes chrétien.

— Je lui pardonne, dit Gorenflot, quoiqu'il m'ait fait grand'peur.

— Ce n'est pas le tout, dit Chicot; il convient que vous allumiez les cires, et que vous marmottiez quelques prières près de son corps.

— Pourquoi faire?

C'était le mot de Gorenflot, on se le rappelle.

— Comment! pourquoi faire? Pour n'être point pris et conduit dans les prisons de la ville comme un meurtrier.

— Moi! meurtrier de cet homme! allons donc! c'est lui qui voulait m'étrangler.

— Mon Dieu! oui! et comme il n'a pas pu y réussir, la colère lui a mis le sang en mouvement; un vaisseau se sera brisé dans sa poitrine, et bonsoir! Vous voyez bien qu'en somme, Gorenflot, c'est vous qui êtes la cause de sa mort, cause innocente, c'est vrai, mais n'importe! En attendant que votre innocence soit reconnue, on pourrait vous faire un mauvais parti.

— Je crois que vous avez raison, monsieur Chicot, dit le moine.

— D'autant plus raison qu'il y a dans cette bonne ville, à Lyon, un official un peu coriace.

— Jésus! murmura le moine.

— Faites donc ce que je vous dis, compère.

— Que faut-il que je fasse?

— Installez-vous ici; récitez avec onction toutes les prières que vous savez, et même celles que vous ne savez pas, et quand le soir sera venu et que vous serez seul, sortez de l'hôtellerie, sans lenteur et sans précipitation. Vous connaissez le travail du maréchal-ferrant qui fait le coin de la rue?

— Certainement, c'est à lui que je me suis donné ce coup hier soir, dit Gorenflot montrant son œil cerclé de noir.

— Touchant souvenir. Eh bien! j'aurai soin que vous retrouviez là votre cheval, entendez-vous? Vous monterez dessus sans donner d'explication à personne : ensuite, pour peu que le cœur vous en dise, vous connaissez la route de Paris; à Villeneuve-le-Roi, vous vendrez votre cheval et vous reprendrez Panurge.

— Ah! ce bon Panurge, vous avez raison, je serai heureux de le revoir, je l'aime. Mais d'ici là, ajouta le moine d'un ton piteux, comment vivrai-je?

— Quand je donne, je donne, dit Chicot, et ne laisse pas mendier mes amis, comme on fait au couvent de Sainte-Geneviève; tenez.

Et Chicot tira de sa poche une poignée d'écus qu'il mit dans la large main du moine.

— Homme généreux! dit Gorenflot attendri jusqu'aux larmes, laissez-moi rester avec vous à Lyon. J'aime assez Lyon : c'est la seconde capitale du royaume, puis la ville est hospitalière.

— Mais comprends donc une chose, triple brute! c'est que je ne reste pas, c'est que je pars, et cela si rapidement que je ne t'engage point à me suivre.

— Que votre volonté soit faite, monsieur Chicot! dit Gorenflot résigné.

— A la bonne heure! dit Chicot, te voilà comme je t'aime, compère.

Et il installa le moine près du lit, descendit chez l'hôte, et le prenant à part :

— Maître Bernouillet, dit-il, sans que vous vous en doutiez, un grand événement s'est passé dans votre maison.

— Bah! répondit l'hôte avec des yeux effarés, qu'y a-t-il donc?

— Cet enragé royaliste, ce contempteur de la religion, cet abominable hanteur de huguenots...

— Eh bien?

— Eh bien! il a reçu la visite ce matin d'un messager de Rome.

— Je le sais bien, puisque c'est moi qui vous l'ai dit.

— Eh bien! notre saint-père le pape, à qui toute justice temporelle est dévolue en ce monde, notre saint-père le pape l'envoyait directement au conspirateur : seulement, selon toute probabilité, le conspirateur ne se doutait pas dans quel but.

— Et dans quel but l'envoyait-il?

— Montez dans la chambre de votre hôte, maître Bernouillet, levez un peu sa couverture, regardez-lui aux environs du cou et vous le saurez.

— Holà! vous m'effrayez.

— Je ne vous en dis pas davantage. Cette justice s'est accomplie chez vous, maître Bernouillet. C'est un bien grand honneur que vous fait le pape.

Puis Chicot glissa dix écus d'or dans la main de son hôte et gagna l'écurie, d'où il fit sortir les deux chevaux.

Cependant l'hôte avait grimpé ses escaliers plus leste que l'oiseau, et était entré dans la chambre de Nicolas David.

Il y trouva Gorenflot en prières.

Alors il s'approcha du lit, et, selon les instructions qu'il avait reçues, releva les couvertures.

La blessure était bien à la place indiquée, encore vermeille; mais le corps était déjà froid.

— Ainsi meurent tous les ennemis de la sainte religion! dit-il en faisant un signe d'intelligence à Gorenflot.

— Amen! répondit le moine.

Ces événements se passaient à peu près vers le même temps où Bussy remettait Diane de Méridor entre les bras du vieux baron qui la croyait morte.

XXXIII

COMMENT LE DUC D'ANJOU APPRIT QUE DIANE DE MÉRIDOR N'ÉTAIT POINT MORTE

Pendant ce temps, les derniers jours d'avril étaient arrivés.

La grande cathédrale de Chartres était tendue de blanc, et, sur les piliers, des gerbes de feuillage (car on a vu par l'époque où nous sommes arrivés que le feuillage était encore une rareté), et sur les piliers, disons-nous, des gerbes de feuillage remplaçaient les fleurs absentes.

Le roi, pieds nus comme il était venu depuis la porte de Chartres, se tenait debout au milieu de la nef, regardant de temps en temps si tous ses courtisans et tous ses amis s'étaient trouvés fidèlement au rendez-vous. Mais les uns, écorchés par le pavé de la rue, avaient repris leurs souliers; les autres, affamés ou fatigués, se reposaient ou mangeaient dans quelque hôtellerie de la route où ils s'étaient glissés en contrebande, et un petit nombre seulement avaient eu le courage de demeurer dans l'église, sur la dalle humide, avec les jambes nues sous leur longue robe de pénitents.

La cérémonie religieuse qui avait pour but de donner un héritier à la couronne de France s'accomplissait ; les deux chemises de Notre-Dame, dont, vu la grande quantité de miracles qu'elles avaient faits, la vertu prolifique ne pouvait être mise en doute, avaient été tirées de leurs châsses d'or, et le peuple, accouru en foule à cette solennité, s'inclinait sous le feu des rayons qui jaillirent du tabernacle quand les deux tuniques en sortirent.

Henri III en ce moment, au milieu du silence général, entendit un bruit étrange, un bruit qui ressemblait à un éclat de rire étouffé, et il chercha par habitude si Chicot n'était pas là, car il lui sembla qu'il n'y avait que Chicot qui pût avoir l'audace de rire en un pareil moment.

Ce n'était pas Chicot cependant qui avait ri à l'aspect des deux saintes tuniques ; car Chicot, hélas ! était absent, ce qui attristait fort le roi, qui, on se le rappelle, l'avait perdu de vue tout à coup sur la route de Fontainebleau et n'en avait pas entendu reparler depuis. C'était un cavalier que son cheval encore fumant venait d'amener à la porte de l'église, et qui s'était fait un chemin, avec ses habits et ses bottes tout souillés de boue, au milieu des courtisans affublés de leurs robes de pénitents ou coiffés de sacs, mais, dans l'un et dans l'autre cas, pieds nus.

Voyant le roi se retourner, il resta bravement debout dans le chœur avec l'apparence du respect, car ce cavalier était homme de cour ; cela se voyait dans son attitude encore plus que dans l'élégance des habits dont il était couvert.

Henri, mécontent de voir ce cavalier arrivé si tard faire tant de bruit, et différer si insolemment par ses habits de ce costume monacal qui était d'ordonnance ce jour-là, lui adressa un coup d'œil plein de reproche et de dépit.

Le nouveau venu ne fit pas semblant de s'en apercevoir, et, franchissant quelques dalles où étaient sculptées des effigies d'évêques en faisant crier ses souliers pont-levis (c'était la mode alors), il alla s'agenouiller près de la chaise de velours de M. le duc d'Anjou, lequel, absorbé dans ses pensées bien plutôt que dans ses prières, ne prêtait pas la moindre attention à ce qui se passait autour de lui.

Cependant, lorsqu'il sentit le contact de ce nouveau personnage, il se retourna vivement, et, à demi-voix, s'écria :

— Bussy !

— Bonjour, monseigneur, répondit le gentilhomme comme s'il eût quitté le duc depuis la veille seulement et qu'il ne se fût rien passé d'important depuis qu'il l'avait quitté.

— Mais, lui dit le prince, tu es donc enragé ?

— Pourquoi cela, monseigneur ?

— Pour quitter n'importe quel lieu où tu étais, et pour venir voir à Chartres les chemises de Notre-Dame.

— Monseigneur, dit Bussy, c'est que j'ai à vous parler tout de suite.

— Pourquoi n'es-tu pas venu plus tôt ?

— Probablement parce que la chose était impossible.

— Mais que s'est-il passé depuis tantôt trois semaines que tu as disparu ?

— C'est justement de cela que j'ai à vous parler.

— Bah ! tu attendras bien que nous soyons sortis de l'église.

— Hélas ! il le faut bien, et c'est justement ce qui me fâche.

— Chut ! voici la fin ; prends patience, et nous retournerons ensemble à mon logis.

— J'y compte bien, monseigneur.

En effet, le roi venait de passer sur sa chemise de fine toile la chemise assez grossière de Notre-Dame, et la reine, avec l'aide de ses femmes, était occupée à en faire autant.

Alors le roi se mit à genoux, la reine l'imita ; chacun d'eux demeura un moment sous un vaste poêle, priant de tout son cœur, tandis que les assistants, pour faire leur cour au roi, frappaient du front la terre.

Après quoi, le roi se releva, ôta la tunique sainte, salua l'archevêque, salua la reine, et se dirigea vers la porte de la cathédrale.

Mais sur la route il s'arrêta : il venait d'apercevoir Bussy.

— Ah ! monsieur, dit-il, il paraît que nos dévotions ne sont point de votre goût, car vous ne pouvez vous décider à quitter l'or et la soie, tandis que votre roi prend la bure et la serge ?

— Sire, répondit Bussy avec dignité mais en pâlissant d'impatience sous l'apostrophe, nul ne prend à cœur comme moi le service de Votre Majesté, même parmi ceux dont le froc est le plus humble et dont les pieds sont le plus déchirés ; mais j'arrive d'un voyage long et fatigant, et je n'ai su que ce matin le départ de Votre Majesté pour Chartres. J'ai donc fait vingt-deux lieues en cinq heures, sire, pour venir joindre Votre Majesté : voilà pourquoi je n'ai pas eu le temps de changer d'habit, ce dont Votre Majesté ne se serait point aperçue, au reste, si, au lieu de venir pour joindre humblement mes prières aux siennes, j'étais resté à Paris.

Le roi parut assez satisfait de cette raison ; mais comme il avait regardé ses amis, dont quelques-uns avaient haussé les épaules aux paroles de Bussy, il craignit de les désobliger en faisant bonne mine au gentilhomme de son frère, et il passa outre.

Bussy laissa passer le roi sans sourciller.

— Eh quoi ! dit le duc, tu ne vois donc pas ?

— Quoi ?

— Que Schomberg, que Quélus et que Maugiron ont haussé les épaules à ton excuse.

— Si fait, monseigneur, je l'ai parfaitement vu, dit Bussy très-calme.

— Eh bien ?

— Eh bien ! croyez-vous que je vais égorger mes semblables ou à peu près dans une église ? Je suis trop bon chrétien pour cela.

— Ah ! fort bien, dit le duc d'Anjou étonné ; je croyais que tu n'avais pas vu ou que tu n'avais pas voulu voir.

Bussy haussa les épaules à son tour, et à la sortie de l'église, prenant le prince à part :

— Chez vous, n'est-ce pas, monseigneur ? dit-il.

— Tout de suite, car tu dois avoir bien des choses à m'apprendre.

— Oui, en effet, monseigneur, et des choses dont vous ne vous doutez pas, j'en suis sûr.

Le duc regarda Bussy avec étonnement.

— C'est comme cela, dit Bussy.

— Eh bien ! laisse-moi seulement saluer le roi, et je suis à toi.

Le duc alla prendre congé de son frère, qui, par une grâce toute particulière de Notre-Dame, disposé sans doute à l'indulgence, donna au duc d'Anjou la permission de retourner à Paris quand bon lui semblerait.

Alors revenant en toute hâte vers Bussy et s'enfermant avec lui dans une des chambres de l'hôtel qui lui était assigné pour logement :

— Voyons, compagnon, dit-il, assieds-toi là et raconte-moi ton aventure ; sais-tu que je t'ai cru mort ?

— Je le crois bien, monseigneur.

— Sais-tu que toute la cour a pris des habits blancs en réjouissance de ta disparition et que beaucoup de poitrines ont respiré librement pour la première fois depuis que tu sais tenir une épée? Mais il ne s'agit pas de cela; voyons, tu m'as quitté pour te mettre à la poursuite d'une belle inconnue? Quelle était cette femme et que dois-je attendre?

— Vous devez récolter ce que vous avez semé, monseigneur, c'est-à-dire beaucoup de honte!

— Plaît-il? fit le duc plus étonné encore de ces étranges paroles que du ton irrévérencieux de Bussy.

— Monseigneur a entendu, dit froidement Bussy; il est donc inutile que je répète.

— Expliquez-vous, monsieur, et laissez à Chicot les énigmes et les anagrammes.

— Oh! rien de plus facile, monseigneur, et je me contenterai d'en appeler à votre souvenir.

— Mais qui est cette femme?

— Je croyais que monseigneur l'avait reconnue.

— C'était donc elle? s'écria le duc.

— Oui, monseigneur.

— Tu l'as vue?

— Oui.

— T'a-t-elle parlé?

— Sans doute; il n'y a que les spectres qui ne parlent pas. Après cela, peut-être monseigneur avait-il le droit de la croire morte et l'espérance qu'elle l'était?

Le duc pâlit et demeura comme écrasé par la rudesse des paroles de celui qui eût dû être son courtisan.

— Eh bien! oui, monseigneur, continua Bussy, quoique vous ayez poussé au martyre une jeune fille de race noble, cette jeune fille a échappé au martyre; mais ne respirez pas encore, et ne vous croyez pas encore absous, car, en conservant la vie, elle a trouvé un malheur plus grand que la mort.

— Qu'est-ce donc, et que lui est-il arrivé? demanda le duc tout tremblant.

— Monseigneur, il lui est arrivé qu'un homme lui a conservé l'honneur; qu'un homme lui a sauvé la vie; mais cet homme s'est fait payer son service si cher, que c'est à regretter qu'il l'ait rendu.

— Achève, voyons!

— Eh bien! monseigneur, la demoiselle de Méridor, pour échapper aux bras déjà étendus de M. le duc d'Anjou dont elle ne voulait pas être la maîtresse, la demoiselle de Méridor s'est jetée aux bras d'un homme qu'elle exècre.

— Que dis-tu?

— Je dis que Diane de Méridor s'appelle aujourd'hui madame de Monsoreau.

A ces mots, au lieu de la pâleur qui couvrait ordinairement les joues de François, le sang reflua si violemment à son visage, qu'on eût cru qu'il allait lui jaillir par les yeux.

— Sang du Christ! s'écria le prince furieux, cela est-il bien vrai?

— Pardieu! puisque je le dis, répliqua Bussy avec son air hautain.

— Ce n'est point ce que je voulais dire, répéta le prince, et je ne suspectais point votre loyauté, Bussy; je me demandais seulement s'il était possible qu'un de mes gentilshommes, un Monsoreau, eût eu l'audace de protéger contre mon amour une femme que j'honorais de mon amour.

— Et pourquoi pas? dit Bussy.

— Tu eusses donc fait ce qu'il a fait, toi?

— J'eusse fait mieux, monseigneur, je vous eusse averti que votre honneur se fourvoyait.

— Un moment, Bussy! dit le duc redevenu calme, écoutez, s'il vous plaît. Vous comprenez, mon cher, que je ne me justifie pas.

— Et vous avez tort, mon prince, car vous n'êtes qu'un gentilhomme, toutes les fois qu'il s'agit de prud'homie.

— Eh bien! c'est pour cela que je vous

prie d'être le juge de M. de Monsoreau.

— Moi?

— Oui, vous, et de me dire s'il n'est point un traître, traître envers moi?

— Envers vous?

— Envers moi, dont il connaissait les intentions.

— Et les intentions de Votre Altesse étaient?...

— De me faire aimer de Diane, sans doute !

— De vous faire aimer?

— Oui, mais dans aucun cas de n'employer la violence.

— C'étaient là vos intentions, monseigneur? dit Bussy avec un sourire ironique.

— Sans doute, et ces intentions, je les ai conservées jusqu'au dernier moment, quoique M. de Monsoreau les ait combattues avec toute la logique dont il était capable.

— Monseigneur! monseigneur! que dites-vous là? Cet homme vous a poussé à déshonorer Diane?

— Oui.

— Par ses conseils?

— Par ses lettres. En veux-tu voir une, de ses lettres?

— Oh! s'écria Bussy, si je pouvais croire cela !

— Attends une seconde, tu verras.

Et le duc courut à une petite caisse que gardait toujours un page dans son cabinet, et en tira un billet qu'il donna à Bussy :

— Lis, dit-il, puisque tu doutes de la parole de ton prince.

Bussy prit le billet d'une main tremblante de doute, et lut :

« Monseigneur,

« Que Votre Altesse se rassure : ce coup de main se fera sans risques, car la jeune personne part ce soir pour aller passer huit jours chez une tante qui demeure au château du Lude ; je m'en charge donc et vous n'avez pas besoin de vous en inquiéter. Quant aux scrupules de la demoiselle, croyez bien qu'ils s'évanouiront dès qu'elle se trouvera en présence de Votre Altesse ; en attendant, j'agis... et ce soir... elle sera au château de Beaugé.

« De Votre Altesse, le très-respectueux serviteur,

« BRYANT DE MONSOREAU. »

— Eh bien ! qu'en dis-tu, Bussy? demanda le prince après que le gentilhomme eut relu la lettre une seconde fois.

— Je dis que vous êtes bien servi, monseigneur.

— C'est-à-dire que je suis trahi, au contraire.

— Ah! c'est juste ! j'oubliais la suite.

— Joué ! Le misérable ! il m'a fait croire à la mort d'une femme...

— Qu'il vous volait ; en effet, le trait est noir ; mais, ajouta Bussy avec une ironie poignante, l'amour de M. de Monsoreau est une excuse.

— Ah ! tu crois? dit le duc avec son plus mauvais sourire.

— Dame ! reprit Bussy, je n'ai pas d'opinion là-dessus ; je le crois si vous le croyez.

— Que ferais-tu à ma place? Mais d'abord, attends : qu'a-t-il fait lui-même ?

— Il a fait accroire au père de la jeune fille que c'était vous qui étiez le ravisseur. Il s'est offert pour appui ; il s'est présenté au château de Beaugé avec une lettre du baron de Méridor ; enfin il a fait approcher une barque des fenêtres du château et il a enlevé la prisonnière ; puis, la renfermant dans la maison que vous savez, il l'a poussée, de terreurs en terreurs, à devenir sa femme.

— Et ce n'est point là une déloyauté infâme ? s'écria le duc.

— Mise à l'abri sous la vôtre, monseigneur, répondit le gentilhomme avec sa hardiesse ordinaire.

— Ah! Bussy!... tu verras si je sais me venger!

— Vous venger! allons donc, monseigneur! vous ne ferez point une chose pareille.

— Comment!

— Les princes ne se vengent point, monseigneur, ils punissent. Vous reprocherez son infamie à ce Monsoreau, et vous le punirez.

— Et de quelle façon?

— En rendant le bonheur à mademoiselle de Méridor.

— Et le puis-je?

— Certainement.

— Comment cela?

— En lui rendant la liberté.

— Voyons, explique-toi.

— Rien de plus facile : le mariage a été forcé, donc le mariage est nul.

— Tu as raison.

— Faites donc annuler le mariage, et vous aurez agi, monseigneur, en digne gentilhomme et en noble prince.

— Ah! ah! dit le prince soupçonneux, quelle chaleur! cela t'intéresse donc, Bussy?

— Moi, pas le moins du monde; ce qui m'intéresse, monseigneur, c'est qu'on ne dise pas que Louis de Clermont, comte de Bussy, sert un prince perfide et un homme sans honneur.

— Eh bien! tu verras. Mais comment rompre ce mariage?

— Rien de plus facile : en faisant agir le père.

— Le baron de Méridor?

— Oui.

— Mais il est au fond de l'Anjou.

— Il est ici, monseigneur, c'est-à-dire à Paris.

— Chez toi?

— Non, près de sa fille. Parlez-lui, monseigneur, qu'il puisse compter sur vous; qu'au lieu de voir dans Votre Altesse ce qu'il y a vu jusqu'à présent, c'est-à-dire un ennemi, il y voie un protecteur, et lui, qui maudissait votre nom, va vous adorer comme son bon génie.

— C'est un puissant seigneur dans son pays, dit le duc, et l'on assure qu'il est très-influent dans toute la province.

— Oui, monseigneur; mais ce dont vous devez vous souvenir avant toute chose, c'est qu'il est père, c'est que sa fille est malheureuse et qu'il est malheureux du malheur de sa fille.

— Et quand pourrai-je le voir?

— Aussitôt votre retour à Paris.

— Bien.

— C'est convenu alors, n'est-ce pas, monseigneur?

— Oui.

— Foi de gentilhomme?

— Foi de prince.

— Et quand partez-vous?

— Ce soir; m'attends-tu?

— Non, je cours devant.

— Va, et tiens-toi prêt.

— Tout à vous, monseigneur. Où retrouverai-je Votre Altesse?

— Au lever du roi, demain vers midi.

— J'y serai, monseigneur; adieu!

Bussy ne perdit pas un moment, et le chemin que le duc fit en dormant dans sa litière et qu'il mit quinze heures à faire, le jeune homme, qui revenait à Paris, le cœur gonflé d'amour et de joie, le dévora en cinq heures pour consoler plus tôt le baron, auquel il avait promis assistance, et Diane, à laquelle il allait porter la moitié de sa vie.

XXXIV

COMMENT CHICOT REVINT AU LOUVRE ET FUT REÇU PAR LE ROI HENRI III

Tout dormait au Louvre, car il n'était encore que onze heures du matin; les

Je te briserai comme je brise ce verre. — Page 266.

sentinelles de la cour semblaient marcher avec précaution ; les chevaliers qui relevaient la garde allaient au pas.

On laissait reposer le roi, fatigué de son pèlerinage.

Deux hommes se présentèrent en même temps à la porte principale du Louvre : l'un, sur un barbe d'une fraîcheur incomparable ; l'autre, sur un andalou tout floconneux d'écume.

Ils s'arrêtèrent de front à la porte et se regardèrent ; car, venus par deux chemins opposés, ils se rencontraient là seulement.

— Monsieur de Chicot! s'écria le plus jeune des deux en saluant avec politesse ; comment vous portez-vous ce matin ?

— Eh ! c'est le seigneur de Bussy ! Mais à merveille, monsieur, répondit Chicot avec une aisance et une courtoisie qui sentaient le gentilhomme, pour le moins autant que le salut de Bussy sentait son grand seigneur et son homme délicat.

— Vous venez voir le lever du roi, monsieur? demanda Bussy.

— Et vous aussi, je présume?

— Non, je viens pour saluer monseigneur le duc d'Anjou. Vous savez, monsieur de Chicot, ajouta Bussy en souriant, que je n'ai pas le bonheur d'être des favoris de Sa Majesté.

— C'est un reproche que je ferai au roi et non à vous, monsieur.

Bussy s'inclina.

— Et vous arrivez de loin? demanda Bussy. On vous disait en voyage.

— Oui, monsieur, je chassais, répliqua Chicot. Mais, de votre côté, ne voyagiez-vous point aussi?

— En effet, j'ai fait une course en province; maintenant, monsieur, continua Bussy, serez-vous assez bon pour me rendre un service?

— Comment donc! chaque fois que monsieur de Bussy voudra disposer de moi pour quelque chose que ce soit, dit Chicot, il m'honorera infiniment.

— Eh bien! vous allez pénétrer dans le Louvre, vous le privilégié, tandis que moi je resterai dans l'antichambre; veuillez donc faire prévenir le duc d'Anjou que j'attends.

— M. le duc d'Anjou est au Louvre, dit Chicot, et va sans doute assister au lever de Sa Majesté; que n'entrez-vous avec moi, monsieur?

— Je crains le mauvais visage du roi.

— Bah!

— Dame! il ne m'a point habitué jusqu'à présent à ses plus gracieux sourires.

— D'ici à quelque temps, soyez tranquille, tout cela changera.

— Ah! ah! vous êtes donc nécromancien, monsieur de Chicot?

— Quelquefois. Allons; du courage! venez, monsieur de Bussy.

Ils entrèrent en effet, et se dirigèrent, l'un vers le logis de M. le duc d'Anjou qui habitait, nous croyons l'avoir déjà dit, l'appartement qu'avait habité jadis la reine Marguerite, l'autre vers la chambre du roi.

Henri III venait de s'éveiller; il avait sonné sur le grand timbre, et une nuée de valets et d'amis s'était précipitée dans la chambre royale: déjà le bouillon de volaille, le vin épicé et les pâtés de viandes étaient servis, quand Chicot entra tout fringant chez son auguste maître et commença, avant de dire bonjour, par manger au plat et boire à l'écuelle d'or.

— Par la mordieu! s'écria le roi ravi, quoiqu'il jouât la colère, c'est ce coquin de Chicot, je crois; un fugitif, un vagabond, un pendard!

— Eh bien! eh bien! qu'as-tu donc, mon fils? dit Chicot en s'asseyant sans façon avec ses bottes poudreuses sur l'immense fauteuil à fleurs de lys d'or où était assis Henri III lui-même. Nous oublions donc ce petit retour de Pologne où nous avons joué le rôle de cerf, tandis que les magnats jouaient celui de chiens? Taïaut! taïaut!...

— Allons! voilà mon malheur revenu, dit Henri; je ne vais plus entendre que des choses désagréables. J'étais bien tranquille cependant depuis trois semaines.

— Bah! bah! dit Chicot, tu te plains toujours; on te prendrait pour un de tes sujets, le diable m'emporte! Voyons, qu'as-tu fait en mon absence, mon petit Henriquet? A-t-on un peu drôlement gouverné ce beau royaume de France?

— Monsieur Chicot!

— Nos peuples tirent-ils la langue, hein?

— Drôle!

— A-t-on pendu quelqu'un de ces petits messieurs frisés? Ah! pardon, monsieur de Quélus, je ne vous voyais pas.

— Chicot, nous nous brouillerons.

— Enfin, reste-t-il quelque argent dans nos coffres ou dans ceux des juifs? Ce ne serait pas malheureux, nous avons bien besoin de nous divertir, ventre de biche! c'est bien assommant, la vie!

Et il acheva de rafler sur le plat de vermeil des pâtés de viandes dorés à la poêle.

Le roi se mit à rire : c'était toujours par là qu'il finissait.

— Voyons, dit-il, qu'as-tu fait pendant cette longue absence?

— J'ai, dit Chicot, imaginé le plan d'une petite procession en trois actes.

« Premier acte.—Des pénitents habillés d'une chemise et d'un haut-de-chausses seulement, se tirant les cheveux et se gourmant réciproquement, montent du Louvre à Montmartre.

« Deuxième acte.—Les mêmes pénitents, dépouillés jusqu'à la ceinture et se fouettant avec des chapelets de pointes d'épines, descendent de Montmartre à l'abbaye Sainte-Geneviève.

« Troisième acte. — Enfin ces mêmes pénitents, tout nus, se découpant mutuellement, à grands coups de martinet, des lanières sur les omoplates, reviennent de l'abbaye Sainte-Geneviève au Louvre.

« J'avais bien pensé, comme péripétie inattendue, à les faire passer par la place de Grève, où le bourreau les eût tous brûlés depuis le premier jusqu'au dernier; mais j'ai pensé que le Seigneur avait gardé là-haut un peu du souffre de Sodome et un peu du bitume de Gomorrhe, et je ne veux pas lui ôter le plaisir de faire lui-même la grillade. — Ça, messieurs, en attendant ce grand jour, divertissons-nous.

— Et d'abord, voyons, qu'es-tu devenu? demanda le roi; sais-tu que je t'ai fait chercher dans tous les mauvais lieux de Paris?

— As-tu bien fouillé le Louvre?

— Quelque paillard, ton ami, t'aura confisqué.

— Cela ne se peut pas, Henri, c'est toi qui as confisqué tous les paillards.

— Je me trompais donc?

— Eh mon Dieu! oui; comme toujours, du tout au tout.

— Nous verrons que tu faisais pénitence.

— Justement. Je me suis mis un peu en religion pour voir ce que c'était, et, ma foi! j'en suis revenu. J'ai assez des moines. Fi! les sales animaux!

En ce moment, M. de Monsoreau entra chez le roi, qu'il salua avec un profond respect.

— Ah! c'est vous, monsieur le grand-veneur? dit Henri. Quand nous ferez-vous faire quelque belle chasse, voyons?

— Quand il plaira à Votre Majesté. Je reçois la nouvelle que nous avons forcé sangliers à Saint-Germain-en-Laye.

— C'est bien dangereux, le sanglier, dit Chicot. Le roi Charles IX, je me le rappelle, a manqué d'être tué à une chasse au sanglier; et puis les épieux sont durs, et cela fait des ampoules à nos petites mains. N'est-ce pas, mon fils?

M. de Monsoreau regarda Chicot de travers.

— Tiens! dit le Gascon à Henri, il n'y a pas longtemps que ton grand-veneur a rencontré un loup.

— Pourquoi cela?

— Parce que, comme les Nuées du poète Aristophane, il en a retenu la figure, l'œil surtout; c'est frappant!

M. de Monsoreau se retourna et dit en pâlissant à Chicot :

— Monsieur Chicot, je suis peu fait aux bouffons, ayant rarement vécu à la cour, et je vous préviens que, devant mon roi, je n'aime point à être humilié, surtout lorsqu'il s'agit de son service.

— Eh bien! monsieur, dit Chicot, vous êtes tout le contraire de nous, qui sommes gens de cour; aussi avons-nous bien ri de la dernière bouffonnerie.

— Et quelle est cette bouffonnerie? demanda Monsoreau.

— Il vous a nommé grand-veneur; vous voyez que, s'il est moins bouffon que moi, il est encore plus fou, ce cher Henriquet.

Monsoreau lança un regard terrible au Gascon.

— Allons, allons, dit Henri qui prévoyait une querelle, parlons d'autre chose, messieurs !

— Oui, dit Chicot, parlons des mérites de Notre-Dame de Chartres.

— Chicot, pas d'impiétés ! dit le roi d'un ton sévère.

— Des impiétés, moi? dit Chicot ; allons donc ! tu me prends pour un homme d'église, tandis que je suis un homme d'épée. Au contraire, c'est moi qui te préviendrai d'une chose, mon fils.

— Et de laquelle ?

— C'est que tu en uses mal avec Notre-Dame de Chartres, Henri, on ne peut plus mal.

— Comment cela ?

— Sans doute. Notre-Dame avait deux chemises accoutumées à se trouver ensemble, et tu les a séparées. A ta place, je les eusse réunies, Henri, et il y eût eu chance au moins pour qu'un miracle se fît.

Cette allusion un peu brutale à la séparation du roi et de la reine fit rire les amis du roi.

Henri se détira les bras, se frotta les yeux et sourit à son tour.

— Pour cette fois, dit-il, le fou a mordieu raison !

Et il parla d'autre chose.

— Monsieur, dit tout bas Monsoreau à Chicot, vous plairait-il, sans faire semblant de rien, d'aller m'attendre dans l'embrasure de cette fenêtre ?

— Comment donc, monsieur ! dit Chicot, mais avec le plus grand plaisir !

— Eh bien ! alors, tirons à l'écart.

— Au fond d'un bois, si cela vous convient, monsieur.

— Trêve de plaisanteries : elles sont inutiles, car il n'y a plus personne pour en rire, dit Monsoreau en rejoignant le bouffon dans l'embrasure où celui-ci l'avait précédé. Nous sommes face à face, nous nous devons la vérité, monsieur Chicot, monsieur le fou, monsieur le bouffon ; un gentilhomme vous défend, entendez-vous bien ce mot ? vous défend de rire de lui ; il vous invite surtout à bien réfléchir avant de donner vos rendez-vous dans les bois, car dans ces bois, où vous vouliez me conduire tout à l'heure, il pousse une collection de bâtons volants et autres, tout à fait dignes de faire suite à ceux qui vous ont si rudement étrillé de la part de M. de Mayenne.

— Ah ! fit Chicot sans s'émouvoir en apparence, bien que son œil noir eût lancé un sombre éclair. Ah ! monsieur, vous me rappelez tout ce que je dois à M. de Mayenne ; vous voudriez donc que je devinsse votre débiteur comme je suis le sien, et que je vous plaçasse sur la même ligne dans mon souvenir et vous gardasse une part égale de ma reconnaissance ?

— Il me semble que parmi vos créanciers, monsieur, vous oubliez de compter le principal.

— Cela m'étonne, monsieur, car je me vante d'avoir excellente mémoire ; quel est donc ce créancier, je vous prie ?

— Maître Nicolas David.

— Oh ! pour celui-là, vous vous trompez, dit Chicot avec un rire sinistre ; je ne lui dois plus rien, il est payé.

En ce moment, un troisième interlocuteur vint se mêler à la conversation.

C'était Bussy.

— Ah ! monsieur de Bussy, dit Chicot, venez un peu à mon aide. Voici M. de Monsoreau qui m'a détourné, comme vous voyez, qui veut me mener ni plus ni moins qu'un cerf ou un daim ; dites-lui qu'il se trompe, monsieur de Bussy, qu'il a affaire à un sanglier, et que le sanglier revient sur le chasseur.

— Monsieur Chicot, dit Bussy, je crois que vous faites tort à M. le grand-veneur en pensant qu'il ne vous tient pas pour ce que vous êtes, c'est-à-dire pour un bon gentilhomme. Monsieur, continua Bussy en s'adressant au comte, j'ai l'honneur de vous prévenir que M. le duc d'Anjou désire vous parler.

— A moi! fit Monsoreau inquiet.

— A vous-même, monsieur, dit Bussy.

Monsoreau dirigea sur son interlocuteur un regard qui avait l'intention de pénétrer jusqu'au fond de son âme, mais fut forcé de s'arrêter à la surface, tant les yeux et le sourire de Bussy étaient pleins de sérénité.

— M'accompagnez-vous, monsieur? demanda le grand veneur au gentilhomme.

— Non, monsieur; je cours prévenir Son Altesse que vous vous rendez à ses ordres, tandis que vous prendrez congé du roi.

Et Bussy s'en retourna comme il était venu, se glissant, avec son adresse ordinaire, parmi la foule des courtisans.

Le duc d'Anjou attendait effectivement dans son cabinet et relisait la lettre que nos lecteurs connaissent déjà. Entendant du bruit aux portières, il crut que c'était Monsoreau qui se rendait à ses ordres et cacha cette lettre.

Bussy parut.

— Eh bien? dit le duc.

— Eh bien! monseigneur, le voici.

— Il ne se doute de rien?

— Et quand cela serait, lorsqu'il serait sur ses gardes, dit Bussy, n'est-ce pas votre créature? Tiré du néant par vous, ne pouvez-vous pas le réduire au néant?

— Sans doute, répondit le duc avec cet air préoccupé que lui donnait toujours l'approche des événements où il fallait développer quelque énergie.

— Vous paraît-il moins coupable qu'il ne l'était hier?

— Cent fois plus; ses crimes sont de ceux qui s'accroissent quand on y réfléchit.

— D'ailleurs, dit Bussy, tout se borne à un seul point : il a enlevé, par trahison, une jeune fille noble; il l'a épousée frauduleusement et par des moyens indignes d'un gentilhomme; il demandera lui-même la résolution de ce mariage, ou vous la demanderez pour lui.

— C'est arrêté ainsi.

— Et au nom du père, au nom de la jeune fille, au nom du château de Méridor, au nom de Diane, j'ai votre parole?

— Vous l'avez.

— Songez qu'ils sont prévenus, qu'ils attendent dans l'anxiété le résultat de votre entrevue avec cet homme.

— La jeune fille sera libre, Bussy, je t'en engage ma foi.

— Ah! dit Bussy, si vous faites cela, vous serez réellement un grand prince, monseigneur.

Et il prit la main du duc, cette main qui avait signé tant de fausses promesses, qui avait manqué à tant de serments jurés, et il la baisa respectueusement.

En ce moment, on entendit des pas dans le vestibule.

— Le voici, dit Bussy.

— Faites entrer M. de Monsoreau! cria François avec une sévérité qui parut de bon augure à Bussy.

Et cette fois le jeune gentilhomme, presque sûr d'atteindre enfin au résultat ambitionné par lui, ne put empêcher son regard de prendre, en saluant Monsoreau, une légère teinte d'ironie orgueilleuse; le grand-veneur reçut de son côté le salut de Bussy avec ce regard vitreux derrière lequel il retranchait les sentiments de son âme, comme derrière une infranchissable forteresse.

Bussy attendit dans ce corridor que nous connaissons déjà, dans ce même corridor où La Mole, une nuit, avait failli être étranglé par Charles IX, Henri III, le duc d'Alençon et le duc de Guise, avec la cordelière de la reine-mère. Ce corridor, ainsi que le palier auquel il correspondait, était pour le moment encombré de gentilshommes qui venaient faire leur cour au duc.

Bussy prit place avec eux, et chacun s'empressa de lui faire sa place, autant pour la considération dont il jouissait par lui-même que pour sa faveur près du duc d'Anjou. Le gentilhomme enferma toutes ses sensations en lui-même, et, sans rien laisser apercevoir de la terrible angoisse qu'il concentrait dans son cœur, il attendit le résultat de cette conférence où tout son bonheur à venir était en jeu.

La conversation ne pouvait manquer d'être animée : Bussy avait assez vu M. de Monsoreau pour comprendre que celui-ci ne se laisserait pas détruire sans lutte. Mais enfin il ne s'agissait pour le duc d'Anjou que d'appuyer la main sur lui, et s'il ne pliait pas, eh bien! alors il romprait.

Tout à coup l'éclat bien connu de la voix du prince se fit entendre. Cette voix semblait commander.

Bussy tressaillit de joie.

— Ah! dit-il, voilà le duc qui me tient parole.

Mais à cet éclat il n'en succéda aucun autre, et comme chacun se taisait en se regardant avec inquiétude, un profond silence régna bientôt parmi les courtisans.

Inquiet, troublé dans son rêve commencé, soumis maintenant au flux des espérances et au reflux de la crainte, Bussy sentit s'écouler, minute par minute, près d'un quart d'heure.

Tout à coup la porte de la chambre du duc s'ouvrit et l'on entendit à travers les portières sortir de cette chambre des voix enjouées.

Bussy savait que le duc était seul avec le grand-veneur, et que si leur conversation avait suivi son cours ordinaire, elle ne devait être rien moins que joyeuse en ce moment.

Cette placidité le fit frissonner.

Bientôt les voix se rapprochèrent, la portière se souleva. Monsoreau sortit à reculons et en saluant. Le duc le reconduisit jusqu'à la limite de sa chambre en disant :

— Adieu, notre ami ! C'est chose convenue.

— Notre ami! murmura Bussy. Sangdieu! que signifie cela?

— Ainsi, monseigneur, dit Monsoreau toujours tourné vers le prince, c'est bien l'avis de Votre Altesse : le meilleur moyen à présent, c'est la publicité?

— Oui, oui, dit le duc, ce sont jeux d'enfants que tous ces mystères.

— Alors, dit le grand-veneur, dès ce soir je la présenterai au roi.

— Marchez sans crainte, j'aurai tout préparé.

Le duc se pencha vers le grand-veneur et lui dit quelques mots à l'oreille.

— C'est fait, monseigneur, répondit celui-ci.

Monsoreau salua une dernière fois le duc, qui, sans voir Bussy, caché qu'il était par les plis d'une portière à laquelle il se cramponnait pour ne pas tomber, examinait les assistants.

— Messieurs, dit Monsoreau se retournant vers les gentilshommes qui attendaient leur tour d'audience, et qui s'inclinaient déjà devant une faveur à l'éclat de laquelle semblait pâlir celle de Bussy, messieurs, permettez que je vous annonce une nouvelle : monseigneur permet que je rende public mon mariage avec mademoiselle Diane de Méridor, ma femme depuis plus d'un mois, et que, sous ses auspices, je la présente ce soir à la cour.

Bussy chancela; quoique le coup ne fût déjà plus inattendu, il était si violent qu'il pensa en être écrasé.

Ce fut alors qu'il avança la tête, et que le duc et lui, tous deux pâles de sentiments bien opposés, échangèrent un regard de mépris de la part de Bussy, de terreur de la part du duc d'Anjou.

Monsoreau traversa le groupe des gentilshommes, au milieu des compliments et des félicitations.

Quant à Bussy, il fit un mouvement pour aller au duc; mais celui-ci vit ce mouvement et le prévint en laissant retomber la portière; en même temps, derrière la portière, la porte se referma, l'on entendit le grincement de la clef dans la serrure.

Bussy sentit alors son sang affluer chaud et tumultueux à ses tempes et à son cœur. Sa main, rencontrant la dague pendue à son ceinturon, la tira machinalement à moitié du fourreau, car, chez cet homme, les passions prenaient un premier élan irrésistible; mais l'amour, qui l'avait poussé à cette violence, paralysa toute sa fougue; une douleur amère, profonde, lancinante, étouffa la colère : au lieu de se gonfler, le cœur éclata.

Dans ce paroxysme de deux passions qui luttaient ensemble, l'énergie du jeune homme succomba, comme tombent ensemble, pour s'être choquées au plus fort de leur ascension, deux vagues courroucées qui semblaient vouloir escalader le ciel.

Bussy comprit que, s'il restait là, il allait donner le spectacle de sa douleur insensée; il suivit le corridor, gagna l'escalier secret, descendit par une poterne dans la cour du Louvre, sauta sur son cheval et prit au galop le chemin de la rue Saint-Antoine.

Le baron et Diane attendaient la réponse promise par Bussy : ils virent le jeune homme apparaître, pâle, le visage bouleversé et les yeux sanglants.

— Madame, s'écria Bussy, méprisez-moi, haïssez-moi ! je croyais être quelque chose dans ce monde, et je ne suis qu'un atome; je croyais pouvoir quelque chose, et je ne peux pas même m'arracher le cœur. Madame, vous êtes bien la femme de M. de Monsoreau, et sa femme légitime, reconnue à cette heure, et qui doit être présentée ce soir. Mais je suis un pauvre fou, un misérable insensé, ou plutôt, oui, comme vous le disiez, monsieur le baron, c'est M. le duc d'Anjou qui est un lâche et un infâme.

Et laissant le père et la fille épouvantés, fou de douleur, ivre de rage, Bussy sortit de la chambre, se précipita par les montées, sauta sur son cheval, lui enfonça ses deux éperons dans le ventre, et, sans savoir où il allait, lâchant les rênes, ne s'occupant que d'étreindre son cœur grondant sous sa main crispée, il partit, semant sur son passage le vertige et la terreur.

XXXV

CE QUI S'ÉTAIT PASSÉ ENTRE MONSEIGNEUR LE DUC D'ANJOU ET LE GRAND-VENEUR

Il est temps d'expliquer ce changement subit qui s'était opéré dans les façons du duc d'Anjou à l'égard de Bussy.

Le duc, lorsqu'il reçut M. de Monsoreau, après les exhortations de son gentilhomme, était monté sur le ton le plus favorable aux projets de ce dernier. Sa bile, facile à irriter, débordait d'un cœur ulcéré par les deux passions dominantes dans ce cœur : l'amour-propre du duc avait reçu sa blessure; la peur d'un éclat, dont menaçait Bussy au nom de M. de Méridor, fouettait plus douloureusement encore la colère de François.

En effet, deux sentiments de cette nature produisent, en se combinant, d'épouvantables explosions, quand le cœur qui les renferme, pareil à ces bombes saturées de poudre, est assez solidement construit, assez hermétiquement clos pour que la compression double l'éclat.

M. d'Alençon reçut donc le grand-veneur avec un de ces visages sévères qui faisaient trembler à la cour les plus intrépides, car on savait les ressources de François en matière de vengeance.

— Votre Altesse m'a mandé? dit Monsoreau fort calme et avec un regard aux tapisseries; car il devinait, cet homme habitué à manier l'âme du prince, tout le feu qui couvait sous ces froideurs apparentes, et l'on eût dit, pour transporter la figure de l'être vivant aux objets inanimés, qu'il demandait compte à l'appartement des projets du maître.

— Ne craignez rien, monsieur, dit le duc qui avait compris, il n'y a personne derrière ces tentures; nous pourrons causer librement et surtout franchement.

Monsoreau s'inclina.

— Car vous êtes un bon serviteur, monsieur le grand-veneur de France, et vous avez de l'attachement pour ma personne?

— Je le crois, monseigneur.

— Moi, j'en suis sûr, monsieur; c'est vous qui, en mainte occasion, m'avez instruit des complots ourdis contre moi, vous qui avez aidé mes entreprises, oubliant souvent vos intérêts, exposant votre vie.

— Altesse!...

— Je le sais. Dernièrement encore, il faut que je vous le rappelle, car, en vérité, vous avez tant de délicatesse que jamais chez vous aucune allusion, même indirecte, ne remet en évidence les services rendus; dernièrement, pour cette malheureuse aventure...

— Quelle aventure, monseigneur?

— Cet enlèvement de mademoiselle de Méridor... Pauvre jeune fille!

— Hélas! murmura Monsoreau de façon à ce que la réponse ne fût pas sérieusement applicable au sens des paroles de François.

— Vous la plaignez, n'est-ce pas? dit ce dernier en l'appelant sur un terrain sûr.

— Ne la plaindriez-vous pas, Altesse?

— Moi? oh! vous savez si j'ai regretté ce funeste caprice! Et tenez, il a fallu toute l'amitié que j'ai pour vous, toute l'habitude que j'ai de vos bons services, pour me faire oublier que sans vous je n'eusse pas enlevé la jeune fille.

Monsoreau sentit le coup.

— Voyons, se dit-il, seraient-ce simplement des remords?

— Monseigneur, répliqua-t-il, votre bonté naturelle vous conduit à exagérer: vous n'avez pas plus causé la mort de cette jeune fille que moi-même.

— Comment cela?

— Certes, vous n'aviez pas l'intention de pousser la violence jusqu'à la mort de mademoiselle de Méridor?

— Oh! non.

— Alors l'intention vous absout, monseigneur; c'est un malheur, un malheur comme le hasard en cause tous les jours.

— Et d'ailleurs, ajouta le duc en plongeant son regard dans le cœur de Monsoreau, la mort a tout enveloppé dans son éternel silence.

Il y eut assez de vibration dans la voix du prince pour que Monsoreau levât les yeux aussitôt et se dît:

— Ce ne sont pas des remords.

— Monseigneur, reprit-il, voulez-vous que je parle franc à Votre Altesse?

— Pourquoi hésiteriez-vous? dit aussitôt le prince avec un étonnement mêlé de hauteur.

— En effet, dit Monsoreau, je ne sais pas pourquoi j'hésiterais.

— Qu'est-ce à dire?

— Oh! monseigneur, je veux dire qu'avec un prince aussi éminent par son intelligence et sa noblesse de cœur, la franchise doit entrer désormais comme élément principal dans cette conversation.

— Désormais?... Que signifie?

— C'est que, au début, Votre Altesse

M. DE GUISE.

n'a pas jugé à propos d'user avec moi de cette franchise.

— Vraiment! riposta le duc avec un éclat de rire qui décelait une furieuse colère.

— Écoutez-moi, monseigneur, dit humblement Monsoreau. Je sais ce que Votre Altesse voulait me dire.

— Parlez donc, alors!

— Votre Altesse voulait me faire entendre que peut-être mademoiselle de Méridor n'était pas morte, et qu'elle dispensait de remords ceux qui se croyaient ses meurtriers.

— Oh! quel temps vous avez mis, monsieur, à me faire faire cette réflexion consolante. Vous êtes un fidèle serviteur, sur ma parole! Vous m'avez vu sombre, affligé; vous m'avez ouï parler des rêves funèbres que je faisais depuis la mort de cette femme, moi dont la sensibilité n'est pas banale, Dieu merci!... et vous m'avez laissé vivre ainsi, lorsque avec ce seul doute vous pouviez m'épargner tant de souffrances!... Comment faut-il que j'appelle cette conduite, monsieur?...

Le duc prononça ces paroles avec tout l'éclat d'un courroux prêt à déborder.

— Monseigneur, répondit Monsoreau, on dirait que votre Altesse dirige contre moi une accusation...

— Traître! s'écria tout à coup le duc en faisant un pas vers le grand-veneur, je la dirige et je l'appuie... Tu m'as trompé! tu m'as pris cette femme que j'aimais!

Monsoreau pâlit affreusement, mais ne perdit rien de son attitude calme et presque fière.

— C'est vrai! dit-il.

— Ah! c'est! vrai... L'impudent, le fourbe!

— Veuillez parler plus bas, monseigneur, dit Monsoreau toujours aussi calme. Votre Altesse oublie qu'elle parle à un gentilhomme, à un bon serviteur.

Le duc se mit à rire convulsivement.

— A un bon serviteur du roi, continua Monsoreau aussi impassible qu'avant cette terrible menace.

Le duc s'arrêta sur ce seul mot.

— Que voulez-vous dire? murmura-t-il.

— Je veux dire, reprit avec douceur et obséquiosité Monsoreau, que si monseigneur voulait bien m'entendre, il comprendrait que j'aie pu prendre cette femme, puisque son Altesse voulait elle-même la prendre.

Le duc ne trouva rien à répondre, stupéfait de tant d'audace.

— Voici mon excuse, dit humblement le grand-veneur; j'aimais ardemment mademoiselle de Méridor...

— Moi aussi! répondit François avec une inexprimable dignité.

— C'est vrai, monseigneur, vous êtes mon maître; mais mademoiselle de Méridor ne vous aimait pas.

— Et elle t'aimait, toi?

— Peut-être, murmura Monsoreau.

— Tu mens! tu mens! tu l'as violentée comme je la violentais. Seulement, moi, le maître, j'ai échoué; toi, le valet, tu as réussi. C'est que je n'ai que la puissance, tandis que tu avais la trahison.

— Monseigneur, je l'aimais.

— Que m'importe, à moi?

— Monseigneur...

— Des menaces, serpent?

— Monseigneur, prenez garde! dit Monsoreau en baissant la tête comme le tigre qui médite son élan. Je l'aimais, vous dis-je, et je ne suis pas un de vos valets, comme vous disiez tout à l'heure. Ma femme est à moi comme ma terre; nul ne peut me la prendre, pas même le roi.

« Or j'ai voulu avoir cette femme, et je l'ai prise.

— Vraiment! dit François en s'élançant vers le timbre d'argent placé sur la table; tu l'as prise... eh bien! tu la rendras.

— Vous vous trompez, monseigneur! s'écria Monsoreau, en se précipitant vers la table pour empêcher le prince d'appeler. Arrêtez cette mauvaise pensée qui vous vient de me nuire, car si vous appeliez une fois, si vous me faisiez une injure publique...

— Tu rendras cette femme, te dis-je!

— La rendre, comment?... Elle est ma femme, je l'ai épousée devant Dieu.

Monsoreau comptait sur l'effet de cette parole; mais le prince ne quitta point son attitude irritée.

— Si elle est ta femme devant Dieu, dit-il, tu la rendras aux hommes!

— Il sait donc tout? murmura Monsoreau.

— Oui, je sais tout. Ce mariage, tu le rompras; je le romprai, fusses-tu cent fois engagé devant tous les dieux qui ont régné dans le ciel.

— Ah! monseigneur, vous blasphémez, dit Monsoreau.

— Demain, mademoiselle de Méridor sera rendue à son père; demain, tu partiras pour l'exil que je vais t'imposer. Dans une heure, tu auras rendu ta charge de grand-veneur. Voilà mes conditions; sinon, prends garde, vassal : je te briserai comme je brise ce verre !

Et le prince, saisissant une coupe de cristal émaillée, présent de l'archiduc d'Autriche, la lança comme un furieux vers Monsoreau qui fut enveloppé de ses débris.

— Je ne rendrai pas la femme, je ne quitterai pas ma charge et je demeurerai en France, reprit Monsoreau en courant à François stupéfait.

— Pourquoi cela... maudit ?

— Parce que je demanderai ma grâce au roi de France, au roi élu à l'abbaye de Sainte-Geneviève, et que ce nouveau souverain, si bon, si noble, si heureux de la faveur divine, toute récente encore, ne refusera pas d'écouter le premier suppliant qui lui présentera une requête.

Monsoreau avait accentué progressivement ces mots terribles; le feu de ses yeux passait peu à peu dans sa parole, qui devenait éclatante.

François pâlit à son tour, fit un pas en arrière, alla pousser la lourde tapisserie de la porte d'entrée, puis saisissant Monsoreau par la main, il lui dit, en saccadant chaque mot comme s'il eût été au bout de ses forces :

— C'est bien... c'est bien... comte; cette requête, présentez-la-moi plus bas... je vous écoute.

— Je parlerai humblement, dit Monsoreau redevenu tout à coup tranquille, humblement, comme il convient au très-humble serviteur de Votre Altesse.

François fit lentement le tour de la vaste chambre, et quand il fut à portée de regarder derrière les tapisseries, il y regarda chaque fois. Il semblait ne pouvoir croire que les paroles de Monsoreau n'eussent pas été entendues.

— Vous disiez ? demanda-t-il.

— Je disais, monseigneur, qu'un fatal amour a tout fait. L'amour, noble seigneur, est la plus impérieuse des passions... Pour me faire oublier que Votre Altesse avait jeté les yeux sur Diane, il fallait que je ne fusse plus maître de moi.

— Je vous le disais, comte, c'est une trahison.

— Ne m'accablez pas, monseigneur; voilà quelle est la pensée qui me vint : je vous voyais le premier prince du monde chrétien.

Le duc fit un mouvement.

— Car vous l'êtes... murmura Monsoreau à l'oreille du duc; entre ce rang suprême et vous, il n'y a plus qu'une ombre facile à dissiper... Je voyais toute la splendeur de votre avenir, et comparant cette immense fortune au peu de chose que j'ambitionnais, ébloui de votre rayonnement futur qui m'empêchait presque de voir la pauvre petite fleur que je désirais, moi chétif, près de vous, mon maître, je me suis dit : Laissons le prince à ses rêves brillants, à ses projets splendides ; là est son but; moi, je cherche le mien dans l'ombre... A peine s'apercevra-t-il de ma retraite ; à peine sentira-t-il glisser la chétive perle que je dérobe à son bandeau royal.

— Comte ! comte ! dit le duc enivré malgré lui par la magie de cette peinture.

— Vous me pardonnez, n'est-ce pas, monseigneur ?

A ce moment, le duc leva les yeux. Il vit au mur, tapissé de cuir doré, le portrait de Bussy, qu'il aimait à regarder parfois comme il avait jadis aimé à regarder le portrait de La Mole. Ce portrait avait l'œil si fier, la mine si haute, il tenait son bras si superbement arrondi sur la hanche, que le duc se figura voir Bussy lui-même avec son œil de feu, Bussy qui sortait de la muraille pour l'exciter à prendre courage.

— Non, dit-il, je ne puis vous pardonner : ce n'est pas pour moi que je tiens rigueur, Dieu m'en est témoin. C'est parce qu'un père en deuil, un père indignement abusé, réclame sa fille; c'est parce qu'une femme, forcée à vous épouser, crie vengeance contre vous; c'est parce que, en un mot, le premier devoir d'un prince est la justice.

— Monseigneur !

— C'est, vous dis-je, le premier devoir d'un prince, et je ferai justice...

— Si la justice, dit Monsoreau, est le premier devoir d'un prince, la reconnaissance est le premier devoir d'un roi.

— Que dites-vous ?

— Je dis que jamais un roi ne doit oublier celui auquel il doit sa couronne... Or, monseigneur...

— Eh bien ?...

— Vous me devez la couronne, sire !

— Monsoreau ! s'écria le duc avec une terreur plus grande encore qu'aux premières attaques du grand-veneur; Monsoreau ! reprit-il d'une voix basse et tremblante, êtes-vous donc alors un traître envers le roi, comme vous fûtes un traître envers le prince ?

— Je m'attache à qui me soutient, sire ! continua Monsoreau d'une voix de plus en plus élevée.

— Malheureux !...

Et le duc regarda encore le portrait de Bussy.

— Je ne puis ! dit-il... Vous êtes un loyal gentilhomme, Monsoreau, vous comprendrez que je ne puis approuver ce que vous avez fait.

— Pourquoi cela, monseigneur ?

— Parce que c'est une action indigne de vous et de moi... Renoncez à cette femme. Eh ! mon cher comte, je vous en dédommagerai par tout ce que vous me demanderez...

— Votre Altesse aime donc encore Diane de Méridor? fit Monsoreau pâle de jalousie.

— Non ! non ! je le jure, non !

— Eh bien ! alors, qui peut arrêter Votre Altesse? Elle est ma femme ; ne suis-je pas bon gentilhomme? quelqu'un peut-il s'immiscer dans les secrets de ma vie ?

— Mais elle ne vous aime pas.

— Qu'importe ?

— Faites cela pour moi, Monsoreau...

— Je ne le puis...

— Alors... dit le duc plongé dans la plus horrible perplexité... alors...

— Réfléchissez, sire !

Le duc essuya son front couvert de la sueur que ce titre prononcé par le comte venait d'y faire monter.

— Vous me dénonceriez?

— Au roi détrôné par vous, oui, Votre Majesté, car si mon nouveau prince me blessait dans mon honneur, dans mon bonheur, je retournerais à l'ancien.

— C'est infâme !

— C'est vrai, sire ; mais j'aime assez pour être infâme.

— C'est lâche !

— Oui, Votre Majesté ; mais j'aime assez pour être lâche.

Le duc fit un mouvement vers Monsoreau. Mais celui-ci l'arrêta d'un seul regard, d'un seul sourire.

— Vous ne gagneriez rien à me tuer, monseigneur, dit-il ; il est des secrets qui surnagent avec les cadavres ! Restons, vous un roi plein de clémence, moi le plus humble de vos sujets !

Le duc se brisait les doigts les uns contre les autres, il les déchirait avec les ongles.

— Allons, allons ! mon bon seigneur, faites quelque chose pour l'homme qui vous a le mieux servi en toute chose.

François se leva.

— Que demandez-vous? dit-il.

— Que Votre Majesté...

— Malheureux ! malheureux ! tu veux donc que je te supplie ?

— Oh! monseigneur!

Et Monsoreau s'inclina.

— Dites! murmura François.

— Monseigneur, vous me pardonnerez?

— Oui.

— Monseigneur, vous me réconcilierez avec M. de Méridor?

— Oui, fit le duc d'une voix étouffée.

— Et vous honorerez ma femme d'un sourire, le jour où elle paraîtra en cérémonie au cercle de la reine, à qui je veux avoir l'honneur de la présenter.

— Oui, dit François; est-ce tout?

— Absolument tout, monseigneur.

— Allez, vous avez ma parole.

— Et vous, dit Monsoreau en s'approchant de l'oreille du duc, vous conserverez le trône où je vous ai fait monter! Adieu, sire!

Cette fois, il le dit si bas que l'harmonie de ce mot parut suave au prince.

— Il ne me reste plus, pensa Monsoreau, qu'à savoir comment le duc a été instruit.

XXXVI

Le jour même, M. de Monsoreau avait, selon son désir manifesté au duc d'Anjou, présenté sa femme au cercle de la reine-mère et à celui de la reine.

Henri, soucieux comme à son ordinaire, avait été se coucher, prévenu par M. de Morvilliers que le lendemain il faudrait tenir un grand conseil.

Henri ne fit pas même de questions au chancelier; il était tard; Sa Majesté avait envie de dormir. On prit l'heure la plus commode pour ne déranger ni le repos ni le sommeil du roi.

Ce digne magistrat connaissait parfaitement son maître, et savait qu'au contraire de Philippe de Macédoine le roi endormi ou à jeun n'écouterait pas avec une lucidité suffisante les communications qu'il avait à lui faire.

Il savait aussi que Henri, dont les insomnies étaient fréquentes, — c'est l'apanage de l'homme qui doit veiller sur le sommeil d'autrui de ne pas dormir lui-même, — songerait au milieu de la nuit à l'audience demandée, et la donnerait avec une curiosité aiguillonnée selon la gravité de la circonstance.

Tout se passa comme M. de Morvilliers l'avait prévu.

Après un premier sommeil de trois ou quatre heures, Henri se réveilla; la demande du chancelier lui revint en tête; il s'assit sur son lit, se mit à penser, et, las de penser tout seul, il se laissa glisser le long de ses matelas, passa ses caleçons de soie, chaussa ses pantoufles, et sans rien changer à sa toilette de nuit, qui le rendait pareil à un fantôme, il s'achemina à la lueur de sa lampe qui, depuis que le souffle de l'Éternel était passé dans l'Anjou avec Saint-Luc, ne s'éteignait plus; il s'achemina, disons-nous, vers la chambre de Chicot, là même où s'étaient si heureusement célébrées les noces de mademoiselle de Brissac.

Le Gascon dormait à plein sommeil et ronflait comme une forge.

Henri le tira trois fois par le bras sans parvenir à le réveiller.

A la troisième fois cependant, le roi ayant accompagné le geste de la voix et appelé Chicot à tue-tête, le Gascon ouvrit un œil.

— Chicot! répéta le roi.

— Qu'y a-t-il encore? demanda Chicot.

— Eh! mon ami, dit Henri, comment peux-tu dormir ainsi quand ton roi veille?

— Ah! mon Dieu! s'écria Chicot feignant de ne pas reconnaître le roi, est-ce que Sa Majesté a pris une indigestion?

— Chicot, mon ami, dit Henri, c'est moi!

— Qui, toi?

— Moi, Henri.

— Décidément, mon fils, ce sont les bécassines qui t'étouffent. Je t'avais cependant prévenu; tu en as trop mangé hier soir, comme aussi de ces bisques aux écrevisses.

— Non, dit Henri, car à peine y ai-je goûté.

— Alors, dit Chicot, c'est qu'on t'a empoisonné. Ventre de biche! que tu es pâle, Henri!

— C'est mon masque de toile, mon ami, dit le roi.

— Tu n'es donc pas malade?

— Non.

— Alors, pourquoi me réveilles-tu?

— Parce que le chagrin me persécute.

— Tu as du chagrin?

— Beaucoup.

— Tant mieux.

— Comment! tant mieux?

— Oui, le chagrin fait réfléchir; et tu réfléchiras qu'on ne réveille un honnête homme à deux heures du matin que pour lui faire un cadeau. Que m'apportes-tu, voyons?

— Rien, Chicot; je viens causer avec toi.

— Ce n'est point assez.

— Chicot, M. de Morvilliers est venu hier soir à la cour.

— Tu reçois bien mauvaise compagnie, Henri; et que venait-il faire?

— Il venait me demander audience.

— Ah! voilà un homme qui sait vivre; ce n'est pas comme toi, qui entres dans la chambre des gens à deux heures du matin sans dire gare.

— Que pouvait-il avoir à me dire, Chicot?

— Comment, malheureux! s'écria le Gascon, c'est pour me demander cela que tu me réveilles?

— Chicot, mon ami, tu sais que M. de Morvilliers s'occupe de ma police.

— Non, ma foi! dit Chicot, je ne le savais pas.

— Chicot, dit le roi, je trouve au contraire, moi, que M. de Morvilliers est toujours très-bien renseigné.

— Et quand je pense, dit le Gascon, que je pourrais dormir au lieu d'entendre de pareilles sornettes!

— Tu doutes de la surveillance du chancelier? demanda Henri.

— Oui, corbœuf! j'en doute, dit Chicot, et j'ai mes raisons.

— Lesquelles?

— Si je t'en donne une seule, cela te suffira-t-il?

— Oui, si elle bonne.

— Et tu me laisseras tranquille après?

— Certainement.

— Eh bien! un jour, non, c'était un soir...

— Peu importe!

— Au contraire, cela importe beaucoup. Eh bien! un soir je t'ai battu dans la rue Froidmantel; tu avais avec toi Quélus et Schomberg...

— Tu m'as battu?

— Oui, bâtonné, bâtonné, tous trois.

— A quel propos?

— Vous aviez insulté mon page; vous avez reçu les coups et M. de Morvilliers ne vous en a rien dit.

— Comment! s'écria Henri, c'était toi, scélérat? c'était toi, sacrilége?

— Moi-même, dit Chicot en se frottant les mains; n'est-ce pas, mon fils, que je frappe bien quand je frappe?

— Misérable!

— Tu avoues donc que c'est la vérité?

— Je te ferai fouetter, Chicot.

— Il ne s'agit pas de cela : est-ce vrai, oui ou non? voilà tout ce je te demande.

— Tu sais bien que c'est vrai, malheureux!

— As-tu fait venir le lendemain M. de Morvilliers?

— Oui, puisque tu étais là quand il est venu.

— Lui as-tu raconté le fâcheux acci-

dent qui était arrivé la veille à un gentilhomme de tes amis?
— Oui.
— Lui as-tu ordonné de retrouver le coupable?
— Oui.
— Te l'a-t-il retrouvé?
— Non.
— Eh bien! va donc te coucher, Henri! tu vois que ta police est mal faite.

Et se retournant vers le mur, sans vouloir répondre davantage, Chicot se remit à ronfler avec un bruit de grosse artillerie qui ôta au roi toute espérance de le tirer de ce second sommeil.

Henri rentra en soupirant dans sa chambre, et, à défaut d'autre interlocuteur, se mit à déplorer, avec son lévrier Narcisse, le malheur qu'ont les rois de ne jamais connaître la vérité qu'à leurs dépens.

Le lendemain, le conseil s'assembla. Il variait selon les changeantes amitiés du roi. Cette fois il se composait de Quélus, de Maugiron, de d'Épernon et de Schomberg, en faveur tous quatre depuis plus de six mois.

Chicot, assis au haut bout de la table, taillait des bateaux en papier et les alignait méthodiquement, pour faire, disait-il, une flotte à Sa Majesté très-chrétienne, à l'instar de la flotte du roi très-catholique.

On annonça M. de Morvilliers.

L'homme d'État avait pris son plus sombre costume et son air le plus lugubre. Après son salut profond, qui lui fut rendu par Chicot, il s'approcha du roi :

— Je suis, dit-il, devant le conseil de Votre Majesté?

— Oui, devant mes meilleurs amis. Parlez.

— Eh bien! sire, je prends assurance et j'en ai besoin. Il s'agit de dénoncer un complot bien terrible à Votre Majesté.

— Un complot! s'écrièrent tous les assistants.

Chicot dressa l'oreille et suspendit la fabrication d'une superbe galiote à deux têtes, dont il voulait faire la barque amirale de la flotte.

— Un complot, oui, Majesté, dit M. de Morvilliers baissant la voix avec ce mystère qui présage les terribles confidences.

— Oh! oh! fit le roi. Voyons, est-ce un complot espagnol?

A ce moment, M. le duc d'Anjou, mandé au conseil, entra dans la salle dont les portes se refermèrent aussitôt.

— Vous entendez, mon frère? dit Henri après le cérémonial; M. de Morvilliers nous dénonce un complot contre la sûreté de l'État.

Le duc jeta lentement sur les gentilshommes présents ce regard si clair et si défiant que nous lui connaissons.

— Est-il bien possible?... murmura-t-il.

— Hélas! oui, monseigneur, dit M. de Morvilliers, un complot menaçant.

— Contez-nous cela, répliqua Chicot en mettant sa galiote terminée dans le bassin de cristal placé sur la table.

— Oui, balbutia le duc d'Anjou, contez-nous cela, monsieur le chancelier.

— J'écoute, dit Henri.

Le chancelier prit sa voix la plus voilée, sa pose la plus courbée, son regard le plus affairé.

— Sire, dit-il, depuis très-longtemps je veillais sur les menées de quelques mécontents...

— Oh! fit Chicot... quelques?... Vous êtes bien modeste, monsieur de Morvilliers!...

— C'étaient, continua le chancelier, des hommes sans aveu, des boutiquiers, des gens de métiers, ou de petits clercs de robe... il y avait de ci, de là, des moines et des écoliers.

— Ce ne sont pas là de bien grands princes, dit Chicot avec une parfaite tranquillité, et en recommençant un nouveau vaisseau à deux pointes.

Le duc d'Anjou sourit forcément.

— Vous allez voir, sire, dit le chancelier. Je savais que les mécontents profitent toujours de deux occasions principales, la guerre ou la religion...

— C'est fort sensé, dit Henri. Après?

Le chancelier, heureux de cet éloge, poursuivit :

— Dans l'armée, j'avais des officiers dévoués à Votre Majesté, qui m'informaient de tout ; dans la religion, c'est plus difficile. Alors j'ai mis des hommes en campagne.

— Toujours fort sensé, dit Chicot.

— Et enfin, continua Morvilliers, je réussis à faire décider par mes agents un homme de la prévôté de Paris...

— A quoi faire? dit le roi.

— A espionner les prédicateurs qui vont excitant le peuple contre Votre Majesté.

— Oh! oh! pensa Chicot, mon ami serait-il connu?

— Ces gens reçoivent des inspirations, non pas de Dieu, sire, mais d'un parti fort hostile à la couronne. Ce parti, je l'ai étudié.

— Fort bien, dit le roi.

— Très-sensé, dit Chicot.

— Et j'en connais les espérances, ajouta triomphalement Morvilliers.

— C'est superbe! s'écria Chicot.

Le roi fit signe au Gascon de se taire.

Le duc d'Anjou ne perdait pas de vue l'orateur.

— Pendant plus de deux mois, dit le chancelier, j'entretins aux gages de Votre Majesté des hommes de beaucoup d'adresse, d'un courage à toute épreuve, d'une avidité insatiable, c'est vrai, mais que j'avais soin de faire tourner au profit du roi, car, tout en les payant magnifiquement, j'y gagnais encore. J'appris d'eux que, moyennant le sacrifice d'une forte somme d'argent, je connaîtrais le premier rendez-vous des conspirateurs.

— Voilà qui est bon, dit Chicot ; paie, mon roi, paie!

— Eh! qu'à cela ne tienne! s'écria Henri. Voyons... chancelier, le but de ce complot, l'espérance des conspirateurs?...

— Sire, il ne s'agit de rien moins que d'une seconde Saint-Barthélemy.

— Contre qui?

— Contre les huguenots.

Les assistants se regardèrent surpris.

— Combien cela vous a-t-il coûté à peu près? demanda Chicot.

— Soixante-quinze mille livres d'une part, cent mille de l'autre.

Chicot se retourna vers le roi.

— Si tu veux, pour mille écus je te dis le secret de M. de Morvilliers! s'écria le Gascon.

Celui-ci fit un geste de surprise ; le duc d'Anjou fit meilleur visage qu'on n'eût pu s'y attendre.

— Dis, répliqua le roi.

— C'est la Ligue pure et simple, fit Chicot, la Ligue commencée depuis dix ans. M. de Morvilliers a découvert ce que tout bourgeois parisien sait comme son *Pater*.

— Monsieur... interrompit le chancelier.

— Je dis la vérité... et je le prouverai ! s'écria Chicot avec un ton d'avocat.

— Dites-moi le lieu de la réunion des ligueurs, alors?

— Très-volontiers : 1° la place publique ; 2° la place publique ; 3° les places publiques.

— Monsieur Chicot veut rire, dit en grimaçant le chancelier ; et leur signe de ralliement?

— Ils sont habillés en Parisiens et remuent les jambes lorsqu'ils marchent, répondit gravement Chicot.

Un éclat de rire général accueillit cette explication. M. de Morvilliers crut qu'il serait de bon goût de céder à l'entraîne-

Henri posa son coude sur son genou et emboîta son menton dans sa main. — Page 277.

ment, et il rit avec les autres. Mais redevenant sombre :

— Enfin, dit-il, mon espion a assisté à l'une de leurs séances, et cela dans un lieu que M. Chicot ne connaît pas.

Le duc d'Anjou pâlit.

— Où cela? dit le roi.

— A l'abbaye Sainte-Geneviève.

Chicot laissa tomber une poule en papier, qu'il embarquait dans la barque amirale.

— L'abbaye Sainte-Geneviève! dit le roi.

— C'est impossible! murmura le duc.

— Cela est, dit Morvilliers satisfait de l'effet produit et regardant avec triomphe toute l'assemblée.

— Et qu'ont-ils fait, monsieur le chancelier? qu'ont-ils décidé? demanda le roi.

— Que les ligueurs se nommeraient des chefs, que chaque enrôlé s'armerait, que chaque province recevrait un envoyé de la métropole insurrectionnelle, que tous les huguenots chéris de Sa Majesté, ce sont leurs expressions...

Le roi sourit.

— Seraient massacrés à jour désigné.

— Voilà tout? demanda Henri.

— Peste! dit Chicot, on voit que tu es catholique.

— Est-ce bien tout? dit le duc.

— Non, monseigneur...

— Peste! je crois bien que ce n'est pas tout. Si nous n'avions que cela pour 175 000 livres, le roi serait volé.

— Parlez, chancelier, dit le roi.

— Il y a des chefs...

Chicot vit s'agiter sur le cœur du duc son pourpoint, que soulevaient les battements.

— Tiens, tiens, tiens! dit-il, un complot qui a des chefs; c'est étonnant! Cependant il nous faut encore quelque chose pour nos 175,000 livres.

— Ces chefs? leurs noms? demanda le roi; comment s'appellent ces chefs?

— D'abord un prédicateur, un fanatique, un énergumène dont j'ai acheté le nom 10 000 livres.

— Et vous avez bien fait.

— Le frère génovéfain Gorenflot.

— Pauvre diable! fit Chicot avec une commisération véritable. Il était dit que cette aventure ne lui réussirait pas!

— Gorenflot! dit le roi en écrivant ce nom; bien!... Après?...

— Après?... dit le chancelier avec hésitation; mais, sire, c'est tout...

Et Morvilliers promena encore sur l'assemblée son regard inquisiteur et mystérieux, qui semblait dire :

— Si Votre Majesté était seule, elle en saurait bien davantage.

— Dites, chancelier, je n'ai que des amis ici... dites!

— Oh! sire, celui que j'hésite à nommer a aussi des amis bien puissants...

— Près de moi?

— Partout.

— Sont-ils plus puissants que moi? s'écria Henri pâle de colère et d'inquiétude.

— Sire, un secret ne se dit pas à haute voix. Excusez-moi, je suis homme d'État.

— C'est juste.

— C'est fort sensé, dit Chicot, mais nous sommes tous hommes d'État.

— Monsieur, dit le duc d'Anjou, nous allons présenter au roi nos très-humbles respects, si la communication ne peut être faite en notre présence.

M. de Morvilliers hésitait. Chicot guettait jusqu'au moindre geste, craignant que le chancelier, tout naïf qu'il semblait être, n'eût réussi à découvrir quelque chose de moins simple que ses premières révélations.

Le roi fit signe au chancelier de s'approcher, au duc d'Anjou de demeurer en place, à Chicot de faire silence, aux trois favoris de détourner leur attention.

Aussitôt M. de Morvilliers se pencha vers l'oreille de Sa Majesté; mais il n'avait pas fait la moitié du mouvement compassé selon toutes les règles de l'étiquette, qu'une immense clameur retentit dans la cour du Louvre. Le roi se redressa subitement; MM. de Quélus et d'Épernon se précipitèrent vers la fenêtre; M. d'Anjou porta la main à son épée, comme si tout ce bruit menaçant eût été dirigé contre lui.

Chicot, se haussant sur les pieds, voyait dans la cour et dans la chambre.

— Tiens! M. de Guise! s'écria-t-il le premier; M. de Guise qui entre au Louvre!

Le roi fit un mouvement.

— C'est vrai, dirent les gentilshommes.

— Le duc de Guise? balbutia M. d'Anjou.

— Voilà qui est bizarre... n'est-ce pas? que M. le duc de Guise soit à Paris, dit lentement le roi qui venait de lire dans le regard presque hébété de M. de Morvilliers le nom que ce dernier voulait lui dire à l'oreille.

— Est-ce que la communication que vous vouliez me faire avait trait à mon cousin de Guise? demanda-t-il à voix basse au magistrat.

— Oui, sire, c'est lui qui présidait la séance, répondit le chancelier sur le même ton...

— Et les autres?...

— Je n'en connais pas d'autres...

Henri consulta Chicot d'un coup d'œil.

— Ventre de biche! s'écria le Gascon en se posant royalement, faites entrer mon cousin de Guise!

Et se penchant vers Henri :

— En voilà un, lui dit-il à l'oreille, dont tu connais assez le nom, à ce que je crois, pour n'avoir pas besoin de l'inscrire sur tes tablettes.

Les huissiers ouvrirent la porte avec fracas.

— Un seul battant, messieurs, dit Henri, un seul! les deux sont pour le roi!

Le duc de Guise était assez avant dans la galerie pour entendre ces paroles; mais cela ne changea rien au sourire avec lequel il avait résolu d'aborder le roi.

XXXVII

CE QUE VENAIT FAIRE M. DE GUISE AU LOUVRE

Derrière M. de Guise venaient en grand nombre des officiers, des courtisans, des gentilshommes; derrière cette brillante escorte venait le peuple, escorte moins brillante, mais plus sûre et surtout plus redoutable.

Seulement les gentilshommes étaient entrés au palais et le peuple était resté à la porte.

C'était des rangs de ce peuple que les cris partaient encore au moment même où le duc de Guise, qu'il avait perdu de vue, pénétrait dans la galerie.

A la vue de cette espèce d'armée qui faisait cortége au héros parisien chaque fois qu'il apparaissait dans les rues, les gardes avaient pris les armes, et, rangés derrière leur brave colonel, lançaient au peuple des regards menaçants, au triomphateur des provocations muettes.

Guise avait remarqué l'attitude de ces soldats que commandait Crillon; il adressa un petit salut plein de grâce au colonel qui, l'épée au poing, se tenait à quatre pas en avant de ses hommes, et qui demeura raide et impassible dans sa dédaigneuse immobilité.

Cette révolte d'un homme et d'un régiment contre son pouvoir si généralement établi frappa le duc. Son front devint un instant soucieux; mais à mesure qu'il s'approchait du roi, son front s'éclaircit : si bien que, comme nous l'avons vu arriver au cabinet de Henri III, il y entra en souriant.

— Ah! c'est vous, mon cousin? dit le roi. Comme vous menez grand bruit! Est-ce que les trompettes ne sonnent pas? Il m'avait semblé les entendre.

— Sire, répondit le duc, les trompettes ne sonnent à Paris que pour le roi, en campagne que pour le général, et je suis trop familier à la fois avec la cour et avec les camps pour m'y tromper. Ici les trompettes feraient trop de bruit pour un sujet; là-bas elles n'en feraient point assez pour un prince.

Henri se mordit les lèvres.

— Par la mordieu! dit-il après un silence employé à dévorer des yeux le prince lorrain, vous êtes bien reluisant, mon cousin? est-ce que vous arrivez du siége de la Charité d'aujourd'hui seulement?

— D'aujourd'hui seulement, oui, sire, répondit le duc avec une légère rougeur.

— Ma foi! c'est beaucoup d'honneur pour nous, mon cousin, que votre visite, beaucoup d'honneur, beaucoup d'honneur.

Henri III répétait les mots, quand il avait trop d'idées à cacher, comme on épaissit les rangs des soldats devant une batterie de canons qui ne doit être démasquée qu'à un certain moment.

— Beaucoup d'honneur, répéta Chicot avec une intonation si exacte, qu'on eût pu croire que ces deux mots venaient encore du roi.

— Sire, dit le duc, Votre Majesté veut railler sans doute : comment ma visite pourrait-elle honorer celui de qui vient tout honneur?

— Je veux dire, monsieur de Guise, répliqua Henri, que tout bon catholique a l'habitude, au retour de la campagne, d'aller voir Dieu d'abord, dans quelqu'un de ses temples; le roi ne vient qu'après Dieu. Honorez Dieu, servez le roi, vous savez, mon cousin, c'est un axiome moitié religieux, moitié politique.

La rougeur du duc de Guise fut cette fois plus distincte; le roi, qui avait parlé en regardant le duc bien en face, vit cette rougeur, et son regard, comme guidé par un mouvement instinctif, étant passé du duc de Guise au duc d'Anjou, il vit avec étonnement que son bon frère était aussi pâle que son beau cousin était rouge.

Cette émotion, se traduisant de deux façons si opposées, le frappa. Il détourna les yeux avec affectation, et prit un air affable, velours sous lequel personne, mieux que Henri III, ne savait cacher ses griffes royales.

— En tout cas, duc, dit-il, rien n'égale ma joie de vous voir échappé à toutes ces mauvaises chances de la guerre, quoique vous cherchiez le danger, dit-on, d'une façon téméraire. Mais le danger vous connaît, mon cousin, et il vous fuit.

Le duc s'inclina devant le compliment.

— Aussi, je vous dirai, mon cousin : Ne soyez pas si ambitieux de périls mortels, car ce serait en vérité bien dur pour des fainéants comme nous, qui dormons, qui mangeons, qui chassons et qui, pour toutes conquêtes, inventons de nouvelles modes et de nouvelles prières.

— Oui, sire, dit le duc se rattachant à ce dernier mot. Nous savons que vous êtes un prince éclairé et pieux, et qu'aucun plaisir ne peut vous faire perdre de vue la gloire de Dieu et les intérêts de l'Église. C'est pourquoi nous sommes venu avec tant de confiance vers Votre Majesté.

— Regarde donc la confiance de ton cousin, Henri, dit Chicot en montrant au roi les gentilshommes qui, par respect, se tenaient hors de l'appartement; il en a laissé un tiers à la porte de ton cabinet et les deux autres tiers à celle du Louvre.

— Avec confiance! répéta Henri; ne venez-vous point toujours avec confiance près de moi, mon cousin?

— Sire, je m'entends; cette confiance dont je parle a rapport à la proposition que je compte vous faire.

— Ah! ah! vous avez à me proposer quelque chose, mon cousin? Alors, parlez avec confiance, comme vous dites, avec toute confiance. Qu'avez-vous à nous proposer?

— L'exécution d'une des plus belles idées qui aient encore ému le monde chrétien depuis que les croisades sont devenues impossibles.

— Parlez, duc!

— Sire, continua le duc, mais cette fois en haussant la voix de manière à être entendu de l'antichambre, sire, ce n'est pas un vain titre que celui de roi très-chrétien, il oblige à un zèle ardent pour la défense de la religion. Le fils aîné de l'Église, et c'est votre titre, sire, doit être toujours prêt à défendre sa mère.

— Tiens, dit Chicot, mon cousin qui prêche avec une grande rapière au côté et une salade en tête; c'est drôle! ça ne m'étonne plus que les moines veuillent faire la guerre : Henri, je te demande un régiment pour Gorenflot.

Le duc feignit de ne pas entendre; Henri croisa ses jambes l'une sur l'autre, posa son coude sur son genou et emboîta son menton dans sa main.

— Est-ce que l'Église est menacée par les Sarrasins, mon cher duc? demanda-t-il; ou bien aspireriez-vous par hasard au titre de roi... de Jérusalem?

— Sire, reprit le duc, cette grande affluence de peuple qui me suivait en bénissant mon nom ne m'honorait de cet accueil, croyez-le bien, que pour payer l'ardeur de mon zèle à défendre la foi. J'ai déjà eu l'honneur de parler à Votre Majesté, avant son avénement au trône, d'un projet d'alliance entre tous les vrais catholiques.

— Oui, oui, dit Chicot; oui, je m'en souviens, moi; la Ligue, ventre de biche! Henri, la Ligue par Saint-Barthélemy! la Ligue, mon roi! Sur ma parole, tu es bien oublieux, mon fils; de ne point te souvenir d'une si triomphante idée!

Le duc se retourna au bruit de ces paroles, et laissa tomber un regard dédaigneux sur celui qui les avait prononcées, ne sachant pas combien ces paroles avaient de poids sur l'esprit du roi, surchargées qu'elles étaient des révélations toutes récentes de M. de Morvilliers.

Le duc d'Anjou en fut ému, lui, et, appuyant un doigt sur ses lèvres, il regarda fixement le duc de Guise, pâle et immobile comme la statue de la Circonspection.

Cette fois, le roi ne s'apercevait point du signe d'intelligence qui reliait entre eux les intérêts des deux princes; mais Chicot, s'approchant de son oreille sous prétexte de planter une de ses deux poules dans les chaînettes en rubis de sa toque, lui dit tout bas :

— Vois ton frère, Henri.

L'œil de Henri se leva rapide; le doigt du duc s'abaissa presque aussi prompt; mais il était déjà trop tard. Henri avait vu le mouvement et deviné la recommandation.

— Sire, continua le duc de Guise qui avait bien vu l'action de Chicot, mais qui n'avait pu entendre ses paroles, les catholiques ont, en effet, appelé cette association la Sainte-Ligue, et elle a pour but principal de fortifier le trône contre les huguenots, ses ennemis mortels.

— Bien dit! s'écria Chicot. J'approuve, *pedibus et nutu*.

— Mais, continua le duc, c'est peu de s'associer, sire, c'est peu de former une masse, si compacte qu'elle soit; il faut lui imprimer une direction. Or, dans un royaume comme la France, plusieurs millions d'hommes ne se rassemblent pas sans l'aveu du roi.

— Plusieurs millions d'hommes! fit Henri n'essayant aucun effort pour dissimuler une surprise qu'on eût pu avec raison interpréter comme de la frayeur.

— Plusieurs millions d'hommes, répéta Chicot, léger noyau de mécontents, et qui, s'il est planté, comme je n'en doute point, par des mains habiles, fera pousser de jolis fruits.

Pour cette fois, la patience du duc parut être à bout; il serra ses lèvres dédaigneuses, et pressant la terre d'un pied dont il n'osait point la frapper :

— Je m'étonne, sire, dit-il, que Votre Majesté souffre qu'on m'interrompe si souvent quand j'ai l'honneur de lui parler de matières si graves.

Chicot, à cette démonstration, dont il parut sentir toute la justesse, tourna autour de lui des yeux furibonds, et, imitant la voix glapissante de l'huissier du parlement :

— Silence donc! s'écria-t-il, ou, ventre de biche! on aura affaire à moi.

— Plusieurs millions d'hommes! reprit le roi qui avait peine à avaler le chiffre, c'est flatteur pour la religion catholique; mais, en face de ces plusieurs millions d'associés, combien y a-t-il donc de protestants dans mon royaume?

Le duc parut chercher.

— Quatre, dit Chicot.

Cette nouvelle saillie fit éclater de rire les amis du roi, tandis que Guise fronçait le sourcil et que les gentilshommes de l'antichambre murmuraient hautement contre l'audace du Gascon.

Le roi se tourna lentement vers la porte d'où venaient ces murmures, et comme, lorsqu'il le voulait, Henri avait un regard plein de dignité, les murmures cessèrent.

Puis, ramenant ce même regard sur le duc, sans rien changer à son expression :

— Voyons, monsieur, dit-il, que demandez-vous?... Au but... au but!...

— Je demande, sire, car la popularité de mon roi m'est plus chère encore peut-être que la mienne, je demande que Votre Majesté montre clairement qu'elle nous est aussi supérieure dans son zèle pour la religion catholique que pour toutes les autres choses, et qu'elle ôte ainsi tout prétexte aux mécontents de recommencer les guerres.

— Ah! s'il ne s'agit que de guerre, mon cousin, dit Henri, j'ai des troupes, et rien que sous vos ordres vous tenez, je crois, dans le camp que vous venez de quitter pour me donner ces excellents conseils, près de vingt-cinq mille hommes.

— Sire, quand je parle de guerre, j'aurais dû peut-être m'expliquer.

— Expliquez-vous, mon cousin; vous êtes un grand capitaine, et j'aurai, vous n'en doutez pas, plaisir à vous entendre discourir sur de pareilles matières.

— Sire, je voulais dire que, par le temps qui court, les rois sont appelés à soutenir deux guerres, la guerre morale, si je puis m'exprimer ainsi, et la guerre politique; la guerre contre les idées, et la guerre contre les hommes.

— Mordieu! dit Chicot, comme c'est puissamment exposé!

— Silence, fou! dit le roi.

— Les hommes, continua le duc, les hommes sont visibles, palpable, mortels; on les joint, on les attaque, on les bat; et quand on les a battus, on leur fait leur procès et on les pend, ou mieux encore.

— Oui, dit Chicot, on les pend sans leur faire leur procès; c'est plus court et plus royal.

— Mais les idées, continua le duc, on ne les rencontre point ainsi, sire; elles se glissent invisibles et pénétrantes; elles se cachent surtout aux yeux de ceux-là qui veulent les détruire; abritées au fond des âmes, elles y projettent de profondes racines; et plus on coupe les rameaux imprudents qui sortent au dehors, plus les racines intérieures deviennent puissantes et inextirpables. Une idée, sire, c'est un nain géant qu'il faut surveiller nuit et jour; car l'idée qui rampait hier à vos pieds, demain dominera votre tête. Une idée, sire, c'est l'étincelle qui tombe sur le chaume; il faut de bons yeux en plein jour pour deviner les commencements de l'incendie, et voilà pourquoi, sire, des millions de surveillants sont nécessaires.

— Voilà les quatre huguenots de France à tous les diables, s'écria Chicot; ventre de biche, je les plains!

— Et c'était pour veiller à cette surveillance, continua le duc, que je proposais à Votre Majesté de nommer un chef à cette sainte union.

— Vous avez parlé, mon cousin? demanda Henri au duc.

— Oui, sire, et sans détour, comme a pu le voir Votre Majesté.

Chicot poussa un soupir effrayant, tandis que le duc d'Anjou, remis de sa frayeur première, souriait au prince lorrain.

— Eh bien! dit le roi à ceux qui l'entouraient, que pensez-vous de cela, messieurs?

Chicot, sans rien répondre, prit son chapeau et ses gants; puis, empoignant une peau de lion par la queue, il la traîna dans un coin de l'appartement et se coucha dessus.

— Que faites-vous, Chicot? demanda le roi.

— Sire, dit Chicot, la nuit, prétend-on, est bonne conseillère. Pourquoi prétend-on cela? parce que la nuit on dort. Je vais dormir, sire; et demain, à tête reposée, je rendrai réponse à mon cousin de Guise.

Et il s'allongea jusqu'aux ongles de l'animal.

Le duc lança au Gascon un furieux regard, auquel en rouvrant un œil celui-ci répondit par un ronflement pareil au bruit du tonnerre.

— Eh bien! sire, demanda le duc, que pense Votre Majesté?

— Je pense que, comme toujours, vous avez raison, mon cousin; convoquez donc vos principaux ligueurs, venez à leur tête, et je choisirai l'homme qu'il faut à la religion.

— Et quand cela, sire? demanda le duc.

— Demain.

Et, en prononçant ce dernier mot, il divisa habilement son sourire. Le duc de Guise en eut la première partie, le duc d'Anjou la seconde.

Ce dernier allait se retirer avec la cour; mais au premier pas qu'il fit dans cette intention :

— Restez, mon frère, dit Henri, j'ai à vous parler.

Le duc de Guise appuya un instant sa main sur son front comme pour y comprimer un monde de pensées, et partit avec toute sa suite, qui se perdit sous les voûtes.

Un instant après, on entendit les cris de la foule qui saluait sa sortie du Louvre, comme elle avait salué son entrée.

Chicot ronflait toujours, mais nous n'oserions pas répondre qu'il dormait.

XXXVIII

CASTOR ET POLLUX

Le roi avait congédié tous les favoris, en même temps qu'il retenait son frère.

Le duc d'Anjou qui, pendant toute la scène précédente, avait réussi à conserver l'attitude d'un homme indifférent, excepté aux yeux de Chicot et du duc de Guise, accepta sans défiance l'invitation de Henri. Il n'avait aucune connaissance de ce coup d'œil que le Gascon lui avait fait envoyer par le roi, et qui avait surpris son doigt indiscret trop près de ses lèvres.

— Mon frère, dit Henri après s'être assuré qu'à l'exception de Chicot personne n'était resté dans le cabinet et en marchant à grands pas de la porte à la fenêtre, savez-vous que je suis un prince bien heureux?

— Sire, dit le duc, le bonheur de Votre Majesté, si véritablement Votre Majesté se trouve heureuse, n'est qu'une récompense que le ciel doit à ses mérites.

Henri regarda son frère.

— Oui, bien heureux, reprit-il, car lorsque les grandes idées ne me viennent pas à moi, elles viennent à ceux qui m'entourent. Or, c'est une grande idée que celle que vient d'avoir mon cousin de Guise.

Le duc s'inclina en signe d'assentiment.

Chicot ouvrit un œil, comme s'il n'entendait pas si bien les deux yeux fermés, et comme s'il avait besoin de voir le visage du roi pour mieux comprendre ses paroles.

— En effet, continua Henri, réunir sous une même bannière tous les catholiques, faire du royaume l'Église, armer ainsi sans en avoir l'air toute la France, depuis Calais jusqu'au Languedoc, depuis la Bretagne jusqu'à la Bourgogne, de manière à ce que j'aie toujours une armée prête à marcher contre l'Anglais, le Flamand ou l'Espagnol, sans que jamais le Flamand, l'Espagnol ni l'Anglais puissent s'en alarmer, savez-vous, François, que c'est là une magnifique pensée?

— N'est-ce pas, sire? dit le duc d'Anjou enchanté de voir que son frère abondait dans les vues du duc de Guise, son allié.

— Oui, et j'avoue que je me sens porté de tout mon cœur à récompenser largement l'auteur d'un si grand projet.

Chicot ouvrit les deux yeux; mais il les referma aussitôt : il venait de surprendre sur la figure du roi un de ces imperceptibles sourires, visibles pour lui seul qui connaissait son Henri mieux que personne, et ce sourire lui suffisait.

— Oui, continua le roi, je le répète, un tel projet mérite récompense, et je ferai tout pour celui qui l'a conçu; est-ce véritablement le duc de Guise, François, qui est le père de cette belle idée, ou plutôt de cette belle œuvre? car l'œuvre est commencée, n'est-ce pas mon frère?

Le duc d'Anjou fit signe qu'effectivement la chose avait reçu un commencement d'exécution.

— De mieux en mieux, reprit le roi. J'avais dit que j'étais un prince bien heureux, François, puisque non-seulement ces idées viennent à mes proches, mais encore que, dans leur empressement à être utiles à leur roi et à leur parent, ils exécutent ces idées; mais je vous ai demandé, mon cher François, dit Henri en posant sa main sur l'épaule de son frère, je vous ai déjà demandé si c'était bien à mon cousin de Guise que je devais être reconnaissant de cette royale pensée.

— Non, sire; M. le cardinal de Lorraine l'avait déjà eue il y a plus de vingt ans, et la Saint-Barthélemy seule en a empêché l'exécution, ou plutôt momentanément en a rendu l'exécution inutile.

— Ah! quel malheur que le cardinal de Lorraine soit mort! dit Henri; je l'aurais fait papéfier à la mort de Sa Sainteté Grégoire XIII; mais il n'en est pas moins vrai, continua Henri avec cette admirable bonhomie qui faisait de lui le premier comédien de son royaume, il n'en est pas moins vrai que son neveu a hérité de l'idée et l'a fait fructifier. Malheureusement, je ne peux pas le faire pape, lui; mais je le ferai... Qu'est-ce que je pourrais donc le faire qu'il ne soit pas, François?

— Sire, dit François complètement trompé aux paroles de son frère, vous vous exagérez les mérites de votre cousin; l'idée n'est qu'un héritage, comme je vous l'ai déjà dit, et un homme l'a fort aidé à cultiver cet héritage.

— Son frère le cardinal, n'est-ce pas?

— Sans doute, il s'en est occupé; mais ce n'est point lui encore.

— C'est donc Mayenne?

— Oh! sire, dit le duc, vous lui faites trop d'honneur.

— C'est vrai. Comment supposer qu'une idée politique vînt à un pareil boucher? Mais à qui donc dois-je être reconnaissant de cette aide donnée à mon cousin de Guise, François?

— A moi, sire, dit le duc.

— A vous! fit Henri comme s'il était au comble de l'étonnement.

Chicot rouvrit un œil.

Le duc s'inclina.

— Comment! dit Henri, quand je voyais tout le monde déchaîné contre moi : les prédicateurs contre mes vices, les poètes et les faiseurs de pasquils contre mes ridicules, les docteurs en politique contre mes fautes; tandis que mes amis riaient de mon impuissance; tandis que la situation était devenue si perplexe, que je maigrissais à vue d'œil et faisais des cheveux blancs chaque jour, une idée pareille vous est venue, François, à vous que, je dois l'avouer (tenez, l'homme est

Autour de moi, je ne vois que vous et Chicot, mon frère, qui soyez véritablement mes amis. — Page 283.

faible et les rois sont aveugles), à vous que je ne regardais pas toujours comme mon ami! Ah! François, que je suis coupable!

Et Henri, attendri jusqu'aux larmes, tendit la main à son frère.

Chicot rouvrit les deux yeux.

— Oh! mais, continua Henri, c'est que l'idée est triomphante. Ne pouvant lever d'impôt ni lever de troupes sans faire crier; ne pouvant me promener, dormir ni aimer sans faire rire, voilà que l'idée de M. de Guise, ou plutôt la vôtre, mon frère, me donne à la fois armée, argent, amis et repos. Maintenant, pour que ce repos dure, François, une seule chose est nécessaire.

— Laquelle?

— Mon cousin a parlé tout à l'heure de donner un chef à tout ce grand mouvement.

— Oui, sans doute.

— Ce chef, vous le comprenez bien, François, ce ne peut être aucun de mes favoris; aucun n'a à la fois la tête et le cœur nécessaires à une si grande fortune. Quélus est brave, mais le malheureux n'est occupé que de ses amours. Maugiron est brave, mais le vaniteux ne songe qu'à sa toilette. Schomberg est brave, mais ce n'est pas un profond esprit, ses meilleurs amis sont forcés de l'avouer. D'Épernon est brave, mais c'est un franc hypocrite, à qui je ne me fierais pas un seul instant, quoique je lui fasse bon visage. Mais vous le savez, François, dit Henri avec un abandon croissant, c'est une des plus lourdes charges des rois que d'être forcés sans cesse de dissimuler. Aussi, tenez, ajouta Henri, quand je puis parler à cœur ouvert comme en ce moment, ah! je respire.

Chicot referma les deux yeux.

— Eh bien! je disais donc, continua Henri, que si mon cousin de Guise a eu cette idée, idée au développement de laquelle vous avez pris si bonne part, François, c'est à lui que doit revenir la charge de la mettre à exécution.

— Que dites-vous, sire? s'écria François haletant d'inquiétude.

— Je dis que, pour diriger un pareil mouvement, il faut un grand prince.

— Sire, prenez garde!

— Un bon capitaine, un adroit négociateur.

— Un adroit négociateur surtout, répéta le duc.

— Eh bien! François, est-ce que ce poste, sous tous les rapports, ne convient pas à M. de Guise, voyons?

— Mon frère, dit François, M. de Guise est bien puissant déjà.

— Oui, sans doute, mais c'est sa puissance qui fait ma force.

— Le duc de Guise tient l'armée et la bourgeoisie, le cardinal de Lorraine tient l'Église; Mayenne est un instrument aux mains des deux frères; vous allez réunir bien des forces dans une seule maison.

— C'est vrai, dit Henri, j'y avais déjà songé, François.

— Si les Guises étaient princes français, encore, cela se comprendrait; leur intérêt serait de grandir la maison de France.

— Sans doute; mais, tout au contraire, ce sont des princes lorrains.

— D'une maison toujours en rivalité avec la nôtre.

— Tenez, François, vous venez de toucher la plaie, tudieu! je ne vous croyais pas si bon politique; eh bien! oui, voilà ce qui me fait maigrir, ce qui me fait blanchir les cheveux; tenez, c'est cette élévation de la maison de Lorraine à côté de la nôtre; il ne se passe pas de jour, voyez-vous, François, que ces trois Guises, — vous l'avez bien dit, à eux trois ils tiennent tout, — il n'y a pas de jour que soit le duc, soit le cardinal, soit Mayenne, l'un ou l'autre enfin, par audace ou par adresse, soit par force, soit par ruse, ne m'enlève quelque lambeau de mon pouvoir, quelque parcelle de mes prérogatives, sans que moi, pauvre, faible et isolé que je suis, je puisse réagir contre eux. Ah! François, si nous avions eu cette explication plus tôt, si j'avais pu lire dans votre cœur comme j'y lis en ce moment, certes, trouvant en vous un appui, j'eusse résisté mieux que je ne l'ai fait; mais maintenant, voyez-vous, il est trop tard.

— Pourquoi cela?

— Parce que ce serait une lutte et qu'en vérité toute lutte me fatigue; je le nommerai donc chef de la Ligue.

— Et vous aurez tort, mon frère, dit François.

— Mais qui voulez-vous que je nomme, François? Qui acceptera ce poste périlleux, oui, périlleux; car ne voyez-vous pas quelle était son idée, au duc? c'était que je le nommasse chef de cette Ligue.

— Eh bien?

— Eh bien! tout homme que je nommerai à sa place deviendra son ennemi.

— Nommez un homme assez puissant pour que sa force, appuyée à la vôtre, n'ait rien à craindre de la force et de la puissance de nos trois Lorrains réunis.

— Eh! mon bon frère, dit Henri avec l'accent du découragement, je ne sais aucune personne qui soit dans les conditions que vous dites.

— Regardez autour de vous, sire.

— Autour de moi, je ne vois que vous et Chicot, mon frère, qui soyez véritablement mes amis.

— Oh! oh! murmura Chicot, est-ce qu'il voudrait me jouer quelque mauvais tour?

Et il referma ses deux yeux.

— Eh bien! dit le duc, vous ne comprenez pas, mon frère?

Henri regarda le duc d'Anjou comme si un voile venait de lui tomber des yeux.

— Eh quoi! s'écria-t-il.

François fit un mouvement de tête.

— Mais non, dit Henri, vous n'y consentirez jamais, François. La tâche est trop rude : ce n'est pas vous certainement qui vous habitueriez à faire faire l'exercice à tous ces bourgeois; ce n'est pas vous qui vous donneriez la peine de revoir les discours de leurs prédicateurs; ce n'est pas vous qui, en cas de bataille, iriez faire le boucher dans les rues de Paris transformées en abattoir; il faut être triple comme M. de Guise, et avoir un bras droit qui s'appelle Charles et un bras gauche qui s'appelle Louis. Or le duc a fort bien tué, le jour de la Saint-Barthélemy; que vous en semble, François?

— Trop bien tué, sire!

— Oui, peut-être. Mais vous ne répondez pas à ma question, François. Quoi! vous aimeriez faire le métier que je viens de dire? vous vous frotteriez aux cuirasses faussées de ces badauds et aux casseroles qu'ils se mettent sur le chef en guise de casques? Quoi! vous vous feriez populaire, vous, le suprême seigneur de notre cour? Mort de ma vie, mon frère, comme on change avec l'âge!

— Je ne ferais peut-être pas cela pour moi, sire, mais je le ferais certes pour vous.

— Bon frère, excellent frère! dit Henri en essuyant du bout du doigt une larme qui n'avait jamais existé.

— Donc, dit François, cela ne vous déplairait pas trop, Henri, que je me chargeasse de cette besogne que vous comptiez confier à M. de Guise?

— Me déplaire à moi! s'écria Henri. Corne du diable! non, cela ne me déplaît pas; cela me charme, au contraire. Ainsi, vous aussi, tant mieux! ainsi, vous aussi vous aviez eu un petit bout de l'idée; que dis-je, un petit bout? le grand bout, d'après ce que vous m'avez dit. C'est merveilleux, sur ma parole! Je ne suis entouré, en vérité, que d'esprits supérieurs, et je suis le plus grand âne de mon royaume.

— Oh! Votre Majesté raille.

— Moi! Dieu m'en préserve; la situation est trop grave. Je le dis comme je le pense, François; vous me tirez d'un grand embarras, d'autant plus grand que, depuis quelque temps, voyez-vous, François, je suis malade, mes facultés baissent. Miron m'explique cela souvent. Mais voyons, revenons à la chose sérieuse; d'ailleurs, qu'ai-je besoin de mon esprit si je puis m'éclairer à la lumière du vôtre? Nous disons donc que je vous nommerai chef de la Ligue, hein?

François tressaillit de joie.

— Oh! dit-il, si Votre Majesté me croyait digne de cette confiance!

— Confiance; ah! François, confiance; du moment où ce n'est pas M. de Guise qui est ce chef, de qui veux-tu que je me défie? de la Ligue elle-même? Est-ce que par hasard la Ligue me mettrait en danger? Parle, mon bon François, dis-moi tout.

— Oh! sire! fit le duc.

— Que je suis fou! reprit Henri; dans ce cas, mon frère n'en serait pas le chef, ou, mieux encore, du moment où mon frère en serait le chef, il n'y aurait plus de danger. Hein! c'est de la logique, cela, et notre pédagogue ne nous a pas volé notre argent; non, ma foi! je n'ai pas de défiance. D'ailleurs je connais encore assez d'hommes d'épée en France pour être sûr de dégaîner en bonne compagnie contre la Ligue, le jour où la Ligue me gênera trop les coudes.

— C'est vrai, sire, répondit le duc avec une naïveté presque aussi bien affectée que celle de son frère; le roi est toujours le roi.

Chicot rouvrit un œil.

— Pardieu! dit Henri. Mais, malheureusement, à moi aussi il me vient une idée; c'est incroyable combien il en pousse aujourd'hui; il y a des jours comme cela.

— Quelle idée, mon frère? demanda le duc déjà inquiet, parce qu'il ne pouvait pas croire qu'un si grand bonheur s'accomplît sans empêchement.

— Eh! notre cousin de Guise, le père, ou plutôt qui se croit le père de l'invention, notre cousin de Guise s'est probablement bouté dans l'esprit d'en être le chef. Il voudra aussi du commandement.

— Du commandement, sire!

— Sans doute, sans aucun doute même; il n'a probablement nourri la chose que pour que la chose lui profitât. Il est vrai que vous dites l'avoir nourrie avec lui. Prenez garde, François, ce n'est pas un homme à être victime du *Sic vos non vobis*... — vous connaissez Virgile, — *nidificatis, aves*.

— Oh! sire.

— François, je gagerais qu'il en a la pensée. Il me sait si insoucieux!

— Oui, mais du moment où vous lui aurez signifié votre volonté, il cèdera.

— Ou fera semblant de céder. Et je vous l'ai déjà dit : prenez garde, François,

il a le bras long, mon cousin de Guise. Je dirai même plus, je dirai qu'il a les bras longs, et que pas un dans le royaume, pas même le roi, ne toucherait comme lui, en les étendant, d'une main aux Espagnes et de l'autre à l'Angleterre, à don Juan d'Autriche et à Élisabeth. Bourbon avait l'épée moins longue que mon cousin de Guise n'a le bras, et cependant il a bien fait du mal à François Ier, notre aïeul.

— Mais, dit François, si Votre Majesté le tient pour si dangereux, raison de plus pour me donner le commandement de la Ligue, pour le prendre entre mon pouvoir et le vôtre, et alors, à la première trahison qu'il entreprendra, pour lui faire son procès.

Chicot rouvrit l'autre œil.

— Son procès, François, son procès! C'était bon pour Louis XI, qui était puissant et riche, de faire faire des procès et de faire dresser des échafauds; mais moi je n'ai pas même assez d'argent pour acheter tout le velours noir dont, en pareil cas, je pourrais avoir besoin.

En disant ces mots, Henri qui, malgré sa puissance sur lui-même, s'était animé sourdement, laissa percer un regard dont le duc ne put soutenir l'éclat.

Chicot referma les deux yeux.

Il se fit un silence d'un instant entre les deux princes.

Le roi le rompit le premier.

— Il faut donc tout ménager, mon cher François, dit-il; pas de guerres civiles, pas de querelles entre mes sujets. Je suis fils de Henri le batailleur et de Catherine la rusée; j'ai un peu de l'astuce de ma bonne mère; je vais faire rappeler le duc de Guise et je lui ferai tant de belles promesses que nous arrangerons votre affaire à l'amiable.

— Sire, s'écria le duc d'Anjou, vous m'accordez le commandement, n'est-ce pas?

— Je le crois bien.

— Vous tenez à ce que je l'aie?

— Énormément.

— Vous le voulez, enfin?

— C'est mon plus grand désir ; mais il ne faut pas cependant que cela déplaise trop à mon cousin de Guise.

— Eh bien! soyez tranquille, dit le duc d'Anjou; si vous ne voyez à ma nomination que cet empêchement, je me charge, moi, d'arranger la chose avec le duc.

— Et quand cela?

— Tout de suite.

— Vous allez donc aller le trouver? vous allez donc lui rendre visite? Oh! mon frère, songez-y, l'honneur est bien grand!

— Non pas, sire, je ne vais point le trouver.

— Comment cela?

— Il m'attend.

— Où?

— Chez moi.

— Chez vous? J'ai entendu les cris qui ont salué sa sortie du Louvre.

— Oui, mais après être sorti par la grande porte, il sera rentré par la poterne. Le roi avait droit à la première visite du duc de Guise ; mais j'ai droit, moi, à la seconde.

— Ah! mon frère, dit Henri, que je vous sais gré de soutenir ainsi nos prérogatives, que j'ai la faiblesse d'abandonner quelquefois! Allez donc, François, et accordez-vous.

Le duc prit la main de son frère et s'inclina pour la baiser.

— Que faites-vous, François? Dans mes bras, sur mon cœur! s'écria Henri; c'est là votre véritable place.

Et les deux frères se tinrent embrassés à plusieurs reprises; puis, après une dernière étreinte, le duc d'Anjou, rendu à la liberté, sortit du cabinet, traversa rapidement les galeries et courut à son appartement.

Il fallait que son cœur, comme celui du premier navigateur, fût cerclé de chêne et d'acier pour ne pas éclater de joie.

Le roi, voyant son frère parti, poussa un grincement de colère, et, s'élançant par le corridor secret qui conduisait à la chambre de Marguerite de Navarre, devenue celle du duc d'Anjou, il gagna une espèce de tambour d'où l'on pouvait entendre aussi facilement l'entretien qui allait avoir lieu entre les duc d'Anjou et de Guise que Denys de sa cachette pouvait entendre la conversation de ses prisonniers.

— Ventre de biche! dit Chicot en rouvrant ses deux yeux à la fois et en s'asseyant sur son derrière, que c'est touchant, les scènes de famille! Je me suis cru un instant dans l'Olympe, assistant à la réunion de Castor et de Pollux après leurs six mois de séparation.

XXXIX

COMMENT IL EST PROUVÉ QU'ÉCOUTER EST LE MEILLEUR MOYEN POUR ENTENDRE

Le duc d'Anjou avait rejoint son hôte, le duc de Guise, dans cette chambre de la reine de Navarre où autrefois le Béarnais et de Mouy avaient, à voix basse et la bouche contre l'oreille, arrêté leurs projets d'évasion; c'est que le prudent Henri savait bien qu'il existait peu de chambres au Louvre qui ne fussent ménagées de manière à laisser arriver les paroles, même dites à demi-voix, à l'oreille de celui qui avait intérêt à les entendre. Le duc d'Anjou n'ignorait pas non plus ce détail si important; mais, complétement séduit par la bonhomie de son frère, il l'oublia ou n'y attacha aucune importance.

Henri III, comme nous venons de le dire, entra dans son observatoire au moment où, de son côté, son frère entrait dans la chambre, de sorte qu'aucune des paroles des deux interlocuteurs n'échappa au roi.

— Eh bien! monseigneur? demanda vivement le duc de Guise.

— Eh bien! duc, la séance est levée.

— Vous êtes bien pâle, monseigneur.

— Visiblement? demanda le duc avec inquiétude.

— Pour moi, oui, monseigneur.

— Le roi n'a rien vu?

— Rien, du moins à ce que je crois; et Sa Majesté a retenu Votre Altesse?

— Vous l'avez vu, duc.

— Sans doute pour lui parler de la proposition que j'étais venu lui faire?

— Oui, monsieur.

Il y eut en ce moment un silence assez embarrassant dont Henri III, placé de manière à ne pas perdre une parole de leur entretien, comprit le sens.

— Et que dit Sa Majesté, monseigneur? demanda le duc de Guise.

— Le roi approuve l'idée; mais plus l'idée est gigantesque, plus un homme tel que vous, mis à la tête de cette idée, lui semble dangereux.

— Alors nous sommes près d'échouer?

— J'en ai peur, mon cher duc, et la Ligue me paraît supprimée.

— Diable! fit le duc, ce serait mourir avant de naître, finir avant d'avoir commencé.

— Ils ont autant d'esprit l'un que l'autre, dit une voix basse et mordante retentissant à l'oreille de Henri penché sur son observatoire.

Henri se retourna vivement et vit le grand corps de Chicot courbé pour écouter à son trou comme lui écoutait au sien.

— Tu m'as suivi, coquin! s'écria le roi.

— Tais-toi, dit Chicot en faisant un geste de la main; tais-toi, mon fils, tu m'empêches d'entendre.

Le roi haussa les épaules; mais comme Chicot était, à tout prendre, le seul être humain auquel il eût entière confiance, il se remit à écouter.

Le duc de Guise venait de reprendre la parole.

— Monseigneur, disait-il, il me semble que, dans ce cas, le roi eût tout de suite annoncé son refus; il m'a fait assez mauvais accueil pour m'oser dire toute sa pensée. Veut-il m'évincer, par hasard?

— Je le crois, dit le prince avec hésitation.

— Il ruinerait l'entreprise, alors.

— Assurément, reprit le duc d'Anjou; et comme vous avez engagé l'action, j'ai dû vous seconder de toutes mes ressources, et je l'ai fait.

— En quoi, monseigneur?

— En ceci que le roi m'a laissé à peu près maître de vivifier ou de tuer à jamais la Ligue.

— Et comment cela? dit le duc lorrain dont le regard étincela malgré lui.

— Écoutez, cela est toujours soumis à l'approbation des principaux meneurs, vous le comprenez bien. Si, au lieu de vous expulser et de dissoudre la Ligue, il nommait un chef favorable à l'entreprise? si, au lieu d'élever le duc de Guise à ce poste, il y plaçait le duc d'Anjou?

— Ah! fit le duc de Guise qui ne put retenir l'exclamation ni comprimer le sang qui lui montait au visage.

— Bon! dit Chicot, les deux dogues vont se battre sur leur os.

Mais, à la grande surprise de Chicot, et surtout du roi, qui, sur cette matière, en savait moins que Chicot, le duc de Guise cessa tout à coup de s'étonner et de s'irriter, et reprenant d'une voix calme et presque joyeuse:

— Vous êtes un adroit politique, monseigneur, dit-il, si vous avez fait cela.

— Je l'ai fait, répondit le duc.

— Bien rapidement!

— Oui; mais, il faut le dire, la circonstance m'aidait et j'en ai profité; toutefois, mon cher duc, ajouta le prince, rien n'est arrêté et je n'ai pas voulu conclure avant de vous avoir vu.

— Comment cela, monseigneur?

— Parce que je ne sais encore à quoi cela nous mènera.

— Je le sais bien, moi, dit Chicot.

— C'est un petit complot, dit Henri en souriant.

— Et dont M. de Morvilliers, qui est toujours si bien informé, à ce que tu prétends, ne te parlait cependant pas; mais laisse-nous écouter, cela devient intéressant.

— Eh bien! je vais vous dire, moi, monseigneur, non pas à quoi cela nous mènera, car Dieu seul le sait, mais à quoi cela peut nous servir, reprit le duc de Guise. La Ligue est une seconde armée; or, comme je tiens la première, comme mon frère le cardinal tient l'Église, rien ne pourra nous résister tant que nous resterons unis.

— Sans compter, dit le duc d'Anjou, que je suis l'héritier présomptif de la couronne.

— Ah! ah! fit Henri.

— Il a raison, dit Chicot; c'est ta faute, mon fils; tu sépares toujours les deux chemises de Notre-Dame de Chartres.

— Puis, monseigneur, tout héritier présomptif de la couronne que vous-êtes, calculez les mauvaises chances.

— Duc, croyez-vous que ce ne soit point fait déjà, et que je ne les aie pas cent fois pesées toutes?

— Il y a d'abord le roi de Navarre.

— Oh! il ne m'inquiète pas, celui-là; il est tout occupé de ses amours avec la Fosseuse.

— Celui-là, monseigneur, celui-là vous disputera jusqu'aux cordons de votre bourse; il est râpé, il est maigre, il est affamé, il ressemble à ces chats de gouttières à qui la simple odeur d'une souris fait passer des nuits tout entières sur une lucarne, tandis que le chat engraissé, fourré, emmitouflé, ne peut, tant sa patte est lourde, tirer sa griffe de son fourreau de velours; le roi de Navarre vous guette; il est à l'affût, il ne perd de vue ni vous ni votre frère; il a faim de votre trône. Attendez qu'il arrive un accident à celui qui est assis dessus, vous verrez si le chat maigre a des muscles élastiques, et si d'un seul bond il ne sautera pas, pour vous faire sentir sa griffe, de Pau à Paris; vous verrez, monseigneur, vous verrez!

— Un accident à celui qui est assis sur le trône? répéta lentement François en fixant ses yeux interrogateurs sur le duc de Guise.

— Eh! eh! fit Chicot, écoute, Henri : ce Guise dit ou plutôt va dire des choses fort instructives et dont je te conseille de faire ton profit.

— Oui, monseigneur, répéta le duc de Guise, un accident! Les accidents ne sont pas rares dans votre famille, vous le savez comme moi, et peut-être mieux que moi. Tel prince est en bonne santé qui tout à coup tombe en langueur; tel autre compte encore sur de longues années qui n'a déjà plus que des heures à vivre.

— Entends-tu, Henri, entends-tu? dit Chicot en prenant la main du roi qui, frissonnante, se couvrait d'une sueur froide.

— Oui, c'est vrai, dit le duc d'Anjou d'une voix si sourde que, pour l'entendre, le roi et Chicot furent forcés de redoubler d'attention, c'est vrai, les princes de ma maison naissent sous des influences fatales; mais mon frère Henri III est, Dieu merci! valide et sain; il a supporté autrefois les fatigues de la guerre et il y a résisté; à plus forte raison résistera-t-il maintenant que sa vie n'est plus qu'une suite de récréations, récréations qu'il supporte aussi bien qu'il supporta autrefois la guerre.

— Oui, mais, monseigneur, souvenez-vous d'une chose, reprit le duc, c'est que les récréations auxquelles se livrent les rois en France ne sont pas toujours sans danger : comment est mort votre père, le roi Henri II, par exemple, lui qui aussi avait échappé heureusement aux dangers de la guerre, dans une de ces récréations dont vous parlez? Le fer de la lance de Montgomery était une arme courtoise, c'est vrai, mais pour une cuirasse et non pas pour un œil; aussi le roi Henri II est mort, et c'est là un accident, que je pense. Vous me direz, que, quinze ans après cet accident, la reine-mère a fait prendre M. de Montgomery, qui se croyait en plein bénéfice de prescription, et l'a fait décapiter. Cela est vrai, mais le roi n'en est pas moins mort. Quant à votre frère, le feu roi François, voyez comme sa faiblesse d'esprit lui a fait tort dans l'esprit des peuples ; il est mort bien malheureusement aussi, ce digne prince. Vous l'avouerez, monseigneur : un mal d'oreille, qui diable prendrait cela pour un accident? C'en était un cependant, et des plus graves. Aussi ai-je plus d'une fois entendu dire au camp, par la ville et à la cour même, que cette maladie mortelle avait été versée dans l'oreille du roi François II par quelqu'un qu'on avait grand tort d'appeler le hasard, attendu qu'il portait un autre nom très-connu.

— Duc! murmura François en rougissant.

— Oui, monseigneur, oui, continua le duc, le nom de roi porte malheur depuis quelque temps ; qui dit roi dit *aventuré*. Voyez Antoine de Bourbon, c'est bien certainement ce nom de roi qui lui a valu dans l'épaule ce coup d'arquebuse, accident qui, pour tout autre qu'un roi, n'eût été nullement mortel, et à la suite duquel il est cependant mort. L'œil, l'oreille et l'épaule ont causé bien du deuil en France, et cela me rappelle même que votre M. de Bussy a fait de jolis vers à cette occasion.

— Quels vers? demanda Henri.

— Allons donc! fit Chicot ; est-ce que tu ne les connais pas?

— Non.

— Mais tu serais donc décidément un vrai roi, que l'on te cache ces choses-là. Je vais te les dire, moi ! écoute :

Par l'oreille, l'épaule et l'œil,
La France eut trois rois au cercueil.
Par l'oreille, l'œil et l'épaule,
Il mourut trois rois dans la Gaule.

« Mais chut! chut! J'ai dans dans l'idée que ton frère va dire quelque chose de plus intéressant encore.

— Mais le dernier vers?

— Je te le dirai plus tard, quand M. de Bussy de son sixain aura fait un dizain.

— Que veux-tu dire?

— Je veux dire qu'il manque deux personnages au tableau de famille ; mais écoute; M. de Guise va parler, et il ne les oubliera point, lui.

En effet, en ce moment, le dialogue recommença.

— Sans compter, monseigneur, reprit le duc de Guise, que l'histoire de vos parents et de vos alliés n'est pas tout entière dans les vers de Bussy.

— Quand je te le disais, fit Chicot en poussant Henri du coude.

— Vous oubliez Jeanne d'Albret, la mère du Béarnais, qui est morte par le nez pour avoir respiré une paire de gants parfumés qu'elle achetait au pont Saint-Michel, chez le Florentin ; accident bien inattendu, et qui surprit d'autant plus tout le monde, que l'on connaissait des gens qui, en ce moment-là, avaient bien besoin de cette mort. Nierez-vous, monseigneur, que cette mort vous ait fort surpris?

Le duc ne fit d'autre réponse qu'un mouvement de sourcils qui donna à son

LA DAME DE MONSOREAU

Qui aime bien châtie bien. — Page 298.

regard enfoncé une expression plus sombre encore.

— Et l'accident du roi Charles IX, que Votre Altesse oublie? dit le duc ; en voilà un cependant qui mérite d'être relaté. Lui, ce n'est ni par l'œil, ni par l'oreille, ni par l'épaule, ni par le nez, que l'accident l'a saisi, c'est par la bouche.

— Plaît-il? s'écria François.

Et Henri III entendit retentir sur le parquet sonore le pas de son frère qui reculait d'épouvante.

— Oui, monseigneur, par la bouche, répéta de Guise ; c'est dangereux, les livres de chasse dont les pages sont collées les unes aux autres et qu'on ne peut feuilleter qu'en portant son doigt à sa bouche à chaque instant ; cela corrompt la salive, les vieux bouquins, et un homme, fût-ce un roi, ne va pas loin quand il a la salive corrompue.

— Duc! duc! répéta deux fois le prince, je crois qu'à plaisir vous forgez des crimes.

— Des crimes! demanda Guise ; qui donc vous parle de crimes, monseigneur? je relate des accidents, voilà tout ; des accidents, entendez-vous bien? Il n'a jamais été question d'autre chose que d'accidents. N'est-ce pas aussi un accident que cette aventure arrivée au roi Charles IX à la chasse?

— Tiens, dit Chicot, voilà du nouveau pour toi qui es chasseur, Henri ; écoute, écoute, ce doit être curieux.

— Je sais, ce que c'est, dit Henri.

— Oui, mais je ne le sais pas, moi ; je n'étais pas encore présenté à la cour ; laisse-moi donc écouter, mon fils.

— Vous savez, monseigneur, de quelle chasse je veux parler? continua le prince lorrain ; je veux parler de cette chasse où, dans la généreuse intention de tuer le sanglier qui revenait sur votre frère, vous fîtes feu avec une telle précipitation, qu'au lieu d'atteindre l'animal que vous visiez, vous atteignîtes celui que vous ne visiez pas. Ce coup d'arquebuse, monseigneur, prouve mieux que toute autre chose combien il faut se méfier des accidents. A la cour, en effet, tout le monde connaît votre adresse, monseigneur. Jamais, Votre Altesse ne manque son coup, et vous avez dû être bien étonné d'avoir manqué le vôtre, surtout lorsque la malveillance a propagé que cette chute du roi sous son cheval pouvait causer sa mort, si le roi de Navarre n'avait si heureusement mis à mort le sanglier que Votre Altesse avait manqué, elle.

— Eh bien! mais, dit le duc d'Anjou en essayant de reprendre l'assurance que l'ironie du duc de Guise venait de battre si cruellement en brèche, quel intérêt avais-je donc à la mort de mon frère, puisque le successeur de Charles IX devait se nommer Henri III?

— Un instant, monseigneur! entendons-nous : il y avait déjà un trône vacant, celui de Pologne. La mort du roi Charles IX en laissait un autre, celui de France. Sans doute, je le sais bien, votre frère aîné eût incontestablement choisi le trône de France. Mais c'était encore un pis-aller fort désirable que le trône de Pologne ; il y a bien des gens qui, à ce qu'on m'assure, ont ambitionné le pauvre petit trônelet du roi de Navarre. Puis, d'ailleurs, cela vous rapprochait toujours d'un degré, et c'était alors à vous que profitaient les accidents. Le roi Henri III est bien revenu de Varsovie en dix jours ; pourquoi n'eussiez-vous pas fait, en cas d'accident toujours, ce qu'a fait le roi Henri III?

Henri III regarda Chicot, qui à son tour regarda le roi, non plus avec cette expression de malice et de sarcasme qu'on lisait d'ordinaire dans l'œil du fou, mais avec un intérêt presque tendre qui s'effaça presque aussitôt sur son visage bronzé par le soleil du Midi.

— Que concluez-vous, duc? demanda alors le duc d'Anjou mettant ou plutôt essayant de mettre fin à cet entretien dans lequel venait de percer tout le mécontentement du duc de Guise.

— Monseigneur, je conclus que chaque roi a son accident, comme nous l'avons dit tout à l'heure. Or vous êtes l'accident inévitable du roi Henri III, surtout si vous êtes chef de la Ligue, attendu qu'être chef de la Ligue, c'est presque être le roi du roi ; sans compter qu'en vous faisant chef de la Ligue, vous supprimez l'accident du règne prochain de Votre Altesse, c'est-à-dire le Béarnais.

— Prochain! l'entends-tu? s'écria Henri III.

— Ventre de biche! je le crois bien que j'entends, dit Chicot.

— Ainsi?... dit le duc de Guise.

— Ainsi, répéta le duc d'Anjou, j'accepterai ; c'est votre avis, n'est-ce pas?

— Comment donc! dit le prince lorrain, je vous supplie d'accepter, monseigneur.

— Et vous, ce soir?
— Oh! soyez tranquille! depuis ce matin mes hommes sont en campagne, et ce soir Paris sera curieux.
— Que fait-on donc ce soir à Paris? demanda Henri.
— Comment! tu ne devines pas?
— Non.
— Oh! que tu es niais! mon fils! Ce soir on signe la Ligue, publiquement, s'entend, car il y a longtemps qu'on la signe et qu'on la resigne en cachette; on n'attendait que ton aveu; tu l'as donné ce matin, et l'on signe ce soir, ventre de biche! Tu le vois, Henri, tes accidents, car tu en as deux, toi... tes accidents ne perdent pas de temps.
— C'est bien, dit le duc d'Anjou; à ce soir, duc!
— Oui, à ce soir! dit Henri.
— Comment! reprit Chicot, tu t'exposeras à courir les rues de la capitale ce soir, Henri?
— Sans doute.
— Tu as tort, Henri.
— Pourquoi cela?
— Gare les accidents!
— Je serai bien accompagné, sois tranquille; d'ailleurs, viens avec moi.
— Allons donc! tu me prends pour un huguenot, mon fils? non pas. Je suis bon catholique, moi, et je veux signer la Ligue, et cela plutôt dix fois qu'une, plutôt cent fois que dix.
Les voix du duc d'Anjou et du duc de Guise s'éteignirent.
— Encore un mot, dit le roi en arrêtant Chicot qui tendait à s'éloigner. Que penses-tu de tout ceci?
— Je pense que chacun des rois vos prédécesseurs ignorait son accident: Henri II n'avait pas prévu l'œil; François II n'avait pas prévu l'oreille; Antoine de Bourbon n'avait pas prévu l'épaule; Jeanne d'Albret n'avait pas prévu le nez; Charles IX n'avait pas prévu la bouche.

Vous avez donc un grand avantage sur eux, maître Henri, car, ventre de biche! vous connaissez votre frère, n'est-ce pas, sire?
— Oui, dit Henri, et, par la mordieu! avant peu on s'en apercevra.

XL

LA SOIRÉE DE LA LIGUE

Paris tel que nous le connaissons n'a plus dans ses fêtes qu'un bruit plus ou moins grand, qu'une foule plus ou moins considérable; mais c'est toujours le même bruit, c'est toujours la même foule; le Paris d'autrefois avait plus que cela. Le coup d'œil était beau à travers ces rues étroites, au pied de ces maisons à balcons, à poutrelles et à pignons, dont chacune avait son caractère, de voir les myriades de gens pressés qui se ruaient vers un même point, occupés en chemin de se regarder, de s'admirer, de se huer les uns les autres, à cause de l'étrangeté de celui-ci ou de celui-là. C'est qu'autrefois habits, armes, langage, geste, voix, allure, tout faisait un détail curieux, et ces mille détails assemblés sur un seul point composaient un tout des plus intéressants.

Or, voilà ce qu'était Paris, à huit heures du soir, le jour où M. de Guise, après sa visite au roi et sa conversation avec M. le duc d'Anjou, imagina de faire signer la Ligue aux bourgeois de la bonne ville capitale du royaume.

Une foule de bourgeois vêtus de leurs plus beaux habits comme pour une fête, ou couverts de leurs plus belles armes comme pour une revue ou un combat, se dirigeaient vers les églises: la contenance de tous ces hommes, mus par un même sentiment et marchant vers un même but, était à la fois joyeuse et menaçante, surtout lorsqu'ils passaient devant un poste de suisses ou de chevau-légers. Cette contenance, et notamment les cris, les huées et les bravades qui l'accompagnaient, eussent donné de l'inquiétude à M. de Morvilliers, si ce magistrat n'eût connu ses bons Parisiens, gens railleurs et agaçants, mais incapables de faire du mal les premiers, à moins qu'un méchant ami ne les y pousse ou qu'un ennemi imprudent ne les provoque.

Ce qui ajoutait encore au bruit que faisait cette foule, et surtout à la variété du coup d'œil qu'elle présentait, c'est que beaucoup de femmes, dédaignant de garder la maison pendant un si grand jour, avaient, de gré ou de force, suivi leurs maris : quelques-unes avaient fait mieux encore, elles avaient emmené la kyrielle de leurs enfants ; et c'était une chose curieuse à voir que ces marmots attelés aux monstrueux mousquets, aux sabres gigantesques ou aux terribles hallebardes de leurs pères. En effet, dans tous les temps, dans toutes les époques, dans tous les siècles, le gamin de Paris aima toujours à traîner une arme quand il ne pouvait pas encore la porter, ou à l'admirer chez autrui quand il ne pouvait pas la traîner lui-même.

De temps en temps un groupe, plus animé que les autres, faisait voir le jour aux vieilles épées en les tirant du fourreau : c'était surtout lorsqu'on passait devant quelque logis flairant son huguenot que cette démonstration hostile avait lieu. Alors les enfants criaient à tue-tête : A la Saint-Barthélemy !... mi ! mi ! tandis que les pères criaient : Aux fagots les parpaillots ! aux fagots ! aux fagots !

Ces cris attiraient d'abord aux croisées quelque figure pâle de vieille servante ou de noir ministre, et causaient ensuite un bruit de verrous à la porte de la rue. Alors le bourgeois, heureux et fier d'avoir, comme le lièvre de La Fontaine, fait peur à plus poltron que soi, continuait son chemin triomphal, et colportait en d'autres lieux sa bruyante et inoffensive menace.

Mais c'était rue de l'Arbre-Sec surtout que le rassemblement était le plus considérable. La rue était littéralement interceptée, et la foule se portait, pressée et tumultueuse, vers un falot brillant, suspendu au-dessous d'une enseigne que bon nombre de nos lecteurs reconnaîtront quand nous leur dirons que cette enseigne représentait un poulet au naturel tournant sur fond d'azur, avec cette légende : *A la Belle-Étoile*.

Au seuil de ce logis, un homme remarquable par son bonnet de coton carré, selon la mode de l'époque, lequel recouvrait une tête parfaitement chauve, pérorait et argumentait. D'une main, ce personnage brandissait une épée nue, et de l'autre il agitait un registre aux feuilles à demi couvertes déjà de signatures, en criant :

— Venez, venez, braves catholiques ; entrez à l'hôtellerie de *la Belle-Étoile*, où vous trouverez bon vin et bon visage ; venez, le moment est propice ; cette nuit les bons seront séparés des méchants ; demain matin on connaîtra le bon grain et l'on connaîtra l'ivraie ; venez, messieurs : vous qui savez écrire, venez et écrivez ; vous qui ne savez pas écrire, venez encore et confiez vos noms et vos prénoms soit à moi, maître La Hurière, soit à mon aide M. Croquentin.

En effet, M. Croquentin, jeune drôle du Périgord, vêtu de blanc comme Éliacin, et le corps entouré d'une corde dans laquelle un couteau et une écritoire se disputaient l'espace compris entre la dernière et l'avant-dernière côte, M. Croquentin, disons-nous, écrivait d'avance les noms de ses voisins, et en tête celui de son respectable patron, maître La Hurière.

— Messieurs, c'est pour la messe !

criait à tue-tête l'aubergiste de *la Belle-Étoile*; messieurs, c'est pour la sainte religion!

« Vive la sainte religion, messieurs!... vive la messe!... Ah!... »

Et il étranglait d'émotion et de lassitude, car cet enthousiasme durait depuis quatre heures de l'après-midi.

Il en résultait que beaucoup de gens, animés du même zèle, signaient sur le registre de maître La Hurière s'ils savaient écrire, et livraient leurs noms à Croquentin s'ils ne le savaient pas.

La chose était d'autant plus flatteuse pour La Hurière que le voisinage de Saint-Germain-l'Auxerrois lui faisait une terrible concurrence; mais heureusement les fidèles étaient nombreux à cette époque, et les deux établissements, au lieu de se nuire, s'alimentaient : ceux qui n'avaient pas pu pénétrer dans l'église, pour aller déposer leurs noms sur le maître-autel où l'on signait, tâchaient de se glisser jusqu'aux tréteaux où La Hurière tenait son double secrétariat, et ceux qui avaient échoué au double secrétariat de La Hurière gardaient l'espérance d'être plus heureux à Saint-Germain-l'Auxerrois.

Quand le registre de La Hurière et celui de Croquentin furent pleins tous deux, le maître de *la Belle-Étoile* en fit incontinent demander deux autres, afin qu'il n'y eût aucune interruption dans les signatures, et les invitations recommencèrent de plus belle de la part de l'hôtelier et de son chef, fier de ce premier résultat qui devait faire enfin à maître La Hurière, dans l'esprit de M. de Guise, la haute position à laquelle il aspirait depuis si longtemps.

Tandis que les signataires des nouveaux registres se livraient aux élans d'un zèle qui allait sans cesse s'augmentant, et refluaient, comme nous l'avons dit, d'une rue et même d'un quartier à l'autre, on vit arriver, à travers la foule, un homme de haute taille, lequel, se frayant un passage en distribuant bon nombre de bourrades et de coups de pieds, parvint jusqu'au registre de M. Croquentin.

Arrivé là, il prit la plume des mains d'un honnête bourgeois qui venait d'apposer sa signature ornée d'un paraphe tremblotant, et traça son nom en lettres d'un demi-pouce sur une page toute blanche qui se trouva noire du coup, et sabrant un héroïque paraphe, enjolivé d'éclaboussures et tortillé comme le labyrinthe de Dédale; il passa la plume à un aspirant qui faisait queue derrière lui.

— Chicot! lut le futur signataire.

« Peste! voici un monsieur qui écrit superbement. »

Chicot, — car c'était lui, qui, n'ayant pas, comme nous l'avons vu, voulu accompagner Henri, courait la Ligue pour son propre compte, Chicot, après avoir fait acte de présence au registre de M. Croquentin, passa aussitôt à celui de maître La Hurière. Celui-ci avait vu la flamboyante signature, et il avait envié pour lui un si glorieux paraphe. Chicot fut donc reçu, non pas à bras ouverts, mais à registre ouvert, et, prenant la plume des mains d'un marchand de laine de la rue de Béthisy, il écrivit une seconde fois son nom avec une griffe cent fois plus magnifique encore que la première; après quoi il demanda à La Hurière s'il n'avait pas un troisième registre.

La Hurière n'entendait pas raillerie : c'était un mauvais hôte hors de son auberge. Il regarda Chicot de travers, Chicot le regarda en face. La Hurière murmura le nom de parpaillot, Chicot mâchonna celui de gargotier. La Hurière lâcha son registre pour porter la main à son épée. Chicot déposa la plume pour être à même de tirer la sienne hors du fourreau; enfin, selon toute probabilité, la scène allait se terminer par quelques estocades, dont l'hôtelier de *la Belle-Étoile* eût, sans doute, été le mauvais marchand, lorsque Chicot se sentit pincé au coude et se retourna.

Celui qui le pinçait, c'était le roi déguisé en simple bourgeois, et ayant à ses côtés Quélus et Maugiron, déguisés comme lui, et portant, outre leur rapière, chacun une arquebuse sur l'épaule.

— Eh bien! eh bien! dit le roi, qu'y a-t-il? de bons catholiques qui se disputent entre eux! Par la mordieu! c'est d'un mauvais exemple.

— Mon gentilhomme, dit Chicot sans faire semblant de reconnaître Henri, prenez-vous-en à qui de droit; voilà un maraud qui braille après les passants pour qu'on signe sur son registre, et quand on a signé, il braille plus haut encore.

L'attention de La Hurière fut détournée par de nouveaux amateurs, et une bousculade sépara de l'établissement du fanatique hôtelier Chicot, le roi et les mignons, qui se trouvèrent dominer l'assemblée, montés qu'ils étaient sur le seuil d'une porte.

— Quel feu! dit Henri, et qu'il fait bon ce soir pour la religion dans les rues de ma bonne ville!

— Oui, sire, mais il fait mauvais pour les hérétiques, et Votre Majesté sait qu'on la tient pour telle. Regardez à gauche... encore!... là... bien. Que voyez-vous?

— Ah! ah! la large face de M. de Mayenne et le museau pointu du cardinal.

— Chut! sire; on joue à coup sûr quand on sait où sont nos ennemis et que nos ennemis ne savent point où nous sommes.

— Crois-tu donc que j'aie quelque chose à craindre?

— Eh! bon Dieu! dans une foule comme celle-ci, on ne peut répondre de rien. On a un couteau tout ouvert dans sa poche, ce couteau entre ingénument dans le ventre du voisin sans savoir ce qu'il fait, par ignorance; le voisin pousse un juron et rend l'âme. Tournons d'un autre côté, sire.

— Ai-je été vu?

— Je ne crois pas; mais vous le serez indubitablement si vous restez plus longtemps ici.

— Vive la messe! vive la messe! cria un flot de peuple qui venait des halles et s'engouffrait, comme une marée qui monte, dans la rue de l'Arbre-Sec.

— Vive M. de Guise! vive le cardinal! vive M. de Mayenne! répondit la foule stationnant à la porte de La Hurière, laquelle venait de reconnaître les deux princes lorrains.

— Oh! oh! quels sont ces cris? dit Henri III en fronçant le sourcil.

— Ce sont des cris qui prouvent que chacun est bien à sa place et devrait y rester: M. de Guise dans les rues et vous au Louvre. Allez au Louvre, sire, allez au Louvre.

— Viens-tu avec nous?

— Moi? oh! non pas! tu n'as pas besoin de moi, mon fils, tu as tes gardes du corps ordinaire. En avant, Quélus! en avant, Maugiron! Moi, je veux voir le spectacle jusqu'au bout. Je le trouve curieux, sinon amusant.

— Où vas-tu?

— Je vais mettre mon nom sur les autres registres. Je veux que demain il y ait mille autographes de moi qui courent les rues de Paris. Nous voilà sur le quai; bonsoir, mon fils; tire à droite, je tirerai gauche. Chacun son chemin; je cours à Saint-Méry entendre un fameux prédicateur.

— Oh! oh! qu'est-ce encore que ce bruit? dit tout à coup le roi, et pourquoi court-on ainsi du côté du Pont-Neuf?

Chicot se haussa sur la pointe des pieds, mais il ne put rien voir qu'une masse de peuple criant, hurlant, se bousculant, et qui paraissait porter quelqu'un ou quelque chose en triomphe.

Tout à coup les ondes du populaire s'ouvrirent au moment où le quai, en s'élargissant en face de la rue des Lavandières, permit à la foule de se répandre à droite et à gauche, et comme le monstre apporté par le flot jusqu'aux pieds d'Hippolyte, un homme, qui semblait être le personnage principal de cette scène burlesque, fut poussé par ces vagues humaines jusqu'aux pieds du roi.

Cet homme était un moine monté sur un âne; le moine parlait et gesticulait.

L'âne brayait.

— Ventre de biche! dit Chicot sitôt qu'il eut distingué l'homme et l'animal qui venaient d'entrer en scène l'un portant l'autre; je te parlais d'un prédicateur qui prêchait à Saint-Méry; il n'est plus nécessaire d'aller si loin; écoute un peu celui-là.

— Un prédicateur à âne? dit Quélus.

— Pourquoi pas, mon fils?

— Mais c'est Silène! dit Maugiron.

— Lequel est le prédicateur? dit Henri; ils parlent tous deux en même temps.

— C'est celui du bas qui est le plus éloquent, dit Chicot, mais c'est celui du haut qui parle le mieux le français; écoute, Henri, écoute!

— Silence! cria-t-on de tous côtés, silence!

— Silence! cria Chicot d'une voix qui domina toutes les voix.

Chacun se tut. On fit cercle autour du moine et de l'âne. Le moine entama l'exorde.

— Mes frères, dit-il, Paris est une superbe ville; Paris est l'orgueil du royaume de France, et les Parisiens sont un peuple de gens spirituels, la chanson le dit:

Et le moine se mit à chanter à pleine gorge...

Parisien, mon bel ami,
Que tu sais de sciences!

Mais à ces mots, ou plutôt à cet air, l'âne mêla son accompagnement si haut et avec tant d'acharnement qu'il coupa la parole à son cavalier.

Le peuple éclata de rire.

— Tais-toi, Panurge, tais-toi donc! cria le moine, tu parleras à ton tour; mais laisse-moi parler le premier.

L'âne se tut.

— Mes frères, continua le prédicateur, la terre est une vallée de douleur où l'homme, pour la plupart du temps, ne peut se désaltérer qu'avec ses larmes.

— Mais il est ivre-mort! dit le roi.

— Parbleu! fit Chicot.

— Moi qui vous parle, continua le moine, tel que vous me voyez, je reviens d'exil comme les Hébreux, et depuis huit jours nous ne vivons que d'aumônes et de privations, Panurge et moi.

— Qu'est-ce que Panurge? demanda le roi.

— Le supérieur de son couvent, selon toute probabilité, dit Chicot. Mais laisse-moi écouter, le bonhomme me touche.

— Qui m'a valu cela, mes amis? C'est Hérodes. Vous savez de quel Hérodes je veux parler?

— Et toi aussi, mon fils, dit Chicot; je t'ai expliqué l'anagramme.

— Drôle!

— A qui parles-tu, à moi, au moine, ou à l'âne?

— A tous les trois.

— Mes frères, continua le moine, voici mon âne que j'aime comme une brebis; il vous dira que nous sommes venus de Villeneuve-le-Roi ici en trois jours pour assister à la grande solennité de ce soir; et comment sommes-nous venus?

La bourse vide,
Le gosier sec.

« Mais rien ne nous a coûté, à Panurge et à moi.

— Mais qui diable appelle-t-il donc Panurge? demanda Henri que ce nom pantagruélique préoccupait.

— Nous sommes donc venus, continua le moine, et nous sommes arrivés pour voir ce qui se passe; seulement nous voyons, mais nous ne comprenons pas. Que se passe-t-il, mes frères? Est-ce aujourd'hui qu'on dépose Hérodes? est-ce aujourd'hui que l'on met frère Henri dans un couvent?

— Oh! oh! dit Quélus, j'ai bien envie de mettre cette grosse futaille en perce; qu'en dis-tu, Maugiron?

— Bah! dit Chicot, tu te fâches pour si peu, Quélus? Est-ce que le roi ne s'y met pas tous les jours, dans un couvent? Crois-moi donc, Henri, si on ne te fait que cela, tu n'auras pas à te plaindre. N'est-ce pas, Panurge?

L'âne, interpellé par son nom, dressa les oreilles et se mit à braire d'une façon terrible.

— Oh! Panurge, oh! dit le moine; avez-vous des passions? Messieurs, continua-t-il, je suis sorti de Paris avec deux compagnons de route : Panurge qui est mon âne, et M. Chicot qui est le fou de Sa Majesté. Messieurs, pouvez-vous me dire ce qu'est devenu mon ami Chicot?

Chicot fit la grimace.

— Ah! dit le roi, c'est ton ami?

Quélus et Maugiron éclatèrent de rire.

— Il est beau, continua le roi, ton ami, et respectable surtout; comment l'appelle-t-on?

— C'est Gorenflot, Henri; tu sais, ce cher Gorenflot dont M. de Morvilliers t'a déjà touché deux mots.

— L'incendiaire de Sainte-Geneviève?

— Lui-même.

— En ce cas, je vais le faire pendre.

— Impossible!

— Pourquoi cela?

— Parce qu'il n'a pas de cou.

— Mes frères, continua Gorenflot, mes frères, vous voyez un véritable martyr. Mes frères, c'est ma cause que l'on défend en ce moment, ou plutôt c'est celle de tous les bons catholiques. Vous ne savez pas ce qui se passe en province et ce que brassent les huguenots? Nous avons été obligés d'en tuer un à Lyon qui prêchait la révolte. Tant qu'il en restera une seule couvée par toute la France, les bons cœurs n'auront pas un instant de tranquillité. Exterminons donc les huguenots. Aux armes, mes frères, aux armes!

Plusieurs voix répétèrent :

— Aux armes!

— Par la mordieu! dit le roi, fais taire ce soûlard, ou il va nous faire une seconde Saint-Barthélemy.

— Attends, attends! dit Chicot.

Et prenant une sarbacane des mains de Quélus, il passa derrière le moine et lui allongea de toute sa force un coup de l'instrument creux et sonore sur l'omoplate.

— Au meurtre! cria le moine.

— Tiens! c'est toi? dit Chicot en passant sa tête sous le bras du moine; comment vas-tu, frocard?

— A mon aide, monsieur Chicot, à mon aide! s'écria Gorenflot; les ennemis de la foi veulent m'assassiner; mais je ne mourrai pas sans que ma voix se fasse entendre. Au feu les huguenots! aux fagots le Béarnais!

— Veux-tu te taire, animal!

— Au diable les Gascons! continua le moine.

En ce moment, un second coup, non pas de sarbacane, mais de bâton, tomba sur l'autre épaule de Gorenflot, qui, cette fois, poussa véritablement un cri de douleur.

Chicot, étonné, regarda tout autour de lui; mais il ne vit que le bâton. Le coup avait été détaché par un homme qui venait de se perdre dans la foule, après avoir administré cette correction volante à frère Gorenflot.

LA DAME DE MONSOREAU

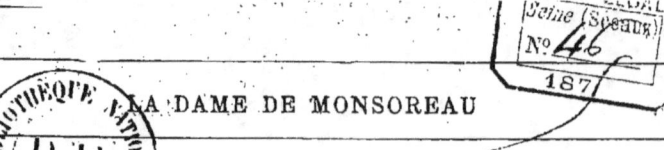

Croyez-vous que je pense que c'est par amitié pour moi que vous venez me voir? Non, pardieu! car vous n'aimez personne. — Page 307.

— Oh! oh! dit Chicot, qui diable nous venge ainsi? Serait-ce quelque enfant du pays? Il faut que je m'en assure.

Et il se mit à courir après l'homme au bâton, qui se glissait le long du quai, escorté d'un seul compagnon.

XLI

LA RUE DE LA FERRONNERIE

Chicot avait de bonnes jambes, et il s'en fût servi avec avantage pour rejoindre l'homme qui venait de bâtonner Gorenflot, si quelque chose d'étrange dans la tournure de cet homme et surtout dans celle de son compagnon ne lui eût fait comprendre qu'il y avait danger à provoquer brusquement une reconnaissance qu'ils paraissaient vouloir éviter. En effet, les deux fuyards cherchaient visiblement à se perdre dans la foule, ne se détournant qu'aux angles des rues pour s'assurer qu'ils n'étaient pas suivis.

Chicot songea qu'il n'y avait pour lui qu'un moyen de n'avoir pas l'air de les suivre, c'était de les précéder. Tous deux regagnaient la rue Saint-Honoré par la rue de la Monnaie et la rue Tirechappe ; au coin de cette dernière, il les dépassa, et, toujours courant, il alla s'embusquer au bout de la rue des Bourdonnais.

Les deux hommes remontaient la rue Saint-Honoré, longeant les maisons du côté de la halle au blé, et, le chapeau rabattu sur les sourcils, le manteau drapé jusqu'aux yeux, marchaient d'un pas pressé et qui avait quelque chose de militaire vers la rue de la Ferronnerie. Chicot continua de les précéder.

Au coin de la rue de la Ferronnerie, les deux hommes s'arrêtèrent de nouveau pour jeter un dernier regard autour d'eux.

Pendant ce temps, Chicot avait continué de gagner du terrain et était arrivé, lui, au milieu de la rue.

Au milieu de la rue et en face d'une maison qui semblait prête à tomber en ruines, tant elle était vieille, stationnait une litière attelée de deux chevaux massifs. Chicot jeta un coup d'œil autour de lui, vit le conducteur endormi sur le devant, une femme paraissant inquiète et collant son visage à la jalousie ; une illumination lui vint que la litière attendait les deux hommes ; il tourna derrière elle, et, protégé par son ombre combinée avec celle de la maison, il se glissa sous un large banc de pierre, lequel servait d'étalage aux marchand de légumes qui, deux fois par semaine, faisaient à cette époque un marché rue de la Ferronnerie.

A peine y était-il blotti qu'il vit apparaître les deux hommes à la tête des chevaux, où de nouveau ils s'arrêtèrent inquiets.

Un d'eux alors réveilla le cocher, et comme il avait le sommeil dur, celui-là laissa échapper un *cap dé Diou* des mieux accentués ; tandis que l'autre, plus impatient encore, lui piquait le derrière avec la pointe de son poignard.

— Oh! oh! dit Chicot, je ne m'étais donc pas trompé ; c'étaient des compatriotes ; cela ne m'étonne plus qu'ils aient si bien étrillé Gorenflot parce qu'il disait du mal des Gascons.

La jeune femme, reconnaissant à son tour les deux hommes pour ceux qu'elle attendait, se pencha rapidement hors de la portière de la lourde machine. Chicot alors l'aperçut plus distinctement : elle pouvait avoir de vingt à vingt-deux ans ; elle était fort belle et fort pâle, et s'il eût fait jour, à la moite vapeur qui humectait ses cheveux d'un blond doré et ses yeux cerclés de noir, à ses mains d'un blanc mat, à l'attitude languissante de tout son corps, on eût pu reconnaître qu'elle était en proie à un état de maladie dont ses fréquentes défaillances et l'arrondissement de sa taille eussent bien vite donné le secret.

Mais de tout cela, Chicot ne vit que trois choses : c'est qu'elle était jeune, pâle et blonde.

Les deux hommes s'approchèrent de la litière et se trouvèrent naturellement placés entre elle et le banc sous lequel Chicot s'était tapi.

Le plus grand des deux prit à deux mains la main blanche que la dame lui tendait par l'ouverture de la litière, et posant le pied sur le marchepied et les deux bras sur la portière :

— Eh bien! ma mie, demanda-t-il à la dame, mon petit cœur, mon mignon, comment allons-nous?

La dame répondit en secouant la tête avec un triste sourire et en montrant un flacon de sels.

— Encore des faiblesses, ventre saint-gris ! Que je vous en voudrais d'être malade ainsi, mon cher amour, si je n'avais pas votre douce maladie à me reprocher !

— Et pourquoi diable aussi emmenez-vous madame à Paris? dit l'autre homme assez rudement ; c'est une malédiction, par ma foi! qu'il faut que vous ayez toujours ainsi quelque jupe cousue à votre pourpoint.

— Eh! cher Agrippa, dit celui des deux hommes qui avait parlé le premier, et qui paraissait le mari ou l'amant de la dame, c'est une si grande douleur que de se séparer de ce qu'on aime!

Et il échangea avec la dame un regard plein d'amoureuse langueur.

— Cordioux! vous me damnez, sur mon âme, quand je vous entends parler, reprit l'aigre compagnon; êtes-vous donc venu à Paris pour faire l'amour, beau vert-galant? Il me semble cependant que le Béarn est assez grand pour vos promenades sentimentales, sans pousser ces promenades jusqu'à la Babylone où vous avez failli vingt fois nous faire éreinter ce soir. Retournez là-bas, si vous voulez mugueter aux rideaux des litières; mais ici, mordioux! ne faites d'autres intrigues que des intrigues politiques, mon maître.

Chicot, à ce mot de maître, eût bien voulu lever la tête; mais il ne pouvait guère, sans être vu, risquer un pareil mouvement.

— Laissez-le gronder, ma mie, et ne vous inquiétez point de ce qu'il dit. Je crois qu'il tomberait malade comme vous, et qu'il aurait, comme vous, des vapeurs et des défaillances s'il ne grondait plus.

— Mais au moins, ventre saint-gris! comme vous dites, s'écria le marronneur, montez dans la litière si vous voulez dire des tendresses à madame, et vous risquerez moins d'être reconnu qu'en vous tenant ainsi dans la rue.

— Tu as raison, Agrippa, dit le Gascon amoureux. Et vous voyez, ma mie, qu'il n'est pas de si mauvais conseil qu'il en a l'air. Là, faites-moi place, mon mignon; si vous permettez toutefois que, ne pouvant me tenir à vos genoux, je m'asseye à vos côtés.

— Non-seulement je le permets, sire, répondit la jeune dame, mais je le désire ardemment.

— Sire! murmura Chicot qui, emporté par un mouvement irréfléchi, voulut lever la tête et se la heurta douloureusement au banc de grès, sire! Que dit-elle donc là?

Mais, pendant ce temps, l'amant heureux profitait de la permission donnée, et l'on entendait le plancher du chariot grincer sous un nouveau poids.

Puis le bruit d'un long et tendre baiser succéda au grincement.

— Mordioux! s'écria le compagnon demeuré en dehors de la litière, l'homme est en vérité un bien stupide animal.

— Je veux être pendu si j'y comprends quelque chose, murmura Chicot; mais attendons : tout vient à point pour qui sait attendre.

— Oh! que je suis heureux! continua sans s'inquiéter le moins du monde des impatiences de son ami, auxquelles d'ailleurs il semblait depuis longtemps habitué, celui qu'on appelait sire; ventre saint-gris! aujourd'hui est un beau jour! voici mes bons Parisiens, qui m'exècrent de toute leur âme et qui me tueraient sans miséricorde s'ils savaient où me venir prendre pour cela, voici mes Parisiens qui travaillent de leur mieux à m'aplanir le chemin du trône, et j'ai dans mes bras la femme que j'aime! Où sommes-nous, d'Aubigné? je veux, quand je serai roi, faire élever, à cet endroit même, une statue au génie du Béarnais.

— Du Béarn...

Chicot s'arrêta; il venait de se faire une deuxième bosse juxtaposée à la première.

— Nous sommes dans la rue de la Ferronnerie, sire, et il n'y flaire pas bon, dit d'Aubigné qui, toujours de mauvaise humeur, s'en prenait aux choses quand il était las de s'en prendre aux hommes.

— Il me semble, continua Henri, car

nos lecteurs ont sans doute reconnu déjà le roi de Navarre, il me semble que j'embrasse clairement toute ma vie, que je me vois roi, que je me sens sur le trône, fort et puissant, mais peut-être moins aimé que je ne le suis à cette heure, et que mon regard plonge dans l'avenir jusqu'à l'heure de ma mort. Oh! mes amours, répétez-moi encore que vous m'aimez, car, à votre voix, mon cœur se fond.

Et le Béarnais, dans un sentiment de mélancolie qui parfois l'envahissait, laissa, avec un profond soupir, tomber sa tête sur l'épaule de sa maîtresse.

— Oh! mon Dieu! dit la jeune femme effrayée, vous trouvez-vous mal, sire?

— Bon! il ne manquerait plus que cela, dit d'Aubigné; beau soldat, beau général, beau roi qui s'évanouit!

— Non, ma mie, rassurez-vous, dit Henri; si je m'évanouissais près de vous, ce serait de bonheur.

— En vérité, sire, dit d'Aubigné, je ne sais pas pourquoi vous signez Henri de Navarre! vous devriez signer Ronsard ou Clément Marot. Cordioux! comment donc faites-vous si mauvais ménage avec madame Margot, étant tous deux si tendres à la poésie?

— Ah! d'Aubigné! par grâce, ne parle pas de ma femme. Ventre saint-gris! tu sais le proverbe: si nous allions la rencontrer?

— Bien qu'elle soit en Navarre, n'est-ce pas? dit d'Aubigné.

— Ventre saint-gris! est-ce que je n'y suis pas aussi, moi, en Navarre? est-ce que je ne suis pas censé y être, du moins? Tiens, Agrippa, tu m'as donné le frisson; monte et rentrons.

— Ma foi! non, dit d'Aubigné; marchez, je vous suivrai par derrière; je vous gênerais, et, ce qui pis est, vous me gêneriez.

— Ferme donc la portière, ours du Béarn, et fais ce que tu voudras, dit Henri.

Puis s'adressant au cocher:
— Lavarenne, où tu sais! dit-il.

La litière s'éloigna lentement, suivie de d'Aubigné qui, tout en gourmandant l'ami, avait voulu veiller sur le roi.

Ce départ délivrait Chicot d'une appréhension terrible, car, après une telle conversation avec Henri, d'Aubigné n'était pas homme à laisser vivre l'imprudent qui l'aurait entendue.

— Voyons, dit Chicot tout en sortant à quatre pattes de dessous son banc, faut-il que le Valois sache ce qui vient de se passer?

Et Chicot se redressa pour rendre l'élasticité à ses longues jambes, engourdies par la crampe.

— Et pourquoi le saurait-il? reprit le Gascon continuant de se parler à lui-même: deux hommes qui se cachent et une femme enceinte! En vérité, ce serait lâche. Non, je ne dirai rien; et puis, que je sois instruit, moi, n'est-ce pas le point important, puisqu'au bout du compte c'est moi qui règne?

Et Chicot fit tout seul une joyeuse gambade.

— C'est joli, les amoureux! continua Chicot; mais d'Aubigné a raison; il aime trop souvent pour un roi *in partibus*, ce cher Henri de Navarre. Il y a un an, c'était pour madame de Sauve qu'il revenait à Paris. Aujourd'hui il s'y fait suivre par cette charmante petite créature qui a des défaillances. Qui diable cela peut-il être? la Fosseuse, probablement. Et puis j'y songe, si Henri de Navarre est un prétendant sérieux, s'il aspire au trône véritablement, le pauvre garçon, il doit penser un peu à détruire son ennemi le Balafré, son ennemi le cardinal de Guise, et son ennemi ce cher duc de Mayenne. Eh bien! je l'aime, moi, le Béarnais, et je suis sûr qu'il jouera un jour ou l'autre quelque mauvais tour à cet affreux boucher lorrain. Décidément, je ne soufflerai pas le mot de ce que j'ai vu et entendu.

En ce moment, une bande de ligueurs ivres passa en criant : Vive la messe! mort au Béarnais! au bûcher les huguenots! aux fagots les hérétiques!

Cependant la litière tournait l'angle du mur du cimetière des Saints-Innocents et passait dans les profondeurs de la rue Saint-Denis.

— Voyons, dit Chicot, récapitulons : j'ai vu le cardinal de Guise, j'ai vu le duc de Mayenne, j'ai vu le roi Henri de Valois, j'ai vu le roi Henri de Navarre ; un seul prince manque à ma collection, c'est le duc d'Anjou; cherchons-le jusqu'à ce que je le trouve. Voyons, où est François III? ventre de biche! j'ai soif de l'apercevoir, ce digne monarque.

Et Chicot reprit le chemin de l'église Saint-Germain-l'Auxerrois.

Chicot n'était pas le seul qui cherchât le duc d'Anjou et qui s'inquiétât de son absence; les Guise, eux aussi, le cherchaient de tous côtés, mais ils n'étaient pas plus heureux que Chicot. M. d'Anjou n'était pas homme à se hasarder imprudemment, et nous verrons plus tard quelles précautions le retenaient encore éloigné de ses amis.

Un instant Chicot crut l'avoir trouvé, c'était dans la rue Béthisy; un groupe nombreux s'était formé à la porte d'un marchand de vins, et dans ce groupe Chicot reconnut M. de Monsoreau et le Balafré.

— Bon, dit-il, voici les remoras : le requin ne doit pas être loin.

Chicot se trompait. M. de Monsoreau et le Balafré étaient occupés à verser, à la porte d'un cabaret regorgeant d'ivrognes, force rasades à un orateur dont ils excitaient ainsi la balbutiante éloquence.

Cet orateur, c'était Gorenflot ivre-mort, Gorenflot racontant son voyage de Lyon et son duel dans une auberge avec un effroyable suppôt de Calvin.

M. de Guise prêtait à ce récit, dans lequel il croyait reconnaître des coïncidences avec le silence de Nicolas David, l'attention la plus soutenue.

Au reste, la rue Béthisy était encombrée de monde ; plusieurs gentilshommes ligueurs avaient attaché leurs chevaux à une espèce de rond-point assez commun dans la plupart des rues de cette époque. Chicot s'arrêta à l'extrémité du groupe qui fermait ce rond-point et tendit l'oreille.

Gorenflot, tourbillonnant, éclatant, culbutant incessamment, renversé de sa chaire vivante et remis tant bien que mal en selle sur Panurge; Gorenflot ne parlant plus que par saccades, mais malheureusement parlant encore, était le jouet de l'insistance du duc et de l'adresse de M. de Monsoreau, qui tiraient de lui des bribes de raison et des fragments d'aveux.

Une pareille confession effraya le Gascon aux écoutes, bien autrement que la présence du roi de Navarre à Paris. Il voyait venir le moment où Gorenflot laisserait échapper son nom, et ce nom pouvait éclairer tout le mystère d'une lueur funeste. Chicot ne perdit pas de temps ; il coupa et dénoua les brides des chevaux qui se caressaient aux volets des boutiques du rond-point, et, donnant à deux ou trois d'entre eux de violents coups d'étrivières, il les lança au milieu de la foule qui, devant leur galop et leur hennissement, s'ouvrit rompue et dispersée.

Gorenflot eut peur pour Panurge, les gentilshommes eurent peur pour leurs chevaux et leurs valises, beaucoup eurent peur pour eux-mêmes; l'assemblée s'ouvrit, chacun se dispersa. Le cri : Au feu! retentit, répété par une douzaine de voix. Chicot passa comme une flèche au milieu des groupes, et s'approchant de Gorenflot, tout en lui montrant une paire d'yeux flamboyants qui commencèrent à le dégriser, saisit Panurge par la bride, et au lieu de suivre la foule lui tourna le dos ; de sorte que ce double mouvement, fait en sens contraire, laissa bientôt un notable espace entre Gorenflot et le duc de Guise, espace que remplit à l'instant même le noyau toujours grossissant des curieux accourus trop tard.

Alors Chicot entraîna le moine chancelant au fond du cul-de-sac formé par l'abside de l'église de Saint-Germain-l'Auxerrois, et, l'adossant au mur, lui et Panurge, comme un statuaire eût fait d'un bas-relief qu'il eût voulu incruster dans la pierre :

— Ah ! ivrogne ! lui dit-il, ah ! païen ! ah ! traître ! ah ! renégat ! tu préféreras donc toujours un pot de vin à ton ami ?

— Ah ! monsieur Chicot !... balbutia le moine.

— Comment ! je te nourris, infâme ! continua Chicot, je t'abreuve, je t'emplis les poches et l'estomac, et tu trahis ton seigneur !

— Ah ! Chicot ! dit le moine attendri.

— Tu racontes mes secrets, misérable !

— Cher ami !

— Tais-toi ! tu n'es qu'un sycophante et tu mérites un châtiment.

Le moine trapu, vigoureux, énorme, puissant comme un taureau, mais dompté par le repentir et surtout par le vin, vacillait sans se défendre aux mains de Chicot, qui le secouait comme un ballon gonflé d'air.

Panurge seul protestait contre la violence faite à son ami par des coups de pied qui n'atteignaient personne et que Chicot lui rendait en coups de bâton.

— Un châtiment à moi ! murmurait le moine ; un châtiment à votre ami, cher monsieur Chicot !

— Oui, oui, un châtiment, dit Chicot, et tu vas le recevoir.

Et le bâton du Gascon passa pour un instant de la croupe de l'âne aux épaules larges et charnues du moine.

— Oh ! si j'étais à jeun !... fit Gorenflot avec un mouvement de colère.

— Tu me battrais, n'est-ce pas, ingrat, moi ton ami ?

— Vous, mon ami, monsieur Chicot ! et vous m'assommez !

— Qui aime bien châtie bien.

— Arrachez-moi donc la vie tout de suite ! s'écria Gorenflot.

— Je le devrais.

— Oh ! si j'étais à jeun !... répéta le moine avec un profond gémissement.

— Tu l'as déjà dit.

Et Chicot redoubla de preuves d'amitié envers le pauvre génovéfain, qui se mit à beugler de toutes ses forces.

— Allons, après le bœuf voici le veau, dit le Gascon. Ça ! maintenant, qu'on se cramponne à Panurge et qu'on aille se coucher gentiment à *la Corne d'abondance*.

— Je ne vois plus mon chemin, dit le moine des yeux duquel coulaient de grosses larmes.

— Ah ! dit Chicot, si tu pleurais le vin que tu as bu, cela au moins te dégriserait peut-être. Mais non, il va falloir encore que je te serve de guide.

Et Chicot se mit à tirer l'âne par la bride, tandis que le moine, se cramponnant des deux mains à la bâtière, faisait tous ses efforts pour conserver son centre de gravité.

Ils traversèrent ainsi le pont aux Meuniers, la rue Saint-Barthélemy, le Petit-Pont et remontèrent la rue Saint-Jacques, le moine toujours pleurant, le Gascon toujours tirant.

Deux garçons, aides de maître Bonhomet, descendirent, sur l'ordre de Chicot, le moine de son âne et le conduisirent dans le cabinet que nos lecteurs connaissent déjà.

— C'est fait, dit maître Bonhomet en revenant.

— Il est couché ? demanda Chicot.

— Il ronfle.

— A merveille! Mais comme il se réveillera un jour ou l'autre, rappelez-vous que je ne veux point qu'il sache comment il est revenu ici. Pas un mot d'explication; il ne serait même pas mal qu'il crût n'en être pas sorti depuis la fameuse nuit où il a fait un si grand esclandre dans son couvent, et qu'il prît pour un rêve ce qui lui est arrivé dans l'intervalle.

— Il suffit, seigneur Chicot, répondit l'hôtelier; mais que lui est-il donc arrivé, à ce pauvre moine?

— Un grand malheur; il paraît qu'à Lyon il s'est pris de querelle avec un envoyé de M. de Mayenne et qu'il l'a tué.

— Oh! mon Dieu!... s'écria l'hôte; de sorte que...

— De sorte que M. de Mayenne a juré, à ce qu'il paraît, qu'il le ferait rouer vif ou qu'il y perdrait son nom, répondit Chicot.

— Soyez tranquille, dit Bonhomet, sous aucun prétexte il ne sortira d'ici.

— A la bonne heure! et maintenant, continua le Gascon rassuré sur Gorenflot, il faut absolument que je retrouve mon duc d'Anjou; cherchons.

Et il prit sa course vers l'hôtel de Sa Majesté François III.

XLII

LE PRINCE ET L'AMI

Comme on l'a vu, Chicot avait vainement cherché le duc d'Anjou par les rues de Paris pendant la soirée de la Ligue.

Le duc de Guise, on se le rappelle, avait invité le prince à sortir : cette invitation avait inquiété l'ombrageuse Altesse. François avait réfléchi, et, après réflexion, François dépassait le serpent en prudence.

Cependant, comme son intérêt à lui-même exigeait qu'il vît de ses propres yeux ce qui devait se passer ce soir-là, il se décida à accepter l'invitation, mais il prit en même temps la résolution de ne mettre le pied hors de son palais que bien et dûment accompagné.

De même que tout homme qui craint appelle une arme favorite à son secours, le duc alla chercher son épée, qui était Bussy d'Amboise.

Pour que le duc se décidât à cette démarche, il fallait que la peur le talonnât bien fort. Depuis sa déception à l'endroit de M. de Monsoreau, Bussy boudait, et François s'avouait à lui-même qu'à la place de Bussy, et en supposant qu'en prenant sa place il eût en même temps pris son courage, il aurait témoigné plus que du dépit au prince qui l'eût trahi d'une si cruelle façon.

Au reste, Bussy, comme toutes les natures d'élite, sentait plus vivement la douleur que le plaisir : il est rare qu'un homme intrépide au danger, froid et calme en face du fer et du feu, ne succombe pas plus facilement qu'un lâche aux émotions d'une contrariété. Ceux que les femmes font pleurer le plus facilement, ce sont les hommes qui se font le plus craindre des hommes.

Bussy dormait pour ainsi dire dans sa douleur : il avait vu Diane reçue à la cour, reconnue comme comtesse de Monsoreau, admise par la reine Louise au rang de ses dames d'honneur; il avait vu mille regards curieux dévorer cette beauté sans rivale, qu'il avait pour ainsi dire découverte et tirée du tombeau où elle était ensevelie. Il avait, pendant toute une soirée, attaché ses yeux ardents sur la jeune femme qui ne levait point ses yeux appesantis; et dans tout l'éclat de cette fête, Bussy, injuste comme tout homme qui aime véritablement, Bussy, oubliant le passé et détruisant lui-même dans son esprit tous les fantômes de bonheur que le passé y avait fait naître, Bussy ne s'était pas demandé combien Diane devait souffrir de tenir ainsi ses yeux baissés, elle qui pouvait, en face d'elle, apercevoir un visage voilé par une tristesse sympathique au milieu de toutes ces figures indifférentes ou sottement curieuses.

— Oh! se dit Bussy à lui-même en voyant qu'il attendait inutilement un regard, les femmes n'ont d'adresse et d'audace que lorsqu'il s'agit de tromper un tuteur, un époux ou une mère; elles sont gauches, elles sont lâches lorsqu'il s'agit de payer une dette de simple reconnaissance; elles ont tellement peur de paraître aimer, elles attachent un prix si exagéré à leur moindre faveur, que, pour désespérer celui qui prétend à elles, elles ne regardent point, quand tel est leur caprice, à lui briser le cœur. Diane pouvait me dire franchement : Merci de ce que vous avez fait pour moi, monsieur de Bussy, mais je ne vous aime pas. J'eusse été tué du coup ou j'en eusse guéri. Mais non! elle préfère me laisser l'aimer inutilement; mais elle n'y a rien gagné, car je ne l'aime plus, je la méprise.

Et il s'éloigna du cercle royal la rage dans le cœur.

En ce moment, ce n'était plus cette noble figure que toutes les femmes regardaient avec amour et tous les hommes avec terreur : c'était un front terni, un œil faux, un sourire oblique.

Bussy, en sortant, se vit passer dans un grand miroir de Venise et se trouva lui-même insupportable à voir.

— Mais je suis fou! dit-il; comment! pour une personne qui me dédaigne, je me rendrais odieux à cent qui me recherchent! Mais pourquoi me dédaigne-t-elle, ou plutôt pour qui?

« Est-ce pour ce long squelette à face livide qui, toujours planté à dix pas d'elle, la couvre sans cesse de son jaloux regard... et qui, lui aussi, feint de ne pas me voir? Et dire cependant que, si je le voulais, dans un quart d'heure je le tiendrais muet et glacé sous mon genou avec dix pouces de mon épée dans le cœur; dire que, si je voulais, je pourrais jeter sur cette robe blanche le sang de celui qui y a cousu ces fleurs; dire que, si je voulais, ne pouvant être aimé, je serais au moins terrible et haï!

« Oh! sa haine! sa haine plutôt que son indifférence!

« Oui, mais ce serait banal et mesquin : c'est ce que feraient un Quélus et un Maugiron, si un Quélus et un Maugiron savaient aimer. Mieux vaut ressembler à ce héros de Plutarque que j'ai tant admiré, à ce jeune Antiochus mourant d'amour, sans risquer un aveu, sans proférer une plainte. Oui, je me tairai! Oui, moi qui ai lutté corps à corps avec tous les hommes effrayants de ce siècle; moi qui ai vu Crillon, le brave Crillon lui-même, désarmé devant moi, et qui ai tenu sa vie à ma merci; oui, j'éteindrai ma douleur et l'étoufferai dans mon âme, comme a fait Hercule du géant Antée, sans lui laisser toucher une seule fois du pied l'Espérance, sa mère. Non, rien ne m'est impossible à moi, Bussy, que, comme Crillon, on a surnommé le Brave, et tout ce que les héros ont fait, je le ferai. »

Et, sur ces mots, il déraidit la main convulsive avec laquelle il déchirait sa poitrine, il essuya la sueur de son front et marcha lentement vers la porte; son poing allait frapper rudement la tapisserie : il se commanda la patience et la douceur, et il sortit le sourire sur les lèvres et le calme sur le front, avec un volcan dans le cœur.

Il est vrai que, sur sa route, il rencontra M. le duc d'Anjou et détourna la tête, car il sentait que toute sa fermeté d'âme ne pourrait aller jusqu'à sourire et même saluer le prince qui l'appelait son

Vous pouvez regarder cet entretien comme le dernier. Demain je retourne à Méridor. — Page 314.

ami et qui l'avait trahi si odieusement.

En passant, le prince prononça le nom de Bussy, mais Bussy ne se retourna même point.

Bussy rentra chez lui. Il plaça son épée sur la table, ôta son poignard de sa gaîne, dégrafa lui-même pourpoint et manteau; et s'assit dans un grand fauteuil en appuyant sa tête à l'écusson de ses armes qui en ornait le dossier.

Ses gens le virent absorbé: ils crurent qu'il voulait reposer et s'éloignèrent. Bussy ne dormait pas; il rêvait.

Il passa de cette façon plusieurs heures sans s'apercevoir qu'à l'autre bout de la chambre un homme, assis comme lui, l'épiait curieusement sans faire un geste, sans prononcer un mot, attendant, selon toute probabilité, l'occasion d'entrer en relation, soit par un mot, soit par un signe.

Enfin un frisson glacial courut sur les épaules de Bussy et fit vaciller ses yeux; l'observateur ne bougea point.

Bientôt les dents du comte claquèrent les unes contre les autres; ses bras se raidirent; sa tête, devenue trop pesante, glissa le long du dossier du fauteuil et tomba sur son épaule.

En ce moment, l'homme qui l'examinait se leva de sa chaise en poussant un soupir et s'approcha de lui.

— Monsieur le comte, dit-il, vous avez la fièvre.

Le comte leva son front qu'empourprait la chaleur de l'accès.

— Ah! c'est toi, Remy? dit-il.

— Oui, comte, je vous attendais ici.

— Ici, et pourquoi?

— Parce que là où l'on souffre on ne reste pas longtemps.

— Merci, mon ami, dit Bussy en prenant la main du jeune homme.

Remy garda entre les siennes cette main terrible, devenue plus faible que la main d'un enfant, et la pressant avec affection et respect contre son cœur :

— Voyons, dit-il, il s'agit de savoir, monsieur le comte, si vous voulez demeurer ainsi : voulez-vous que la fièvre gagne et vous abatte? restez debout; voulez-vous la dompter? mettez-vous au lit et faites-vous lire quelque beau livre où vous puissiez puiser l'exemple et la force.

Le comte n'avait plus rien à faire au monde qu'à obéir; il obéit.

C'est donc en son lit que le trouvèrent tous les amis qui le vinrent visiter.

Pendant toute la journée du lendemain, Remy ne quitta point le chevet du comte; il avait la double attribution de médecin du corps et de médecin de l'âme; il avait des breuvages rafraîchissants pour l'un, il avait de douces paroles pour l'autre.

Mais le lendemain, qui était le jour où M. de Guise était venu au Louvre, Bussy regarda autour de lui, Remy n'y était point.

— Il s'est fatigué, pensa Bussy; c'est bien naturel! Pauvre garçon, qui doit avoir tant besoin d'air, de soleil et de printemps; et puis Gertrude l'attendait sans doute; Gertrude n'est qu'une femme de chambre, mais elle l'aime... Une femme de chambre qui aime vaut mieux qu'une reine qui n'aime pas.

La journée se passa ainsi; Remy ne reparut pas. Justement parce qu'il était absent, Bussy le désirait; il se sentait contre ce pauvre garçon de terribles mouvements d'impatience.

— Oh! murmura-t-il une fois ou deux, moi qui croyais encore à la reconnaissance et à l'amitié! Non, désormais je ne veux plus croire à rien.

Vers le soir, quand les rues commençaient à s'emplir de monde et de rumeurs, quand le jour déjà disparu ne permettait plus de distinguer les objets dans l'appartement, Bussy entendit des voix très-nombreuses dans son antichambre.

Un serviteur accourut tout effaré.

— Monseigneur, le duc d'Anjou! dit-il.

— Fais entrer, répliqua Bussy en fronçant le sourcil à l'idée que son maître s'inquiétait de lui, ce maître dont il méprisait jusqu'à la politesse.

Le duc entra. La chambre de Bussy était sans lumière; les cœurs malades aiment l'obscurité, car ils peuplent l'obscurité de fantômes.

— Il fait trop sombre chez toi, Bussy, dit le duc; cela doit te chagriner.

Bussy garda le silence; le dégoût lui fermait la bouche.

— Es-tu donc malade gravement, continua le duc, que tu ne me réponds pas?

— Je suis fort malade en effet, monseigneur, murmura Bussy.

— Alors, c'est pour cela que je ne t'ai point vu chez moi depuis deux jours? dit le duc.

— Oui, monseigneur, dit Bussy.

Le prince, piqué de ce laconisme, fit deux ou trois tours par la chambre en regardant les sculptures qui se détachaient dans l'ombre et en maniant les étoffes.

— Tu es bien logé, Bussy, ce me semble du moins, dit le duc.

Bussy ne répondit pas.

— Messieurs, dit le duc à ses gentilshommes, demeurez dans la chambre à côté; il faut croire que décidément mon pauvre Bussy est bien malade. Ça, pourquoi n'a-t-on pas prévenu Miron? Le médecin d'un roi n'est pas trop bon pour Bussy.

Un serviteur de Bussy secoua la tête : le duc regarda ce mouvement.

— Voyons, Bussy, as-tu des chagrins? demanda le prince presque obséquieusement.

— Je ne sais pas, répondit le comte.

Le duc s'approcha, pareil à ces amants qu'on rebute, et qui, à mesure qu'on les rebute, deviennent plus souples et plus complaisants.

— Voyons! parle-moi donc, Bussy! dit-il.

— Et que vous dirai-je, monseigneur?

— Tu es fâché contre moi, hein? ajouta-t-il à voix basse.

— Moi, fâché de quoi? D'ailleurs on ne se fâche point contre les princes. A quoi cela servirait-il?

Le duc se tut.

— Mais, dit Bussy à son tour, nous perdons le temps en préambules. Allons au fait, monseigneur.

Le duc regarda Bussy.

— Vous avez besoin de moi, n'est-ce pas? dit ce dernier avec une dureté incroyable.

— Ah! monsieur de Bussy!

— Eh! sans doute vous avez besoin de moi, je le répète; croyez-vous que je pense que c'est par amitié que vous me venez voir? Non, pardieu! car vous n'aimez personne.

— Oh! Bussy! toi, me dire de pareilles choses!

— Voyons, finissons-en; parlez, monseigneur, que vous faut-il? Quand on appartient à un prince, quand ce prince dissimule au point de vous appeler mon ami, eh bien! il faut lui savoir gré de la dissimulation et lui faire tout sacrifice, même celui de la vie. Parlez.

Le duc rougit; mais comme il était dans l'ombre, personne ne vit cette rougeur.

— Je ne voulais rien de toi, Bussy, et tu te trompes, dit-il, en croyant ma visite intéressée. Je désire seulement, voyant le beau temps qu'il fait, et tout Paris étant ému ce soir de la signature de la Ligue, t'avoir en ma compagnie pour courir un peu la ville.

Bussy regarda le duc.

— N'avez-vous pas Aurilly? dit-il.

— Un joueur de luth!

— Ah! monseigneur! vous ne lui donnez pas toutes ses qualités; je croyais qu'il remplissait encore près de vous d'autres fonctions, et en dehors d'Aurilly, d'ailleurs, vous avez encore dix ou douze gentilshommes dont j'entends les épées retentir sur les boiseries de mon antichambre.

La portière se souleva lentement.

— Qui est là? demanda le duc avec hauteur, et qui entre sans se faire annoncer dans la chambre où je suis?

— Moi, Remy, répondit le Haudouin en faisant une entrée majestueuse et nullement embarrassée.

— Qu'est-ce que Remy? demanda le duc.

— Remy, monseigneur, répondit le jeune homme, c'est le médecin.

— Remy, dit Bussy, c'est plus que le médecin, monseigneur, c'est l'ami.

— Ah! fit le duc blessé.

— Tu as entendu ce que monseigneur désire? demanda Bussy en s'apprêtant à sortir du lit.

— Oui, que vous l'accompagniez, mais...

— Mais quoi? dit le duc.

— Mais vous ne l'accompagnerez pas, monseigneur, répondit le Haudouin.

— Et pourquoi cela? s'écria François.

— Parce qu'il fait trop froid dehors, monseigneur.

— Trop froid? dit le duc surpris qu'on osât lui résister.

— Oui, trop froid. En conséquence, moi qui réponds de la santé de M. de Bussy à ses amis, et surtout à moi-même, je lui défends de sortir.

Bussy n'en allait pas moins sauter en bas du lit, mais la main de Remy rencontra la sienne et la lui serra d'une façon significative.

— C'est bon, dit le duc. Puisqu'il courait si gros risque à sortir, il restera.

Et Son Altesse, piquée outre mesure, fit deux pas vers la porte.

Bussy ne bougea point.

Le duc revint vers le lit.

— Ainsi, c'est décidé, dit-il; tu ne te risques point?

— Vous le voyez, monseigneur, dit Bussy, le médecin le défend.

— Tu devrais voir Miron, Bussy, c'est un grand docteur.

— Monseigneur, j'aime mieux un médecin ami qu'un médecin savant, dit Bussy.

— En ce cas, adieu.

— Adieu, monseigneur!

Et le duc sortit avec grand fracas.

A peine fut-il dehors que Remy, qui l'avait suivi des yeux jusqu'à ce qu'il fût sorti de l'hôtel, accourut près du malade.

— Ça! dit-il, monseigneur, qu'on se lève, et tout de suite, s'il vous plaît.

— Pourquoi faire, me lever?

— Pour venir faire un tour avec moi. Il fait trop chaud dans cette chambre.

— Mais tu disais tout à l'heure au duc qu'il faisait trop froid dehors!

— Depuis qu'il est sorti, la température a changé.

— De sorte que?... dit Bussy en se soulevant avec curiosité.

— De sorte qu'en ce moment, répondit le Haudouin, je suis convaincu que l'air vous serait bon.

— Je ne comprends pas, dit Bussy.

— Est-ce que vous comprenez quelque chose aux potions que je vous donne? vous les avalez cependant. Allons! sus! levons-nous : une promenade avec M. le duc d'Anjou était dangereuse, avec le médecin elle est salutaire; c'est moi qui vous le dis; n'avez-vous donc plus confiance en moi? alors il faut me renvoyer.

— Allons donc, dit Bussy, puisque tu le veux.

— Il le faut.

Bussy se leva pâle et tremblant.

— L'intéressante pâleur! dit Remy; le beau malade!

— Mais où allons-nous?

— Dans un quartier dont j'ai analysé l'air aujourd'hui même.

— Et cet air?

— Est souverain pour votre maladie, monseigneur.

Bussy s'habilla.

— Mon chapeau et mon épée, dit-il.

Il se coiffa de l'un et ceignit l'autre.

Puis tous deux sortirent.

XLIII

ÉTYMOLOGIE DE LA RUE DE LA JUSSIENNE

Remy prit son malade par dessous le bras, tourna à gauche, prit la rue Coquillière et la suivit jusqu'au rempart.

— C'est étrange, dit Bussy, tu me conduis du côté des marais de la Grange-Batelière, et tu prétends que ce quartier est sain?

— Oh! monsieur, dit Remy, un peu de patience; nous allons tourner autour de la rue Pagevin, nous allons laisser à droite la rue Breneuse, et nous allons rentrer dans la rue Montmartre; vous verrez la belle rue que la rue Montmartre!

— Crois-tu que je ne la connais pas?

— Eh bien! alors, si vous la connaissez, tant mieux! je n'aurai pas besoin de perdre du temps à vous en faire voir les beautés, et je vous conduirai tout de suite dans une jolie petite rue. Venez toujours, je ne vous dis que cela.

Et en effet, après avoir laissé la porte Montmartre à gauche et avoir fait deux cents pas à peu près dans la rue, Remy tourna à droite.

— Ah çà! mais tu le fais exprès! s'écria Bussy; nous retournons d'où nous venons.

— Ceci, dit Remy, est la rue de la Gypecienne, ou de l'Égyptienne, comme vous voudrez, rue que le peuple commence déjà à nommer rue de la Gyssienne, et qu'il finira par appeler avant peu la rue de la Jussienne, parce que c'est plus doux, et que le génie des langues tend toujours, à mesure qu'on s'avance vers le Midi, à multiplier les voyelles. Vous devez savoir cela, vous, monseigneur, qui avez été en Pologne; les coquins n'en sont-ils pas encore à leurs quatre consonnes de suite, ce qui fait qu'ils ont l'air, en parlant, de broyer de petits cailloux et de jurer en les broyant?

— C'est très-juste, dit Bussy; mais comme je ne crois pas que nous soyons venus ici pour faire un cours de philologie, voyons, dis-moi, où allons-nous?

— Voyez-vous cette petite église? dit Remy sans répondre autrement à ce que lui disait Bussy. Hein! monseigneur, comme elle est fièrement campée, avec sa façade sur la rue et son abside sur le jardin de la communauté! Je parie que vous ne l'avez, jusqu'à ce jour, jamais remarquée?

— En effet, dit Bussy, je ne la connaissais pas.

Et Bussy n'était pas le seul seigneur qui ne fût jamais entré dans cette église de Sainte-Marie-l'Égyptienne, église toute populaire, et qui était connue aussi des fidèles qui la fréquentaient sous le nom de chapelle Quoqhéron.

— Eh bien! dit Remy, maintenant que vous savez comment s'appelle cette église, monseigneur, et que vous en avez suffisamment examiné l'extérieur, entrons-y, et vous verrez les vitraux de la nef : ils sont curieux.

Bussy regarda le Haudoin, et il vit sur le visage du jeune homme un si doux sourire qu'il comprit que le jeune docteur avait, en le faisant entrer dans l'église, un autre but que celui de lui faire voir des vitraux qu'on ne pouvait voir, attendu qu'il faisait nuit.

Mais il y avait encore autre chose que l'on pouvait voir, car l'intérieur de l'église était éclairé pour l'office du salut : c'étaient ces naïves peintures du seizième siècle, comme l'Italie, grâce à son beau climat, en garde encore beaucoup, tandis que, chez nous, l'humidité d'un côté et le vandalisme de l'autre, ont effacé à qui mieux mieux sur nos murailles ces traditions d'un âge écoulé et ces preuves d'une foi qui n'est plus. En effet, le peintre avait peint à fresque, pour François Ier et par les ordres de ce roi, la vie de sainte Marie l'Égyptienne; or, au nombre des sujets les plus intéressants de cette vie, l'artiste imagier, naïf et grand ami de la vérité, sinon anatomique, du moins historique, avait, dans l'endroit le plus apparent de la chapelle, placé ce moment difficile où sainte Marie, n'ayant point d'argent pour payer le batelier, s'offre elle-même comme salaire de son passage.

Maintenant il est juste de dire que, malgré la vénération des fidèles pour Marie l'Égyptienne convertie, beaucoup d'honnêtes femmes du quartier trouvaient que le peintre aurait pu mettre ailleurs ce sujet, ou tout au moins le traiter d'une façon moins naïve; et la raison qu'elles donnaient, ou plutôt qu'elles ne donnaient point, était que certains détails de la fresque détournaient trop souvent la vue des jeunes courtauds de boutique que les drapiers leurs patrons amenaient à l'église les dimanches et fêtes.

Bussy regarda le Haudouin, qui, devenu courtaud pour un instant, donnait une grande attention à cette peinture.

— As-tu la prétention, lui dit-il de faire naître en moi des idées anacréontiques avec ta chapelle de Sainte-Marie-l'Égyptienne? S'il en est ainsi, tu t'es trompé d'espèce. Il faut amener ici des moines et des écoliers.

— Dieu m'en garde, dit le Haudouin : *Omnis cogitatio libidinosa cerebrum inficit.*

— Eh bien! alors?

— Dame! écoutez donc, on ne peut cependant pas se crever les yeux quand on entre ici.

— Voyons, tu avais un autre but en m'amenant ici, n'est-ce pas, que de me faire voir les genoux de sainte Marie l'Égyptienne?

— Ma foi! non, dit Remy.

— Alors j'ai vu, partons.

— Patience! voici que l'office s'achève. En sortant maintenant, nous dérangerions les fidèles.

Et le Haudouin retint doucement Bussy par le bras.

— Ah! voilà que chacun se retire, dit Remy. Faisons comme les autres, s'il vous plaît?

Bussy se dirigea vers la porte avec une indifférence et une distraction visibles.

— Eh bien! dit le Haudouin, voilà que vous allez sortir sans prendre de l'eau bénite. Où diable avez-vous donc la tête?

Bussy, obéissant comme un enfant, s'achemina vers la colonne dans laquelle était incrusté le bénitier.

Le Haudouin profita de ce mouvement pour faire un signe d'intelligence à une femme qui, sur le geste du jeune docteur, s'achemina de son côté vers la même colonne où tendait Bussy.

Aussi, au moment où le comte portait la main vers le bénitier, en forme de coquille, que soutenaient deux Égyptiens en marbre noir, une main un peu grosse et un peu rouge, qui cependant était une main de femme, s'allongea vers la sienne et humecta ses doigts de l'eau lustrale.

Bussy ne put s'empêcher de porter ses yeux de la main grosse et rouge au visage de la femme; mais à l'instant même il recula d'un pas et pâlit subitement, car il venait de reconnaître, dans la propriétaire de cette main, Gertrude, à moitié cachée sous un voile de laine noire.

Il resta le bras étendu sans songer à faire le signe de la croix, tandis que Gertrude passait en le saluant et profilait sa haute taille sous le porche de la petite église.

A deux pas derrière Gertrude, dont les coudes robustes faisaient faire place, venait une femme soigneusement enveloppée dans un mantelet de soie, une femme dont les formes élégantes et jeunes, dont le pied charmant, dont la taille délicate, firent songer à Bussy qu'il n'y avait au monde qu'une taille, qu'un pied, qu'une forme semblables.

Remy n'eut rien à lui dire, il le regarda seulement; Bussy comprenait maintenant pourquoi le jeune homme l'avait amené rue Sainte-Marie-l'Égyptienne et l'avait fait entrer dans l'église.

Bussy suivit cette femme, le Haudouin suivit Bussy.

C'eût été une chose amusante que cette procession de quatre figures se suivant d'un pas égal, si la tristesse et la pâleur de deux d'entre elles n'eussent décelé de cruelles souffrances.

Gertrude, toujours marchant la première, tourna l'angle de cette rue, puis tout à coup se jeta à droite dans une impasse sur laquelle s'ouvrait une porte.

Bussy hésita.

— Eh bien! monsieur le comte, demanda Remy, vous voulez donc que je vous marche sur les talons?

Bussy continua sa route.

Gertrude, qui marchait toujours la première, tira une clef de sa poche et fit entrer sa maîtresse, qui passa devant elle sans retourner la tête.

Le Haudouin dit deux mots à la camériste, s'effaça et laissa passer Bussy; puis Gertrude et lui entrèrent de front, refermèrent la porte et l'impasse se retrouva déserte.

Il était sept heures et demie du soir, on allait atteindre les premiers jours de mai; à l'air tiède qui indiquait les premières haleines du printemps, les feuilles commençaient à se développer au sein de leurs enveloppes crevassées.

Bussy regarda autour de lui : il se trouvait dans un petit jardin de cinquante pieds carrés, entouré de murs très-hauts, sur le sommet desquels la vigne vierge et le lierre, élançant leurs pousses nouvelles, faisaient ébouler de temps à autre quelques petites parcelles de plâtre, et jetaient à la brise ce parfum âcre et vigoureux que le frais du soir arrache à leurs feuilles.

De longues ravenelles, joyeusement élancées hors des crevasses du vieux mur de l'église, épanouissaient leurs boutons rouges comme un cuivre sans alliage.

Enfin les premiers lilas, éclos au soleil de la matinée, venaient de leurs suaves émanations ébranler le cerveau encore vacillant du jeune homme, qui se demandait si tant de parfums, de chaleur et de vie ne lui venaient pas à lui, si seul, si faible, si abandonné il y avait une heure à peine, ne lui venaient pas uniquement de la présence d'une femme si tendrement aimée.

Sous un berceau de jasmin et de clématites, sur un petit banc de bois adossé au mur de l'église, Diane s'était assise, le front penché, les mains inertes et tombant à ses côtés, et l'on voyait s'effeuiller, froissée entre ses doigts, une giroflée qu'elle brisait sans s'en douter et dont elle éparpillait les fleurs sur le sable.

A ce moment, un rossignol, caché dans un marronnier voisin, commença sa longue et mélancolique chanson, brodée de temps en temps de notes éclatantes comme des fusées.

Bussy était seul dans ce jardin avec madame de Monsoreau, car Remy et Gertrude se tenaient à distance : il s'approcha d'elle ; Diane leva la tête.

— Monsieur le comte, dit-elle d'une voix timide, tout détour serait indigne de nous : si vous m'avez trouvée tout à l'heure à l'église Sainte-Marie-l'Égyptienne, ce n'est point le hasard qui vous y a conduit.

— Non, madame, dit Bussy, c'est le Haudouin qui m'a fait sortir sans me dire dans quel but, et je vous jure que j'ignorais...

— Vous vous trompez au sens de mes paroles, monsieur, dit tristement Diane. Oui, je sais bien que c'est M. Remy qui vous a conduit à l'église, et de force peut-être?

— Madame, dit Bussy, ce n'est point de force... Je ne savais pas qui j'y devais voir.

— Voilà une dure parole, monsieur le comte, murmura Diane en secouant la tête et en levant sur Bussy un regard humide. Avez-vous l'intention de me faire comprendre que si vous eussiez connu le secret de Remy, vous ne l'eussiez point accompagné?

— Oh! madame!

— C'est naturel, c'est juste, monsieur; vous m'avez rendu un service signalé, et je ne vous ai point encore remercié de votre courtoisie. Pardonnez-moi et agréez toutes mes actions de grâces.

— Madame...

Bussy s'arrêta; il était tellement étourdi qu'il n'avait à son service ni paroles ni idées.

— Mais j'ai voulu vous prouver, moi, continua Diane en s'animant, que je ne suis pas une femme ingrate ni un cœur sans mémoire. C'est moi qui ai prié M. Remy de me procurer l'honneur de votre entretien; c'est moi qui ai indiqué ce rendez-vous : pardonnez-moi si je vous ai déplu.

Bussy appuya une main sur son cœur.

— Oh! madame! dit-il, vous ne le pensez pas.

Les idées commençaient à revenir à ce pauvre cœur brisé, et il lui semblait que cette douce brise du soir qui lui apportait de si doux parfums et de si tendres paroles lui enlevait en même temps un nuage de dessus les yeux.

— Je sais, continua Diane qui était la plus forte, parce que depuis longtemps elle était préparée à cette entrevue, je sais combien vous avez eu de mal à faire ma commission. Je connais toute votre délicatesse. Je vous connais et vous apprécie, croyez-le bien. Jugez donc ce que j'ai dû souffrir à l'idée que vous méconnaîtriez les sentiments de mon cœur.

— Madame, dit Bussy, depuis trois jours je suis malade.

— Oui je le sais, répondit Diane avec une rougeur qui trahissait tout l'intérêt qu'elle prenait à cette maladie, et je souffrais plus que vous, car M. Remy, il me trompait sans doute, M. Remy me laissait croire...

— Que votre oubli causait ma souffrance. Oh! c'est vrai.

— Donc j'ai dû faire ce que je fais, comte, reprit madame de Monsoreau. Je vous vois, je vous remercie de vos soins obligeants et vous en jure une reconnaissance éternelle... maintenant croyez que je parle du fond du cœur.

Bussy secoua tristement la tête et ne répondit pas.

— Doutez-vous de mes paroles? reprit Diane.

— Madame, répondit Bussy, les gens qui ont de l'amitié pour quelqu'un témoignent cette amitié comme ils peuvent : vous me saviez au palais le soir de votre présentation à la cour; vous me saviez devant vous, vous deviez sentir mon regard peser sur toute votre personne, et vous n'avez pas seulement levé les yeux sur moi; vous ne m'avez pas fait comprendre, par un mot, par un geste, par un signe, que vous saviez que j'étais là; après cela, j'ai tort, madame; peut-être ne m'avez-vous pas reconnu; vous ne m'aviez vu que deux fois.

Diane répondit par un regard de si triste reproche que Bussy en fut remué jusqu'au fond des entrailles.

— Pardon, madame, pardon, dit-il; vous n'êtes point une femme comme toutes les autres, et cependant vous agissez comme les femmes vulgaires; ce mariage?

— Ne savez-vous pas comment j'ai été forcée à le conclure?

— Oui, mais il était facile à rompre.

— Impossible, au contraire.

— Mais rien ne vous avertissait donc que près de vous veillait un homme dévoué?

Diane baissa les yeux.

— C'était cela surtout qui me faisait peur, dit-elle.

— Et voilà à quelles considérations vous m'avez sacrifié! Oh! songez à ce que m'est la vie depuis que vous appartenez à un autre.

— Monsieur, dit la comtesse avec dignité, une femme ne change point de nom sans qu'il en résulte un grand dommage pour son honneur, lorsque deux hommes vivent qui portent, l'un le nom qu'elle a quitté, l'autre le nom qu'elle a pris.

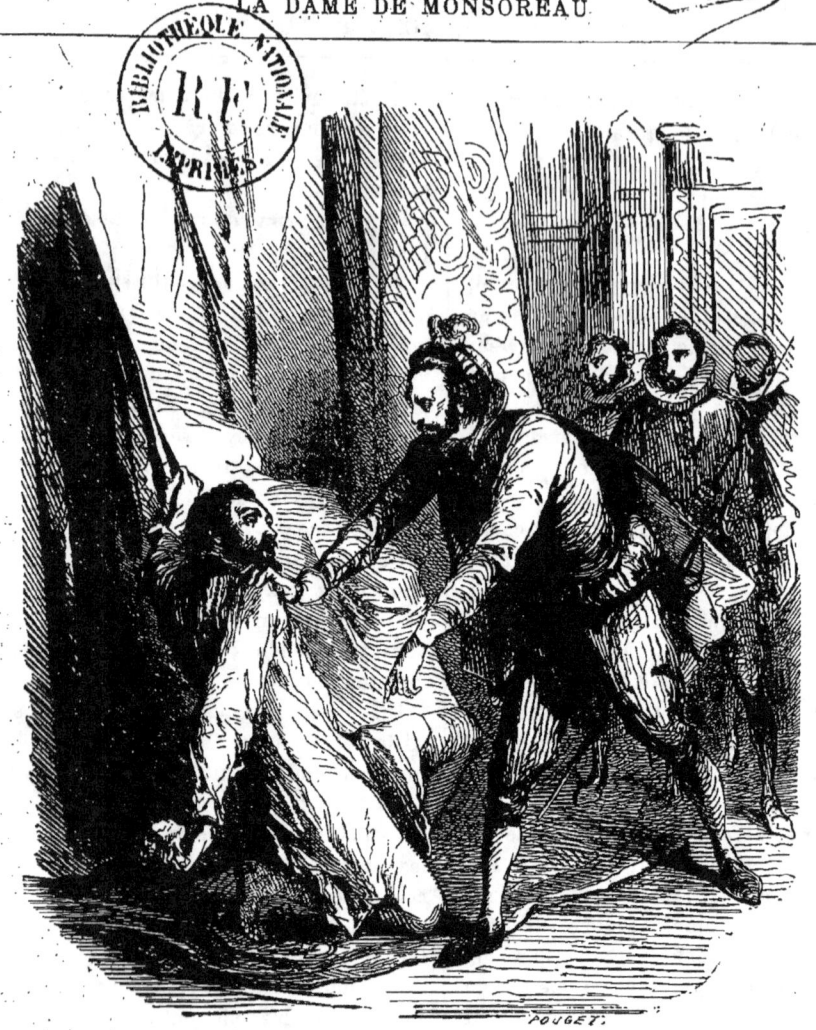

A moi! au secours! à l'aide! mon frère veut me tuer. — Page 323.

— Toujours est-il que vous avez gardé le nom de Monsoreau par préférence.
— Le croyez-vous! balbutia Diane. Tant mieux!
Et ses yeux se remplirent de larmes.
Bussy, qui lui vit laisser retomber sa tête sur sa poitrine, marcha avec agitation devant elle.
— Enfin, dit Bussy, me voilà redevenu ce que j'étais, madame, c'est-à-dire un étranger pour vous.
— Hélas! fit Diane.

— Votre silence le dit assez.
— Je ne puis parler que par mon silence.
— Votre silence, madame, est la suite de votre accueil du Louvre. Au Louvre, vous ne me voyiez pas; ici vous ne me parlez pas.
— Au Louvre, j'étais en présence de M. de Monsoreau, M. de Monsoreau me regardait, et il est jaloux.
— Jaloux! Eh! que lui faut-il donc, mon Dieu! quel bonheur peut-il envier,

quand tout le monde envie son bonheur?

— Je vous dis qu'il est jaloux, monsieur; depuis quelques jours, il a vu rôder quelqu'un autour de notre nouvelle demeure.

— Vous avez donc quitté la petite maison de la rue Saint-Antoine?

— Comment! s'écria Diane emportée par un mouvement irréfléchi, cet homme, ce n'était donc pas vous?

— Madame, depuis que votre mariage a été annoncé publiquement, depuis que vous avez été présentée, depuis cette soirée du Louvre, enfin, où vous n'avez pas daigné me regarder, je suis couché, la fièvre me dévore, je me meurs; vous voyez que votre mari ne saurait être jaloux de moi, du moins, puisque ce n'est pas moi qu'il a pu voir autour de votre maison.

— Eh bien! monsieur le comte, s'il est vrai, comme vous me l'avez dit, que vous eussiez quelque désir de me revoir, remerciez cet homme inconnu, car, connaissant M. de Monsoreau comme je le connais, cet homme m'a fait trembler pour vous, et j'ai voulu vous voir pour vous dire : Ne vous exposez pas ainsi, monsieur le comte, ne me rendez pas plus malheureuse que je ne le suis.

— Rassurez-vous, madame; je vous le répète, ce n'était pas moi.

— Maintenant, laissez-moi achever tout ce que j'avais à vous dire. Dans la crainte de cet homme que nous ne connaissons pas, mais que M. de Monsoreau connaît peut-être, dans la crainte de cet homme, il exige que je quitte Paris; de sorte que, ajouta Diane en tendant la main à Bussy, de sorte que, monsieur le comte, vous pouvez regarder cet entretien comme le dernier... Demain, je pars pour Méridor.

— Vous partez, madame? s'écria Bussy.

— Il n'est que ce moyen de rassurer M. de Monsoreau, dit Diane; il n'est que ce moyen de retrouver ma tranquillité. D'ailleurs, de mon côté, je déteste Paris, je déteste le monde, la cour, le Louvre. Je suis heureuse de m'isoler avec mes souvenirs de jeune fille; il me semble qu'en repassant par le sentier de mes jeunes années un peu de mon bonheur d'autrefois retombera sur ma tête comme une douce rosée. Mon père m'accompagne. Je vais retrouver là-bas M. et madame de Saint-Luc, qui regrettent de ne pas m'avoir près d'eux. Adieu, monsieur de Bussy!

Bussy cacha son visage entre ses deux mains.

— Allons, murmura-t-il, tout est fini pour moi.

— Que dites-vous là? s'écria Diane en se levant.

— Je dis, madame, que cet homme qui vous exile, que cet homme qui m'enlève le seul espoir qui me restait, c'est-à-dire celui de respirer le même air que vous, de vous entrevoir derrière une jalousie, de toucher votre robe en passant, d'adorer enfin un être vivant et non pas une ombre, je dis, je dis que cet homme est mon ennemi mortel, et que, dussé-je y périr, je détruirai cet homme de mes mains.

— Oh! monsieur le comte!

— Le misérable! s'écria Bussy. Comment! ce n'est point assez pour lui de vous avoir pour femme, vous, la plus belle et la plus chaste des créatures! il est encore jaloux! Jaloux! monstre ridicule et dévorant, il absorberait le monde.

— Oh! calmez-vous, comte, calmez-vous, mon Dieu!... il est excusable peut-être.

— Il est excusable! c'est vous qui le défendez, madame?

— Oh! si vous saviez! dit Diane en couvrant son visage de ses deux mains, comme si elle eût craint que malgré l'obscurité Bussy n'en distinguât la rougeur.

— Si je savais? répéta Bussy. Eh! madame, je sais une chose, c'est qu'on a tort de penser au reste du monde quand on est votre mari.

— Mais, dit Diane d'une voix entrecoupée, sourde, ardente, mais si vous vous trompiez monsieur le comte, s'il ne l'était pas!

Et la jeune femme, à ces paroles, effleurant de sa main froide les mains brûlantes de Bussy, se leva et s'enfuit, légère comme une ombre, dans les détours du petit jardin, saisit le bras de Gertrude et disparut en l'entraînant, avant que Bussy, ivre, insensé, radieux, eût seulement essayé d'étendre les bras pour la retenir.

Il poussa un cri et se leva chancelant.

Remy arriva juste pour le retenir dans ses bras et le faire asseoir sur le banc que Diane venait de quitter.

XLIV

COMMENT D'ÉPERNON EUT SON POURPOINT DÉCHIRÉ, ET COMMENT SCHOMBERG FUT TEINT EN BLEU

Tandis que La Hurière entassait signatures sur signatures, tandis que Chicot consignait Gorenflot à la *Corne d'abondance*, tandis que Bussy revenait à la vie dans ce bienheureux petit jardin tout plein de parfums, de chants et d'amour, Henri, sombre de tout ce qu'il avait vu par la ville, irrité des prédications qu'il avait entendues dans les églises, furieux des saluts mystérieux recueillis par son frère d'Anjou, qu'il avait vu passer devant lui dans la rue Saint-Honoré, accompagné de M. de Guise et de M. de Mayenne, avec toute une suite de gentilshommes que semblait commander M. de Monsoreau, Henri, disons-nous, était rentré au Louvre en compagnie de Maugiron et de Quélus.

Le roi, selon son habitude, était sorti avec ses quatre amis; mais, à quelques pas du Louvre, Schomberg et d'Épernon, ennuyés de voir Henri soucieux, et comptant qu'au milieu d'un pareil remue-ménage il y avait des chances pour le plaisir et les aventures, Schomberg et d'Épernon avaient profité de la première bousculade pour disparaître au coin de la rue de l'Astruce, et tandis que le roi et ses deux amis continuaient leur promenade par le quai, ils s'étaient laissés emporter par la rue d'Orléans.

Ils n'avaient pas fait cent pas que chacun avait déjà son affaire. D'Épernon avait passé sa sarbacane entre les jambes d'un bourgeois qui courait, et qui s'en était allé du coup rouler à dix pas, et Schomberg avait enlevé la coiffe d'une femme qu'il avait crue laide et vieille, et qui s'était trouvée par fortune jeune et jolie.

Mais tous deux avaient mal choisi leur jour pour s'attaquer à ces bons Parisiens, d'ordinaire si patients; il courait par les rues cette fièvre de révolte qui bat quelquefois tout à coup des ailes dans les murs des capitales : le bourgeois culbuté s'était relevé et avait crié : Au parpaillot! C'était un zélé, on le crut, et on s'élança vers d'Épernon; la femme décoiffée avait crié : Au mignon! ce qui était bien pis; et son mari, qui était un teinturier, avait lâché sur Schomberg ses apprentis.

Schomberg était brave; il s'arrêta, voulut parler haut et mit la main à son épée.

D'Épernon était prudent, il s'enfuit.

Henri ne s'était plus occupé de ses deux mignons, il les connaissait pour avoir l'habitude de se tirer d'affaire tous deux : l'un, grâce à ses jambes; l'autre, grâce à ses bras; il avait donc fait sa tournée, comme nous avons vu, et, sa tournée faite, il était revenu au Louvre.

Il était rentré dans son cabinet d'armes, et, assis sur son grand fauteuil, il tremblait d'impatience, cherchant un bon sujet de se mettre en colère.

Maugiron jouait avec Narcisse, le grand lévrier du roi.

Quélus, les poings appuyés contre ses joues, s'était accroupi sur un coussin et regardait Henri.

— Ils vont, ils vont, lui disait le roi. Leur complot marche; tantôt tigres, tantôt serpents, quand ils ne bondissent pas, ils rampent.

— Eh! sire, dit Quélus, est-ce qu'il n'y a pas toujours des complots dans un royaume? Que diable voudriez-vous que fissent les fils de rois, les cousins de rois, s'ils ne complotaient pas?

— Tenez, en vérité, Quélus, avec vos maximes absurdes et vos grosses joues boursoufflées, vous me faites l'effet d'être, en politique, de la force du Gilles de la foire Saint-Laurent.

Quélus pivota sur son coussin et tourna irrévérencieusement le dos au roi.

— Voyons, Maugiron, reprit Henri, ai-je raison ou tort, mordieu! et doit-on me bercer avec des fadaises et des lieux communs, comme si j'étais un roi vulgaire ou un marchand de laine qui craint de perdre son chat favori?

— Eh! sire, dit Maugiron qui était toujours et en tout point de l'avis de Quélus, si vous n'êtes pas un roi vulgaire, prouvez-le en faisant le grand roi. Que diable! voilà Narcisse, c'est un bon chien, c'est une bonne bête; mais quand on lui tire les oreilles, il grogne, et quand on lui marche sur les pattes il mord.

— Bon! dit Henri, voilà l'autre qui me compare à mon chien?

— Non pas, sire, dit Maugiron; vous voyez bien, au contraire, que je mets Narcisse fort au-dessus de vous, puisque Narcisse sait se défendre et que Votre Majesté ne le sait pas.

Et à son tour il tourna le dos à Henri.

— Allons, me voilà seul, dit le roi; fort bien! continuez, mes bons amis, pour qui l'on me reproche de dilapider le royaume; abandonnez-moi, insultez-moi, égorgez-moi tous; je n'ai que des bourreaux autour de ma personne, parole d'honneur! Ah! Chicot! mon pauvre Chicot! où es-tu?

— Bon! dit Quélus, il ne nous manquait plus que cela. Voilà qu'il appelle Chicot, à présent.

— C'est tout simple, répondit Maugiron.

Et l'insolent se mit à mâchonner entre ses dents certain proverbe latin qui se traduit en français par l'axiome : *Dis-moi qui tu hantes, je te dirai qui tu es.*

Henri fronça le sourcil, un éclair de terrible courroux illumina ses grands yeux noirs, et pour cette fois, certes, c'était bien un regard de roi que le prince lança sur ses indiscrets amis.

Mais, sans doute épuisé par cette velléité de colère, Henri retomba sur sa chaise et frotta les oreilles d'un des petits chiens de sa corbeille.

En ce moment, un pas rapide retentit dans les antichambres, et d'Épernon apparut sans toquet, sans manteau, et son pourpoint tout déchiré.

Quélus et Maugiron se retournèrent, et Narcisse s'élança vers le nouveau venu en jappant, comme si des courtisans du roi il ne reconnaissait que les habits.

— Jésus-Dieu! s'écria Henri, que t'est-il donc arrivé?

— Sire, dit d'Épernon, regardez-moi : voici de quelle façon l'on traite les amis de Votre Majesté.

— Et qui t'a traité ainsi? demanda le roi.

— Mordieu! votre peuple, ou plutôt celui de M. le duc d'Anjou, qui criait : Vive la Ligue! vive la messe! vive Guise! vive François! vive tout le monde enfin, excepté vive le roi.

— Et que lui as-tu donc fait, à ce peuple, pour qu'il te traite ainsi?

— Moi? rien. Que voulez-vous qu'un homme fasse à un peuple? Il m'a reconnu pour ami de Votre Majesté, et cela lui a suffi.

— Mais Schomberg?

— Quoi, Schomberg?

— Schomberg n'est pas venu à ton secours? Schomberg ne t'a pas défendu?

— Corbœuf! Schomberg avait assez à faire pour son propre compte.

— Comment cela?

— Oui, je l'ai laissé aux mains d'un teinturier dont il avait décoiffé la femme et qui, avec ses cinq ou six garçons, était en train de lui faire passer un mauvais quart d'heure.

— Par la mordieu! s'écria le roi, et où l'as-tu laissé, mon pauvre Schomberg? dit Henri en se levant; j'irai moi-même à son aide. Peut-être pourra-t-on dire, ajouta Henri en regardant Maugiron et Quélus, que mes amis m'ont abandonné, mais on ne dira pas au moins que j'ai abandonné mes amis.

— Merci, sire dit une voix derrière Henri, merci, me voilà. *Gott verdamme mih*, je m'en suis tiré tout seul, mais ce n'est pas sans peine.

— Oh! Schomberg! c'est la voix de Schomberg! crièrent les trois mignons. Mais où diable es-tu?

— Pardieu! où je suis? vous me voyez bien, s'écria la même voix.

Et en effet, des profondeurs obscures du cabinet, on vit s'avancer, non pas un homme, mais une ombre.

— Schomberg! s'écria le roi, d'où viens-tu, d'où sors-tu, et pourquoi es-tu de cette couleur?

En effet Schomberg, des pieds à la tête, sans exception d'aucune partie de ses vêtements ou de sa personne, Schomberg était du plus beau bleu de roi qu'il fût possible de voir.

— *Der Teufel!* s'écria-t-il, les misérables! Je ne m'étonne plus si tout ce peuple courait après moi!

— Mais qu'y a-t-il donc? demanda Henri. Si tu étais jaune, cela s'expliquerait par la peur; mais bleu!

— Il y a qu'ils m'ont trempé dans une cuve, les coquins; j'ai cru qu'ils me trempaient tout bonnement dans une cuve d'eau, et c'était dans une cuve d'indigo.

— Oh! mordieu! dit Quélus en éclatant de rire, ils sont punis par où ils ont péché. C'est très-cher, l'indigo, et tu leur emportes au moins pour vingt écus de teinture.

— Je te conseille de plaisanter, toi! j'aurais voulu te voir à ma place!

— Et tu n'en as pas étripé quelqu'un? demanda Maugiron.

— J'ai laissé mon poignard quelque part, voilà tout ce que je sais, enfoncé jusqu'à la garde dans un fourreau de chair; mais en une seconde tout a été dit: j'ai été pris, soulevé, emporté, trempé dans la cuve et presque noyé.

— Et comment t'es-tu tiré de leurs mains?

— J'ai eu le courage de commettre une lâcheté, sire.

— Et qu'as-tu fait?

— J'ai crié: Vive la Ligue!

— C'est comme moi, dit d'Épernon; seulement on m'a forcé d'ajouter: Vive le duc d'Anjou!

— Et moi aussi, dit Schomberg en mordant ses mains de rage; moi aussi, je l'ai crié. Mais ce n'est pas tout.

— Comment! dit le roi, ils t'ont encore fait crier autre chose, mon pauvre Schomberg?

— Non, ils ne m'ont pas fait crier autre chose, et c'est bien assez comme cela, Dieu merci! mais au moment où je criais: Vive le duc d'Anjou!...

— Eh bien?

— Devinez qui passait?

— Comment veux-tu que je devine?

— Bussy, son damné Bussy, lequel m'a entendu crier vive son maître.

— Le fait est qu'il n'a rien dû y comprendre, dit Quélus.

— Parbleu! comme il était difficile de

voir ce qui se passait! j'avais le poignard sur la gorge et j'étais dans une cuve.

— Comment! dit Maugiron, il ne t'a pas porté secours? cela se devait cependant, de gentilhomme à gentilhomme.

— Lui, il paraît qu'il avait à songer à bien autre chose : il ne lui manquait que des ailes pour s'envoler; à peine touchait-il encore la terre.

— Et puis, dit Maugiron, il ne t'aura pas reconnu!

— La belle raison!

— Étais-tu déjà passé au bleu?

— Ah! c'est juste, dit Schomberg.

— Dans ce cas, il serait excusable, reprit Henri; car, en vérité, mon pauvre Schomberg, je ne te reconnais pas moi-même.

— N'importe, répliqua le jeune homme qui n'était pas pour rien d'origine allemande; nous nous retrouverons autre part qu'au coin de la rue Coquillière, et un jour que je ne serai pas dans une cuve.

— Oh! moi, dit d'Épernon, ce n'est pas au valet que j'en veux, c'est au maître; ce n'est pas à Bussy que je voudrais avoir affaire, c'est à monseigneur le duc d'Anjou.

— Oui, oui, s'écria Schomberg, monseigneur le duc d'Anjou qui veut nous tuer par le ridicule, en attendant qu'il nous tue par le poignard!

— Au duc d'Anjou dont on chantait les louanges par les rues! Vous les avez entendues, sire, dirent ensemble Quélus et Maugiron.

— Le fait est que c'est lui qui est duc et maître dans Paris à cette heure, et non plus le roi. Essayez de sortir, lui dit d'Épernon, et vous verrez si l'on vous respectera plus que nous.

— Ah! mon frère! mon frère! murmura Henri d'un ton menaçant.

— Ah! oui, sire, vous direz encore bien des fois, comme vous venez de le dire : « Ah! mon frère! mon frère! » sans prendre aucun parti contre ce frère, dit Schomberg; et cependant, je vous le déclare, et c'est clair pour moi, ce frère est à la tête de quelque complot.

— Eh! mordieu! s'écria Henri, c'est ce que je disais à ces messieurs quand tu es entré tout à l'heure, d'Épernon; mais ils m'ont répondu en haussant les épaules et en me tournant le dos.

— Sire, dit Maugiron, nous avons haussé les épaules et tourné le dos, non point parce que vous disiez qu'il y avait un complot, mais parce que nous ne vous voyions pas en humeur de le comprimer.

— Et maintenant, continua Quélus, nous nous retournons vers vous pour vous redire : Sauvez-nous, sire, ou plutôt sauvez-vous, car, nous tombés, vous êtes mort; demain M. de Guise vient au Louvre; demain il demandera que vous nommiez un chef à la Ligue; demain vous nommerez le duc d'Anjou comme vous avez promis de le faire; et alors, une fois le duc d'Anjou chef de la Ligue, c'est-à-dire à la tête de cent mille Parisiens échauffés par les orgies de cette nuit, le duc d'Anjou fera de vous ce qu'il voudra.

— Ah! ah! dit Henri, et en cas de résolution extrême vous seriez donc disposés à me seconder?

— Oui, sire, répondirent les jeunes gens d'une seule voix.

— Pourvu cependant, sire, dit d'Épernon, que Votre Majesté me donne le temps de mettre un autre toquet, un autre manteau et un autre pourpoint.

— Passe dans ma garde-robe, d'Épernon, et mon valet de chambre te donnera tout cela : nous sommes de même taille.

— Et pourvu que vous me donniez le temps, à moi, de prendre un bain.

— Passe dans mon étuve, Schomberg, et mon baigneur aura soin de toi.

— Sire, dit Schomberg, nous pouvons donc espérer que l'insulte ne restera pas sans vengeance?

Henri étendit la main en signe de silence

et, baissant la tête sur sa poitrine, parut réfléchir profondément.

Puis, au bout d'un instant :

— Quélus, dit-il, informez-vous si M. d'Anjou est rentré au Louvre.

Quélus sortit. D'Épernon et Schomberg attendaient avec les autres la réponse de Quélus, tant leur zèle s'était ranimé par l'imminence du danger ; ce n'est point pendant la tempête, c'est pendant le calme qu'on voit les matelots récalcitrants.

— Sire, demanda Maugiron, Votre Majesté prend donc un parti?

— Vous allez voir, répliqua le roi.

Quélus revint.

— M. le duc n'est pas encore rentré, dit-il.

— C'est bien, répondit le roi. D'Épernon, allez changer d'habit ; Schomberg, allez changer de couleur ; et vous, Quélus, et vous, Maugiron, descendez dans le préau et faites-moi bonne garde jusqu'à ce que mon frère rentre.

— Et quand il rentrera? demanda Quélus.

— Quand il rentrera, vous ferez fermer toutes les portes ; allez.

— Bravo, sire! dit Quélus.

— Sire, dit d'Épernon, dans dix minutes je suis ici.

— Moi, sire, je ne puis dire quand j'y serai : ce sera selon la qualité de la teinture.

— Venez le plus tôt possible, répondit le roi, voilà tout ce que j'ai à vous dire.

— Mais Votre Majesté va donc rester seule? demanda Maugiron.

— Non, Maugiron, je reste avec Dieu, à qui je vais demander sa protection pour notre entreprise.

— Priez-le bien, sire, dit Quélus, car je commence à croire qu'il s'entend avec le diable pour nous damner tous ensemble dans ce monde et dans l'autre.

— *Amen!* dit Maugiron.

Les deux jeunes gens qui devaient faire la garde sortirent par une porte. Les deux qui devaient changer de costume sortirent par l'autre.

Le roi, resté seul, alla s'agenouiller à son prie-Dieu.

XLV

CHICOT EST DE PLUS EN PLUS ROI DE FRANCE

Minuit sonna. Les portes du Louvre fermaient d'ordinaire à minuit, mais Henri avait sagement calculé que le duc d'Anjou ne manquerait pas de coucher ce soir-là au Louvre, pour laisser moins de prise aux soupçons que le tumulte de Paris, pendant cette soirée, pouvait faire naître dans l'esprit du roi.

Le roi avait donc ordonné que les portes restassent ouvertes jusqu'à une heure.

A minuit un quart, Quélus remonta.

— Sire, le duc est rentré, dit-il.

— Que fait Maugiron?

— Il est resté en sentinelle pour voir si le duc ne sortira point.

— Il n'y a pas de danger.

— Alors... dit Quélus en faisant un mouvement pour indiquer au roi qu'il n'y avait plus qu'à agir.

— Alors... laissons-le se coucher tranquillement, dit Henri. Qui a-t-il près de lui?

— M. de Monsoreau et ses gentilshommes ordinaires.

— Et M. de Bussy?

— M. de Bussy n'y est pas.

— Bon, dit le roi à qui c'était un grand soulagement que de sentir son frère privé de sa meilleure épée.

— Qu'ordonne le roi? demanda Quélus.

— Qu'on dise à d'Épernon et à Schomberg de se hâter, et qu'on prévienne M. de Monsoreau que je désire lui parler.

Quélus s'inclina et s'acquitta de la commission avec toute la promptitude que peuvent donner à la volonté humaine le sentiment de la haine et le désir de la vengeance réunis dans le même cœur.

Cinq minutes après, d'Épernon et Schomberg entraient, l'un rhabillé à neuf, l'autre débarbouillé au vif; il n'y avait que les cavités du visage qui avaient conservé une teinte bleuâtre qui, au dire de l'étuviste, ne s'en irait tout à fait qu'à la suite de plusieurs bains de vapeur.

Après les deux mignons, M. de Monsoreau parut.

— M. le capitaine des gardes de Votre Majesté vient de m'annoncer qu'elle me faisait l'honneur de m'appeler près d'elle, dit le grand-veneur en s'inclinant.

— Oui, monsieur, dit Henri; oui; en me promenant ce soir, j'ai vu les étoiles si brillantes et la lune si belle, que j'ai pensé que par un si magnifique temps nous pourrions faire demain une chasse superbe. Il n'est que minuit, monsieur le comte : partez donc pour Vincennes à l'instant même, faites-moi détourner un daim, et demain nous le courrons.

— Mais, sire, dit Monsoreau, je croyais que demain Votre Majesté avait fait l'honneur de donner un rendez-vous à monseigneur d'Anjou et à M. de Guise pour nommer un chef à la Ligue!

— Eh bien! monsieur, après? dit le roi avec cet accent hautain auquel il était si difficile de répondre.

— Après, sire..., après, le temps manquera peut-être.

— Le temps ne manque jamais, monsieur le grand-veneur, à celui qui sait l'employer; c'est pour cela que je vous dis : vous avez le temps de détourner un daim cette nuit, et vous aurez le temps de tenir les équipages prêts pour demain dix heures. Allez donc, et à l'instant même! Quélus, Schomberg, faites ouvrir à M. de Monsoreau la porte du Louvre, de ma part, de la part du roi ; et toujours de la part du roi, faites-la fermer quand il sera sorti.

Le grand-veneur se retira tout étonné.

— C'est donc une fantaisie du roi? demanda-t-il aux deux jeunes gens dans l'antichambre.

— Oui, répondirent laconiquement ceux-ci.

M. de Monsoreau vit qu'il n'y avait rien à tirer de ce côté-là et se tut.

— Oh! oh! murmura-t-il en lui-même en jetant un regard du côté des appartements du duc d'Anjou, il me semble que cela ne flaire pas bon pour Son Altesse Royale!

Mais il n'y avait pas moyen de donner l'éveil au prince ; Quélus et Schomberg se tenaient; l'un à droite, l'autre à gauche du grand-veneur. Un instant il crut que les deux mignons avaient des ordres particuliers et le tenaient prisonnier, et ce ne fut que lorsqu'il se trouva hors du Louvre et qu'il entendit la porte se refermer derrière lui, qu'il comprit que ses soupçons étaient mal fondés.

Au bout de dix minutes, Schomberg et Quélus étaient de retour près du roi.

— Maintenant, dit Henri, du silence, et suivez-moi tous quatre.

— Où allons-nous, sire? demanda d'Épernon toujours prudent.

— Ceux qui viendront le verront, répondit le roi.

— Allons! dirent ensemble les quatre jeunes gens.

Les mignons assurèrent leurs épées, agrafèrent leurs manteaux et suivirent le roi, qui, un falot à la main, les conduisit par le corridor secret que nous connaissons, et par lequel plus d'une fois déjà nous avons vu la reine-mère et le roi Charles IX se rendre chez leur fille et leur sœur cette bonne Margot, dont le duc d'Anjou, nous l'avons déjà dit, avait repris les appartements.

LA DAME DE MONSOREAU 321

Monsieur, dit Chicot, je remarque que vous ne me faites pas l'honneur de m'inviter à m'asseoir. — Page 328.

Un valet de chambre veillait dans ce corridor; mais, avant qu'il eût eu le temps de se replier pour avertir son maître, Henri l'avait saisi de sa main en lui ordonnant de se taire, et l'avait passé à ses compagnons, lesquels l'avaient poussé et enfermé dans un cabinet.

Ce fut donc le roi qui tourna lui-même le bouton de la chambre où couchait monseigneur le duc d'Anjou.

Le duc venait de se mettre au lit, bercé par les rêves d'ambition qu'avaient fait naître en lui tous les événements de la soirée : il avait vu son nom exalté et le nom du roi flétri. Conduit par le duc de Guise, il avait vu le peuple parisien s'ouvrir devant lui et ses gentilshommes, tandis que les gentilshommes du roi étaient hués, bafoués, insultés. Jamais, depuis le commencement de cette longue carrière, si pleine de sourdes menées, de timides complots et de mines souterraines, il n'avait encore été si avant dans la popularité, et par conséquent dans l'espérance.

Il venait de déposer sur sa table une lettre que M. de Monsoreau lui avait remise de la part du duc de Guise, lequel lui faisait en même temps recommander de ne pas manquer de se trouver le lendemain au lever du roi.

Le duc d'Anjou n'avait pas besoin d'une pareille recommandation, et il s'était bien promis de ne pas se manquer à lui-même à l'heure du triomphe.

Mais sa surprise fut grande quand il vit la porte du couloir secret s'ouvrir, et sa terreur fut au comble lorsqu'il reconnut que c'était sous la main du roi qu'elle s'était ouverte ainsi.

Henri fit signe à ses compagnons de demeurer sur le seuil de la porte et s'avança vers le lit de François, grave, le sourcil froncé, et sans prononcer une parole.

— Sire, balbutia le duc, l'honneur que me fait Votre Majesté est si imprévu...

— Qu'il vous effraye, n'est-ce pas? dit le roi; je comprends cela; mais non, non, demeurez, mon frère, ne vous levez pas.

— Mais, sire, cependant... permettez, fit le duc tremblant et attirant à lui la lettre du duc de Guise qu'il venait d'achever de lire.

— Vous lisiez? demanda le roi.

— Oui, sire.

— Lecture intéressante, sans doute, puisqu'elle vous tenait éveillé à cette heure avancée de la nuit?

— Oh! sire, répondit le duc avec un sourire glacé, rien de bien important, le petit courrier du soir.

— Oui, fit Henri, je comprends cela : courrier du soir, courrier de Vénus; mais non, je me trompe, on ne cachète point avec des sceaux d'une pareille dimension les billets qu'on fait porter par Iris ou par Mercure.

Le duc cacha tout à fait la lettre.

— Il est discret, ce cher François, dit le roi avec un rire qui ressemblait trop à un grincement de dents pour que son frère n'en fût pas effrayé.

Cependant il fit un effort et essaya de reprendre quelque assurance.

— Votre Majesté veut-elle me dire quelque chose en particulier? demanda le duc à qui un mouvement des quatre gentilshommes demeurés à la porte venait de révéler qu'ils écoutaient et se réjouissaient du commencement de la scène.

— Ce que j'ai de particulier à vous dire, monsieur, dit le roi en appuyant sur ce mot, qui était celui que le cérémonial de France accorde aux frères des rois, vous trouverez bon que pour aujourd'hui je vous le dise devant témoins. Çà, messieurs, continua-t-il en se retournant vers les quatre jeunes gens, écoutez bien, le roi vous le permet.

Le duc releva la tête.

— Sire, dit-il avec ce regard haineux et plein de venin que l'homme a emprunté au serpent, avant d'insulter un homme de mon rang, vous eussiez dû me refuser l'hospitalité du Louvre; dans l'hôtel d'Anjou, au moins, j'eusse été maître de vous répondre.

— En vérité! dit Henri avec une ironie terrible, vous oubliez donc que partout où vous êtes vous êtes mon sujet, et que mes sujets sont chez moi partout où ils sont; car, Dieu merci! je suis le roi!... le roi du sol!...

— Sire, s'écria François, je suis au Louvre... chez ma mère!

— Et votre mère est chez moi, répondit Henri. Voyons, abrégeons, monsieur : donnez-moi ce papier.

— Lequel?

— Celui que vous lisiez, parbleu! celui qui était tout ouvert sur votre table de nuit, et que vous avez caché quand vous m'avez vu.

— Sire, réfléchissez! dit le duc.

— A quoi? demanda le roi.

— A ceci : que vous faites une demande

indigne d'un bon gentilhomme, mais, en revanche, digne d'un officier de votre police!

Le roi devint livide.

— Cette lettre, monsieur! dit-il.

— Une lettre de femme, sire, réfléchissez! dit François.

— Il y a des lettres de femmes fort bonnes à voir, fort dangereuses à ne pas être vues, témoin celles qu'écrit notre mère.

— Mon frère! dit François.

— Cette lettre, monsieur! s'écria le roi en frappant du pied, ou je vous la fais arracher par quatre suisses!

Le duc bondit hors de son lit en tenant la lettre froissée dans ses mains, et avec l'intention manifeste de gagner la cheminée afin de la jeter dans le feu.

— Vous feriez cela, dit-il, à votre frère?

Henri devina son intention et se plaça entre lui et la cheminée.

— Non pas à mon frère, mais à mon plus mortel ennemi! Non pas à mon frère, mais au duc d'Anjou qui a couru toute la soirée les rues de Paris à la queue de M. de Guise; à mon frère, qui essaye de me cacher quelque lettre de l'un ou de l'autre de ses complices, MM. les princes lorrains.

— Pour cette fois, dit le duc, votre police est mal faite!

— Je vous dis que j'ai vu sur le cachet ces trois fameuses merlettes de Lorraine, qui ont la prétention d'avaler les fleurs de lys de France. Donnez donc, mordieu! donnez, ou...

Henri fit un pas vers le duc et lui posa la main sur l'épaule.

François n'eut pas plus tôt senti s'appesantir sur lui la main royale, il n'eut pas plutôt d'un regard oblique considéré l'attitude menaçante des quatre mignons, lesquels commençaient à dégainer, que, tombant à genoux, à demi renversé contre son lit, il s'écria :

— A moi! au secours! à l'aide! mon frère veut me tuer!

Ces paroles, empreintes d'un accent de profonde terreur que leur donnait la conviction, firent impression sur le roi et éteignirent sa colère, par cela même qu'elles la supposaient plus grande qu'elle n'était. Il pensa qu'en effet François pouvait craindre un assassinat, et que ce meurtre eût été un fratricide. Alors il lui passa comme un vertige, à l'idée que sa famille, famille maudite comme toutes celles dans lesquelles doit s'éteindre une race, il lui passa un vertige en songeant que dans sa famille les frères assassinaient les frères par tradition.

— Non, dit-il, vous vous trompez, mon frère, et le roi ne vous veut aucun mal du genre de celui que vous redoutez; du moins vous avez lutté, avouez-vous vaincu. Vous savez que le roi est le maître; ou, si vous l'ignoriez, vous le savez maintenant. Eh bien! dites-le, non-seulement tout bas, mais encore tout haut.

— Oh! je le dis, mon frère, je le proclame! s'écria le duc.

— Fort bien. Cette lettre, alors... car le roi vous ordonne de lui rendre cette lettre.

Le duc d'Anjou laissa tomber le papier.

Le roi le ramassa, et, sans le lire, le plia et l'enferma dans son aumônière.

— Est-ce tout, sire? dit le duc avec son regard louche.

— Non, monsieur, dit Henri; il vous faudra encore, pour cette rébellion, qui heureusement n'a point eu de fâcheux résultats, il vous faudra, si vous le voulez bien, garder la chambre jusqu'à ce que mes soupçons à votre égard aient été complétement dissipés. Vous êtes ici, l'appartement vous est familier, commode, et n'a pas trop l'air d'une prison, restez-y. Vous aurez bonne compagnie, du moins de l'autre côté de la porte, car pour cette nuit ces quatre messieurs vous garderont; demain matin ils seront relevés par un poste de suisses.

— Mais, mes amis à moi, ne pourrai-je les voir?

— Qui appelez-vous vos amis?

— Mais M. de Monsoreau, par exemple, M. de Ribeirac, M. Entraguet, M. de Bussy.

— Ah oui! dit le roi, parlez de celui-là encore.

— Aurait-il eu le malheur de déplaire à Votre Majesté?

— Oui, dit le roi.

— Quand cela?

— Toujours, et cette nuit particulièrement.

— Cette nuit?... Qu'a-t-il donc fait cette nuit?

— Il m'a fait insulter dans les rues de Paris.

— Vous, sire?

— Oui, moi, ou mes fidèles, ce qui est la même chose.

— Bussy a fait insulter quelqu'un dans les rues de Paris, cette nuit? On vous a trompé, sire.

— Je sais ce que je dis, monsieur.

— Sire, s'écria le duc avec un air de triomphe, M. de Bussy n'est pas sorti de son hôtel depuis deux jours! Il est chez lui, couché, malade, grelottant la fièvre.

Le roi se retourna vers Schomberg.

— S'il grelottait la fièvre, dit le jeune homme, ce n'était pas chez lui du moins, mais dans la rue Coquillière.

— Qui vous a dit cela, demanda le duc d'Anjou en se soulevant, que Bussy était dans la rue Coquillière?

— Je l'ai vu.

— Vous avez vu Bussy dehors?

— Bussy, frais, dispos, joyeux, et qui paraissait le plus heureux homme du monde, et accompagné de son acolyte ordinaire, ce Remy, cet écuyer, ce médecin, que sais-je!

— Alors je n'y comprends plus rien, dit le duc avec stupeur; j'ai vu M. de Bussy dans la soirée; il était sous les couvertures; il faut qu'il m'ait trompé moi-même.

— C'est bien, dit le roi. M. de Bussy sera puni comme les autres et avec les autres, lorsque l'affaire s'éclaircira.

Le duc, qui pensa que c'était un moyen de détourner de lui la colère du roi que de la laisser s'écouler sur Bussy, le duc n'essaya point de prendre davantage la défense de son gentilhomme.

— Si M. de Bussy a fait cela, dit-il; si, après avoir refusé de sortir avec moi, il est sorti seul, c'est qu'il avait effectivement sans doute des intentions qu'il ne pouvait m'avouer à moi, dont il connaît le dévouement pour Votre Majesté.

— Vous entendez, messieurs, ce que prétend mon frère, dit le roi; il prétend qu'il n'a pas autorisé M. de Bussy.

— Tant mieux! dit Schomberg.

— Pourquoi tant mieux?

— Parce qu'alors Votre Majesté nous en laissera peut-être faire ce que nous voulons.

— C'est bien, c'est bien, on verra plus tard, dit Henri. Messieurs, je vous recommande mon frère : ayez pour lui, pendant toute cette nuit où vous allez avoir l'honneur de lui servir de garde, tous les égards qu'on a pour un prince du sang, c'est-à-dire au premier du royaume après moi.

— Oh! sire! dit Quélus avec un regard qui fit frissonner le duc, soyez donc tranquille, nous savons tout ce que nous devons à Son Altesse.

— C'est bien; adieu, messieurs, dit Henri.

— Sire! s'écria le duc plus épouvanté de l'absence du roi qu'il ne l'avait été de sa présence, quoi! je suis sérieusement prisonnier! quoi! mes amis ne pourront me visiter! quoi! il me sera défendu de sortir!

Et l'idée du lendemain lui passait par l'esprit, de ce lendemain où sa présence était si nécessaire près de M. de Guise.

— Sire, dit le duc qui voyait le roi prêt à se laisser fléchir, laissez-moi paraître au moins près de Votre Majesté ; près de Votre Majesté est ma place ; je suis prisonnier là aussi bien qu'ailleurs, et mieux gardé à vue même que dans toutes les places possibles. Sire, accordez-moi donc la faveur de rester près de Votre Majesté.

Le roi, sur le point d'accorder au duc d'Anjou sa demande, à laquelle il ne voyait pas, d'ailleurs, grand inconvénient, allait répondre oui, quand son attention fut distraite de son frère et attirée vers la porte par un corps très-long et très-agile, qui, avec les bras, avec la tête, avec le cou, avec tout ce qu'il pouvait remuer, enfin, faisait les gestes les plus négatifs qu'on pût inventer et exécuter sans se disloquer les os.

C'était Chicot qui faisait non.

— Non, dit Henri à son frère ; vous êtes fort bien ici, monsieur, et il me convient que vous y restiez.

— Sire !... balbutia le duc.

— Dès que cela est le bon plaisir du roi de France, il me semble que cela doit vous suffire, monsieur, ajouta Henri d'un air de hauteur qui acheva d'accabler le duc.

— Quand je disais que j'étais le véritable roi de France ! murmura Chicot.

XLVI

COMMENT CHICOT FIT UNE VISITE A BUSSY, ET DE CE QUI S'ENSUIVIT

Le lendemain de ce jour, ou plutôt de cette nuit, Bussy, vers neuf heures du matin, déjeunait tranquillement avec Remy, qui, en sa qualité de médecin, lui ordonnait des réconfortants ; ils causaient des événements de la veille, et Remy cherchait à se rappeler les légendes des fresques de la petite église de Sainte-Marie-l'Égyptienne.

— Dis donc, Remy, lui demanda tout à coup Bussy, ne t'a-t-il pas semblé reconnaître ce gentilhomme qu'on trempait dans une cuve, quand nous sommes passés au coin de la rue Coquillière ?

— Sans doute, monsieur le comte, et même à ce point que, depuis ce moment, je cherche à me rappeler son nom.

— Tu ne l'as donc pas reconnu non plus ?

— Non. Il était déjà bien bleu.

— J'aurais dû le délivrer, dit Bussy ; c'est un devoir entre gens comme il faut de se porter secours contre les manants ; mais, en vérité, Remy, j'étais trop occupé de mes affaires.

— Mais si nous ne l'avons pas reconnu, lui, dit le Haudouin, il nous a à coup sûr reconnus, nous qui avions notre couleur naturelle, car il m'a semblé qu'il roulait des yeux effroyables et qu'il nous montrait le poing en nous envoyant quelque menace.

— Tu es sûr de cela, Remy ?

— Je réponds des yeux effroyables ; mais je suis moins sûr du poing et des menaces, dit le Haudouin qui connaissait le caractère irascible de Bussy.

— Alors il faudra savoir quel est ce gentilhomme, Remy : je ne puis pas laisser passer ici une pareille injure.

— Attendez donc, attendez donc ! s'écria le Haudouin, comme s'il fût sorti de l'eau froide ou entré dans l'eau chaude ; oh ! mon Dieu ! j'y suis, je le connais.

— Comment cela ?

— Je l'ai entendu jurer.

— Je le crois mordieu bien ! tout le monde eût juré en pareille situation.

— Oui, mais lui, il a juré en allemand.

— Bah !

— Il a dit : *Gott verdamme.*

— C'est Schomberg, alors.

— Lui-même, monsieur le comte, lui-même.

— Alors, mon cher Remy, apprête tes onguents.

— Pourquoi cela ?

— Parce qu'il y aura avant peu quelque raccommodage à faire à sa peau ou à la mienne.

— Vous ne serez pas si fou que de vous faire tuer, étant en si bonne santé et si heureux, dit Remy en clignant de l'œil ; dame ! voilà déjà une fois que sainte Marie l'Égyptienne vous ressuscite ; elle pourrait bien se lasser de faire un miracle que le Christ lui-même n'a essayé que deux fois.

— Au contraire, Remy, dit le comte, tu ne te doutes pas du bonheur qu'il y a, quand on est heureux, à s'en aller jouer sa vie contre celle d'un autre homme. Je t'assure que jamais je ne me suis battu de bon cœur quand j'avais perdu au jeu de grosses sommes, quand j'avais surpris ma maîtresse en faute ou quand j'avais quelque chose à me reprocher ; mais chaque fois, au contraire, que ma bourse est ronde, mon cœur léger et ma conscience nette, je m'en vais hardi et railleur sur le pré ; là, je suis sûr de ma main, je lis jusqu'au fond des yeux de mon adversaire, je l'écrase de ma chance. Je suis dans la position d'un homme qui joue au passe-dix avec la veine, et qui sent le vent de la fortune pousser à lui l'or de son antagoniste. Non, c'est alors que je suis brillant, sûr de moi ; c'est alors que je me fends à fond. Je me battrais admirablement bien aujourd'hui, Remy, dit le jeune homme en tendant la main au docteur, car, grâce à toi, je suis bien heureux !

— Un moment, un moment ! dit le Haudoin ; vous vous priverez cependant, s'il vous plaît, de ce plaisir. Une belle dame de mes amies vous a recommandé à moi, et m'a fait jurer de vous garder sain et sauf, sous prétexte que vous lui deviez déjà la vie, et qu'on n'a pas la liberté de disposer de ce qu'on doit.

— Bon Remy ! fit Bussy en se plongeant dans ce vague de la pensée qui permet à l'homme amoureux d'entendre et de voir tout ce qu'on dit et tout ce qu'on fait, comme derrière une gaze, au théâtre, on voit les objets sans leurs angles et sans les crudités de leurs tons, état délicieux qui est presque un rêve, car tout en suivant de l'âme sa pensée douce et fidèle, on a les sens distraits par la parole ou le geste d'un ami.

— Vous m'appelez bon Remy, dit le Haudoin, parce que je vous ai fait revoir madame de Monsoreau ; mais m'appellerez-vous encore bon Remy, quand vous allez être séparé d'elle, et malheureusement le jour approche, s'il n'est pas arrivé.

— Plaît-il ? s'écria énergiquement Bussy. Ne plaisantons pas là-dessus, maître le Haudoin.

— Eh ! monsieur, je ne plaisante pas ; ne savez-vous point qu'elle part pour l'Anjou, et que moi-même je vais avoir la douleur d'être séparé de mademoiselle Gertrude ?... Ah !

Bussy ne put s'empêcher de sourire au prétendu désespoir de Remy.

— Tu l'aimes beaucoup ? demanda-t-il.

— Je crois bien... et elle donc !... Si vous saviez comme elle me bat !

— Et tu te laisses faire ?

— Par amour pour la science : elle m'a forcé d'inventer une pommade souveraine pour faire disparaître les bleus.

— En ce cas, tu devrais bien en envoyer plusieurs pots à Schomberg.

— Ne parlons plus de Schomberg, il est convenu que nous le laissons se débarbouiller à sa guise.

— Oui, et revenons à madame de Monsoreau, ou plutôt à Diane de Méridor, car tu sais...

— Oh! mon Dieu, oui, je sais.

— Remy, quand partons-nous?

— Ah! voilà ce dont je me doutais; le plus tard possible, monsieur le comte.

— Pourquoi cela?

— D'abord parce que nous avons à Paris ce cher M. d'Anjou, le chef de la communauté, qui s'est mis, hier soir, à ce qu'il m'a semblé, dans de telles affaires, qu'il va évidemment avoir besoin de nous.

— Ensuite?

— Ensuite parce que M. de Monsoreau, par une bénédiction toute particulière, ne se doute de rien, à votre endroit du moins, et qu'il se douterait peut-être de quelque chose s'il vous voyait disparaître de Paris en même temps que sa femme qui n'est point sa femme.

— Eh bien! que m'importe qu'il s'en doute?

— Oh! oui; mais cela m'importe beaucoup à moi, mon cher seigneur. Je me charge de raccommoder les coups d'épée reçus en duel, parce que, comme vous êtes de première force, vous ne recevez jamais de coups d'épée bien sérieux, mais je récuse les coups de poignard poussés dans les guets-apens et surtout par les maris jaloux; ce sont des animaux qui, en pareil cas, tapent fort dur; voyez plutôt ce pauvre M. de Saint-Mégrin, si méchamment mis à mort par notre ami M. de Guise.

— Que veux-tu, cher ami, s'il est dans ma destinée d'être tué par le Monsoreau!

— Eh bien?

— Eh bien! il me tuera.

— Et puis, huit jours, un mois, un an après, madame de Monsoreau épousera son mari, ce qui fera énormément enrager votre pauvre âme, qui verra cela d'en haut ou d'en bas, et qui ne pourra pas s'y opposer, vu qu'elle n'aura plus de corps.

— Tu as raison, Remy, je veux vivre.

— A la bonne heure! mais ce n'est pas le tout que de vivre; croyez-moi, il faut encore suivre mes conseils, être charmant pour le Monsoreau; il est, pour le moment, d'une affreuse jalousie contre M. le duc d'Anjou, qui, tandis que vous grelottiez la fièvre dans votre lit, se promenait sous les fenêtres de la dame, comme un Espagnol à bonnes fortunes, et qui a été reconnu à son Aurilly. Faites-lui toutes sortes d'avances, à ce bon mari qui ne l'est pas; n'ayez pas même l'air de lui demander ce qu'est devenue sa femme; c'est inutile, puisque vous le savez, et il répandra partout que vous êtes le seul gentilhomme qui possédiez les vertus de Scipion : sobriété et chasteté.

— Je crois que tu as raison, dit Bussy. A présent que je ne suis plus jaloux de l'ours, je veux l'apprivoiser, ce sera d'un suprême comique! Ah! maintenant, Remy, demande-moi tout ce que tu voudras, tout m'est facile, je suis heureux.

En ce moment, quelqu'un frappa à la porte; les deux convives firent silence.

— Qui va là? demanda Bussy.

— Monseigneur, répondit un page, il y a en bas un gentilhomme qui veut vous parler.

— Me parler, à moi, si matin! Qui est-ce?

— Un grand monsieur, vêtu de velours vert avec des bas roses, une figure un peu risible, mais l'air d'un honnête homme.

— Eh! pensa tout haut Bussy, serait-ce Schomberg?

— Il a dit un grand monsieur.

— C'est vrai; où le Monsoreau?

— Il a dit l'air d'un honnête homme.

— Tu as raison, Remy, ce ne peut être ni l'un ni l'autre; fais entrer.

L'homme annoncé parut au bout d'un instant sur le seuil.

— Ah! mon Dieu! s'écria Bussy en se

levant précipitamment à la vue du visiteur, tandis que Remy, en ami discret, se retirait par la porte d'un cabinet.

« Monsieur Chicot! exclama Bussy.

— Lui-même, monsieur le comte, répondit le Gascon.

Le regard de Bussy s'était fixé sur lui avec cet étonnement qui veut dire en toutes lettres, sans que la bouche ait besoin de prendre le moins du monde part à la conversation :

— Monsieur, que venez-vous faire ici?

Aussi, sans être autrement interrogé, Chicot répondit d'un air fort sérieux :

— Monsieur, je viens vous proposer un petit marché.

— Parlez, monsieur, répliqua Bussy avec surprise.

— Que me promettriez-vous, si je vous rendais un grand service?

— Cela dépend du service, monsieur, répondit assez dédaigneusement Bussy.

Le Gascon feignit de ne point remarquer cet air de dédain.

— Monsieur, dit Chicot en s'asseyant et en croisant ses longues jambes l'une sur l'autre, je remarque que vous ne me faites pas l'honneur de m'inviter à m'asseoir.

Le rouge monta au visage de Bussy.

— C'est autant à ajouter encore, dit Chicot, à la récompense qui me reviendra quand je vous aurai rendu le service en question.

Bussy ne répondit point.

— Monsieur, continua Chicot sans se démonter, connaissez-vous la Ligue?

— J'en ai fort entendu parler, répondit Bussy commençant à prêter une certaine attention à ce que lui disait le Gascon.

— Eh bien! monsieur, dit Chicot, vous devez savoir en ce cas que c'est une association d'honnêtes chrétiens, réunis dans le but de massacrer religieusement leurs voisins les huguenots. En êtes-vous, monsieur, de la Ligue?... Moi, j'en suis.

— Mais, monsieur?...

— Dites seulement oui ou non.

— Permettez-moi de m'étonner, dit Bussy.

— Je me faisais l'honneur de vous demander si vous étiez de la Ligue; m'avez-vous entendu?

— Monsieur Chicot, dit Bussy, comme je n'aime pas les questions dont je ne comprends pas le sens, je vous prie de changer la conversation, et j'attendrai encore quelques minutes, accordées à la bienséance, pour vous répéter que, n'aimant point les questions, je n'aime naturellement pas les questionneurs.

— Fort bien; la bienséance est bienséante, comme dit ce cher M. de Monsoreau lorsqu'il est en belle humeur.

A ce nom de Monsoreau, que le Gascon prononça sans apparente allusion, Bussy recommença de prêter attention.

— Hein! se dit-il tout bas, se douterait-il de quelque chose, et m'aurait-il envoyé ce Chicot pour m'espionner?...

Puis tout haut :

— Voyons, monsieur Chicot, au fait; vous savez que nous n'avons plus que quelques minutes.

— *Optime*, dit Chicot; quelques minutes, c'est beaucoup; en quelques minutes, on se dit bien des choses; je vous dirai donc qu'en effet j'aurais pu me dispenser de vous questionner, attendu que si vous n'êtes pas de la sainte Ligue vous en serez bientôt, indubitablement, attendu que M. d'Anjou en est.

— M. d'Anjou! qui vous a dit cela?

— Lui-même, parlant à ma personne, comme disent ou plutôt comme écrivent messieurs les gens de loi, comme écrivait par exemple ce bon et cher M. Nicolas David, ce flambeau du *forum parisiense*, lequel flambeau s'est éteint sans qu'on sache qui a soufflé dessus : or vous comprenez bien que si M. le duc d'Anjou est de la Ligue, vous ne pouvez vous dis-

LA DAME DE MONSOREAU 329

Chicot jouait aux échecs tout seul et paraissait absorbé dans une profonde combinaison. — Page 333.

penser d'en être, vous qui êtes son bras droit, que diable! La Ligue sait trop bien ce qu'elle fait pour accepter un chef manchot.

— Eh bien! monsieur Chicot, après? dit Bussy d'un ton évidemment plus courtois qu'il n'avait été jusque-là.

— Après? reprit Chicot. Eh bien! après, si vous en êtes, ou si l'on croit seulement que vous devez en être, et on le croira certainement, il vous arrivera, à vous, ce qui est arrivé à Son Altesse Royale.

— Qu'est-il donc arrivé à Son Altesse Royale? s'écria Bussy.

— Monsieur, dit Chicot en se relevant et en imitant la pose qu'avait prise Bussy un instant auparavant, monsieur, je n'aime pas les questions, et, si vous me permettez de le dire tout de suite, je n'aime pas les questionneurs; j'ai donc grande envie de vous laisser faire, à vous, ce qu'on a fait cette nuit à votre maître.

— Monsieur Chicot, dit Bussy avec un

sourire qui contenait toutes les excuses qu'un gentilhomme peut faire, parlez, je vous en supplie, où est M. le duc?

— Il est en prison.

— Où cela?

— Dans sa chambre. Quatre de mes bons amis l'y gardent même à vue. M. de Schomberg, qui fut teint en bleu hier soir, comme vous savez, puisque vous passiez là au moment de l'opération; M. d'Épernon, qui est jaune de la peur qu'il a eue; M. de Quélus, qui est rouge de colère, et M. de Maugiron, qui est blanc d'ennui; c'est fort beau à voir, attendu que, comme M. le duc commence à verdir de peur, nous allons jouir d'un arc-en-ciel complet, nous autres privilégiés du Louvre.

— Ainsi, monsieur, dit Bussy, vous croyez qu'il y a danger pour ma liberté?

— Danger, un instant, monsieur; je suppose même qu'en ce moment on est... on doit... ou l'on devrait être en chemin pour vous arrêter.

Bussy tressaillit.

— Aimez-vous la Bastille, monsieur de Bussy? C'est un endroit fort propre aux méditations, et M. Laurent Testu, qui en est le gouverneur, fait une cuisine assez agréable à ses pigeonneaux.

— On me mettrait à la Bastille! s'écria Bussy.

— Ma foi! je dois avoir dans ma poche quelque chose comme un ordre de vous y conduire, monsieur de Bussy. Le voulez-vous voir?

Et Chicot tira effectivement des poches de ses chausses, dans lesquelles eussent tenu trois cuisses comme la sienne, un ordre du roi en bonne forme, commandant d'appréhender au corps, partout où il serait, M. Louis de Clermont, seigneur de Bussy d'Amboise.

— Rédaction de M. de Quélus, dit Chicot; c'est fort bien écrit.

— Alors, monsieur, s'écria Bussy tou-ché de l'action de Chicot; vous me rendez donc véritablement un service?

— Mais je crois que oui, dit le Gascon; êtes-vous de mon avis, monsieur?

— Monsieur, dit Bussy, je vous en conjure, traitez-moi comme un galant homme; est-ce pour me nuire en quelque autre rencontre que vous me sauvez aujourd'hui? car vous aimez le roi, et le roi ne m'aime pas.

— Monsieur le comte, dit Chicot en se soulevant sur sa chaise et en saluant, je vous sauve pour vous sauver; maintenant pensez ce qu'il vous plaira de mon action.

— Mais, de grâce, à quoi dois-je attribuer un pareille bienveillance?

— Oubliez-vous que je vous ai demandé une récompense?

— C'est vrai.

— Eh bien?

— Ah! monsieur, de grand cœur!

— Vous ferez donc à votre tour ce que je vous demanderai, un jour ou l'autre?

— Foi de Bussy! en tant que la chose sera faisable.

— Eh bien! voilà qui me suffit, dit Chicot en se levant. Maintenant, montez à cheval et disparaissez; moi, je porte l'ordre de vous arrêter à qui de droit.

— Vous ne deviez donc pas m'arrêter vous-même?

— Allons donc! pour qui me prenez-vous? Je suis gentilhomme, monsieur.

— Mais j'abandonne mon maître.

— N'en ayez pas remords, car il vous a déjà abandonné.

— Vous êtes un brave gentilhomme, monsieur Chicot, dit Bussy au Gascon.

— Parbleu, je le sais bien, répliqua celui-ci.

Bussy appela le Haudouin.

Le Haudouin, il faut lui rendre justice, écoutait à la porte; il entra aussitôt.

— Remy! s'écria Bussy, Remy, Remy, nos chevaux!

— Ils sont sellés, monseigneur, répondit tranquillement Remy.

— Monsieur, dit Chicot, voilà un jeune homme qui a beaucoup d'esprit.

— Parbleu, dit Remy, je le sais bien.

Et Chicot le saluant, il salua Chicot comme l'eussent fait, quelque cinquante ans plus tard, Guillaume Gorin et Gauthier Gargouille.

Bussy rassembla quelques piles d'écus, qu'il fourra dans ses poches et dans celles du Haudouin.

Après quoi, saluant Chicot et le remerciant une dernière fois, il s'apprêta à descendre.

— Pardon, monsieur, dit Chicot, mais permettez-moi d'assister à votre départ.

Et Chicot suivit Bussy et le Haudouin jusqu'à la petite cour des écuries, où effectivement deux chevaux attendaient tout sellés aux mains du page.

— Et où allons-nous? fit Remy en rassemblant négligemment les rênes de son cheval.

— Mais... fit Bussy en hésitant ou en paraissant hésiter.

— Que dites-vous de la Normandie, monsieur? dit Chicot qui regardait faire et examinait les chevaux en connaisseur.

— Non, répondit Bussy, c'est trop près.

— Que pensez-vous des Flandres? continua Chicot.

— C'est trop loin.

— Je crois, dit Remy, que vous vous décideriez pour l'Anjou, qui est à une distance raisonnable, n'est-ce pas, monsieur le comte?

— Oui, va pour l'Anjou, dit Bussy en rougissant.

— Monsieur, dit Chicot, puisque vous avez fait votre choix et que vous allez partir...

— A l'instant même.

— J'ai bien l'honneur de vous saluer; pensez à moi dans vos prières.

Et le digne gentilhomme s'en alla toujours aussi grave et aussi majestueux, en écornant les angles des maisons avec son immense rapière.

— Ce que c'est que le destin, cependant, monsieur, dit Remy.

— Allons, vite, s'écria Bussy, et peut-être la rattraperons-nous?

— Ah! monsieur, dit le Haudouin, si vous aidez le destin, vous lui ôterez son mérite.

Et ils partirent.

XLVII

LES ÉCHECS DE CHICOT, LE BILBOQUET DE QUÉLUS ET LA SARBACANE DE SCHOMBERG

On peut dire que Chicot, malgré son apparente froideur, s'en retournait au Louvre avec la joie la plus complète.

C'était pour lui une triple satisfaction d'avoir rendu service à un brave comme l'était Bussy, d'avoir travaillé à quelque intrigue et d'avoir rendu possible, pour le roi, un coup d'État que réclamaient les circonstances.

En effet, avec la tête et surtout le cœur que l'on connaissait à M. de Bussy, avec l'esprit d'association que l'on connaissait à MM. de Guise, on risquait fort de voir se lever un jour orageux sur la bonne ville de Paris.

Tout ce que le roi avait craint, tout ce que Chicot avait prévu arriva comme on pouvait s'y attendre.

M. de Guise, après avoir reçu, le matin, chez lui, les principaux ligueurs, qui chacun de son côté, étaient venus lui apporter les registres couverts de signatures que nous avons vus ouverts dans les carrefours, aux portes des principales auberges et jusque sur les autels des églises; M. de Guise, après avoir promis un chef à la Ligue et avoir fait jurer à chacun de reconnaître le chef que le roi nommerait; M. de Guise, après avoir enfin conféré avec le cardinal et avec M. de Mayenne, était sorti pour se rendre chez M. le duc d'Anjou, qu'il avait perdu de vue la veille, vers les dix heures du soir.

Chicot se doutait de la visite; aussi, en sortant de chez Bussy, avait-il été incontinent flâner aux environs de l'hôtel d'Alençon, situé au coin de la rue Hautefeuille et de la rue Saint-André.

Il y était depuis un quart d'heure à peine, quand il vit déboucher celui qu'il attendait par la rue de la Huchette.

Chicot s'effaça à l'angle de la rue du Cimetière, et le duc de Guise entra à l'hôtel sans l'avoir aperçu.

Le duc trouva le premier valet de chambre du prince assez inquiet de n'avoir pas vu revenir son maître; mais il s'était douté de ce qui était arrivé, c'est-à-dire que le duc avait été coucher au Louvre.

Le duc demanda si en l'absence du prince il ne pourrait point parler à Aurilly; le valet de chambre répondit au duc qu'Aurilly était dans le cabinet de son maître, et qu'il avait toute liberté de l'interroger.

Le duc passa.

Aurilly, en effet, on se le rappelle, joueur de luth et confident du prince, était de tous les secrets de M. le duc d'Anjou, et devait savoir mieux que personne où se trouvait Son Altesse.

Aurilly était pour le moins aussi inquiet que le valet de chambre, et de temps en temps il quittait son luth, sur lequel ses doigts couraient avec distraction, pour se rapprocher de la fenêtre et regarder à travers les vitres si le duc ne revenait pas.

Trois fois on avait envoyé au Louvre, et à chaque fois on avait fait répondre que monseigneur, rentré fort tard au palais, dormait encore.

M. de Guise s'informa à Aurilly du duc d'Anjou.

Aurilly avait été séparé de son maître la veille, au coin de la rue de l'Arbre-Sec, par un groupe qui venait augmenter le rassemblement qui se faisait à la porte de l'hôtellerie de la Belle-Étoile, de sorte qu'il était revenu attendre le duc à l'hôtel d'Alençon, ignorant la résolution qu'avait prise Son Altesse Royale de coucher au Louvre.

Le joueur de luth raconta alors au prince lorrain la triple ambassade qu'il avait envoyée au Louvre, et lui transmit la réponse identique qui avait été faite à chacun des trois messagers.

— Il dort à onze heures? dit le duc; ce n'est guère probable; le roi lui-même est debout d'ordinaire à cette heure. Vous devriez aller au Louvre, Aurilly.

— J'y ai bien songé, monseigneur, dit Aurilly; mais je crains que ce prétendu sommeil ne soit une recommandation qu'il ait faite au concierge du Louvre, et qu'il ne soit en galanterie par la ville; or, s'il en était ainsi, monseigneur serait peut-être contrarié qu'on le cherchât.

— Aurilly, reprit le duc, croyez-moi, monseigneur est un homme trop raisonnable pour être en galanterie un jour comme aujourd'hui. Allez donc au Louvre sans crainte, et vous y trouverez monseigneur.

— J'irai donc, monsieur, puisque vous le désirez, mais que lui dirai-je?

— Vous lui direz que la convocation au Louvre était pour deux heures, et qu'il sait bien que nous devions conférer ensemble avant de nous trouver chez le roi. Vous comprenez, Aurilly, ajouta le duc avec un mouvement de mauvaise humeur assez irrespectueux, que ce n'est point au moment où le roi va nommer un chef à la Ligue qu'il s'agit de dormir.

— Fort bien, monseigneur, et je prierai Son Altesse de venir ici.

— Où je l'attends bien impatiemment, lui direz-vous; car, convoqués pour deux heures, beaucoup sont déjà au Louvre, et il n'y a pas un instant à perdre. Moi, pendant ce temps, j'enverrai quérir M. de Bussy.

— C'est entendu, monseigneur. Mais au cas où je ne trouverais point Son Altesse, que ferais-je?

— Si vous ne trouvez point Son Altesse, Aurilly, n'affectez point de la chercher; il suffira que vous lui disiez plus tard avec quel zèle j'ai tenté de la rencontrer. Dans tous les cas, à deux heures moins un quart je serai au Louvre.

Aurilly salua le duc et partit.

Chicot le vit sortir et devina la cause de sa sortie.

Si M. le duc de Guise apprenait l'arrestation de M. d'Anjou, tout était perdu, ou, du moins, tout s'embrouillait fort.

Chicot vit qu'Aurilly remontait la rue de la Huchette pour prendre le pont Saint-Michel; lui, au contraire, alors descendit la rue Saint-André-des-Arts de toute la vitesse de ses longues jambes, et passa la Seine au bac de Nesle, au moment où Aurilly arrivait à peine en vue du grand Châtelet.

Nous suivrons Aurilly, qui nous conduit au théâtre même des événements importants de la journée.

Il descendit les quais garnis de bourgeois, ayant tout l'aspect de triomphateurs, et gagna le Louvre, qui lui apparut, au milieu de toute cette joie parisienne, avec sa plus tranquille et sa plus bénoîte apparence.

Aurilly savait son monde et connaissait sa cour; il causa d'abord avec l'officier de la porte, qui était toujours un personnage considérable pour les chercheurs de nouvelles et les flaireurs de scandale.

L'officier de la porte était tout miel; le roi s'était réveillé de la meilleure humeur du monde.

Aurilly passa de l'officier de la porte au concierge.

Le concierge passait une revue de serviteurs habillés à neuf, et leur distribuait des hallebardes d'un nouveau modèle.

Il sourit au joueur de luth, répondit à ses commentaires sur la pluie et le beau temps, ce qui donna à Aurilly la meilleure opinion de l'atmosphère politique.

En conséquence, Aurilly passa outre et prit le grand escalier, qui conduisait chez le duc, en distribuant force saluts aux courtisans déjà disséminés par les montées et les antichambres.

A la porte de l'appartement de Son Altesse, il trouva Chicot assis sur un pliant.

Chicot jouait aux échecs tout seul et paraissait absorbé dans une profonde combinaison.

Aurilly essaya de passer, mais Chicot, avec ses longues jambes, tenait toute la longueur du palier.

Il fut forcé de frapper sur l'épaule du Gascon.

— Ah! c'est vous, dit Chicot, pardon, monsieur Aurilly.

— Que faites-vous donc, monsieur Chicot?

— Je joue aux échecs, comme vous voyez.

— Tout seul?...

— Oui... j'étudie un coup... Savez-vous jouer aux échecs, monsieur?

— A peine.

— Oui, je sais, vous êtes musicien, et la musique est un art si difficile, que les privilégiés qui se livrent à cet art sont forcés de lui donner tout leur temps et toute leur intelligence.

— Il paraît que le coup est sérieux? demanda en riant Aurilly.

— Oui, c'est mon roi qui m'inquiète; vous saurez, monsieur Aurilly, qu'aux échecs, le roi est un personnage très-niais, très-insignifiant, qui n'a pas de volonté, qui ne peut faire qu'un pas à droite, un pas à gauche, un pas en avant, un pas en arrière, tandis qu'il est entouré d'ennemis très-alertes, de cavaliers qui sautent trois cases d'un coup et d'une foule de pions qui l'entourent, qui le pressent, qui le harcèlent; de sorte que s'il est mal conseillé, ah! dame, en peu de temps c'est un monarque perdu; il est vrai qu'il a son fou qui va, qui vient, qui trotte d'un bout de l'échiquier à l'autre, qui a le droit de se mettre devant lui, derrière lui, et à côté de lui; mais il n'en est pas moins certain que plus le fou est dévoué à son roi, plus il s'aventure lui-même, monsieur Aurilly, et, dans ce moment, je vous avouerai que mon roi et son fou sont dans une situation des plus périlleuses.

— Mais, demanda Aurilly, par quel hasard, monsieur Chicot, êtes-vous venu étudier ces combinaisons à la porte de Son Altesse Royale?

— Parce que j'attends M. de Quélus, qui est là.

— Où, là? demanda Aurilly.

— Mais, chez Son Altesse.

— Chez Son Altesse, M. de Quélus? fit avec surprise Aurilly.

Pendant tout ce dialogue, Chicot avait livré passage au joueur de luth; mais de telle façon qu'il avait transporté son établissement dans le corridor, et que le messager de M. de Guise se trouvait placé maintenant entre lui et la porte d'entrée.

Cependant il hésitait à ouvrir cette porte.

— Mais, dit-il, que fait donc M. de Quélus chez M. le duc d'Anjou? Je ne les savais pas si grands amis.

— Chut! dit Chicot avec un air de mystère.

Puis, tenant toujours son échiquier entre ses deux mains, il décrivit une courbe avec sa longue personne, de sorte que sans ses pieds quittassent leur place, ses lèvres arrivèrent à l'oreille d'Aurilly.

— Il vient demander pardon à Son Altesse Royale, dit-il, pour une petite querelle qu'ils eurent hier.

— En vérité? dit Aurilly.

— C'est le roi qui a exigé cela, vous savez dans quels excellents termes les deux frères sont en ce moment. Le roi n'a pas voulu souffrir une impertinence de Quélus, et Quélus a reçu l'ordre de s'humilier.

— Vraiment?

— Ah! monsieur Aurilly, dit Chicot, je crois que véritablement nous entrons dans l'âge d'or; le Louvre va devenir l'Arcadie et les deux frères *Arcades ambo*. Ah! pardon, monsieur Aurilly, j'oublie toujours que vous êtes musicien.

Aurilly sourit et passa dans l'antichambre, en ouvrant la porte assez grande pour que Chicot pût échanger un coup d'œil des plus significatifs avec Quélus, qui d'ailleurs était probablement prévenu à l'avance.

Chicot reprit alors ses combinaisons palamédiques en gourmandant son roi, non pas plus durement peut-être que ne l'eût mérité un souverain en chair et en os, mais plus durement certes que ne le méritait un innocent morceau d'ivoire.

Aurilly, une fois entré dans l'antichambre, fut salué très-courtoisement par Quélus, entre les mains de qui un superbe bilboquet d'ébène, enjolivé d'incrustations d'ivoire, faisait de rapides évolutions.

— Bravo! monsieur de Quélus, dit Aurilly, en voyant le jeune homme accomplir un coup difficile, bravo!

— Ah! mon cher monsieur Aurilly, dit Quélus, quand jouerai-je du bilboquet comme vous jouez du luth?

— Quand vous aurez étudié autant de jours votre joujou, dit Aurilly un peu piqué, que j'ai mis, moi, d'années à étudier mon instrument. Mais où est donc monseigneur? ne lui parliez-vous pas ce matin, monsieur?

— J'ai en effet audience de lui, mon cher Aurilly, mais Schomberg a le pas sur moi.

— Ah! M. de Schomberg aussi! dit le joueur de luth avec une nouvelle surprise.

— Oh! mon Dieu! oui. C'est le roi qui règle cela ainsi; il est là dans la salle à manger. Entrez donc, monsieur d'Aurilly, et faites-moi le plaisir de rappeler au prince que nous attendons.

Aurilly ouvrit la seconde porte et aperçut Schomberg couché plutôt qu'assis sur un large escabeau tout rembourré de plumes.

Schomberg, ainsi renversé, visait avec une sarbacane à faire passer dans un anneau d'or suspendu au plafond par un fil de soie de petites boules de terre parfumée, dont il avait ample provision dans sa gibecière, et qu'un chien favori lui rapportait toutes les fois qu'elles ne s'étaient pas brisées contre la muraille.

— Quoi! s'écria d'Aurilly, chez monseigneur un pareil exercice!... Ah! monsieur de Schomberg!

— Ah! *guten morgen!* monsieur Aurilly, dit Schomberg en interrompant le cours de son jeu d'adresse, vous voyez, je tue le temps en attendant mon audience.

— Mais où est donc monseigneur? demanda Aurilly.

— Chut! monseigneur est occupé dans ce moment à pardonner à d'Épernon et à Maugiron. Mais ne voulez-vous point entrer, vous qui jouissez de toutes familiarités près du prince?

— Peut-être y a-t-il indiscrétion? demanda le musicien.

— Pas le moins du monde, au contraire; vous le trouverez dans son cabinet de peinture; entrez, monsieur Aurilly, entrez.

Et il poussa Aurilly par les épaules dans la pièce voisine, où le musicien ébahi aperçut tout d'abord d'Épernon occupé devant un miroir à se raidir les moustaches avec de la gomme, tandis que Maugiron, assis près de la fenêtre, découpait des gravures près desquelles les bas-reliefs du temple de Vénus Aphrodite à Gnide et les peintures de la piscine de Tibère, à Caprée pouvaient passer pour des images de sainteté.

Le duc, sans épée, se tenait dans son fauteuil entre ces deux hommes, qui ne le regardaient que pour surveiller ses mouvements, et qui ne lui parlaient que pour lui faire entendre des paroles désagréables.

En voyant Aurilly, il voulut s'élancer au-devant de lui.

— Tout doux, monseigneur, dit Maugiron, vous marchez sur mes images.

— Mon Dieu! s'écria le musicien, que vois-je là? on insulte mon maître.

— Ce cher M. Aurilly, dit d'Épernon tout en continuant de cambrer ses moustaches, comment va-t-il? Très-bien, car il me paraît un peu rouge.

— Faites-moi donc l'amitié, monsieur le musicien, de m'apporter votre petite dague, s'il vous plaît, dit Maugiron.

— Messieurs, messieurs, dit Aurilly, ne vous rappelez-vous donc plus où vous êtes?

— Si fait, si fait, mon cher Orphée, dit d'Épernon, voilà pourquoi mon ami vous demande votre poignard. Vous voyez bien que M. le duc n'en a pas.

— Aurilly, dit le duc avec une voix pleine de douleur et de rage, ne devines-tu donc pas que je suis prisonnier?

— Prisonnier de qui?

— De mon frère. N'aurais-tu donc pas dû le comprendre en voyant quels sont mes geôliers?

Aurilly poussa un cri de surprise.

— Oh! si je m'en étais douté! dit-il.

— Vous eussiez pris votre luth pour distraire Son Altesse, cher monsieur Aurilly, dit une voix railleuse, mais j'y ai songé: je l'ai envoyé prendre, et le voici.

Et Chicot tendit effectivement son luth au pauvre musicien; derrière Chicot on pouvait voir Quélus et Schomberg qui bâillaient à se démonter la mâchoire.

— Et cette partie d'échecs, Chicot? demanda d'Épernon.

— Ah! oui, c'est vrai, dit Quélus.

— Messieurs, je crois que mon fou sauvera son roi ; mais, morbleu! ce ne sera pas sans peine. Allons, monsieur Aurilly, donnez-moi votre poignard en échange de ce luth, troc pour troc.

Le musicien consterné obéit et alla s'asseoir sur un coussin, aux pieds de son maître.

— En, voilà déjà un dans la ratière, dit Quélus ; passons aux autres.

Et sur ces mots, qui donnaient à Aurilly l'explication des scènes précédentes, Quélus retourna prendre son poste dans l'antichambre, en priant seulement Schomberg de changer sa sarbacane contre son bilboquet.

— C'est juste, dit Chicot ; il faut varier ses plaisirs ; moi, pour varier les miens, je vais signer la Ligue.

Et il referma la porte, laissant la société de Son Altesse Royale augmentée du pauvre joueur de luth.

XLVIII

COMMENT LE ROI NOMMA UN CHEF A LA LIGUE, ET COMMENT CE NE FUT NI SON ALTESSE LE DUC D'ANJOU NI MONSEIGNEUR LE DUC DE GUISE.

L'heure de la grande réception était arrivée ou plutôt allait arriver, car, depuis midi, le Louvre recevait déjà les principaux chefs, les intéressés et même les curieux.

Paris, tumultueux comme la veille, mais avec cette différence que les suisses, qui n'étaient pas de la fête la veille, en étaient le lendemain les acteurs principaux ; Paris, tumultueux comme la veille, disons-nous, avait envoyé vers le Louvre ses députations de ligueurs, ses corporations d'ouvriers, ses échevins, ses milices et ses flots toujours renaissants de spectateurs, qui, dans les jours où le peuple tout entier est occupé à quelque chose, apparaissent autour du peuple pour le regarder, aussi nombreux, aussi actifs, aussi curieux que s'il y avait à Paris deux peuples, et comme si, dans cette grande ville, en petit l'image du monde, chaque individu se dédoublait à volonté en deux parties, l'une agissant, l'autre qui regarde agir.

Il y avait donc autour du Louvre une masse considérable de populaire ; mais qu'on ne tremble pas pour le Louvre.

Ce n'était pas encore le temps où le murmure des peuples, changé en tonnerre, renverse les murailles avec le souffle de ses canons et renverse le château sur ses maîtres ; les suisses, ce jour-là, ces ancêtres du 10 août et du 27 juillet, les suisses souriaient aux masses de Parisiens, tout armées que fussent ces masses, et les Parisiens souriaient aux suisses : le temps n'était pas encore venu pour le peuple d'ensanglanter le vestibule des rois.

Qu'on n'aille pas croire, toutefois, que, pour être moins sombre, le drame fût dénué d'intérêt ; c'était au contraire une des scènes les plus curieuses que nous ayons encore esquissées que celle que présentait le Louvre.

Le roi, dans sa grande salle, dans la salle du trône, était entouré de ses officiers, de ses amis, de ses serviteurs, de sa famille, attendant que toutes les corporations eussent défilé devant lui, pour aller ensuite, en laissant leurs chefs dans ce palais, prendre les places qui leur étaient assignées sous les fenêtres et dans les cours du Louvre.

Il pouvait ainsi d'un seul coup, d'un seul bloc, en masse, embrasser d'un coup d'œil et presque compter ses ennemis, renseigné de temps en temps par Chicot,

LA DAME DE MONSOREAU

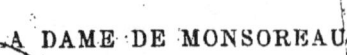

Toi, qui n'as pas besoin de retourner comme moi à l'école, lis un peu ceci. — Page 344.

caché derrière son fauteuil royal ; averti par un signe de la reine-mère ou réveillé par quelques frémissements des infimes ligueurs, plus impatients que leurs chefs parce qu'ils étaient moins avant qu'eux dans le secret. Tout à coup M. de Monsoreau entra.

— Tiens, dit Chicot, regarde donc, Henriquet.

— Que veux-tu que je regarde?

— Regarde ton grand-veneur, pardieu ! il en vaut bien la peine ; il est assez pâle et assez crotté pour mériter d'être vu.

— En effet, dit le roi, c'est lui-même.

Henri fit signe à M. de Monsoreau ; le grand-veneur s'approcha.

— Comment êtes-vous au Louvre, monsieur? demanda Henri. Je vous croyais à Vincennes, occupé à nous détourner un cerf.

— Le cerf était, en effet, détourné à sept heures du matin, sire ; mais, voyant que midi était prêt à sonner et que je n'avais aucune nouvelle, j'ai craint qu'il ne vous fût arrivé malheur, et je suis accouru.

— En vérité? fit le roi.

— Sire, dit le comte, si j'ai manqué à mon devoir, n'attribuez cette faute qu'à un excès de dévouement.

— Oui, monsieur, dit Henri, et croyez bien que je l'apprécie.

— Maintenant, reprit le comte avec hésitation, si Votre Majesté exige que je retourne à Vincennes, comme je suis rassuré...

— Non, non, restez, notre grand-veneur; cette chasse était une fantaisie qui nous était passée par la tête, et qui s'en est allée comme elle était venue; restez, et ne vous éloignez pas; j'ai besoin d'avoir autour de moi des gens qui me sont dévoués, et vous venez de vous ranger vous-même parmi ceux sur le dévouement desquels je puis compter.

Monsoreau s'inclina.

— Où Votre Majesté veut-elle que je me tienne? demanda le comte.

— Veux-tu me le donner pour une demi-heure? demanda tout bas Chicot à l'oreille du roi.

— Pour quoi faire?

— Pour le tourmenter un peu. Qu'est-ce que cela te fait? Tu me dois bien un dédommagement pour m'obliger d'assister à une cérémonie aussi fastidieuse que celle que tu nous promets.

— Eh bien! prends-le.

— J'ai eu l'honneur de demander à Votre Majesté où elle désirait que je prisse place? demanda une seconde fois le comte.

— Je croyais vous avoir répondu : Où vous voudrez. Derrière mon fauteuil, par exemple. C'est là que je mets mes amis.

— Venez çà, notre grand-veneur, dit Chicot en livrant à M. de Monsoreau une portion du terrain qu'il s'était réservé pour lui tout seul, et flairez-moi un peu ces gaillards-là. Voilà un gibier qui se peut détourner sans limier. Ventre de biche, monsieur le comte, quel fumet! Ce sont les cordonniers qui passent, ou plutôt qui sont passés; puis voici les tanneurs. Mort de ma vie! notre grand-veneur, si vous perdez la trace de ceux-ci, je vous déclare que je vous ôte le brevet de votre charge!

M. de Monsoreau faisait semblant d'écouter, ou plutôt il écoutait sans entendre.

Il était fort affairé et regardait tout autour de lui avec une préoccupation qui échappa d'autant moins au roi que Chicot eut le soin de la lui faire remarquer.

— Eh! dit-il tout bas au roi, sais-tu ce que chasse en ce moment ton grand-veneur?

— Non; que chasse-t-il?

— Il chasse ton frère d'Anjou.

— Ce n'est pas à vue, en tout cas, dit Henri en riant.

— Non, c'est au juger. Tiens-tu à ce qu'il ignore où il est?

— Mais je ne serais pas fâché, je l'avoue, qu'il fît fausse route.

— Attends, attends, dit Chicot, je vais le lancer sur une piste, moi. On dit que le loup a le fumet du renard; il s'y trompera. Demande-lui seulement où est la comtesse.

— Pour quoi faire?

— Demande toujours, tu verras.

— Monsieur le comte, dit Henri, qu'avez-vous donc fait de madame de Monsoreau? Je ne l'aperçois pas parmi ces dames.

Le comte tressaillit comme si un serpent l'eût mordu au pied.

Chicot se grattait le bout du nez en clignant des yeux à l'adresse du roi.

— Sire, répondit le grand-veneur, madame la comtesse était malade, l'air de Paris lui est mauvais, elle est partie cette nuit, après avoir sollicité et obtenu congé de la reine, avec le baron de Méridor, son père.

— Et vers quelle partie de la France s'achemine-t-elle? demanda le roi, enchanté d'avoir une occasion de détourner la tête, tandis que les tanneurs passaient.

— Vers l'Anjou, son pays, sire.

— Le fait est, dit Chicot gravement, que l'air de Paris ne sied point aux femmes enceintes : *Gravidis uxoribus Lutetia inclemens*. Je te conseille d'imiter l'exemple du comte, Henri, et d'envoyer aussi la reine quelque part quand elle le sera...

Monsoreau pâlit et regarda furieusement Chicot, qui, le coude appuyé sur le fauteuil royal et le menton dans sa main, paraissait fort attentif à considérer les passementiers qui suivaient immédiatement les tanneurs.

— Et qui vous a dit, monsieur l'impertinent, que madame la comtesse fût enceinte? murmura Monsoreau.

— Ne l'est-elle point? dit Chicot, voilà ce qui serait plus impertinent, ce me semble, à supposer.

— Elle ne l'est pas, monsieur.

— Tiens, tiens, tiens, dit Chicot, as-tu entendu, Henri? il paraît que ton grand-veneur a commis la même faute que toi : il a oublié de rapprocher les chemises de Notre-Dame.

Monsoreau ferma ses poings et dévora sa colère, après avoir lancé à Chicot un regard de haine et de menace auquel Chicot répondit en enfonçant son chapeau sur ses yeux, et en faisant jouer, comme un serpent, la mince et longue plume qui ombrageait son feutre.

Le comte vit que le moment était mal choisi, et secoua la tête, comme pour faire tomber de son front les nuages dont il était chargé.

Chicot se désassombrit à son tour, et, passant de l'air matamore au plus gracieux sourire :

— Cette pauvre comtesse, ajouta-t-il, elle est dans le cas de périr d'ennui par les chemins.

— J'ai dit au roi, répondit Monsoreau, qu'elle voyageait avec son père.

— Soit, c'est respectable, un père, je ne dis pas non; mais ce n'est pas amusant; et si elle n'avait que ce digne baron pour la distraire par les chemins... mais heureusement...

— Quoi? demanda vivement le comte.

— Quoi, quoi? répondit Chicot.

— Que veut dire heureusement?

— Ah! ah! c'était une ellipse que vous faisiez, monsieur le comte.

Le comte haussa les épaules.

— Je vous demande bien pardon, notre grand-veneur. La forme interrogative dont vous venez de vous servir s'appelle une ellipse. Demandez plutôt à Henri, qui est un philologue?

— Oui, dit Henri, mais que signifiait ton adverbe?

— Quel adverbe?

— *Heureusement*.

— Heureusement signifiait heureusement. Heureusement, disais-je, et en cela j'admirais la bonté de Dieu, heureusement donc qu'il existe à l'heure qu'il est, par les chemins, quelques-uns de nos amis, et des plus facétieux même, qui, s'ils rencontrent la comtesse, la distrairont à coup sûr; et, ajouta négligemment Chicot, comme ils suivent la même route, il est probable qu'ils les rencontreront. Oh! je les vois d'ici. Les vois-tu, Henri? toi qui es un homme d'imagination. Les vois-tu sur un beau chemin vert, caracolant avec leurs chevaux, et contant à madame la comtesse cinquante gaillardises dont elle pâme, la chère dame.

Second poignard, plus acéré que le premier, planté dans la poitrine du grand-veneur.

Cependant il n'y avait pas moyen d'éclater; le roi était là, et Chicot avait, momentanément du moins, un allié dans le roi : aussi, avec une affabilité qui témoignait des efforts qu'il avait dû faire pour dompter sa méchante humeur :

— Quoi! vous avez des amis qui voyagent vers l'Anjou? dit-il en caressant Chicot du regard et de la voix.

— Vous pourriez même dire nous avons, monsieur le comte, car ces amis-là sont encore plus vos amis que les miens.

— Vous m'étonnez, monsieur Chicot, dit le comte; je ne connais personne qui…

— Bon! faites le mystérieux.

— Je vous jure.

— Vous en avez si bien, monsieur le comte, et même ce vous sont des amis si chers que tout à l'heure, par habitude, car vous savez parfaitement qu'ils sont sur la route de l'Anjou, que tout à l'heure, par habitude, je vous les ai vu chercher dans la foule, inutilement, bien entendu.

— Moi, fit le comte, vous m'avez vu?

— Oui, vous, le grand-veneur, le plus pâle de tous les grands-veneurs passés, présents et futurs, depuis Nemrod jusqu'à M. d'Autefort, votre prédécesseur.

— Monsieur Chicot!

— Le plus pâle, je le répète: *Veritas veritatum*. Ceci est un barbarisme, attendu qu'il n'y a jamais qu'une vérité, et que s'il y en avait deux, il y en aurait au moins une qui ne serait pas vraie; mais vous n'êtes pas philologue, cher monsieur Ésaü.

— Non, monsieur, je ne le suis pas; voilà donc pourquoi je vous prierai de revenir tout directement à ces amis dont vous me parliez, et de vouloir bien, si cependant cette surabondance d'imagination qu'on remarque en vous vous le permet, et de vouloir bien nommer ces amis par leurs véritables noms.

— Eh! vous répétez toujours la même chose. Cherchez, monsieur le grand-veneur. Morbleu! cherchez, c'est votre métier de détourner les bêtes, témoin ce malheureux cerf que vous avez dérangé ce matin, et qui ne devait point s'attendre à cela de votre part. Si l'on venait vous empêcher de dormir, vous, est-ce que vous seriez content?

Les yeux de Monsoreau erraient avec effroi sur l'entourage de Henri.

— Quoi! s'écria-t-il, en voyant une place vide près du roi.

— Allons donc! dit Chicot.

— M. le duc d'Anjou? s'écria le grand-veneur.

— Taïaut! taïaut! dit le Gascon, voilà la bête lancée.

— Il est parti aujourd'hui! exclama le comte.

— Il *est* parti aujourd'hui, répondit Chicot, mais il est possible qu'il *ait* parti hier au soir. Vous n'êtes pas philologue, monsieur; mais demandez au roi qui l'est. Quand, c'est-à-dire à quel moment a disparu ton frère, Henriquet?

— Cette nuit, répondit le roi.

— Le duc, le duc est parti, murmura Monsoreau, blême et tremblant. Ah! mon Dieu! mon Dieu! que me dites-vous là, sire?

— Je ne dis pas, reprit le roi, que mon frère soit parti, je dis seulement que, cette nuit, il a disparu, et que ses meilleurs amis ne savent point où il est.

— Oh! fit le comte avec colère, si je croyais cela!…

— Eh bien! eh bien! que feriez-vous? d'ailleurs, voyez un peu le grand malheur, quand il conterait quelques douceurs à madame de Monsoreau. C'est le galant de la famille que notre ami François; il l'était pour le roi Charles IX, du temps que le roi Charles IX vivait, et il l'est pour le roi Henri III, qui a autre chose à faire que d'être galant: que diable! c'est bien le moins qu'il y ait à la cour un prince qui représente l'esprit français.

— Le duc, le duc parti! répéta Monsoreau, en êtes-vous bien sûr, monsieur.

— Et vous? demanda Chicot.

Le grand-veneur se tourna encore une fois vers la place occupée ordinairement par le duc près de son frère, place qui continuait de demeurer vide.

— Je suis perdu, murmura-t-il avec un mouvement si marqué pour fuir que Chicot le retint.

— Tenez-vous donc tranquille, mordieu! vous ne faites que bouger, et cela fait mal au cœur au roi. Mort de ma vie! je voudrais bien être à la place de votre femme, ne fût-ce que pour voir tout le jour un prince à deux nez, et pour entendre M. Aurilly, qui joue du luth comme feu Orphée. Quelle chance elle a, votre femme! quelle chance!

Monsoreau frissonna de colère.

— Tout doux, monsieur le grand-veneur, dit Chicot, cachez donc votre joie ; voici la séance qui s'ouvre ; c'est indécent de manifester ainsi ses passions; écoutez le discours du roi.

Force fut au grand-veneur de se tenir à sa place, car, en effet, petit à petit la salle du Louvre s'était remplie ; il demeura donc immobile, et dans l'attitude du cérémonial.

Toute l'assemblée avait pris séance ; M. de Guise venait d'entrer et de plier le genou devant le roi, non sans jeter, lui aussi, un regard de surprise inquiète sur le siége laissé vacant par M. le duc d'Anjou.

Le roi se leva. Les hérauts commandèrent le silence.

XLIX

COMMENT LE ROI NOMMA UN CHEF QUI N'ÉTAIT NI SON ALTESSE LE DUC D'ANJOU NI MONSEIGNEUR LE DUC DE GUISE

— Messieurs, dit le roi au milieu du plus profond silence et après s'être assuré que d'Épernon, Schomberg, Maugiron et Quélus, remplacés dans leur garde par un poste de dix suisses, étaient venus le rejoindre et se tenaient derrière lui; messieurs, un roi entend également, placé qu'il est pour ainsi dire entre le ciel et la terre, les voix qui viennent d'en haut et les voix qui viennent d'en bas, c'est-à-dire ce que commande Dieu et ce que commande son peuple. C'est une garantie pour tous mes sujets, et je comprends aussi parfaitement cela que l'association de tous les pouvoirs réunis en un seul faisceau pour défendre la foi catholique. Aussi ai-je pour agréable le conseil que nous a donné mon cousin de Guise. Je déclare donc la sainte Ligue bien et dûment autorisée et instituée, et comme il faut qu'un si grand corps ait une bonne et puissante tête, comme il importe que le chef appelé à soutenir l'Église soit un des fils les plus zélés de l'Église, et que ce zèle lui soit imposé par sa nature même et sa charge, je prends un prince chrétien pour le mettre à la tête de la Ligue, et je déclare que désormais ce chef s'appellera...

Henri fit à dessein une pause.

Le vol d'un moucheron eût fait événement au milieu de l'immobilité générale.

Henri répéta :

— Et je déclare que ce chef s'appellera Henri de Valois, roi de France et de Pologne.

Henri, en prononçant ces paroles, avait haussé la voix avec une sorte d'affectation, en signe de triomphe et pour échauffer l'enthousiasme de ses amis prêts à éclater, comme aussi pour achever d'écraser les ligueurs dont les sourds murmures décelaient le mécontentement, la surprise et l'épouvante.

Quant au duc de Guise, il était demeuré anéanti ; de larges gouttes de sueur coulaient de son front ; il échangea un regard avec le duc de Mayenne et le cardinal son frère, qui se tenaient au milieu de deux groupes de chefs, l'un à sa droite, l'autre à sa gauche.

Monsoreau, plus étonné que jamais de l'absence du duc d'Anjou, commença à se rassurer en se rappelant les paroles de Henri III.

En effet, le duc pouvait être disparu sans être parti.

Le cardinal quitta, sans affectation, le groupe dans lequel il se trouvait et se glissa jusqu'à son frère.

— François, lui dit-il à l'oreille, ou je me trompe fort, ou nous ne sommes plus en sûreté ici. Hâtons-nous de prendre congé, car la populace est étrange, et le roi qu'elle exécrait hier va devenir son idole pour quelques jours.

— Soit, dit Mayenne, partons. Attendez notre frère ici; moi, je vais préparer la retraite.

— Allez.

Pendant ce temps, le roi avait signé le premier l'acte préparé sur la table et dressé d'avance par M. de Morvilliers, la seule personne qui fût, avec la reine-mère, dans la connaissance du secret; puis il avait, de ce ton goguenard qu'il savait si bien prendre dans l'occasion, dit en nasillant à M. de Guise:

— Signez donc, mon beau cousin.

Et il lui avait passé la plume.

Puis, lui désignant la place du bout du doigt.

— Là, là, avait-il dit, au-dessous de moi. Maintenant passez à M. le cardinal et à M. le duc de Mayenne.

Mais le duc de Mayenne était déjà au bas des degrés, et le cardinal dans l'autre chambre.

Le roi remarqua leur absence.

— Alors, passez à M. le grand-veneur, dit-il.

Le duc signa, passa la plume au grand-veneur et fit un mouvement pour se retirer.

— Attendez, dit le roi.

Et pendant que Quélus reprenait d'un air narquois la plume des mains de M. de Monsoreau, et que non-seulement toute la noblesse présente, mais encore tous les chefs de corporation convoqués pour ce grand événement s'apprêtaient à signer au-dessous du roi, et sur des feuilles volantes auxquelles devaient faire suite les différents registres où, la veille, chacun avait pu, qu'il fût petit ou grand, noble ou vilain, inscrire son nom en toutes lettres, pendant ce temps, le roi disait au duc de Guise:

— Mon cousin, c'était votre avis, je crois: faire pour garde de notre capitale une bonne armée avec toutes les forces de la Ligue? L'armée est faite et convenablement faite, puisque le général naturel des Parisiens, c'est le roi.

— Assurément, sire, répondit le duc sans trop savoir ce qu'il disait.

— Mais je n'oublie pas, continua le roi, que j'ai une autre armée à commander, et que ce commandement appartient de droit au premier homme de guerre du royaume. Tandis que moi je commanderai à la Ligue, allez donc commander l'armée, mon cousin.

— Et quand dois-je partir? demanda le duc.

— Sur-le-champ, répondit le roi.

— Henri, Henri! fit Chicot, que l'étiquette empêcha de courir sus au roi pour l'arrêter en pleine harangue, comme il en avait bonne envie.

Mais comme le roi ne l'avait pas entendu, ou, s'il l'avait entendu, ne l'avait pas compris, il s'avança révérencieusement, tenant à la main une énorme plume, et se faisant jour jusqu'à ce qu'il fût près du roi:

— Tu te tairas, j'espère, double niais, lui dit-il tout bas.

Mais il était déjà trop tard.

Le roi, comme nous l'avons vu, avait déjà annoncé au duc de Guise sa nomination, et lui remettait son brevet signé à l'avance, et cela malgré tous les gestes et toutes les grimaces du Gascon.

Le duc de Guise prit son brevet et sortit.

Le cardinal l'attendait à la porte de la salle, et le duc de Mayenne les attendait tous deux à la porte du Louvre.

Ils montèrent à cheval à l'instant même, et dix minutes ne s'étaient point écoulées que tous trois étaient hors de Paris.

Le reste de l'assemblée se retira peu à peu. Les uns criaient vive le roi! les autres criaient vive la Ligue!

— Au moins, dit Henri en riant, j'ai résolu un grand problème.

— Oh! oui, murmura Chicot, tu es un fier mathématicien, va!

— Sans doute, reprit le roi, en faisant pousser à tous ces coquins les deux cris opposés, je suis parvenu à leur faire crier la même chose.

— *Sta bene!* dit la reine-mère à Henri en lui serrant la main.

— Crois cela et bois du lait, dit le Gascon; elle enrage, ses Guises sont presque aplatis du coup.

— Oh! sire, sire, s'écrièrent les favoris en s'approchant tumultueusement du roi, la sublime imagination que vous avez eue là!

— Ils croient que l'argent va leur pleuvoir comme manne, dit Chicot à l'autre oreille du roi.

Henri fut reconduit en triomphant à son appartement; au milieu du cortége qui accompagnait et suivait le roi, Chicot jouait le rôle du détracteur antique, en poursuivant son maître de ses lamentations.

Cette persistance de Chicot à rappeler au demi-dieu du jour qu'il n'était qu'un homme frappa le roi au point qu'il congédia tout le monde et demeura seul avec Chicot.

— Ah çà! dit Henri en se retournant vers le Gascon, savez-vous que vous n'êtes jamais content, maître Chicot, et que cela devient assommant! Que diable! ce n'est pas de la complaisance que je vous demande, c'est du bon sens.

— Tu as raison, Henri, dit Chicot, car c'est ce dont tu as le plus besoin.

— Conviens au moins que le coup est bien joué?

— C'est justement de cela que je ne veux pas convenir.

— Ah! tu es jaloux, monsieur le roi de France!

— Moi, Dieu m'en garde! Je choisirais mieux mes sujets de jalousie.

— Corbleu! monsieur l'épilogueur!...

— Oh! quel amour-propre féroce!

— Voyons, suis-je, ou non, roi de la Ligue?

— Certainement, et c'est incontestable, tu l'es. Mais...

— Mais quoi?

— Mais tu n'es plus roi de France.

— Et qui donc est roi de France?

— Tout le monde excepté toi, Henri; ton frère d'abord.

— Mon frère! de qui veux-tu parler?

— De M. d'Anjou, parbleu!

— Que je tiens prisonnier?

— Oui; car, tout prisonnier qu'il est, il est sacré et toi tu ne l'es pas.

— Par qui est-il sacré?

— Par le cardinal de Guise; en vérité, Henri, je te conseille de parler encore de ta police; on sacre un roi à Paris, devant trente-trois personnes, en pleine église Sainte-Geneviève, et tu ne le sais pas.

— Ouais; et tu le sais, toi?

— Certainement que je le sais.

— Et comment peux-tu savoir ce que je ne sais pas?

— Ah! parce que tu fais faire ta police par M. de Morvilliers, et que moi je fais ma police moi-même.

Le roi fronça le sourcil.

— Nous avons donc déjà, comme roi de France, sans compter Henri de Valois, nous avons François d'Anjou, puis nous avons encore, voyons, dit Chicot en ayant l'air de chercher, nous avons encore le duc de Guise.

— Le duc de Guise?

— Le duc de Guise, Henri de Guise, Henri le Balafré. Je répète donc : nous avons encore le duc de Guise.

— Beau roi, en vérité, que j'exile, que j'envoie à l'armée.

— Bon! comme si on ne t'avait pas exilé en Pologne, toi ; comme s'il n'y avait pas plus près de la Charité au Louvre que de Cracovie à Paris! Ah! il est vrai que tu l'envoies à l'armée ; voilà où est la finesse du coup, l'habileté de la botte; tu l'envoies à l'armée, c'est-à-dire que tu mets trente mille hommes sous ses ordres ; ventre de biche, et quelle armée! une vraie armée... ce n'est pas comme ton armée de la Ligue... Non... non... une armée de bourgeois, c'est bon pour Henri de Valois, roi des mignons; à Henri de Guise, il faut une armée de soldats, et de quels soldats! durs, aguerris, roussis par le canon, capables de dévorer vingt armées de la Ligue ; de sorte que si, étant roi de fait, Henri de Guise avait un jour la sotte fantaisie de le devenir de nom, il n'aurait qu'à tourner ses trompettes du côté de la capitale, et dire :

« — En avant ; avalons Paris d'une bouchée, et Henri de Valois et le Louvre avec. »

« Ils le feraient, les drôles, je les connais.

— Vous oubliez une chose seulement dans votre argumentation, illustre politique que vous êtes, dit Henri.

— Ah! dame, cela c'est possible, surtout si ce que j'oublie est un quatrième roi.

— Non ; vous oubliez, dit Henri avec un suprême dédain, que, pour songer à régner sur la France, quand c'est un Valois qui porte la couronne, il faut un peu regarder en arrière et compter ses ancêtres. Que pareille idée vienne à M. d'Anjou, passe encore ; il est de race à y prétendre, lui ; ses aïeux sont les miens, il peut y avoir lutté et balancé entre nous, car entre nous c'est une question de primogéniture et voilà tout. Mais M. de Guise... allons donc! maître Chicot, allez étudier le blason, notre ami, et dites-nous si les fleurs de lis de France ne sont pas de meilleure maison que les merlettes de Lorraine.

— Eh! eh! fit Chicot, voilà justement où est l'erreur, Henri.

— Comment, où est l'erreur !

— Sans doute, M. de Guise est de bien meilleure maison que tu ne crois, va !

— De meilleure maison que moi peut-être? dit Henri en souriant.

— Il n'y a pas de peut-être, mon petit Henriquet.

— Vous êtes fou, monsieur Chicot.

— Dame! c'est mon titre.

— Mais je dis véritablement fou, mais je dis fou à lier. Allez apprendre à lire, mon ami.

— Eh bien! Henri, dit Chicot, toi qui sais lire, toi qui n'as pas besoin de retourner comme moi à l'école, lis un peu ceci.

Et Chicot tira de sa poitrine le parchemin sur lequel Nicolas David avait écrit la généalogie que nous connaissons, celle-là même qui était revenue d'Avignon, approuvée par le pape, et qui faisait descendre Henri de Guise de Charlemagne.

Henri pâlit dès qu'il eut jeté les yeux sur le parchemin, et reconnut, près de la signature du légat, le sceau de saint Pierre.

— Qu'en dis-tu, Henri? demanda Chicot ; les fleurs de lis sont un peu distancées, hein ? Ventre de biche! les merlettes me paraissent vouloir voler aussi haut que l'aigle de César, prends-y garde, mon fils !

— Mais par quels moyens t'es-tu procuré cette généalogie?

— Moi, est-ce que je m'occupe de ces choses-là? elle est venue me trouver toute seule.

François, te voilà tombé sous ma justice. — Page 350.

— Mais où était-elle avant de venir te trouver?

— Sous le traversin d'un avocat.

— Et comment s'appelait cet avocat?

— Maître Nicolas David.

— Où était-il?

— A Lyon.

— Et qui l'a été prendre à Lyon sous le traversin de cet avocat?

— Un de mes bons amis.

— Que fait cet ami?

— Il prêche.

— C'est donc un moine?

— Juste.

— Et qui se nomme?

— Gorenflot.

— Comment! s'écria Henri; cet abominable ligueur qui a fait ce discours incendiaire à Sainte-Geneviève, et qui, hier, dans les rues de Paris, m'insultait?

— Te rappelles-tu l'histoire de Brutus, qui faisait le fou?...

— Mais c'est donc un profond politique ton génovéfain?

— Avez-vous entendu parler de M. Machiavelli, secrétaire de la république de

Florence ? Votre grand'mère est son élève.

— Alors, il a soustrait cette pièce à l'avocat ?

— Ah ! bien oui, soustrait ! il la lui a prise de force.

— A Nicolas David, à ce spadassin ?

— A Nicolas David, à ce spadassin.

— Mais il est donc brave, ton moine ?

— Comme Bayard !

— Et ayant fait ce beau coup, il ne s'est pas encore présenté devant moi pour recevoir sa récompense ?

— Il est rentré humblement dans son couvent, et il ne demande qu'une chose, c'est qu'on oublie qu'il en est sorti.

— Mais il est donc modeste ?

— Comme saint Crépin.

— Chicot, foi de gentilhomme, ton ami aura la première abbaye vacante, dit le roi.

— Merci pour lui, Henri.

Puis à lui-même :

— Ma foi, se dit Chicot, le voilà entre Mayenne et Valois, entre une corde et une prébende ; sera-t-il pendu ? sera-t-il abbé ? Bien fin qui pourrait le dire.

« En tout cas, s'il dort encore, il doit faire en ce moment-ci de drôles de rêves. »

L

ÉTÉOCLE ET POLYNICE

Cette journée de la Ligue finissait tumultueuse et bruyante comme elle avait commencé.

Les amis du roi se réjouissaient ; les prédicateurs de la Ligue se préparaient à canoniser frère Henri, et s'entretenaient, comme on avait fait autrefois pour saint Maurice, des grandes actions guerrières de Valois, dont la jeunesse avait été si éclatante.

Les favoris disaient :

— Enfin, le lion s'est réveillé.

Les ligueurs disaient :

— Enfin, le renard a deviné le piège.

Et comme le caractère de la nation française est principalement l'amour-propre, et que les Français n'aiment pas les chefs d'une intelligence inférieure, les conspirateurs eux-mêmes se réjouissaient d'être joués par leur roi.

Il est vrai que les principaux d'entre eux s'étaient mis à l'abri.

Les trois princes lorrains, comme on l'a vu, avaient quitté Paris à franc étrier, et leur agent principal, M. de Monsoreau, allait sortir du Louvre pour faire ses préparatifs de départ, dans le but de rattraper le duc d'Anjou.

Mais, au moment où il allait mettre le pied sur le seuil, Chicot l'aborda.

Le palais était vide de ligueurs, le Gascon ne craignait plus rien pour son roi.

— Où allez-vous donc en si grande hâte, monsieur le grand-veneur ? demanda-t-il.

— Auprès de son Altesse, répondit laconiquement le comte.

— Auprès de Son Altesse ?

— Oui, je suis inquiet de monseigneur. Nous ne vivons pas dans un temps où les princes puissent se mettre en route sans une bonne suite.

— Oh ! celui-là est si brave, dit Chicot, qu'il en est téméraire.

Le grand-veneur regarda le Gascon.

— En tout cas, lui dit-il, si vous êtes inquiet, je le suis bien plus encore, moi.

— De qui ?

— Toujours de la même Altesse.

— Pourquoi ?

— Vous ne savez pas ce que l'on dit ?

— Ne dit-on pas qu'il est parti ? demanda le comte.

— On dit qu'il est mort, souffla tout bas le Gascon à l'oreille de son interlocuteur.

— Bah ! fit Monsoreau avec une intonation de surprise qui n'était pas exempte d'une certaine joie ; vous disiez qu'il était en route.

— Dame! on me l'avait persuadé. Je suis de si bonne foi, moi, que je crois toutes les bourdes qu'on me conte; mais maintenant, voyez-vous, j'ai tout lieu de croire, pauvre prince! que, s'il est en route, c'est pour l'autre monde.

— Voyons; qui vous donne ces funèbres idées?

— Il est entré au Louvre hier, n'est-ce pas?

— Sans doute, puisque j'y suis entré avec lui.

— Eh bien! on ne l'en a pas vu sortir.

— Du Louvre?

— Non.

— Mais Aurilly?

— Disparu!

— Mais ses gens?

— Disparus! disparus! disparus!

— C'est une raillerie, n'est-ce pas, monsieur Chicot? dit le grand-veneur.

— Demandez!

— A qui?

— Au roi.

— On n'interroge point Sa Majesté.

— Bah! il n'y a que manière de s'y prendre.

— Voyons, dit le comte, je ne puis rester dans un pareil doute.

Et quittant Chicot, ou plutôt marchant devant lui, il s'achemina vers le cabinet du roi.

Sa Majesté venait de sortir.

— Où est allé le roi? demanda le grand-veneur; je dois lui rendre compte de certains ordres qu'il m'a donnés.

— Chez M. le duc d'Anjou, lui répondit celui auquel il s'adressait.

— Chez M. le duc d'Anjou! dit le comte à Chicot; le prince n'est donc pas mort?

— Heu! fit le Gascon, m'est avis qu'il n'en vaut guère mieux.

Pour le coup, les idées du grand-veneur s'embrouillèrent tout à fait : il devenait certain que M. d'Anjou n'avait pas quitté le Louvre.

Certains bruits qu'il recueillit, certains mouvements de gens d'office lui confirmèrent la vérité.

Or, comme il ignorait les véritables causes de l'absence du prince, cette absence l'étonnait au delà de toute mesure dans un moment décisif.

Le roi, en effet, était allé chez le duc d'Anjou; mais comme le grand-veneur, malgré le grand désir où il était de savoir ce qui se passait chez le prince, ne pouvait y pénétrer, force lui fut d'attendre les nouvelles dans le corridor.

Nous avons dit que, pour assister à la séance, les quatre mignons s'étaient fait remplacer par des suisses; mais aussitôt la séance finie, malgré l'ennui que leur causait la garde qu'ils montaient près du prince, le désir d'être désagréables à son Altesse en lui apprenant le triomphe du roi l'avait emporté sur l'ennui, et ils étaient venus reprendre leur poste, Schomberg et d'Épernon dans le salon, Maugiron et Quélus dans la chambre même de Son Altesse.

François, de son côté, s'ennuyait mortellement, de cet ennui terrible doublé d'inquiétudes, et, il faut le dire, la conversation de ces messieurs n'était pas faite pour le distraire.

— Vois-tu, disait Quélus à Maugiron d'un bout de la chambre à l'autre, et comme si le prince n'eût point été là, vois-tu, Maugiron, je commence, depuis une heure seulement, à apprécier notre ami Valois; en vérité, c'est un grand politique.

— Explique ton dire, répondit Maugiron en se carrant dans une chaise longue.

— Le roi a parlé tout haut de la conspiration, donc il la dissimulait; s'il la dissimulait c'est qu'il la craignait; s'il en parle tout haut, c'est qu'il ne la craint plus.

— Voilà qui est logique, répondit Maugiron.

— S'il ne la craint plus, il va la punir; tu connais Valois : il brille certainement par un grand nombre de qualités, mais sa resplendissante personne est assez obscure à l'endroit de la clémence.

— Accordé.

— Or, s'il punit la susdite conspiration, ce sera par un procès; s'il y a procès, nous allons jouir sans nous déranger d'une seconde représentation de l'affaire d'Amboise.

— Beau spectacle, morbleu!

— Oui, et dans lequel nos places sont marquées d'avance, à moins que...

— Voyons l'à moins que.

— A moins que... c'est possible encore... à moins qu'on ne laisse de côté les formes judiciaires, à cause de la position des accusés, et qu'on n'arrange cela sous le manteau de la cheminée, comme on dit.

— Je suis de ce dernier avis, dit Maugiron; c'est assez comme cela que se traitent d'habitude les affaires de famille, et cette dernière conspiration est une véritable affaire de famille.

Aurilly lança un coup d'œil inquiet au prince.

— Ma foi, dit Maugiron, je sais une chose, moi; c'est qu'à la place du roi je n'épargnerais pas les grosses têtes; en vérité, parce qu'ils sont deux fois plus coupables que les autres en se permettant de conspirer, ces messieurs se croient toute conspiration permise. Je dis donc que j'en sanglerais un ou deux, un surtout, mais là, carrément; puis je noierais tout le fretin. La Seine est profonde au-devant de Nesle, et à la place du roi, parole d'honneur, je ne résisterais pas à la tentation.

— En ce cas, dit Quélus, je crois qu'il ne serait point mal de faire revivre la fameuse invention des sacs.

— Et quelle était cette invention? demanda Maugiron.

— Une fantaisie royale qui date de 1350 à peu près; voici la chose: on enfermait un homme dans un sac en compagnie de trois ou quatre chats; puis on jetait le tout à l'eau. Les chats, qui ne peuvent pas souffrir l'humidité, ne se sentaient pas plutôt dans la Seine, qu'ils s'en prenaient à l'homme de l'accident qui leur arrivait; alors il se passait dans ce sac des choses que malheureusement on ne pouvait pas voir.

— En vérité, dit Maugiron, tu es un puits de science, Quélus, et ta conversation est des plus intéressantes.

— On pourrait ne pas appliquer cette invention aux chefs: les chefs ont toujours droit de réclamer le bénéfice de la décapitation en place publique ou de l'assassinat dans quelque coin. Mais comme tu le disais, au fretin, et, par le fretin j'entends les favoris, les écuyers, les maîtres d'hôtel, les joueurs de luth...

— Messieurs! balbutia Aurilly pâle de terreur.

— Ne réponds donc pas, Aurilly, dit François, cela ne peut s'adresser à moi ni par conséquent à ma maison: on ne raille pas les princes du sang en France.

— Non, on les traite plus sérieusement, dit Quélus, on leur coupe le cou; Louis XI ne s'en privait pas, lui, le grand roi! témoin M. de Nemours.

Les mignons en étaient là de leur dialogue, lorsqu'on entendit du bruit dans le salon, puis la porte de la chambre s'ouvrit, et le roi parut sur le seuil.

François se leva.

— Sire, s'écria-t-il, j'en appelle à votre justice du traitement indigne que me font subir vos gens.

Mais Henri ne parut ni avoir vu ni avoir entendu son frère.

— Bonjour, Quélus, dit Henri en baisant son favori sur les deux joues; bonjour, mon enfant, ta vue me réjouit l'âme; et toi, mon pauvre Maugiron, comment allons-nous?

— Je m'ennuie à périr, dit Maugiron; j'avais cru, quand je me suis chargé de garder votre frère, sire, qu'il était plus divertissant que cela. Fi! l'ennuyeux prince! est-ce bien le fils de votre père et de votre mère?

— Sire, vous l'entendez, dit François, est-il donc dans vos intentions royales que l'on insulte ainsi votre frère?

— Silence, monsieur, dit Henri sans se retourner, je n'aime pas que mes prisonniers se plaignent.

— Prisonnier tant qu'il vous plaira, mais ce prisonnier n'en est pas moins votre...

— Le titre que vous invoquez est justement celui qui vous perd dans mon esprit. Mon frère coupable est coupable deux fois.

— Mais s'il ne l'est pas?

— Il l'est.

— De quel crime?

— De m'avoir déplu, monsieur.

— Sire, dit François humilié, nos querelles de famille ont-elles besoin d'avoir des témoins?

— Vous avez raison, monsieur. Mes amis, laissez-moi donc un instant avec monsieur mon frère.

— Sire, dit tout bas Quélus, ce n'est pas prudent à Votre Majesté de rester entre deux ennemis.

— J'emmène Aurilly, dit Maugiron à l'autre oreille du roi.

Les deux gentilshommes emmenèrent Aurilly, à la fois brûlant de curiosité et mourant d'inquiétude.

— Nous voici donc seuls, dit le roi.

— J'attendais ce moment avec impatience, sire.

— Et moi aussi: ah! vous en voulez à ma couronne, mon digne Étéocle; ah! vous vous faisiez de la Ligue un moyen et du trône un but. Ah! l'on vous sacrait dans un coin de Paris, dans une église perdue, pour vous montrer tout à coup aux Parisiens tout reluisant d'huile sainte!

— Hélas! dit François, qui sentait peu à peu la colère du roi, Votre Majesté ne me laisse pas parler.

— Pourquoi faire? dit Henri, pour mentir, ou pour me dire du moins des choses que je sais aussi bien que vous? Mais non, vous mentiriez, mon frère; car l'aveu de ce que vous avez fait, ce serait l'aveu que vous méritez la mort. Vous mentiriez, et c'est une honte que je vous épargne.

— Mon frère, mon frère, dit François éperdu, est-ce bien votre intention de m'abreuver de pareils outrages?

— Alors, si ce que je vous dis peut être tenu pour outrageant, c'est moi qui mens, et je ne demande pas mieux que de mentir. Voyons, parlez, parlez, j'écoute; apprenez-nous comment vous n'êtes pas un déloyal; et, qui pis est, maladroit.

— Je ne sais ce que Votre Majesté veut dire, et elle semble avoir pris à tâche de me parler par énigmes.

— Alors, je vais vous expliquer mes paroles, moi, s'écria Henri d'une voix pleine de menaces et qui vibrait à la portée des oreilles de François : oui, vous avez conspiré contre moi, comme vous avez autrefois conspiré contre mon frère Charles; seulement, autrefois, c'était à l'aide du roi de Navarre, aujourd'hui c'est à l'aide du duc de Guise. Beau projet, que j'admire et qui vous eût fait une riche place dans l'histoire des usurpateurs. Il est vrai qu'autrefois vous rampiez comme un serpent, et qu'aujourd'hui vous voulez mordre comme un lion; après la perfidie, la force ouverte; après le poison, l'épée.

— Le poison! Que voulez-vous dire, monsieur? s'écria François, pâle de rage et cherchant, comme cet Étéocle à qui Henri l'avait comparé, une place où frapper Polynice avec ses regards de flamme, à défaut de glaive et de poignard. Quel poison?

— Le poison avec lequel tu as assassiné notre frère Charles; le poison que tu destinais à Henri de Navarre, ton associé. Il est connu, va, ce poison fatal; notre mère en a déjà usé tant de fois! Voilà sans doute pourquoi tu y as renoncé à mon égard; voilà pourquoi tu as voulu prendre des airs de capitaine, en commandant les milices de la Ligue. Mais regarde-moi bien en face, François, continua Henri en faisant vers son frère un pas menaçant, et demeure bien convaincu qu'un homme de ta trempe ne tuera jamais un homme de la mienne.

François chancela sous le poids de cette terrible attaque; mais sans égards, sans miséricorde pour son prisonnier, le roi reprit:

— L'épée! l'épée! je voudrais bien te voir dans cette chambre, seul à seul avec moi, tenant une épée. Je t'ai déjà vaincu en fourberie, François, car moi aussi, j'ai pris les chemins tortueux pour arriver au trône de France; mais ces chemins, il fallait les franchir en passant sur le ventre d'un million de Polonais; à la bonne heure! Si vous voulez être fourbe, soyez-le, mais de cette façon; si vous voulez m'imiter, imitez-moi, mais pas en me rapetissant. Voilà des intrigues royales; voilà de la fourberie digne d'un capitaine; donc, je le répète, en ruses tu es vaincu, et dans un combat loyal tu serais tué; ne songe donc plus à lutter d'une façon ni de l'autre; car dès à présent j'agis en roi, en maître, en despote; dès à présent je te surveille dans tes oscillations, je te poursuis dans tes ténèbres, et à la moindre hésitation, à la moindre obscurité, au moindre doute, j'étends ma large main sur toi, chétif, et je te jette pantelant à la hache de mon bourreau.

« Voilà ce que j'avais à te dire relativement à nos affaires de famille, mon frère; voilà pourquoi je voulais te parler tête à tête, François; voilà pourquoi je vais ordonner à mes amis de te laisser seul cette nuit, afin que, dans la solitude, tu puisses méditer mes paroles.

« Si la nuit porte véritablement conseil, comme on dit, ce doit être surtout aux prisonniers.

— Ainsi, murmura le duc, par un caprice de Votre Majesté, sur un soupçon qui ressemble à un mauvais rêve que vous auriez fait, me voilà tombé dans votre disgrâce?

— Mieux que cela, François; te voilà tombé sous ma justice.

— Mais au moins, sire, fixez un terme à ma captivité, que je sache à quoi m'en tenir.

— Quand on vous lira votre jugement, vous le saurez.

— Ma mère! ne pourrais-je pas voir ma mère?

— Pour quoi faire? Il n'y avait que trois exemplaires au monde du fameux livre de chasse que mon pauvre frère Charles a dévoré, c'est le mot, et les deux autres sont: l'un à Florence et l'autre à Londres. D'ailleurs, je ne suis pas un Nemrod, moi, comme mon pauvre frère. Adieu! François.

Le prince tomba atterré sur un fauteuil.

— Messieurs, dit le roi en rouvrant la porte, messieurs, M. le duc d'Anjou m'a demandé la liberté de réfléchir cette nuit à une réponse qu'il doit me faire demain matin. Vous le laisserez donc seul dans sa chambre, sauf les visites de précaution que de temps en temps vous croirez devoir faire. Vous trouverez peut-être votre prisonnier un peu exalté par la conversation que nous venons d'avoir ensemble; mais souvenez-vous qu'en conspirant contre moi M. le duc d'Anjou a renoncé au titre de mon frère; il n'y a par conséquent ici qu'un captif et des gardes; pas de cérémonies: si le captif vous désoblige, avertissez-moi; j'ai la Bastille sous ma main, et dans la Bastille maître Laurent Testu, le premier homme du monde pour dompter les rebelles humeurs.

— Sire! sire! murmura François tentant un dernier effort, souvenez-vous que je suis votre...

— Vous étiez aussi le frère du roi Charles IX, je crois, dit Henri.

— Mais au moins, que l'on me rende mes serviteurs, mes amis.

— Plaignez-vous! je me prive des miens pour vous les donner.

Et Henri referma la porte sur la face de son frère, qui recula pâle et chancelant, jusqu'à son fauteuil, dans lequel il tomba.

LI

COMMENT ON NE PERD PAS TOUJOURS SON TEMPS EN FOUILLANT DANS LES ARMOIRES VIDES

La scène que venait d'avoir le duc d'Anjou avec le roi lui avait fait considérer sa position comme tout à fait désespérée.

Les mignons ne lui avaient rien laissé ignorer de ce qui s'était passé au Louvre : ils lui avaient montré la défaite de MM. de Guise et le triomphe de Henri plus grands encore qu'ils n'étaient en réalité; il avait entendu la voix du peuple criant, chose qui lui avait paru incompréhensible d'abord : Vive le roi et vive la Ligue! Il se sentait abandonné des principaux chefs, qui, eux aussi, avaient à défendre leurs personnes.

Abandonné de sa famille, décimée par les empoisonnements et par les assassinats, divisée par les ressentiments et les discordes, il soupirait en tournant les yeux vers ce passé que lui avait rappelé le roi, et en songeant que, dans sa lutte contre Charles IX, il avait au moins pour confidents ou plutôt pour dupes ces deux âmes dévouées, ces deux épées flamboyantes qu'on appelait Coconas et La Mole.

Le regret de certains avantages perdus est le remords pour beaucoup de consciences.

Pour la première fois de sa vie, en se sentant seul et isolé, M. d'Anjou éprouva comme une espèce de remords d'avoir sacrifié La Mole et Coconas.

Dans ce temps-là, sa sœur Marguerite l'aimait, le consolait. Comment avait-il récompensé sa sœur Marguerite?

Restait sa mère, la reine Catherine. Mais sa mère ne l'avait jamais aimé.

Elle ne s'était jamais servie de lui que comme il se servait des autres, c'est-à-dire à titre d'instrument; et François se rendait justice.

Une fois aux mains de sa mère, il sentait qu'il ne s'appartenait pas plus que le vaisseau ne s'appartient au milieu de l'Océan lorsque souffle la tempête.

Il songea que récemment encore il avait près de lui un cœur qui valait tous les cœurs, une épée qui valait toutes les épées.

Bussy, le brave Bussy lui revint tout entier à la mémoire.

Ah! pour le coup, ce fut alors que le sentiment qu'éprouva François ressembla à du remords, car il avait désobligé Bussy pour plaire à Monsoreau; il avait voulu plaire à Monsoreau parce que Monsoreau savait son secret, et voilà tout à coup que ce secret, dont menaçait toujours Monsoreau, était parvenu à la connaissance du roi, de sorte que Monsoreau n'était plus à craindre.

Il s'était donc brouillé avec Bussy inutilement et surtout gratuitement, action qui, comme l'a dit depuis un grand politique, était bien plus qu'un crime : c'était une faute.

Or, quel avantage c'eût été pour le prince, dans la situation où il se trouvait, que de savoir que Bussy, Bussy reconnaissant, et par conséquent fidèle, veillait sur lui; Bussy l'invincible; Bussy le cœur loyal; Bussy le favori de tout le monde, tant un cœur loyal et une lourde main font d'amis à quiconque a reçu l'un de Dieu, l'autre du hasard.

Bussy veillant sur lui, c'était la liberté probable, c'était la vengeance certaine.

Mais, comme nous l'avons dit, Bussy boudait le prince et s'était retiré sous sa tente, et le prisonnier restait avec cinquante pieds de hauteur à franchir pour descendre dans les fossés, et quatre mignons à mettre hors de combat pour pénétrer jusqu'au corridor.

Sans compter que les cours étaient pleines de suisses et de soldats.

Aussi de temps en temps il revenait à la fenêtre et plongeait son regard jusqu'au fond des fossés; mais une pareille hauteur était capable de donner le vertige aux plus braves, et M. d'Anjou était loin d'être à l'épreuve des vertiges.

Outre cela, d'heure en heure, un des gardiens du prince, soit Schomberg, soit Maugiron, tantôt d'Épernon tantôt Quélus, entrait, et sans s'inquiéter de la présence du prince, quelquefois même sans le saluer, faisait sa tournée, ouvrant les portes et les fenêtres, fouillant les armoires et les bahuts, regardant sous les lits et sous les tables, s'assurant même que les rideaux étaient à leur place, et que les draps n'étaient point découpés en lanières.

De temps en temps ils se penchaient en dehors du balcon, et les quarante-cinq pieds de hauteur les rassuraient.

— Ma foi, dit Maugiron en rentrant de faire sa perquisition, moi, j'y renonce; je demande à ne plus bouger du salon, où, le jour, nos amis viennent nous voir, et à ne plus me réveiller la nuit, de quatre heures en quatre heures, pour aller faire visite à M. le duc d'Anjou.

— C'est qu'aussi, dit d'Épernon, on voit bien que nous sommes de grands enfants, et que nous avons toujours été capitaines et jamais soldats: nous ne savons pas, en vérité, interpréter une consigne.

— Comment cela? demanda Quélus.

— Sans doute; que veut le roi? c'est que nous gardions M. d'Anjou, et non pas que nous le regardions.

— D'autant mieux, dit Maugiron, qu'il est bon à garder, mais qu'il n'est pas beau à regarder.

— Fort bien, dit Schomberg, mais songeons à ne point nous relâcher de notre surveillance, car le diable est fin.

— Soit, dit d'Épernon; mais il ne suffit pas d'être fin, ce me semble, pour passer sur le corps à quatre gaillards comme nous.

Et d'Épernon, se redressant, frisa superbement sa moustache.

— Il a raison, dit Quélus.

— Bon! répondit Schomberg, crois-tu donc M. le duc d'Anjou assez niais pour essayer de s'enfuir précisément par notre galerie? S'il tient absolument à se sauver, il fera un trou dans le mur.

— Avec quoi? il n'a pas d'armes.

— Il a les fenêtres, dit assez timidement Schomberg, qui se rappelait avoir lui-même mesuré la profondeur des fossés.

— Ah! les fenêtres! il est charmant, sur ma parole, s'écria d'Épernon; bravo, Schomberg, les fenêtres; c'est-à-dire que tu sauterais quarante-cinq pieds de hauteur?

— J'avoue que quarante-cinq pieds...

— Eh bien! lui qui boite, lui qui est lourd, lui qui est peureux comme...

— Toi, dit Schomberg.

— Mon cher, dit d'Épernon, tu sais bien que je n'ai peur que des fantômes; ça, c'est une affaire de nerfs.

— C'est, dit gravement Quélus, que tous ceux qu'il a tués en duel lui sont apparus la même nuit.

— Ne rions pas, dit Maugiron; j'ai lu une foule d'évasions miraculeuses... Avec les draps, par exemple.

— Ah! pour ceci, l'observation de Maugiron est des plus sensées, dit d'Épernon.

Puis il enjamba la balustrade et posa le pied sur le premier échelon. — Page 358.

Moi, j'ai vu à Bordeaux un prisonnier qui s'était sauvé avec ses draps.

— Tu vois! dit Schomberg.

— Oui, reprit d'Épernon, mais il avait les reins cassés et la tête fendue; son drap s'était trouvé d'une trentaine de pieds trop court, il avait été forcé de sauter, de sorte que l'évasion était complète : son corps s'était sauvé de sa prison, et son âme s'était sauvée de son corps.

— Eh bien! d'ailleurs, s'il s'échappe, dit Quélus, cela nous fera une chasse au prince du sang; nous le poursuivrons, nous le traquerons, et en le traquant, sans faire semblant de rien, nous tâcherons de lui casser quelque chose.

— Et alors, mordieu! nous rentrerons dans notre rôle, s'écria Maugiron : nous sommes des chasseurs et non des geôliers.

La péroraison parut concluante, et l'on parla d'autre chose, tout en décidant néanmoins que d'heure en heure on continuerait de faire une visite dans la chambre de M. d'Anjou.

Les mignons avaient parfaitement raison en ceci : que le duc d'Anjou ne tenterait jamais de fuir de vive force, et que, d'un autre côté, il ne se déciderait jamais à une évasion périlleuse ou difficile.

Ce n'est pas qu'il manquât d'imagination, le digne prince, et, nous devons même le dire, son imagination se livrait à un furieux travail, tout en se promenant de son lit au fameux cabinet occupé pendant deux ou trois nuits par La Mole, quand Marguerite l'avait recueilli pendant la soirée de la Saint-Barthélemy.

De temps en temps la figure pâle du prince allait se coller aux carreaux de la fenêtre donnant dans les fossés du Louvre.

Au delà des fossés s'étendait une grève d'une quinzaine de pieds de large, et au delà de cette grève, on voyait, au milieu de l'obscurité, se dérouler la Seine, calme comme un miroir.

De l'autre côté, au milieu des ténèbres, se dressait comme un géant immobile : c'était la tour de Nesle.

Le duc d'Anjou avait suivi le coucher du soleil dans toutes ses phases ; il avait suivi, avec l'intérêt qu'accorde le prisonnier à ces sortes de spectacles, la dégradation de la lumière et les progrès de l'obscurité.

Il avait contemplé cet admirable spectacle du vieux Paris, avec ses toits dorés, à une heure de distance, par les derniers feux du soleil, et argentés par les premiers rayons de la lune ; puis peu à peu il s'était senti saisi d'une grande terreur en voyant d'immenses nuages rouler au ciel et annoncer, en s'accumulant au-dessus du Louvre, un orage pour la nuit.

Entre autres faiblesses, le duc d'Anjou avait celle de trembler au bruit de la foudre.

Alors il eût donné bien des choses pour que les mignons le gardassent encore à vue, dussent-ils l'insulter en le gardant.

Cependant, il n'y avait pas moyen de les rappeler : c'était donner trop beau jeu à leurs railleries.

Il essaya de se jeter sur son lit, impossible de dormir ; il voulut lire, les caractères tourbillonnaient devant ses yeux comme des diables noirs ; il tenta de boire, le vin lui parut amer ; il frôla du bout des doigts le luth d'Aurilly resté suspendu à la muraille, mais il sentit que la vibration des cordes agissait sur ses nerfs de telle façon qu'il avait envie de pleurer.

Alors il se mit à jurer comme un païen et à briser tout ce qu'il trouva à la portée de sa main.

C'était un défaut de famille, et l'on y était habitué dans le Louvre.

Les mignons entr'ouvrirent la porte pour voir d'où venait cet horrible sabbat ; puis, ayant reconnu que c'était le prince qui se distrayait, ils avaient refermé la porte, ce qui avait doublé la colère du prisonnier.

Il venait justement de briser une chaise, quand un cliquetis au son duquel on ne se méprend jamais, un cliquetis cristallin retentit du côté de la fenêtre, et en même temps M. d'Anjou ressentit une douleur assez aiguë à la hanche.

Sa première idée fut qu'il était blessé d'un coup d'arquebuse, et que ce coup lui était tiré par un émissaire du roi.

— Ah ! traître ! ah ! lâche ! s'écria le prisonnier, tu me fais arquebuser comme tu me l'avais promis. Ah ! je suis mort !

Et il se laissa aller sur le tapis.

Mais en tombant, il posa la main sur un objet assez dur, plus inégal et surtout plus gros que ne l'est la balle d'une arquebuse.

— Oh ! une pierre, dit-il, c'est un coup de fauconneau ; mais encore j'eusse entendu l'explosion.

Et en même temps il retira et allongea la jambe; quoique la douleur eût été assez vive, le prince n'avait évidemment rien de cassé.

Il ramassa la pierre et examina le carreau.

La pierre avait été lancée si rudement, qu'elle avait plutôt troué que brisé la vitre.

La pierre paraissait enveloppée dans un papier.

Alors les idées du duc commencèrent à changer de direction.

Cette pierre, au lieu de lui être lancée par quelque ennemi, ne lui venait-elle pas au contraire de quelque ami?

La sueur lui monta au front; l'espérance, comme l'effroi, a ses angoisses.

Le duc s'approcha de la lumière.

En effet, autour de la pierre, un papier était roulé et maintenu avec une soie nouée de plusieurs nœuds.

Le papier avait naturellement amorti la dureté du silex, qui, sans cette enveloppe, eût certes causé au prince une douleur plus vive que celle qu'il avait ressentie.

Briser la soie, dérouler le papier et le lire fut pour le duc l'affaire d'une seconde : il était complétement ressuscité.

— Une lettre, murmura-t-il en jetant autour de lui un regard furtif.

Et il lut :

« Êtes-vous las de garder la chambre? aimez-vous le grand air et la liberté? Entrez dans le cabinet où la reine de Navarre avait caché votre pauvre ami, M. de La Mole; ouvrez l'armoire, et en déplaçant le tasseau du bas, vous trouverez un double fond; dans ce double fond, il y a une échelle de soie; attachez-la vous-même au balcon, deux bras vigoureux vous raidiront l'échelle au bas du fossé. Un cheval, vite comme la pensée, vous mènera en lieu sûr.

« Un ami. »

— Un ami! s'écria le prince; oh! je ne savais pas avoir un ami. Quel est donc cet ami qui songe à moi?

Et le duc réfléchit un moment; mais ne sachant sur qui arrêter sa pensée, il courut regarder à la fenêtre; il ne vit personne.

— Serait-ce un piège? murmura le prince, chez lequel la peur s'éveillait le premier de tous les sentiments.

— Mais d'abord, ajouta-t-il, on peut savoir si cette armoire a un double fond, et si dans ce double fond il y a une échelle.

Le duc alors, sans changer la lumière de place, et résolu, pour plus de précaution, au simple témoignage de ses mains, se dirigea vers ce cabinet dont tant de fois jadis il avait poussé la porte avec un cœur palpitant, alors qu'il s'attendait à y trouver madame de Navarre, éblouissante de cette beauté que François appréciait plus qu'il ne convenait peut-être à un frère.

Cette fois encore, il faut l'avouer, le cœur battait au duc avec violence.

Il ouvrit l'armoire à tâtons, explora toutes les planches, et arrivé à celle d'en bas, après avoir pesé au fond et pesé sur le devant, il pesa sur un des côtés et sentit la planche qui faisait la bascule.

Aussitôt il introduisit sa main dans la cavité et sentit au bout de ses doigts le contact d'une échelle de soie.

Comme un voleur qui s'enfuit avec sa proie, le duc se sauva dans sa chambre emportant son trésor.

Dix heures sonnèrent, le duc songea aussitôt à la visite qui avait lieu toutes les heures; il se hâta de cacher son échelle sous le coussin d'un fauteuil et s'assit dessus.

Elle était si artistement faite, qu'elle tenait parfaitement cachée dans l'étroit espace où le duc l'avait enfouie.

En effet, cinq minutes ne s'étaient pas écoulées que Maugiron parut en robe de chambre, tenant une épée nue sous son bras gauche et un bougeoir de la main droite.

Tout en entrant chez le duc, il continuait de parler à ses amis.

— L'ours est en fureur, dit une voix, il cassait tout il n'y a qu'un instant; prends garde qu'il ne te dévore, Maugiron.

— Insolent! murmura le duc.

— Je crois que Votre Altesse m'a fait l'honneur de m'adresser la parole, dit Maugiron de son air le plus impertinent.

Le duc, prêt à éclater, se contint en réfléchissant qu'une querelle entraînerait une perte de temps et ferait peut-être manquer son évasion.

Il dévora son ressentiment et fit pivoter son fauteuil de manière à tourner le dos au jeune homme.

Maugiron, suivant les données traditionnelles, s'approcha du lit pour examiner les draps, et de la fenêtre pour reconnaître la présence des rideaux; il vit bien une vitre cassée, mais il songea que c'était le duc qui, dans sa colère, l'avait brisée ainsi.

— Ouais! Maugiron, cria Schomberg, es-tu déjà mangé, que tu ne dis mot? Dans ce cas, soupire, au moins, qu'on sache à quoi s'en tenir et qu'on te venge.

Le duc faisait craquer ses doigts d'impatience.

— Non pas, dit Maugiron. Au contraire, mon ours est doux et tout à fait dompté.

Le duc sourit silencieusement au milieu des ténèbres.

Quant à Maugiron, sans même saluer le prince, ce qui était la moindre politesse qu'il dût à un si haut seigneur, il sortit, et en sortant il ferma la porte à double tour.

Le prince le laissa faire, puis, lorsque la clef eut cessé de grincer dans la serrure:

— Messieurs, murmura-t-il, prenez garde à vous; c'est un animal très-fin qu'un ours.

LII

VENTRE SAINT-GRIS

Resté seul, le duc d'Anjou, sachant qu'il avait au moins une heure de tranquillité devant lui, tira son échelle de corde de dessous son coussin, la déroula, en examina chaque nœud, en sonda chaque échelon, tout cela avec la plus minutieuse prudence.

— L'échelle est bonne, dit-il, et, en ce qui dépend d'elle, on ne me l'offre point comme un moyen de me briser les côtes.

Alors il la déploya toute, compta trente-huit échelons distant de quinze pouces chacun.

— Allons, la longueur est suffisante, pensa-t-il; rien à craindre encore de ce côté.

Il resta un instant pensif.

— Ah! j'y songe, dit-il, ce sont ces damnés de mignons qui m'envoient cette échelle; je l'attacherai au balcon, ils me laisseront faire, et tandis que je descendrai, ils viendront couper les liens, voilà le piége.

Puis, réfléchissant encore:

— Eh! non, dit-il, ce n'est pas possible; ils ne sont point assez niais pour croire que je m'exposerai à descendre sans barricader la porte, et, la porte barricadée, ils ont dû calculer que j'aurais le temps de fuir avant qu'ils l'aient enfoncée.

— Ainsi ferais-je, dit-il en regardant autour de lui, ainsi ferais-je certainement si je me décidais à fuir.

« Cependant, comment supposer que je croirai à l'innocence de cette échelle trouvée dans une armoire de la reine de Navarre? Car, enfin, quelle personne au monde, excepté ma sœur Marguerite, pourrait connaître l'existence de cette échelle?

— Voyons, répéta-t-il, quel est l'ami, — le billet est signé : Un ami, — quel est l'ami du duc d'Anjou qui connaît si bien le fond des armoires de mon appartement ou de celui de ma sœur?

Le duc achevait à peine de formuler cet argument, qui lui semblait victorieux, que, relisant le billet pour en reconnaître l'écriture, si cela était possible, il fut pris d'une idée soudaine.

— Bussy! s'écria-t-il.

En effet, Bussy, que tant de dames adoraient, Bussy, qui semblait un héros à la reine de Navarre, laquelle poussait, elle l'avoue elle-même dans ses *Mémoires*, des cris d'effroi chaque fois qu'il se battait en duel; Bussy discret, Bussy versé dans la science des armoires, n'était-ce pas, selon toute probabilité, Bussy, le seul de tous ses amis sur lequel le duc pouvait véritablement compter, n'était-ce pas Bussy qui avait envoyé le billet?

Et la perplexité du prince s'augmenta encore.

Tout se réunissait cependant pour persuader au duc d'Anjou que l'auteur du billet était Bussy. Le duc ne connaissait pas tous les motifs que le gentilhomme avait de lui en vouloir; puisqu'il ignorait son amour pour Diane de Méridor; il est vrai qu'il s'en doutait quelque peu; comme le duc avait aimé Diane, il devait comprendre la difficulté qu'il y avait pour Bussy à voir cette belle jeune femme sans l'aimer; mais ce léger soupçon ne s'effaçait pas moins devant les probabilités. La loyauté de Bussy ne lui avait pas permis de demeurer oisif tandis qu'on enchaînait son maître; Bussy avait été séduit par les dehors aventureux de cette expédition; il avait voulu se venger du duc à sa façon, c'est-à-dire en lui rendant la liberté. Plus de doute, c'était Bussy qui avait écrit, c'était Bussy qui attendait.

Pour achever de s'éclaircir, le prince s'approcha de la fenêtre; il vit dans le brouillard qui montait de la rivière trois silhouettes oblongues qui devaient être des chevaux, et deux espèces de pieux qui semblaient plantés sur la grève; ce devait être deux hommes.

Deux hommes, c'était bien cela : Bussy et son fidèle le Haudouin.

— La tentation est dévorante, murmura le duc, et le piége, si piége il y a, est tendu trop artistement pour qu'il y ait honte à moi de m'y laisser prendre.

François alla regarder au trou de la serrure du salon, il vit ses quatre gardiens; deux dormaient, deux autres avaient hérité de l'échiquier de Chicot et jouaient aux échecs.

Il éteignit sa lumière.

Puis il alla ouvrir sa fenêtre et se pencha en dehors de son balcon.

Le gouffre qu'il essayait de sonder du regard était rendu plus effrayant encore par l'obscurité.

Il recula.

Mais c'est un attrait si irrésistible que l'air et l'espace pour un prisonnier, que François, en rentrant dans sa chambre, se figura qu'il étouffait.

Ce sentiment fut tellement ressenti par lui, que quelque chose comme le dégoût de la vie et l'indifférence de la mort passa dans son esprit.

Le prince, étonné, se figura que le courage lui revenait.

Alors, profitant de ce moment d'exaltation, il saisit l'échelle de soie, la fixa à son balcon par les crochets de fer qu'elle présentait à l'une de ses extrémités, puis il retourna à la porte qu'il barricada de son mieux, et, bien persuadé que pour vaincre l'obstacle qu'il venait de créer on serait forcé de perdre dix minutes, c'est-à-dire plus de temps qu'il ne lui en fallait pour atteindre le bas de son échelle, il revint à la fenêtre.

Il chercha alors à revoir au loin les

chevaux et les hommes, mais il n'aperçut plus rien.

— J'aimerais mieux cela, murmura-t-il : fuir seul vaut mieux que fuir avec l'ami le mieux connu, à plus forte raison avec un ami inconnu.

En ce moment, l'obscurité était complète, et les premiers grondements de l'orage qui menaçait depuis une heure commençaient à faire retentir le ciel; un gros nuage aux franges argentées s'étendait comme un éléphant couché d'un côté à l'autre de la rivière, sa croupe s'appuyant au palais, et sa trompe indéfiniment recourbée dépassant la tour de Nesle et se perdant à l'extrémité sud de la ville.

Un éclair lézarda pour un instant le nuage immense, et il sembla au prince apercevoir dans le fossé, au-dessous de lui, ceux qu'il avait cherchés inutilement sur la grève.

Un cheval hennit; il n'y avait pas de doute, il était attendu.

Le duc secoua l'échelle pour s'assurer qu'elle était solidement attachée, puis il enjamba la balustrade et posa le pied sur le premier échelon.

Nul ne pourrait rendre l'angoisse terrible qui étreignait en ce moment le cœur du prisonnier, placé entre un frêle cordonnet de soie pour tout appui, et les menaces mortelles de son frère.

Mais à peine eut-il posé le pied sur la première traverse de bois, qu'il lui sembla que l'échelle, au lieu de vaciller comme il s'y était attendu, se raidissait au contraire, et que le second échelon se présentait à son second pied sans que l'échelle eût fait ou paru faire le mouvement de rotation bien naturel en pareil cas.

Était-ce un ami ou un ennemi qui tenait le bas de l'échelle; étaient-ce des bras ouverts ou des bras armés qui l'attendaient au dernier échelon?

Une terreur irrésistible s'empara de François; il tenait encore le balcon de la main gauche, il fit un mouvement pour remonter.

On eût dit que la personne invisible qui attendait le prince au pied de la muraille devinait tout ce qui se passait dans son cœur, car, au moment même, un petit tiraillement, bien doux et bien égal, une sorte de sollicitation de la soie, arriva jusqu'au pied du prince.

— Voilà qu'on tient l'échelle par en bas, dit-il, on ne veut donc pas que je tombe. Allons! du courage.

Et il continua de descendre; les deux montants de l'échelle étaient tendus comme des bâtons.

François remarqua que l'on avait soin d'écarter les échelons du mur pour faciliter l'appui de son pied.

Dès lors, il se laissa glisser comme une flèche, coulant sur les mains plutôt que sur les échelons, et sacrifiant à cette rapide descente le pan doublé de son manteau.

Tout à coup, au lieu de toucher la terre, qu'il sentait instinctivement être proche de ses pieds, il se sentit enlevé dans les bras d'un homme qui lui glissa à l'oreille ces trois mots :

— Vous êtes sauvé.

Alors on le porta jusqu'au revers du fossé, et là on le poussa le long d'un chemin pratiqué entre des éboulements de terre et de pierre; il parvint enfin à la crête; à la crête, un autre homme attendait, qui le saisit par le collet et le tira à lui, puis, ayant aidé de même son compagnon, courut, courbé comme un vieillard, jusqu'à la rivière.

Les chevaux étaient bien où François les avait vus d'abord.

Le prince comprit qu'il n'y avait plus à reculer; il était complétement à la merci de ses sauveurs.

Il courut à l'un des trois chevaux, sauta dessus; ses deux compagnons en firent autant.

La même voix qui lui avait déjà parlé tout bas à l'oreille lui dit avec le même laconisme et le même mystère :

— Piquez.

Et tous trois partirent au galop.

— Cela va bien jusqu'à présent, pensait tout bas le prince; espérons que la suite de l'aventure ne démentira point le commencement.

— Merci, merci, mon brave Bussy, murmurait tout bas le prince à son camarade de droite, enveloppé jusqu'au nez dans un grand manteau brun.

— Piquez, répondit celui-ci du fond de son manteau, et lui-même donnant l'exemple, les trois chevaux et les trois cavaliers passaient comme des ombres.

On arriva ainsi au grand fossé de la Bastille, que l'on traversa sur un pont improvisé la veille par les ligueurs, qui ne voulant pas que leurs communications fussent interrompues avec leurs amis, avaient avisé à ce moyen, qui facilitait, comme on le voit, les relations.

Les trois cavaliers se dirigèrent vers Charenton. Le cheval du prince semblait avoir des ailes.

Tout à coup le compagnon de droite sauta le fossé, et se lança dans la forêt de Vincennes, en disant avec son laconisme ordinaire ce seul mot au prince :

— Venez.

Le compagnon de gauche en fit autant, mais sans parler. Depuis le moment du départ, pas une parole n'était sortie de la bouche de celui-ci.

Le prince n'eut pas même besoin de faire sentir la bride ou les genoux à sa monture ; le noble animal sauta le fossé avec la même ardeur qu'avaient montrée les deux autres chevaux ; et au hennissement avec lequel il franchit l'obstacle, plusieurs hennissements répondirent des profondeurs de la forêt.

Le prince voulut arrêter son cheval, car il craignait qu'on ne le conduisît à quelque embuscade.

Mais il était trop tard ; l'animal était lancé de façon à ne plus sentir le mors ; cependant, en voyant ses compagnons ralentir leur course, il ralentit aussi la sienne, et François se trouva dans une sorte de clairière où huit ou dix hommes à cheval, rangés militairement, se révélaient aux yeux par le reflet de la lune qui argentait leur cuirasse.

— Oh! oh! fit le prince, que veut dire ceci, monsieur?

— Ventre saint-gris! s'écria celui auquel s'adressait la question, cela veut dire que nous sommes saufs.

— Vous Henri, s'écria le duc d'Anjou stupéfait; vous, mon libérateur?

— Eh! dit le Béarnais, en quoi cela peut-il vous étonner; ne sommes-nous point alliés?

Puis, jetant les yeux autour de lui pour chercher un second compagnon :

— Agrippa, dit-il, où diable es-tu?

— Me voilà, dit d'Aubigné, qui n'avait pas encore desserré les dents; bon! si c'est comme cela que vous arrangez vos chevaux... avec cela que vous en avez tant.

— Bon! bon! dit le roi de Navarre, ne gronde pas; pourvu qu'il en reste deux, reposés et frais, avec lesquels nous puissions faire une douzaine de lieues d'une seule traite, c'est tout ce qu'il me faut.

— Mais où me menez-vous donc, mon cousin? demanda François avec inquiétude.

— Où vous voudrez, dit Henri ; seulement allons-y vite, car d'Aubigné a raison, le roi de France a des écuries mieux montées que les miennes, et il est assez riche pour crever une vingtaine de chevaux, s'il a mis dans sa tête de nous rejoindre.

— En vérité! Je suis libre d'aller où je veux? demanda François.

— Certainement, et j'attends vos ordres, dit Henri.

— Eh bien! alors, à Angers.

— Vous voulez aller à Angers? A Angers, soit : c'est vrai, là vous êtes chez vous.

— Mais vous, mon cousin?

— Moi, en vue d'Angers, je vous quitte et je pique vers la Navarre, où ma bonne Margot m'attend ; elle doit même fort s'ennuyer de moi.

— Mais personne ne vous savait ici ? dit François.

— J'y suis venu vendre trois diamants de ma femme.

— Ah! fort bien.

— Et puis savoir un peu, en même temps, si décidément la Ligue m'allait ruiner.

— Vous voyez qu'il n'en est rien.

— Grâce à vous, oui.

— Comment! grâce à moi?

— Eh! oui, sans doute, si au lieu de refuser d'être chef de la Ligue, quand vous avez su qu'elle était dirigée contre moi, vous eussiez accepté et fait cause commune avec mes ennemis, j'étais perdu. Aussi quand j'ai appris que le roi avait puni votre refus de la prison, j'ai juré que je vous en tirerais, et je vous en ai tiré.

— Toujours aussi simple, se dit en lui-même le duc d'Anjou; en vérité, c'est conscience que de le tromper.

— Va, mon cousin, dit en souriant le Béarnais, va dans l'Anjou. Ah! monsieur de Guise, vous croyez avoir ville gagnée! mais je vous envoie là un compagnon un peu bien gênant; gare à vous!

Et comme on leur amenait les chevaux frais que Henri avait demandés, tous deux sautèrent en selle et partirent au galop, accompagnés d'Agrippa d'Aubigné qui les suivait en grondant.

LES AMIES

Pendant que Paris bouillonnait comme l'intérieur d'une fournaise, madame de Monsoreau escortée par son père et deux de ces serviteurs qu'on recrutait alors comme des troupes auxiliaires pour une expédition, s'acheminait vers le château de Méridor, par étapes de dix lieues à la journée.

Elle aussi commençait à goûter cette liberté précieuse aux gens qui ont souffert.

L'azur du ciel et de la campagne, comparé à ce ciel toujours menaçant, suspendu comme un crêpe sur les tours noires de la Bastille, les feuillages déjà verts, les belles routes se perdant comme de longs rubans onduleux dans le fond des bois; tout cela lui paraissait frais et jeune, riche et nouveau, comme si réellement elle fût sortie du cercueil où la croyait plongé son père.

Lui, le vieux baron, était rajeuni de vingt ans.

A le voir d'aplomb sur ses étriers, et talonnant le vieux Jarnac, on eût pris le noble seigneur pour un de ces époux barbons qui accompagnent leur jeune fiancée en veillant amoureusement sur elle.

Nous n'entreprendrons pas de décrire ce long voyage.

Il n'eut d'autres incidents que le lever et le coucher du soleil.

Quelquefois impatiente, Diane se jetait à bas de son lit, lorsque la lune argentait les vitres de sa chambre d'hôtellerie, réveillait le baron, secouait le lourd sommeil de ses gens et l'on partait, par un beau clair de lune, pour gagner quelques lieues sur le long chemin que la jeune femme trouvait infini.

Il fallait d'autres fois la voir, en pleine

N'est-ce pas que j'ai bien fait, madame, que vous m'approuvez? — Page 366.

marche, laisser passer devant Jarnac tout fier de devancer les autres, puis les serviteurs, et demeurer seule en arrière sur un tertre, afin de regarder dans la profondeur de la vallée si quelqu'un ne suivait pas... Et lorsque la vallée était déserte, lorsque Diane n'avait aperçu que les troupeaux épars dans le pâturage, ou le clocher silencieux de quelque bourg dressé au bout de la route, elle revenait plus impatiente que jamais.

Alors son père, qui l'avait suivie du coin de l'œil, lui disait :

— Ne crains rien, Diane.

— Craindre quoi ? mon père.

— Ne regardes-tu pas si M. de Monsoreau te suit?

— Ah! c'est vrai... Oui, je regardais cela, disait la jeune femme avec un nouveau regard en arrière.

Ainsi, de crainte en crainte, d'espoir en déception, Diane arriva, vers la fin du huitième jour, au château de Méridor, et fut reçue au pont-levis par madame de Saint-Luc et son mari, devenus châtelains en l'absence du baron.

Alors commença pour ces quatre personnes une de ces existences comme tout homme en a rêvé en lisant Virgile, Longus et Théocrite.

Le baron et Saint-Luc chassaient du soir au matin. Sur les traces de leurs chevaux s'élançaient les piqueurs.

On voyait des avalanches de chiens rouler du haut des collines à la poursuite d'un lièvre ou d'un renard, et quand le tonnerre de cette cavalcade furieuse passait dans les bois, Diane et Jeanne, assises l'une auprès de l'autre sur la mousse, à l'ombre de quelque hallier, tressaillaient un moment et reprenaient bientôt leur tendre et mystérieuse conversation.

— Raconte-moi, disait Jeanne, raconte-moi tout ce qui t'est arrivé dans la tombe, car tu étais bien morte pour nous... Vois, l'aubépine en fleurs nous jette ses dernières miettes de neige, et les sureaux envoient leurs parfums enivrants. Un doux soleil se joue aux grandes branches des chênes. Pas un souffle dans l'air, pas un être vivant dans le parc, car les daims se sont enfuis tout à l'heure en sentant trembler la terre, et les renards ont bien vite gagné le terrier... Raconte, petite sœur, raconte.

— Que te disais-je?

— Tu ne me disais rien. Tu es donc heureuse?... Oh! cependant ce bel œil noyé dans une ombre bleuâtre, cette pâleur nacrée de tes joues, ce vague élan de la paupière, tandis que la bouche essaie un sourire jamais achevé... Diane, tu dois avoir bien des choses à me dire.

— Rien, rien.

— Tu es donc heureuse... avec M. de Monsoreau?

Diane tressaillit.

— Tu vois bien! fit Jeanne avec un tendre reproche.

— Avec M. de Monsoreau! répéta Diane ; pourquoi as-tu prononcé ce nom? pourquoi viens-tu évoquer ce fantôme au milieu de nos bois, au milieu de nos fleurs, au milieu de notre bonheur?...

— Bien : je sais maintenant pourquoi tes beaux yeux sont cerclés de bistre, et pourquoi ils se lèvent si souvent vers le ciel ; mais je ne sais pas encore pourquoi ta bouche essaie de sourire.

Diane secoua tristement la tête.

— Tu m'as dit, je crois, continua Jeanne en entourant de son bras blanc et rond les épaules de Diane, tu m'as dit que M. de Bussy t'avait montré beaucoup d'intérêt...

Diane rougit si fort que son oreille, si délicate et si ronde, parut tout à coup enflammée.

— C'est un charmant cavalier que M. de Bussy, dit Jeanne.

Et elle chanta :

Un beau chercheur de noise,
C'est le seigneur d'Amboise.

Diane appuya sa tête sur le sein de son amie, et murmura d'une voix plus douce que celle des fauvettes qui chantaient sous la feuillée :

Tendre, fidèle aussi,
C'est le brave...

— Bussy!... dis-le donc, acheva Jeanne en appuyant un joyeux baiser sur les yeux de son amie.

— Assez de folies, dit Diane tout à coup; M. de Bussy ne pense plus à Diane de Méridor.

— C'est possible, dit Jeanne, mais je croirais assez qu'il plaît beaucoup à Diane de Monsoreau.

— Ne me dis pas cela.

— Pourquoi? est-ce que cela te déplaît?

Diane ne répondit pas.

— Je te dis que M. de Bussy ne songe pas à moi... et il fait bien... Oh! j'ai été lâche... murmura la jeune femme.

— Que dis-tu là ?
— Rien, rien.
— Voyons, Diane, tu vas recommencer à pleurer, à t'accuser... Toi, lâche! toi mon héroïne ! tu as été contrainte.
— Je le croyais... je voyais des dangers, des gouffres sous mes pas... A présent, Jeanne, ces dangers me semblent chimériques; ces gouffres, un enfant pouvait les franchir d'une enjambée. J'ai été lâche, te dis-je; oh! que n'ai-je eu le temps de réfléchir !...
— Tu me parles par énigmes.
— Non, ce n'est pas encore cela, s'écria Diane en se levant dans un désordre extrême. Non, ce n'est pas ma faute; c'est lui, Jeanne, c'est lui qui n'a pas voulu. Je me rappelle la situation qui me semblait terrible : j'hésitais, je flottais... mon père m'offrait son appui, et j'avais peur... *lui, lui* m'offrait sa protection... mais il ne l'a pas offerte de façon à me convaincre. Le duc d'Anjou était contre lui; le duc d'Anjou s'était ligué avec M. de Monsoreau, diras-tu. Eh bien ! qu'importent le duc d'Anjou et le comte de Monsoreau ! Quand on veut bien une chose, quand on aime bien quelqu'un, oh ! il n'y aurait ni prince ni maître qui me retiendrait. Vois-tu, Jeanne, si une fois j'aimais...

Et Diane, en proie à son exaltation, s'était adossée à un chêne, comme si, l'âme ayant brisé le corps, celui-ci n'eût plus renfermé assez de force pour se soutenir.

— Voyons, calme-toi, chère amie, raisonne...
— Je te dis que *nous* avons été *lâches*.
— *Nous*... Oh! Diane, de qui parles-tu là? Ce *nous* est éloquent, ma Diane chérie...
— Je veux dire mon père et moi; j'espère que tu n'entends pas autre chose... Mon père est un bon gentilhomme, qui pouvait parler au roi; moi, je suis fière et ne crains pas un homme quand je le hais...

Mais, vois-tu ! le secret de cette lâcheté, le voici : j'ai compris *qu'il* ne m'aimait pas.

— Tu te mens à toi-même! s'écria Jeanne; si tu croyais cela, au point où je te vois, tu irais le lui reprocher à lui-même... Mais tu ne le crois pas, tu sais le contraire, hypocrite, ajouta-t-elle avec une tendre caresse pour son amie.

— Tu es payée pour croire à l'amour, toi, répliqua Diane en reprenant sa place auprès de Jeanne; toi que M. de Saint-Luc a épousée malgré un roi! toi qu'il a enlevée du milieu de Paris; toi qu'on a poursuivie peut-être, et qui le payes, par tes caresses, de la proscription et de l'exil !...

— Et il se trouve richement payé, dit l'espiègle jeune femme.

— Mais moi, réfléchis un peu et ne sois pas égoïste, moi que ce fougueux jeune homme prétend aimer, moi qui ai fixé les regards de l'indomptable Bussy, cet homme qui ne connaît pas d'obstacles, je me suis mariée publiquement, je me suis offerte aux yeux de toute la cour, et il ne m'a pas regardée; je me suis confiée à lui dans le cloître de la Gypecienne : nous étions seuls, il avait Gertrude, Le Haudouin, ses deux complices, et moi ! plus complice encore... Oh! j'y songe, par l'église même, un cheval à la porte, il pouvait m'enlever dans un pan de son manteau ! A ce moment, vois-tu, je le sentais souffrant, désolé à cause de moi; je voyais ses yeux languissants, sa lèvre pâlie et brûlée par la fièvre. S'il m'avait demandé de mourir pour rendre l'éclat à ses yeux, la fraîcheur à sa lèvre, je serais morte... Eh bien ! je suis partie, et il n'a pas songé à me retenir par un coin de mon voile. Attends, attends encore... Oh! tu ne sais pas ce que je souffre... Il savait que je quittais Paris, que je revenais à Méridor; il savait que M. de Monsoreau... tiens, j'en rougis... que M. de Monsoreau n'est pas mon époux; il savait que je venais seule, et tout le long de la route, chère Jeanne, je me suis retournée, croyant à chaque instant que j'entendais le galop de son cheval derrière nous. Rien! c'était l'écho du chemin qui parlait! Je te dis qu'il ne pense pas à moi, et que je ne vaux pas un voyage en Anjou quand il y a tant de femmes belles et courtoises à la cour du roi de France, dont un sourire vaut cent aveux de la provinciale enterrée dans les halliers de Méridor. Comprends-tu maintenant? Es-tu convaincue? ai-je raison? suis-je oubliée, méprisée, ma pauvre Jeanne?

Elle n'avait pas achevé ces mots que le feuillage du chêne craqua violemment; une poussière de mousse et de plâtre brisé roula le long du vieux mur, et un homme, bondissant du milieu des lierres et des mûriers sauvages, vint tomber aux pieds de Diane, qui poussa un cri terrible.

Jeanne s'était écartée : elle avait vu et reconnu cet homme.

— Vous voyez bien que me voici, murmura Bussy agenouillé en baisant le bas de la robe de Diane, qu'il tenait respectueusement dans sa main tremblante.

Diane reconnut à son tour la voix, le sourire du comte, et saisie au cœur, hors d'elle-même, suffoquée par ce bonheur inespéré, elle ouvrit ses bras et se laissa tomber, privée de sentiment, sur la poitrine de celui qu'elle venait d'accuser d'indifférence.

LIV

LES AMANTS

Les pamoisons de joie ne sont ni bien longues ni bien dangereuses. On en a vu de mortelles, mais l'exemple est excessivement rare.

Diane ne tarda donc point à ouvrir les yeux et se trouva dans les bras de Bussy; car Bussy n'avait pas voulu céder à madame de Saint-Luc le privilége de recueillir le premier regard de Diane.

— Oh! murmura-t-elle en se réveillant, oh! c'est affreux, comte, de nous surprendre ainsi.

Bussy attendait d'autres paroles.

Et, qui sait? les hommes sont si exigeants! qui sait, disons-nous, s'il n'attendait pas autre chose que des paroles, lui qui avait expérimenté plus d'une fois les retours à la vie après les pâmoisons et les évanouissements?

Non-seulement Diane en demeura là, mais encore elle s'arracha doucement des bras qui la tenaient captive et revint à son amie, qui, discrète d'abord, avait fait plusieurs pas sous les arbres, puis, curieuse comme l'est toute femme de ce charmant spectacle d'une réconciliation entre gens qui s'aiment, était revenue tout doucement, non pas prendre sa part de la conversation, mais assez près des interlocuteurs pour n'en rien perdre.

— Eh bien! demanda Bussy, est-ce donc ainsi que vous me recevez, madame?

— Non, dit Diane; car, en vérité, monsieur de Bussy, c'est tendre, c'est affectueux, ce que vous venez de faire là... Mais...

— Oh! de grâce! pas de mais... soupira Bussy en reprenant sa place aux genoux de Diane.

— Non, non, pas ainsi, pas à genoux, monsieur de Bussy.

— Oh! laissez-moi un instant vous prier comme je le fais, dit le comte en joignant les mains; j'ai si longtemps envié cette place!

— Oui; mais, pour la venir prendre, vous avez passé par-dessus le mur. Non-seulement ce n'est pas convenable à un seigneur de votre rang, mais c'est bien imprudent pour quelqu'un qui aurait soin de mon honneur.

— Comment cela?

— Si l'on vous avait vu, par hasard!

— Qui donc m'aurait vu?

— Mais nos chasseurs, qui, il y a un

quart d'heure à peine, passaient dans le fourré, derrière le mur.

— Oh! tranquillisez-vous, madame : je me cache avec trop de soin pour être vu.

— Caché! Oh! vraiment, dit Jeanne, c'est du suprême romanesque; racontez-nous cela, monsieur de Bussy.

— D'abord, si je ne vous ai pas rejointe en route, ce n'est pas ma faute; j'ai pris un chemin et vous l'autre. Vous êtes venue par Rambouillet, moi par Charlres. Puis, écoutez, et jugez si votre pauvre Bussy est amoureux : je n'ai point osé vous rejoindre, et je ne doutais pas cependant que je ne le pusse. Je sentais bien que Jarnac n'était point amoureux, et que le digne animal ne s'exalterait que médiocrement à revenir à Méridor; votre père aussi n'avait aucun motif de se hâter, puisqu'il vous avait près de lui. Mais ce n'était pas en présence de votre père, ce n'était pas dans la compagnie de vos gens que je voulais vous revoir; car j'ai plus souci que vous ne le croyez de vous compromettre; j'ai fait le chemin étape par étape, en mangeant le manche de ma houssine; le manche de ma houssine fut ma plus habituelle nourriture pendant ces jours.

— Pauvre garçon! dit Jeanne; aussi, vois comme il est maigri.

— Vous arrivâtes enfin, continua Bussy; j'avais pris logement au faubourg de la ville; je vous vis passer, caché derrière une jalousie.

— Oh! mon Dieu! demanda Diane, êtes-vous donc à Angers sous votre nom?

— Pour qui me prenez-vous? dit en souriant de Bussy; non pas, je suis un marchand qui voyage; voyez mon costume couleur cannelle : il ne me trahit pas trop, c'est une couleur qui se porte beaucoup parmi les drapiers et les orfèvres, et puis encore j'ai un certain air inquiet et affairé qui ne messied pas à un botaniste qui cherche des simples. Bref, on ne m'a pas encore remarqué.

— Bussy, le beau Bussy, deux jours de suite dans une ville de province sans avoir encore été remarqué? On ne croira jamais cela à la cour.

— Continuez, comte, dit Diane en rougissant. Comment venez-vous de la ville par ici, par exemple?

— J'ai deux chevaux d'une race choisie; je monte l'un d'eux, je sors au pas de la ville, m'arrêtant à regarder les écriteaux et les enseignes; mais quand une fois je suis loin des regards, mon cheval prend un galop qui lui permet de franchir en vingt minutes les trois lieues et demie qu'il y a d'ici à la ville. Une fois dans le bois de Méridor, je m'oriente et je trouve le mur du parc; mais il est long, fort long : le parc est grand. Hier j'ai exploré ce mur pendant plus de quatre heures, grimpant çà et là, espérant vous apercevoir toujours. Enfin je désespérais presque, quand je vous ai aperçue le soir, au moment où vous rentriez à la maison; les deux grands chiens du baron sautaient après vous, et madame de Saint-Luc leur tenait en l'air un perdreau qu'ils essayaient d'atteindre; puis vous disparûtes.

« Je sautai là, j'accourus ici, où vous étiez tout à l'heure; je vis l'herbe et la mousse assidûment foulées; j'en conclus que vous pourriez bien avoir adopté cet endroit qui est charmant pendant le soleil; pour me reconnaître alors, j'ai fait des brisées comme à la chasse; et tout en soupirant, ce qui me fait un mal affreux...

— Par défaut d'habitude, interrompit Jeanne en souriant.

— Je ne dis pas non, madame; en soupirant donc, ce qui me fait un mal affreux, je le répète, j'ai repris la route de la ville; j'étais bien fatigué; j'avais en outre déchiré mon pourpoint cannelle en montant aux arbres, et cependant, malgré les accrocs de mon pourpoint, malgré l'oppression de ma poitrine, j'avais la joie au cœur : je vous avais vue.

— Il me semble que voilà un admirable récit, dit Jeanne, et que vous avez surmonté là de terribles obstacles : c'est beau et c'est héroïque ; mais moi, qui crains de monter aux arbres, j'aurais à votre place conservé mon pourpoint et surtout ménagé mes belles mains blanches. Voyez dans quel affreux état sont les vôtres, tout égratignées par les ronces.

— Oui. Mais je n'aurais pas vu celle que je venais voir.

— Au contraire, j'aurais vu, et beaucoup mieux que vous ne l'aviez fait, Diane de Méridor, et même madame de Saint-Luc.

— Qu'eussiez-vous donc fait? demanda Bussy avec empressement.

— Je fusse venu droit au pont du château de Méridor, et j'y fusse entré. M. le baron me serrait dans ses bras, madame de Monsoreau me plaçait près d'elle à table, M. de Saint-Luc me comblait de caresses, madame de Saint-Luc faisait avec moi des anagrammes. C'était la chose du monde la plus simple : il est vrai que la chose du monde la plus simple est celle dont les amoureux ne s'avisent jamais.

Bussy secoua la tête avec un sourire et un regard à l'adresse de Diane.

— Oh! non! dit-il, non. Ce que vous eussiez fait là, c'était bon pour tout le monde, non pour moi.

Diane rougit comme un enfant, et le même sourire et le même regard se reflétèrent dans ses yeux et sur ses lèvres.

— Allons! dit Jeanne, voilà, à ce qu'il paraît, que je ne comprends plus rien aux belles manières !

— Non! dit Bussy en secouant la tête. Non ! je ne pouvais aller au château ! Madame est mariée, M. le baron doit au mari de sa fille, quel qu'il soit, une surveillance sévère.

— Bien, dit Jeanne, voilà une leçon de civilité que je reçois ; merci, monsieur de Bussy, car je mérite de la recevoir ; cela m'apprendra à me mêler aux propos des fous.

— Des fous? répéta Diane.

— Des fous ou des amoureux, répondit madame de Saint-Luc, et en conséquence...

Elle embrassa Diane au front, fit une révérence à Bussy et s'enfuit.

Diane la voulut retenir d'une main, mais Bussy saisit l'autre, et il fallut bien que Diane, si bien retenue par son amant, se décidât à lâcher son amie.

Bussy et Diane restèrent donc seuls.

Diane regarda madame de Saint-Luc qui s'éloignait en cueillant des fleurs, puis elle s'assit en rougissant.

Bussy se coucha à ses pieds.

— N'est-ce pas, dit-il, que j'ai bien fait, madame, que vous m'approuvez?

— Je ne vais pas feindre, répondit Diane, et d'ailleurs vous savez le fond de ma pensée ; oui, je vous approuve, mais ici s'arrêtera mon indulgence ; en vous désirant, en vous appelant comme je faisais tout à l'heure, j'étais insensée, j'étais coupable.

— Mon Dieu! que dites-vous donc là, Diane?

— Hélas! comte, je dis la vérité! j'ai le droit de rendre malheureux M. de Monsoreau qui m'a poussée à cette extrémité, mais je n'ai ce droit qu'en m'abstenant de rendre un autre heureux. Je puis lui refuser ma présence, mon sourire, mon amour; mais si je donnais ces faveurs à un autre, je volerais celui-là qui, malgré moi, est mon maître.

Bussy écouta patiemment toute cette morale, fort adoucie, il est vrai, par la grâce et la mansuétude de Diane.

— A mon tour de parler, n'est-ce pas? dit-il.

— Parlez, répondit Diane.

— Avec franchise?

— Parlez!

— Eh bien! de tout ce que vous venez

de dire, madame, vous n'avez pas trouvé un mot au fond de votre cœur.

— Comment?

— Écoutez-moi sans impatience, madame; vous voyez que je vous ai écoutée patiemment; vous m'avez accablé de sophismes.

Diane fit un mouvement.

— Les lieux communs de morale, continua Bussy, ne sont que cela quand ils manquent d'application. En échange de ces sophismes, moi, madame, je vais vous rendre des vérités. Un homme est votre maître, dites-vous; mais avez-vous choisi cet homme? Non, une fatalité vous l'a imposé, et vous l'avez subie. Maintenant, avez-vous dessein de souffrir toute votre vie des suites d'une contrainte si odieuse? Alors c'est à moi de vous en délivrer.

Diane ouvrit la bouche pour parler; Bussy l'arrêta d'un signe.

— Oh! je sais ce que vous m'allez répondre, dit le jeune homme. Vous me répondrez que si je provoque M. de Monsoreau et si je le tue vous ne me reverrez jamais... Soit, je mourrai de douleur de ne pas vous revoir, mais vous vivrez libre, mais vous vivrez heureuse, mais vous pourrez rendre heureux un galant homme, qui, dans sa joie, bénira quelquefois mon nom et dira : Merci! Bussy, merci! de nous avoir délivrés de cet affreux Monsoreau; et vous-même, Diane, vous qui n'oseriez me remercier vivant, vous me remercierez mort.

La jeune femme saisit la main du comte et la serra tendrement.

— Vous n'avez pas encore imploré, Bussy, dit-elle, et voilà que vous menacez déjà.

— Vous menacer? Oh! Dieu m'entend, et il sait quelle est mon intention; je vous aime si ardemment, Diane, que je n'agirai point comme ferait un autre homme. Je sais que vous m'aimez. Mon Dieu! n'allez pas vous en défendre, vous rentreriez dans la classe de ces esprits vulgaires dont les paroles démentent les actions. Je le sais, car vous l'avez avoué. Puis, un amour comme le mien, voyez-vous, rayonne comme le soleil et vivifie tous les cœurs qu'il touche; ainsi, je ne vous supplierai pas; je ne me consumerai pas en désespoir. Non, je me mettrai à vos genoux que je baise, et je vous dirai la main droite sur mon cœur, sur ce cœur qui n'a jamais menti ni par intérêt ni par crainte, je vous dirai : Diane, je vous aime, et ce sera pour toute ma vie! Diane, je vous jure à la face du ciel que je mourrai pour vous, que je mourrai en vous adorant. Si vous me dites encore : Partez, ne volez pas le bonheur d'un autre, je me relèverai sans soupir, sans un signe, de cette place où je suis si heureux cependant, et je vous saluerai profondément en me disant : Cette femme ne m'aime pas; cette femme ne m'aimera jamais. Alors je partirai et vous ne me reverrez plus jamais. Mais comme mon dévouement pour vous est encore plus grand que mon amour, comme mon désir de vous voir heureuse survivra à la certitude que je ne puis pas être heureux moi-même, comme je n'aurai pas volé le bonheur d'un autre, j'aurai le droit de lui voler sa vie en y sacrifiant la mienne : voilà ce que je ferai, madame, et cela de peur que vous ne soyez esclave éternellement, et que ce ne vous soit un prétexte à rendre malheureux les braves gens qui vous aiment.

Bussy s'était ému en prononçant ces paroles. Diane lut dans son regard si brillant et si loyal toute la vigueur de sa résolution; elle comprit que ce qu'il disait, il allait le faire, que ses paroles se traduiraient indubitablement en action, et comme la neige d'avril fond aux rayons du soleil, sa rigueur se fondit à la flamme de ce regard.

— Eh bien! dit-elle, merci de cette violence que vous me faites, ami. C'est encore une délicatesse de votre part, de m'ôter ainsi jusqu'au remords de vous avoir cédé. Maintenant, m'aimerez-vous jusqu'à la mort, comme vous dites? maintenant, ne serai-je pas le jeu de votre fantaisie et ne me laisserez-vous pas un jour l'odieux regret de ne pas avoir écouté l'amour de M. de Monsoreau? Mais non, je n'ai pas de conditions à faire ; je suis vaincue, je suis livrée, je suis à vous, Bussy, d'amour du moins. Restez donc, ami, et maintenant que ma vie est la vôtre, veillez sur nous.

En disant ces mots, Diane posa une de ses mains si blanches et si effilées sur l'épaule de Bussy, et lui tendit l'autre, qu'il tint amoureusement collée à ses lèvres ; Diane frissonna sous ce baiser.

On entendit alors les pas légers de Jeanne, accompagnés d'une petite toux indicatrice.

Elle rapportait une gerbe de fleurs nouvelles et le premier papillon qui se fût encore hasardé peut-être hors de sa coque de soie : c'était une atalante aux ailes rouges et noires.

Instinctivement, les mains entrelacées se désunirent.

Jeanne remarqua ce mouvement.

— Pardon, mes bons amis, de vous déranger, dit-elle, mais il nous faut rentrer sous peine que l'on vienne nous chercher ici. Monsieur le comte, regagnez s'il vous plaît votre excellent cheval qui fait quatre lieues en une demi-heure, et laissez-nous faire le plus lentement possible, car je présume que nous aurons fort à causer, les quinze cents pas qui nous séparent de la maison. Dame! voici ce que vous perdez à votre entêtement, monsieur de Bussy : le dîner du château, qui est excellent surtout pour un homme qui vient de monter à cheval et de grimper par-dessus les murailles, et cent bonnes plaisanteries que nous eussions faites, sans compter certains coups d'œil échangés qui chatouillent mortellement le cœur. Allons, Diane, rentrons.

Et Jeanne prit le bras de son amie et fit un léger effort pour l'entraîner avec elle.

Bussy regarda les deux amies avec un sourire. Diane, encore à demi retournée de son côté, lui tendit la main.

Il se rapprocha d'elles.

— Eh bien! demanda-t-il, c'est tout ce que vous me dites?

— A demain, répliqua Diane, n'est-ce pas convenu?

— A demain seulement?

— A demain et à toujours!

Bussy ne put retenir un petit cri de joie ; il inclina ses lèvres sur la main de Diane, puis, jetant un dernier adieu aux deux femmes, il s'éloigna ou plutôt s'enfuit.

Il sentait qu'il lui fallait un effort de volonté pour consentir à se séparer de celle à laquelle il avait si longtemps désespéré d'être réuni.

Diane le suivit du regard jusqu'au fond du taillis, et retenant son amie par le bras, écouta jusqu'au son le plus lointain de ses pas dans les broussailles.

— Ah! maintenant, dit Jeanne lorsque Bussy fut disparu tout à fait, veux-tu causer un peu avec moi, Diane?

— Oh! oui, dit la jeune femme tressaillant comme si la voix de son amie la tirait d'un rêve. Je t'écoute.

— Eh bien! vois-tu, demain j'irai à la chasse avec Saint-Luc et ton père.

— Comment! tu me laisseras seule au château?

— Écoute, chère amie, dit Jeanne ; moi aussi, j'ai mes principes de morale, et il y a de certaines choses que je ne puis consentir à faire.

— Oh! Jeanne, s'écria madame de Monsoreau en pâlissant, peux-tu bien me dire de ces duretés-là, à moi, à ton amie?

— Il n'y a pas d'amie qui tienne, continua mademoiselle de Brissac avec la même tranquillité ; je ne puis continuer ainsi.

Eh bien! vous en avez menti, monseigneur! — Page 374.

— Je croyais que tu m'aimais, Jeanne, et voilà que tu me perces le cœur, dit la jeune femme avec des larmes dans les yeux; tu ne veux pas continuer, dis-tu, eh! quoi donc ne veux-tu pas continuer?

— Continuer, murmura Jeanne à l'oreille de son amie, continuer de vous empêcher, pauvres amants que vous êtes, de vous aimer tout à votre aise.

Diane saisit dans ses bras la rieuse jeune femme et couvrit de baisers son visage épanoui.

Comme elle la tenait embrassée, les trompes de la chasse firent entendre leurs bruyantes fanfares.

— Allons, on nous appelle, dit Jeanne; le pauvre Saint-Luc s'impatiente. Ne sois donc pas plus dure envers lui que je ne veux l'être envers l'amoureux en pourpoint cannelle.

LV

COMMENT BUSSY TROUVA TROIS CENTS PISTOLES DE SON CHEVAL ET LE DONNA POUR RIEN

Le lendemain Bussy partit d'Angers

avant que les plus matineux bourgeois de la ville eussent pris leur repas du matin.

Il ne courait pas, il volait sur la route.

Diane était montée sur une terrasse du château, d'où l'on voyait le chemin sinueux et blanchâtre qui ondulait dans les prés verts.

Elle vit ce point noir qui avançait comme un météore et laissait plus long derrière lui le ruban tordu de la route.

Aussitôt elle redescendit pour ne pas laisser à Bussy le temps d'attendre et pour se faire un mérite d'avoir attendu.

Le soleil atteignait à peine les cimes des grands chênes, l'herbe était perlée et rosée ; on entendait au loin, sur la montagne, le cor de Saint-Luc que Jeanne excitait à sonner pour rappeler à son amie le service qu'elle lui rendait en la laissant seule.

Il y avait une joie si grande, si poignante dans le cœur de Diane ; elle se sentait si enivrée de sa jeunesse, de sa beauté, de son amour, que parfois, en courant, il lui semblait que son âme enlevait son corps sur des ailes comme pour le rapprocher de Dieu.

Mais le chemin de la maison au hallier était long, les petits pieds de la jeune femme se lassèrent de fouler l'herbe épaisse, et la respiration lui manqua plusieurs fois en route ; elle ne put donc arriver au rendez-vous qu'au moment où Bussy paraissait sur la crête du mur et s'élançait en bas.

Il la vit courir ; elle poussa un petit cri de joie ; il arriva vers elle les bras étendus ; elle se précipita vers lui en appuyant ses deux mains sur son cœur : leur salut du matin fut une longue, une ardente étreinte.

Qu'avaient-ils à se dire ? ils s'aimaient.

Qu'avaient-ils à penser ? ils se voyaient.

Qu'avaient-ils à souhaiter ? ils étaient assis côte à côte, et se tenaient la main.

La journée passa comme une heure.

Bussy, lorsque Diane la première sortit de cette torpeur veloutée qui est le sommeil d'une âme lasse de félicité, Bussy serra la jeune femme rêveuse sur son cœur et lui dit :

— Diane, il me semble qu'aujourd'hui a commencé ma vie, il me semble que d'aujourd'hui je vois clair sur le chemin qui mène à l'éternité. Vous êtes, n'en doutez pas, la lumière qui me révèle tant de bonheur ; je ne savais rien de ce monde ni de la condition des hommes en ce monde ; aussi je puis vous répéter ce qu'hier je vous disais : Ayant commencé par vous à vivre, c'est avec vous que je mourrai.

— Et moi, lui répondit-elle, moi qui, un jour, me suis jetée sans regret dans les bras de la mort, je tremble aujourd'hui de ne pas vivre assez longtemps pour épuiser tous les trésors que me promet votre amour. Mais pourquoi ne venez-vous pas au château, Louis ? mon père serait heureux de vous voir ; M. de Saint-Luc est votre ami, et il est discret... Songez qu'une heure de plus à nous voir, c'est inappréciable.

— Hélas ! Diane, si je vais une heure au château, j'irai toujours ; si j'y vais, toute la province le saura ; si le bruit en vient aux oreilles de cet ogre, votre époux, il accourra... Vous m'avez défendu de vous en délivrer...

— A quoi bon ? dit-elle avec cette expression qu'on ne trouve jamais que dans la voix de la femme qu'on aime.

— Eh bien ! pour notre sûreté, c'est-à-dire pour la sécurité de notre bonheur, il importe que nous cachions notre secret à tout le monde : madame de Saint-Luc le sait déjà... Saint-Luc le saura aussi...

— Oh ! pourquoi...

— Me cacheriez-vous quelque chose ? dit Bussy, à moi, à présent.

— Non... c'est vrai.

— J'ai écrit ce matin un mot à Saint-Luc pour lui demander une entrevue à

Angers. Il viendra; j'aurai sa parole de gentilhomme que jamais un mot de cette aventure ne lui échappera. C'est d'autant plus important, chère Diane, que partout certainement on me cherche. Les événements étaient graves lorsque nous avons quitté Paris.

— Vous avez raison... et puis mon père est un homme si scrupuleux, bien qu'il m'aime, qu'il serait capable de me dénoncer à M. de Monsoreau.

— Cachons-nous bien... et si Dieu nous livre à nos ennemis, au moins pourrons-nous dire que faire autrement était impossible.

— Dieu est bon, Louis; ne doutez pas de lui en ce moment.

— Je ne doute pas de Dieu, j'ai peur de quelque démon, jaloux de voir notre joie.

— Dites-moi adieu, mon seigneur, et ne retournez pas si vite, votre cheval me fait peur.

— Ne craignez rien, il connaît déjà la route; c'est le plus doux, le plus sûr coursier que j'aie encore monté. Quand je retourne à la ville, abîmé dans mes douces pensées, il me conduit sans que je touche à la bride.

Les deux amants échangèrent mille propos de ce genre, entrecoupés de mille baisers.

Enfin la trompe de chasse, rapprochée du château, fit entendre l'air dont Jeanne était convenue avec son amie, et Bussy partit.

Comme il approchait de la ville, rêvant à cette enivrante journée, et tout fier d'être libre, lui que les honneurs, les soins de la richesse et les faveurs d'un prince du sang tenaient toujours embrassé dans des chaînes d'or, il remarqua que l'heure approchait où l'on allait fermer les portes de la ville. Le cheval, qui avait brouté tout le jour sous les feuillages et l'herbe, avait continué en chemin, et la nuit venait.

Bussy se préparait à piquer pour réparer le temps perdu, quand il entendit derrière lui le galop de quelques chevaux.

Pour un homme qui se cache, et surtout pour un amant, tout semble une menace.

Les amants heureux ont cela de commun avec les voleurs.

Bussy se demandait s'il valait mieux prendre le galop pour gagner de l'avance, ou se jeter de côté pour laisser passer les cavaliers; mais leur course était si rapide qu'ils furent sur lui en un moment.

Ils étaient deux.

Bussy, jugeant qu'il n'y avait pas lâcheté à éviter deux hommes lorsqu'on en vaut quatre, se rangea et aperçut un des cavaliers dont les talons entraient dans les flancs de sa monture, stimulée d'ailleurs par bon nombre de coups d'étrivières que lui détachait son compagnon.

— Allons, voici la ville, disait cet homme avec un accent gascon des plus prononcés; encore trois cents coups de fouet et cent coups d'éperon, du courage et de la vigueur.

— La bête n'a plus le souffle, elle frissonne, elle faiblit, elle refuse de marcher, répondit celui qui précédait... Je donnerais pourtant cent chevaux pour être dans ma ville.

— C'est quelque Angevin attardé, se dit Bussy... Cependant... comme la peur rend les gens stupides! j'avais cru reconnaître cette voix. Mais voilà le cheval de ce brave homme qui chancelle...

En ce moment les cavaliers étaient au niveau de Bussy sur la route.

— Eh! prenez garde, s'écria-t-il, monsieur; quittez l'étrier, quittez vite, la bête va choir.

En effet, le cheval tomba lourdement sur le flanc, remua convulsivement une jambe comme s'il labourait la terre, et tout d'un coup son souffle bruyant s'arrêta, ses yeux s'obscurcirent : l'écume l'étouffait; il expira.

— Monsieur, cria le cavalier démonté à Bussy, trois cents pistoles du cheval qui vous porte.

— Ah! mon Dieu! s'écria Bussy en se rapprochant...

— M'entendez-vous? Monsieur, je suis pressé...

— Eh! mon prince, prenez-le pour rien, dit avec le tremblement d'une émotion indicible Bussy, qui venait de reconnaître le duc d'Anjou.

En même temps on entendit le bruit sec d'un pistolet qu'armait le compagnon du prince.

— Arrêtez! cria le duc d'Anjou à ce défenseur impitoyable; arrêtez, monsieur d'Aubigné, c'est Bussy, ou le diable m'emporte!

— Eh oui, mon prince, c'est moi! Mais que diable faites-vous à crever des chevaux à l'heure qu'il est, et sur ce chemin?

— Ah! c'est M. de Bussy, dit d'Aubigné; alors, monseigneur, vous n'avez plus besoin de moi... Permettez-moi de m'en retourner vers celui qui m'a envoyé, comme dit la Sainte Écriture.

— Non pas sans recevoir mes remerciements bien sincères et la promesse d'une solide amitié, dit le prince.

— J'accepte tout, monseigneur, et vous rappellerai vos paroles quelque jour.

— M. d'Aubigné!... monseigneur!... Ah! mais je tombe des nues, fit Bussy.

— Ne le savais-tu pas? dit le prince avec une expression de mécontentement et de défiance qui n'échappa point au gentilhomme... Si tu es ici, n'est-ce pas que tu m'y attendais?

— Diable! se dit Bussy en réfléchissant à tout ce que son séjour caché dans l'Anjou pouvait offrir d'équivoque à l'esprit soupçonneux de François, ne nous compromettons pas! Je faisais mieux que de vous attendre, dit-il, et tenez, puisque vous voulez entrer en ville avant la fermeture des portes, en selle, monseigneur.

Il offrit son cheval au prince, qui s'était occupé de débarrasser le sien de quelques papiers importants cachés entre la selle et la housse.

— Adieu donc, monseigneur, dit d'Aubigné qui fit volte-face. Monsieur de Bussy, serviteur.

Et il partit.

Bussy sauta légèrement en croupe derrière son maître et dirigea le cheval vers la ville, en se demandant tout bas si ce prince habillé de noir n'était pas le sombre démon que lui suscitait l'enfer, jaloux de son bonheur.

Ils entrèrent dans Angers au premier son des trompettes de l'échevinage.

— Que faire maintenant, monseigneur?

— Au château! qu'on arbore ma bannière, qu'on vienne me reconnaître, que l'on convoque la noblesse de la province.

— Rien de plus facile, dit Bussy décidé à faire de la docilité pour gagner du temps et d'ailleurs trop surpris lui-même pour être autre chose que passif.

— Çà, messieurs de la trompette! criat-il aux hérauts qui revenaient après le premier son.

Ceux-ci regardèrent et ne prêtèrent pas grande attention, parce qu'ils voyaient deux hommes poudreux, suants, et en assez mince équipage.

— Ho! ho! dit Bussy en marchant à eux... est-ce que le maître n'est pas connu dans sa maison?... Qu'on fasse venir l'échevin de service!

Ce ton arrogant imposa aux hérauts; l'un d'eux s'approcha.

— Jésus-Dieu! s'écria-t-il avec effroi en regardant attentivement le duc... n'est-ce pas là notre seigneur et maître?

Le duc était fort reconnaissable à la difformité de son nez partagé en deux, comme le disait la chanson de Chicot.

— Monseigneur le duc! ajouta-t-il en saisissant le bras de l'autre héraut qui bondit d'une surprise pareille.

— Vous en savez aussi long que moi maintenant, dit Bussy, enflez-moi votre haleine, faites suer sang et eau à vos trompettes, et que toute la ville sache dans un quart d'heure que monseigneur est arrivé chez lui.

« Nous, monseigneur, allons lentement au château.

« Quand nous y arriverons, la broche sera déjà mise pour nous recevoir. »

En effet, au premier cri des hérauts les groupes se formèrent, au second les enfants et les commères coururent tous les quartiers en criant :

— Monseigneur est dans la ville!... Noël à monseigneur!

Les échevins, le gouverneur, les principaux gentilshommes, se précipitèrent vers le palais, suivis d'une foule qui devenait de plus en plus compacte.

Ainsi que l'avait prévu Bussy, les autorités de la ville étaient au château avant le prince pour le recevoir dignement.

Lorsqu'il traversa le quai, à peine put-il fendre la presse; mais Bussy avait retrouvé un des hérauts, qui, frappant à coups de trompette sur le populaire empressé, fraya un passage à son prince jusqu'aux degrés de la maison de ville.

Bussy formait l'arrière-garde.

— Messieurs et très-féaux amés, dit le prince, je suis venu me jeter dans ma bonne ville d'Angers. A Paris, les dangers les plus terribles ont menacé ma vie; j'avais perdu même ma liberté. J'ai réussi à fuir grâce à de bons amis.

Bussy se mordit les lèvres, il devinait le sens du regard ironique de François.

— Et depuis que je me sens dans votre ville, ma tranquillité, ma vie sont assurées.

Les magistrats, stupéfaits, crièrent faiblement :

— Vive notre seigneur!

Le peuple, qui espérait les aubaines usitées à chaque voyage du prince, cria vigoureusement :

— Noël!

— Soupons, dit le prince, je n'ai rien pris depuis ce matin.

Le duc fut entouré en un moment de toute la maison qu'il entretenait à Angers en qualité de duc d'Anjou, et dont les principaux serviteurs seuls connaissaient leur maître.

Puis ce fut le tour des gentilshommes et des dames de la ville.

La réception dura jusqu'à minuit.

La ville fut illuminée, les coups de mousquet retentirent dans les rues et sur les places, la cloche de la cathédrale fut mise en branle, et le vent porta jusqu'à Méridor les bouffées bruyantes de la joie traditionnelle des bons Angevins.

LVI

DIPLOMATIE DE M. LE DUC D'ANJOU.

Quand le bruit des mousquets se fut un peu calmé dans les rues, quand les battements de la cloche eurent ralenti leurs vibrations, quand les antichambres furent dégarnies, quand enfin Bussy et le duc d'Anjou se trouvèrent seuls :

— Causons, dit le duc.

En effet, grâce à sa perspicacité, François comprenait que Bussy, depuis leur rencontre, avait fait beaucoup plus d'avances qu'il n'avait l'habitude d'en faire; il jugea alors, avec sa connaissance de la cour, qu'il était dans une position embarrassée, et que, par conséquent, il pouvait, avec un peu d'adresse, prendre avantage sur lui.

Mais Bussy avait eu le temps de se préparer, et il attendait son prince de pied ferme.

— Causons, monseigneur, répliqua-t-il.

— Le dernier jour que nous nous vîmes, dit le prince, vous étiez bien malade, mon pauvre Bussy!

— C'est vrai, monseigneur, répliqua le jeune homme; j'étais très-malade, et c'est presque un miracle qui m'a sauvé.

— Ce jour-là il y avait près de vous, continua le duc, certain médecin bien enragé pour votre salut, car il mordait vigoureusement, ce me semble, ceux qui vous approchaient.

— C'est encore vrai, mon prince, car le Haudouin m'aime beaucoup.

— Il vous tenait rigoureusement au lit, n'est-ce pas?

— Ce dont j'enrageais de toute mon âme, comme Votre Altesse a pu le voir.

— Mais, dit le duc, si vous eussiez si fort enragé, vous auriez pu envoyer la Faculté à tous les diables, et sortir avec moi, comme je vous en priais.

— Dame! fit Bussy en tournant et retournant de cent façons entre ses doigts son chapeau de pharmacien.

— Mais, continua le duc, comme il s'agissait d'une grave affaire, vous avez eu peur de vous compromettre.

— Plaît-il? dit Bussy en enfonçant d'un coup de poing le même chapeau sur ses yeux; vous avez dit, je crois, que j'ai eu peur de me compromettre, mon prince?

— Je l'ai dit, répliqua le duc d'Anjou.

Bussy bondit de sa chaise et se trouva debout.

— Eh bien! vous en avez menti, monseigneur, s'écria-t-il, menti à vous-même, entendez-vous, car vous ne croyez pas un mot, mais pas un seul, de ce que vous venez de dire; il y a sur ma peau vingt cicatrices qui prouvent que je me suis compromis quelquefois, mais que je n'ai jamais eu peur; et ma foi je connais beaucoup de gens qui ne sauraient pas en dire et surtout en montrer autant.

— Vous avez toujours des arguments irréfragables, monsieur de Bussy, reprit le duc fort pâle et fort agité; quand on vous accuse, vous criez plus haut que le reproche, et alors vous vous figurez que vous avez raison.

— Oh! je n'ai pas toujours raison, monseigneur, dit Bussy, je le sais bien, mais je sais bien aussi dans quelles occasions j'ai tort.

— Et dans lesquelles avez-vous tort? dites, je vous prie.

— Quand je sers des gens ingrats.

— En vérité, monsieur, je crois que vous vous oubliez, dit le prince en se levant tout à coup avec cette dignité qui lui était propre dans certaines circonstances.

— Eh bien! je m'oublie, monseigneur, dit Bussy; une fois dans votre vie, faites-en autant, oubliez-vous ou oubliez-moi.

Bussy fit alors deux pas pour sortir; mais le prince fut encore plus prompt que lui, et le gentilhomme trouva le duc devant la porte.

— Nierez-vous, monsieur, dit le duc, que le jour où vous avez refusé de sortir avec moi, vous ne soyez sorti l'instant d'après?

— Moi, dit Bussy, je ne nie jamais rien, monseigneur, si ce n'est ce qu'on veut me forcer d'avouer.

— Dites-moi donc alors pourquoi vous vous êtes obstiné à rester en votre hôtel?

— Parce que j'avais des affaires.

— Chez vous?

— Chez moi ou ailleurs.

— Je croyais que quand un gentilhomme est au service d'un prince, ses principales affaires sont les affaires de ce prince.

— Et d'habitude, qui donc les fait, vos affaires, monseigneur, si ce n'est moi?

— Je ne dis pas non, dit François, et d'ordinaire je vous trouve fidèle et dévoué; je dirai même plus, j'excuse votre mauvaise humeur.

— Ah! vous êtes bien bon.

— Oui, car vous aviez quelque raison de m'en vouloir.

— Vous l'avouez, monseigneur?

— Oui. Je vous avais promis la disgrâce de M. de Monsoreau. Il paraît que vous le détestez fort, M. de Monsoreau.

— Moi, pas du tout. Je lui trouve une laide figure, et j'aurais voulu qu'il s'éloignât de la cour pour ne point avoir cette figure sous les yeux. Vous, au contraire, monseigneur, vous aimez cette figure-là. Il ne faut pas discuter sur les goûts.

— Eh bien! alors, comme c'était votre seule excuse que de me bouder comme eût fait un enfant gâté et hargneux, je vous dirai que vous avez doublement eu tort de ne pas vouloir sortir avec moi, et de sortir après moi pour faire des vaillantises inutiles.

— J'ai fait des vaillantises inutiles, moi? et tout à l'heure vous me reprochiez d'avoir eu... Voyons, monseigneur, soyons conséquent ; quelles vaillantises ai-je faites?

— Sans doute; que vous en vouliez à M. d'Épernon et à M. de Schomberg, je conçois cela. Je leur en veux, moi aussi, et même mortellement; mais il fallait se borner à leur en vouloir et attendre le moment.

— Oh! oh! dit Bussy, qu'y a-t-il encore là-dessous, monseigneur?

— Tuez-les, morbleu! tuez-les tous deux, tuez-les tous quatre, je ne vous en serai que plus reconnaissant; mais ne les exaspérez pas, surtout quand vous êtes loin, car leur exaspération retombe sur moi.

— Voyons, que lui ai-je donc fait, à ce digne Gascon?

— Vous parlez de d'Épernon, n'est-ce pas?

— Oui.

— Eh bien! vous l'avez fait lapider.

— Moi?

— Au point que son pourpoint a été mis en lambeaux, son manteau en pièces, et qu'il est rentré au Louvre en haut-de-chausses.

— Bon, dit Bussy, et d'un; passons à l'Allemand. Quels sont mes torts envers M. de Schomberg?

— Nierez-vous que vous l'ayez fait teindre en indigo? Quand je l'ai revu trois heures après son accident, il était encore couleur d'azur; et vous appelez cela une bonne plaisanterie. Allons donc!

Et le prince se mit à rire malgré lui, tandis que Bussy, se rappelant de son côté la figure que faisait Schomberg dans son cuvier, ne pouvait s'empêcher de rire aux éclats.

— Alors, dit-il, c'est moi qui passe pour leur avoir joué ce tour.

— Pardieu! c'est moi peut-être?

— Et vous vous sentez le courage, monseigneur, de venir faire des reproches à un homme qui a de ces idées-là! Tenez, je vous le disais tout à l'heure, vous êtes un ingrat.

— D'accord. Maintenant, voyons, si tu es réellement sorti pour cela, je te pardonne.

— Bien sûr?

— Oui, parole d'honneur; mais tu n'es pas au bout de mes griefs.

— Allez.

— Parlons de moi un peu.

— Soit.

— Qu'as-tu fait pour me tirer d'embarras?

— Vous le voyez bien, dit Bussy, ce que j'ai fait.

— Non, je ne le vois pas.

— Eh bien! je suis parti pour l'Anjou.

— C'est-à-dire que tu t'es sauvé.

— Oui, car en me sauvant je vous sauvais.

— Mais au lieu de te sauver si loin, ne pouvais-tu donc rester aux environs de Paris? Il me semble que tu m'étais plus utile à Montmartre qu'à Angers.

— Ah! voilà où nous différons d'avis, monseigneur! j'aimais mieux venir en Anjou.

— C'est une médiocre raison, vous en conviendrez, que votre caprice...

— Non pas, car ce caprice avait pour but de vous recruter des partisans.

— Ah! voilà qui est différent. Eh bien! voyons, qu'avez-vous fait?

— Il sera temps de vous l'expliquer demain, monseigneur, car voici justement l'heure à laquelle je dois vous quitter.

— Et pourquoi me quitter?

— Pour m'aboucher avec un personnage des plus importants.

— Ah! s'il en est ainsi, c'est autre chose; allez, Bussy, mais soyez prudent.

— Prudent, à quoi bon? Ne sommes-nous pas les plus forts, ici?

— N'importe, ne risque rien; as-tu déjà fait beaucoup de démarches?

— Je suis ici depuis deux jours, comment voulez-vous!

— Mais tu te caches, au moins.

— Si je me cache, je le crois mordieu bien! Voyez-vous sous quel costume je vous parle; est-ce que j'ai l'habitude de porter des pourpoints cannelle? C'est pourtant pour vous encore que je suis entré dans cet affreux fourreau.

— Et où loges-tu?

— Ah! voilà où vous apprécierez mon dévouement. Je loge... je loge dans une masure près du rempart, avec une sortie sur la rivière; mais vous, mon prince, à votre tour, voyons, comment êtes-vous sorti du Louvre? comment vous ai-je trouvé sur un grand chemin, avec un cheval fourbu entre les jambes et M. d'Aubigné à vos côtés.

— Parce que j'ai des amis, dit le prince.

— Vous, des amis! fit Bussy. Allons donc!

— Oui, des amis que tu ne connais pas.

— A la bonne heure! et quels sont ces amis?

— Le roi de Navarre, et M. d'Aubigné que tu as vu.

— Le roi de Navarre... Ah! c'est vrai. N'avez-vous point conspiré ensemble?

— Je n'ai jamais conspiré, monsieur de Bussy.

— Non! demandez un peu à La Mole et à Coconas.

— La Mole, dit le prince d'un air sombre, avait commis un autre crime que celui pour lequel on croit qu'il est mort.

— Bien! laissons La Mole et revenons à vous; d'autant plus, monseigneur, que nous aurions quelque peine à nous entendre sur ce point-là. Par où diable êtes-vous sorti du Louvre?

— Par la fenêtre.

— Ah! vraiment. Et par laquelle?

— Par celle de ma chambre à coucher.

— Vous connaissiez donc l'échelle de corde?

— Quelle échelle de corde?

— Celle de l'armoire.

— Ah! il paraît que tu la connaissais, toi? dit le prince en pâlissant.

— Dame! dit Bussy, Votre Altesse sait que j'ai eu quelquefois le bonheur d'entrer dans cette chambre.

— Du temps de ma sœur Margot, n'est-ce pas? et tu entrais par la fenêtre.

— Dame! vous sortez bien par là, vous. Ce qui m'étonne seulement, c'est que vous ayez trouvé l'échelle.

— Ce n'est pas moi qui l'ai trouvée.

— Qui donc?

— Personne; on me l'a indiquée.

— Qui cela?

— Le roi de Navarre.

— Ah! ah! le roi de Navarre connaît l'échelle! je ne l'aurais pas cru. Enfin, tant il y a que vous voici, monseigneur, sain et sauf et bien portant; nous allons mettre l'Anjou en feu, et, de la même traînée, l'Angoumois et le Béarn s'enflammeront: cela fera un assez joli petit incendie.

— Mais ne parlais-tu pas d'un rendez-vous? dit le duc.

— Ah morbleu! c'est vrai; mais l'in-

Laisse aller Roland; à l'endroit du mur où Roland s'arrêtera, tu jetteras ce bouquet. — Page 386

térêt de la conversation me le faisait oublier. Adieu, monseigneur.

— Prends-tu ton cheval?

— Dame! s'il est utile à monseigneur, Son Altesse peut le garder; j'en ai un second.

— Alors j'accepte; plus tard nous ferons nos comptes.

— Oui, monseigneur, et Dieu veuille que ce ne soit pas moi qui vous redoive quelque chose!

— Pourquoi cela?

— Parce que je n'aime pas celui que vous chargez d'ordinaire d'apurer vos comptes.

— Bussy!

— C'est vrai, monseigneur; il était convenu que nous ne parlerions plus de cela.

Le prince, qui sentait le besoin qu'il avait de Bussy, lui tendit la main.

Bussy lui donna la sienne, mais en secouant la tête.

Tous deux se séparèrent.

LVII

DIPLOMATIE DE M. DE SAINT-LUC

Bussy retourna chez lui à pied, au milieu d'une nuit épaisse; mais, au lieu de Saint-Luc qu'il s'attendait à y rencontrer, il ne trouva qu'une lettre qui lui annonçait l'arrivée de son ami pour le lendemain.

En effet, vers six heures du matin, Saint-Luc, suivi d'un piqueur, avait quitté Méridor et avait dirigé sa course vers Angers.

Il était arrivé au pied des remparts à l'ouverture des portes, et, sans remarquer l'agitation singulière du peuple à son lever, il avait gagné la maison de Bussy.

Les deux amis s'embrassèrent cordialement.

— Daignez, mon cher Saint-Luc, dit Bussy, accepter l'hospitalité de ma pauvre chaumière. Je campe à Angers.

— Oui, dit Saint-Luc, à la manière des vainqueurs, c'est-à-dire sur le champ de bataille.

— Que voulez-vous dire, cher ami?

— Que ma femme n'a pas plus de secrets pour moi que je n'en ai pour elle, mon cher Bussy, et qu'elle m'a tout raconté. Il y a communauté entière entre nous. Recevez tous mes compliments, mon maître en toutes choses, et, puisque vous m'avez mandé, permettez-moi de vous donner un conseil.

— Donnez.

— Débarrassez-vous vite de cet abominable Monsoreau; personne ne connaît à la cour votre liaison avec sa femme, c'est le bon moment; seulement il ne faut pas le laisser échapper; lorsque plus tard vous épouserez la veuve, on ne dira pas au moins que vous l'avez faite veuve pour l'épouser.

— Il n'y a qu'un obstacle à ce beau projet, qui m'était venu d'abord à l'esprit comme il s'était présenté au vôtre.

— Vous voyez bien, et lequel?

— C'est que j'ai juré à Diane de respecter la vie de son mari, tant qu'il ne m'attaquera point, bien entendu.

— Vous avez eu tort.

— Moi!

— Vous avez eu le plus grand tort.

— Pourquoi cela?

— Parce qu'on ne fait point de pareils serments. Que diable! si vous ne vous dépêchez pas, si vous ne prenez pas les devants, c'est moi qui vous le dis, le Monsoreau, qui est confit en malices, vous découvrira; et s'il vous découvre, comme il n'est rien moins que chevaleresque, il vous tuera.

— Il arrivera ce que Dieu aura décidé, dit Bussy en souriant; mais outre que je manquerais au serment que j'ai fait à Diane en lui tuant son mari...

— Son mari!... vous savez bien qu'il ne l'est pas!

— Oui, mais il n'en porte pas moins le titre. Outre, dis-je, que je manquerais au serment que je lui ai fait, le monde me lapiderait, mon cher, et celui qui aujourd'hui est un monstre à tous les regards paraîtrait dans sa bière un ange que j'aurais mis au cercueil.

— Aussi ne vous conseillerais-je pas de le tuer vous-même.

— Des assassins! ah! Saint-Luc, vous me donnez là un triste conseil.

— Allons donc! qui vous parle d'assassins?

— De quoi parlez-vous donc, alors?

— De rien, cher ami: une idée qui m'est passée par l'esprit et qui n'est pas suffisamment mûre pour que je vous la communique. Je n'aime pas plus ce Monsoreau que vous, quoique je n'aie pas les mêmes raisons de le détester ; parlons donc de la femme au lieu de parler du mari.

Bussy sourit.

— Vous êtes un brave compagnon, Saint-Luc, dit Bussy, et vous pouvez compter sur mon amitié. Or, vous le savez, mon amitié se compose de trois choses : de ma bourse, de mon épée et de ma vie.

— Merci, dit Saint-Luc ; j'accepte, mais à charge de revanche.

— Maintenant, que vouliez-vous me dire de Diane, voyons?

— Je voulais vous demander si vous ne comptiez pas venir un peu à Méridor?

— Mon cher ami, je vous remercie de l'insistance, mais vous savez mes scrupules.

— Je sais tout. A Méridor, vous êtes exposé à rencontrer le Monsoreau; bien qu'il soit à quatre-vingts lieues de nous ; exposé à lui serrer la main, et c'est dur de serrer la main à un homme qu'on voudrait étrangler ; enfin exposé à lui voir embrasser Diane, et c'est dur de voir embrasser la femme qu'on aime.

— Ah! fit Bussy avec rage, comme vous comprenez bien pourquoi je ne vais pas à Méridor! Maintenant, cher ami...

— Vous me congédiez? dit Saint-Luc se méprenant à l'intention de Bussy.

— Non pas, au contraire, reprit celui-ci ; je vous prie de rester, car maintenant c'est à mon tour de vous interroger.

— Faites.

— N'avez-vous donc pas entendu cette nuit le bruit des cloches et des mousquetons?

— En effet, et nous nous sommes demandé là-bas ce qu'il y avait de nouveau.

— Ce matin, n'avez-vous point remarqué quelque changement en traversant la ville?

— Quelque chose comme une grande agitation, n'est-ce pas?

— Oui.

— J'allais vous demander d'où elle provenait.

— Elle provient de ce que M. le duc d'Anjou vient d'arriver hier, cher ami.

Saint-Luc fit un bond sur sa chaise, comme si on lui eût annoncé la présence du diable.

— Le duc à Angers! On le disait en prison au Louvre !

— C'est justement parce qu'il était en prison au Louvre qu'il est maintenant à Angers. Il est parvenu à s'évader par une fenêtre, et il est venu se réfugier ici.

— Eh bien? demanda Saint-Luc.

— Eh bien! cher ami, dit Bussy, voici une excellente occasion de vous venger des petites persécutions de Sa Majesté. Le prince a déjà un parti, il va avoir des troupes, et nous brasserons quelque chose comme une jolie petite guerre civile.

— Oh! oh! fit Saint-Luc.

— Et j'ai compté sur vous pour faire le coup d'épée ensemble.

— Contre le roi? dit Saint-Luc avec une froideur soudaine.

— Je ne dis pas précisément contre le roi, dit Bussy ; je dis contre ceux qui tireront l'épée contre nous.

— Mon cher Bussy, dit Saint-Luc, je suis venu en Anjou pour prendre l'air de la campagne, et non pas pour me battre contre Sa Majesté.

— Mais laissez-moi toujours vous présenter à monseigneur.

— Inutile, mon cher Bussy ; je n'aime pas Angers, et comptais le quitter bientôt ; c'est une ville ennuyeuse et noire ; les pierres y sont molles comme du fromage, et le fromage y est dur comme de la pierre.

— Mon cher Saint-Luc, vous me rendriez un grand service de consentir à ce que je sollicite de vous : le duc m'a demandé ce que j'étais venu faire ici, et ne pouvant pas le lui dire, attendu que lui-même a aimé Diane et a échoué près d'elle, je lui ai fait accroire que j'étais venu pour attirer à sa cause tous les gentilshommes du canton; j'ai même ajouté que j'avais, ce matin, rendez-vous avec l'un d'eux.

— Eh bien! vous direz que vous avez vu ce gentilhomme, et qu'il demande six mois pour réfléchir.

— Je trouve, mon cher Saint-Luc, s'il faut que je vous le dise, que votre logique n'est pas moins hérissée que la mienne.

— Écoutez, je ne tiens en ce monde qu'à ma femme; vous ne tenez, vous, qu'à votre maîtresse; convenons d'une chose : en toute occasion, je défendrai Diane; en toute occasion, vous défendrez madame de Saint-Luc. Un pacte amoureux, soit, mais pas de pacte politique. Voilà seulement comment nous réussirons à nous entendre.

— Je vois qu'il faut que je vous cède, Saint-Luc, dit Bussy, car en ce moment vous avez l'avantage. J'ai besoin de vous, tandis que vous pouvez vous passer de moi.

— Pas du tout, et c'est moi, au contraire, qui réclame votre protection.

— Comment cela?

— Supposez que les Angevins, car c'est ainsi que vont s'appeler les rebelles, viennent assiéger et mettre à sac Méridor.

— Ah! diable, vous avez raison, dit Bussy, vous ne voulez pas que les habitants subissent la conséquence d'une prise d'assaut.

Les deux amis se mirent à rire, et comme on tirait le canon dans la ville, comme le valet de Bussy venait l'avertir que déjà le prince l'avait appelé trois fois, ils se jurèrent de nouveau association extra-politique et se séparèrent enchantés l'un de l'autre.

Bussy courut au château ducal, où déjà la noblesse affluait de toutes les parties de la province; l'arrivée du duc d'Anjou avait retenti comme un écho porté sur le bruit du canon, et, à trois ou quatre lieues autour d'Angers, villes et villages étaient déjà soulevés par cette grande nouvelle.

Le gentilhomme se dépêcha d'arranger une réception officielle, un repas, des harangues; il pensait que tandis que le prince recevrait, mangerait, et surtout haranguerait, il aurait le temps de voir Diane, ne fût-ce qu'un instant. Puis, lorsqu'il eut taillé pour quelques heures de l'occupation au duc, il regagna sa maison, monta son second cheval, et prit au galop le chemin de Méridor.

Le duc, livré à lui-même, prononça de fort beaux discours et produisit un effet merveilleux en parlant de la Ligue, touchant avec discrétion les points qui concernaient son alliance avec les Guises, et se donnant comme un prince persécuté par le roi à cause de la confiance que les Parisiens lui avaient témoignée.

Pendant les réponses et les baisemains, le duc d'Anjou passait la revue des gentilshommes, notant avec soin ceux qui étaient déjà arrivés, et avec plus de soin ceux qui manquaient encore.

Quand Bussy revint, il était quatre heures de l'après-midi; il sauta à bas de son cheval et se présenta devant le duc, couvert de sueur et de poussière.

— Ah! ah! mon brave Bussy, dit le duc, te voilà à l'œuvre, à ce qu'il paraît.

— Vous voyez, monseigneur.

— Tu as chaud?

— J'ai fort couru.

— Prends garde de te rendre malade, tu n'es peut-être pas encore bien remis.

— Il n'y a pas de danger.

— Et d'où viens-tu?

— Des environs. Votre Altesse est-elle contente, et a-t-elle eu cour nombreuse?

— Oui, je suis assez satisfait; mais, à cette cour, Bussy, quelqu'un manque.

— Qui cela?
— Ton protégé.
— Mon protégé?
— Oui, le baron de Méridor.
— Ah! dit Bussy en changeant de couleur.
— Et cependant il ne faudrait pas le négliger, quoiqu'il me néglige. Le baron est influent dans la province.
— Vous croyez?
— J'en suis sûr. C'était lui le correspondant de la Ligue à Angers ; il avait été choisi par M. de Guise, et, en général, MM. de Guise choisissent bien leurs hommes : il faut qu'il vienne, Bussy.
— Mais s'il ne vient pas, cependant, monseigneur?
— S'il ne vient pas à moi, je ferai les avances, et c'est moi qui irai à lui.
— A Méridor.
— Pourquoi pas?
Bussy ne put retenir l'éclair jaloux et dévorant qui jaillit de ses yeux.
— Au fait, dit-il, pourquoi pas? vous êtes prince, tout vous est permis.
— Ah çà! tu crois donc qu'il m'en veut toujours?
— Je ne sais. Comment le saurais-je, moi?
— Tu ne l'as pas vu?
— Non.
— Agissant près des grands de la province, tu aurais cependant pu avoir affaire à lui.
— Je n'y eusse pas manqué, s'il n'avait pas eu lui-même affaire à moi.
— Eh bien?
— Eh bien! dit Bussy, je n'ai pas été assez heureux dans les promesses que je lui avais faites pour avoir grand'hâte de me présenter devant lui.
— N'a-t-il pas ce qu'il désirait?
— Comment cela?
— Il voulait que sa fille épousât le comte, et le comte l'a épousée.
— Bien, monseigneur, n'en parlons plus, dit Bussy ; et il tourna le dos au prince.

En ce moment, de nouveaux gentilshommes entrèrent ; le duc alla à eux, Bussy resta seul.

Les paroles du prince lui avaient fort donné à penser.

Quelles pouvaient être les idées réelles du prince à l'égard du baron de Méridor ? Étaient-elles telles que le prince les avait exprimées? Ne voyait-il dans le vieux seigneur qu'un moyen de renforcer sa cause de l'appui d'un homme estimé et puissant? Ou bien ses projets politiques n'étaient-ils qu'un moyen de se rapprocher de Diane?

Bussy examina la position du prince telle qu'elle était : il le vit brouillé avec son frère, exilé du Louvre, chef d'une insurrection en province.

Il jeta dans la balance les intérêts matériels du prince et ses fantaisies amoureuses.

Ce dernier intérêt était bien léger, comparé aux autres.

Bussy était disposé à pardonner au duc tous ses autres torts, s'il voulait bien ne pas avoir celui-là.

Il passa toute la nuit à banqueter avec Son Altesse Royale et les gentilshommes angevins, et à faire la révérence aux dames angevines ; puis, comme on avait fait venir les violons, à leur apprendre les danses les plus nouvelles.

Il va sans dire qu'il fit l'admiration des femmes et le désespoir des maris ; et comme quelques-uns de ces derniers le regardaient autrement qu'il ne plaisait à Bussy d'être regardé, il retroussa huit ou dix fois sa moustache et demanda à trois ou quatre de ces messieurs s'ils ne lui accorderaient pas la faveur d'une promenade au clair de la lune, dans le boulingrin.

Mais sa réputation l'avait précédé à Angers, et Bussy en fut quitte pour ses avances.

LVIII

A la porte du palais ducal, Bussy trouva une figure franche, loyale et rieuse, qu'il croyait à quatre-vingts lieues de lui.

— Ah! dit-il avec un vif sentiment de joie, c'est toi, Remy!

— Eh! mon Dieu oui, monseigneur.

— J'allais t'écrire de venir me rejoindre.

— En vérité?

— Parole d'honneur!

— En ce cas, cela tombe à merveille : je craignais que vous ne me grondassiez.

— Et de quoi?

— De ce que j'étais venu sans permission. Mais, ma foi! j'ai entendu dire que monseigneur le duc d'Anjou s'était évadé du Louvre, et qu'il était parti pour sa province ; je me suis rappelé que vous étiez dans les environs d'Angers, j'ai pensé qu'il y aurait guerre civile et force estocades données et rendues, bon nombre de trous faits à la peau de mon prochain ; et attendu que j'aime mon prochain comme moi-même, et même plus que moi-même, je suis accouru.

— Tu as bien fait ; Remy, d'honneur, tu me manquais.

— Comment va Gertrude, monseigneur?

Le gentilhomme sourit.

— Je te promets de m'en informer à Diane, la première fois que je la verrai, dit-il.

— Et moi, en revanche, soyez tranquille, la première fois que je la verrai, dit-il, de mon côté, je lui demanderai des nouvelles de madame de Monsoreau.

— Tu es un charmant compagnon ; et comment m'as-tu trouvé?

— Parbleu! belle difficulté : j'ai demandé où était l'hôtel ducal, et je vous ai attendu à la porte après avoir été conduire mon cheval dans les écuries du prince, où, Dieu me pardonne! j'ai reconnu le vôtre.

— Oui, le prince avait tué le sien, je lui ai prêté Roland, et comme il n'en avait pas d'autre il l'a gardé.

— Je vous reconnais bien là, c'est vous qui êtes prince, et le prince qui est le serviteur.

— Ne te presse pas de me mettre si haut, Remy, tu vas voir comment monseigneur est logé.

Et en disant cela, il introduisit le Haudouin dans sa petite maison du rempart.

— Ma foi! dit Bussy, tu vois le palais ; loge-toi où tu voudras et comme tu pourras.

— Cela ne sera point difficile, et il ne me faut pas grand'place, comme vous savez ; d'ailleurs je dormirai debout s'il le faut ; je suis assez fatigué pour cela.

Les deux amis, car Bussy traitait le Haudouin plutôt en ami qu'en serviteur, se séparèrent, et Bussy, le cœur doublement content de se retrouver entre Diane et Remy, dormit tout d'une traite.

Il est vrai que pour dormir à son aise, le duc, de son côté, avait fait prier qu'on ne tirât plus le canon, et que les mousquetades cessassent ; quant aux cloches, elles s'étaient endormies toutes seules, grâce aux ampoules des sonneurs.

Bussy se leva de bonne heure et courut au château en ordonnant qu'on prévînt Remy de l'y venir rejoindre.

Il tenait à guetter les premiers bâillements du réveil de Son Altesse, afin de surprendre, s'il était possible, sa pensée dans la grimace ordinairement très-significative du dormeur qu'on éveille.

Le duc se réveilla, mais on eût dit que, comme son frère Henri, il mettait un masque pour dormir.

Bussy en fut pour ses frais de matinalité.

Il tenait tout prêt un catalogue de choses toutes plus importantes les unes que les autres.

D'abord, une promenade extra-muros

pour reconnaître les fortifications de la place.

Une revue des habitants et de leurs armes.

Visite à l'arsenal et commande de munitions de toutes espèces.

Examen minutieux des tailles de la province, à l'effet de procurer aux bons et fidèles vassaux du prince un petit supplément d'impôt destiné à l'ornement intérieur des coffres.

Enfin, correspondance.

Mais Bussy savait d'avance qu'il ne devait pas énormément compter sur ce dernier article ; le duc d'Anjou écrivait peu ; dès cette époque il pratiquait le proverbe : *Les écrits restent.*

Ainsi, muni contre les mauvaises pensées qui pouvaient venir au duc, le comte vit ses yeux s'ouvrir, mais, comme nous l'avons dit, sans pouvoir rien lire dans ses yeux.

— Ah! ah! fit le duc, déjà toi!

— Ma foi oui, monseigneur ; je n'ai pas pu dormir, tant les intérêts de Votre Altesse m'ont toute la nuit trotté par la tête ; çà, que faisons-nous ce matin? Tiens! si nous chassions.

« Bon! se dit tout bas Bussy, voilà encore une occupation à laquelle je n'avais pas songé.

— Comment! dit le duc, tu prétends que tu as pensé à mes intérêts toute la nuit, et le résultat de la veille et de la méditation est de venir me proposer une chasse ; allons donc!

— C'est vrai, dit Bussy ; d'ailleurs nous n'avons pas de meute.

— Ni de grand-veneur, fit le prince.

— Ah! ma foi, je n'en trouverais la chasse que plus agréable, pour chasser sans lui.

— Ah! je ne suis pas comme toi, il me manque.

Le duc dit cela d'un singulier air. Bussy le remarqua.

— Ce digne homme, dit-il, votre ami, il paraît qu'il ne vous a pas délivré non plus, celui-là.

Le duc sourit.

— Bon, dit Bussy, je connais ce sourire-là ; c'est le mauvais : gare au Monsoreau.

— Tu lui en veux donc? demanda le prince.

— Au Monsoreau?

— Oui.

— Et de quoi lui en voudrais-je?

— De ce qu'il est mon ami.

— Je le plains fort, au contraire.

— Qu'est-ce à dire?

— Que plus vous le ferez monter, plus il tombera de haut quand il tombera.

— Allons, je vois que tu es de bonne humeur.

— Moi?

— Oui, c'est quand tu es de bonne humeur que tu me dis de ces choses-là. N'importe, continua le duc, je maintiens mon dire, et Monsoreau nous eût été bien utile dans ce pays-ci.

— Pourquoi cela?

— Parce qu'il a des biens aux environs.

— Lui?

— Lui ou sa femme.

Bussy se mordit les lèvres : le duc ramenait la conversation au point d'où il avait eu tant de peine à l'écarter la veille.

— Ah! vous croyez? dit-il.

— Sans doute. Méridor est à trois lieues d'Angers ; ne le sais-tu pas, toi qui m'as amené le vieux baron?

Bussy comprit qu'il s'agissait de n'être point déferré.

— Dame! dit-il, je vous l'ai amené, moi, parce qu'il s'est pendu à mon manteau, et qu'à moins de lui en laisser la moitié entre les doigts, comme faisait saint Martin, il fallait bien le conduire devers vous... Au reste, ma protection ne lui a pas servi à grand'chose.

— Écoute, dit le duc, j'ai une idée.

— Diable! dit Bussy qui se défiait toujours des idées du prince.

— Oui... Monsoreau a eu sur toi la première partie; mais je veux te donner la seconde.

— Comment l'entendez-vous, mon prince?

— C'est tout simple. Tu me connais, Bussy?

— J'ai ce malheur, mon prince.

— Crois-tu que je sois homme à subir un affront et à le laisser impuni?

— C'est selon.

Le duc sourit d'un sourire plus mauvais encore que le premier, en se mordant les lèvres et en secouant la tête de haut en bas.

— Voyons, expliquez-vous, monseigneur, dit Bussy.

— Eh bien! le grand-veneur m'a volé une jeune fille que j'aimais pour en faire sa femme; moi, à mon tour, je veux lui voler sa femme pour en faire ma maîtresse.

Bussy fit un effort pour sourire; mais si ardemment qu'il désirât arriver à ce but, il ne parvint qu'à faire une grimace.

— Voler la femme de M. de Monsoreau! balbutia-t-il.

— Mais il n'y a rien de plus facile, ce me semble, dit le duc: la femme est revenue dans ses terres, tu m'as dit qu'elle détestait son mari; je puis donc compter sans trop de vanité qu'elle me préférera au Monsoreau, surtout si je lui promets... ce que je lui promettrai.

— Et que lui promettrez-vous, monseigneur?

— De la débarrasser de son mari.

— Eh! fut sur le point de s'écrier Bussy, pourquoi donc ne l'avez-vous pas fait tout de suite?

Mais il eut le courage de se retenir.

— Vous feriez cette belle action? dit-il.

— Tu verras. En attendant, j'irai toujours faire une visite à Méridor.

— Vous oserez?

— Pourquoi pas?

— Vous vous présenterez devant le vieux baron que vous avez abandonné, après m'avoir promis...

— J'ai une excellente excuse à lui donner.

— Où diable allez-vous donc les prendre?

— Eh! sans doute. Je lui dirai : Je n'ai pas rompu ce mariage parce que le Monsoreau, qui savait que vous étiez un des principaux agents de la Ligue et que j'en étais le chef, m'a menacé de nous vendre tous deux au roi.

— Ah! ah!... Votre Altesse invente-t-elle celle-là?

— Pas entièrement, je dois le dire, répondit le duc.

— Alors je comprends, dit Bussy.

— Tu comprends? dit le duc qui se trompait à la réponse de son gentilhomme.

— Oui.

— Je lui fais accroire qu'en mariant sa fille j'ai sauvé sa vie, à lui, qui était menacée.

— C'est superbe, dit Bussy.

— N'est-ce pas? Eh! mais, j'y pense, regarde donc par la fenêtre, Bussy.

— Pourquoi faire?

— Regarde toujours.

— M'y voilà.

— Quel temps fait-il?

— Je suis forcé d'avouer à Votre Altesse qu'il fait beau.

— Eh bien! commande les chevaux, et allons un peu voir comment va le bonhomme Méridor.

— Tout de suite, monseigneur?

Et Bussy, qui depuis un quart d'heure jouait ce rôle éternellement comique de Mascarille dans l'embarras, feignant de sortir, alla jusqu'à la porte et revint.

— Pardon, monseigneur, dit-il, mais combien de chevaux commandez-vous?

— Mais quatre, cinq, ce que tu voudras.

LIVAROT.

— Alors, si vous vous en rapportez de ce soin à moi, monseigneur, dit Bussy, j'en commanderai un cent.

— Bon, un cent! dit le prince surpris, pourquoi faire?

— Pour en avoir à peu près vingt-cinq dont je sois sûr en cas d'attaque.

Le duc tressaillit.

— En cas d'attaque? dit-il.

— Oui, j'ai ouï dire, continua Bussy, qu'il y avait force bois dans ces pays-là; et il n'y aurait rien de rare à ce que nous tombassions dans quelque embuscade.

— Ah! ah! dit le duc, tu penserais?

— Monseigneur sait que le vrai courage n'exclut pas la prudence.

Le duc devint rêveur.

— Je vais en commander cent cinquante, dit Bussy.

Et il s'avança une seconde fois vers la porte.

— Un instant, dit le prince.

— Qu'y a-t-il? monseigneur.

— Crois-tu que je sois en sûreté à Angers, Bussy?

— Dame, la ville n'est pas forte; bien défendue, cependant...

— Oui, bien défendue, mais elle peut être mal défendue; si brave que tu sois, tu ne seras jamais qu'à un seul endroit.

— C'est probable.

— Si je ne suis pas en sûreté dans la ville, et je n'y suis pas, puisque Bussy en doute......

— Je n'ai pas dit que je doutais, monseigneur.

— Bon, bon; si je ne suis pas en sûreté, il faut que je m'y mette promptement.

— C'est parler d'or, monseigneur.

— Eh bien! je veux visiter le château et m'y retrancher.

— Vous avez raison, monseigneur, de bons retranchements, voyez-vous.

Bussy balbutia; il n'avait pas l'habitude de la peur, et les paroles prudentes lui manquaient.

— Et puis, une autre idée encore.

— La matinée est féconde, monseigneur.

— Je veux faire venir ici les Méridor.

— Monseigneur, vous avez aujourd'hui une justesse et une vigueur de pensées!... Levez-vous et visitons le château.

Le prince appela ses gens, Bussy profita de ce moment pour sortir.

Il trouva le Haudouin dans les appartements. C'était lui qu'il cherchait.

Il l'emmena dans le cabinet du duc, écrivit un petit mot, entra dans une serre, cueillit un bouquet de roses, roula le billet autour des tiges, passa à l'écurie, sella Roland, mit le bouquet dans la main du Haudouin, et invita le Haudouin à se mettre en selle.

Puis, le conduisant hors de la ville, comme Aman conduisait Mardochée, il le plaça dans une espèce de sentier.

— Là, lui dit-il, laisse aller Roland; au bout du sentier tu trouveras la forêt, dans la forêt un parc, autour de ce parc un mur, à l'endroit du mur où Roland s'arrêtera, tu jetteras ce bouquet.

« Celui qu'on attend ne vient pas, disait le billet, parce que celui qu'on n'attendait pas est venu, et plus menaçant que jamais, car il aime toujours. Prenez avec les lèvres et le cœur tout ce qu'il y a d'invisible aux yeux, de ce papier. »

Bussy lâcha la bride à Roland qui partit au galop dans la direction de Méridor.

Bussy revint au palais ducal et trouva le prince habillé.

Quant à Remy, ce fut pour lui l'affaire d'une demi-heure. Emporté comme un nuage par le vent, Remy, confiant dans les paroles de son maître, traversa prés, champs, bois, ruisseaux, collines, et s'arrêta au pied d'un mur à demi dégradé, dont le chaperon tapissé de lierres semblait relié par eux aux branches des chênes.

Arrivé là, Remy se dressa sur ses étriers, attacha de nouveau et plus solidement encore qu'il ne l'était le papier au billet, et, poussant un hem! vigoureux, il lança le bouquet par-dessus le mur.

Un petit cri qui retentit de l'autre côté lui apprit que le message était arrivé à bon port.

Remy n'avait plus rien à faire, car on ne lui avait pas demandé de réponse.

Il tourna donc, du côté par lequel il était venu, la tête du cheval, qui se disposait à prendre son repas aux dépens de la glandée, et qui témoigna un vif mécontentement d'être dérangé dans ses habitudes; mais Remy fit une sérieuse application de l'éperon et de la cravache.

Roland sentit son tort et repartit de son train habituel.

Quarante minutes après il se reconnaissait dans sa nouvelle écurie, comme il s'était reconnu dans le hallier, et il venait prendre de lui-même sa place au râtelier bien garni de foin et à la mangeoire regorgeant d'avoine.

Bussy visitait le château avec le prince.

Remy le joignit au moment où il examinait un souterrain conduisant à une poterne.

— Eh bien ! demanda-t-il à son messager, qu'as-tu vu? qu'as-tu entendu? qu'as-tu fait ?

— Un mur, un cri, sept lieues, répondit Remy avec le laconisme d'un de ces enfants de Sparte qui se faisaient dévorer le ventre par les renards pour la plus grande gloire des lois de Lycurgue.

LIX

UNE VOLÉE D'ANGEVINS

Bussy parvint à occuper si bien le duc d'Anjou de ses préparatifs de guerre, que pendant deux jours il ne trouva ni le temps d'aller à Méridor ni le temps de faire venir le baron à Angers.

Quelquefois, cependant, le duc revenait à ses idées de visite.

Mais aussitôt Bussy faisait l'empressé, visitait les mousquets de toute la garde, faisait équiper les chevaux en guerre, roulait les canons, les affûts, comme s'il s'agissait de conquérir une cinquième partie du monde.

Ce que voyant Remy, il se mettait à faire de la charpie, à repasser ses instruments, à confectionner ses baumes, comme s'il s'agissait de soigner la moitié du genre humain.

Le duc alors reculait devant l'énormité de pareils préparatifs.

Il va sans dire que, de temps en temps, Bussy, sous prétexte de faire le tour des fortifications extérieures, sautait sur Roland, et, en quarante minutes, arrivait à certain mur, qu'il enjambait d'autant plus lestement qu'à chaque enjambement il faisait tomber quelque pierre, et que le chaperon, croulant sous son poids, devenait peu à peu une brèche.

Quant à Roland, on n'avait plus besoin de lui dire où l'on allait : Bussy n'avait qu'à lui lâcher la bride et fermer les yeux.

— Voilà déjà deux jours de gagnés, disait Bussy; j'aurai bien du malheur si d'ici à deux autres jours il ne m'arrive pas un petit bonheur.

Bussy n'avait pas tort de compter sur sa bonne fortune.

Vers le soir du troisième jour, comme on faisait entrer dans la ville un énorme convoi de vivres, produit d'une réquisition frappée par le duc sur ses bons et féaux Angevins ; comme M. d'Anjou, pour faire le bon prince, goûtait le pain noir des soldats et déchirait à belles dents les harengs salés et la morue fraîche, on entendit une grande rumeur vers une des portes de la ville.

M. d'Anjou s'informa d'où venait cette rumeur ; mais personne ne put le lui dire.

Il se faisait par là une distribution de coups de manches de pertuisane et de coups de crosses de mousquet à bon nombre de bourgeois attirés par la nouveauté d'un spectacle curieux.

Un homme monté sur un cheval blanc ruisselant de sueur s'était présenté à la barrière de la porte de Paris.

Or Bussy, par suite de son système d'intimidation, s'était fait nommer capitaine général du pays d'Anjou, grand-maître de toutes les places, et avait établi la plus sévère discipline, notamment dans Angers ; nul ne pouvait sortir de la ville sans un mot d'ordre, nul ne pouvait y entrer sans ce même mot d'ordre, une lettre d'appel ou un signe de ralliement quelconque.

Toute cette discipline n'avait d'autre but

que d'empêcher le duc d'envoyer quelqu'un à Diane sans qu'il le sût, et d'empêcher Diane d'entrer à Angers sans qu'il en fût averti.

Cela paraîtra peut-être un peu exagéré ; mais cinquante ans plus tard Buckingham faisait bien d'autres folies pour Anne d'Autriche.

L'homme et le cheval blanc étaient donc, comme nous l'avons dit, arrivés d'un galop furieux, et ils avaient été donner droit dans le poste.

Mais le poste avait sa consigne.

La consigne avait été donnée à la sentinelle ; la sentinelle avait croisé la pertuisane ; le cavalier avait paru s'en inquiéter médiocrement ; mais la sentinelle avait crié :

— Aux armes !

Le poste était sorti, et force avait été d'entrer en explication.

— Je suis Antraguet, avait dit le cavalier, et je veux parler au duc d'Anjou.

— Nous ne connaissons pas Antraguet, avait répondu le chef du poste ; quant à parler au duc d'Anjou, votre désir sera satisfait, car nous allons vous arrêter et vous conduire à Son Altesse.

— M'arrêter ! répondit le cavalier ; voilà encore un plaisant maroufle pour arrêter Charles de Balzac d'Entrague, baron de Cuneo et comte de Graville.

— Ce sera pourtant comme cela, dit en ajustant son hausse-col le bourgeois qui avait vingt hommes derrière lui, et qui n'en voyait qu'un seul en face.

— Attendez un peu, mes bons amis, dit Antraguet. Vous ne connaissez pas encore les Parisiens, n'est-ce pas ? eh bien ! je vais vous montrer un échantillon de ce qu'ils savent faire.

— Arrêtons-le ! conduisons-le à monseigneur ! crièrent les miliciens furieux.

— Tout doux, mes petits agneaux d'Anjou, dit Antraguet, c'est moi qui aurai ce plaisir.

— Que dit-il donc là, se demandèrent les bourgeois.

— Il dit que son cheval n'a encore fait que dix lieues, répondit Antraguet, ce qui fait qu'il va vous passer sur le ventre à tous, si vous ne vous rangez pas. Rangez-vous donc, ou ventre-bœuf...

Et comme les bourgeois d'Angers avaient l'air de ne pas comprendre le juron parisien, Antraguet avait mis l'épée à la main, et, par un moulinet prestigieux, avait abattu çà et là les hampes les plus rapprochées des hallebardes dont on lui présentait la pointe.

En moins de dix minutes quinze ou vingt hallebardes furent changées en manches à balais.

Les bourgeois furieux fondirent à coups de bâton sur le nouveau venu, qui parait devant, derrière, à droite et à gauche avec une adresse prodigieuse, et en riant de tout son cœur.

— Ah ! la belle entrée, disait-il en se tordant sur son cheval, oh ! les honnêtes bourgeois que les bourgeois d'Angers ! Morbleu ! comme on s'amuse ici ! Que le prince a eu raison de quitter Paris, et que j'ai bien fait de venir le rejoindre !

Et Antraguet, non-seulement parait de plus belle ; mais de temps en temps, quand il se sentait serré de trop près, il taillait avec sa lame espagnole le buffle de celui-là, la salade de celui-ci, et quelquefois, choisissant son homme, il étourdissait d'un coup de plat d'épée quelque guerrier imprudent qui se jetait dans la mêlée, le chef protégé par le simple bonnet de laine angevin.

Les bourgeois ameutés frappaient à l'envi, s'estropiant les uns les autres, puis revenaient à la charge ; comme les soldats de Cadmus, on eût dit qu'ils sortaient de terre.

Antraguet sentit qu'il commençait à se fatiguer.

— Allons, dit-il, voyant que les rangs

devenaient de plus en plus compacts, c'est bon; vous êtes braves comme des lions, c'est convenu, et j'en rendrai témoignage. Mais vous voyez qu'il ne vous reste plus que vos manches de hallebardes et que vous ne savez pas charger vos mousquets. J'avais résolu d'entrer dans la ville, mais j'ignorais qu'elle était gardée par une armée de Césars. Je renonce à vous vaincre; adieu, bonsoir, je m'en vais: dites seulement au prince que j'étais venu exprès de Paris pour le voir.

Cependant le capitaine était parvenu à communiquer le feu à la mèche de son mousquet; mais au moment où il appuyait la crosse à son épaule, Antraguet lui cingla de si furieux coups de sa canne flexible sur les doigts, qu'il lâcha son arme et qu'il se mit à sauter alternativement sur le pied droit et sur le pied gauche.

— A mort! à mort! crièrent les miliciens meurtris et enragés, ne le laissons pas fuir! qu'il ne puisse pas s'échapper!

— Ah! dit Antraguet, vous ne vouliez pas me laisser entrer tout à l'heure, et voilà maintenant que vous ne voulez plus me laisser sortir; prenez garde! cela va changer ma tactique: au lieu d'user du plat, j'userai de la pointe; au lieu d'abattre les hallebardes, j'abattrai les poignets; çà, voyons, mes agneaux d'Anjou, me laisse-t-on partir?

— Non! à mort! à mort! il se lasse! assommons-le!

— Fort bien! c'est pour tout de bon, alors!

— Oui! oui!

— Eh bien! gare les doigts, je coupe les mains!

Il achevait à peine et se mettait en mesure de mettre sa menace à exécution, quand un second cavalier apparut à l'horizon, accourant avec la même frénésie, entra dans la barrière au triple galop, et tomba comme la foudre au milieu de la mêlée, qui tournait peu à peu en véritable combat.

— Antraguet! cria le nouveau venu, Antraguet, eh! que diable fais-tu au milieu de ces bourgeois?

— Livarot! s'écria Antraguet en se retournant, ah! mordieu, tu es le bienvenu, Montjoie et Saint-Denis, à la rescousse!

— Je savais bien que je te rattraperais; il y a quatre heures que j'ai eu de tes nouvelles, et depuis ce moment je te suis; mais où t'es-tu donc fourré? On te massacre, Dieu me pardonne.

— Oui, ce sont nos amis d'Anjou qui ne veulent ni me laisser entrer ni me laisser sortir.

— Messieurs, dit Livarot en mettant le chapeau à la main, vous plairait-il de vous ranger à droite ou à gauche, afin que nous passions?

— Ils nous insultent! crièrent les bourgeois; à mort! à mort!

— Ah! voilà comme ils sont à Angers, fit Livarot en remettant d'une main son chapeau sur sa tête, et en tirant de l'autre son épée.

— Oui, tu vois, dit Antraguet; malheureusement ils sont beaucoup.

— Bah! à nous trois nous en viendrons bien à bout.

— Oui, à nous trois, si nous étions trois; mais nous ne sommes que nous deux.

— Voici Ribeirac qui arrive.

— Lui aussi?

— L'entends-tu?

— Je le vois. Eh! Ribeirac! eh! ici! ici!

En effet, au moment même, Ribeirac, non moins pressé que ses compagnons, à ce qu'il paraissait, faisait la même entrée qu'eux dans la ville d'Angers.

— Tiens! on se bat, dit Ribeirac, voilà une chance! Bonjour, Antraguet, bonjour, Livarot.

— Chargeons, répondit Antraguet.

Les miliciens regardaient, assez étourdis, le nouveau renfort qui venait d'arriver aux deux amis, lesquels de l'état d'assaillis se préparaient à passer à celui d'assaillants.

— Ah çà! mais ils sont donc un régiment, dit le capitaine de la milice à ses hommes ; messieurs, notre ordre de bataille me paraît vicieux, et je propose que nous fassions demi-tour à gauche.

Les bourgeois, avec cette habileté qui les caractérise dans l'exécution des mouvements militaires, commencèrent aussitôt un demi-tour à droite.

C'est qu'outre l'invitation de leur capitaine qui les ramenait naturellement à la prudence, ils voyaient les trois cavaliers se ranger de front avec une contenance martiale qui faisait frémir les plus intrépides.

— C'est leur avant-garde, crièrent les bourgeois qui voulaient se donner à eux-mêmes un prétexte pour fuir. Alarme! alarme!

— Au feu! crièrent les autres, au feu!

— L'ennemi! l'ennemi! dirent la plupart.

— Nous sommes des pères de famille. Nous nous devons à nos femmes et à nos enfants. Sauve qui peut! hurla le capitaine.

Et en raison de ces cris divers, qui tous cependant, comme on le voit, avaient le même but, un effroyable tumulte se fit dans la rue, et les coups de bâtons commencèrent à tomber comme la grêle sur les curieux, dont le cercle pressé empêchait les peureux de fuir.

Ce fut alors que le bruit de la bagarre arriva jusqu'à la place du Château, où, comme nous l'avons dit, le prince goûtait le pain noir, les harengs saurs et la morue sèche de ses partisans.

Bussy et le prince s'informèrent ; on leur dit que c'étaient trois hommes, ou plutôt trois diables incarnés arrivant de Paris qui faisaient tout ce tapage.

— Trois hommes! dit le prince ; va donc voir ce que c'est, Bussy.

— Trois hommes? dit Bussy; venez, monseigneur.

Et tous deux partirent : Bussy en avant, le prince le suivant prudemment, accompagné d'une vingtaine de cavaliers.

Ils arrivèrent comme les bourgeois commençaient d'exécuter la manœuvre que nous avons dite, au grand détriment des épaules et des crânes des curieux.

Bussy se dressa sur ses étriers, et son œil d'aigle plongeant dans la mêlée, il reconnut Livarot à sa longue figure.

— Mort de ma vie! cria-t-il au prince d'une voix tonnante, accourez donc, monseigneur ce sont nos amis de Paris qui nous assiègent.

— Eh! non, répondit Livarot d'une voix qui dominait le bruit de la bataille, ce sont au contraire les amis d'Anjou qui nous écharpent.

— Bas les armes! cria le duc; bas les armes, marauds! ce sont des amis.

— Des amis! s'écrièrent les bourgeois, contusionnés, écorchés, rendus. Des amis! il fallait donc leur donner le mot d'ordre, alors ; depuis une bonne heure nous les traitons comme des païens, et ils nous traitent comme des Turcs.

Et le mouvement rétrograde acheva de se faire.

Livarot, Antraguet et Ribeirac s'avancèrent en triomphateurs dans l'espace laissé libre par la retraite des bourgeois, et tous s'empressèrent d'aller baiser la main de Son Altesse ; après quoi chacun, à son tour, se jeta dans les bras de Bussy.

— Il paraît, dit philosophiquement le capitaine, que c'est une volée d'Angevins que nous prenions pour un vol de vautours.

— Monseigneur, glissa Bussy à l'oreille du duc, comptez vos miliciens, je vous prie.

— Pourquoi faire?

— Comptez toujours, à peu près, en gros; je ne dis pas un à un.

— Ils sont au moins cent cinquante.

— Au moins, oui.

— Eh bien! que veux-tu dire?

— Je veux dire que vous n'avez point là de fameux soldats, puisque trois hommes les ont battus.

— C'est vrai, dit le duc. Après?

— Après!... Sortez donc de la ville avec des gaillards comme ceux-là!

— Oui, dit le duc; mais j'en sortirai avec les trois hommes qui ont battu les autres, répliqua le duc.

— Ouais! fit tout bas Bussy, je n'avais pas songé à celle-là. Vivent les poltrons pour être logiques!

LX

ROLAND

Grâce au renfort qui lui était arrivé, M. le duc d'Anjou put se livrer à des reconnaissances sans fin autour de la place.

Accompagné de ses amis arrivés d'une façon si opportune, il marchait dans un équipage de guerre dont les bourgeois d'Angers se montraient on ne peut plus orgueilleux, bien que la comparaison de ces gentilshommes bien montés, bien équipés, avec les harnais déchirés et les armures rouillées de la milice urbaine, ne fût pas précisément à l'avantage de cette dernière.

On explora d'abord les remparts, puis les jardins attenants aux remparts, puis la campagne attenante aux jardins, puis enfin les châteaux épars dans cette campagne, et ce n'était point sans un sentiment d'arrogance très-marquée que le duc narguait en passant, soit près d'eux, soit au milieu d'eux, les bois qui lui avaient fait si grand'peur, ou plutôt dont Bussy lui avait fait si grand'peur.

Les gentilshommes angevins arrivaient avec de l'argent; ils trouvaient à la cour du duc d'Anjou une liberté qu'ils étaient loin de rencontrer à la cour de Henri III; ils ne pouvaient donc manquer de faire joyeuse vie dans une ville toute disposée, comme doit l'être une capitale quelconque, à piller la bourse de ses hôtes.

Trois jours ne s'étaient point encore écoulés, qu'Antraguet, Ribérac et Livarot avaient lié des relations avec les nobles angevins les plus épris des modes et des façons parisiennes.

Il va sans dire que ces dignes seigneurs étaient mariés et avaient de jeunes et jolies femmes.

Aussi n'était-ce pas pour son plaisir particulier, comme pourraient le croire ceux qui connaissent l'égoïsme du duc d'Anjou, qu'il faisait de si belles cavalcades dans la ville. Non.

Ces promenades tournaient au plaisir des gentilshommes parisiens qui étaient venus le rejoindre, des seigneurs angevins, et surtout des dames angevines.

Dieu d'abord devait s'en réjouir, puisque la cause de la Ligue était la cause de Dieu.

Puis le roi devait incontestablement en enrager.

Enfin les dames en étaient heureuses.

Ainsi, la grande Trinité de l'époque était représentée : Dieu, le roi et les dames.

La joie fut à son comble le jour où l'on vit arriver en superbe ordonnance vingt-deux chevaux de main, trente chevaux de trait, enfin, quarante mulets, qui, avec les litières, les chariots et les fourgons, formaient les équipages de M. le duc d'Anjou.

Tout cela venait comme par enchantement de Tours pour la modique somme de cinquante mille écus, que M. le duc d'Anjou avait consacrée à cet usage.

Il faut dire que ces chevaux étaient sellés, mais que les selles étaient dues aux selliers; il faut dire que les coffres avaient de magnifiques serrures, fermant à clef, mais que les coffres étaient vides.

Il faut dire que ce dernier article était tout à la louange du prince, puisque le prince aurait pu les remplir par des exactions.

Mais ce n'était pas dans la nature du prince de prendre ; il aimait mieux soustraire.

Néanmoins, l'entrée de ce cortége produisit un magnifique effet dans Angers.

Les chevaux entrèrent dans les écuries, les chariots furent rangés sous les remises.

Les coffres furent portés par les familiers les plus intimes du prince.

Il fallait des mains bien sûres pour qu'on osât leur confier les sommes qu'ils ne contenaient pas.

Enfin on ferma les portes du palais au nez d'une foule empressée qui fut convaincue, grâce à cette mesure de prévoyance, que le prince venait de faire entrer deux millions dans la ville, tandis qu'il ne s'agissait, au contraire, que de faire sortir de la ville une somme à peu près pareille sur laquelle comptaient les coffres vides.

La réputation d'opulence de M. le duc d'Anjou fut solidement établie à partir de ce jour-là ; et toute la province demeura convaincue, d'après le spectacle qui avait passé sous ses yeux, qu'il était assez riche pour guerroyer contre l'Europe entière si besoin était.

Cette confiance devait aider les bourgeois à prendre en patience les nouvelles tailles que le duc, aidé des conseils de ses amis, était dans l'intention de lever sur les Angevins.

D'ailleurs les Angevins allaient presque au-devant des désirs du duc d'Anjou.

On ne regrette jamais l'argent que l'on prête ou que l'on donne aux riches.

Le roi de Navarre, avec sa renommée de misère, n'aurait pas obtenu le quart du succès qu'obtenait le duc d'Anjou avec sa renommée d'opulence.

Mais revenons au duc.

Le digne prince vivait en patriarche regorgeant de tous les biens de la terre, et, chacun le sait, l'Anjou est une bonne terre.

Les routes étaient couvertes de cavaliers accourant vers Angers pour faire au prince leur soumission ou leurs offres de services.

De son côté, M. d'Anjou poussait des reconnaissances aboutissant toujours à la recherche de quelque trésor.

Bussy était arrivé à ce qu'aucune de ces reconnaissances n'eût été poussée jusqu'au château qu'habitait Diane.

C'est que Bussy se réservait ce trésor-là pour lui seul, pillant à sa manière ce petit coin de terre de la province qui, après s'être défendu de façon convenable, s'était enfin livré à discrétion.

Or, tandis que M. d'Anjou reconnaissait et que Bussy pillait, M. de Monsoreau, monté sur son cheval de chasse, arrivait aux portes d'Angers.

Il pouvait être quatre heures du soir ; pour arriver à quatre heures, M. de Monsoreau avait fait dix-huit lieues dans la journée.

Aussi, ses éperons étaient rouges ; et son cheval, blanc d'écume, était à moitié mort.

Le temps était passé de faire aux portes de la ville des difficultés à ceux qui arrivaient : on était si fier, si dédaigneux maintenant à Angers, qu'on eût laissé passer sans conteste un bataillon de suisses, ces suisses eussent-ils été commandés par le brave Crillon lui-même.

M. de Monsoreau, qui n'était pas Crillon, entra tout droit en disant :

— Au palais de monseigneur le duc d'Anjou.

Il n'écouta point la réponse des gardes qui hurlaient une réponse derrière lui.

Son cheval ne semblait tenir sur ses

LA DAME DE MONSOREAU

Ma mère, on me brave. — Page 403.

jambes que par un miracle d'équilibre dû à la vitesse avec laquelle il marchait : il allait, le pauvre animal, sans avoir plus aucune conscience de sa vie, et il y avait à parier qu'il tomberait quand il s'arrêterait. Il s'arrêta au palais ; M. de Monsoreau était excellent écuyer, le cheval était de race ; le cheval et le cavalier restèrent debout.

— Monsieur le duc ! cria le grand-veneur.

— Monseigneur est allé faire une reconnaissance, répondit la sentinelle.

— Où cela ? demanda M. de Monsoreau.

— Par là, dit le factionnaire en étendant la main vers un des quatre points cardinaux.

— Diable ! fit Monsoreau, ce que j'avais à dire au duc était cependant bien pressé ; comment faire ?

— Mettre t'abord fotre chifal à l'égurie, répliqua la sentinelle, qui était un reître d'Alsace, gar si fous ne l'appuyez pas contre un mur il dombera.

— Le conseil est bon, quoique donné en mauvais français, dit Monsoreau. Où sont les écuries, mon brave homme ?

— Là-pas !

En ce moment, un homme s'approcha du gentilhomme et déclina ses qualités.

C'était le majordome.

— M. de Monsoreau répondit par l'énumération de ses noms, prénoms et qualités.

Le majordome salua respectueusement; le nom du grand-veneur était dès longtemps connu dans la province.

— Monsieur, dit-il, veuillez entrer et prendre quelque repos. Il y a dix minutes à peine que monseigneur est sorti. Son Altesse ne rentrera pas avant huit heures du soir.

— Huit heures du soir ! reprit Monsoreau en rongeant sa moustache; ce serait perdre trop de temps. Je suis porteur d'une grande nouvelle qui ne peut être sue trop tôt par Son Altesse. N'avez-vous pas un cheval et un guide à me donner ?

— Un cheval ! il y en a dix, monsieur, dit le majordome. Quant au guide, c'est différent, car monseigneur n'a pas dit où il allait, et vous en saurez, en interrogeant, autant que qui que ce soit sous ce rapport; d'ailleurs je ne voudrais pas dégarnir le château. C'est une des grandes recommandations de Son Altesse.

— Ah! ah! fit le grand-veneur, on n'est donc pas en sûreté ici ?

— Oh! monsieur, on est toujours en sûreté au milieu d'hommes tels que MM. de Bussy, Livarot, Ribeirac, Antraguet, sans compter notre invincible prince monseigneur le duc d'Anjou; mais vous comprenez...

— Oui, je comprends que lorsqu'ils n'y sont pas il y a moins de sûreté.

— C'est cela même, monsieur.

— Alors je prendrai un cheval frais dans l'écurie et je tâcherai de rejoindre Son Altesse en m'informant.

— Il y a tout à parier, monsieur, que de cette façon vous rejoindrez monseigneur.

— On n'est point parti au galop?

— Au pas, monsieur, au pas.

— Très-bien ! c'est chose conclue : montrez-moi le cheval que je puis prendre.

— Entrez dans l'écurie, monsieur, et choisissez vous-même : tous sont à monseigneur.

— Très-bien !

Monsoreau entra.

Dix ou douze chevaux, des plus beaux et des plus frais, prenaient un ample repas dans les crèches bourrées du grain et du fourrage les plus savoureux de l'Anjou.

— Voilà, dit le majordome, choisissez.

Monsoreau promena sur la rangée de quadrupèdes un regard de connaisseur.

— Je prends ce cheval bai-brun, dit-il; faites-le-moi seller.

— Roland.

— Il s'appelle Roland ?

— Oui, c'est le cheval de prédilection de Son Altesse. Il le monte tous les jours; il lui a été donné par M. de Bussy, et vous ne le trouveriez certes pas à l'écurie si Son Altesse n'essayait pas de nouveaux chevaux qui lui sont arrivés de Tours.

— Allons, il paraît que je n'ai pas le coup d'œil mauvais.

Un palefrenier s'approcha.

— Sellez Roland, dit le majordome.

Quant au cheval du comte, il était entré de lui-même dans l'écurie et s'était étendu sur la litière sans attendre même qu'on lui ôtât son harnais.

Roland fut sellé en quelques secondes.

M. de Monsoreau se mit légèrement en selle et s'informa une seconde fois de quel côté la cavalcade s'était dirigée.

— Elle est sortie par cette porte et elle a suivi cette rue, dit le majordome en indiquant au grand-veneur le même point que lui avait déjà indiqué la sentinelle.

— Ma foi, dit Monsoreau en lâchant la bride et en voyant que de lui-même le cheval prenait ce chemin, on dirait, ma parole ! que Roland suit la piste.

— Oh ! n'en soyez pas inquiet, dit le

majordome, j'ai entendu dire à M. de Bussy et à son médecin, M. Remy, que c'était l'animal le plus intelligent qui existât; dès qu'il sentira ses compagnons, il les rejoindra; voyez les belles jambes, elles feraient envie à un cerf.

Monsoreau se pencha de côté.

— Magnifique, dit-il.

En effet, le cheval partit sans attendre qu'on l'excitât, et fort délibérément, de la ville; il fit même un détour avant d'arriver à la porte pour abréger la route, qui se bifurquait circulairement à gauche, directement à droite.

Tout en donnant cette preuve d'intelligence, le cheval secouait la tête comme pour échapper au frein qu'il sentait peser sur ses lèvres; il semblait dire au cavalier que toute influence dominatrice lui était inutile, et à mesure qu'il approchait de la porte de la ville il accélérait sa marche.

— En vérité, murmura Monsoreau, je vois qu'on ne m'en avait pas trop dit; ainsi, puisque tu sais si bien ton chemin, va, Roland, va.

Et il abandonna les rênes sur le cou de Roland.

Le cheval, arrivé au boulevard extérieur, hésita un moment pour savoir s'il tournerait à droite ou à gauche.

Il tourna à gauche.

Un paysan passait en ce moment.

— Avez-vous vu une troupe de cavaliers, l'ami? demanda Monsoreau.

— Oui, monsieur, répondit le rustique, je l'ai rencontrée là-bas en avant.

C'était justement dans la direction qu'avait prise Roland que le paysan venait de rencontrer cette troupe.

— Va, Roland, va, dit le grand-veneur en lâchant les rênes à son cheval, qui prit un trot allongé avec lequel on devait naturellement faire trois ou quatre lieues à l'heure.

Le cheval suivit encore quelque temps le boulevard, puis il donna tout à coup à droite, prenant un sentier fleuri qui coupait à travers la campagne.

Monsoreau hésita un instant pour savoir s'il n'arrêterait pas Roland, mais Roland paraissait si sûr de son affaire qu'il le laissa aller.

A mesure que le cheval s'avançait, il s'animait. Il passa du trot au galop, et en moins d'un quart d'heure la ville eut disparu aux regards du cavalier.

De son côté aussi, le cavalier, à mesure qu'il s'avançait, semblait reconnaître les localités.

— Eh! mais, dit-il en entrant sous le bois, on dirait que nous allons vers Méridor; est-ce que Son Altesse, par hasard, se serait dirigée du côté du château?

Et le front du grand-veneur se rembrunit à cette idée qui ne se présentait pas à son esprit pour la première fois.

— Oh! oh! murmura-t-il, moi qui venais d'abord voir le prince, remettant à demain de voir ma femme. Aurais-je donc le bonheur de les voir tous les deux en même temps?

Un sourire terrible passa sur les lèvres du grand-veneur.

Le cheval allait toujours, continuant d'appuyer à droite avec une ténacité qui indiquait la marche la plus résolue et la plus sûre.

— Mais, sur mon âme! pensa Monsoreau, je ne dois plus maintenant être bien loin du parc de Méridor.

En ce moment, le cheval se mit à hennir.

Au même instant, un autre hennissement lui répondit du fond de la feuillée.

— Ah! ah! dit le grand-veneur, voilà Roland qui a trouvé ses compagnons, à ce qu'il paraît.

Le cheval redoublait de vitesse, passant comme l'éclair sous les hautes futaies.

Soudain Monsoreau aperçut un mur et un cheval attaché près de ce mur.

Le cheval hennit une seconde fois, et

Monsoreau reconnut que c'était lui qui avait dû hennir la première.

— Il y a quelqu'un ici! dit Monsoreau pâlissant.

LXI

CE QUE VENAIT ANNONCER M. LE COMTE DE MONSOREAU

M. de Monsoreau marchait de surprise en surprise : le mur de Méridor rencontré comme par enchantement, ce cheval caressant le cheval qui l'avait amené, comme s'il eût été de sa plus intime connaissance, il y avait certes là de quoi faire réfléchir les moins soupçonneux.

En s'approchant, et l'on devine si M. de Monsoreau s'approcha vivement, en s'approchant, il remarqua la dégradation du mur à cet endroit; c'était une véritable échelle, qui menaçait de devenir une brèche; les pieds semblaient s'être creusé des échelons dans la pierre, et les ronces, arrachées fraîchement, pendaient à leurs branches meurtries.

Le comte embrassa tout l'ensemble d'un coup d'œil, puis de l'ensemble il passa aux détails.

Le cheval méritait le premier rang, il l'obtint.

L'indiscret animal portait une selle garnie d'une housse brodée d'argent.

Dans un des coins était un double FF, entrelaçant un double AA.

C'était, à n'en pas douter, un cheval des écuries du prince, puisque le chiffre faisait François d'Anjou.

Les soupçons du comte, à cette vue, devinrent de véritables alarmes.

Le duc était donc venu de ce côté; il y venait donc souvent, puisque, outre le cheval attaché, il y en avait un second qui savait le chemin.

Monsoreau conclut, puisque le hasard l'avait mis sur cette piste, qu'il fallait suivre cette piste jusqu'au bout.

C'était d'abord dans ses habitudes de grand-veneur et de mari jaloux.

Mais tant qu'il resterait de ce côté du mur, il était évident qu'il ne verrait rien.

En conséquence, il attacha son cheval près du cheval voisin, et commença bravement l'escalade.

C'était chose facile, un pied appelait l'autre; la main avait ses places toutes faites pour se poser, la courbe du bras était dessinée sur les pierres à la surface de la crête du mur, et l'on avait soigneusement élagué avec un couteau de chasse un chêne dont à cet endroit les rameaux embarrassaient la vue et empêchaient le geste.

Tant d'efforts furent couronnés d'un entier succès.

M. de Monsoreau ne fut pas plutôt établi à son observatoire qu'il aperçut au pied d'un arbre une mantille de couleur bleue et un manteau de velours noir.

La mantille appartenait sans conteste à une femme, et le manteau noir à un homme; d'ailleurs il n'y avait point à chercher bien loin, l'homme et la femme se promenaient à cinquante pas de là, les bras enlacés, tournant le dos au mur, et cachés d'ailleurs par le feuillage du buisson.

Malheureusement pour M. de Monsoreau, qui n'avait pas habitué le mur à ses violences, un moellon se détacha du chaperon et tomba, brisant les branches jusque sur l'herbe; là il retentit avec un écho mugissant.

A ce bruit, il paraît que les personnes dont le buisson cachait les traits à M. de Monsoreau se retournèrent et l'aperçurent, car un cri de femme, aigu et significatif, se fit entendre, puis un frôlement dans le feuillage avertit le comte qu'ils se sauvaient comme deux chevreuils effrayés.

Au cri de la femme, Monsoreau avait senti la sueur de l'angoisse lui monter au front. Il avait reconnu la voix de Diane.

Incapable dès lors de résister au mouvement de fureur qui l'emportait, il s'élança du haut du mur, et, son épée à la main, se mit à fendre buissons et rameaux pour suivre les fugitifs.

Mais tout avait disparu, rien ne troublait plus le silence du parc; pas une ombre au fond des allées, pas une trace dans les chemins, pas un bruit dans les massifs, si ce n'est le chant des rossignols et des fauvettes qui, habitués à voir les deux amants, n'avaient pu être effrayés par eux.

Que faire en présence de la solitude? que résoudre? où courir? Le parc était grand; on pouvait, poursuivant ceux qu'on cherchait, rencontrer ceux que l'on ne cherchait pas.

M. de Monsoreau songea que la découverte qu'il avait faite suffisait pour le moment; d'ailleurs il se sentait lui-même sous l'empire d'un sentiment trop violent pour agir avec la prudence qu'il convenait de déployer vis-à-vis d'un rival aussi redoutable que l'était François; car il ne doutait pas que ce ne fût le prince.

Puis, si par hasard ce n'était pas lui, il avait près du duc d'Anjou une mission pressée à accomplir; d'ailleurs il verrait bien, en se retrouvant près du prince, ce qu'il devait penser de sa culpabilité ou de son innocence.

Puis une idée sublime lui vint.

C'était de franchir le mur à l'endroit même où il avait déjà escaladé et d'enlever avec le sien le cheval de l'intrus surpris par lui dans le parc.

Ce projet vengeur lui donna des forces; il reprit sa course et arriva au pied du mur, haletant et couvert de sueur.

Alors, s'aidant de chaque branche, il parvint au faîte et retomba de l'autre côté; mais de l'autre côté plus de cheval, ou, pour mieux dire, plus de chevaux.

L'idée qu'il avait eue était si bonne, qu'avant de lui venir, à lui, elle était venue à son ennemi, et que son ennemi en avait profité.

M. de Monsoreau accablé laissa échapper un rugissement de rage, montrant le poing à ce démon malicieux qui, bien certainement, riait de lui dans l'ombre déjà épaisse du bois; mais comme chez lui la volonté n'était pas facilement vaincue, il réagit contre les fatalités successives qui semblaient prendre à tâche de l'accabler: en s'orientant à l'instant même, malgré la nuit qui descendait rapidement, il réunit toutes ses forces et regagna Angers par un chemin de traverse qu'il connaissait depuis son enfance.

Deux heures et demie après, il arrivait à la porte de la ville, mourant de soif, de chaleur et de fatigue; mais l'exaltation de la pensée avait donné des forces au corps, et c'était toujours le même homme, volontaire et violent à la fois.

D'ailleurs une idée le soutenait: il interrogerait la sentinelle, ou plutôt les sentinelles; il irait de porte en porte; il saurait par quelle porte un homme était rentré avec deux chevaux; il viderait sa bourse, il ferait des promesses d'or, et il connaîtrait le signalement de cet homme.

Alors, quel qu'il fût, prochainement ou plus tard, cet homme lui paierait sa dette.

Il interrogea la sentinelle; mais la sentinelle venait d'être placée et ne savait rien: il entra au corps-de-garde et s'informa.

Le milicien qui descendait de garde avait vu, il y avait deux heures à peu près, rentrer un cheval sans maître, qui avait repris tout seul le chemin du palais.

Il avait alors pensé qu'il était arrivé quelque accident au cavalier; et que le cheval intelligent avait regagné seul le logis.

Monsoreau se frappa le front: il était décidé qu'il ne saurait rien.

Alors il s'achemina à son tour vers le château ducal.

Là, grande vie, grand bruit, grande

joie; les fenêtres resplendissaient comme des soleils, et les cuisines reluisaient comme des fours embrasés envoyant de leurs soupiraux des parfums de venaison et de girofle capables de faire oublier à l'estomac qu'il est voisin du cœur.

Mais les grilles étaient fermées, et là une difficulté se présenta : il fallait se les faire ouvrir.

Monsoreau appela le concierge et se nomma, mais le concierge ne voulut point le reconnaître.

— Vous étiez droit, et vous êtes voûté, lui dit-il.

— C'est la fatigue.

— Vous étiez pâle et vous êtes rouge.

— C'est la chaleur.

— Vous étiez à cheval et vous rentrez sans cheval.

— C'est que mon cheval a eu peur, a fait un écart, m'a désarçonné et est rentré sans cavalier. N'avez-vous pas vu mon cheval?

— Ah! si fait, dit le concierge.

— En tout cas, allez prévenir le majordome.

Le concierge, enchanté de cette ouverture qui le déchargeait de toute responsabilité, envoya prévenir M. Remy.

M. Remy arriva et reconnut parfaitement Monsoreau.

— Et d'où venez-vous, mon Dieu! dans un pareil état? lui demanda-t-il.

Monsoreau répéta la même fable qu'il avait déjà faite au concierge.

— En effet, dit le majordome, nous avons été fort inquiets quand nous avons vu le cheval sans cavalier; monseigneur surtout, que j'avais eu l'honneur de prévenir de votre arrivée.

— Ah! monseigneur a paru inquiet? fit Monsoreau.

— Fort inquiet.

— Et qu'a-t-il dit?

— Qu'on vous introduisît près de lui aussitôt votre arrivée.

— Bien! le temps de passer à l'écurie seulement, voir s'il n'est rien arrivé au cheval de Son Altesse.

Monsoreau passa à l'écurie, et reconnut à la place où il l'avait pris l'intelligent animal qui mangeait en cheval qui sent le besoin de réparer ses forces.

Puis, sans même prendre le soin de changer de costume, — Monsoreau pensait que l'importance de la nouvelle qu'il apportait devait l'emporter sur l'étiquette, — sans même changer, disons-nous, le grand-veneur se dirigea vers la salle à manger. Tous les gentilshommes du prince, et Son Altesse même, réunis autour d'une table magnifiquement servie et splendidement éclairée, attaquaient les pâtés de faisans, les grillades fraîches de sanglier et les entremets épicés qu'ils arrosaient de ce vin noir de Cahors si généreux et si velouté, ou de ce perfide, suave et pétillant vin d'Anjou dont les fumées s'extravasent dans la tête avant que les topazes qu'il distille dans le verre soient tout à fait épuisées.

— La cour est au grand complet, disait Antraguet rose comme une jeune fille et déjà ivre comme un vieux reître, au complet comme la cave de Votre Altesse.

— Non pas, non pas, dit Ribeirac; il nous manque un grand-veneur. Il est, en vérité, honteux que nous mangions le dîner de Son Altesse et que nous ne le prenions pas nous-mêmes.

— Moi, je vote pour un grand-veneur quelconque, dit Livarot; peu importe lequel, fût-ce M. de Monsoreau.

Le duc sourit, il savait seul l'arrivée du comte.

Livarot achevait à peine sa phrase et le prince son sourire que la porte s'ouvrit et que M. de Monsoreau entra.

Le duc fit, en l'apercevant, une exclamation d'autant plus bruyante qu'elle retentit au milieu du silence général.

— Eh bien! le voici, dit-il; vous voyez

que nous sommes favorisés du ciel, messieurs, puisque le ciel nous envoie à l'instant ce que nous désirons.

Monsoreau, assez embarrassé de cet aplomb du prince, qui, dans les cas pareils, n'était pas habituel à Son Altesse, salua d'un air assez embarrassé et détourna la tête, ébloui comme un hibou tout à coup transporté de l'obscurité au grand soleil.

— Asseyez-vous là et soupez, dit le duc en montrant à M. de Monsoreau une place en face de lui.

— Monseigneur, répondit Monsoreau, j'ai bien soif, j'ai bien faim, je suis bien las ; mais je ne boirai, je ne mangerai, je ne m'assoirai qu'après m'être acquitté près de Votre Altesse d'un message de la plus haute importance.

— Vous venez de Paris, n'est-ce pas?

— En toute hâte, monseigneur.

— Eh bien! j'écoute, dit le duc.

Monsoreau s'approcha de François, et, le sourire sur les lèvres, la haine dans le cœur, il lui dit tout bas :

— Monseigneur, madame la reine-mère s'avance à grandes journées ; elle vient voir Votre Altesse.

Le duc, sur qui chacun avait les yeux fixés, laissa percer sa joie soudaine.

— C'est bien, dit-il, merci. M. de Monsoreau, aujourd'hui comme toujours, je vous trouve fidèle serviteur ; continuons de souper, messieurs.

Et il rapprocha de la table son fauteuil qu'il avait éloigné un instant pour écouter M. de Monsoreau.

Le festin recommença ; le grand-veneur, placé entre Livarot et Ribeirac, n'eut pas plutôt goûté les douceurs d'un bon siège et ne se fut pas plutôt trouvé en face d'un repas copieux, qu'il perdit tout à coup l'appétit.

L'esprit reprenait le dessus sur la matière.

L'esprit, entraîné dans de tristes pensées retournait au parc de Méridor, et, faisant de nouveau le voyage que le corps brisé venait d'accomplir, repassait comme un pèlerin attentif par ce chemin fleuri qui l'avait conduit à la muraille.

Il revoyait le cheval hennissant, il revoyait le mur dégradé, il revoyait les deux ombres amoureuses et fuyantes ; il entendait le cri de Diane, ce cri qui avait retenti au plus profond de son cœur.

Alors, indifférent au bruit, à la lumière, au repas même, oubliant à côté de qui et en face de qui il se trouvait, il s'ensevelissait dans sa propre pensée, laissant son front se couvrir peu à peu de nuages et chassant de sa poitrine un sourd gémissement qui attirait l'attention des convives étonnés.

— Vous tombez de lassitude, monsieur le grand-veneur, dit le prince ; en vérité, vous feriez bien d'aller vous coucher.

— Ma foi oui! dit Livarot ; le conseil est bon, et si vous ne le suivez pas, vous courez grand risque de vous endormir dans votre assiette.

— Pardon, monseigneur, dit Monsoreau en relevant la tête ; en effet, je suis écrasé de fatigue.

— Enivrez-vous, comte, dit Antraguet ; rien ne délasse comme cela.

— Et puis, murmura Monsoreau, en s'enivrant on oublie.

— Bah! dit Livarot, il n'y a pas moyen ; voyez, messieurs, son verre est encore plein.

— A votre santé, comte! dit Ribérac en levant son verre.

Monsoreau fut forcé de faire raison au gentilhomme et vida le sien d'un seul trait.

— Il boit cependant très-bien ; voyez, monseigneur, dit Antraguet.

— Oui, répondit le prince qui essayait de lire dans le cœur du comte, oui, à merveille.

— Il faudra cependant que vous nous fassiez faire une belle chasse, comte, dit Ribeirac ; vous connaissez le pays.

— Vous y avez des équipages, des bois, dit Livarot.

— Et même une femme, ajouta Antraguet.

— Oui, répéta machinalement le comte, oui, des équipages, des bois et madame de Monsoreau, oui, messieurs, oui.

— Faites-nous chasser un sanglier, comte, dit le prince.

— Je tâcherai, monseigneur.

— Eh! pardieu, dit un des gentilshommes angevins, vous tâcherez, voilà une belle réponse! le bois en foisonne, de sangliers. Si je chassais au vieux taillis, je voudrais, au bout de cinq minutes, en avoir fait lever dix.

Monsoreau pâlit malgré lui; le vieux taillis était justement cette partie du bois où Roland venait de le conduire.

— Ah! oui, oui, demain, demain! s'écrièrent en chœur les gentilshommes.

— Voulez-vous demain, Monsoreau? demanda le duc.

— Je suis toujours aux ordres de Votre Altesse, répondit Monsoreau; mais cependant, comme monseigneur daignait le remarquer il n'y a qu'un instant, je suis bien fatigué pour conduire une chasse demain. Puis j'ai besoin de visiter les environs et de savoir où en sont nos bois.

— Et puis enfin, laissez-lui voir sa femme, que diable! dit le duc avec une bonhomie qui convainquit le pauvre mari que le duc était son rival.

— Accordé! accordé! crièrent les jeunes gens avec gaieté. Nous donnons vingt-quatre heures à M. de Monsoreau pour faire dans ses bois tout ce qu'il a à y faire.

— Oui, messieurs, donnez-les-moi, dit le comte, et je vous promets de les bien employer.

— Maintenant, notre grand-veneur, dit le duc, je vous permets d'aller trouver votre lit. Que l'on conduise M. de Monsoreau à son appartement.

M. de Monsoreau salua et sortit, soulagé d'un grand fardeau, la contrainte.

Les gens affligés aiment la solitude plus encore que les amants heureux.

LXII

COMMENT LE ROI HENRI III APPRIT LA FUITE DE SON FRÈRE BIEN-AIMÉ LE DUC D'ANJOU, ET DE CE QUI S'ENSUIVIT.

Une fois le grand-veneur sorti de la salle à manger, le repas continua plus gai, plus joyeux, plus libre que jamais.

La figure sombre du Monsoreau n'avait pas peu contribué à maintenir les jeunes gentilshommes, car, sous le prétexte et même sous la réalité de la fatigue, ils avaient démêlé cette continuelle préoccupation de sujets lugubres qui imprimait au front du comte cette tache de tristesse mortelle qui faisait le caractère particulier de sa physionomie.

Lorsqu'il fut parti et que le prince, toujours gêné en sa présence, eut repris son air tranquille:

— Voyons, Livarot, dit le duc, tu avais, lorsque est entré notre grand-veneur, commencé de nous raconter votre fuite de Paris. Continue.

Et Livarot continua.

Mais comme notre titre d'historien nous donne le privilége de savoir mieux que Livarot lui-même ce qui s'était passé, nous substituerons notre récit à celui du jeune homme; peut-être y perdra-t-il comme couleur, mais il y gagnera comme étendue, puisque nous savons ce que Livarot ne pouvait savoir, c'est-à-dire ce qui s'était passé au Louvre.

Vers le milieu de la nuit, Henri III fut réveillé par un bruit inaccoutumé qui retentissait dans le palais, où cependant, le roi une fois couché, le silence le plus profond était prescrit.

C'étaient des jurons, des coups de hallebarde contre les murailles, des courses

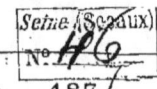

Le palefrenier détacha Roland et l'amena. — Page 394.

rapides dans les galeries, des imprécations à faire ouvrir la terre, et, au milieu de tous ces chocs, de tous ces blasphèmes, ces mots répétés par des milliers d'échos:

— Que dira le roi? que dira le roi?

Henri se dressa sur son lit et regarda Chicot, qui, après avoir soupé avec Sa Majesté, s'était laissé aller au sommeil dans un grand fauteuil, les jambes enlacées dans sa rapière.

Les rumeurs redoublaient.

Henri sauta en bas de son lit, tout luisant de pommade, en criant:

— Chicot! Chicot!

Chicot ouvrit un œil; c'était un garçon prudent qui appréciait fort le sommeil et qui ne se réveillait jamais tout à fait du premier coup.

— Ah! tu as eu tort de m'appeler, Henri, dit-il. Je rêvais que tu avais un fils.

— Écoute, dit Henri, écoute!

— Que veux-tu que j'écoute? Il me semble cependant que tu me dis bien assez de sottises comme cela pendant le jour sans prendre encore sur mes nuits.

— Mais tu n'entends donc pas? dit le roi en étendant la main dans la direction du bruit.

— Oh! oh! s'écria Chicot; en effet, j'entends des cris.

— Que dira le roi? que dira le roi? répéta Henri. Entends-tu?

— Il y a deux choses à soupçonner : ou ton lévrier Narcisse est malade, ou les huguenots prennent leur revanche et font une Saint-Barthélemy de catholiques.

— Aide-moi à m'habiller, Chicot.

— Je le veux bien, mais aide-moi à me lever, Henri.

— Quel malheur! quel malheur! répétait-on dans les antichambres.

— Diable! ceci devient sérieux, dit Chicot.

— Nous ferons bien de nous armer, dit le roi.

— Nous ferons mieux encore, dit Chicot, de nous dépêcher de sortir par la petite porte, afin de voir et de juger par nous-mêmes le malheur, au lieu de nous le laisser raconter.

Presque aussitôt, suivant le conseil de Chicot, Henri sortit par la porte dérobée et se trouva dans le corridor qui conduisait aux appartement du duc d'Anjou.

C'est là qu'il vit des bras levés au ciel et qu'il entendit les exclamations les plus désespérées.

— Oh! oh! dit Chicot, je devine ; ton malheureux prisonnier se sera étranglé dans sa prison. Ventre de biche! Henri, je te fais mon compliment : tu es un plus grand politique que je ne croyais.

— Eh! non, malheureux! s'écria Henri; ce ne peut être cela.

— Tant pis! dit Chicot.

— Viens, viens!

Et Henri entraîna le Gascon dans la chambre du duc.

La fenêtre était ouverte et garnie d'une foule de curieux entassés les uns sur les autres pour contempler l'échelle de corde accrochée aux trèfles de fer du balcon.

Henri devint pâle comme la mort.

— Eh! eh! mon fils, dit Chicot, tu n'es pas encore si fort blasé que je le croyais.

— Enfui! évadé! cria Henri d'une voix si retentissante, que tous les gentilshommes se retournèrent.

Il y avait des éclairs dans les yeux du roi; sa main serrait convulsivement la poignée de sa miséricorde.

Schomberg s'arrachait les cheveux; Quélus se bourrait le visage de coups de poing, et Maugiron frappait, comme un bélier, de la tête dans la cloison.

Quant à d'Épernon, il avait disparu sous le spécieux prétexte de courir après M. le duc d'Anjou.

La vue du martyre que dans leur désespoir s'infligeaient les favoris calma tout à coup le roi.

— Hé là! doucement, mon fils, dit-il en retenant Maugiron par le milieu du corps.

— Non, mordieu! j'en crèverai ou le diable m'emporte! dit le jeune homme en prenant du champ pour se briser la tête non plus sur la cloison, mais sur le mur.

— Holà! aidez-moi donc à le retenir! cria Henri.

— Hé! compère, dit Chicot, il y a une mort plus douce; passez-vous tout bonnement votre épée au travers du ventre.

— Veux-tu te taire, bourreau! dit Henri les larmes aux yeux.

Pendant ce temps, Quélus se meurtrissait les joues.

— Oh! Quélus, mon enfant, dit Henri, tu vas ressembler à Schomberg quand il a été trempé dans du bleu de Prusse! Tu seras affreux, mon ami.

Quélus s'arrêta.

Schomberg seul continuait à se dépouiller les tempes; il en pleurait de rage.

— Schomberg, Schomberg, mon mignon, cria Henri, un peu de raison, je t'en prie!

— J'en deviendrai fou!

— Bah! dit Chicot.

— Le fait est, dit Henri, que c'est un

affreux malheur, et voilà pourquoi il faut que tu gardes ta raison, Schomberg. Oui, c'est un affreux malheur : je suis perdu ; voilà la guerre civile dans mon royaume... Ah! qui a fait ce coup-là? qui a fourni l'échelle? Par la mordieu! je ferai pendre toute la ville.

Une profonde terreur s'empara des assistants.

— Qui est le coupable? continua Henri ; où est le coupable? Dix mille écus à qui me dira son nom, cent mille écus à qui me le livrera mort ou vif.

— Qui voulez-vous que ce soit, s'écria Maugiron, sinon quelque Angevin?

— Pardieu! tu as raison! s'écria Henri. Ah! les Angevins, mordieu! les Angevins! Ils me le paieront!

Et comme si cette parole eût été une étincelle communiquant le feu à une traînée de poudre, une effroyable explosion de cris et de menaces retentit contre les Angevins.

— Oh! oui, les Angevins! cria Quélus.

— Où sont-ils? hurla Schomberg.

— Qu'on les éventre! vociféra Maugiron.

— Cent potences pour cent Angevins! reprit le roi.

Chicot ne pouvait rester muet dans cette fureur universelle ; il tira son épée avec un geste de taille-bras, et, s'escrimant du plat à droite et à gauche, il rossa les mignons et battit les murs en répétant avec des yeux farouches :

— Oh! ventre de biche! oh! mâle rage! ah! damnation! Les Angevins, mordieu! Mort aux Angevins!

Ce cri : Mort aux Angevins! fut entendu de toute la ville, comme le cri des mères israélites fut entendu de tout Rama.

Cependant Henri avait disparu.

Il avait songé à sa mère, et, se glissant hors de la chambre sans mot dire, il était allé trouver Catherine un peu négligée depuis quelque temps, et qui, renfermée dans son apparence affectée, attendait, avec sa pénétration florentine, une bonne occasion de voir surnager sa politique.

Lorsque Henri entra, elle était à demi couchée pensive dans un grand fauteuil, et elle ressemblait plus, avec ses joues grasses mais un peu jaunâtres, avec ses yeux brillants mais fixes, avec ses mains potelées mais pâles, à une statue de cire exprimant la méditation qu'à un être animé qui pense.

Mais à la nouvelle de l'évasion de François, nouvelle que Henri donna, au reste, sans ménagement aucun, tout embrasé qu'il était de colère et de haine, la statue parut se réveiller tout à coup, quoique le geste qui annonçait ce réveil se bornât pour elle à s'enfoncer davantage encore dans son fauteuil et à secouer la tête sans rien dire.

— Eh! ma mère, vous ne vous écriez...

— Pourquoi faire, mon fils? demanda Catherine.

— Comment! cette évasion de votre fils ne vous paraît pas criminelle, menaçante, digne des plus grands châtiments?

— Mon cher fils, la liberté vaut bien une couronne, et rappelez-vous que je vous ai à vous-même conseillé de fuir quand vous pouviez atteindre cette couronne.

— Ma mère, on m'outrage.

Catherine haussa les épaules.

— Ma mère, on me brave.

— Eh! non, dit Catherine, on se sauve, voilà tout.

— Ah! dit Henri, voilà comme vous prenez mon parti!

— Que voulez-vous dire, mon fils?

— Je dis qu'avec l'âge les sentiments s'émoussent, je dis...

Il s'arrêta.

— Que dites-vous? reprit Catherine avec son calme habituel.

— Je dis que vous ne m'aimez plus comme autrefois.

— Vous vous trompez, dit Catherine avec une froideur croissante. Vous êtes mon fils bien-aimé, Henri. Mais celui dont vous vous plaignez est aussi mon fils.

— Ah! trêve à la morale maternelle, madame, dit Henri furieux; nous connaissons ce que cela vaut.

— Eh! vous devez le connaître mieux que personne, mon fils, car vis-à-vis de vous ma morale a toujours été de la faiblesse.

— Et comme vous en êtes aux repentirs, vous vous repentez.

— Je sentais bien que nous en viendrions là, mon fils, dit Catherine. Voilà pourquoi je gardais le silence.

— Adieu, madame, adieu! dit Henri; je sais ce qui me reste à faire, puisque chez ma mère même il n'y a plus de compassion pour moi; je trouverai des conseillers capables de seconder mon ressentiment et de m'éclairer dans cette rencontre.

— Allez, mon fils, dit tranquillement la Florentine, et que l'esprit de Dieu soit avec ces conseillers, car ils en auront bien besoin pour vous tirer d'embarras.

Et elle le laissa s'éloigner sans faire un geste, sans dire un mot pour le retenir.

— Adieu, madame! répéta Henri.

Mais près de la porte il s'arrêta.

— Henri, adieu! dit la reine; seulement, encore un mot : je ne prétends pas vous donner un conseil, mon fils; vous n'avez pas besoin de moi, je le sais; mais priez vos conseillers de bien réfléchir avant d'émettre leur avis et de mieux réfléchir encore avant de mettre leur avis à exécution.

— Oh! oui, dit Henri se rattachant à ce mot de sa mère et en profitant pour ne pas aller plus loin, car la circonstance est difficile, n'est-ce pas, madame?

— Grave, dit lentement Catherine en levant les yeux et les mains au ciel, bien grave, Henri.

Le roi, frappé de cette expression de terreur qu'il croyait lire dans les yeux de sa mère, revint près d'elle.

— Quels sont ceux qui l'ont enlevé? en avez-vous quelque idée, ma mère?

Catherine ne répondit point.

— Moi, dit Henri, je pense que ce sont les Angevins.

Catherine sourit avec cette finesse qui montrait toujours en elle un esprit supérieur veillant pour terrasser et confondre l'esprit d'autrui.

— Les Angevins? répéta-t-elle.

— Vous ne le croyez pas, dit Henri; cependant tout le monde le croit.

Catherine fit encore un mouvement d'épaules.

— Que les autres croient cela, bien, dit-elle; mais vous, mon fils... Enfin!

— Quoi donc! madame... Que voulez-vous dire? Expliquez-vous, je vous en supplie.

— A quoi bon m'expliquer?

— Votre explication m'éclaircira.

— Vous éclaircira! Allons donc, Henri, je ne suis qu'une femme vieille et radoteuse; ma seule influence est dans mon repentir et dans mes prières.

— Non, parlez, parlez, ma mère, je vous écoute. Oh! vous êtes encore, vous serez toujours notre âme à nous tous : parlez.

— Inutile : je n'ai que des idées de l'autre siècle, et la défiance fait tout l'esprit des vieillards. La vieille Catherine donner à son âge un conseil qui vaille encore quelque chose! allons donc, mon fils, impossible!

— Eh bien! soit, ma mère, dit Henri, refusez-moi votre secours, privez-moi de votre aide. Mais dans une heure, voyez-vous, que ce soit votre avis ou non, et je le saurai alors, j'aurai fait pendre tous les Angevins qui sont à Paris.

— Faire pendre tous les Angevins! s'écria Catherine avec cet étonnement qu'éprouvent les esprits supérieurs lorsqu'on dit devant eux quelque énormité.

— Oui, oui, pendre, massacrer, assassiner, brûler; à l'heure qu'il est, mes amis courent déjà la ville pour rompre les os à ces maudits, à ces brigands, à ces rebelles!...

— Qu'ils s'en gardent, malheureux! s'écria Catherine emportée par le sérieux de la situation; ils se perdraient eux-mêmes, ce qui ne serait rien; mais ils vous perdraient avec eux.

— Comment cela?

— Aveugle! murmura Catherine; les rois auront donc éternellement des yeux pour ne pas voir?

Et elle joignit les mains.

— Les rois ne sont rois qu'à la condition qu'ils vengeront les injures qu'on leur fait, car alors leur vengeance est une justice, et, dans ce cas surtout, tout mon royaume se lèvera pour me défendre.

— Fou, insensé, enfant! murmura la Florentine.

— Mais pourquoi cela? comment cela?

— Pensez-vous qu'on égorgera, qu'on brûlera, qu'on pendra des hommes comme Bussy, comme Antraguet, comme Livarot, comme Ribeirac, sans faire couler des flots de sang?

— Qu'importe, pourvu qu'on les égorge!

— Oui, sans doute, si on les égorge; montrez-les-moi morts, et, par Notre-Dame! je vous dirai que vous avez bien fait. Mais on ne les égorgera pas; mais on aura levé pour eux l'étendard de la révolte; mais on leur aura mis nue à la main l'épée qu'ils n'eussent jamais osé tirer du fourreau pour un maître comme François; tandis qu'au contraire, dans ce cas-là, par votre imprudence, ils dégaîneront pour défendre leur vie, et votre royaume se soulèvera, non pas pour vous, mais contre vous.

— Mais si je ne me venge pas, j'ai peur, je recule!... s'écria Henri.

— A-t-on jamais dit que j'avais peur? dit Catherine en fronçant le sourcil et en pressant ses dents de ses lèvres minces et rougies avec du carmin.

— Cependant, si c'étaient les Angevins, ils mériteraient une punition, ma mère.

— Oui, si c'étaient eux, mais ce ne sont pas eux.

— Qui est-ce donc, si ce ne sont pas les amis de mon frère?

— Ce ne sont pas les amis de votre frère, car votre frère n'a pas d'amis.

— Mais qui est-ce donc?

— Ce sont vos ennemis à vous, ou plutôt votre ennemi.

— Quel ennemi?

— Eh! mon fils, vous savez bien que vous n'en avez jamais eu qu'un, comme votre frère Charles n'en a jamais eu qu'un, comme moi-même je n'en ai jamais eu qu'un, le même toujours, incessamment.

— Henri de Navarre, vous voulez dire?

— Eh! oui, Henri de Navarre.

— Il n'est pas à Paris!

— Eh! savez-vous qui est à Paris ou qui n'y est pas? savez-vous quelque chose? avez-vous des yeux et des oreilles? avez-vous autour de vous des gens qui voient et qui entendent? Non, vous êtes tous sourds, vous êtes tous aveugles.

— Henri de Navarre! répéta Henri.

— Mon fils, à chaque désappointement qui vous arrivera, à chaque malheur qui vous arrivera, à chaque catastrophe qui vous arrivera, et dont l'auteur vous restera inconnu, ne cherchez pas, n'hésitez pas, ne vous enquérez pas, c'est inutile. Écriez-vous, Henri : C'est Henri de Navarre, et vous serez sûr d'avoir dit vrai... Frappez du côté où il sera, et vous serez sûr d'avoir frappé juste... Oh! cet homme!... Cet homme! voyez-vous, c'est l'épée que

Dieu a suspendue au-dessus de la maison de Valois.

— Vous êtes donc d'avis que je donne contre-ordre à l'endroit des Angevins?

— A l'instant même, s'écria Catherine, sans perdre une minute, sans perdre une seconde! Hâtez-vous, peut-être est-il déjà trop tard; courez, révoquez ces ordres; allez, ou vous êtes perdu.

Et, saisissant son fils par le bras, elle le poussa vers la porte avec une force et une énergie incroyables.

Henri s'élança hors du Louvre, cherchant à rallier ses amis.

Mais il ne trouva que Chicot, assis sur une pierre et dessinant des figures géographiques sur le sable.

LXIII

COMMENT CHICOT ET LA REINE-MÈRE SE TROUVANT ÊTRE DU MÊME AVIS, LE ROI SE RANGEA A L'AVIS DE LA REINE-MÈRE ET DE CHICOT.

Henri s'assura que c'était bien le Gascon qui, non moins attentif qu'Archimède, ne paraissait pas décidé à se retourner, Paris fût-il pris d'assaut.

— Ah! malheureux, s'écria-t-il d'une voix tonnante, voilà donc comme tu défends ton roi?

— Je le défends à ma manière, et je crois que c'est la bonne.

— La bonne! s'écria le roi, la bonne, paresseux!

— Je le maintiens, et je le prouve.

— Je suis curieux de voir cette preuve.

— C'est facile : d'abord nous avons fait une grande bêtise, mon roi, nous avons fait une immense bêtise.

— En quoi faisant?

— En faisant ce que nous avons fait.

— Ah! ah! fit Henri frappé de la corrélation de ces deux esprits éminemment subtils, et qui n'avaient pu se concerter pour en venir au même résultat.

— Oui, répondit Chicot, tes amis, en criant par la ville : Mort aux Angevins! et maintenant que j'y réfléchis, il ne m'est pas bien prouvé que ce soient les Angevins qui aient fait le coup; tes amis, dis-je, en criant par la ville : Mort aux Angevins! font tout simplement cette petite guerre civile que MM. de Guise n'ont pas pu faire et dont ils ont si grand besoin; et, vois-tu, à l'heure qu'il est, Henri, ou tes amis sont parfaitement morts, ce qui ne me déplairait pas, je l'avoue, mais ce qui t'affligerait, toi; ou ils ont chassé les Angevins de la ville, ce qui te déplairait fort, à toi, mais ce qui, en échange, réjouirait énormément ce cher M. d'Anjou.

— Mordieu! s'écria le roi, crois-tu donc que les choses sont déjà si avancées que tu dis là?

— Si elles ne le sont pas davantage.

— Mais tout cela ne m'explique pas ce que tu fais assis sur cette pierre.

— Je fais une besogne excessivement pressée, mon fils.

— Laquelle?

— Je trace la configuration des provinces que ton frère va faire révolter contre nous, et je suppute le nombre d'hommes que chacune d'elles pourra fournir à la révolte.

— Chicot! Chicot! s'écria le roi, je n'ai donc autour de moi que des oiseaux de mauvais augure!

— Le hibou chante bien pendant la nuit, mon fils, répondit Chicot, car il chante à son heure. Or le temps est sombre, Henriquet, si sombre, en vérité, qu'on peut prendre le jour pour la nuit, et je te chante ce que tu dois entendre. Regarde!

— Quoi?

— Regarde ma carte géographique, et juge. Voici d'abord l'Anjou, qui ressemble assez à une tartelette; tu vois? c'est là que ton frère s'est réfugié; aussi je lui ai donné la première place, hum! L'Anjou, bien mené, bien conduit, comme vont le mener ton grand-veneur Monsoreau et ton ami Bussy, l'Anjou, à lui seul, peut nous fournir, quand je dis nous, c'est à ton frère, l'Anjou peut fournir à ton frère dix mille combattants.

— Tu crois?

— C'est le minimum; passons à la Guyenne. La Guyenne, tu la vois, n'est-ce pas? La voici : c'est cette figure qui ressemble à un veau marchant sur une patte. Ah! dame! la Guyenne, il ne faut pas t'étonner de trouver là quelques mécontents : c'est un vieux foyer de révolte, et à peine les Anglais en sont-ils partis: La Guyenne sera donc enchantée de se soulever, non pas contre toi, mais contre la France. Il faut compter sur la Guyenne pour huit mille soldats. C'est peu; mais ils seront bien aguerris, bien éprouvés, sois tranquille; puis, à gauche de la Guyenne, nous avons le Béarn et la Navarre : tu vois ces deux compartiments qui ressemblent à un singe sur le dos d'un éléphant? On a fort rogné la Navarre, sans doute, mais avec le Béarn il lui reste encore une population de trois ou quatre cent mille hommes. Suppose que le Béarn et la Navarre, très-pressés, bien poussés, bien pressurés par Henriot, fournissent à la Ligue cinq du cent de leur population, c'est seize mille hommes. Récapitulons donc : dix mille pour l'Anjou.

Et Chicot continua de tracer des figures sur le sable avec sa baguette :

Ci 10 000
Huit mille pour la Guyenne, ci   8 000
Seize mille pour le Béarn et la Navarre, ci 16 000
Total 34 000

— Tu crois donc, dit Henri, que le roi de Navarre fera alliance avec mon frère?

— Pardieu!

— Tu crois donc qu'il est pour quelque chose dans sa fuite?

Chicot regarda Henri fixement.

— Henriquet, dit-il, voilà une idée qu n'est pas de toi.

— Pourquoi cela?

— Parce qu'elle est trop forte, mon fils.

— N'importe de qui elle est; je t'interroge, réponds : crois-tu que Henri de Navarre soit pour quelque chose dans la fuite de mon frère?

— Eh! fit Chicot, j'ai entendu du côté de la rue de la Féronnerie un ventre saint-gris! qui, aujourd'hui que j'y pense, me paraît assez concluant.

— Tu as entendu un ventre saint-gris! s'écria le roi.

— Ma foi! oui, répondit Chicot, je m'en souviens aujourd'hui seulement.

— Il était donc à Paris?

— Je le crois.

— Et qui peut te le faire croire?

— Mes yeux.

— Tu as vu Henri de Navarre?

— Oui.

— Et tu n'es pas venu me dire que mon ennemi était venu me braver jusque dans ma capitale!

— On est gentilhomme ou on ne l'est pas, fit Chicot.

— Après?

— Eh bien! si l'on est gentilhomme, on n'est pas espion, voilà tout.

Henri demeura pensif.

— Ainsi, dit-il, l'Anjou et le Béarn! mon frère François et mon cousin Henri!

— Sans compter les trois Guises, bien entendu.

— Comment! tu crois qu'ils feront alliance ensemble?

— Trente-quatre mille hommes d'une part, dit Chicot en comptant sur ses doigts : dix mille pour l'Anjou, huit mille pour la Guyenne, seize mille pour le Béarn; plus vingt ou vingt-cinq mille sous les ordres de M. de Guise, comme lieutenant général de tes armées; total, cinquante-neuf mille hommes; réduisons-les à cinquante mille, à cause des gouttes, des rhumatismes, des sciatiques et autres maladies. C'est encore, comme tu le vois, mon fils, un assez joli total.

— Mais Henri de Navarre et le duc de Guise sont ennemis...

— Ce qui ne les empêchera pas de se réunir contre toi, quitte à s'exterminer entre eux quand ils t'auront exterminé toi-même.

— Tu as raison, Chicot, ma mère a raison, vous avez raison tous deux; il faut empêcher un esclandre; aide-moi à réunir les suisses.

— Ah bien oui, les suisses! Quélus les a emmenés.

— Mes gardes.

— Schomberg les a pris.

— Les gens de mon service au moins.

— Ils sont partis avec Maugiron.

— Comment, s'écria Henri, et sans mon ordre!

— Et depuis quand donnes-tu donc des ordres, Henri? Ah! s'il s'agissait de processions ou de flagellations, je ne dis pas; on te laisse sur ta peau et même sur la peau des autres puissance entière. Mais quand il s'agit de guerre, quand il s'agit de gouvernement! mais ceci regarde M. de Schomberg, M. de Quélus et M. de Maugiron. Quant à d'Épernon, je n'en dis rien, puisqu'il se cache.

— Mordieu! s'écria Henri, est-ce donc ainsi que cela se passe?

— Permets-moi de te dire, mon fils, reprit Chicot, que tu t'aperçois bien tard que tu n'es que le septième ou huitième roi de ton royaume.

Henri se mordit les lèvres en frappant du pied.

— Eh! fit Chicot en cherchant à distinguer dans l'obscurité.

— Qu'y a-t-il? demanda le roi.

— Ventre de biche! ce sont eux; tiens, Henri, voilà tes hommes.

Et il montra effectivement au roi trois ou quatre cavaliers qui accouraient suivis à distance de quelques autres hommes à cheval et de beaucoup d'hommes à pied.

Les cavaliers allaient rentrer au Louvre, n'apercevant pas ces deux hommes debout près des fossés et à demi perdus dans l'obscurité.

— Schomberg! cria le roi; Schomberg, par ici!

— Holà! dit Schomberg, qui m'appelle?

— Viens toujours, mon enfant, viens!

Schomberg crut reconnaître la voix et s'approcha.

— Eh! dit-il, Dieu me damne! c'est le roi.

— Moi-même, qui courais après vous et qui, ne sachant où vous rejoindre, vous attendais avec impatience; qu'avez-vous fait?

— Ce que nous avons fait? dit un second cavalier en s'approchant.

— Ah! viens, Quélus, viens aussi, dit le roi, et surtout ne pars plus ainsi sans ma permission.

— Il n'en est plus besoin, dit un troisième que le roi reconnut pour Maugiron, puisque tout est fini.

— Tout est fini? répéta le roi.

— Dieu soit loué! dit d'Épernon apparaissant tout à coup sans que l'on sût d'où il sortait.

— Hosanna! cria Chicot en levant les deux mains au ciel.

— Alors vous les avez tués? dit le roi.

Mais il ajouta tout bas :

— Au bout du compte, les morts ne reviennent pas.

— Vous les avez tués? dit Chicot; ah! si vous les avez tués, il n'y a rien à dire.

— Nous n'avons pas eu cette peine, répondit Schomberg; les lâches se sont enfuis comme une volée de pigeons; à peine si nous avons pu croiser le fer avec eux.

Henri pâlit.

— Et avec lequel avez-vous croisé le fer? demanda-t-il.

Vous êtes affreux à voir comme cela, mon cher monsieur de Monsoreau. — Page 420.

— Avec Antraguet.

— Au moins celui-là est demeuré sur le carreau?

— Tout au contraire, il a tué un laquais de Quélus.

— Ils étaient donc sur leurs gardes? demanda le roi.

— Parbleu! je le crois bien, s'écria Chicot, qu'ils y étaient; vous hurlez : Mort aux Angevins! vous remuez les canons, vous sonnez les cloches, vous faites trembler toute la ferraille de Paris, et vous voulez que ces honnêtes gens soient plus sourds que vous n'êtes bêtes?

— Enfin, enfin, murmura sourdement le roi, voilà une guerre civile allumée.

Ces mots firent tressaillir Quélus.

— Diable! fit-il, c'est vrai.

— Ah! vous commencez à vous en apercevoir, dit Chicot; c'est heureux! Voici MM. de Schomberg et de Maugiron qui ne s'en doutent pas encore.

— Nous nous réservons, répondit Schomberg, pour défendre la personne et la couronne de Sa Majesté.

— Eh! pardieu! dit Chicot, pour cela nous avons M. de Clisson, qui crie moins haut que vous et qui vaut bien autant.

— Mais enfin, dit Quélus, vous qui nous gourmandez à tort et à travers, monsieur Chicot, vous pensiez comme nous il y a deux heures, ou tout au moins si vous ne pensiez pas comme nous, vous criiez comme nous.

— Moi! dit Chicot.

— Certainement, et même vous vous escrimiez contre les murailles en criant : Mort aux Angevins!

— Mais moi, dit Chicot, c'est bien autre chose; moi, je suis fou, chacun le sait; mais vous qui êtes tous des gens d'esprit...

— Allons, messieurs, dit Henri, la paix; tout à l'heure nous aurons bien assez la guerre.

— Qu'ordonne Votre Majesté? dit Quélus.

— Que vous employiez la même ardeur à calmer le peuple que vous avez mise à l'émouvoir; que vous rameniez au Louvre les suisses, les gardes, les gens de ma maison, et que l'on ferme les portes, afin que demain les bourgeois prennent ce qui s'est passé pour une échauffourée de gens ivres.

Les jeunes gens s'éloignèrent l'oreille basse, transmettant les ordres du roi aux officiers qui les avaient accompagnés dans leur équipée.

Quant à Henri, il revint chez sa mère, qui, active, mais anxieuse et assombrie, donnait des ordres à ses gens.

— Eh bien! dit-elle, que s'est-il passé?

— Eh bien! ma mère, il s'est passé ce que vous avez prévu.

— Ils sont en fuite?

— Hélas! oui.

— Ah! dit-elle, et après?

— Après, voilà tout, et il me semble que c'est bien assez.

— La ville?

— La ville est en rumeur; mais ce n'est pas la ville qui m'inquiète, je la tiens sous ma main.

— Oui, dit Catherine, ce sont les provinces.

— Qui vont se révolter, se soulever, continua Henri.

— Que comptez-vous faire?

— Je ne vois qu'un moyen.

— Lequel?

— C'est d'accepter franchement la position.

— De quelle manière?

— Je donne le mot aux colonels, à mes gardes, je fais armer mes milices, je retire l'armée de devant la Charité et je marche sur l'Anjou.

— Et M. de Guise?

— Eh! M. de Guise! M. de Guise! je le fais arrêter s'il est besoin.

— Ah! oui, avec cela que les mesures de rigueur vous réussissent!

— Que faire alors?

Catherine inclina sa tête sur sa poitrine et réfléchit un instant.

— Tout ce que vous projetez est impossible, mon fils, dit-elle.

— Ah! s'écria Henri avec un dépit profond, je suis donc bien mal inspiré aujourd'hui?

— Non, mais vous êtes troublé; remettez-vous d'abord, et ensuite nous verrons.

— Alors, ma mère, ayez des idées pour moi, faisons quelque chose, remuons-nous.

— Vous le voyez, mon fils, je donnais des ordres.

— Pourquoi faire?

— Pour le départ d'un ambassadeur.

— Et à qui le députerons-nous?

— A votre frère.

— Un ambassadeur à ce traître! Vous m'humiliez, ma mère.

— Ce n'est pas le moment d'être fier, fit sévèrement Catherine.

— Un ambassadeur qui demandera la paix?

— Qui l'achètera même, s'il le faut.

— Pour quels avantages, mon Dieu?

— Eh! mon fils, dit la Florentine, quand cela ne serait que pour pouvoir faire pendre en toute sécurité, après la paix faite, ceux qui se sont sauvés pour vous faire la guerre? Ne disiez-vous pas tout à l'heure que vous voudriez les tenir?

— Oh! je donnerais quatre provinces de mon royaume pour cela : une par homme.

— Eh bien! qui veut la fin veut les moyens, reprit Catherine d'une voix pénétrante qui alla remuer jusqu'au fond du cœur de Henri la haine et la vengeance.

— Je crois que vous avez raison, ma mère, dit-il; mais qui leur enverrons-nous?

— Cherchez parmi tous vos amis.

— Ma mère, j'ai beau chercher, je ne vois pas un homme à qui je puisse confier une pareille mission.

— Confiez-la à une femme, alors.

— A une femme, ma mère! est-ce que vous consentiriez?

— Mon fils, je suis bien vieille, bien lasse, la mort m'attend peut-être à mon retour; mais je veux faire ce voyage si rapidement que j'arriverai à Angers avant que les amis de votre frère et votre frère lui-même n'aient eu le temps de comprendre toute leur puissance.

— Oh! ma mère, ma bonne mère, s'écria Henri avec effusion en baisant les mains de Catherine, vous êtes toujours mon soutien, ma bienfaitrice, ma providence!

— C'est-à-dire que je suis toujours reine de France, murmura Catherine en attachant sur son fils un regard dans lequel entrait pour le moins autant de pitié que de tendresse.

LXIV

OÙ IL EST PROUVÉ QUE LA RECONNAISSANCE ÉTAIT UNE DES VERTUS DE M. DE SAINT-LUC

Le lendemain du jour où M. de Monsoreau avait fait à la table de M. le duc d'Anjou cette piteuse mine qui lui avait valu la permission de s'aller coucher avant la fin du repas, le gentilhomme se leva de grand matin et descendit dans la cour du palais.

Il s'agissait de retrouver le palefrenier à qui il avait déjà eu affaire et, s'il était possible, de tirer de lui quelques renseignements sur les habitudes de Roland.

Le comte réussit à son gré : il entra sous un vaste hangar, où quarante chevaux magnifiques grugeaient à faire plaisir la paille et l'avoine des Angevins.

Le premier coup d'œil du comte fut pour chercher Roland.

Roland était à sa place et faisait merveille parmi les plus beaux mangeurs.

Le second fut pour chercher le palefrenier.

Il le reconnut debout, les bras croisés, regardant, selon l'habitude de tout bon palefrenier, de quelle façon, plus ou moins avide, les chevaux de son maître mangeaient leur provende habituelle.

— Eh! l'ami, dit le comte, est-ce donc l'habitude des chevaux de monseigneur de revenir à l'écurie tout seuls, et les dresse-t-on à ce manége-là?

— Non, monsieur le comte, répondit le palefrenier; à quel propos Votre Seigneurie me demande-t-elle cela?

— A propos de Roland.

— Ah! oui, qui est venu seul hier; oh! cela ne m'étonne pas de la part de Roland; c'est un cheval très-intelligent.

— Oui, dit Monsoreau, je m'en suis aperçu; la chose lui était-elle donc déjà arrivée?

— Non, monsieur, d'ordinaire il est monté par monseigneur le duc d'Anjou, qui est excellent cavalier et qu'on ne jette point facilement à terre.

— Roland ne m'a point jeté à terre, mon ami, dit le comte, piqué qu'un homme, cet homme fût-il un palefrenier, pût croire que lui, le grand-veneur de France, avait vidé les arçons, car, sans être de la force de M. le duc d'Anjou, je suis assez bon écuyer. Non, je l'avais attaché au pied d'un arbre pour entrer dans une maison. A mon retour il avait disparu ; j'ai cru ou qu'on me l'avait volé, ou que quelque seigneur, passant par les chemins, m'avait fait la méchante plaisanterie de le ramener : voilà pourquoi je vous demandais qui l'avait fait rentrer à l'écurie.

— Il est rentré seul, comme le majordome a eu l'honneur de le dire hier à monsieur le comte.

— C'est étrange, dit Monsoreau.

Il resta un moment pensif, puis changeant de conversation :

— Monseigneur monte souvent ce cheval, dis-tu?

— Il le montait presque tous les jours, avant que ses équipages fussent arrivés.

— Son Altesse est rentrée tard hier?

— Une heure avant vous, à peu près, monsieur le comte.

— Et quel cheval montait le duc? n'était-ce pas un cheval bai-brun avec les quatre pieds blancs et une étoile au front?

— Non, monsieur, dit le palefrenier, hier Son Altesse montait Isolin que voici.

— Et, dans l'escorte du prince, il n'y avait pas un gentilhomme montant un cheval tel que celui dont je te donne le signalement?

— Je ne connais personne ayant un pareil cheval.

— C'est bien, dit Monsoreau avec une certaine impatience d'avancer si lentement dans ses recherches. C'est bien, merci ! Selle-moi Roland.

— Monsieur le comte désire Roland?

— Oui. Le prince t'aurait-il donné l'ordre de me le refuser?

— Non, monsieur, l'écuyer de Son Altesse m'a dit, au contraire, de mettre toutes les écuries à votre disposition.

Il n'y avait pas moyen de se fâcher contre un prince qui avait de pareilles prévenances.

M. de Monsoreau fit de la tête un signe au palefrenier, lequel se mit à seller le cheval.

Lorsque cette première opération fut finie, le palefrenier détacha Roland de la mangeoire, lui passa la bride et l'amena au comte.

— Écoute, lui dit celui-ci en lui prenant la bride des mains, et réponds-moi.

— Je ne demande pas mieux, répondit le palefrenier.

— Combien gagnes-tu par an?

— Vingt écus, monsieur.

— Veux-tu gagner dix années de tes gages d'un seul coup?

— Pardieu ! fit l'homme. Mais comment les gagnerai-je?

— Informe-toi qui montait hier un cheval bai-brun, avec les quatre pieds blancs et une étoile au milieu du front.

— Ah! monsieur, dit le palefrenier, ce que vous me demandez là est bien difficile ; il y a tant de seigneurs qui viennent rendre visite à Son Altesse.

— Oui ; mais deux cents écus, c'est un assez joli denier pour qu'on risque de prendre quelque peine à les gagner.

— Sans doute, monsieur le comte; aussi je ne refuse pas de chercher, tant s'en faut.

— Allons, dit le comte, ta bonne volonté me plaît. Voici d'abord dix écus pour te mettre en train ; tu vois que tu n'auras point tout perdu.

— Merci, mon gentilhomme.

— C'est bien, tu diras au prince que je suis allé reconnaître le bois pour la chasse qu'il m'a commandée.

Le comte achevait à peine ces mots, que la paille cria derrière lui sous les pas d'un nouvel arrivant.

Il se retourna.

— Monsieur de Bussy ! s'écria le comte.

— Eh! bonjour, monsieur de Monsoreau, dit Bussy; vous à Angers, quel miracle !

— Et vous, monsieur, qu'on disait malade !

— Je le suis en effet, dit Bussy; aussi mon médecin m'ordonne-t-il un repos absolu; il y a huit jours que je ne suis sorti de la ville. Ah! ah! vous allez monter Roland, à ce qu'il paraît? C'est une bête que j'ai vendue à M. le duc d'Anjou, et dont il est si content qu'il la monte presque tous les jours.

Monsoreau pâlit.

— Oui dit-il, je comprends cela, c'est un excellent animal.

— Vous n'avez pas eu la main malheureuse de le choisir ainsi du premier coup, dit Bussy.

— Oh! ce n'est point d'aujourd'hui que nous faisons connaissance, répliqua le comte, je l'ai monté hier.

— Ce qui vous a donné l'envie de le monter encore aujourd'hui?

— Oui, dit le comte.

— Pardon, reprit Bussy, vous parliez de nous préparer une chasse?

— Le prince désire courir un cerf.

— Il y en a beaucoup, à ce que je me suis laissé dire, dans les environs?

— Beaucoup.

— Et de quel côté allez-vous détourner l'animal?

— Du côté de Méridor.

— Ah! très-bien, dit Bussy en pâlissant à son tour malgré lui.

— Voulez-vous m'accompagner? demanda Monsoreau.

— Non, mille grâces, répondit Bussy. Je vais me coucher. Je sens la fièvre qui me reprend.

— Allons, bien! s'écria du seuil de l'écurie une voix sonore, voilà encore M. de Bussy levé sans ma permission.

— Le Haudouin! dit Bussy; bon, me voilà sûr d'être grondé. Adieu, comte. Je vous recommande Roland.

— Soyez tranquille.

Bussy s'éloigna, et M. de Monsoreau sauta en selle.

— Qu'avez-vous donc? demanda le Haudouin; vous êtes si pâle que je crois presque moi-même que vous êtes malade.

— Sais-tu où il va? demanda Bussy.

— Non.

— Il va à Méridor.

— Eh bien! aviez-vous espéré qu'il passerait à côté?

— Que va-t-il arriver, mon Dieu! après ce qui s'est passé hier?

— Madame de Monsoreau niera.

— Mais il a vu.

— Elle lui soutiendra qu'il avait la berlue.

— Diane n'aura pas cette force-là.

— Oh! monsieur de Bussy, est-il possible que vous ne connaissiez pas mieux les femmes!

— Remy, je me sens très-mal.

— Je crois bien. Rentrez chez vous. Je vous prescris pour ce matin...

— Quoi?

— Une daube de poularde, une tranche de jambon et une bisque aux écrevisses.

— Eh! je n'ai pas faim.

— Raison de plus pour que je vous ordonne de manger.

— Remy, j'ai le pressentiment que ce bourreau va faire quelque scène tragique à Méridor. En vérité, j'eusse dû accepter de l'accompagner quand il me l'a proposé.

— Pourquoi faire?

— Pour soutenir Diane.

— Madame Diane se soutiendra bien toute seule, je vous l'ai déjà dit et je vous le répète, et comme il faut que nous en fassions autant, venez, je vous prie. D'ailleurs, il ne faut pas qu'on vous voie debout. Pourquoi êtes-vous sorti malgré mon ordonnance?

— J'étais trop inquiet, je n'ai pu y tenir.

Remy haussa les épaules, emmena Bussy et l'installa portes closes devant une bonne table, tandis que M. de Monsoreau sortait d'Angers par la même porte que la veille.

Le comte avait eu ses raisons pour redemander Roland; il avait voulu s'assurer si c'était par hasard ou par habitude que cet animal, dont chacun vantait l'intelligence, l'avait conduit au pied du mur du parc.

En conséquence, en sortant du palais, il lui avait mis la bride sur le cou.

Roland n'avait pas manqué à ce que son cavalier attendait de lui.

A peine hors de la porte, il avait pris à gauche. M. de Monsoreau l'avait laissé faire; puis à droite, et M. de Monsoreau l'avait laissé faire encore.

Tous deux s'étaient donc engagés dans le charmant sentier fleuri, puis dans les taillis, puis dans les hautes futaies.

Comme la veille, à mesure que Roland approchait de Méridor, son trot s'allongeait; enfin son trot se changea en galop, et, au bout de quarante ou cinquante minutes, M. de Monsoreau se trouva en vue du mur, juste au même endroit que la veille.

Seulement le lieu était solitaire et silencieux; aucun hennissement ne s'était fait entendre, aucun cheval n'apparaissait attaché ni errant.

M. de Monsoreau mit pied à terre; mais cette fois, pour ne pas courir la chance de revenir à pied, il passa la bride de Roland dans son bras et se mit à escalader la muraille.

Mais tout était solitaire au dedans comme au dehors du parc.

Les longues allées se déroulaient à perte de vue, et quelques chevreuils bondissants animaient seuls le gazon désert des vastes pelouses.

Le comte jugea qu'il était inutile de perdre son temps à guetter des gens prévenus, qui, sans doute effrayés par son apparition de la veille, avaient interrompu leurs rendez-vous ou choisi un autre endroit : il remonta à cheval, longea un petit sentier, et après un quart d'heure de marche, dans laquelle il avait été obligé de retenir Roland, il était arrivé à la grille.

Le baron était occupé à faire fouetter ses chiens pour les tenir en haleine, lorsque le comte passa le pont-levis.

Il aperçut son gendre et vint cérémonieusement au-devant de lui.

Diane, assise sous un magnifique sycomore, lisait les poésies de Marot. Gertrude, sa fidèle suivante, brodait à ses côtés.

Le comte, après avoir salué le baron, aperçut les deux femmes.

Il mit pied à terre et s'approcha d'elles.

Diane se leva, s'avança de trois pas au-devant du comte et lui fit une grave révérence.

— Quel calme, ou plutôt quelle perfidie! murmura le comte; comme je vais faire lever la tempête du sein de ces eaux dormantes!

Un laquais s'approcha; le grand-veneur lui jeta la bride de son cheval, puis se retournant vers Diane :

— Madame, dit-il, veuillez, je vous prie, m'accorder un moment d'entretien.

— Volontiers, monsieur, répondit Diane.

— Nous faites-vous l'honneur de demeurer au château? monsieur le comte, demanda le baron.

— Oui, monsieur; jusqu'à demain, du moins.

Le baron s'éloigna pour veiller lui-même à ce que la chambre de son gendre fût préparée selon toutes les lois de l'hospitalité.

Monsoreau indiqua à Diane la chaise qu'elle venait de quitter, et lui-même s'assit sur celle de Gertrude en couvant Diane d'un regard qui eût intimidé l'homme le plus résolu.

— Madame, dit-il, qui donc était avec vous dans le parc, hier soir?

Diane leva sur son mari un clair et limpide regard.

— A quelle heure, monsieur? demanda-t-elle d'une voix dont, à force de volonté sur elle-même, elle était parvenue à chasser toute émotion.

— A six heures.

— De quel côté?

— Du côté du vieux taillis.

— Ce devait être quelque femme de mes amies, et non moi, qui se promenait de ce côté-là.

— C'était vous, madame, affirma Monsoreau.

— Qu'en savez-vous? dit Diane.

Monsoreau, stupéfait, ne trouva pas un mot à répondre; mais la colère prit bientôt la place de cette stupéfaction.

— Le nom de cet homme, dites-le-moi?

— De quel homme?

— De celui qui se promenait avec vous.

— Je ne puis vous le dire, si ce n'était pas moi qui me promenais.

— C'était vous, vous dis-je, s'écria Monsoreau en frappant la terre du pied.

— Vous vous trompez, monsieur, répondit froidement Diane.

— Comment osez-vous nier que je vous aie vue?

— Ah! c'est vous-même, monsieur?

— Oui, madame, c'est moi-même. Comment donc osez-vous nier que ce soit vous, puisqu'il n'y a pas d'autre femme que vous à Méridor?

— Voilà encore une erreur, monsieur, car Jeanne de Brissac est ici.

— Madame de Saint-Luc!

— Oui, madame de Saint-Luc mon amie.

— Et M. de Saint-Luc?

— Ne quitte pas sa femme, comme vous savez; leur mariage à eux est un mariage d'amour; c'est M. et madame de Saint-Luc que vous avez vus.

— Ce n'était pas M. de Saint-Luc; ce n'était pas madame de Saint-Luc. C'était vous, que j'ai parfaitement reconnue, avec un homme que je ne connais pas, lui, mais que je connaîtrai, je vous le jure.

— Vous persistez donc à dire que c'était moi, monsieur?

— Mais je vous dis que je vous ai reconnue, que j'ai entendu le cri que vous avez poussé.

— Quand vous serez dans votre bon sens, monsieur, dit Diane, je consentirai à vous entendre; mais, dans ce moment, je crois qu'il vaut mieux que je me retire.

— Non, madame, dit Monsoreau en retenant Diane par le bras, vous resterez.

— Monsieur, dit Diane, voici M. et madame de Saint-Luc. J'espère que vous vous contiendrez devant eux.

En effet, Saint-Luc et sa femme venaient d'apparaître au bout d'une allée, appelés par la cloche du dîner qui venait d'entrer en branle, comme si l'on n'eût attendu que M. de Monsoreau pour se mettre à table.

Tous deux reconnurent le comte; et devinant qu'ils allaient sans doute par leur présence tirer Diane d'un grand embarras, ils s'approchèrent vivement.

Madame de Saint-Luc fit une grande révérence à M. de Monsoreau.

Saint-Luc lui tendit cordialement la main.

Tous trois échangèrent quelques compliments; puis Saint-Luc, poussant sa femme au bras du comte, prit celui de Diane.

On s'achemina vers la maison.

On dînait à neuf heures au manoir de Méridor; c'était une vieille coutume du temps du bon roi Louis XII, qu'avait conservée le baron dans toute son intégrité.

M. de Monsoreau se trouva placé entre Saint-Luc et sa femme.

Diane, éloignée de son mari par une habile manœuvre de son amie, était placée, elle, entre Saint-Luc et le baron.

La conversation fut générale : elle roula tout naturellement sur l'arrivée du frère du roi à Angers et sur le mouvement que cette arrivée allait opérer dans la province.

Monsoreau eût bien voulu la conduire sur d'autres sujets, mais il avait affaire à des convives rétifs ; il en fut pour ses frais.

Ce n'est pas que Saint-Luc refusât le moins du monde de lui répondre, tout au contraire : il cajolait le mari furieux avec un charmant esprit, et Diane qui, grâce au bavardage de Saint-Luc, pouvait garder le silence, remerciait son ami par des regards éloquents.

— Ce Saint-Luc est un sot qui bavarde comme un geai, se dit le comte ; voilà l'homme duquel j'extirperai le secret que je désire savoir, et cela par un moyen ou par un autre.

M. de Monsoreau ne connaissait pas Saint-Luc, étant entré à la cour juste comme celui-ci en sortait.

Et, sur cette conviction, il se mit à répondre au jeune homme de façon à doubler la joie de Diane et à ramener la tranquillité sur tous les points.

D'ailleurs Saint-Luc faisait de l'œil des signes à madame de Monsoreau, et ces signes voulaient visiblement dire :

— Soyez tranquille, madame, je mûris un projet.

Nous verrons dans le chapitre suivant quel était le projet de M. de Saint-Luc.

LXV

LE PROJET DE M. DE SAINT-LUC

Le repas fini, Monsoreau prit son nouvel ami par le bras, et l'emmenant hors du château :

— Savez-vous, lui dit-il, que je suis on ne peut plus heureux de vous avoir trouvé ici, moi que la solitude de Méridor effrayait d'avance !

— Bon ! dit Saint-Luc, n'avez-vous donc pas votre femme ? Quant à moi, avec une pareille compagne, il me semble que je trouverais un désert trop peuplé.

— Je ne dis pas non, répondit Monsoreau en se mordant les lèvres. Cependant...

— Cependant quoi ?

— Cependant je suis fort aise de vous avoir rencontré ici.

— Monsieur, dit Saint-Luc en se nettoyant les dents avec une petite épée d'or, vous êtes, en vérité, fort poli ; car je ne croirai jamais que vous ayez un seul instant pu craindre l'ennui avec une pareille femme et en face d'une si riche nature.

— Bah ! dit Monsoreau, j'ai passé la moitié de ma vie dans les bois.

— Raison de plus pour ne pas vous y ennuyer, dit Saint-Luc ; il me semble que plus on habite les bois, plus on les aime ; voyez donc quel admirable parc. Je sais bien, moi, que je serai désespéré lorsqu'il me faudra le quitter. Malheureusement, j'ai peur que ce ne soit bientôt.

— Pourquoi le quitteriez-vous ?

— Eh ! monsieur, l'homme est-il maître de sa destinée ? C'est la feuille de l'arbre que le vent détache et promène par la plaine et par les vallons, sans qu'il sache lui-même où il va. Vous êtes bien heureux, vous.

— Heureux de quoi ?

— De demeurer sous ces magnifiques ombrages.

— Oh ! dit Monsoreau, je n'y demeurerai probablement pas longtemps non plus.

— Bah ! qui peut dire cela ? Je crois que vous vous trompez, moi.

— Non, fit Monsoreau, non ; oh ! je ne suis pas si fanatique que vous de la belle nature, et je me défie, moi, de ce parc que vous trouvez si beau.

— Plaît-il ? fit Saint-Luc.

— Oui, répéta Monsoreau.

— Vous vous défiez de ce parc, avez-vous dit ; et à quel propos ?

LA DAME DE MONSOREAU

Regardez bien cette touffe de coquelicots et de pissenlits. — Page 421.

— Parce qu'il ne me paraît pas sûr.

— Pas sûr! en vérité! dit Saint-Luc étonné. Ah! je comprends : à cause de l'isolement, voulez-vous dire?

— Non. Ce n'est point précisément à cause de cela; car je présume que vous voyez du monde à Méridor.

— Ma foi non, dit Saint-Luc avec une naïveté parfaite, pas une âme.

— Ah! vraiment?

— C'est comme j'ai l'honneur de vous le dire.

— Comment, de temps en temps vous ne recevez pas quelque visite?

— Pas depuis que j'y suis, du moins.

— De cette belle cour qui est à Angers, pas un gentilhomme ne se détache de temps en temps?

— Pas un.

— C'est impossible!

— C'est comme cela, cependant.

— Ah! fi donc! vous calomniez les gentilshommes angevins.

— Je ne sais pas si je les calomnie, mais le diable m'emporte si j'ai aperçu la plume d'un seul.

— Alors, j'ai tort sur ce point.

— Oui, parfaitement tort. Revenons

donc à ce que vous disiez d'abord, que le parc n'était pas sûr. Est-ce qu'il y a des ours?

— Oh! non pas.
— Des loups?
— Non plus.
— Des voleurs?
— Peut-être. Dites-moi, mon cher monsieur, madame de Saint-Luc est fort jolie, à ce qu'il m'a paru!
— Mais, oui.
— Est-ce qu'elle se promène souvent dans le parc?
— Souvent : elle est comme moi, elle adore la campagne. Mais pourquoi me faites-vous cette question?
— Pour rien. Et lorsqu'elle se promène, vous l'accompagnez?
— Toujours, dit Saint-Luc.
— Presque toujours, continua le comte.
— Mais où diable voulez-vous en venir?
— Eh! mon Dieu! à rien, cher monsieur de Saint-Luc, ou presque à rien, du moins.
— J'écoute.
— C'est qu'on me disait...
— Que vous disait-on? Parlez.
— Vous ne vous fâcherez pas?
— Jamais je ne me fâche.
— D'ailleurs, entre maris, ces confidences-là se font; c'est qu'on me disait que l'on avait vu rôder un homme dans le parc.
— Un homme?
— Oui.
— Qui venait pour ma femme?
— Oh! je ne dis point cela.
— Vous auriez parfaitement tort de ne pas le dire, cher monsieur de Monsoreau; c'est on ne peut plus intéressant; et qui donc a vu cela? je vous prie.
— A quoi bon?
— Dites toujours. Nous causons, n'est-ce pas; eh bien! autant causer de cela que d'autre chose. Vous dites donc que cet homme venait pour madame de Saint-Luc. Tiens! tiens! tiens!

— Écoutez, s'il faut tout vous avouer; eh bien! non, je ne crois pas que ce soit pour madame de Saint-Luc.
— Et pour qui donc?
— Je crains, au contraire, que ce soit pour Diane.
— Ah! bah! fit Saint-Luc, j'aimerais mieux cela.
— Comment! vous aimeriez mieux cela?
— Sans doute. Vous le savez, il n'y a pas de race plus égoïste que les maris. Chacun pour soi! Dieu pour tous.
— Le diable plutôt! ajouta Monsoreau.
— Ainsi donc, vous croyez qu'un homme est entré?
— Je fais mieux que de le croire, j'ai vu.
— Vous avez vu un homme dans le parc?
— Oui, dit Monsoreau.
— Seul?
— Avec madame de Monsoreau.
— Quand cela? demanda Saint-Luc.
— Hier.
— Où donc?
— Mais ici, à gauche : tenez.
Et comme Monsoreau avait dirigé sa promenade et celle de Saint-Luc du côté du vieux taillis, il put, d'où il était, montrer la place à son compagnon.
— Ah! dit Saint-Luc, en effet, voici un mur en bien mauvais état; il faudra que je prévienne le baron qu'on lui dégrade ses clôtures.
— Et qui soupçonnez-vous?
— Moi! qui je soupçonne?
— Oui, dit le comte.
— De quoi?
— De franchir la muraille pour venir dans le parc causer avec ma femme.
Saint-Luc parut se plonger dans une méditation profonde dont M. de Monsoreau attendit avec anxiété le résultat.

— Eh bien? dit-il.

— Dame! fit Saint-Luc, je ne vois guère que...

— Que... qui?... demanda vivement le comte.

— Que... vous... dit Saint-Luc en se découvrant le visage.

— Plaisantez-vous, mon cher monsieur de Saint-Luc? dit le comte pétrifié.

— Ma foi! non. Moi, dans le commencement de mon mariage, je faisais de ces choses-là : pourquoi n'en feriez-vous pas, vous?

— Allons, vous ne voulez pas me répondre; avouez cela, cher ami, mais ne craignez rien... j'ai du courage. Voyons, aidez-moi, cherchez, c'est un énorme service que j'attends de vous.

Saint-Luc se gratta l'oreille.

— Je ne vois toujours que vous, dit-il.

— Trêve de railleries ; prenez la chose gravement, monsieur, car, je vous en préviens, elle est de conséquence.

— Vous croyez?

— Mais je vous dis que j'en suis sûr.

— C'est autre chose alors ; et comment vient cet homme? le savez-vous ?

— Il vient à la dérobée, parbleu!

— Souvent?

— Je le crois bien ; ses pieds sont imprimés dans la pierre molle du mur ; regardez plutôt.

— En effet.

— Ne vous êtes-vous donc jamais aperçu de ce que je viens de vous dire?

— Oh! fit Saint-Luc, je m'en doutais bien un peu.

— Ah! voyez-vous, fit le comte haletant; après?

— Après? je ne m'en suis pas inquiété; j'ai cru que c'était vous.

— Mais quand je vous dis que non.

— Je vous crois, mon cher monsieur !

— Vous me croyez?

— Oui.

— Eh bien! alors?

— Alors, c'est quelque autre.

Le grand-veneur regarda d'un œil presque menaçant Saint-Luc, qui déployait sa plus coquette et sa plus suave nonchalance.

— Ah! fit-il d'un air si courroucé que le jeune homme leva la tête.

— J'ai encore une idée, dit Saint-Luc.

— Allons donc!

— Si c'était...

— Si c'était?

— Non.

— Non?

— Mais si.

— Parlez.

— Si c'était M. le duc d'Anjou.

— J'y avais bien pensé, reprit Monsoreau ; mais j'ai pris des renseignements ; ce ne pouvait être lui.

— Eh! eh! le duc est bien fin.

— Oui, mais ce n'est pas lui.

— Vous me dites toujours que cela n'est pas, dit Saint-Luc, et vous voulez que je vous dise, moi, que cela est.

— Sans doute ; vous qui habitez le château, vous devez savoir...

— Attendez, s'écria Saint-Luc.

— Y êtes-vous?

— J'ai encore une idée. Si ce n'était ni vous ni le duc, c'était sans doute moi.

— Vous, Saint-Luc?

— Pourquoi pas?

— Vous qui venez à cheval par le dehors du parc, quand vous pouvez venir par le dedans?

— Eh! mon Dieu, je suis un être si capricieux, dit Saint-Luc.

— Vous qui eussiez pris la fuite en me voyant apparaître au haut du mur?

— Dame! on la prendrait à moins.

— Vous faisiez donc mal alors? dit le comte qui commençait à n'être plus maître de son irritation.

— Je ne dis pas non.

— Mais vous vous moquez de moi, à la

fin ! s'écria le comte pâlissant, et voilà un quart d'heure de cela.

— Vous vous trompez, monsieur, dit Saint-Luc en tirant sa montre et en regardant Monsoreau avec une fixité qui fit frissonner celui-ci malgré son courage féroce, il y a vingt minutes.

— Mais vous m'insultez, monsieur ! dit le comte.

— Est-ce que vous croyez que vous ne m'insultez pas, vous, monsieur, avec toutes vos questions de sbire ?

— Ah ! j'y vois clair maintenant.

— Le beau miracle, à dix heures du matin. Et que voyez-vous ? dites.

— Je vois que vous vous entendez avec le traître, avec le lâche que j'ai failli tuer hier.

— Pardieu ! fit Saint-Luc, c'est mon ami.

— Alors, s'il en est ainsi, je vous tuerai à sa place.

— Bah ! dans votre maison ! comme cela, tout à coup ! sans dire gare !

— Croyez-vous donc que je me gênerai pour punir un misérable ? s'écria le comte exaspéré.

— Ah ! monsieur de Monsoreau, répliqua Saint-Luc, que vous êtes donc mal élevé ! et que la fréquentation des bêtes fauves a détérioré vos mœurs ! Fi !...

— Mais vous ne voyez donc pas que je suis furieux ! hurla le comte en se plaçant devant Saint-Luc les bras croisés et le visage bouleversé par l'expression effrayante du désespoir qui le mordait au cœur.

— Si, mordieu ! je le vois ; et, vrai, la fureur ne vous va pas le moins du monde ; vous êtes affreux à voir comme cela, mon cher monsieur de Monsoreau.

Le comte, hors de lui, mit la main à son épée.

— Ah ! faites attention, dit Saint-Luc, c'est vous qui me provoquez. Je vous prends vous-même à témoin que je suis parfaitement calme.

— Oui, muguet, dit Monsoreau, oui, mignon de couchette, je te provoque.

— Donnez-vous donc la peine de passer de l'autre côté du mur, monsieur de Monsoreau ; de l'autre côté du mur, nous serons sur un terrain neutre.

— Que m'importe ! s'écria le comte.

— Il m'importe à moi, dit Saint-Luc ; je ne veux pas vous tuer chez vous.

— A la bonne heure ! dit Monsoreau en se hâtant de franchir la brèche.

— Prenez garde ! allez doucement, comte ! Il y a une pierre qui ne tient pas bien ; il faut qu'elle ait été fort ébranlée. N'allez pas vous blesser au moins ; en vérité, je ne m'en consolerais pas.

Et Saint-Luc se mit à franchir la muraille à son tour.

— Allons ! allons ! hâte-toi, dit le comte en dégaînant.

— Et moi qui viens à la campagne pour mon agrément, dit Saint-Luc se parlant à lui-même ; ma foi, je me serai bien amusé.

Et il sauta de l'autre côté du mur.

LXVI

COMMENT M. DE SAINT-LUC MONTRA A M. DE MONSOREAU LE COUP QUE LE ROI LUI AVAIT MONTRÉ

M. de Monsoreau attendait Saint-Luc l'épée à la main et en faisant des appels furieux avec le pied.

— Y es-tu ? dit le comte.

— Tiens, fit Saint-Luc, vous n'avez pas pris la plus mauvaise place, le dos au soleil ; ne vous gênez pas.

Monsoreau fit un quart de conversion.

— A la bonne heure, dit Saint-Luc, de cette façon, je verrai clair à ce que je fais.

— Ne me ménage pas, dit Monsoreau car j'irai franchement.

— Ah çà, dit Saint-Luc, vous voulez donc me tuer absolument ?

— Si je le veux !... oh ! oui... je le veux.

— L'homme propose et Dieu dispose, dit Saint-Luc en tirant son épée à son tour.

— Tu dis...

— Je dis... Regardez bien cette touffe de coquelicots et de pissenlits.

— Eh bien?

— Eh bien! je dis que je vais vous coucher dessus.

Et il se mit en garde toujours riant.

Monsoreau engagea le fer avec rage et porta avec une incroyable agilité à Saint-Luc deux ou trois coups que celui-ci para avec une agilité égale.

— Pardieu! monsieur de Monsoreau, dit-il tout en jouant avec le fer de son ennemi, vous tirez fort agréablement l'épée, et tout autre que moi ou Bussy eût été tué par votre dernier dégagement.

Monsoreau pâlit, voyant à quel homme il avait affaire.

— Vous êtes peut-être étonné, dit Saint-Luc, de me trouver si convenablement l'épée dans la main; c'est que le roi, qui m'aime beaucoup, comme vous savez, a pris la peine de me donner des leçons, et m'a montré, entre autres choses, un coup que je vous montrerai tout à l'heure. Je vous dis cela parce que s'il arrive que je vous tue de ce coup, vous aurez le plaisir de savoir que vous êtes tué d'un coup enseigné par le roi, ce qui sera excessivement flatteur pour vous.

— Vous avez infiniment d'esprit, monsieur, dit Monsoreau exaspéré en se fendant à fond pour porter un coup droit qui eût traversé une muraille.

— Dame! on fait ce qu'on peut, répliqua modestement Saint-Luc en se jetant de côté, forçant, par ce mouvement, son adversaire de faire une demi-volte qui lui mit en plein le soleil dans les yeux.

— Ah! ah! dit-il. Vous voilà où je voulais vous voir, en attendant que je vous voie où je veux vous mettre. N'est-ce pas que j'ai assez bien conduit ce coup-là, hein? Aussi je suis content, vrai! très-content!

Vous aviez tout à l'heure cinquante chances seulement sur cent d'être tué; maintenant vous en avez quatre-vingt-dix-neuf.

Et avec une souplesse, une vigueur et une rage que Monsoreau ne lui connaissait pas et que personne n'eût soupçonnées dans ce jeune homme efféminé, Saint-Luc porta de suite et sans interruption cinq coups au grand-veneur, qui les para, tout étourdi de cet ouragan mêlé de sifflements et d'éclairs; le sixième fut un coup de prime composé d'une double feinte, d'une parade et d'une riposte dont le soleil l'empêcha de voir la première moitié, et dont il ne put voir la seconde, attendu que l'épée de Saint-Luc disparut tout entière dans sa poitrine.

Monsoreau resta encore un instant debout, mais comme un chêne déraciné qui n'attend qu'un souffle pour savoir de quel côté tomber.

— Là, maintenant, dit Saint-Luc, vous avez les cent chances complètes; et remarquez ceci, monsieur, c'est que vous allez tomber juste sur la touffe que je vous ai indiquée.

Les forces manquèrent au comte; ses mains s'ouvrirent, son œil se voila; il plia les genoux et tomba sur les coquelicots, à la pourpre desquels il mêla son sang.

Saint-Luc essuya tranquillement son épée et regarda cette dégradation de nuances qui, peu à peu, change en un masque de cadavre le visage de l'homme qui agonise.

— Ah! vous m'avez tué, monsieur, dit Monsoreau.

— J'y tâchais, dit Saint-Luc; mais maintenant que je vous vois couché là, près de mourir, le diable m'emporte si je ne suis pas fâché de ce que j'ai fait; vous m'êtes sacré à présent, monsieur. Vous êtes horriblement jaloux, c'est vrai, mais vous étiez brave.

Et tout satisfait de cette oraison funèbre, Saint-Luc mit un genou en terre près de Monsoreau, et lui dit :

— Avez-vous quelque volonté dernière à déclarer, monsieur? et, foi de gentilhomme, elle sera exécutée; ordinairement, je sais cela, moi, quand on est blessé on a soif; avez-vous soif? j'irai vous chercher à boire.

Monsoreau ne répondit pas.

Il s'était retourné la face contre terre, mordant le gazon et se débattant dans son sang.

— Pauvre diable! fit Saint-Luc en se relevant. Oh! amitié, amitié, tu es une divinité bien exigeante.

Monsoreau ouvrit un œil alourdi, essaya de lever la tête et retomba avec un lugubre gémissement.

— Allons! il est mort, dit Saint-Luc; ne pensons plus à lui... C'est bien aisé à dire : ne pensons plus à lui... Voilà que j'ai tué un homme, moi, avec tout cela. On ne dira pas que j'ai perdu mon temps à la campagne.

Et aussitôt, enjambant le mur, il prit sa course à travers le parc et arriva au château.

La première personne qu'il aperçut fut Diane; elle causait avec son amie.

— Comme le noir lui ira bien, dit Saint-Luc.

Puis s'approchant du groupe charmant formé par les deux femmes :

— Pardon, chère dame, fit-il à Diane; mais j'aurais vraiment bien besoin de dire deux mots à madame de Saint-Luc.

— Faites, cher hôte, faites, répliqua madame de Monsoreau; je vais retrouver mon père à la bibliothèque; quand tu auras fini avec M. de Saint-Luc, ajouta-t-elle en s'adressant à son amie, tu viendras me reprendre, je serai là.

— Oui, sans faute, dit Jeanne.

Et Diane s'éloigna en les saluant de la main et du sourire.

Les deux époux demeurèrent seuls.

— Qu'y a-t-il donc? demanda Jeanne avec la plus riante figure; vous paraissez sinistre, cher époux.

— Mais oui, mais oui, répondit Saint-Luc.

— Qu'est-il donc arrivé?

— Eh! mon Dieu! un accident!

— A vous? demanda Jeanne effrayée.

— Pas précisément à moi, mais à une personne qui était près de moi.

— A quelle personne donc?

— A celle avec laquelle je me promenais.

— A M. de Monsoreau!

— Hélas! oui. Pauvre cher homme!

— Que lui est-il donc arrivé?

— Je crois qu'il est mort.

— Mort! s'écria Jeanne avec une agitation bien naturelle à concevoir, mort!

— C'est comme cela.

— Lui qui tout à l'heure était là, parlant, regardant!...

— Eh! justement voilà la cause de sa mort, il a trop regardé, et surtout trop parlé.

— Saint-Luc, mon ami, dit la jeune femme en saisissant les deux mains de son mari.

— Quoi?

— Vous me cachez quelque chose.

— Moi, absolument rien, je vous jure; pas même l'endroit où il est mort.

— Et où est-il mort?

— Là-bas, derrière le mur, à l'endroit même où notre ami Bussy avait l'habitude d'attacher son cheval.

— C'est vous qui l'avez tué? Saint-Luc.

— Parbleu! qui voulez-vous que ce soit? nous n'étions que deux, je reviens vivant et je vous dis qu'il est mort ; il n'est pas difficile de deviner qui de nous deux a tué l'autre.

— Malheureux que vous êtes!

— Ah! chère amie, dit Saint-Luc, il m'a provoqué, insulté; il a tiré l'épée du fourreau.

— C'est affreux! c'est affreux! ce pauvre homme!

— Bon, dit Saint-Luc, j'en étais sûr; vous verrez qu'avant huit jours on dira saint Monsoreau.

— Mais vous ne pouvez rester ici! s'écria Jeanne; vous ne pouvez habiter plus longtemps sous le toit de l'homme que vous avez tué.

— C'est ce que je me suis dit tout de suite, et voilà pourquoi je suis accouru pour vous prier, chère amie, de faire vos apprêts de départ.

— Il ne vous a pas blessé, au moins?

— A la bonne heure! quoiqu'elle vienne un peu tard, voilà une question qui me raccommode avec vous; non, je suis parfaitement intact.

— Alors, nous partirons?

— Le plus vite possible, car vous comprenez que, d'un moment à l'autre, on peut découvrir l'accident.

— Quel accident? s'écria madame de Saint-Luc en revenant sur sa pensée comme quelquefois on revient sur ses pas.

— Ah! fit Saint-Luc.

— Mais, j'y pense, dit Jeanne, voilà madame de Monsoreau veuve.

— Voilà justement ce que je me disais tout à l'heure.

— Après l'avoir tué?

— Non, auparavant.

— Allons, tandis que je vais la prévenir...

— Prenez bien des ménagements, chère amie!

— Mauvaise nature! pendant que je vais la prévenir, sellez les chevaux vous-même comme pour une promenade.

— Excellente idée. Vous ferez bien d'en avoir comme cela plusieurs, chère amie, car pour moi, je l'avoue, ma tête commence un peu à s'embarrasser.

— Mais où allons-nous?

— A Paris.

— A Paris! et le roi?

— Le roi aura tout oublié; il s'est passé tant de choses depuis que nous ne nous sommes vus; puis s'il y a la guerre, ce qui est probable, ma place est à ses côtés.

— C'est bien; nous partons pour Paris alors.

— Oui, seulement je voudrais une plume et de l'encre.

— Pour écrire à qui?

— A Bussy; vous comprenez que je ne peux pas quitter comme cela l'Anjou, sans lui dire pourquoi je le quitte.

— C'est juste, vous trouverez tout ce qu'il vous faut pour écrire dans ma chambre.

Saint-Luc y monta aussitôt, et d'une main qui, quoi qu'il en eût, tremblait quelque peu, il traça à la hâte les lignes suivantes :

« Cher ami,

« Vous apprendrez, par la voix de la renommée, l'accident arrivé à M. de Monsoreau; nous avons eu ensemble, du côté du vieux taillis, une discussion sur les effets et les causes de la dégradation des murs, et l'inconvénient des chevaux qui vont tout seuls.

« Dans le fort de cette discussion, M. de Monsoreau est tombé sur une touffe de coquelicots et de pissenlits, et cela si malheureusement qu'il s'est tué raide.

« Votre ami pour la vie,

« SAINT-LUC. »

« P.-S. Comme cela pourrait, au premier moment, vous paraître un peu invraisemblable, j'ajouterai que, lorsque cet accident lui est arrivé, nous avions tous deux l'épée à la main.

« Je pars à l'instant même pour Paris, dans l'intention de faire ma cour au roi, l'Anjou ne me paraissant pas très-sûr après ce qui vient de se passer. »

Dix minutes après, un serviteur du baron courait à Angers porter cette lettre, tandis que, par une porte basse donnant sur un chemin de traverse, M. et madame de Saint-Luc partaient seuls, laissant Diane éplorée, et surtout fort embarrassée pour raconter au baron la triste histoire de cette rencontre.

Elle avait détourné les yeux quand Saint-Luc avait passé.

— Servez donc vos amis, avait dit celui-ci à sa femme; décidément, tous les hommes sont ingrats, il n'y a que moi qui suis reconnaissant.

LXVII

OÙ L'ON VOIT LA REINE-MÈRE ENTRER PEU TRIOMPHALEMENT DANS LA BONNE VILLE D'ANGERS

A l'heure même où M. de Monsoreau tombait sous l'épée de Saint-Luc, une grande fanfare de quatre trompettes retentissait aux portes d'Angers, fermées, comme on sait, avec le plus grand soin.

Les gardes, prévenus, levèrent un étendard et répondirent par des symphonies semblables.

C'était Catherine de Médicis qui venait faire son entrée à Angers avec une suite assez imposante.

On prévint aussitôt Bussy, qui se leva de son lit, et Bussy alla trouver le prince qui se mit dans le sien.

Certes, les airs joués par les trompettes angevines étaient de fort beaux airs, mais ils n'avaient pas la vertu de ceux qui firent tomber les murs de Jéricho; les portes d'Angers ne s'ouvrirent pas.

Catherine se pencha hors de sa litière, pour se montrer aux gardes avancés, espérant que la majesté d'un visage royal ferait plus d'effet que le son des trompettes.

Les miliciens d'Angers virent la reine, la saluèrent même avec courtoisie, mais les portes demeurèrent fermées.

Catherine envoya un gentilhomme aux barrières. On fit force politesses à ce gentilhomme.

Mais comme il demandait l'entrée pour la reine-mère en insistant pour que Sa Majesté fût reçue avec honneur, on lui répondit qu'Angers, étant place de guerre, ne s'ouvrait pas sans quelques formalités indispensables.

Le gentilhomme revint très-mortifié vers sa maîtresse, et Catherine laissa échapper alors dans toute l'amertume de sa réalité, dans toute la plénitude de son acception, ce mot que Louis XIV modifia plus tard selon les proportions qu'avait prises l'autorité royale.

— J'attends! murmura-t-elle.

Et ses gentilshommes frémissaient à ses côtés.

Enfin Bussy, qui avait employé près d'une demi-heure à sermonner le duc et à lui forger cent raisons d'État, toutes plus péremptoires les unes que les autres, Bussy se décida.

Il fit seller son cheval avec force caparaçons, choisit cinq gentilshommes des plus désagréables à la reine-mère, et, se plaçant à leur tête, alla d'un pas de recteur au-devant de Sa Majesté.

Catherine commençait à se fatiguer, non pas d'attendre, mais de méditer des vengeances contre ceux qui lui jouaient ce tour.

Elle se rappelait le conte arabe dans lequel il est dit qu'un génie rebelle, prisonnier dans un vase de cuivre, promet d'enrichir quiconque le délivrerait dans les dix premiers siècles de sa captivité; puis, furieux d'attendre, jure la mort de l'imprudent qui briserait le couvercle du vase.

Catherine en était là.

Elle s'était promis d'abord de gracieuser les gentilshommes qui s'empresseraient de venir à sa rencontre.

Ensuite elle fit vœu d'accabler de sa

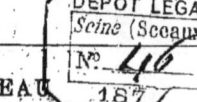

Bussy à pied, l'épée nue à la main, s'avança au dehors de la petite porte. — Page 426.

colère celui qui se présenterait le premier.

Bussy parut tout empanaché à la barrière, et regarda vaguement comme un factionnaire nocturne qui écoute plutôt qu'il ne voit.

— Qui vive? cria-t-il.

Catherine s'attendait au moins à des génuflexions; son gentilhomme la regarda pour connaître ses volontés.

— Allez, dit-elle, allez encore à la barrière; on crie : Qui vive? Répondez, monsieur, c'est une formalité...

Le gentilhomme vint aux pointes de la herse.

— C'est madame la reine-mère, dit-il, qui vient visiter la bonne ville d'Angers.

— Fort bien, monsieur, répliqua Bussy; veuillez tourner à gauche, à quatre-vingts pas d'ici environ, vous allez rencontrer la poterne.

— La poterne! s'écria le gentilhomme, la poterne! Une porte basse pour Sa Majesté!

Bussy n'était plus là pour entendre.

Avec ses amis qui riaient sous cape, il

s'était dirigé vers l'endroit où, d'après ses instructions, devait descendre Sa Majesté la reine-mère.

— Votre Majesté a-t-elle entendu? demanda le gentilhomme... La poterne!

— Eh! oui, monsieur, j'ai entendu; entrons par là, puisque c'est par là qu'on entre.

Et l'éclair de son regard fit pâlir le maladroit qui venait de s'appesantir ainsi sur l'humiliation imposée à sa souveraine.

Le cortége tourna vers la gauche, et la poterne s'ouvrit.

Bussy, à pied, l'épée nue à la main, s'avança au dehors de la petite porte, et s'inclina respectueusement devant Catherine; autour de lui les plumes des chapeaux balayaient la terre.

— Soit Votre Majesté la bienvenue dans Angers, dit-il.

Il avait à ses côtés des tambours qui ne battirent pas, et des hallebardiers qui ne quittèrent pas le port d'armes.

La reine descendit de litière, et s'appuyant sur le bras d'un gentilhomme de sa suite, marcha vers la petite porte, après avoir répondu ce seul mot :

— Merci, monsieur de Bussy.

C'était toute la conclusion des méditations qu'on lui avait laissé le temps de faire.

Elle avançait la tête haute.

Bussy la prévint tout à coup et l'arrêta même par le bras.

— Ah! prenez garde, madame, la porte est bien basse : Votre Majesté se heurterait.

— Il faut donc se baisser? dit la reine; comment faire?... C'est la première fois que j'entre ainsi dans une ville.

Ces paroles, prononcées avec un naturel parfait, avaient pour les courtisans habiles un sens, une profondeur et une portée qui firent réfléchir plus d'un assistant, et Bussy lui-même se tordit la moustache en regardant de côté.

— Tu as été trop loin, lui dit Livarot à l'oreille.

— Bah! laisse donc, répliqua Bussy, il faut qu'elle en voie bien d'autres.

On hissa la litière de Sa Majesté par-dessus le mur avec un palan, et elle put s'y installer de nouveau pour aller au palais. Bussy et ses amis remontèrent à cheval escortant des deux côtés la litière.

— Mon fils? dit tout à coup Catherine; je ne vois pas mon fils d'Anjou.

Ces mots qu'elle voulait retenir lui étaient arrachés par une irrésistible colère. L'absence de François en un pareil moment était le comble de l'insulte.

— Monseigneur est malade, au lit, madame; sans quoi Votre Majesté ne peut douter que Son Altesse ne se fût empressée de faire elle-même les honneurs de sa ville.

Ici Catherine fut sublime d'hypocrisie.

— Malade! mon pauvre enfant, malade! s'écria-t-elle. Ah! messieurs, hâtons-nous... est-il bien soigné, au moins?

— Nous faisons de notre mieux, dit Bussy, en la regardant avec surprise comme pour savoir si réellement dans cette femme il y avait une mère.

— Sait-il que je suis ici? reprit Catherine après une pause qu'elle employa utilement à passer la revue de tous les gentilshommes.

— Oui, certes, madame, oui.

Les lèvres de Catherine se pincèrent.

— Il doit bien souffrir alors, ajouta-t-elle, du ton de la compassion.

— Horriblement, dit Bussy. Son Altesse est sujette à ces indispositions subites.

— C'est une indisposition subite, monsieur de Bussy?

— Mon Dieu, oui, madame.

On arriva ainsi au palais. Une grande foule faisait la haie sur le passage de la litière.

Bussy courut devant par les montées,

et entrant tout essoufflé chez le duc :

— La voici, dit-il... Gare !

— Est-elle furieuse ?

— Exaspérée.

— Elle se plaint ?

— Oh ! non ; c'est bien pis, elle sourit.

— Qu'a dit le peuple ?

— Le peuple n'a pas sourcillé ; il regarde cette femme avec une muette frayeur : s'il ne la connaît pas, il la devine.

— Et elle ?

— Elle envoie des baisers, et se mord le bout des doigts.

— Diable !

— C'est ce que j'ai pensé, oui, monseigneur. Diable, jouez serré !

— Nous nous maintenons à la guerre, n'est-ce pas ?

— Pardieu ! demandez cent pour avoir dix, et avec elle vous n'aurez encore que cinq.

— Bah ! tu me crois donc bien faible ?... Êtes-vous tous là ? Pourquoi Monsoreau n'est-il pas revenu ? fit le duc.

— Je le crois à Méridor.., Oh ! nous nous passerons bien de lui.

— Sa Majesté la reine-mère ! cria l'huissier au seuil de la chambre.

Et aussitôt Catherine parut, blême et vêtue de noir selon sa coutume.

Le duc d'Anjou fit un mouvement pour se lever.

Mais Catherine, avec une agilité qu'on n'aurait pas soupçonnée en ce corps usé par l'âge, Catherine se jeta dans les bras de son fils et le couvrit de baisers.

— Elle va l'étouffer, pensa Bussy, ce sont de vrais baisers, mordieu !

Elle fit plus, elle pleura !

— Méfions-nous, dit Antraguet à Ribeirac, chaque larme sera payée un muid de sang.

Catherine ayant fini ses accolades, s'assit au chevet du duc ; Bussy fit un signe, et les assistants s'éloignèrent. Lui, comme s'il était chez lui, s'adossa aux pilastres du lit et attendit tranquillement.

— Est-ce que vous ne voudriez pas prendre soin de mes pauvres gens, mon cher monsieur de Bussy ? dit tout à coup Catherine. Après mon fils, c'est vous qui êtes notre ami le plus cher et maître du logis, n'est-ce pas ? Je vous demande cette grâce.

Il n'y avait pas à hésiter.

— Je suis pris, pensa Bussy.

— Madame, dit-il, trop heureux de pouvoir plaire à Votre Majesté, j'y vais.

— Attends, murmura-t-il. Tu ne connais pas les portes ici comme au Louvre, je vais revenir.

Et il sortit, sans avoir pu adresser même un signe au duc. Catherine s'en défiait, elle ne le perdit pas de vue une seconde.

Catherine chercha tout d'abord à savoir si son fils était malade ou feignait seulement la maladie.

Ce devait être toute la base de ses opérations diplomatiques.

Mais François, en digne fils d'une pareille mère, joua miraculeusement son rôle.

Elle avait pleuré, il eut la fièvre.

Catherine, abusée, le crut malade ; elle espéra donc avoir plus d'influence sur un esprit affaibli par les souffrances du corps.

Elle combla le duc de tendresse, l'embrassa de nouveau, pleura encore, et à tel point qu'il s'en étonna et en demanda la raison.

— Vous avez couru un si grand danger, répliqua-t-elle, mon enfant !

— En me sauvant du Louvre, ma mère ?

— Oh ! non pas ; après vous être sauvé.

— Comment cela ?

— Ceux qui vous aidaient dans cette malheureuse évasion...

— Eh bien ?

— Étaient vos plus cruels ennemis...

— Elle ne sait rien, pensa-t-il, mais elle voudrait savoir.

— Le roi de Navarre! dit-elle tout brutalement, l'éternel fléau de notre race... Je le reconnais bien!

— Ah! ah! s'écria François, elle le sait.

— Croiriez-vous qu'il s'en vante, dit-elle, et qu'il pense avoir tout gagné?

— C'est impossible, répliqua-t-il, on vous trompe, ma mère.

— Pourquoi?

— Parce qu'il n'est pour rien dans mon évasion, et qu'y fût-il pour quelque chose, je suis sauf comme vous voyez... Il y a deux ans que je n'ai vu le roi de Navarre.

— Ce n'est pas de ce danger seulement que je vous parle, mon fils, dit Catherine, sentant que le coup n'avait pas porté.

— Quoi encore? ma mère, répliqua-t-il en regardant souvent dans son alcôve la tapisserie qui s'agitait derrière la reine.

Catherine s'approcha de François, et d'une voix qu'elle s'efforçait de rendre épouvantée :

— La colère du roi! fit-elle, cette furieuse colère qui vous menace.

— Il en est de ce danger comme de l'autre, madame; le roi mon frère est dans une furieuse colère, je le crois; mais je suis sauf.

— Vous croyez? fit-elle avec un accent capable d'intimider les plus audacieux.

La tapisserie trembla.

— J'en suis sûr, répondit le duc; et c'est tellement vrai, ma bonne mère, que vous êtes venue vous-même me l'annoncer.

— Comment cela? dit Catherine inquiète de ce calme.

— Parce que, continua-t-il avec un nouveau regard à la cloison, si vous n'aviez été chargée que de m'apporter ces menaces, vous ne fussiez pas venue, et qu'en pareil cas, le roi aurait hésité à me fournir un otage tel que Votre Majesté.

Catherine effrayée leva la tête.

— Un otage! moi! dit-elle.

— Le plus saint et le plus vénérable de tous, répliqua-t-il en souriant et en baisant la main de Catherine, non sans un autre coup d'œil triomphant adressé à la boiserie.

Catherine laissa tomber ses bras comme écrasée; elle ne pouvait deviner que Bussy par une porte secrète surveillait son maître et le tenait en échec sous son regard, depuis le commencement de l'entretien, lui envoyant du courage et de l'esprit à chaque hésitation.

— Mon fils, dit-elle enfin, ce sont toutes paroles de paix que je vous apporte, vous avez parfaitement raison.

— J'écoute, ma mère, dit François, vous savez avec quel respect; je crois que nous commençons à nous entendre.

LXVIII

LES PETITES CAUSES ET LES GRANDS EFFETS

Catherine avait eu dans cette première partie de l'entretien un désavantage visible.

Ce genre d'échec était si peu prévu, et surtout si inaccoutumé, qu'elle se demandait si son fils était aussi décidé dans ses refus qu'il le paraissait, quand un tout petit événement changea tout à coup la face des choses.

On a vu des batailles aux trois quarts perdues être gagnées par un changement de vent, *et vice versâ*; Marengo et Waterloo en sont un double exemple.

Un grain de sable change l'allure des plus puissantes machines.

Bussy était, comme nous l'avons vu, dans un couloir secret, aboutissant à l'alcôve de M. le duc d'Anjou; placé de façon à n'être vu que du prince; de sa cachette, il passait la tête par une fente de la tapisserie aux moments qu'il croyait les plus dangereux pour sa cause.

Sa cause, comme on le comprend, était

la guerre à tout prix : il fallait se maintenir en Anjou tant que M. de Monsoreau y serait, surveiller ainsi le mari et visiter la femme.

Cette politique, extrêmement simple, compliquait cependant au plus haut degré toute la politique de France : aux grands effets les petites causes.

Voilà pourquoi, avec force clins d'œil, avec des mines furibondes, avec des gestes de tranche-montagne, avec des jeux de sourcils effrayants, enfin, Bussy poussait son maître à la férocité.

Le duc, qui avait peur de Bussy, se laissait pousser, et on l'a vu effectivement on ne peut plus féroce.

Catherine était donc battue sur tous les points et ne songeait plus qu'à faire une retraite honorable, lorsqu'un petit événement presque aussi inattendu que l'entêtement de M. le duc d'Anjou, vint à sa rescousse.

Tout à coup, au plus vif de la conversation de la mère et du fils, au plus fort de la résistance de M. le duc d'Anjou, Bussy se sentit tirer par le bas de son manteau.

Curieux de ne rien perdre de la conversation, il porta, sans se retourner, la main à l'endroit sollicité, et trouva un poignet ; en remontant le long de ce poignet, il trouva un bras, et après le bras une épaule, et après l'épaule un homme.

Voyant alors que la chose en valait la peine, il se retourna.

L'homme était Remy.

Bussy voulut parler, mais Remy posa un doigt sur sa bouche, puis il attira doucement son maître dans la chambre voisine.

— Qu'y a-t-il donc, Remy ? demanda le comte, très-impatient, et pourquoi me dérange-t-on dans un pareil moment ?

— Une lettre, dit tout bas Remy.

— Que le diable t'emporte ! pour une lettre, tu me tires d'une conversation aussi importante que celle que je faisais avec monseigneur le duc d'Anjou.

Remy ne parut aucunement désarçonné par cette boutade.

— Il y a lettre et lettre, dit-il.

— Sans doute, pensa Bussy ; d'où vient cela ?

— De Méridor.

— Oh ! fit vivement Bussy, de Méridor ! Merci, mon bon Remy, merci !

— Je n'ai donc plus tort ?

— Est-ce que tu peux jamais avoir tort ? Où est cette lettre ?

— Ah ! voilà ce qui m'a fait juger qu'elle était de la plus haute importance, c'est que le messager ne veut la remettre qu'à vous seul.

— Il a raison. Est-il là ?

— Oui.

— Amène-le.

Remy ouvrit une porte et fit signe à une espèce de palefrenier de venir à lui.

— Voici M. de Bussy, dit-il en montrant le comte.

— Donne ; je suis celui que tu demandes, dit Bussy.

Et il lui mit une demi-pistole dans la main.

— Oh ! je vous connais bien, dit le palefrenier en lui tendant la lettre.

— Et c'est elle qui te l'a remise ?

— Non, pas elle, lui.

— Qui lui ? demanda vivement Bussy en regardant l'écriture.

— M. de Saint-Luc !

— Ah ! ah !

Bussy avait pâli légèrement, car, à ce mot : *lui*, il avait cru qu'il était question du mari et non de la femme, et M. de Monsoreau avait le privilége de faire pâlir Bussy chaque fois que Bussy pensait à lui.

Bussy se retourna pour lire, et pour cacher en lisant cette émotion que tout individu doit craindre de manifester quand il reçoit une lettre importante et qu'il n'est pas César Borgia, Machiavel, Catherine de Médicis ou le diable.

Il avait eu raison de se retourner, le pauvre Bussy, car à peine eut-il parcouru la lettre que nous connaissons, que le sang lui monta au cerveau et battit ses yeux comme une mer en furie : de sorte que, de pâle qu'il était, il devint pourpre, resta un moment étourdi, et, sentant qu'il allait tomber, fut forcé de se laisser aller sur un fauteuil près de la fenêtre.

— Va-t'en, dit Remy au palefrenier abasourdi de l'effet qu'avait produit la lettre qu'il apportait.

Et il le poussa par les épaules.

Le palefrenier s'enfuit vivement ; il croyait la nouvelle mauvaise, et avait peur qu'on ne lui reprît sa demi-pistole.

Remy revint au comte, et le secouant par le bras :

— Mordieu ! s'écria-t-il, répondez-moi à l'instant même, ou, par saint Esculape, je vous saigne des quatre membres.

Bussy se releva ; il n'était plus rouge, il n'était plus étourdi, il était sombre.

— Vois, dit-il, ce que Saint-Luc a fait pour moi.

Et il tendit la lettre à Remy.

Remy lut avidement.

— Eh bien ! dit-il, il me semble que tout ceci est fort beau, et M. de Saint-Luc est un galant homme. Vivent les gens d'esprit pour expédier une âme en purgatoire ; ils ne s'y reprennent pas à deux fois.

— C'est incroyable ! balbutia Bussy.

— Certainement, c'est incroyable ; mais cela n'y fait rien. Voici notre position changée du tout au tout. J'aurai dans neuf mois une comtesse de Bussy pour cliente. Mordieu ! ne craignez rien : j'accouche comme Ambroise Paré.

— Oui, dit Bussy, elle sera ma femme.

— Il me semble, répondit Remy, qu'il n'y aura pas grand'chose à faire pour cela, et qu'elle l'était déjà plus qu'elle n'était celle de son mari.

— Monsoreau mort !

— Mort ! répéta le Haudouin, c'est écrit.

— Oh ! il me semble que je fais un rêve, Remy. Quoi ! je ne verrai plus cette espèce de spectre, toujours prêt à se dresser entre moi et le bonheur ? Remy, nous nous trompons.

— Nous ne nous trompons pas le moins du monde. Relisez, mordieu ! Tombé sur des coquelicots, voyez, et cela si rudement, qu'il en est mort ! J'avais déjà remarqué qu'il était très-dangereux de tomber sur des coquelicots ; mais j'avais cru que le danger n'existait que pour les femmes.

— Mais alors, dit Bussy, sans écouter toutes les facéties de Remy et suivant seulement les détours de sa pensée, qui se tordait en tous sens dans son esprit, mais Diane ne va pas pouvoir rester à Méridor. Je ne le veux pas. Il faut qu'elle aille autre part, quelque part où elle puisse oublier.

— Je crois que Paris serait assez bon pour cela, dit le Haudouin ; on oublie assez bien à Paris...

— Tu as raison, elle reprendra sa petite maison de la rue des Tournelles, et les dix mois de veuvage, nous les passerons obscurément, si toutefois le bonheur peut rester obscur, et le mariage pour nous ne sera que le lendemain des félicités de la veille.

— C'est vrai, dit Remy ; mais pour aller à Paris...

— Eh bien ?

— Il nous faut quelque chose.

— Quoi ?

— Il nous faut la paix en Anjou.

— C'est vrai, dit Bussy ; c'est vrai. Oh ! mon Dieu ! que de temps perdu, et perdu inutilement !

— Cela veut dire que vous allez monter à cheval et courir à Méridor.

— Non pas moi, non pas moi, du moins, mais toi ; moi, je suis invinciblement retenu ; d'ailleurs, en un pareil moment, ma présence serait presque inconvenante.

— Comment la verrai-je? me présenterai-je au château?

— Non; va d'abord au vieux taillis, peut-être se promènera-t-elle là en attendant que je vienne; puis, si tu ne l'aperçois pas, va au château.

— Que lui dirai-je?

— Que je suis à moitié fou.

Et serrant la main du jeune homme sur lequel l'expérience lui avait appris à compter comme sur un autre lui-même, il courut reprendre sa place dans le corridor, à l'entrée de l'alcôve derrière la tapisserie.

Catherine, en l'absence de Bussy, essayait de regagner le terrain que sa présence lui avait fait perdre.

— Mon fils, avait-elle dit, il me semblait cependant que jamais une mère ne pouvait manquer de s'entendre avec son enfant.

— Vous voyez pourtant, ma mère, répondit le duc d'Anjou, que cela arrive quelquefois.

— Jamais, quand elle veut.

— Madame, vous voulez dire quand ils le veulent, reprit le duc qui, satisfait de cette fière parole, chercha Bussy pour en être récompensé par un coup d'œil approbateur.

— Mais je le veux! s'écria Catherine. Entendez-vous bien, François? je le veux.

Et l'expression de la voix contrastait avec les paroles, car les paroles étaient impératives et la voix était presque suppliante.

— Vous le voulez? reprit le duc d'Anjou en souriant.

— Oui, dit Catherine, je le veux, et tous les sacrifices me seront aisés pour arriver à ce but.

— Ah! ah! fit François. Diable!

— Oui, oui, cher enfant; dites, qu'exigez-vous, que voulez-vous? parlez! commandez!

— Oh! ma mère! dit François presque embarrassé d'une si complète victoire, qui ne lui laissait pas la faculté d'être un vainqueur rigoureux.

— Écoutez, mon fils, dit Catherine de sa voix la plus caressante; vous ne cherchez pas à noyer un royaume dans le sang, n'est-ce pas? ce n'est pas possible. Vous n'êtes ni un mauvais Français, ni un mauvais frère.

— Mon frère m'a insulté, madame, et je ne lui dois plus rien : non, rien comme à mon frère, rien comme à mon roi.

— Mais moi, François, moi! vous n'avez pas à vous plaindre de moi?

— Si fait, madame, car vous m'avez abandonné, vous! reprit le duc en pensant que Bussy était toujours là et pouvait l'entendre comme par le passé.

— Ah! vous voulez ma mort! dit Catherine d'une voix sombre. Eh bien! soit, je mourrai comme doit mourir une femme qui voit s'entr'égorger ses enfants.

Il va sans dire que Catherine n'avait pas le moins du monde envie de mourir.

— Oh! ne dites point cela, madame, vous me navrez le cœur! s'écria François, qui n'avait pas le cœur navré du tout.

Catherine fondit en larmes.

Le duc lui prit les mains et essaya de la rassurer, jetant toujours des regards inquiets du côté de l'alcôve.

— Mais que voulez-vous? dit-elle; articulez vos prétentions au moins, que nous sachions à quoi nous en tenir.

— Eh! que voulez-vous vous-même? voyons, ma mère, dit François, parlez, je vous écoute.

— Je désire que vous reveniez à Paris, cher enfant, je désire que vous rentriez à la cour du roi votre frère, qui vous tend les bras.

— Eh mordieu! madame, j'y vois clair; ce n'est pas lui qui me tend les bras, c'est le pont-levis de la Bastille.

— Non, revenez, revenez, et, sur mon

honneur, sur mon amour de mère, sur le sang de Notre-Seigneur Jésus-Christ, — Catherine se signa, — vous serez reçu par le roi, comme si c'était vous qui fussiez le roi et lui le duc d'Anjou.

Le duc regardait obstinément du côté de l'alcôve.

— Acceptez, continua Catherine, acceptez, mon fils ; voulez-vous d'autres apanages, dites, voulez-vous des gardes ?

— Eh ! madame, votre fils m'en a donné, et des gardes d'honneur même, puisqu'il avait choisi ses quatre mignons.

— Voyons, ne me répondez pas ainsi : les gardes qu'il vous donnera, vous les choisirez vous-même ; vous aurez un capitaine, s'il le faut, et, s'il le faut encore, ce capitaine sera M. de Bussy.

Le duc, ébranlé par cette dernière offre, à laquelle il devait penser que Bussy serait sensible, jeta encore un regard vers l'alcôve, tremblant de rencontrer un œil flamboyant et des dents blanches grinçant dans l'ombre.

Mais, ô surprise ! il vit au contraire Bussy, riant, joyeux, et applaudissant par de nombreuses approbations de tête.

— Qu'est-ce que cela signifie ? se demanda-t-il ; Bussy ne voulait-il donc la guerre que pour devenir capitaine de mes gardes ?

— Alors, dit-il tout haut et s'interrogeant lui-même, je dois donc accepter ?

— Oui ! oui ! oui ! fit Bussy, des mains, des épaules et de la tête.

— Il faudrait donc, continua le duc, quitter l'Anjou pour venir à Paris ?

— Oui ! oui ! oui ! continua Bussy avec une fureur approbative qui allait toujours en croissant.

— Sans doute, cher enfant, dit Catherine ; mais est-ce donc si difficile de revenir à Paris ?

— Ma foi, dit le duc, je n'y comprends plus rien. Nous étions convenus que je refuserais tout, et voici que maintenant il me conseille la paix et les embrassades.

— Eh bien ! demanda Catherine avec anxiété, que répondez-vous ?

— Ma mère, je réfléchirai, dit le duc, qui voulait s'entendre avec Bussy au sujet de cette contradiction, et demain...

— Il se rend, pensa Catherine. Allons, j'ai gagné la bataille.

— Au fait, se dit le duc, Bussy a peut-être raison.

Et tous deux se séparèrent après s'être embrassés.

LXIX

COMMENT M. DE MONSOREAU OUVRIT, FERMA ET ROUVRIT LES YEUX, CE QUI ÉTAIT UNE PREUVE QU'IL N'ÉTAIT PAS TOUT À FAIT MORT.

Un bon ami est une douce chose, d'autant plus douce qu'elle est rare.

Remy s'avouait cela à lui-même tout en courant les champs sur un des meilleurs chevaux des écuries du prince.

Il aurait bien pris Roland, mais il venait sur ce point après M. de Monsoreau ; force lui avait donc été d'en prendre un autre.

— J'aime fort M. de Bussy, se disait le Haudouin à lui-même ; et, de son côté, M. de Bussy m'aime grandement aussi, je le crois. Voilà pourquoi je suis si joyeux aujourd'hui, c'est qu'aujourd'hui j'ai du bonheur pour deux.

Puis il ajoutait, en respirant à pleine poitrine :

— En vérité, je crois que mon cœur n'est plus assez large.

« Voyons, continua-t-il en s'interrogeant, voyons quel compliment je vais faire à madame Diane.

« Si elle est gourmée, cérémonieuse, funèbre, des salutations, des révérences muettes, et une main sur le cœur ; si elle sourit, des pirouettes, des ronds de jambes, et une polonaise que j'exécuterai à moi tout seul.

« Quant à M. de Saint-Luc, s'il est en-

Vous êtes troué à jour, mon cher monsieur. — Page 436.

core au château, ce dont je doute, un vivat, et des actions de grâce en latin. Il ne sera pas funèbre, lui, j'en suis sûr...

« Ah! j'approche. »

En effet, le cheval, après avoir pris à gauche, puis à droite, après avoir suivi le sentier fleuri, après avoir traversé le taillis et la haute futaie, était entré dans le fourré qui conduisait à la muraille.

— Oh! les beaux coquelicots! disait Remy; cela me rappelle notre grand-veneur; ceux sur lesquels il est tombé ne pouvaient pas être plus beaux que ceux-ci, pauvre cher homme!

Remy approchait de plus en plus de la muraille.

Tout à coup le cheval s'arrêta, les naseaux ouverts, l'œil fixe; Remy, qui allait au grand trot et qui ne s'attendait pas à ce temps d'arrêt, faillit sauter par-dessus la tête de Mithridate.

C'était ainsi que se nommait le cheval qu'il avait pris aux lieu et place de Roland.

Remy, que la pratique avait fait écuyer sans peur, mit ses éperons dans le ventre de sa monture; mais Mithridate ne bougea point; il avait sans doute reçu ce nom à cause de la ressemblance que son caractère obstiné présentait avec celui du roi de Pont.

Remy, étonné, baissa les yeux vers le sol pour chercher quel obstacle arrêtait ainsi son cheval ; mais il ne vit rien qu'une large mare de sang, que peu à peu buvaient la terre et les fleurs, et qui se couronnait d'une petite mousse rose.

— Tiens ! s'écria-t-il, est-ce que ce serait ici que M. de Saint-Luc aurait transpercé M. de Monsoreau ?

Remy leva les yeux de terre et regarda tout autour de lui.

A dix pas, sous un massif, il venait de voir deux jambes raides et un corps qui paraissait plus raide encore.

Les jambes étaient allongées, le corps était adossé à la muraille.

— Tiens ! le Monsoreau ! fit Remy. *Hic obiit Nemrod.* Allons, allons, si la veuve le laisse ainsi exposé aux corbeaux et aux vautours, c'est bon signe pour nous, et l'oraison funèbre se fera en pirouettes, en ronds de jambe et en polonaises.

Et Remy, ayant mis pied à terre, fit quelques pas en avant dans la direction du corps.

— C'est drôle ! dit-il, le voilà mort ici, parfaitement mort, et cependant le sang est là-bas. Ah ! voici une trace. Il sera venu de là-bas ici, ou plutôt ce bon M. de Saint-Luc, qui est la charité même, l'aura adossé à ce mur pour que le sang ne lui portât point à la tête. Oui, c'est cela, il est, ma foi ! mort, les yeux ouverts et sans grimace, mort raide, là, une, deux !

Et Remy poussa dans le vide un dégagement avec son doigt.

Tout à coup il recula, stupide et la bouche béante : les deux yeux, qu'il avait vus ouverts, s'étaient refermés, et une pâleur, plus livide encore que celle qui l'avait frappé d'abord, s'était étendue sur la face du défunt.

Remy devint presque aussi pâle que M. de Monsoreau ; mais comme il était médecin, c'est-à-dire passablement matérialiste, il marmotta en se grattant le bout du nez :

— *Credere portentis mediocre.* S'il a fermé les yeux, c'est qu'il n'est pas mort.

Et comme, malgré son matérialisme, la position était désagréable, comme aussi les articulations de ses genoux pliaient plus qu'il n'était convenable, il s'assit ou plutôt il se laissa glisser au pied de l'arbre qui le soutenait, et se trouva face à face avec le cadavre.

— Je ne sais pas trop, se dit-il, où j'ai lu qu'après la mort il se produisait certains phénomènes d'action qui ne décèlent qu'un affaissement de la matière, c'est-à-dire un commencement de corruption. Diable d'homme, va ! il faut qu'il nous contrarie même après sa mort ; c'est bien la peine. Oui, ma foi, non-seulement les yeux sont fermés tout de bon, mais encore la pâleur a augmenté, *chroma chlôron,* comme dit Galien ; *color albus,* comme dit Cicéron qui était un orateur bien spirituel : au surplus, il y a un moyen de savoir s'il est mort ou s'il ne l'est pas, c'est de lui enfoncer mon épée d'un pied dans le ventre ; s'il ne remue pas, c'est qu'il sera bien trépassé.

Et Remy se disposait à faire cette charitable épreuve ; déjà même il portait la main à son estoc, lorsque les yeux de Monsoreau s'ouvrirent de nouveau.

Cet accident produisit l'effet contraire au premier ; Remy se redressa comme mû par un ressort, et une sueur froide coula sur son front.

Cette fois, les yeux du mort restèrent écarquillés.

— Il n'est pas mort, murmura Remy, il n'est pas mort. Eh bien ! nous voilà dans une belle position.

Alors une pensée se présenta naturellement à l'esprit du jeune homme.

— Il vit, dit-il, c'est vrai, mais si je le tue, il sera bien mort.

Et il regardait Monsoreau qui le regardait aussi d'un œil si effaré, qu'on eût dit qu'il pouvait lire dans l'âme de ce passant de quelle nature étaient ses intentions.

— Fi! s'écria tout à coup Remy, fi! la hideuse pensée. Dieu m'est témoin que s'il était là tout droit, sur ses jambes, brandissant sa rapière, je le tuerais du plus grand cœur; mais tel qu'il est maintenant, sans force et aux trois quarts mort, ce serait plus qu'un crime, ce serait une infamie.

— Au secours, murmura Monsoreau, au secours! je me meurs.

— Mordieu! dit Remy, la position est critique. Je suis médecin, et par conséquent il est de mon devoir de soulager mon semblable qui souffre. Il est vrai que le Monsoreau est si laid, que j'aurais presque le droit de dire qu'il n'est pas mon semblable, mais il est de la même espèce — *genus Homo*. Allons, oublions que je m'appelle le Haudouin, oublions que je suis l'ami de M. de Bussy, et faisons notre devoir de médecin.

— Au secours! répéta le blessé.

— Me voilà, dit Remy.

— Allez me chercher un prêtre, un médecin.

— Le médecin est tout trouvé, et peut-être vous dispensera-t-il du prêtre.

— Le Haudouin! s'écria M. de Monsoreau reconnaissant Remy, par quel hasard?

Comme on le voit, M. de Monsoreau était fidèle à son caractère; dans son agonie, il se défiait et interrogeait.

Remy comprit toute la portée de cette interrogation.

Ce n'était pas un chemin battu que ce bois, et l'on n'y venait pas sans y avoir affaire. La question était donc presque naturelle.

— Comment êtes-vous ici? redemanda Monsoreau, à qui les soupçons rendaient quelque force.

— Pardieu! répondit le Haudouin, parce qu'à une lieue d'ici j'ai rencontré M. de Saint-Luc.

— Ah! mon meurtrier, balbutia Monsoreau, en blêmissant de douleur et de colère à la fois.

— Alors, il m'a dit : Remy, courez dans le bois, et à l'endroit appelé le Vieux-Taillis vous trouverez un homme mort.

— Mort! répéta Monsoreau.

— Dame! il le croyait, dit Remy, il ne faut pas lui en vouloir pour cela; alors, je suis venu, j'ai vu, vous êtes vaincu.

— Et maintenant, dites-moi, vous parlez à un homme, ne craignez donc rien, dites-moi, suis-je blessé mortellement?

— Ah! diable, fit Remy, vous m'en demandez beaucoup; cependant je vais tâcher; voyons.

Nous avons dit que la conscience du médecin l'avait emporté sur le dévouement de l'ami.

Remy s'approcha donc de Monsoreau, et, avec toutes les précautions d'usage, il lui enleva son manteau, son pourpoint et sa chemise.

L'épée avait pénétré au-dessous du teton droit, entre la sixième et la septième côte.

— Hum! fit Remy, souffrez-vous beaucoup?

— Pas de la poitrine, du dos.

— Ah! voyons un peu, fit Remy, de quelle partie du dos?

— Au-dessous de l'omoplate.

— Le fer aura rencontré un os, fit Remy : de là la douleur.

Et il regarda vers l'endroit que le comte indiquait comme étant le siége d'une souffrance plus vive.

— Non, dit-il, non, je me trompais; le fer n'a rien rencontré du tout, et il est entré comme il est sorti. Peste! le joli coup d'épée, monsieur le comte; à la bonne heure, il y a plaisir à soigner les blessés de M. de Saint-Luc; vous êtes troué à jour, mon cher monsieur.

Monsoreau s'évanouit; mais Remy ne s'inquiéta point de cette faiblesse.

— Ah! voilà, c'est bien cela : syncope, le pouls petit; cela doit être.

Il tâta les mains et les jambes : froides aux extrémités. Il appliqua l'oreille à la poitrine : absence du bruit respiratoire. Il frappa doucement dessus : matité du son.

— Diable, diable, le veuvage de madame Diane pourrait bien n'être qu'une affaire de chronologie.

En ce moment, une légère mousse rougeâtre et rutilante vint humecter les lèvres du blessé.

Remy tira vivement une trousse de sa poche et une lancette; puis il déchira une bande de la chemise du blessé et lui comprima le bras.

— Nous allons voir, dit-il; si le sang coule, ma foi, madame Diane n'est peut-être pas veuve. Mais s'il ne coule pas !... Ah! ah! il coule, ma foi. Pardon, mon cher monsieur de Bussy, pardon, mais, ma foi! on est médecin avant tout.

Le sang, en effet, après avoir pour ainsi dire hésité un instant, venait de jaillir de la veine; presque en même temps qu'il se faisait jour, le malade respirait et ouvrait les yeux.

— Ah! balbutia-t-il, j'ai bien cru que tout était fini.

— Pas encore, mon cher monsieur, pas encore; il est même possible...

— Que j'en réchappe?

— Oh! mon Dieu! oui; voyez-vous, fermons d'abord la plaie. Attendez, ne bougez pas. Voyez-vous, la nature, dans ce moment-ci, vous soigne en dedans comme je vous soigne en dehors. Je vous mets un appareil, elle fait son caillot. Je fais couler le sang, elle l'arrête. Ah! c'est une grande chirurgienne que la nature, mon cher monsieur. Là! attendez que j'essuie vos lèvres.

Et Remy passa un mouchoir sur les lèvres du comte.

— D'abord, dit le blessé, j'ai craché le sang à pleine bouche.

— Eh bien! voyez, dit Remy, maintenant, voilà déjà l'hémorragie arrêtée. Bon! cela va bien; ou plutôt tant pis!

— Comment! tant pis?

— Tant mieux pour vous, certainement; mais tant pis! je sais ce que je veux dire. Mon cher monsieur de Monsoreau, j'ai peur d'avoir le bonheur de vous guérir.

— Comment! vous avez peur?

— Oui, je m'entends.

— Vous croyez donc que j'en reviendrai?

— Hélas!

— Vous êtes un singulier docteur, monsieur Remy.

— Que vous importe? pourvu que je vous sauve!... Maintenant, voyons.

Remy venait d'arrêter la saignée : il se leva.

— Eh bien! vous m'abandonnez? dit le comte.

— Ah! vous parlez trop, mon cher monsieur. Trop parler nuit. Ce n'est pas l'embarras, je devrais bien plutôt lui donner le conseil de crier.

— Je ne vous comprends pas.

— Heureusement. Maintenant vous voilà pansé.

— Eh bien?

— Eh bien! je vais au château chercher du renfort.

— Et moi, que faut-il que je fasse pendant ce temps?

— Tenez-vous tranquille, ne bougez pas, respirez fort doucement, tâchez de ne pas tousser, ne dérangeons pas ce précieux caillot. Quelle est la maison la plus voisine?

— Le château de Méridor.

— Quel est le chemin? demanda Remy affectant la plus parfaite ignorance.

— Ou enjambez la muraille et vous vous trouverez dans le parc, ou suivez le mur du parc et vous trouverez la grille.

— Bien, j'y cours.

— Merci, homme généreux! s'écria Monsoreau.

— Si tu savais, en effet, à quel point je le suis, balbutia Remy, tu me remercierais bien davantage.

Et remontant sur son cheval, il se lança au galop dans la direction indiquée.

Au bout de cinq minutes, il arriva au château dont tous les habitants, empressés et remuant comme des fourmis dont on a forcé la demeure, cherchaient dans les fourrés, dans les retraits, dans les dépendances, sans pouvoir trouver la place où gisait le corps de leur maître; attendu que Saint-Luc, pour gagner du temps, avait donné une fausse adresse.

Remy tomba comme un météore au milieu d'eux et les entraîna sur ses pas.

Il mettait tant d'ardeur dans ses recommandations, que madame de Monsoreau ne put s'empêcher de le regarder avec surprise.

Une pensée bien secrète, bien voilée, apparut à son esprit, et en une seconde elle ternit l'angélique pureté de cette âme.

— Ah! je le croyais l'ami de M. de Bussy, murmura-t-elle, tandis que Remy s'éloignait emportant civière, charpie, eau fraîche, enfin, toutes les choses nécessaires au pansement.

Esculape lui-même n'eût pas fait plus avec ses ailes de divinité.

LXX

COMMENT LE DUC D'ANJOU ALLA A MÉRIDOR POUR FAIRE A MADAME DE MONSOREAU DES COMPLIMENTS SUR LA MORT DE SON MARI, ET COMMENT IL TROUVA M. DE MONSOREAU QUI VENAIT AU-DEVANT DE LUI.

Aussitôt l'entretien rompu entre le duc d'Anjou et sa mère, le premier s'était empressé d'aller trouver Bussy pour connaître la cause de cet incroyable changement qui s'était fait en lui.

Bussy, rentré chez lui, lisait pour la cinquième fois la lettre de Saint-Luc, dont chaque ligne lui offrait des sens de plus en plus agréables.

De son côté, Catherine, retirée chez elle, faisait venir ses gens, et commandait ses équipages pour un départ qu'elle croyait pouvoir fixer au lendemain ou au surlendemain au plus tard.

Bussy reçut le prince avec un charmant sourire.

— Comment! monseigneur, dit-il, Votre Altesse daigne prendre la peine de passer chez moi?

— Oui, mordieu! dit le duc, et je viens te demander une explication.

— A moi?

— Oui, à toi.

— J'écoute, monseigneur.

— Comment, s'écria le duc, tu me commandes de m'armer de pied en cap contre les suggestions de ma mère, et de soutenir vaillamment le choc; je le fais, et, au plus fort de la lutte, quand tous les coups se sont émoussés sur moi, tu viens me dire : Otez votre cuirasse, monseigneur; ôtez-la.

— Je vous avais fait toutes ces recommandations, monseigneur, parce que j'ignorais dans quel but était venue madame Catherine. Mais maintenant que je vois qu'elle est venue pour la plus grande gloire et pour la plus grande fortune de Votre Altesse....

— Comment! fit le duc, pour ma plus grande gloire et pour ma plus grande fortune; comment comprends-tu donc cela?

— Sans doute, reprit Bussy; que veut Votre Altesse, voyons? Triompher de ses ennemis, n'est-ce pas? Car je ne pense point, comme l'avancent certaines personnes, que vous songiez à devenir roi de France.

Le duc regarda sournoisement Bussy.

— Quelques-uns vous le conseilleront peut-être, monseigneur, dit le jeune homme; mais ceux-là, croyez-le bien, ce sont vos plus cruels ennemis; puis, s'ils sont trop tenaces, si vous ne savez comment vous en débarrasser, envoyez-les-moi; je les convaincrai qu'ils se trompent.

Le duc fit la grimace.

— D'ailleurs, continua Bussy, examinez-vous, monseigneur, sondez vos reins, comme dit la Bible; avez-vous cent mille hommes, dix millions de livres, des alliances à l'étranger, et puis enfin, voulez-vous aller contre votre seigneur?

— Mon seigneur ne s'est pas gêné d'aller contre moi, dit le duc.

— Ah! si vous le prenez sur ce pied-là, vous avez raison : déclarez-vous, faites-vous couronner et prenez le titre de roi de France; je ne demande pas mieux que de vous voir grandir, puisque si vous grandissez, je grandirai avec vous.

— Qui te parle d'être roi de France? repartit aigrement le duc; tu discutes là une question que je n'ai jamais proposé à personne de résoudre, pas même à moi.

— Alors, tout est dit, monseigneur, et il n'y a plus de discussion entre nous, puisque nous sommes d'accord sur le point principal.

— Nous sommes d'accord?

— Cela me semble, au moins. Faites-vous donc donner une compagnie de gardes, cinq cent mille livres. Demandez, avant que la paix soit signée, un subside à l'Anjou pour faire la guerre. Une fois que vous le tiendrez, vous le garderez; cela n'engage à rien. De cette façon nous aurons des hommes, de l'argent, de la puissance, et nous irons... Dieu sait où!

— Mais une fois à Paris, une fois qu'ils m'auront repris, une fois qu'ils me tiendront, ils se moqueront de moi, dit le duc.

— Allons donc! monseigneur, vous n'y pensez pas. Eux se moquer de vous! N'avez-vous pas entendu ce que vous offre la reine-mère?

— Elle m'a offert bien des choses.

— Je comprends, cela vous inquiète?

— Oui.

— Mais, entre autres choses, elle vous a offert une compagnie de gardes, cette compagnie fût-elle commandée par M. de Bussy.

— Sans doute elle a offert cela.

— Eh bien, acceptez, c'est moi qui vous le dis; nommez Bussy votre capitaine, nommez Antraguet et Livarot vos lieutenants; nommez Ribeirac enseigne. Laissez-nous à nous quatre composer cette compagnie comme nous l'entendrons; puis vous verrez, avec cette escorte à vos talons, si quelqu'un se moque de vous et ne vous salue pas quand vous passerez... même le roi.

— Ma foi, dit le duc, je crois que tu as raison, Bussy; j'y songerai.

— Songez-y, monseigneur.

— Oui; mais que lisais-tu là si attentivement, quand je suis arrivé?

— Ah! pardon, j'oubliais, une lettre.

— Une lettre?

— Qui vous intéresse encore plus que moi; où diable avais-je donc la tête de ne pas vous la montrer tout de suite?

— C'est donc une grande nouvelle?

— Oh! mon Dieu oui, et même une triste nouvelle : M. de Monsoreau est mort.

— Plaît-il ! s'écria le duc avec un mouvement si marqué de surprise, que Bussy, qui avait les yeux fixés sur le prince, crut au milieu de cette surprise remarquer une joie extravagante.

— Mort, monseigneur.

— Mort, M. de Monsoreau ?

— Eh ! mon Dieu oui ! ne sommes-nous pas tous mortels ?

— Oui ; mais l'on ne meurt pas comme cela, tout à coup.

— C'est selon. Si l'on vous tue.

— Il a donc été tué ?

— Il paraît que oui.

— Par qui ?

— Par Saint-Luc, avec qui il s'est pris de querelle.

— Ah ! ce cher Saint-Luc ! s'écria le prince.

— Tiens, dit Bussy, je ne le savais pas si fort de vos amis, ce cher Saint-Luc.

— Il est des amis de mon frère, dit le duc ; et du moment où nous nous réconcilions, les amis de mon frère sont les miens.

— Ah ! monseigneur, à la bonne heure, et je suis charmé de vous voir dans de pareilles dispositions.

— Et tu es sûr ?...

— Dame ! aussi sûr qu'on peut l'être. Voici un billet de Saint-Luc qui m'annonce cette mort, et, comme je suis aussi incrédule que vous et que je doutais, monseigneur, j'ai envoyé mon chirurgien Remy pour constater le fait et présenter mes compliments de condoléance au vieux baron.

— Mort ! Monsoreau mort ! répéta le duc d'Anjou ; mort *tout seul !*

Le mot lui échappait comme *le cher Saint-Luc* lui avait échappé. Tous deux étaient d'une effroyable naïveté.

— Il n'est pas mort tout seul, dit Bussy, puisque c'est Saint-Luc qui l'a tué.

— Oh ! je m'entends, dit le duc.

— Monseigneur l'avait-il par hasard donné à tuer à un autre ? demanda Bussy.

— Ma foi non, et toi ?

— Oh ! moi, monseigneur, je ne suis pas assez grand prince pour faire faire cette sorte de besogne par les autres, et je suis obligé de la faire moi-même.

— Ah ! Monsoreau, Monsoreau, fit le prince avec son affreux sourire.

— Tiens ! monseigneur ! on dirait que vous lui en vouliez, à ce pauvre comte.

— Non, c'est toi qui lui en voulais.

— Moi, c'était tout simple que je lui en voulusse, dit Bussy en rougissant malgré lui. Ne m'a-t-il pas un jour fait subir de la part de Votre Altesse une affreuse humiliation ?

— Tu t'en souviens encore ?

— Oh ! mon Dieu non, monseigneur, vous le voyez bien ; mais vous, dont il était le serviteur, l'ami, l'âme damnée...

— Voyons, voyons, dit le prince interrompant la conversation qui devenait embarrassante pour lui, fais seller les chevaux, Bussy.

— Seller les chevaux ! et pourquoi faire ?

— Pour aller à Méridor ; je veux faire mes compliments de condoléance à madame Diane. D'ailleurs, cette visite était projetée depuis longtemps, et je ne sais comment elle ne s'est pas faite encore ; mais je ne la retarderai pas davantage. Corbleu ! je ne sais pas pourquoi, mais j'ai le cœur aux compliments aujourd'hui.

— Ma foi, se dit Bussy à lui-même, à présent que le Monsoreau est mort et que je n'ai plus peur qu'il vende sa femme au duc, peu m'importe qu'il la revoie ; s'il l'attaque, je la défendrai bien tout seul. Allons, puisque l'occasion de la revoir m'est offerte, profitons de l'occasion.

Et il sortit pour donner l'ordre de seller les chevaux.

Un quart d'heure après, tandis que Catherine dormait ou feignait de dormir pour se remettre des fatigues du voyage, le prince, Bussy et dix gentilshommes, montés sur de beaux chevaux, se dirigeaient vers Méridor avec cette joie qu'inspirent toujours le beau temps, l'herbe fleurie et la jeunesse, aux hommes comme aux chevaux.

A l'aspect de cette magnifique cavalcade, le portier du château vint au bord du fossé demander le nom des visiteurs.

— Le duc d'Anjou! cria le prince.

Aussitôt le portier saisit un cor et sonna une fanfare qui fit accourir tous les serviteurs au pont-levis.

Bientôt ce fut une course rapide dans les appartements, dans les corridors et sur les perrons; les fenêtres des tourelles s'ouvrirent, on entendit un bruit de ferrailles sur les dalles, et le vieux baron parut au seuil, tenant à la main les clefs de son château.

— C'est incroyable comme Monsoreau est peu regretté, dit le duc; vois donc, Bussy, comme tous ces gens-là ont des figures naturelles.

Une femme parut sur le perron.

— Ah! voilà la belle Diane, s'écria le duc; vois-tu, Bussy, vois-tu!

— Certainement que je la vois, monseigneur, dit le jeune homme; mais, ajouta-t-il tout bas, je ne vois pas Remy.

Diane sortait en effet de la maison; mais immédiatement derrière Diane sortait une civière, sur laquelle, couché, l'œil brillant de fièvre ou de jalousie, se faisait porter Monsoreau, plus semblable à un sultan des Indes sur son palanquin qu'à un mort sur sa couche funèbre.

— Oh! oh! qu'est-ce ceci? s'écria le duc, s'adressant à son compagnon devenu plus blanc que le mouchoir à l'aide duquel il essayait d'abord de dissimuler son émotion.

— Vive monseigneur le duc d'Anjou! cria Monsoreau en levant par un violent effort sa main en l'air.

— Tout beau! fit une voix derrière lui, vous allez rompre le caillot.

C'était Remy qui, fidèle jusqu'au bout à son rôle de médecin, faisait au blessé cette prudente recommandation.

Les surprises ne durent pas longtemps à la cour, sur les visages du moins : le duc d'Anjou fit un mouvement pour changer la stupéfaction en sourire.

— Oh! mon cher comte, s'écria-t-il, quelle heureuse surprise! Croyez-vous qu'on nous avait dit que vous étiez mort?

— Venez, venez, monseigneur, dit le blessé, venez, que je baise la main de Votre Altesse. Dieu merci! non-seulement je ne suis pas mort, mais encore j'en réchapperai, je l'espère, pour vous servir avec plus d'ardeur et de fidélité que jamais.

Quant à Bussy, qui n'était ni prince ni mari, ces deux positions sociales où la dissimulation est de première nécessité, il sentait une sueur froide couler de ses tempes, il n'osait regarder Diane.

Ce trésor, deux fois perdu pour lui, lui faisait mal à voir, si près de son possesseur.

— Et vous, monsieur de Bussy, dit Monsoreau, vous qui venez avec Son Altesse, recevez tous mes remerciements, car c'est presque à vous que je dois la vie.

— Comment! à moi! balbutia le jeune homme, croyant que le comte le raillait.

— Sans doute, indirectement, c'est vrai; mais ma reconnaissance n'est pas moindre, car voici mon sauveur, ajouta-t-il en montrant Remy qui levait des bras désespérés au ciel, et qui eût voulu se cacher dans les entrailles de la terre; c'est à lui que mes amis doivent de me posséder encore.

Et, malgré les signes que lui faisait le pauvre docteur pour qu'il gardât le silence, et que lui prenait pour des recom-

Le comte aperçut Diane à son chevet. — Page 444.

mandations hygiéniques, il raconta emphatiquement les soins, l'adresse, l'empressement dont le Haudouin avait fait preuve envers lui.

Le duc fronça le sourcil : Bussy regarda Remy avec une expression effrayante.

Le pauvre garçon, caché derrière Monsoreau, se contenta de répliquer par un geste qui voulait dire :

— Hélas! ce n'est point ma faute.

— Au reste, continua le comte, j'ai appris que Remy vous a trouvé un jour mourant comme il m'a trouvé moi-même.

C'est un lien d'amitié entre nous; comptez sur la mienne, monsieur de Bussy : quand Monsoreau aime, il aime bien; il est vrai que, lorsqu'il hait, c'est comme lorsqu'il aime, c'est de tout son cœur.

Bussy crut remarquer que l'éclair qui avait un instant brillé en prononçant ces paroles dans l'œil fiévreux du comte était à l'adresse de M. le duc d'Anjou.

Le duc ne vit rien.

— Allons donc! dit-il en descendant de cheval et en offrant la main à Diane : veuillez, belle Diane, nous faire les honneurs de ce logis, que nous comptons trouver en deuil, et qui continue au contraire à être un séjour de bénédictions et de joie. Quant à vous, Monsoreau, reposez-vous ; le repos sied aux blessés.

— Monseigneur, dit le comte, il ne sera pas dit que vous viendrez chez Monsoreau vivant, et que, tant que Monsoreau vivra, un autre fera à Votre Altesse les honneurs de son logis ; mes gens me porteront, et partout où vous irez, j'irai.

Pour le coup, on eût cru que le duc démêlait la véritable pensée du comte, car il quitta la main de Diane.

Dès lors Monsoreau respira.

— Approchez d'elle, dit tout bas Remy à l'oreille de Bussy.

Bussy s'approcha de Diane, et Monsoreau leur sourit, Bussy prit la main de Diane, et Monsoreau lui sourit encore.

— Voilà bien du changement, monsieur le comte, dit Diane à demi-voix.

— Hélas ! murmura Bussy, que n'est-il plus grand encore !

Il va sans dire que le baron déploya, à l'égard du prince et des gentilshommes qui l'accompagnaient, tout le faste de sa patriarcale hospitalité.

LXXI

DU DÉSAGRÉMENT DES LITIÈRES TROP LARGES ET DES PORTES TROP ÉTROITES

Bussy ne quittait point Diane ; le sourire bienveillant de Monsoreau lui donnait une liberté dont il se fût bien gardé de ne point user.

Les jaloux ont ce privilége, qu'ayant rudement fait la guerre pour conserver leur bien, ils ne sont point épargnés, quand une fois les braconniers ont mis le pied sur leurs terres.

— Madame, disait Bussy à Diane, je suis en vérité le plus misérable des hommes. Sur la nouvelle de sa mort, j'ai conseillé au prince de retourner à Paris et de s'accommoder avec sa mère ; il a consenti, et voilà que vous restez en Anjou.

— Oh ! Louis, répondit la jeune femme en serrant du bout de ses doigts effilés la main de Bussy, osez-vous dire que nous sommes malheureux ? Tant de beaux jours, tant de joies ineffables, dont le souvenir passe comme un frisson sur mon cœur, vous les oubliez donc, vous ?

— Je n'oublie rien, madame ; au contraire, je me souviens trop, et voilà pourquoi, perdant ce bonheur, je me trouve si fort à plaindre. Comprenez-vous ce que je vais souffrir, madame, s'il faut que je retourne à Paris, à cent lieues de vous ! Mon cœur se brise, Diane, et je me sens lâche.

Diane regarda Bussy ; tant de douleur éclatait dans ses yeux, qu'elle baissa la tête et qu'elle se prit à réfléchir.

Le jeune homme attendit un instant, le regard suppliant et les mains jointes.

— Eh bien ! dit tout à coup Diane, vous irez à Paris, Louis, et moi aussi.

— Comment ! s'écria le jeune homme, vous quitterez M. de Monsoreau ?

— Je le quitterais, répondit Diane, que lui ne me quitterait pas ; non, croyez-moi, Louis, mieux vaut qu'il vienne avec nous.

— Blessé, malade comme il est, impossible !

— Il viendra, vous dis-je.

Et aussitôt, quittant le bras de Bussy, elle se rapprocha du prince, lequel répondait de fort mauvaise humeur à Monsoreau, dont Ribeirac, Antraguet et Livarot entouraient la litière.

A l'aspect de Diane, le front du comte se rasséréna ; mais cet instant de calme ne fut pas de longue durée, il passa comme passe un rayon de soleil entre deux orages.

Diane s'approcha du duc, et le comte fronça le sourcil.

— Monseigneur, dit-elle avec un charmant sourire, on dit Votre Altesse passionnée pour les fleurs. Venez, je montrerai à Votre Altesse les plus belles fleurs de tout l'Anjou.

François lui offrit galamment la main.

— Où conduisez-vous donc monseigneur, madame? demanda Monsoreau inquiet.

— Dans la serre, monsieur.

— Ah! fit Monsoreau. Eh bien! soit; portez-moi dans la serre.

— Ma foi, se dit Remy, je crois maintenant que j'ai bien fait de ne pas le tuer, Dieu merci! il se tuera bien tout seul.

Diane sourit à Bussy d'une façon qui promettait merveilles.

— Que M. de Monsoreau, lui dit-elle tout bas, ne se doute pas que vous quittez l'Anjou, et je me charge du reste.

— Bien! fit Bussy.

Et il s'approcha du prince, tandis que la litière du Monsoreau tournait derrière un massif.

— Monseigneur, dit-il, pas d'indiscrétion surtout ; que le Monsoreau ne sache pas que nous sommes sur le point de nous accommoder.

— Pourquoi cela?

— Parce qu'il pourrait prévenir la reine-mère de nos intentions pour s'en faire une amie, et que, sachant la résolution prise, madame Catherine pourrait bien être moins disposée à nous faire des largesses.

— Tu as raison, dit le duc; tu t'en défies donc?

— Du Monsoreau? parbleu!

— Eh bien! moi aussi; je crois, en vérité, qu'il a fait exprès le mort.

— Non par ma foi! il a bel et bien reçu un coup d'épée à travers la poitrine; cet imbécile de Remy, qui l'a tiré d'affaire, l'a cru lui-même mort un instant; il faut, en vérité, qu'il ait l'âme chevillée dans le corps.

On arriva devant la serre.

Diane souriait au duc d'une façon plus charmante que jamais.

Le prince passa le premier, puis Diane; Monsoreau voulut venir après; mais quand sa litière se présenta pour passer, on s'aperçut qu'il était impossible de la faire entrer : la porte, de style ogival, était longue et haute, mais large seulement comme les plus grosses caisses, et la litière de M. de Monsoreau avait six pieds de largeur.

A la vue de cette porte trop étroite et de cette litière trop large, le Monsoreau poussa un rugissement.

Diane entra dans la serre sans faire attention aux gestes désespérés de son mari.

Bussy, pour qui le sourire de la jeune femme, dans le cœur de laquelle il avait l'habitude de lire par les yeux, devenait parfaitement clair, demeura près de Monsoreau en lui disant avec une parfaite tranquillité :

— Vous vous entêtez inutilement, monsieur le comte; cette porte est trop étroite, et jamais vous ne passerez par là.

— Monseigneur! monseigneur! criait Monsoreau, n'allez pas dans cette serre, il y a de mortelles exhalaisons, des fleurs étrangères qui répandent les parfums les plus vénéneux. Monseigneur!

Mais François n'écoutait pas : malgré sa prudence accoutumée, heureux de sentir dans ses mains la main de Diane, il s'enfonçait dans les verdoyants détours.

Bussy encourageait Monsoreau à patienter avec la douleur; mais, malgré les exhortations de Bussy, ce qui devait arriver arriva; Monsoreau ne put supporter, non pas la douleur physique, sous ce rapport il semblait de fer, mais la douleur morale.

Il s'évanouit.

Remy reprenait tous ses droits; il ordonna que le blessé fût reconduit dans sa chambre.

— Maintenant, demanda Remy au jeune homme, que dois-je faire?

— Eh! pardieu! dit Bussy, achève ce

que tu as si bien commencé; reste près de lui, et guéris-le.

Puis il annonça à Diane l'accident arrivé à son mari.

Diane quitta aussitôt le duc d'Anjou, et s'achemina vers le château.

— Avons-nous réussi? lui demanda Bussy, lorsqu'elle passa à ses côtés.

— Je le crois, dit-elle; en tout cas, ne partez point sans avoir vu Gertrude.

Le duc n'aimait les fleurs que parce qu'il les visitait avec Diane : aussitôt que Diane fut éloignée, les recommandations du comte lui revinrent à l'esprit, et il sortit du bâtiment.

Ribeirac, Livarot et Antraguet le suivirent.

Pendant ce temps, Diane avait rejoint son mari, à qui Remy faisait respirer des sels.

Le comte ne tarda pas à rouvrir les yeux.

Son premier mouvement fut de se soulever avec violence; mais Remy avait prévu ce premier mouvement, et le comte était attaché sur son matelas.

Il poussa un second rugissement, mais en regardant autour de lui il aperçut Diane debout à son chevet.

— Ah! c'est vous, madame, dit-il; je suis bien aise de vous voir pour vous dire que ce soir nous partons pour Paris.

Remy jeta les hauts cris, mais Monsoreau ne fit pas plus attention à Remy que s'il n'était pas là.

— Y pensez-vous, monsieur? dit Diane avec son calme habituel, et votre blessure?

— Madame, dit le comte, il n'y a pas de blessure qui tienne; j'aime mieux mourir que souffrir, et, dussé-je mourir par les chemins, ce soir nous partirons.

— Eh bien! monsieur, dit Diane, comme il vous plaira.

— Il me plaît ainsi; faites donc vos préparatifs, je vous prie.

— Mes préparatifs seront vite faits, monsieur; mais puis-je savoir quelle cause a amené cette subite détermination?

— Je vous la dirai, madame, quand vous n'aurez plus de fleurs à montrer au prince, ou quand j'aurai fait construire des portes assez larges pour que ma litière entre partout.

Diane s'inclina.

— Mais, madame, dit Remy.

— M. le comte le veut, répondit Diane, mon devoir est d'obéir.

Et Remy crut reconnaître à un signe de la jeune femme qu'il devait cesser ses observations.

Il se tut tout en grommelant :

— Ils me le tueront, et puis on dira que c'est la faute de la médecine.

Pendant ce temps le duc d'Anjou s'apprêtait à quitter Méridor.

Il témoigna la plus grande reconnaissance au baron de l'accueil qu'il lui avait fait et remonta à cheval.

Gertrude apparut en ce moment; elle venait annoncer tout haut au duc que sa maîtresse, retenue près du comte, ne pouvait avoir l'honneur de lui présenter ses hommages, et tout bas à Bussy, que Diane partait le soir.

On partit.

Le duc avait les volontés dégénérescentes, ou plutôt perfectionnements de ses caprices.

Diane cruelle le blessait et le repoussait de l'Anjou; Diane souriante lui fut une amorce.

Comme il ignorait la résolution prise par le grand-veneur, tout le long du chemin il ne cessa de méditer sur le danger qu'il y aurait à obéir trop facilement aux désirs de la reine-mère.

Bussy avait prévu cela, et il comptait bien sur ce désir de rester.

— Vois-tu, Bussy, lui dit le duc, j'ai réfléchi.

— Bon, monseigneur; et à quoi? demanda le jeune homme.

— Qu'il n'est pas bon de me rendre ainsi tout de suite aux raisonnements de ma mère.

— Vous avez raison ; elle se croit déjà bien assez profonde politique comme cela.

— Tandis que, vois-tu, en lui demandant huit jours, ou plutôt en traînant huit jours, en donnant quelques fêtes auxquelles nous appellerons la noblesse, nous montrerons à notre mère combien nous sommes forts.

— Puissamment raisonné, monseigneur. Cependant il me semble...

— Je resterai ici huit jours, dit le duc, et, grâce à ce délai, j'arracherai de nouvelles conditions à ma mère ; c'est moi qui te le dis.

Bussy parut réfléchir profondément.

— En effet, monseigneur, dit-il, arrachez, arrachez ; mais tâchez qu'au lieu de profiter par ce retard, vos affaires n'en souffrent pas. Le roi, par exemple...

— Eh bien ! le roi ?

— Le roi, ne connaissant pas vos intentions, peut s'irriter ; il est très-irascible, le roi.

— Tu as raison, il faudrait que je pusse envoyer quelqu'un pour saluer mon frère de ma part et pour lui annoncer mon retour : cela me donnera les huit jours dont j'ai besoin.

— Oui, mais ce quelqu'un court grand risque, dit Bussy.

Le duc d'Anjou sourit de son mauvais sourire.

— Si je changeais de résolution, n'est-ce pas ? dit-il.

— Et, malgré la promesse faite à votre frère, vous en changerez si l'intérêt vous y pousse, n'est-ce pas ?

— Dame ! fit le prince.

— Très-bien ! et alors on enverra votre ambassadeur à la Bastille.

— Nous ne le préviendrons pas de ce qu'il porte, et nous lui donnerons une lettre.

— Au contraire, dit Bussy, ne lui donnez pas de lettre et prévenez-le.

— Mais alors personne ne voudra se charger de la mission.

— Allons donc !

— Tu connais un homme qui s'en chargera, toi ?

— Oui, j'en connais un.

— Lequel ?

— Moi, monseigneur !

— Toi ?

— Oui, moi, j'aime les négociations difficiles.

— Bussy, mon cher Bussy, s'écria le duc, si tu fais cela tu peux compter sur mon éternelle reconnaissance.

Bussy sourit, il connaissait la mesure de cette reconnaissance dont lui parlait Son Altesse.

Le duc crut qu'il hésitait.

— Et je te donnerai dix mille écus pour ton voyage, ajouta-t-il.

— Allons donc ! monseigneur, dit Bussy, soyez plus généreux ; est-ce que l'on paye ces choses-là ?

— Ainsi, tu pars ?

— Je pars.

— Pour Paris ?

— Pour Paris.

— Et quand cela ?

— Dame ! quand vous voudrez.

— Le plus tôt serait le mieux.

— Oui, eh bien !

— Eh bien !

— Ce soir, si vous voulez, monseigneur.

— Brave Bussy, cher Bussy, tu consens donc réellement ?

— Si je consens ? dit Bussy ; mais pour le service de Votre Altesse vous savez bien, monseigneur, que je passerais dans le feu. C'est donc convenu ! je pars ce soir. Vous, vivez joyeusement ici, et attrapez-moi de la reine-mère quelque bonne abbaye.

— J'y songe déjà, mon ami.

— Alors, adieu! monseigneur.
— Adieu, Bussy! Ah! n'oublie pas une chose.
— Laquelle?
— Prends congé de ma mère.
— J'aurai cet honneur.

En effet, Bussy, plus leste, plus joyeux, plus léger qu'un écolier pour lequel la cloche vient de sonner l'heure de la récréation, fit sa visite à Catherine et s'apprêta pour partir aussitôt que le signal du départ lui viendrait de Méridor.

Le signal se fit attendre jusqu'au lendemain matin; Monsoreau s'était senti si faible après cette émotion éprouvée, qu'il avait jugé lui-même qu'il avait besoin de cette nuit de repos.

Mais vers sept heures, le même palefrenier qui avait apporté la lettre de Saint-Luc vint annoncer à Bussy que, malgré les larmes du vieux baron et les oppositions de Remy, le comte venait de partir pour Paris, dans une litière qu'escortaient à cheval Diane, Remy et Gertrude.

Cette litière était portée par huit hommes qui, de lieue en lieue, devaient se relayer.

Bussy n'attendait que cette nouvelle; il sauta sur un cheval sellé depuis la veille, et prit le même chemin.

LXXII

DANS QUELLES DISPOSITIONS ÉTAIT LE ROI HENRI III QUAND M. DE SAINT-LUC REPARUT A LA COUR.

Depuis le départ de Catherine, le roi, quelle que fût sa confiance dans l'ambassadeur qu'il avait envoyé dans l'Anjou, le roi, disons-nous, ne songeait plus qu'à s'armer contre les tentatives de son frère.

Il connaissait par expérience le génie de sa maison; il savait tout ce que peut un prétendant à la couronne, c'est-à-dire l'homme nouveau contre le possesseur légitime, c'est-à-dire contre l'homme ennuyeux et prévu.

Il s'amusait, ou plutôt il s'ennuyait comme Tibère, à dresser avec Chicot des listes de proscription, où l'on inscrivait, par ordre alphabétique, tous ceux qui ne se montraient pas zélés à prendre le parti du roi.

Ces listes devenaient chaque jour plus longues.

Et à l'S et à l'L, c'est-à-dire plutôt deux fois qu'une, le roi inscrivait chaque jour le nom de M. de Saint-Luc.

Au reste, la colère du roi contre l'ancien favori était bien servie par les commentaires de la cour, par les insinuations perfides des courtisans et par les amères récriminations contre la fuite en Anjou de l'époux de Jeanne de Cossé, fuite qui était une trahison, depuis le jour où le duc, fuyant lui-même, avait dirigé sa course vers cette province.

En effet, Saint-Luc fuyant à Méridor ne devait-il pas être considéré comme le fourrier de M. le duc d'Anjou, allant préparer les logements du prince à Angers?

Au milieu de tout ce trouble, de tout ce mouvement, de toute cette émotion, Chicot, encourageant les mignons à affiler leurs dagues et leurs rapières pour tailler et percer les ennemis de Sa Majesté Très-Chrétienne, Chicot, disons-nous, était magnifique à voir.

D'autant plus magnifique à voir, que tout en ayant l'air de jouer le rôle de la mouche du coche, Chicot jouait en réalité un rôle beaucoup plus sérieux.

Chicot, petit à petit, et pour ainsi dire homme par homme, mettait sur pied une armée pour le service de son maître.

Tout à coup, une après-midi, tandis que le roi soupait avec la reine, dont à chaque péril politique il cultivait la société plus assidûment, et que le départ de François avait naturellement ramenée près de lui, Chicot entra les jambes étendues et les bras écartés, comme les pantins que l'on écarte à l'aide d'un fil.

— Ouf! dit-il.
— Quoi? demanda le roi.
— M. de Saint-Luc, fit Chicot.
— M. de Saint-Luc? exclama Sa Majesté.
— Oui.
— A Paris?
— Oui.
— Au Louvre?
— Oui.

Sur cette triple affirmation, le roi se leva de table, tout rouge et tout tremblant. Il eût été difficile de dire quel sentiment l'animait.

— Pardon, dit-il à la reine en essuyant sa moustache et en jetant sa serviette sur son fauteuil, mais ce sont des affaires d'État qui ne regardent point les femmes.

— Oui, dit Chicot en grossissant la voix, ce sont des affaires d'État.

La reine voulut se lever de table pour laisser la place libre à son mari.

— Non, madame, dit Henri, restez, s'il vous plaît, je vais entrer dans mon cabinet.

— Oh! sire, dit la reine, avec ce tendre intérêt qu'elle eut constamment pour son ingrat époux, ne vous mettez pas en colère, je vous prie.

— Dieu le veuille, répondit Henri, sans remarquer l'air narquois avec lequel Chicot tortillait sa moustache.

Henri s'élança vivement hors de la chambre, Chicot le suivit.

Une fois dehors:

— Que vient-il faire ici, le traître? demanda Henri d'une voix émue.

— Qui sait? fit Chicot.

— Il vient, j'en suis sûr, comme député des États d'Anjou. Il vient comme ambassadeur de mon frère, car ainsi vont les rébellions; ce sont des eaux troubles et fangeuses dans lesquelles les révoltés pêchent toute sorte de bénéfices, sordides il est vrai, mais avantageux, et qui, de provisoires et précaires, deviennent peu à peu fixes et immuables. Celui-ci a flairé la rébellion, et il s'en est fait un sauf-conduit pour venir m'insulter ici.

— Qui sait? dit Chicot.

Le roi regarda le laconique personnage.

— Il se peut encore, dit Henri, toujours traversant les galeries d'un pas inégal et qui décelait son agitation, il se peut qu'il vienne pour me redemander ses terres, dont je retiens les revenus, ce qui est un peu abusif peut-être, lui n'ayant pas commis, après tout, de crime qualifié, hein?

— Qui sait? continua Chicot.

— Ah! fit Henri, tu répètes comme mon papegai toujours la même chose; mort de ma vie! tu m'impatientes enfin, avec ton éternel « qui sait? »

— Eh! mordieu! te crois-tu bien amusant, toi, avec tes éternelles questions?

— On répond quelque chose, au moins.

— Et que veux-tu que je te réponde? me prends-tu par hasard pour le Fatum des anciens; me prends-tu pour Jupiter, pour Apollon ou pour Manto? Eh! c'est toi-même qui m'impatientes, morbleu! avec tes sottes suppositions.

— Monsieur Chicot...

— Après? monsieur Henri.

— Chicot, mon ami, tu vois ma douleur et tu me rudoies.

— N'aie pas de douleur, mordieu!

— Mais tout le monde me trahit.

— Qui sait? ventre de biche! qui sait?

Henri, se perdant en conjectures, descendit en son cabinet où, sur l'étrange nouvelle du retour de Saint-Luc, se trouvaient déjà réunis tous les familiers du Louvre, parmi lesquels, ou plutôt à la desquels brillait Crillon, l'œil en feu, le nez rouge et la moustache hérissée comme un dogue qui demande le combat.

Saint-Luc était là, debout, au milieu de tous ces menaçants visages, sentant bruire autour de lui toutes ces colères et ne se troublant pas le moins du monde.

Chose étrange! il avait amené sa femme, et l'avait fait asseoir sur un tabouret contre la balustrade du lit.

Lui se promenait le poing sur la hanche, regardant les curieux et les insolents du même regard dont ils le regardaient.

Par égard pour la jeune femme, quelques seigneurs s'étaient écartés, malgré leur envie de coudoyer Saint-Luc, et s'étaient tus, malgré leur désir de lui adresser quelques paroles désagréables. C'était dans ce vide et dans ce silence que se mouvait l'ex-favori.

Jeanne, modestement enveloppée dans sa mante de voyage, attendait, les yeux baissés.

Saint-Luc, drapé fièrement dans son manteau, attendait de son côté avec une attitude qui semblait plutôt appeler que craindre la provocation.

Enfin les assistants attendaient, pour provoquer, de bien savoir ce que revenait faire Saint-Luc à cette cour où chacun, désireux de se partager une portion de son ancienne faveur, le trouvait bien inutile.

En un mot, comme on le voit, de toutes parts l'attente était grande lorsque le roi parut.

Henri entra tout agité, tout occupé de s'exciter lui-même : cet essoufflement perpétuel compose la plupart du temps ce qu'on appelle la dignité chez les princes.

Il entra, suivi de Chicot, qui avait pris les airs calmes et dignes qu'aurait dû prendre le roi de France, et qui regardait le maintien de Saint-Luc, ce qu'aurait dû commencer par faire Henri III.

— Ah! monsieur, vous ici? s'écria tout d'abord le roi, sans faire attention à ceux qui l'entouraient, et semblable en cela au taureau des arènes espagnoles qui, dans des milliers d'hommes, ne voit qu'un brouillard mouvant, et dans l'arc-en-ciel des bannières que la couleur rouge.

— Oui, sire, répondit simplement et modestement Saint-Luc en s'inclinant avec respect.

Cette réponse frappa si peu l'oreille du roi, ce maintien plein de calme et de déférence communiqua si peu à son esprit aveuglé ces sentiments de raison et de mansuétude que doit exciter la réunion du respect des autres et de la dignité de soi-même, que le roi continua sans intervalle :

— Vraiment, votre présence au Louvre me surprend étrangement.

A cette agression brutale, un silence de mort s'établit autour du roi et de son favori.

C'était le silence qui s'établit en un champ clos autour de deux adversaires qui vont vider une question suprême.

Saint-Luc le rompit le premier.

— Sire, dit-il avec son élégance habituelle et sans paraître troublé le moins du monde de la boutade royale, je ne suis, moi, surpris que d'une chose, c'est que, dans les circonstances où elle se trouve, Votre Majesté ne m'ait pas attendu.

— Qu'est-ce à dire, monsieur? répliqua Henri avec un orgueil tout à fait royal et en relevant sa tête qui, dans les grandes circonstances, prenait une incomparable expression de dignité.

— Sire, répondit Saint-Luc, Votre Majesté court un danger.

— Un danger! s'écrièrent les courtisans.

— Oui, messieurs, un danger, grand, réel, sérieux, un danger dans lequel le roi a besoin depuis le plus grand jusqu'au plus petit de tous ceux qui lui sont dévoués; et, convaincu que, dans un danger pareil à celui que je signale, il n'y a pas de faible assistance, je viens remettre aux pieds de mon roi l'offre de mes très-humbles services.

— Ah! ah! fit Chicot, vois-tu, mon fils, que j'avais raison de dire : Qui sait?

Saint-Luc se promenait le poing sur la hanche. — Page 448.

Henri III ne répondit point tout d'abord : il regarda l'assemblée, l'assemblée était émue et offensée; mais Henri distingua bientôt dans le regard des assistants la jalousie qui s'agitait au fond de la plupart des cœurs.

Il en conclut que Saint-Luc avait fait quelque chose dont était incapable la majorité de l'assemblée, c'est-à-dire quelque chose de bien.

Cependant il ne voulut point se rendre ainsi tout à coup.

— Monsieur, répondit-il, vous n'avez fait que votre devoir, car vos services nous sont dus.

— Les services de tous les sujets du roi sont dus au roi, je le sais, sire, répondit Saint-Luc; mais par le temps qui court, beaucoup de gens oublient de payer leurs dettes. Moi, sire, je viens payer la mienne, heureux que Votre Majesté veuille bien me compter toujours au nombre de ses débiteurs.

Henri, désarmé par cette douceur et cette humilité persévérantes, fit un pas vers Saint-Luc.

— Ainsi, dit-il, vous revenez sans autre motif que celui que vous dites, vous revenez sans mission, sans sauf-conduit?

— Sire, dit vivement Saint-Luc, reconnaissant au ton dont lui parlait le roi qu'il n'y avait plus dans son maître ni reproche ni colère, je reviens purement et simplement pour revenir, et cela à franc-étrier. Maintenant, Votre Majesté peut me faire jeter à la Bastille dans une heure, arquebuser dans deux; mais j'aurai fait mon devoir. Sire, l'Anjou est en feu, la Touraine va se révolter, la Guyenne se lève pour lui donner la main, M. le duc d'Anjou travaille l'ouest et le midi de la France.

— Et il y est bien aidé, n'est-ce pas? s'écria le roi.

— Sire, dit Saint-Luc, qui comprit le sens des paroles royales, ni conseils ni représentations n'arrêtent le duc; et M. de Bussy, tout ferme qu'il soit, ne peut rassurer votre frère sur la terreur que Votre Majesté lui a inspirée.

— Ah! ah! dit Henri, il tremble donc, le rebelle!

Et il sourit dans sa moustache.

— Tudieu! dit Chicot en se caressant le menton, voilà un habile homme.

Et poussant le roi du coude:

— Range-toi donc, Henri, dit-il, que j'aille donner une poignée de main à M. de Saint-Luc.

Ce mouvement entraîna le roi. Il laissa Chicot faire son compliment à l'arrivant, puis, marchant avec lenteur vers son ancien ami, et lui posant la main sur l'épaule:

— Sois le bienvenu, Saint-Luc, lui dit-il.

— Ah! sire, s'écria Saint-Luc en baisant la main du roi, je retrouve donc enfin mon maître bien-aimé!

— Oui; mais moi, je ne te retrouve pas, dit le roi, ou du moins je te retrouve si maigri, mon pauvre Saint-Luc, que je ne t'eusse pas reconnu en te voyant passer.

A ces mots, une voix féminine se fit entendre.

— Sire, dit cette voix, c'est du chagrin d'avoir déplu à Votre Majesté.

Quoique cette voix fut douce et respectueuse, Henri tressaillit. Cette voix lui était aussi antipathique que l'était à Auguste le bruit du tonnerre.

— Madame de Saint-Luc! murmura-t-il. Ah! c'est vrai; j'avais oublié...

Jeanne se jeta à genoux.

— Relevez-vous, madame, dit le roi : j'aime tout ce qui porte le nom de Saint-Luc.

Jeanne saisit la main du roi, et la porta à ses lèvres.

Henri la retira vivement.

— Allez, dit Chicot à la jeune femme, allez, convertissez le roi, ventre de biche! vous êtes assez jolie pour cela.

Mais Henri tourna le dos à Jeanne, et passant son bras autour du cou de Saint-Luc, entra avec lui dans ses appartements.

— Ah çà! lui dit-il, la paix est faite, Saint-Luc?

— Dites, sire, répondit le courtisan, que la grâce est accordée.

— Madame, dit Chicot à Jeanne indécise, une bonne femme ne doit pas quitter son mari..., surtout lorsque son mari est en danger.

Et il poussa Jeanne sur les talons du roi et de Saint-Luc.

LXXIII

OÙ IL EST TRAITÉ DE DEUX PERSONNAGES IMPORTANTS DE CETTE HISTOIRE QUE LE LECTEUR AVAIT DEPUIS QUELQUE TEMPS PERDUS DE VUE.

Il est un des personnages de cette histoire, il en est même deux, des faits et gestes desquels le lecteur a droit de nous demander compte.

Avec l'humilité d'un auteur de préface

antique, nous nous empresserons d'aller au-devant de ces questions dont nous comprenons toute l'importance.

Il s'agit d'abord d'un énorme moine, au sourcil épais, aux lèvres rouges et charnues, aux larges mains, aux vastes épaules, dont le cou diminue chaque jour de tout ce que prennent de développement la poitrine et les joues.

Il s'agit ensuite d'un fort grand âne dont les côtes s'arrondissent et se ballonnent avec grâce.

Le moine tend chaque jour à ressembler à un muid calé par deux poutrelles.

L'âne ressemble déjà à un berceau d'enfant soutenu par quatre quenouilles.

L'un habite une cellule du couvent de Sainte-Geneviève, où toutes les grâces du Seigneur viennent le visiter.

L'autre habite l'écurie du couvent, où il vit à même d'un ratelier toujours plein.

L'un répond au nom de Gorenflot.

L'autre devrait répondre au nom de Panurge.

Tous deux jouissent, pour le moment du moins, du destin le plus prospère qu'aient jamais rêvé un âne et un moine. Les génovéfains entourent de soins leur illustre compagnon, et semblables aux divinités de troisième ordre qui soignaient l'aigle de Jupiter, le paon de Junon et les colombes de Vénus, les frères servants engraissent Panurge en l'honneur de son maître.

La cuisine de l'abbaye fume perpétuellement ; le vin des clos les plus renommés de Bourgogne coule dans les verres les plus larges.

Arrive-t-il un missionnaire ayant voyagé dans les pays lointains pour la propagation ; arrive-t-il un légat secret du pape apportant des indulgences de la part de Sa Sainteté, on lui montre le frère Gorenflot, ce double modèle de l'Église prêchante et militante, qui manie la parole comme saint Luc et l'épée comme saint Paul ; on lui montre Gorenflot dans toute sa gloire, c'est-à-dire au milieu d'un festin : on a échancré une table pour le ventre sacré de Gorenflot, et l'on s'épanouit d'un noble orgueil en faisant voir au saint voyageur que Gorenflot engloutit à lui tout seul la ration des huit plus robustes appétits du couvent.

Et quand le nouveau venu a pieusement contemplé cette merveille :

— Quelle admirable nature ! dit le prieur en joignant les mains et en levant les yeux au ciel, le frère Gorenflot aime la table et cultive les arts ; vous voyez comme il mange ! Ah ! si vous aviez entendu le sermon qu'il a fait certaine nuit, sermon dans lequel il offrait de se dévouer pour le triomphe de la foi ! C'est une bouche qui parle comme celle de saint Jean Chrysostome, et qui engloutit comme celle de Gargantua.

Cependant, parfois, au milieu de toutes ces splendeurs, un nuage passe sur le front de Gorenflot, les volailles du Mans fument inutilement devant ses larges narines, les petites huîtres de Flandre, dont il engloutit un millier en se jouant, bâillent en se contournant en vain dans leur conque nacrée ; les bouteilles aux différentes formes restent intactes quoique débouchées, Gorenflot est lugubre, Gorenflot n'a pas faim, Gorenflot rêve.

Alors le bruit court que le digne génovéfain est en extase comme saint François, ou en pâmoison comme sainte Thérèse, et l'admiration redouble.

Ce n'est plus un moine, c'est un saint ; ce n'est plus même un saint, c'est un demi-dieu ; quelques-uns même vont jusqu'à dire que c'est un Dieu complet.

— Chut ! murmure-t-on, ne troublons pas la rêverie de frère Gorenflot.

Et l'on s'écarte avec respect.

Le prieur seul attend le moment où frère Gorenflot donne un signe quelconque de vie, il s'approche du moine, lui prend la main avec affabilité, et l'interroge avec respect. Gorenflot lève la tête et regarde le prieur avec des yeux hébétés.

Il sort d'un autre monde.

— Que faisiez-vous, mon digne frère? demanda le prieur.

— Moi? dit Gorenflot.

— Oui, vous; vous faisiez quelque chose.

— Oui, mon père, je composais un sermon.

— Dans le genre de celui que vous nous avez si bravement débité dans la nuit de la sainte Ligue.

Chaque fois qu'on lui parle de ce sermon, Gorenflot déplore son infirmité.

— Oui, dit-il en poussant un soupir, dans le même genre. Ah! quel malheur que je n'aie pas écrit celui-là!

— Un homme comme vous a-t-il besoin d'écrire, mon cher frère? Non, il parle d'inspiration, il ouvre la bouche, et, comme la parole de Dieu est en lui, la parole de Dieu coule de ses lèvres.

— Vous croyez? dit Gorenflot.

— Heureux celui qui doute, répond le prieur.

En effet, de temps en temps, Gorenflot, qui comprend les nécessités de la position, et qui est engagé par ses antécédents, médite un sermon.

Foin de Marcus Tullius, de César, de saint Grégoire, de saint Augustin, de saint Jérôme et de Tertullien, la régénération de l'éloquence sacrée va commencer à Gorenflot. *Rerum novus ordo nascitur.*

De temps en temps aussi, à la fin de son repas, ou au milieu de ses extases, Gorenflot se lève et, comme si un bras invisible le poussait, va droit à l'écurie; arrivé là, il regarde avec amour Panurge qui hennit de plaisir, puis il passe sa main pesante sur le pelage plantureux où ses gros doigts disparaissent tout entiers. Alors c'est plus que du plaisir, c'est du bonheur, Panurge ne se contente plus de hennir, il se roule.

Le prieur et trois ou quatre dignitaires du couvent l'escortent d'ordinaire dans ces excursions, et font mille platitudes à Panurge : l'un lui offre des gâteaux, l'autre des biscuits, l'autre des macarons, comme autrefois ceux qui voulaient se rendre Pluton favorable, offraient des gâteaux au miel à Cerbère.

Panurge se laisse faire; il a le caractère accommodant; d'ailleurs, lui qui n'a pas d'extases, lui qui n'a pas de sermon à méditer, lui qui n'a d'autre réputation à soutenir que sa réputation d'entêtement, de paresse et de luxure, trouve qu'il ne lui reste rien à désirer et qu'il est le plus heureux des ânes.

Le prieur le regarde avec attendrissement.

— Simple et doux, dit-il, c'est la vertu des forts.

Gorenflot a appris que l'on dit en latin *ita* pour dire oui; cela le sert merveilleusement, et à tout ce qu'on lui dit, il répond *ita* avec une fatuité qui ne manque jamais son effet.

Encouragé par cette adhésion perpétuelle, l'abbé lui dit parfois :

— Vous travaillez trop, mon cher frère, cela vous rend triste de cœur.

Et Gorenflot répond à messire Joseph Foulon, comme Chicot répond parfois à Sa Majesté Henri III :

— Qui sait?

— Peut-être nos repas sont-ils un peu grossiers, ajoute le prieur; désirez-vous qu'on change le frère cuisinier? vous le savez, cher frère : *Quædam saturationes minus succedunt.*

— *Ita*, répond éternellement Gorenflot en redoublant de tendresse pour son âne.

— Vous caressez bien votre Panurge, mon frère, dit le prieur; la manie des voyages vous reprendrait-elle?

— Oh! répond alors Gorenflot avec un soupir.

Le fait est que c'est là le souvenir qui tourmente Gorenflot. Gorenflot, qui avait d'abord trouvé son éloignement du couvent un immense malheur, a découvert dans l'exil des joies infinies et inconnues dont la liberté est la source.

Au milieu de son bonheur, un ver le pique au cœur, c'est le désir de la liberté; la liberté avec Chicot le joyeux convive; avec Chicot, qu'il aime sans trop savoir pourquoi, peut-être parce que, de temps en temps, il le bat.

— Hélas! dit timidement un jeune frère qui a suivi le jeu de la physionomie du moine, je crois que vous avez raison, digne prieur, et que le séjour du couvent fatigue le révérend père.

— Pas précisément, dit Gorenflot; mais je sens que je suis né pour une vie de lutte, pour la politique du carrefour, pour le prêche de la borne.

Et, en disant ces mots, les yeux de Gorenflot s'animent; il pense aux omelettes de Chicot, au vin d'Anjou de maître Claude Bonhomet, à la salle basse de la *Corne d'abondance*.

Depuis la soirée de la Ligue, ou plutôt depuis la matinée du lendemain où il est rentré à son couvent, on ne l'a pas laissé sortir; depuis que le roi s'est fait chef de l'Union, les ligueurs ont redoublé de prudence.

Gorenflot est si simple, qu'il n'a pas même pensé à user de sa position pour se faire ouvrir les portes.

On lui a dit:

— Frère, il est défendu de sortir.

Et il n'est point sorti.

On ne se doutait point de cette flamme intérieure qui lui rendait pesante la félicité du couvent.

Aussi, voyant que sa tristesse augmentait de jour en jour, le prieur lui dit un matin:

— Très-cher frère, nul ne doit combattre sa vocation, la vôtre est de militer pour le Christ; allez donc, remplissez la mission que le Seigneur vous a confiée; seulement, veillez bien sur votre précieuse vie, et revenez pour le grand jour.

— Quel grand jour? demanda Gorenflot absorbé dans sa joie.

— Celui de la Fête-Dieu.

— *Ita!* dit le moine avec un air de profonde intelligence: mais, ajouta Gorenflot, afin que je m'inspire chrétiennement par des aumônes, donnez-moi quelque argent.

Le prieur s'empressa d'aller chercher une large bourse qu'il ouvrit à Gorenflot. Gorenflot y plongea sa large main.

— Vous verrez ce que je rapporterai au couvent, dit-il en faisant passer dans la large poche de son froc ce qu'il venait d'emprunter à la bourse du prieur.

— Vous avez votre texte, n'est-ce pas, très-cher frère? demanda Joseph Foulon.

— Oui, certainement.

— Confiez-le-moi.

— Volontiers, mais à vous seul.

Le prieur s'approcha de Gorenflot et prêta une oreille attentive.

— Écoutez.

— J'écoute.

— Le fléau qui bat le grain se bat lui-même, dit Gorenflot.

— Oh! magnifique! oh! sublime! s'écria le prieur.

Et les assistants, partageant de confiance l'enthousiasme de messire Joseph Foulon, répétèrent d'après lui: Magnifique! sublime!

— Et maintenant, mon père, suis-je libre? demanda Gorenflot avec humilité.

— Oui, mon fils, s'écria le révérend abbé, allez et marchez dans la voie du Seigneur.

Gorenflot fit seller Panurge, l'enfourcha avec l'aide de deux vigoureux moines, et sortit du couvent vers les sept heures du soir.

C'était le jour même où Saint-Luc était

arrivé de Méridor. Les nouvelles qui venaient d'Anjou tenaient Paris en émotion.

Gorenflot, après avoir suivi la rue Saint-Étienne, venait de prendre à droite et de dépasser les Jacobins, quand tout à coup Panurge tressaillit : une main vigoureuse venait de s'appesantir sur sa croupe.

— Qui va là? s'écria Gorenflot effrayé.

— Ami, répliqua une voix que Gorenflot crut reconnaître.

Gorenflot avait bonne envie de se retourner; mais, comme les marins, qui, toutes les fois qu'ils s'embarquent, ont besoin d'habituer de nouveau leur pied au roulis, toutes les fois que Gorenflot remontait sur son âne, il était quelque temps à reprendre son centre de gravité.

— Que demandez-vous? dit-il.

— Voudriez-vous, mon respectable frère, reprit la voix, m'indiquer le chemin de la *Corne d'abondance?*

— Morbleu! s'écria Gorenflot au comble de la joie, c'est M. Chicot en personne.

— Justement, répondit le Gascon, j'allais vous chercher au couvent, mon très-cher frère, quand je vous ai vu sortir; je vous ai suivi quelque temps de peur de me compromettre en vous parlant; mais, maintenant que nous sommes bien seuls, me voilà; bonjour, frocard. Ventre de biche! je te trouve maigri.

— Et vous, monsieur Chicot, je vous trouve engraissé, parole d'honneur.

— Je crois que nous nous flattons tous les deux.

— Mais, qu'avez-vous donc, monsieur Chicot? dit le moine, vous paraissez bien chargé.

— C'est un quartier de daim que j'ai volé à Sa Majesté, dit le Gascon; nous en ferons des grillades.

— Cher M. Chicot! s'écria le moine, et sous l'autre bras?

— C'est un flacon de vin de Chypre envoyé par un roi à mon roi.

— Voyons, dit Gorenflot.

— C'est mon vin à moi; je l'aime beaucoup, dit Chicot en écartant son manteau, et toi, frère moine?

— Oh! oh! s'écria Gorenflot, en apercevant la double aubaine et en s'ébaudissant si fort sur sa monture que Panurge plia sous lui, oh! oh!

Dans sa joie, le moine leva les bras au ciel, et, d'une voix qui fit trembler à droite et à gauche les vitres des maisons, il chanta, tandis que Panurge l'accompagnait en hihannant :

> La musique a des appas,
> Mais on ne fait que l'entendre.
> Les fleurs ont le parfum tendre,
> Mais l'odeur ne nourrit pas.
> Sans que notre main y touche,
> Un beau ciel flatte nos yeux,
> Mais le vin coule en la bouche,
> Mais le vin se sent, se touche,
> Et se boit; je l'aime mieux
> Que musique, fleurs et cieux.

C'était la première fois que Gorenflot chantait depuis près d'un mois.

LXXIV

Laissons les deux amis entrer au cabaret de la *Corne d'abondance*, où Chicot, on se le rappelle, ne conduisait jamais le moine qu'avec des intentions dont celui-ci était loin de soupçonner la gravité, et revenons à M. de Monsoreau, qui suit en litière le chemin de Méridor à Paris, et à Bussy, qui est parti d'Angers avec l'intention de faire la même route.

Non-seulement il n'est pas difficile à un cavalier bien monté de rejoindre des gens qui vont à pied, mais encore il court un risque, c'est celui de les dépasser.

La chose arriva à Bussy.

On était à la fin de mai, et la chaleur était grande, surtout vers le midi.

Aussi M. de Monsoreau ordonna-t-il de faire halte dans un petit bois qui se trouvait sur la route; et comme il désirait que son départ fût connu le plus tard possible de M. le duc d'Anjou, il veilla à ce que toutes les personnes de sa suite entrassent avec lui dans l'épaisseur du taillis pour laisser passer la plus grande ardeur du soleil; un cheval était chargé de provisions; on put donc faire la collation sans avoir recours à personne.

Pendant ce temps, Bussy passa.

Mais Bussy n'allait pas, comme on le pense bien, par la route sans s'informer si l'on n'avait pas vu des chevaux, des cavaliers et une litière portée par des paysans.

Jusqu'au village de Durtal, il avait obtenu les renseignements les plus positifs et les plus satisfaisants; aussi, convaincu que Diane était devant lui, avait-il mis son cheval au pas, se haussant sur ses étriers au sommet de chaque monticule, afin d'apercevoir au loin la petite troupe à la poursuite de laquelle il s'était mis.

Mais, contre son attente, tout à coup les renseignements lui manquèrent; les voyageurs qui le croisaient n'avaient rencontré personne, et, en arrivant aux premières maisons de la Flèche, il acquit la conviction qu'au lieu d'être en retard il était en avance, et qu'il précédait au lieu de suivre.

Alors il se rappela le petit bois qu'il avait rencontré sur sa route, et il s'expliqua les hennissements de son cheval qui avait interrogé l'air de ses naseaux fumants au moment où il y était entré.

Son parti fut pris à l'instant même; il s'arrêta au plus mauvais cabaret de la rue et après s'être assuré que son cheval ne manquerait de rien, moins inquiet de lui-même que de sa monture, à la vigueur de laquelle il pouvait avoir besoin de recourir, il s'installa près d'une fenêtre, en ayant le soin de se cacher derrière un lambeau de toile qui servait de rideau.

Ce qui avait surtout déterminé Bussy dans le choix qu'il avait fait de cette espèce de bouge, c'est qu'il était situé en face de la meilleure hôtellerie de la ville, et qu'il ne doutait point que Monsoreau ne fît halte dans cette hôtellerie.

Bussy avait deviné juste; vers quatre heures de l'après-midi, il vit apparaître un coureur, qui s'arrêta à la porte de l'hôtellerie.

Une demi-heure après vint le cortége. Il se composait, en personnages principaux, du comte, de la comtesse, de Remy et de Gertrude; en personnages secondaires, de huit porteurs qui se relayaient de cinq lieues en cinq lieues.

Le coureur avait mission de préparer les relais des paysans.

Or, comme Monsoreau était trop jaloux pour ne pas être généreux, cette manière de voyager, tout inusitée qu'elle était, ne souffrait ni difficulté ni retard.

Les personnages principaux entrèrent les uns après les autres dans l'hôtellerie; Diane resta la dernière, et il sembla à Bussy qu'elle regardait avec inquiétude autour d'elle. Son premier mouvement fut de se montrer, mais il eut le courage de se retenir; une imprudence les perdait.

La nuit vint : Bussy espérait que, pendant la nuit, Remy sortirait, ou que Diane paraîtrait à quelque fenêtre; il s'enveloppa de son manteau et se mit en sentinelle dans la rue.

Il attendit ainsi jusqu'à neuf heures du soir; à neuf heures du soir le coureur sortit.

Cinq minutes après, huit hommes s'approchèrent de la porte : quatre entrèrent dans l'hôtellerie.

— Oh! se dit Bussy, voyageraient-ils de nuit? Ce serait une excellente idée qu'aurait M. de Monsoreau.

Effectivement, tout venait à l'appui de cette probabilité : la nuit était douce, le ciel tout parsemé d'étoiles; une de ces brises qui semblent le souffle de la terre rajeunie passait dans l'air, caressante et parfumée.

La litière sortit la première.

Puis vinrent à cheval Diane, Remy et Gertrude.

Diane regarda encore avec attention autour d'elle; mais, comme elle regardait le comte l'appela, et force lui fut de revenir près de la litière.

Les quatre hommes de relais allumèrent des torches et marchèrent aux deux côtés de la route.

— Bon, dit Bussy, j'aurais commandé moi-même les détails de cette marche, que je n'eusse pas mieux fait.

Et il rentra dans son cabaret, sella son cheval, et se mit à la poursuite du cortége.

Cette fois, il n'y avait point à se tromper de route, ou à le perdre de vue : les torches indiquaient clairement le chemin qu'il suivait.

Monsoreau ne laissait point Diane s'éloigner un instant de lui.

Il causait avec elle, ou plutôt il la gourmandait.

Cette visite dans la serre servait de texte à d'inépuisables commentaires, et à une foule de questions envenimées.

Remy et Gertrude se boudaient, ou, pour mieux dire, Remy rêvait, et Gertrude boudait Remy.

La cause de cette bouderie était facile à expliquer : Remy ne voyait plus la nécessité d'être amoureux de Gertrude, depuis que Diane était amoureuse de Bussy.

Le cortége s'avançait donc, les uns disputant, les autres boudant, quand Bussy, qui suivait la cavalcade hors de la portée de la vue, donna, pour prévenir Remy de sa présence, un coup de sifflet d'argent avec lequel il avait l'habitude d'appeler ses serviteurs à l'hôtel de la rue de Grenelle-Saint-Honoré.

Le son en était aigu et vibrant.

Ce son retentissait d'un bout à l'autre de la maison, et faisait accourir bêtes et gens.

Nous disons bêtes et gens, parce que Bussy, comme tous les hommes forts, se plaisait à dresser des chiens de combat, des chevaux indomptables et des faucons sauvages.

Or, au son de ce sifflet, les chiens tressaillaient dans leurs chenils, les chevaux dans leurs écuries, les faucons sur leurs perchoirs.

Remy le reconnut à l'instant même. Diane tressaillit et regarda le jeune homme qui fit un signe affirmatif.

Puis il passa à sa gauche et lui dit tout bas :

— C'est lui.

— Qu'est-ce? demanda Monsoreau, et qui vous parle, madame?

— A moi? personne, monsieur.

— Si fait; une ombre a passé près de vous, et j'ai entendu une voix.

— Cette voix, dit Diane, est celle de M. Remy; êtes-vous jaloux aussi de M. Remy?

— Non; mais j'aime à entendre parler tout haut, cela me distrait.

— Il y a cependant des choses que l'on ne peut pas dire devant monsieur le comte, interrompit Gertrude venant au secours de sa maîtresse.

— Pourquoi cela?

— Pour deux raisons.

— Lesquelles?

— La première, parce qu'on peut dire des choses qui n'intéressent pas monsieur le comte, ou des choses qui l'intéressent trop.

— Et de quel genre étaient les choses que M. Remy vient de dire à madame.

— Du genre de celles qui intéressent trop monsieur.

— Que vous disait Remy, madame? je veux le savoir.

— Je disais, monsieur le comte, que si vous vous démenez ainsi, vous serez mort avant d'avoir fait le tiers de la route.

On put voir, aux sinistres rayons des torches, le visage de Monsoreau devenir aussi pâle que celui d'un cadavre.

LA DAME DE MONSOREAU

Bussy entra le front haut, l'œil calme et le chapeau à la main. — Page 460.

Diane, palpitante et pensive, se taisait.

— Il vous attend à l'arrière, dit d'une voix à peine intelligible Remy à Diane ; ralentissez un peu le pas de votre cheval ; il vous rejoindra.

Remy avait parlé si bas, que Monsoreau n'entendit qu'un murmure ; il fit un effort, renversa sa tête en arrière, et vit Diane qui le suivait.

— Encore un mouvement pareil, monsieur le comte, dit Remy, et je ne réponds pas de l'hémorragie.

Depuis quelque temps, Diane était devenue courageuse.

Avec son amour était née l'audace que toute femme véritablement éprise pousse d'ordinaire au delà des limites raisonnables ; elle tourna bride et attendit.

Au même moment, Remy descendait de cheval, donnait sa bride à tenir à Gertrude et s'approchait de la litière pour occuper le malade.

— Voyons ce pouls, dit-il, je parie que nous avons la fièvre.

Cinq secondes après, Bussy était à ses côtés.

Les deux jeunes gens n'avaient plus besoin de se parler pour s'entendre ; ils restèrent pendant quelques instants suavement embrassés.

— Tu vois, dit Bussy rompant le premier le silence, tu pars et je te suis.

— Oh! que mes jours seront beaux, Bussy! que mes nuits seront douces, si si je te sais ainsi toujours près de moi!

— Mais le jour, il nous verra.

— Non, tu nous suivras de loin, et c'est moi seulement qui te verrai, mon Louis. Au détour des routes, au sommet des monticules, la plume de ton feutre, la broderie de ton manteau, ton mouchoir flottant, tout me parlera en ton nom, tout me dira que tu m'aimes. Qu'au moment où le jour baisse, où le brouillard bleu descend dans la plaine, je voie ton doux fantôme s'incliner en m'envoyant le doux baiser du soir, et je serai heureuse, bien heureuse!

— Parle, parle toujours, ma Diane bien-aimée, tu ne peux savoir toi-même tout ce qu'il y a d'harmonie dans ta douce voix.

— Et quand nous marcherons la nuit, et cela arrivera souvent, car Remy lui a dit que la fraîcheur du soir était bonne pour ses blessures; quand nous marcherons la nuit, alors, comme ce soir, de temps en temps je resterai en arrière, de temps en temps je pourrai te presser dans mes bras et te dire, dans un rapide serrement de main, tout ce que j'aurai pensé de toi dans le courant du jour.

— Oh! que je t'aime! que je t'aime! murmura Bussy.

— Vois-tu, dit Diane, je crois que nos âmes sont assez étroitement unies pour que, même à distance l'un de l'autre, même sans nous parler, sans nous voir, nous soyons heureux par la pensée.

— Oh! oui! mais te voir, mais te presser dans mes bras, oh! Diane! Diane!

Et les chevaux se touchaient et se jouaient en secouant leurs brides argentées, et les deux amants s'étreignaient et oubliaient le monde.

Tout à coup une voix retentit qui les fit tressaillir tous deux, Diane de crainte, Bussy de colère.

— Madame Diane, criait cette voix, où êtes-vous? Madame Diane, répondez.

Ce cri traversa l'air comme une funèbre évocation.

— Oh! c'est lui, c'est lui! je l'avais oublié, murmura Diane... C'est lui, je rêvais! O doux songe! réveil affreux!

— Écoute, s'écriait Bussy, écoute, Diane, nous voici réunis. Dis un mot, et rien ne peut plus t'enlever à moi. Diane, fuyons. Qui nous empêche de fuir? Regarde! devant nous l'espace, le bonheur, la liberté! Un mot et nous partons! un mot, et, perdue pour lui, tu m'appartiens éternellement.

Et le jeune homme la retenait doucement.

— Et mon père? dit Diane.

— Quand le baron saura que je t'aime... murmura-t-il.

— Oh! fit Diane. Un père, que dis-tu là?

Ce seul mot fit rentrer Bussy en lui-même.

— Rien par violence, chère Diane, dit-il, ordonne et j'obéirai.

— Écoute, dit Diane en étendant la main, notre destinée est là; soyons plus forts que le démon qui nous persécute; ne crains rien et tu verras si je sais aimer.

— Il faut donc nous séparer, mon Dieu! murmura Bussy.

— Comtesse! comtesse! cria la voix. Répondez, ou, dussé-je me tuer, je saute au bas de cette infernale litière.

— Adieu, dit Diane, adieu; il le ferait comme il le dit, et il se tuerait.

— Tu le plains?

— Jaloux! fit Diane avec un adorable accent et un ravissant sourire.

Et Bussy la laissa partir.

En deux élans, Diane était revenue

près de la litière : elle trouva le comte à moitié évanoui.

— Arrêtez! murmura le comte, arrêtez!

— Morbleu! disait Remy, n'arrêtez pas! il est fou; s'il veut se tuer qu'il se tue.

Et la litière marchait toujours.

— Mais après qui donc criez-vous? disait Gertrude; madame est là, à mes côtés. Venez, madame, et répondez-lui, bien certainement M. le comte a le délire.

Diane, sans prononcer une parole, entra dans le cercle de lumière épandu par les torches.

— Ah! fit Monsoreau épuisé, où donc étiez-vous?

— Où voulez-vous que je sois, monsieur, sinon derrière vous?

— A mes côtés, madame, à mes côtés; ne me quittez pas.

Diane n'avait plus aucun motif pour rester en arrière ; elle savait que Bussy la suivait. Si la nuit eût été éclairée par un rayon de lune, elle eût pu le voir.

On arriva à la halte.

Monsoreau se reposa quelques heures et voulut partir.

Il avait hâte, non point d'arriver à Paris, mais de s'éloigner d'Angers.

De temps en temps la scène que nous venons de raconter se renouvelait.

Remy disait tout bas :

— Qu'il étouffe de rage, et l'honneur du médecin sera sauvé.

Mais Monsoreau ne mourut pas; au contraire, au bout de dix jours, il était arrivé à Paris, et il allait sensiblement mieux.

C'était décidément un homme fort habile que Remy, plus habile qu'il ne l'eût voulu lui-même.

Pendant les dix jours qu'avait duré le voyage, Diane avait, à force de tendresses, démoli toute cette grande fierté de Bussy.

Elle l'avait engagé à se présenter chez Monsoreau, et à exploiter l'amitié qu'il lui témoignait.

Le prétexte de la visite était tout simple : la santé du comte.

Remy soignait le mari et remettait les billets à la femme.

— Esculape et Mercure, disait-il ; je cumule.

LXXV

COMMENT L'AMBASSADEUR DE M. LE DUC D'ANJOU ARRIVA A PARIS, ET LA RÉCEPTION QUI LUI FUT FAITE.

Cependant, on ne voyait reparaître au Louvre ni Catherine, ni le duc d'Anjou, et la nouvelle d'une dissension entre les deux frères prenait de jour en jour plus d'accroissement et plus d'importance.

Le roi n'avait reçu aucun message de sa mère, et, au lieu de conclure, selon le proverbe : Pas de nouvelles, bonnes nouvelles! il se disait, au contraire, en secouant la tête :

« Pas de nouvelles, mauvaises nouvelles! »

Les mignons ajoutaient :

— *François, mal conseillé*, aura retenu votre mère.

François, mal conseillé. En effet, toute la politique de ce règne singulier, et des trois règnes précédents se réduisait là.

Mal conseillé avait été le roi Charles IX, lorsqu'il avait, sinon ordonné, du moins autorisé la Saint-Barthélemy. Mal conseillé avait été François II, lorsqu'il ordonna le massacre d'Amboise.

Mal conseillé avait été Henri II, le père de cette race perverse, lorsqu'il fit brûler tant d'hérétiques et de conspirateurs avant d'être tué par Montgomery, qui lui-même avait été mal conseillé, disait-on, lorsque le bois de sa lance avait si malencontreusement pénétré dans la visière du casque de son roi.

On n'ose pas dire à un roi :

« Votre frère a de mauvais sang dans les veines; il cherche, comme c'est l'usage dans votre famille, à vous détrôner, à vous tondre ou à vous empoisonner; il veut vous faire à vous ce que vous avez fait à votre frère aîné, ce que votre frère aîné a fait au sien, ce que votre mère vous a tous instruits à vous faire les uns aux autres. »

Non, un roi de ce temps-là surtout, un roi du seizième siècle eût pris ces observations pour des injures, car un roi était en ce temps-là un homme, et la civilisation seule en a pu faire un *fac-simile* de Dieu comme Louis XIV, ou un mythe non responsable, comme un roi constitutionnel.

Les mignons disaient donc à Henri III :

— Sire, votre frère est mal conseillé.

Et, comme une seule personne avait à la fois le pouvoir et l'esprit de conseiller François, c'était contre Bussy que se soulevait la tempête, chaque jour plus furieuse et plus près d'éclater.

On en était dans les conseils publics à trouver des moyens d'intimidation, et, dans les conseils privés, à chercher des moyens d'extermination, lorsque la nouvelle arriva que monseigneur le duc d'Anjou envoyait un ambassadeur.

Comment vint cette nouvelle? par qui vint-elle? qui l'apporta? qui la répandit?

Il serait aussi facile de dire comment se soulèvent les tourbillons de vent dans l'air, les tourbillons de poussière dans la campagne, les tourbillons de bruit dans les villes.

Il y a un démon qui met des ailes à certaines nouvelles et qui les lâche comme des aigles dans l'espace.

Lorsque celle que nous venons de dire arriva au Louvre, ce fut une conflagration générale.

Le roi en devint pâle de colère, et les courtisans, outrant comme d'habitude la passion du maître, se firent livides.

On jura.

Il serait difficile de dire tout ce que l'on jura, mais on jura, entre autres choses :

Que si c'était un vieillard, ce vieillard serait bafoué, berné, embastillé;

Que si c'était un jeune homme, il serait pourfendu, troué à jour, déchiqueté en petits morceaux, lesquels seraient envoyés à toutes les provinces de France comme un échantillon de la royale colère.

Et les mignons, selon leur habitude, de fourbir leurs rapières, de prendre des leçons d'escrime et de jouer de la dague contre les murailles. Chicot laissa son épée au fourreau, laissa sa dague dans sa gaîne, et se mit à réfléchir profondément.

Le roi, voyant Chicot réfléchir, se souvint que Chicot avait un jour, dans un point difficile qui s'était éclairci depuis, été de l'avis de la reine-mère, laquelle avait eu raison.

Il comprit donc que dans Chicot était la sagesse du royaume, et il interrogea Chicot.

— Sire, répliqua celui-ci après avoir mûrement réfléchi, ou monseigneur le duc d'Anjou vous envoie un ambassadeur, ou il ne vous en envoie pas.

— Pardieu! dit le roi, c'était bien la peine de te creuser la joue avec le poing pour trouver ce beau dilemme.

— Patience, patience, comme dit, dans la langue de maître Machiavelli, votre auguste mère que Dieu conserve; patience.

— Tu vois que j'en ai, dit le roi, puisque je t'écoute.

— S'il vous envoie un ambassadeur, c'est qu'il croit pouvoir le faire ; s'il croit pouvoir le faire, lui qui est la prudence en personne, c'est qu'il se sent fort; s'il se sent fort, il faut le ménager. Respectons les puissances, trompons-les, mais ne jouons pas avec elles; recevons leur ambassadeur et témoignons-lui toute sorte de plaisir de le voir. Cela n'engage à rien. Vous rappelez-vous comment votre frère a embrassé ce bon amiral Coligny qui venait en ambassadeur de la part des huguenots, qui, eux aussi, se croyaient une puissance?

— Alors tu approuves la politique de mon frère Charles IX?

— Non pas, entendons-nous; je cite un fait, et j'ajoute : si plus tard nous trouvons moyen, non pas de nuire à un pauvre diable de héraut d'armes, d'envoyé, de commis ou d'ambassadeur; si plus tard nous trouvons moyen de saisir au collet le maître, le moteur, le chef, le très-grand et très-honoré prince monseigneur le duc d'Anjou, vrai, seul et unique coupable, avec les trois Guises, bien entendu, et de le claquemurer dans un fort plus sûr que le Louvre, oh! sire, faisons-le.

— J'aime assez ce prélude, dit Henri III.

— Peste, tu n'es pas dégoûté, mon fils, dit Chicot. Je continue donc.

— Va!

— Mais s'il n'envoie pas d'ambassadeur, pourquoi laisser beugler tous tes amis?

— Beugler!

— Tu comprends; je dirais rugir, s'il y avait moyen de les prendre pour des lions. Je dis beugler... parce que... Tiens, Henri, cela fait en vérité mal au cœur de voir des gaillards, plus barbus que les singes de ta ménagerie, jouer comme des petits garçons au fantôme, et essayer de faire peur à des hommes en criant : Hou! hou!... Sans compter que si le duc d'Anjou n'envoie personne, ils s'imagineront que c'est à cause d'eux, et ils se croiront des personnages.

— Chicot, tu oublies que les gens dont tu parles sont mes amis, mes seuls amis.

— Veux-tu que je te gagne mille écus, ô mon roi? dit Chicot.

— Parle.

— Gage avec moi que ces gens-là resteront fidèles à toute épreuve, et moi je gagerai en avoir trois sur quatre, bien à moi, corps et âme, d'ici à demain soir.

L'aplomb avec lequel parlait Chicot fit à son tour réfléchir Henri. Il ne répondit point.

— Ah! dit Chicot, voilà que tu rêves aussi, voilà que tu enfonces ton joli poing dans ta charmante mâchoire. Tu es plus fort que je ne croyais, mon fils, car voilà que tu flaires la vérité.

— Alors, que me conseilles-tu?

— Je te conseille d'attendre, mon roi. La moitié de la sagesse du roi Salomon est dans ce mot-là. S'il t'arrive un ambassadeur, fais bonne mine; s'il ne vient personne, fais ce que tu voudras; mais saches-en gré au moins à ton frère, qu'il ne faut pas, crois-moi, sacrifier à tes drôles. Cordieu, c'est un grand gueux, je le sais bien, mais il est Valois. Tue-le si cela te convient, mais, pour l'honneur du nom, ne le dégrade pas; c'est un soin dont il s'occupe assez avantageusement lui-même.

— C'est vrai, Chicot.

— Encore une nouvelle leçon que tu me dois; heureusement que nous ne comptons plus. Maintenant, laisse-moi dormir, Henri; il y a huit jours que je me suis vu dans la nécessité de soûler un moine, et, quand je fais de ces tours de force-là, j'en ai pour une semaine à être gris.

— Un moine! est-ce ce bon génovéfain dont tu m'as déjà parlé?

— Justement. Tu lui as promis une abbaye.

— Moi?

— Pardieu! c'est bien le moins que tu fasses cela pour lui après ce qu'il a fait pour toi.

— Il m'est donc toujours dévoué?

— Il t'adore. A propos, mon fils...

— Quoi?

— C'est dans trois semaines la Fête-Dieu.

— Après?

— J'espère bien que tu nous mitonnes quelque jolie petite procession.

— Je suis le roi très-chrétien, et c'est de mon devoir de donner à mon peuple l'exemple de la religion.

— Et tu feras, comme d'habitude, les stations dans les quatre grands couvents de Paris.

— Comme d'habitude.

— L'abbaye de Sainte-Geneviève en est, n'est-ce pas ?

— Sans doute, c'est le second où je compte me rendre.

— Bon.

— Pourquoi me demandes-tu cela ?

— Pour rien. Je suis curieux, moi. Maintenant je sais ce que je veux savoir. Bonsoir, Henri.

En ce moment, et comme Chicot prenait toutes ses aises pour faire un somme, on entendit une grande rumeur dans le Louvre.

— Quel est ce bruit ? demanda le roi.

— Allons, dit Chicot, il est écrit que je ne dormirai pas, Henri.

— Eh bien ?

— Mon fils, loue-moi une chambre en ville, ou je quitte ton service ; ma parole d'honneur, le Louvre devient inhabitable.

En ce moment le capitaine des gardes entra ; il avait l'air fort effaré.

— Qu'y a-t-il ? demanda le roi.

— Sire, répondit le capitaine, c'est l'envoyé de M. le duc d'Anjou qui descend au Louvre.

— Avec une suite ? demanda le roi.

— Non, tout seul.

— Alors il faut doublement bien le recevoir, Henri, car c'est un brave.

— Allons, dit le roi en essayant de prendre un air calme que démentait sa froide pâleur, allons, qu'on réunisse toute ma cour dans la grande salle et que l'on m'habille de noir : il faut être lugubrement vêtu quand on a le malheur de traiter par ambassadeur avec un frère !

LXXVI

LEQUEL N'EST AUTRE CHOSE QUE LA SUITE DU PRÉCÉDENT, ÉCOURTÉ PAR L'AUTEUR POUR CAUSE DE FIN D'ANNÉE.

Le trône de Henri III s'élevait dans la grande salle.

Autour de ce trône se pressait une foule frémissante et tumultueuse.

Le roi vint s'y asseoir, triste et le front plissé.

Tous les yeux étaient tournés vers la galerie par laquelle le capitaine des gardes devait introduire l'envoyé.

— Sire, dit Quélus en se penchant à l'oreille du roi, savez-vous le nom de cet ambassadeur ?

— Non, que m'importe !

— Sire, c'est M. de Bussy ; l'insulte n'est-elle pas triple ?

— Je ne vois pas en quoi il peut y avoir insulte, dit Henri s'efforçant de garder son sang-froid.

— Peut-être Votre Majesté ne le voit-elle pas, dit Schomberg, mais nous le voyons bien, nous.

Henri ne répliqua rien ; il sentait fermenter la colère et la haine autour de son trône et s'applaudissait intérieurement de jeter deux remparts de cette force entre lui et ses ennemis.

Quélus, pâlissant et rougissant tour à tour, appuya ses deux mains sur la garde de sa rapière.

Schomberg ôta ses gants et tira à moitié son poignard hors du fourreau.

Maugiron prit son épée des mains d'un page et l'agrafa à sa ceinture.

D'Épernon se troussa les moustaches jusqu'aux yeux et se rangea derrière ses compagnons.

Quant à Henri, semblable au chasseur qui entend rugir ses chiens contre le sanglier, il laissait faire ses favoris et souriait.

— Faites entrer, dit-il.

A ces paroles, un silence de mort s'établit dans la salle, et, du fond de ce silence, on eût dit qu'on entendait gronder sourdement la colère du roi.

Alors un pas sec, alors un pied, dont l'éperon sonnait avec orgueil sur la dalle, retentit dans la galerie.

Bussy entra le front haut, l'œil calme et le chapeau à la main.

Aucun de ceux qui entouraient le roi n'attira le regard hautain du jeune homme.

Il s'avança droit à Henri, salua profondément, et attendit qu'on l'interrogeât, fièrement posé devant le trône, mais avec une fierté toute personnelle, fierté de gentilhomme qui n'avait rien d'insultant pour la majesté royale.

— Vous ici! monsieur de Bussy; je vous croyais au fond de l'Anjou.

— Sire, dit Bussy, j'y étais effectivement; mais, comme vous le voyez, je l'ai quitté.

— Et qui vous amène dans notre capitale?

— Le désir de présenter mes bien humbles respects à Votre Majesté.

Le roi et les mignons se regardèrent; il était évident qu'ils attendaient autre chose de l'impétueux jeune homme.

— Et... rien de plus? dit assez superbement le roi.

— J'y ajouterai, sire, l'ordre que j'ai reçu de Son Altesse monseigneur le duc d'Anjou, mon maître, de joindre ses respects aux miens.

— Et le duc ne vous a rien dit autre chose?

— Il m'a dit qu'étant sur le point de revenir avec la reine-mère, il désirait que Votre Majesté sût le retour d'un de ses plus fidèles sujets.

Le roi, presque suffoqué de surprise, ne put continuer son interrogatoire.

Chicot profita de l'interruption pour s'approcher de l'ambassadeur.

— Bonjour, monsieur de Bussy, dit-il.

Bussy se retourna, étonné d'avoir un ami dans toute l'assemblée.

— Ah! monsieur Chicot, salut et de tout mon cœur, répliqua Bussy. Comment se porte M. de Saint-Luc?

— Mais fort bien; il se promène en ce moment avec sa femme du côté des volières.

— Et voilà tout ce que vous aviez à me dire, monsieur de Bussy? demanda le roi.

— Oui, sire; s'il reste quelque autre nouvelle importante, monseigneur le duc d'Anjou aura l'honneur de vous l'annoncer lui-même.

— Très-bien, dit le roi.

Et, se levant tout silencieux de son trône, il descendit les deux degrés.

L'audience était finie, les groupes se rompirent.

Bussy remarqua, du coin de l'œil, qu'il était entouré par les quatre mignons et comme enfermé dans un cercle vivant plein de frémissements et de menaces.

À l'extrémité de la salle, le roi causait bas avec son chancelier.

Bussy fit semblant de ne rien voir et continua de s'entretenir avec Chicot.

Alors, comme s'il fût entré dans le complot et qu'il eût résolu d'isoler Bussy, le roi appela.

— Venez çà, Chicot, dit-il, on a quelque chose à vous dire par ici.

Chicot salua Bussy avec une courtoisie qui sentait son gentilhomme d'une lieue.

Bussy lui rendit son salut avec non moins d'élégance et demeura seul dans le cercle.

Alors il changea de contenance et de visage : de calme qu'il avait été avec le roi, il était devenu poli avec Chicot; de poli il se fit gracieux.

Voyant Quélus s'approcher de lui :

— Eh! bonjour, monsieur de Quélus, lui dit-il, puis-je avoir l'honneur de vous demander comment va votre maison?

— Mais, assez mal, monsieur, répliqua Quélus.

— Oh! mon Dieu, s'écria Bussy comme s'il eût eu souci de cette réponse, et qu'est-il donc arrivé?

— Il y a quelque chose qui nous gêne infiniment, répondit Quélus.

— Quelque chose! fit Bussy avec étonnement; eh! n'êtes-vous pas assez puissants, vous et les vôtres, et surtout vous, monsieur de Quélus, pour renverser ce quelque chose?

— Pardon, monsieur, dit Maugiron en écartant Schomberg qui s'avançait pour placer son mot dans cette conversation, qui promettait d'être intéressante, ce n'est pas quelque chose; c'est quelqu'un que voulait dire M. de Quélus.

— Mais si quelqu'un gêne M. de Quélus, dit Bussy, qu'il le pousse comme vous venez de faire.

— C'est aussi le conseil que je lui ai donné, monsieur de Bussy, dit Schomberg, et je crois que Quélus est décidé à le suivre.

— Ah! c'est vous, monsieur de Schomberg, dit Bussy, je n'avais pas l'honneur de vous reconnaître.

— Peut-être, dit Schomberg, ai-je encore du bleu sur la figure.

— Non pas, vous êtes fort pâle, au contraire; seriez-vous indisposé, monsieur?

— Monsieur, dit Schomberg, si je suis pâle, c'est de colère.

— Ah çà! mais vous êtes donc comme M. de Quélus, gêné par quelque chose ou par quelqu'un?

— Oui, monsieur.

— C'est comme moi, dit Maugiron, moi aussi j'ai quelqu'un qui me gêne.

— Toujours spirituel, mon cher monsieur de Maugiron, dit Bussy; mais en vérité, messieurs, plus je vous regarde, plus vos figures renversées me préoccupent.

— Vous m'oubliez, monsieur, dit d'Épernon en se campant fièrement devant Bussy.

— Pardon, monsieur d'Épernon, vous étiez derrière les autres, selon votre habitude, et j'ai si peu le plaisir de vous connaître, que ce n'était point à moi de vous parler le premier.

C'était un spectacle curieux que le sourire et la désinvolture de Bussy, placé entre ces quatre furieux dont les yeux parlaient avec une éloquence terrible.

Pour ne pas comprendre où ils en voulaient venir, il eût fallu être aveugle ou stupide.

Pour avoir l'air de ne pas comprendre, il fallait être Bussy.

Il garda le silence, et le même sourire demeura imprimé sur ses lèvres.

— Enfin! dit avec un éclat de voix et en frappant de sa botte sur la dalle Quélus, qui s'impatienta le premier.

Bussy leva les yeux au plafond et regarda autour de lui.

— Monsieur, dit-il, remarquez-vous comme il y a de l'écho dans cette salle? Rien ne renvoie le son comme les murs de marbre, et les voix sont doublement sonores sous les voûtes de stuc; bien au contraire, quand on se trouve en rase campagne, les sons se divisent, et je crois, sur mon honneur, que les nuées en prennent leur part. J'avance cette proposition d'après Aristophane. Avez-vous lu Aristophane, messieurs?

Maugiron crut avoir compris l'invitation de Bussy, et il s'approcha du jeune homme pour lui parler à l'oreille.

Bussy l'arrêta.

— Pas de confidence ici, monsieur, je vous en supplie, lui dit-il; vous savez combien Sa Majesté est jalouse; elle croirait que nous médisons.

Maugiron s'éloigna plus furieux que jamais.

Schomberg prit sa place, et, d'un ton empesé:

D'ÉPERNON.

— Moi, dit-il, je suis un Allemand très-lourd, très-obtus, mais très-franc; je parle haut pour donner à ceux qui m'écoutent toutes facilités de m'entendre; mais quand ma parole, que j'essaie de rendre le plus claire possible, n'est pas entendue parce que celui à qui je m'adresse est sourd ou n'est pas comprise parce que celui à qui je parle ne veut pas comprendre, alors je...

— Vous? dit Bussy, en fixant sur le jeune homme dont la main agitée s'écartait du centre un de ces regards comme les tigres seuls en font jaillir de leurs incommensurables prunelles, regards qui semblent sourdre d'un abîme et verser incessamment des torrents de feu, vous?...

Schomberg s'arrêta.

Bussy haussa les épaules, pirouetta sur le talon et lui tourna le dos.

Il se trouva en face de d'Épernon.

D'Épernon était lancé, il ne lui était pas possible de reculer.

— Voyez, messieurs, dit-il, comme M. de Bussy est devenu provincial dans la fugue qu'il vient de faire avec M. le duc d'Anjou ; il a de la barbe et il n'a pas de nœud à l'épée : il a des bottes noires et un feutre gris.

— C'est l'observation que j'étais en train de me faire à moi-même, mon cher monsieur d'Épernon. En vous voyant si bien mis, je me demandais où quelques jours d'absence pouvaient conduire un homme ; me voilà forcé, moi Louis de Bussy, seigneur de Clermont, de prendre modèle de goût sur un petit gentilhomme gascon. Mais laissez-moi passer, je vous prie ; vous êtes si près de moi que vous m'avez marché sur le pied, et M. de Quélus aussi, ce que j'ai senti malgré mes bottes, ajouta-t-il avec un sourire charmant.

En ce moment Bussy, passant entre d'Épernon et Quélus, tendait la main à Saint-Luc, qui venait d'entrer.

Saint-Luc trouva cette main ruisselante de sueur.

Il comprit qu'il se passait quelque chose d'extraordinaire, et il entraîna Bussy hors du groupe d'abord, puis hors de la salle.

Un murmure étrange circulait parmi les mignons et gagnait les autres groupes de courtisans.

— C'est incroyable, disait Quélus, je l'ai insulté et il n'a pas répondu.

— Moi, dit Maugiron, je l'ai provoqué et il n'a pas répondu.

— Moi, dit Schomberg, ma main s'est levée à la hauteur de son visage, et il n'a pas répondu.

— Moi, je lui ai marché sur le pied, criait d'Épernon, marché sur le pied, et il n'a pas répondu.

Et il semblait se grandir de toute l'épaisseur du pied de Bussy.

— Il est clair qu'il n'a pas voulu entendre, dit Quélus. Il y a quelque chose là-dessous.

— Ce qu'il y a, dit Schomberg, je le sais, moi !

— Et qu'y a-t-il ?

— Il y a qu'il sent bien qu'à nous quatre nous le tuerons et qu'il ne veut pas qu'on le tue.

En ce moment le roi vint aux jeunes gens, Chicot lui parlait à l'oreille.

— Eh bien ! disait le roi, que disait donc M. de Bussy ? il m'a semblé entendre parler haut de ce côté.

— Vous voulez savoir ce que disait M. de Bussy, sire ? demanda d'Épernon.

— Oui, vous savez que je suis curieux, répliqua Henri en souriant.

— Ma foi, rien de bon, sire, dit Quélus ; il n'est plus Parisien.

— Et qu'est-il donc ?

— Il est campagnard. Il se range.

— Oh ! oh ! fit le roi, qu'est-ce à dire ?

— C'est-à-dire que je vais dresser un chien à lui mordre les mollets, dit Quélus, et encore qui sait si, à travers ses bottes, il s'en apercevra.

— Et moi, dit Schomberg, j'ai une quintaine dans ma maison, je l'appellerai Bussy.

— Moi, dit d'Épernon, j'irai plus droit et plus loin. Aujourd'hui je lui ai marché sur le pied, demain je le soufflèterai. C'est un faux brave, un brave d'amour-propre ; il se dit : Je me suis assez battu pour l'honneur, je veux être prudent pour la vie.

— Eh quoi ! messieurs, dit Henri avec une feinte colère, vous avez osé maltraiter chez moi, dans le Louvre, un gentilhomme qui est à mon frère ?

— Hélas ! oui, dit Maugiron répondant à la feinte colère du roi par une feinte humilité, et quoique nous l'ayons fort maltraité, sire, je vous jure qu'il n'a rien répondu.

Le roi regarda Chicot en souriant, et se penchant à son oreille :

— Trouves-tu toujours qu'ils beuglent, Chicot ? demanda-t-il. Je crois qu'ils ont rugi, hein !

— Eh ! dit Chicot, peut-être ont-ils miaulé. Je connais des gens à qui le cri du chat fait horriblement mal aux nerfs.

Peut-être M. de Bussy est-il de ces gens-là. Voilà pourquoi il sera sorti sans répondre.

— Tu crois? dit le roi.

— Qui vivra verra, répondit sentencieusement Chicot.

— Laisse donc, dit Henri; tel maître, tel valet.

— Voulez-vous dire par ces mots, sire, que Bussy soit le valet de votre frère? vous vous tromperiez fort.

— Messieurs, dit Henri, je vais chez la reine, avec qui je dîne. A tantôt; les Gelosi[1] viennent nous jouer une farce, je vous invite à les venir voir.

L'assemblée s'inclina respectueusement, et le roi sortit par la grande porte.

Précisément alors M. de Saint-Luc entra par la petite.

Il arrêta du geste les quatre gentilshommes qui allaient sortir.

— Pardon, monsieur de Quélus, dit-il en saluant, demeurez-vous toujours rue Saint-Honoré?

— Oui, cher ami; pourquoi cela? demanda Quélus.

— J'ai deux mots à vous dire.

— Ah! ah!

— Et vous, monsieur de Schomberg, oserais-je m'enquérir de votre adresse?

— Moi, je demeure rue Béthisy, dit Schomberg étonné.

— D'Épernon, je sais la vôtre.

— Rue de Grenelle.

— Vous êtes mon voisin. Et vous, Maugiron?

— Moi, je suis du quartier du Louvre.

— Je commencerai donc par vous, si vous le permettez; ou plutôt, non, par vous, Quélus.

— A merveille! je crois comprendre. Vous venez de la part de M. de Bussy?

— Je ne dis pas de quelle part je viens, messieurs. J'ai à vous parler, voilà tout.

---

1. Comédiens italiens qui donnaient leurs représentations à l'hôtel de Bourgogne.

— A tous quatre?

— Oui.

— Eh bien! mais si vous ne voulez pas nous parler au Louvre, comme je le présume, parce que le lieu est mauvais, nous pouvons nous rendre chez l'un de nous. Nous pouvons tous entendre ce que vous avez à nous dire à chacun en particulier?

— Parfaitement.

— Allons chez Schomberg alors, rue Béthisy, c'est à deux pas.

— Oui, allons chez moi, dit le jeune homme.

— Soit, messieurs, dit Saint-Luc, et il salua encore.

— Montrez-nous le chemin, monsieur de Schomberg.

— Très volontiers.

Les cinq gentilshommes sortirent du Louvre en se tenant par-dessous le bras, et en occupant toute la largeur de la rue.

Derrière eux marchaient leurs laquais armés jusqu'aux dents.

On arriva ainsi rue de Béthisy, et Schomberg fit préparer le grand salon de l'hôtel.

Saint-Luc s'arrêta dans l'antichambre.

LXXVII

COMMENT M. DE SAINT-LUC S'ACQUITTA DE LA COMMISSION QUI LUI AVAIT ÉTÉ DONNÉE PAR BUSSY

Laissons un moment Saint-Luc dans l'antichambre de Schomberg, et voyons ce qui s'était passé entre lui et Bussy.

Bussy avait, comme nous l'avons vu, quitté la salle d'audience avec son ami, en adressant des saluts à tous ceux que l'esprit de courtisanerie n'absorbait pas au point de négliger un homme aussi redoutable que Bussy.

Car, en ces temps de force brutale, où la puissance personnelle était tout, un homme pouvait, s'il était vigoureux et adroit, se tailler un petit royaume physique et moral dans le beau royaume de France.

C'était ainsi que Bussy régnait à la cour du roi Henri III.

Mais ce jour-là, comme nous l'avons vu, Bussy avait été assez mal reçu dans son royaume.

Une fois hors de la salle, Saint-Luc s'arrêta, et, le regardant avec inquiétude :

— Est-ce que vous allez vous trouver mal, mon ami? lui demanda-t-il; en vérité, vous pâlissez à croire que vous êtes sur le point de vous évanouir.

— Non, dit Bussy, seulement j'étouffe de colère.

— Bon! faites-vous donc attention aux propos de tous ces drôles?

— Corbleu! si j'y fais attention, cher ami, vous allez en juger.

— Allons, allons, Bussy, du calme.

— Vous êtes charmant, du calme : si l'on vous avait dit la moitié de ce que je viens d'entendre, du tempérament dont je vous connais, il y aurait déjà eu mort d'homme.

— Enfin, que désirez-vous?

— Vous êtes mon ami, Saint-Luc, et vous m'avez donné une preuve terrible de cette amitié.

— Ah! cher ami, dit Saint-Luc, qui croyait Monsoreau mort et enterré, la chose n'en vaut pas la peine; ne me parlez donc plus de cela, vous me désobligeriez; certainement le coup était joli, et surtout il a réussi galamment; mais je n'en ai pas le mérite, c'est le roi qui me l'avait montré tandis qu'il me retenait prisonnier au Louvre.

— Cher ami...

— Laissons donc le Monsoreau où il est, et parlons de Diane. A-t-elle été un peu contente, la pauvre petite? Me pardonne-t-elle? A quand la noce? A quand le baptême?

— Eh! cher ami, attendez donc que le Monsoreau soit mort.

— Plaît-il? fit Saint-Luc en bondissant comme s'il eût marché sur un clou aigu.

— Eh! cher ami, les coquelicots ne sont pas une plante si dangereuse que vous l'aviez cru d'abord, et il n'est point du tout mort pour être tombé dessus; tout au contraire, il vit, et il est plus furieux que jamais.

— Bah! vraiment?

— Oh! mon Dieu oui; il ne respire que vengeance et a juré de vous tuer à la première occasion. C'est comme cela.

— Il vit?

— Hélas! oui.

— Et quel est donc l'âne bâté de médecin qui l'a soigné!

— Le mien, cher ami.

— Comment! je n'en reviens pas, reprit Saint-Luc écrasé par cette révélation. Ah çà! mais je suis déshonoré, alors; vertubleu! moi qui ai annoncé sa mort à tout le monde, il va trouver ses héritiers en deuil; oh! mais je n'en aurai pas le démenti, je le rattraperai, et, à la prochaine rencontre, au lieu d'un coup d'épée, je lui en donnerai quatre, s'il le faut.

— A votre tour, calmez-vous, cher Saint-Luc, dit Bussy : en vérité, Monsoreau me sert mieux que vous ne pensez; figurez-vous que c'est le duc qu'il soupçonne de vous avoir dépêché contre lui; c'est du duc qu'il est jaloux. Moi, je suis un ange, un ami précieux, un Bayard; je suis son cher Bussy, enfin. C'est tout naturel, c'est cet animal de Remy qui l'a tiré d'affaire.

— Quelle sotte idée il a eue là!

— Que voulez-vous? une idée d'honnête homme; il se figure que, parce qu'il est médecin, il doit guérir les gens.

— Mais c'est un visionnaire que ce gaillard-là!

— Bref, c'est à moi qu'il se prétend redevable de la vie; c'est à moi qu'il confie sa femme.

— Ah! je comprends que ce procédé vous fasse attendre plus tranquillement sa mort, mais il n'en est pas moins vrai que j'en suis tout émerveillé.

— Cher ami !

— D'honneur ! je tombe des nues.

— Vous voyez qu'il ne s'agit pas pour le moment de M. de Monsoreau.

— Non ! jouissons de la vie pendant qu'il est encore sur le flanc. Mais, pour le moment de sa convalescence, je vous préviens que je me commande une cuirasse de mailles et que je fais doubler mes volets en fer. Vous, informez-vous donc auprès du duc d'Anjou si sa bonne mère ne lui aurait pas donné quelque recette de contre-poison. En attendant, amusons-nous, très-cher, amusons-nous !

Bussy ne put s'empêcher de sourire : il passa son bras sous celui de Saint-Luc.

— Ainsi, dit-il, mon cher Saint-Luc, vous voyez que vous ne m'avez rendu qu'une moitié de service !

Saint-Luc le regarda d'un air étonné.

— C'est vrai, dit-il ; voudriez-vous donc que je l'achevasse ? ce serait dur ; mais, ma foi, pour vous, mon cher Bussy, je suis prêt à faire bien des choses, surtout s'il me regarde avec cet œil jaune, pouah !

— Non, très-cher, non ; je vous l'ai déjà dit, laissons là le Monsoreau, et, si vous redevez quelque chose, rapportez ce quelque chose à un autre emploi.

— Voyons, dites, je vous écoute.

— Êtes-vous très-bien avec ces messieurs de la mignonnerie ?

— Ma foi, poil à poil, comme chats et chiens au soleil ; tant que le rayon nous échauffe tous, nous ne nous disons rien : si l'un de nous seulement prenait la part de lumière et de chaleur des autres, oh ! alors je ne réponds plus de rien : griffes et dents joueraient leur jeu.

— Eh bien ! mon ami, ce que vous me dites là me charme.

— Ah ! tant mieux.

— Admettons que le rayon soit intercepté.

— Admettons, soit.

— Alors, montrez-moi vos belles dents blanches, allongez vos formidables griffes, et ouvrons la partie.

— Je ne vous comprends pas.

Bussy sourit.

— Vous allez, s'il vous plaît, cher ami, aborder M. de Quélus.

— Ah ! ah ! fit Saint-Luc.

— Vous commencez à comprendre, n'est-ce pas ?

— Oui.

— A merveille ! Vous lui demanderez quel jour il lui plairait de me couper la gorge ou de se la faire couper par moi.

— Je le lui demanderai, cher ami.

— Cela ne vous fâche point ?

— Moi, pas le moins du monde. J'irai quand vous voudrez, tout de suite, si cela peut vous être agréable.

— Un moment. En allant chez M. de Quélus, vous me ferez, par la même occasion, le plaisir de passer chez M. de Schomberg, à qui vous ferez la même proposition, n'est-ce pas ?

— Ah ! ah ! fit Saint-Luc, à M. de Schomberg aussi ! Diable ! comme vous y allez, Bussy.

Bussy fit un geste qui n'admettait pas de réplique.

— Soit, dit Saint-Luc ; votre volonté sera faite.

— Alors, mon cher Saint-Luc, reprit Bussy, puisque je vous trouve si aimable, vous entrerez au Louvre chez M. de Maugiron à qui j'ai vu le hausse-col, signe qu'il est de garde ; vous l'engagerez à se joindre aux autres, n'est-ce pas ?

— Oh ! oh ! fit Saint-Luc, trois ! y songez-vous, Bussy ? Est-ce tout, au moins ?

— Non pas.

— Comment, non pas ?

— De là vous vous rendrez chez M. d'Épernon ; je ne vous arrête pas longtemps sur lui, car je le tiens pour un assez pauvre compagnon : mais enfin il fera nombre.

Saint-Luc laissa tomber ses deux bras

de chaque côté de son corps et regarda Bussy.

— Quatre! murmura-t-il.

— C'est cela même, cher ami, dit Bussy en faisant de la tête un signe d'assentiment, quatre; il va sans dire que je ne recommanderai pas à un homme de votre esprit, de votre bravoure et de votre courtoisie, de procéder vis-à-vis de ces messieurs avec toute la douceur, toute la politesse que vous possédez à un si suprême degré.

— Oh! cher ami.

— Je m'en rapporte à vous pour faire cela... galamment. Que la chose soit accommodée de façon seigneuriale, n'est-ce pas?

— Vous serez content, mon ami.

Bussy tendit en souriant la main à Saint-Luc.

— A la bonne heure! dit-il. Ah! messieurs les mignons! nous allons donc rire à notre tour.

— Maintenant, cher ami, les conditions.

— Quelles conditions?

— Les vôtres.

— Moi, je n'en fais pas, j'accepterai celles de ces messieurs.

— Vos armes?

— Les armes de ces messieurs.

— Le jour, le lieu et l'heure?

— Le jour, le lieu et l'heure de ces messieurs.

— Mais enfin...

— Ne parlons pas de ces misères-là; faites et faites vite, cher ami. Je me promène là-bas dans le petit jardin du Louvre; vous m'y retrouverez, la commission faite.

— Alors vous attendez?

— Oui.

— Attendez donc. Dame! ce sera peut-être un peu long.

— J'ai le temps.

Nous savons maintenant comment Saint-Luc trouva les quatre jeunes gens encore réunis dans la salle d'audience, et comment il entama l'entretien.

Rejoignons-le donc dans l'antichambre de l'hôtel de Schomberg, où nous l'avons laissé, attendant cérémonieusement et selon toutes les lois de l'étiquette en vogue à cette époque, tandis que les quatre favoris de Sa Majesté, se doutant de la cause de la visite de Saint-Luc, se posaient aux quatre coins cardinaux du vaste salon.

Cela fait, les portes s'ouvrirent à deux battants, et un huissier vint saluer Saint-Luc qui, le poing sur la hanche, relevant galamment son manteau avec sa rapière, sur la poignée de laquelle il appuyait sa main gauche, marcha, le chapeau à la main droite, jusqu'au milieu du seuil de la porte, où il s'arrêta avec une régularité qui eût fait honneur au plus habile architecte.

— M. d'Espinay de Saint-Luc! cria l'huissier.

Saint-Luc entra.

Schomberg, en sa qualité de maître de maison, se leva et vint au-devant de son hôte, qui, au lieu de le saluer, remit son chapeau sur sa tête.

Cette formalité donnait à la visite sa couleur et son intention.

Schomberg répondit par un salut, puis se tournant vers Quélus:

— J'ai l'honneur de vous présenter, dit-il, monsieur Jacques de Lévis, comte de Quélus.

Saint-Luc fit un pas vers Quélus, et salua à son tour profondément.

— Je cherchais monsieur, dit-il.

Quélus salua.

Schomberg reprit, en se tournant vers un autre point de la salle:

— J'ai l'honneur de vous présenter monsieur Louis de Maugiron.

Même salutation de la part de Saint-Luc, même réponse de Maugiron.

— Je cherchais monsieur, dit Saint-Luc.

Pour d'Épernon, ce fut la même cérémonie, faite avec le même flegme et la même lenteur.

Puis, à son tour, Schomberg se nomma lui-même et reçut le même compliment.

Cela fait, les quatre amis s'assirent; Saint-Luc resta debout.

— Monsieur le comte, dit-il à Quélus, vous avez insulté M. le comte Louis de Clermont d'Amboise, seigneur de Bussy, qui vous présente ses très-humbles civilités et vous appelle en combat singulier tel jour et à telle heure qu'il vous conviendra, pour que vous combattiez avec telles armes qu'il vous plaira, jusqu'à ce que mort s'ensuive... Acceptez-vous?

— Certes, oui, répondit tranquillement Quélus, et M. le comte de Bussy me fait beaucoup d'honneur.

— Votre jour? monsieur le comte.

— Je n'ai pas de préférence; seulement j'aimerais mieux demain qu'après-demain, après-demain que les jours suivants.

— Votre heure?

— Le matin.

— Vos armes?

— La rapière et la dague, si M. de Bussy s'accommode de ces instruments.

Saint-Luc s'inclina.

— Tout ce que vous déciderez sur ce point, dit-il, fera loi pour M. de Bussy.

Puis il s'adressa à Maugiron qui répondit la même chose, puis successivement aux deux autres.

— Mais, dit Schomberg, qui reçut, comme maître de maison, le compliment le dernier, nous ne songeons pas à une chose, monsieur de Saint-Luc.

— A laquelle?

— C'est que, s'il nous plaisait, le hasard fait parfois des choses bizarres, s'il nous plaisait, dis-je, de choisir tous le même jour et la même heure, M. de Bussy pourrait être fort embarrassé.

Saint-Luc salua avec son plus courtois sourire sur les lèvres.

— Certes, dit-il, M. de Bussy serait embarrassé comme doit l'être tout gentilhomme en présence de quatre vaillants comme vous; mais il dit que le cas ne serait pas nouveau pour lui, puisque ce cas s'est déjà présenté aux Tournelles, près la Bastille.

— Et il nous combattrait tous quatre? dit d'Épernon.

— Tous quatre, reprit Saint-Luc.

— Séparément? demanda Schomberg.

— Séparément ou à la fois; le défi est tout ensemble individuel et collectif.

Les quatre jeunes gens se regardèrent. Quélus rompit le premier le silence.

— C'est fort beau de la part de M. de Bussy, dit-il rouge de colère; mais si peu que nous valions, nous pouvons isolément faire chacun notre besogne; nous accepterons donc la proposition du comte en nous succédant les uns aux autres, ou, ce qui serait mieux encore...

Quélus regarda ses amis qui, comprenant sans doute sa pensée, firent un signe d'assentiment.

— Ou, ce qui serait mieux encore, reprit-il, comme nous ne cherchons pas à assassiner un galant homme, c'est que le hasard décidât lequel de nous échoira à M. de Bussy.

— Mais, dit vivement d'Épernon, les trois autres?

— Les trois autres! M. de Bussy a certes trop d'amis et nous trop d'ennemis pour que les trois autres restent les bras croisés.

— Est-ce votre avis, messieurs? ajouta Quélus en se retournant vers ses compagnons.

— Oui, dirent-ils d'une commune voix.

— Il me serait même particulièrement agréable, dit Schomberg, que M. de Bussy invitât à cette fête M. de Livarot.

— Si j'osais émettre une opinion, dit Maugiron, je désirerais que M. de Balzac d'Entragues en fût.

— Et la partie serait complète, dit Quélus, si M. de Ribeirac voulait bien accompagner ses amis.

— Messieurs, dit Saint-Luc, je transmettrai vos désirs à M. le comte de Bussy, et je crois pouvoir vous répondre d'avance qu'il est trop courtois pour ne pas s'y conformer. Il ne me reste donc plus, messieurs, qu'à vous remercier bien sincèrement de la part de M. le comte.

Saint-Luc salua de nouveau, et l'on vit les quatre têtes des gentilshommes provoqués s'abaisser au niveau de la sienne.

Les quatre jeunes gens reconduisirent Saint-Luc jusqu'à la porte du salon.

Dans la dernière antichambre, il trouva les quatre laquais rassemblés.

Il tira sa bourse pleine d'or, et la jeta au milieu d'eux en disant :

— Voici pour boire à la santé de vos maîtres.

LXXVIII

EN QUOI M. DE SAINT-LUC ÉTAIT PLUS CIVILISÉ QUE M. DE BUSSY, DES LEÇONS QU'IL LUI DONNA ET DE L'USAGE QU'EN FIT L'AMANT DE LA BELLE DIANE.

Saint-Luc revint très-fier d'avoir si bien fait sa commission.

Bussy l'attendait et le remercia.

Saint-Luc le trouva tout triste, ce qui n'était pas naturel chez un homme aussi brave à la nouvelle d'un bon et brillant duel.

— Ai-je mal fait les choses? dit Saint-Luc. Vous voilà tout hérissé.

— Ma foi, cher ami, je regrette qu'au lieu de prendre un terme, vous n'ayez pas dit : « Tout de suite. »

— Ah ! patience ! les Angevins ne sont pas encore venus. Que diable ! laissez-leur le temps de venir. Et puis où est la nécessité de vous faire si vite une litière de morts et de mourants ?

— C'est que je voudrais mourir le plus tôt possible.

Saint-Luc regarda Bussy avec cet étonnement que les gens parfaitement organisés éprouvent tout d'abord à la moindre apparence d'un malheur, même étranger.

— Mourir ! quand on a votre âge, votre maîtresse et votre nom !

— Oui, j'en tuerai, je suis sûr, quatre, et je recevrai un bon coup qui me tranquillisera éternellement.

— Des idées noires, Bussy !

— Je voudrais bien vous y voir, vous. Un mari qu'on croyait mort et qui revient; une femme qui ne peut plus quitter le chevet du lit de ce prétendu moribond; ne jamais se sourire, ne jamais se parler, ne jamais se toucher la main. Mordieu ! je voudrais bien avoir quelqu'un à écharper...

Saint-Luc répondit à cette sortie par un éclat de rire qui fit envoler toute une volée de moineaux qui picotaient les sorbiers du petit jardin du Louvre.

— Ah ! s'écria-t-il, que voilà un homme innocent ! Dire que les femmes aiment ce Bussy, un écolier ! Mais, mon cher, vous perdez le sens : il n'y a pas d'amant aussi heureux que vous sur la terre.

— Ah ! fort bien ; prouvez-moi un peu cela, vous, homme marié !

— *Nihil facilius*, comme disait le jésuite Triquet, mon pédagogue ; vous êtes l'ami de M. de Monsoreau ?

— Ma foi ! j'en ai honte pour l'honneur de l'intelligence humaine. Ce butor m'appelle son ami.

— Eh bien ! soyez son ami.

— Oh !... abuser de ce titre.

— *Prorsus absurdum !* disait toujours Triquet. Est-il vraiment votre ami ?

— Mais il le dit.

— Non, puisqu'il vous rend malheureux. Or le but de l'amitié est de faire que les hommes soient heureux l'un par l'autre ; du moins c'est ainsi que Sa Majesté définit l'amitié, et le roi est lettré.

Bussy se mit à rire.

LA DAME DE MONSOREAU

Votre Altesse se trompe de chemin, dit froidement le comte. — Page 483.

— Je continue, dit Saint-Luc. S'il vous rend malheureux, vous n'êtes pas amis ; donc, vous pouvez le traiter soit en indifférent, et alors lui prendre sa femme, soit en ennemi, et le tuer s'il n'était pas content.

— Au fait, dit Bussy, je le déteste.

— Et lui vous craint.

— Vous croyez qu'il ne m'aime pas ?

— Dame ! essayez. Prenez-lui sa femme, et vous verrez.

— Est-ce toujours la logique du père Triquet ?

— Non, c'est la mienne.

— Je vous en fais mon compliment.

— Elle vous satisfait ?

— Non. J'aime mieux être homme d'honneur.

— Et laisser madame de Monsoreau guérir moralement et physiquement son mari ? Car enfin si vous vous faites tuer, il est certain qu'elle s'attachera au seul homme qui lui reste...

Bussy fronça le sourcil.

— Mais au surplus, ajouta Saint-Luc, voici madame de Saint-Luc, elle st de bon conseil. Après s'être fait un bouquet dans les parterres de la reine-mère, elle sera de très-bonne humeur. Écoutez-la, elle parle d'or.

En effet, Jeanne arrivait radieuse, éblouissante de bonheur et pétillante de malice.

Il y a de ces heureuses natures qui font de tout ce qui les environne, comme l'alouette aux champs, un réveil joyeux, un riant augure.

Bussy la salua en ami.

Elle lui tendit la main, ce qui prouve bien que ce n'est pas le plénipotentiaire Dubois qui a rapporté cette mode d'Angleterre avec le traité de la quadruple alliance.

— Comment vont les amours? dit-elle en liant son bouquet avec une tresse d'or.

— Ils se meurent, dit Bussy.

— Bon! ils sont blessés et ils s'évanouissent, dit Saint-Luc; je gage que vous allez les faire revenir à eux, Jeanne.

— Voyons, dit-elle, qu'on me montre la plaie.

— En deux mots, voici, reprit Saint-Luc; M. de Bussy n'aime pas à sourire au comte de Monsoreau, et il a formé le dessein de se retirer.

— Et de lui laisser Diane? s'écria Jeanne avec effroi.

Bussy, inquiet de cette première démonstration, ajouta :

— Oh! madame, Saint-Luc ne vous dit pas que je veux mourir.

Jeanne le regarda un moment avec une compassion qui n'était pas évangélique.

— Pauvre Diane! murmura-t-elle; aimez donc! Décidément les hommes sont tous des ingrats!

— Bon! fit Saint-Luc, voilà la morale de ma femme.

— Ingrat, moi! s'écria Bussy, parce que je crains d'avilir mon amour en le soumettant aux lâches pratiques de l'hypocrisie?

— Eh! monsieur, ce n'est là qu'un méchant prétexte, dit Jeanne. Si vous étiez bien épris, vous ne craindriez qu'une sorte d'avilissement, n'être plus aimé.

— Ah! ah! fit Saint-Luc, ouvrez votre escarcelle, mon cher.

— Mais, madame, dit affectueusement Bussy, il est des sacrifices tels...

— Plus un mot. Avouez que vous n'aimez plus Diane, ce sera plus digne d'un galant homme.

Bussy pâlit à cette seule idée.

— Vous n'osez pas le dire; eh bien! moi, je le lui dirai.

— Madame! madame!

— Vous êtes plaisants, vous autres, avec vos sacrifices... Et nous, n'en faisons-nous pas des sacrifices? Quoi! s'exposer à se faire massacrer par ce tigre de Monsoreau; conserver tous ses droits à un homme en déployant une force, une volonté dont Samson et Annibal eussent été incapables; dompter la bête féroce de Mars pour l'atteler au char de monsieur le triomphateur, ce n'est pas de l'héroïsme? Oh! je le jure, Diane est sublime, et je n'eusse pas fait le quart de ce qu'elle fait chaque jour.

— Merci, répondit Saint-Luc avec un salut révérencieux, qui fit éclater Jeanne de rire.

Bussy hésitait.

— Et il réfléchit! s'écria Jeanne; il ne tombe pas à genoux! il ne fait pas son *meâ culpâ!*

— Vous avez raison, répliqua Bussy, je ne suis qu'un homme, c'est-à-dire une créature imparfaite et inférieure à la plus vulgaire des femmes.

— C'est bien heureux, dit Jeanne, que vous soyez convaincu.

— Que m'ordonnez-vous?

— Allez tout de suite rendre visite...

— A M. de Monsoreau?

— Eh! qui vous parle de cela?... à Diane.

— Mais ils ne se quittent pas, ce me semble.

— Quand vous alliez voir si souvent madame de Barbezieux, n'avait-elle pas toujours près d'elle ce gros singe qui vous mordait parce qu'il était jaloux?

Bussy se mit à rire, Saint-Luc l'imita. Jeanne suivit leur exemple; ce fut un trio d'hilarité qui attira aux fenêtres tout ce qui se promenait de courtisans dans les galeries.

— Madame, dit enfin Bussy, je m'en vais chez M. de Monsoreau. Adieu.

Et, sur ce, ils se séparèrent, Bussy ayant recommandé à Saint-Luc de ne rien dire de la provocation adressée aux mignons.

Il s'en retourna en effet chez M. de Monsoreau, qu'il trouva au lit.

Le comte poussa des cris de joie en l'apercevant.

Remy venait de promettre que sa blessure serait guérie avant trois semaines.

Diane posa un doigt sur ses lèvres : c'était sa manière de saluer.

Il fallut raconter au comte toute l'histoire de la commission dont le duc d'Anjou avait chargé Bussy, la visite à la cour, le malaise du roi, la froide mine des mignons.

Froide mine fut le mot dont se servit Bussy. Diane ne fit qu'en rire.

Monsoreau, tout pensif à ces nouvelles, pria Bussy de se pencher vers lui et lui dit à l'oreille :

— Il y a encore des projets sous jeu, n'est-ce pas?

— Je le crois, répliqua Bussy.

— Croyez-moi, dit Monsoreau, ne vous compromettez pas pour ce vilain homme; je le connais, il est perfide; je vous réponds qu'il n'hésite jamais au bord d'une trahison.

— Je le sais, dit Bussy avec un sourire qui rappela au comte la circonstance dans laquelle lui, Bussy, avait souffert de cette trahison du duc.

— C'est que, voyez-vous, dit Monsoreau, vous êtes mon ami, et je veux vous mettre en garde. Au surplus, chaque fois que vous aurez une position difficile, demandez-moi conseil.

— Monsieur! monsieur! il faut dormir après le pansement, dit Remy; allons, dormez!

— Oui, cher docteur. Mon ami, faites donc un tour de promenade avec madame de Monsoreau, dit le comte. On dit que le jardin est charmant cette année.

— A vos ordres, répondit Bussy.

LXXIX

LES PRÉCAUTIONS DE M. DE MONSOREAU

Saint-Luc avait raison, Jeanne avait raison; au bout de huit jours, Bussy s'en était aperçu et leur rendait pleinement justice.

Être un homme d'autrefois eût été grand et beau pour la postérité; mais c'était n'être plus qu'un vieil homme, et Bussy, oublieux de Plutarque qui avait cessé d'être son auteur favori depuis que l'amour l'avait corrompu; Bussy, beau comme Alcibiade, ne se souciant plus que du présent, se montrait désormais peu friand d'un article d'histoire près de Scipion ou de Bayard en leur jour de continence.

Diane était plus simple, plus nature, comme on dit aujourd'hui. Elle se laissait aller aux deux instincts que le misanthrope Figaro reconnaît innés dans l'espèce, aimer et tromper. Elle n'avait jamais eu l'idée de pousser jusqu'à la spéculation philosophique ses opinions sur ce que Charron et Montaigne appellent *l'honneste*.

Aimer Bussy, c'était sa logique; n'être qu'à Bussy, c'était sa morale; frissonner de tout son corps au simple contact de sa main effleurée, c'était sa métaphysique.

M. de Monsoreau, il y avait déjà quinze jours que l'accident lui était arrivé, M. de

Monsoreau, disons-nous, se portait de mieux en mieux. Il avait évité la fièvre, grâce aux applications d'eau froide, ce nouveau remède que le hasard ou plutôt la Providence avait découvert à Ambroise Paré, quand il éprouva tout à coup une grande secousse : il apprit que M. le duc d'Anjou venait d'arriver à Paris avec la reine-mère et ses Angevins.

Le comte avait raison de s'inquiéter ; car, le lendemain de son arrivée, le prince, sous prétexte de venir prendre de ses nouvelles, se présenta dans son hôtel de la rue des Petits-Pères : il n'y a pas moyen de fermer sa porte à une Altesse Royale qui vous donne une preuve d'un si grand intérêt. M. de Monsoreau reçut le prince, et le prince fut charmant pour le grand-veneur et surtout pour sa femme.

Aussitôt le prince sorti, M. de Monsoreau appela Diane, s'appuya sur son bras, et, malgré les cris de Remy, fit trois fois le tour de son fauteuil.

Après quoi il se rassit dans ce même fauteuil autour duquel il venait, comme nous l'avons dit, de tracer une triple ligne de circonvallation ; il avait l'air très-satisfait, et Diane devina à son sourire qu'il méditait quelque sournoiserie.

Mais ceci rentre dans l'histoire privée de la maison de Monsoreau.

Revenons donc à l'arrivée de M. le duc d'Anjou, laquelle appartient à la partie épique de ce livre.

Ce ne fut pas, comme on le pense bien, un jour indifférent aux observateurs, que le jour où monseigneur François de Valois fit sa rentrée au Louvre.

Voici ce qu'ils remarquèrent :

Beaucoup de morgue de la part du roi ;

Une grande tiédeur de la part de la reine-mère ;

Et une humble insolence de la part de M. le duc d'Anjou, qui semblait dire :

— Pourquoi diable me rappelez-vous si vous me faites, quand j'arrive, cette fâcheuse mine ?

Toute cette réception était assaisonnée des regards rutilants, flamboyants, dévorants de MM. de Livarot, de Ribeirac et d'Entragues, lesquels, prévenus par Bussy, étaient bien aises de faire comprendre à leurs futurs adversaires que, s'il y avait empêchement au combat, cet empêchement, pour sûr, ne viendrait pas de leur part.

Chicot, ce jour-là, fit plus d'allées et de venues que César la veille de la bataille de Pharsale.

Puis tout rentra dans le calme plat.

Le surlendemain de sa rentrée au Louvre, le duc d'Anjou vint faire une seconde visite au blessé.

Monsoreau, instruit des moindres particularités de l'entrevue du roi avec son frère, caressa du geste et de la voix M. le duc d'Anjou, pour l'entretenir dans les plus hostiles dispositions.

Puis, comme il allait de mieux en mieux, quand le duc fut parti il reprit le bras de sa femme ; et, au lieu de faire trois fois le tour de son fauteuil, il fit une fois le tour de sa chambre.

Après quoi il se rassit d'un air encore plus satisfait que la première fois.

Le même soir, Diane prévint Bussy que M. de Monsoreau méditait bien certainement quelque chose.

Un instant après, Monsoreau et Bussy se trouvèrent seuls.

— Quand je pense, dit Monsoreau à Bussy, que ce prince, qui me fait si bonne mine, est mon ennemi mortel, et que c'est lui qui m'a fait assassiner par M. de Saint-Luc.

— Oh ! assassiner ! dit Bussy ; prenez garde, monsieur le comte, Saint-Luc est bon gentilhomme, et vous avouez vous-même que vous l'aviez provoqué, que vous aviez tiré l'épée le premier, et que vous avez reçu le coup en combattant.

— D'accord, mais il n'en est pas moins vrai qu'il obéissait aux instigations du duc d'Anjou.

— Écoutez, dit Bussy, je connais le duc, et surtout je connais M. de Saint-Luc; je dois vous dire que M. de Saint-Luc est tout entier au roi et pas du tout au prince. Ah! si votre coup d'épée vous venait d'Antraguet, de Livarot ou de Ribeirac, je ne dis pas... mais de Saint-Luc...

— Vous ne connaissez pas l'histoire de France comme je la connais, mon cher monsieur de Bussy, dit Monsoreau, obstiné dans son opinion.

Bussy eût pu lui répondre que s'il connaissait mal l'histoire de France, il connaissait en échange parfaitement celle de l'Anjou, et surtout de la partie de l'Anjou où était enclavé Méridor.

Enfin Monsoreau en vint à se lever et à descendre dans le jardin.

— Cela me suffit, dit-il en remontant. Ce soir, nous déménagerons.

— Pourquoi cela? dit Remy. Est-ce que vous n'êtes pas en bon air dans la rue des Petits-Pères, ou la distraction vous manque-t-elle?

— Au contraire, dit Monsoreau, j'en ai trop de distractions; M. d'Anjou me fatigue avec ses visites; il amène toujours avec lui une trentaine de gentilshommes, et le bruit de leurs éperons m'agace horriblement les nerfs.

— Mais où allez-vous?

— J'ai ordonné qu'on mit en état ma petite maison des Tournelles.

Bussy et Diane, car Bussy était toujours là, échangèrent un regard amoureux de souvenir.

— Comment! cette bicoque? s'écria étourdiment Remy.

— Ah! ah! vous la connaissez, fit Monsoreau.

— Pardieu! dit le jeune homme, qui ne connaît pas les habitations de M. le grand-veneur de France, et surtout quand on a demeuré rue Beautreillis?

Monsoreau, par habitude, roula quelque vague soupçon dans son esprit.

— Oui, oui, j'irai là, dit-il, et j'y serai bien. On n'y peut recevoir que quatre personnes au plus. C'est une forteresse, et, par la fenêtre, on voit à trois cents pas de distance ceux qui viennent vous faire visite.

— De sorte? demanda Remy.

— De sorte qu'on peut les éviter quand on veut, dit Monsoreau, surtout lorsqu'on se porte bien.

Bussy se mordit les lèvres; il craignait qu'il ne vînt un temps où Monsoreau l'éviterait à son tour.

Diane soupira.

Elle se souvenait avoir vu dans cette petite maison Bussy blessé, évanoui sur son lit.

Remy réfléchit; aussi fut-il le premier des trois qui parla.

— Vous ne pouvez pas, dit-il.

— Et pourquoi cela, s'il vous plaît, monsieur le docteur?

— Parce qu'un grand-veneur de France a des réceptions à faire, des valets à entretenir, des équipages à soigner. Qu'il ait un palais pour ses chiens, cela se conçoit; mais qu'il ait un chenil pour lui, c'est impossible.

— Hum! fit Monsoreau d'un ton qui voulait dire : C'est vrai.

— Et puis, dit Remy, car je suis le médecin du cœur comme celui du corps, ce n'est pas votre séjour ici qui vous préoccupe.

— Qu'est-ce donc?

— C'est celui de madame.

— Eh bien?

— Eh bien! faites déménager la comtesse.

— M'en séparer! s'écria Monsoreau en fixant sur Diane un regard où il y avait, certes, plus de colère que d'amour.

— Alors, séparez-vous de votre charge, donnez votre démission de grand-veneur; je crois que ce serait sage; car, vraiment, ou vous ferez, ou vous ne ferez pas votre service; si vous ne le faites pas, vous mécontenterez le roi; et si vous le faites...

— Je ferai ce qu'il faudra faire, dit Monsoreau les dents serrées, mais je ne quitterai pas la comtesse.

Le comte achevait ces mots lorsqu'on entendit dans la cour un grand bruit de chevaux et de voix.

Monsoreau frémit.

— Encore le duc! murmura-t-il.

— Oui, justement, dit Remy en allant à la fenêtre.

Le jeune homme n'avait point achevé que, grâce au privilége qu'ont les princes d'entrer sans être annoncés, le duc entra dans la chambre.

Monsoreau était aux aguets; il vit que le premier coup d'œil de François avait été pour Diane.

Bientôt les galanteries intarissables du duc l'éclairèrent mieux encore; il apportait à Diane un de ces rares bijoux comme en faisaient trois ou quatre en leur vie ces patients et généreux artistes qui illustrèrent un temps où, malgré cette lenteur à les produire, les chefs-d'œuvre étaient plus fréquents qu'aujourd'hui.

C'était un charmant poignard au manche d'or ciselé; ce manche était un flacon; sur la lame courait toute une chasse burinée avec un merveilleux talent : chiens, chevaux, chasseurs, gibier, arbres et ciel s'y confondaient dans un pêle-mêle harmonieux qui forçait le regard à demeurer longtemps fixé sur cette lame d'azur et d'or.

— Voyons, dit Monsoreau, qui craignait qu'il n'y eût quelque billet caché dans le manche.

Le prince alla au-devant de cette crainte en le séparant en deux parties.

— A vous, qui êtes chasseur, la lame, dit-il, à la comtesse, le manche. Bonjour, Bussy, vous voilà donc ami intime avec le comte, maintenant?

Diane rougit.

Bussy, au contraire, demeura assez maître de lui-même.

— Monseigneur, dit-il, vous oubliez que Votre Altesse elle-même m'a chargée ce matin de venir savoir des nouvelles de M. de Monsoreau. J'ai obéi, comme toujours, aux ordres de Votre Altesse.

— C'est vrai, dit le duc. —

Puis il alla s'asseoir près de Diane et lui parla bas.

Au bout d'un instant :

— Comte, dit-il, il fait horriblement chaud dans cette chambre de malade. Je vois que la comtesse étouffe, et je vais lui offrir le bras pour lui faire faire le tour du jardin.

Le mari et l'amant échangèrent un regard courroucé.

Diane, invitée à descendre, se leva et posa son bras sur celui du prince.

— Donnez-moi le bras, dit Monsoreau à Bussy.

Et Monsoreau descendit derrière sa femme.

— Ah! ah! dit le duc, il paraît que vous allez tout à fait bien?

— Oui, monseigneur, et j'espère être bientôt en état de pouvoir accompagner madame de Monsoreau partout où elle ira.

— Bon! mais en attendant il ne faut pas vous fatiguer.

Monsoreau lui-même sentait combien était juste la recommandation du prince.

Il s'assit à un endroit d'où il ne pouvait le perdre de vue.

— Tenez, comte, dit-il à Bussy, si vous étiez bien aimable, vous escorteriez madame de Monsoreau jusqu'à mon petit hôtel de la Bastille; je l'y aime mieux qu'ici, en vérité. Arrachée à Méridor aux griffes de ce vautour, je ne le laisserai pas la dévorer à Paris.

— Non pas, monsieur, dit Remy à son maître, non pas, vous ne pouvez pas accepter.

— Et pourquoi cela? dit Monsoreau.

— Parce que vous êtes à M. d'Anjou, et que M. d'Anjou ne vous pardonnerait jamais d'avoir aidé le comte à lui jouer un pareil tour.

— Que m'importe! allait s'écrier l'impétueux jeune homme, lorsqu'un coup d'œil de Remy lui indiqua qu'il devait se taire.

Monsoreau réfléchissait.

— Remy a raison, dit-il, ce n'est point de vous que je dois réclamer un pareil service; j'irai moi-même la conduire, car, demain ou après-demain, je serai en mesure d'habiter cette maison.

— Folie! dit Bussy, vous perdrez votre charge.

— C'est possible, dit le comte, mais je garderai ma femme.

Et il accompagna ces paroles d'un froncement de sourcils qui fit soupirer Bussy.

En effet, le soir même, le comte conduisit sa femme à sa maison des Tournelles, bien connue de nos lecteurs.

Remy aida le convalescent à s'y installer.

Puis, comme c'était un homme d'un dévouement à toute épreuve, comme il comprit que, dans ce local resserré, Bussy aurait grand besoin de lui pour servir ses amours menacées, il se rapprocha de Gertrude, qui commença par le battre et finit par lui pardonner.

Diane reprit sa chambre, située sur le devant, cette chambre au portail et au lit de damas blanc et or.

Un corridor seulement séparait cette chambre de celle du comte de Monsoreau.

Bussy s'arrachait des poignées de cheveux.

Saint-Luc prétendait que les échelles de corde étant arrivées à leur plus haute perfection, elles pouvaient à merveille remplacer les escaliers.

Monsoreau se frottait les mains et souriait en songeant au dépit de M. le duc d'Anjou.

LXXX

UNE VISITE A LA MAISON DES TOURNELLES

La surexcitation tient lieu à quelques hommes de passion réelle, comme la faim donne au loup et à la hyène une apparence de courage.

C'était sous l'impression d'un sentiment pareil que M. d'Anjou, dont le dépit ne pourrait se décrire lorsqu'il ne retrouva plus Diane à Méridor, était revenu à Paris; à son tour il était presque amoureux de cette femme, et cela justement parce qu'on la lui enlevait.

Il en résultait que sa haine pour Monsoreau, haine qui datait du jour où il avait appris que le comte le trahissait, il en résultait, disons-nous, que sa haine s'était changée en une sorte de fureur, d'autant plus dangereuse qu'ayant expérimenté déjà le caractère énergique du comte, il voulait se tenir prêt à frapper sans donner prise sur lui-même.

D'un autre côté, il n'avait pas renoncé à ses espérances politiques, bien au contraire; et l'assurance qu'il avait prise de sa propre importance l'avait grandi à ses propres yeux. A peine de retour à Paris, il avait donc recommencé ses ténébreuses et souterraines machinations.

Le moment était favorable: bon nombre de ces conspirateurs chancelants, qui sont dévoués au succès, rassurés par l'espèce de triomphe que la faiblesse du roi et l'astuce de Catherine venaient de donner aux Angevins, s'empressaient autour du duc d'Anjou, ralliant, par des fils imperceptibles, mais puissants, la cause du prince à celle des Guises, qui demeuraient prudemment dans l'ombre, et qui gardaient un silence dont Chicot se trouvait fort alarmé.

Au reste, plus d'épanchement politique du duc envers Bussy; une hypocrisie amicale, voilà tout. Le prince était vaguement troublé d'avoir vu le jeune homme chez Monsoreau, et il lui gardait rancune de cette confiance que Monsoreau, si défiant, avait néanmoins envers lui.

Il s'effrayait aussi de cette joie qui épanouissait le visage de Diane, de ces fraîches couleurs qui la rendaient si désirable, d'adorable qu'elle était.

Le prince savait que les fleurs ne se colorent et ne se parfument qu'au soleil, et les femmes qu'à l'amour. Diane était visiblement heureuse, et pour le prince, toujours malveillant et soucieux, le bonheur d'autrui semblait une hostilité.

Né prince, devenu puissant par une route sombre et tortueuse, décidé à se servir de la force, soit pour ses amours, soit pour ses vengeances, depuis que la force lui avait réussi, bien conseillé d'ailleurs par Aurilly, le duc pensa qu'il serait honteux pour lui d'être ainsi arrêté dans ses désirs par des obstacles aussi ridicules que le sont une jalousie de mari et une répugnance de femme.

Un jour qu'il avait mal dormi et qu'il avait passé la nuit à poursuivre ces mauvais rêves qu'on fait dans un demi-sommeil fiévreux, il sentit qu'il était monté au ton de ses désirs, et commanda ses équipages pour aller voir Monsoreau.

Monsoreau, comme on le sait, était parti pour sa maison des Tournelles.

Le prince sourit à cette annonce.

C'était la petite pièce de la comédie de Méridor.

Il s'enquit, mais pour la forme seulement, de l'endroit où était située cette maison; on lui répondit que c'était sur la place Saint-Antoine, et, se retournant alors vers Bussy qui l'avait accompagné :

— Puisqu'il est aux Tournelles, dit-il, allons aux Tournelles.

L'escorte se remit en marche, et bientôt tout le quartier fut en rumeur par la présence de ces vingt-quatre beaux gentilshommes qui composaient d'ordinaire la suite du prince, et qui avaient chacun deux laquais et trois chevaux.

Le prince connaissait bien la maison et la porte; Bussy ne la connaissait pas moins bien que lui.

Ils s'arrêtèrent tous deux devant la porte, s'engagèrent dans l'allée et montèrent tous deux; seulement, le prince entra dans les appartements, et Bussy demeura sur le palier.

Il résulta de cet arrangement que le prince, qui paraissait le privilégié, ne vit que Monsoreau, lequel le reçut couché sur une chaise longue, tandis que Bussy fut reçu dans les bras de Diane qui l'étreignit fort tendrement, tandis que Gertrude faisait le guet.

Monsoreau, naturellement pâle, devint livide en apercevant le prince. C'était sa vision terrible.

— Monseigneur! dit-il frissonnant de contrariété; monseigneur, dans cette pauvre maison! En vérité, c'est trop d'honneur pour le peu que je suis.

L'ironie était visible, car à peine le comte se donnait-il la peine de la déguiser.

Cependant le prince ne parut aucunement la remarquer, et, s'approchant du convalescent avec un sourire :

— Partout où va un ami souffrant, dit-il, j'y vais pour demander de ses nouvelles.

— En vérité, prince, Votre Altesse a dit le mot ami, je crois.

— Je l'ai dit, mon cher comte; comment allez-vous?

— Beaucoup mieux, monseigneur; je me lève, je vais, je viens, et, dans huit jours, il n'y paraîtra plus.

— Est-ce votre médecin qui vous a prescrit l'air de la Bastille? demanda le prince avec l'accent le plus candide du monde.

— Oui, monseigneur.

Je le jure par mon nom et sur ce poignard. — Page 492.

— N'étiez-vous pas bien rue des Petits-Pères?

— Non, monseigneur, j'y recevais trop de monde, et ce monde menait trop grand bruit.

Le comte prononça ces paroles avec un ton de fermeté qui n'échappa point au prince; et cependant le prince ne parut point y faire attention.

— Mais, vous n'avez point de jardin ici, ce me semble, dit-il.

— Le jardin me faisait tort, monseigneur, répondit Monsoreau.

— Mais où vous promeniez-vous, mon cher?

— Justement, monseigneur : je ne me promenais pas.

Le prince se mordit les lèvres et se renversa sur sa chaise.

— Vous savez, comte, dit-il après un moment de silence, que l'on demande beaucoup votre charge de grand-veneur au roi?

— Bah! et sous quel prétexte, monseigneur?

— Beaucoup prétendent que vous êtes mort.

— Oh! monseigneur, j'en suis sûr, répond que je ne le suis pas.

— Moi, je ne réponds rien du tout; vous vous enterrez, mon cher; donc vous êtes mort.

Monsoreau se mordit les lèvres à son tour.

— Que voulez-vous, monseigneur? dit-il, je perdrai mes charges.

— Vraiment?

— Oui, il y a des choses que je leur préfère.

— Ah! fit le prince, c'est fort désintéressé de votre part.

— Je suis fait ainsi, monseigneur.

— En ce cas, puisque vous êtes ainsi fait, vous ne trouveriez pas mauvais que le roi le sût.

— Qui le lui dirait?

— Dame! s'il m'interroge, il faudra bien que je lui répète notre conversation.

— Ma foi, monseigneur, si l'on répétait au roi tout ce qui se dit à Paris, Sa Majesté n'aurait pas assez de ses deux oreilles.

— Que se dit-il donc à Paris, monsieur? dit le prince en se retournant vers le comte aussi vivement que si un serpent l'eût piqué.

Monsoreau vit que, tout doucement, la conversation avait pris une tournure un peu trop sérieuse pour un convalescent n'ayant pas encore toute liberté d'agir; il calma la colère qui bouillonnait au fond de son âme, et, prenant un visage indifférent :

— Que sais-je, moi, pauvre paralytique? dit-il, les événements passent et j'en aperçois à peine l'ombre. Si le roi est dépité de me voir si mal faire son service, il a tort.

— Comment cela?

— Sans doute, mon accident...

— Eh bien!

— Vient un peu de sa faute.

— Expliquez-vous.

— Dame! M. de Saint-Luc, qui m'a donné ce coup d'épée, n'est-il pas des plus chers amis du roi? C'est le roi qui lui a montré la botte secrète à l'aide de laquelle il m'a troué la poitrine, et rien ne me dit même que ce ne soit pas le roi qui me l'ait tout doucement dépêché.

Le duc d'Anjou fit presque un signe d'approbation.

— Vous avez raison, dit-il, mais enfin le roi est le roi.

— Jusqu'à ce qu'il ne le soit plus, n'est-ce pas? dit Monsoreau.

Le duc tressaillit.

— A propos, dit-il, madame de Monsoreau ne loge-t-elle donc pas ici?

— Monseigneur, elle est malade en ce moment, sans quoi elle serait déjà venue vous présenter ses très-humbles hommages.

— Malade? Pauvre femme!

— Oui, monseigneur.

— Le chagrin de vous avoir vu souffrir?

— D'abord; puis la fatigue de cette translation.

— Espérons que l'indisposition sera de courte durée, mon cher comte. Vous avez un médecin si habile.

Et il leva le siége.

— Le fait est, dit Monsoreau, que ce cher Remy m'a admirablement soigné.

— Mais c'est le médecin de Bussy que vous me nommez là!

— Le comte me l'a donné, en effet, monseigneur.

— Vous êtes donc très-lié avec Bussy?

— C'est mon meilleur; je devrais même dire, c'est mon seul ami, répondit froidement Monsoreau.

— Adieu, comte, dit le prince en soulevant la portière de damas.

Au même instant, et comme il passait la tête sous la tapisserie, il crut voir comme un bout de robe s'effacer dans la chambre voisine, et Bussy apparut tout à coup à son poste au milieu du corridor.

Le soupçon grandit chez le duc.

— Nous partons, dit-il à Bussy.

Bussy, sans répondre, descendit aussitôt pour donner à l'escorte l'ordre de se préparer, mais peut-être bien aussi pour cacher sa rougeur au prince.

Le duc, resté seul sur le palier, essaya de pénétrer dans le corridor où il avait vu disparaître la robe de soie.

Mais, en se retournant, il remarqua que Monsoreau l'avait suivi et se tenait debout, pâle et appuyé au chambranle, sur le seuil de la porte.

— Votre Altesse se trompe de chemin, dit froidement le comte.

— C'est vrai, balbutia le duc, merci.

Et il descendit la rage dans le cœur.

Pendant toute la route, qui était longue, cependant, Bussy et lui n'échangèrent pas une seule parole.

Bussy quitta le duc à la porte de son hôtel.

Lorsque le duc fut rentré, et seul dans son cabinet, Aurilly s'y glissa mystérieusement.

— Eh bien! dit le duc en l'apercevant, je suis bafoué par le mari.

— Et peut-être aussi par l'amant, monseigneur, dit le musicien.

— Que dis-tu?

— La vérité, Altesse.

— Achève, alors.

— Écoutez, monseigneur, j'espère que vous me pardonnerez, car c'était pour le service de Votre Altesse.

— Va, c'est convenu, je te pardonne d'avance.

— Eh bien! j'ai guetté sous un hangar de la cour après que vous fûtes monté.

— Ah! ah! Et tu as vu?

— J'ai vu paraître une robe de femme, j'ai vu cette femme se pencher, j'ai vu deux bras se nouer autour de son cou; et comme mon oreille est exercée, j'ai entendu fort distinctement le bruit d'un long et tendre baiser.

— Mais quel était l'homme? demanda le duc. L'as-tu reconnu, lui?

— Je ne puis reconnaître des bras, dit Aurilly; les gants n'ont pas de visage, monseigneur.

— Oui; mais on peut reconnaître des gants.

— En effet, il m'a semblé, dit Aurilly.

— Que tu les reconnaissais, n'est-ce pas? Allons donc.

— Mais ce n'est qu'une présomption.

— N'importe, dis toujours.

— Eh bien! monseigneur, il m'a semblé que c'étaient les gants de M. de Bussy.

— Des gants de buffle brodés d'or, n'est-ce pas? s'écria le duc, aux yeux duquel disparut tout à coup le nuage qui voilait la vérité.

— De buffle brodés d'or; oui, monseigneur, c'est cela, répéta Aurilly.

— Ah! Bussy; oui, Bussy! c'est Bussy, s'écria de nouveau le duc; aveugle que j'étais, ou plutôt, non, je n'étais pas aveugle; seulement, je ne pouvais pas croire à tant d'audace.

— Prenez-y garde, dit Aurilly, il me semble que Votre Altesse parle bien haut.

— Bussy! répéta encore une fois le duc, se rappelant mille circonstances qui avaient passé inaperçues et qui maintenant repassaient grandissantes devant ses yeux.

— Cependant, monseigneur, dit Aurilly, il ne faudrait pas croire trop légèrement; ne pouvait-il y avoir un homme caché dans la chambre de madame de Monsoreau?

— Oui, sans doute; mais Bussy, Bussy qui était dans le corridor, l'aurait vu, cet homme.

— C'est vrai, monseigneur.

— Et puis les gants, les gants!

— C'est encore vrai; et puis, outre le bruit du baiser, j'ai encore entendu...

— Quoi?

— Trois mots.

— Lesquels?

— Les voici : « A demain soir. »
— O mon Dieu !
— De sorte que si nous voulions, monseigneur, un peu recommencer cet exercice que nous faisions autrefois, eh bien ! nous serions sûrs.
— Aurilly, demain soir nous recommencerons.
— Votre Altesse sait que je suis à ses ordres.
— Bien. Ah ! Bussy ! répéta le duc entre ses dents ; Bussy, traître à son seigneur ! Bussy, cet épouvantail de tous ! Bussy, l'honnête homme... Bussy qui ne veut pas que je sois roi de France !

Et le duc, souriant avec une infernale joie, congédia Aurilly pour réfléchir à son aise.

LXXXI

LES GUETTEURS

Aurilly et le duc d'Anjou se tinrent mutuellement parole : le duc retint près de lui Bussy tant qu'il put pendant le jour, afin de ne perdre aucune de ses démarches.

Bussy ne demandait pas mieux que de faire pendant le jour sa cour au prince ; de cette façon, il avait la soirée libre.

C'était sa méthode, et il la pratiquait même sans arrière-pensée.

A dix heures du soir, il s'enveloppa dans son manteau, et, son échelle sous le bras, il s'achemina vers la Bastille.

Le duc, qui ignorait que Bussy avait une échelle dans son antichambre, qui ne pouvait croire que l'on marchât seul ainsi dans les rues de Paris ; le duc qui pensait que Bussy passerait par son hôtel pour prendre un cheval et un serviteur, perdit dix minutes en apprêts. Pendant ces dix minutes, Bussy, leste et amoureux, avait déjà fait les trois quarts du chemin.

Bussy fut heureux comme le sont d'ordinaire les gens hardis ; il ne fit aucune rencontre par les chemins, et en approchant il vit de la lumière aux vitres.

C'était le signal convenu entre lui et Diane.

Il jeta son échelle au balcon. Cette échelle, munie de six crampons placés en sens inverses, accrochait toujours quelque chose.

Au bruit, Diane éteignit sa lampe et ouvrit la fenêtre pour assurer l'échelle.

La chose fut faite en un instant.

Diane jeta les yeux sur la place ; elle fouilla du regard tous les coins et recoins.

La place lui parut déserte.

Alors elle fit signe à Bussy qu'il pouvait monter.

Bussy, sur ce signe, escalada les échelons deux à deux ; il y en avait dix : ce fut l'affaire de cinq enjambées, c'est-à-dire de cinq secondes.

Ce moment avait été heureusement choisi, car tandis que Bussy montait par la fenêtre, M. de Monsoreau, après avoir écouté patiemment pendant plus de dix minutes à la porte de sa femme, descendait péniblement l'escalier, appuyé sur le bras d'un valet de confiance, lequel remplaçait Remy avec avantage toutes les fois qu'il ne s'agissait ni d'appareils ni de topiques.

Cette double manœuvre, qu'on eût dit combinée par un habile stratégiste, s'exécuta de telle façon, que le Monsoreau ouvrait la porte de la rue juste au moment où Bussy retirait son échelle et où Diane fermait sa fenêtre.

Monsoreau se trouva dans la rue ; nous l'avons dit, la rue était déserte, et le comte ne vit rien.

— Aurais-tu été mal renseigné ? demanda Monsoreau à son domestique.

— Non, monseigneur, répondit celui-ci. Je quitte l'hôtel d'Anjou, et le maître palefrenier, qui est de mes amis, m'a dit positivement que monseigneur avait commandé deux chevaux pour ce soir. Maintenant, monseigneur, peut-être était-ce pour aller tout autre part qu'ici.

— Où veux-tu qu'il aille? dit Monsoreau d'un air sombre.

Le comte était comme tous les jaloux, qui ne croient pas que le reste de l'humanité puisse être préoccupé d'autre chose que de les tourmenter.

Il regarda autour de lui une seconde fois.

— Peut-être eussé-je mieux fait de rester dans la chambre de Diane, murmura t-il. Mais peut-être ont-ils des signaux pour correspondre; elle l'eût prévenu de ma présence, et je n'eusse rien su. Mieux vaut encore guetter du dehors, comme nous en sommes convenus. Voyons, conduis-moi à cette cachette de laquelle tu prétends que l'on peut tout voir.

— Venez, monseigneur, dit le valet.

Monsoreau s'avança moitié s'appuyant au bras de son domestique, moitié se soutenant au mur.

En effet, à vingt ou vingt-cinq pas de la porte, du côté de la Bastille, se trouvait un énorme tas de pierres provenant de maisons démolies et servant de fortifications aux enfants du quartier lorsqu'ils simulaient les combats, restes populaires des Armagnacs et des Bourguignons.

Au milieu de ce tas de pierres le valet avait pratiqué une espèce de guérite qui pouvait facilement contenir et cacher deux personnes.

Il étendit un manteau sur ces pierres, et Monsoreau s'accroupit dessus.

Le valet se plaça aux pieds du comte.

Un mousqueton tout chargé était posé à tout événement à côté d'eux.

Le valet voulut apprêter la mèche de l'arme; mais Monsoreau l'arrêta.

— Un instant, dit-il, il sera toujours temps. C'est du gibier royal que celui que nous éventons, il y a peine de la hart pour quiconque porte la main sur lui.

Et ses yeux, ardents comme ceux d'un loup embusqué dans le voisinage d'une bergerie, se portaient de la fenêtre de Diane dans les profondeurs du faubourg, et des profondeurs du faubourg dans les rues adjacentes, car il désirait surprendre et craignait d'être surpris.

Diane avait prudemment fermé ses épais rideaux de tapisserie, en sorte qu'à leur bordure seulement filtrait un rayon lumineux, qui dénonçait la vie dans cette maison absolument noire.

Monsoreau n'était pas embusqué depuis dix minutes que deux chevaux parurent à l'embouchure de la rue Saint-Antoine.

Le valet ne parla point; mais il étendit la main dans la direction des deux chevaux.

— Oui, dit Monsoreau, je vois.

Les deux cavaliers mirent pied à terre à l'angle de l'hôtel des Tournelles, et ils attachèrent leurs chevaux aux anneaux de fer disposés dans la muraille à cet effet.

— Monseigneur, dit Aurilly, je crois que nous arrivons trop tard; il sera parti directement de votre hôtel; il avait dix minutes d'avance sur vous, il est entré.

— Soit, dit le prince; mais si nous ne l'avons pas vu entrer nous le verrons sortir.

— Oui, mais quand? dit Aurilly.

— Quand nous voudrons, dit le prince.

— Serait-ce trop de curiosité que de vous demander comment vous comptez vous y prendre, monseigneur?

— Rien de plus facile. Nous n'avons qu'à heurter à la porte l'un de nous, c'est-à-dire toi, par exemple, sous prétexte que tu viens demander des nouvelles de M. de Monsoreau. Tout amoureux s'effraye au bruit. Alors toi entré dans la maison, lui sort par la fenêtre, et moi, qui serai resté dehors, je le verrai déguerpir.

— Et le Monsoreau?

— Que diable veux-tu qu'il dise? C'est mon ami, je suis inquiet, je fais demander de ses nouvelles, parce que je lui ai trouvé mauvaise mine dans la journée; rien de plus simple.

— C'est on ne peut plus ingénieux, monseigneur, dit Aurilly.

— Entends-tu ce qu'ils disent? demanda Monsoreau à son valet.

— Non, monseigneur; mais s'ils continuent de parler, nous ne pouvons manquer de les entendre, puisqu'ils viennent de ce côté.

— Monseigneur, dit Aurilly, voici un tas de pierres qui semble fait exprès pour cacher Votre Altesse.

— Oui; mais attends, peut-être y a-t-il moyen de voir à travers les fentes des rideaux.

En effet, comme nous l'avons dit, Diane avait rallumé ou rapproché la lampe, et une légère lueur filtrait du dedans au dehors. Le duc et Aurilly tournèrent et retournèrent pendant plus de dix minutes, afin de chercher un point d'où leurs regards pussent pénétrer dans l'intérieur de la chambre.

Pendant ces différentes évolutions, Monsoreau bouillait d'impatience et arrêtait souvent sa main sur le canon du mousquet, moins froid que cette main.

— Oh! souffrirai-je cela? murmurait-il; dévorerai-je encore cet affront? Non, non; tant pis, ma patience est à bout. Mordieu! ne pouvoir ni dormir, ni veiller, ni même souffrir tranquille, parce qu'un caprice honteux s'est logé dans le cerveau oisif de ce misérable prince! Non, je ne suis pas un valet complaisant, je suis le comte de Monsoreau, et qu'il vienne de ce côté, je lui fais, sur mon honneur, sauter la cervelle. Allume la mèche, René, allume...

En ce moment justement, le prince, voyant qu'il était impossible à ses regards de pénétrer à travers l'obstacle, en était revenu à son projet, et il s'apprêtait à se cacher dans les décombres, tandis qu'Aurilly allait frapper à la porte, quand tout à coup, oubliant la distance qu'il y avait entre lui et le prince, Aurilly posa vivement sa main sur le bras du duc d'Anjou.

— Eh bien! monsieur, dit le prince étonné, qu'y a-t-il?

— Venez, monseigneur, venez, dit Aurilly.

— Mais pourquoi cela?

— Ne voyez-vous rien briller à gauche? Venez, monseigneur, venez.

— En effet, je vois comme une étincelle au milieu de ces pierres.

— C'est la mèche d'un mousquet ou d'une arquebuse, monseigneur.

— Ah! ah! fit le duc, et qui diable peut être embusqué là?

— Quelque ami ou quelque serviteur de Bussy. Éloignons-nous, faisons un détour, et revenons d'un autre côté. Le serviteur donnera l'alarme, et nous verrons Bussy descendre par la fenêtre.

— En effet, tu as raison, dit le duc; viens.

Tous deux traversèrent la rue pour regagner la place où ils avaient attaché leurs chevaux.

— Ils s'en vont, dit le valet.

— Oui, dit Monsoreau. Les as-tu reconnus?

— Mais il me semble bien, à moi, que c'est le prince et Aurilly.

— Justement. Mais tout à l'heure j'en serai plus sûr encore.

— Que va faire monseigneur?

— Viens!

Pendant ce temps, le duc et Aurilly tournaient par la rue Sainte-Catherine avec l'intention de longer les jardins et de revenir par le boulevard de la Bastille.

Monsoreau rentrait et ordonnait de préparer sa litière.

Ce qu'avait prévu le duc arriva.

Au bruit que fit Monsoreau, Bussy prit l'alarme: la lumière s'éteignit de nouveau, la fenêtre se rouvrit, l'échelle de corde fut fixée, et Bussy, à son grand regret, obligé de fuir comme Roméo, mais sans avoir, comme Roméo, vu se lever le premier rayon du jour et entendu chanter l'alouette.

Au moment où il mettait pied à terre et où Diane lui renvoyait l'échelle, le duc et Aurilly débouchaient à l'angle de la Bastille.

Ils virent juste et au-dessous de la fenêtre de la belle Diane une ombre suspendue entre le ciel et la terre; mais cette ombre disparut presque aussitôt au coin de la rue Saint-Paul.

— Monsieur, disait le valet, nous allons réveiller toute la maison.

— Qu'importe? répondait Monsoreau furieux; je suis le maître ici, ce me semble, et j'ai bien le droit de faire chez moi ce que voulait y faire M. le duc d'Anjou.

La litière était prête. Monsoreau envoya chercher deux de ses gens qui logeaient rue des Tournelles, et lorsque ces gens, qui avaient l'habitude de l'accompagner depuis sa blessure, furent arrivés et eurent pris place aux deux portières, la machine partit au trot de deux robustes chevaux et en moins d'un quart d'heure fut à la porte de l'hôtel d'Anjou.

Le duc et Aurilly venaient de rentrer depuis si peu de temps que leurs chevaux n'étaient pas encore débridés.

Monsoreau, qui avait ses entrées libres chez le prince, parut sur le seuil juste au moment où celui-ci, après avoir jeté son feutre sur un fauteuil, tendait ses bottes à un valet de chambre.

Cependant un valet qui l'avait précédé de quelques pas annonça M. le grand-veneur.

La foudre brisant les vitres de la chambre du prince n'eût pas plus étonné celui-ci que l'annonce qui venait de se faire entendre.

— Monsieur de Monsoreau! s'écria-t-il avec une inquiétude qui perçait à la fois et dans sa pâleur et dans l'émotion de sa voix.

— Oui, monseigneur, moi-même, dit le comte en comprimant ou plutôt en essayant de comprimer le sang qui bouillait dans ses artères.

L'effort qu'il faisait sur lui-même fut si violent, que M. de Monsoreau sentit ses jambes qui manquaient sous lui et tomba sur un siége placé à l'entrée de la chambre.

— Mais, dit le duc, vous vous tuerez, mon cher ami, et, dans ce moment même, vous êtes si pâle que vous semblez près de vous évanouir.

— Oh! que non, monseigneur. J'ai pour le moment des choses trop importantes à confier à Votre Altesse. Peut-être m'évanouirai-je après, c'est possible.

— Voyons, parlez, mon cher comte, dit François tout bouleversé.

— Mais pas devant vos gens, je suppose, dit Monsoreau.

Le duc congédia tout le monde, même Aurilly.

Les deux hommes se trouvèrent seuls.

— Votre Altesse rentre? dit Monsoreau.

— Comme vous voyez, comte.

— C'est bien imprudent à Votre Altesse d'aller ainsi la nuit par les rues.

— Qui vous dit que j'aie été par les rues?

— Dame! cette poussière qui couvre vos habits, monseigneur...

— Monsieur de Monsoreau, dit le prince avec un accent auquel il n'y avait pas à se méprendre, faites-vous donc encore un autre métier que celui de grand-veneur?

— Le métier d'espion? oui, monseigneur. Tout le monde s'en mêle aujourd'hui, un peu plus, un peu moins, et moi comme les autres.

— Et que vous rapporte ce métier, monsieur?

— De savoir ce qui se passe.

— C'est curieux! fit le prince, en se rapprochant de son timbre pour être à portée d'appeler.

— Très-curieux, dit Monsoreau.

— Alors, contez-moi ce que vous avez à me dire.

— Je suis venu pour cela.

— Vous permettez que je m'assoie?

— Pas d'ironie, monseigneur, envers un humble et fidèle ami comme moi, qui ne vient à cette heure et dans l'état où il est que pour vous rendre un signalé service. Si je me suis assis, monseigneur, c'est, sur mon honneur, que je ne puis rester debout.

— Un service, reprit le duc, un service?

— Oui.

— Parlez donc.

— Monseigneur, je viens à Votre Altesse de la part d'un puissant prince.

— Du roi?

— Non, de monseigneur le duc de Guise.

— Ah! dit le prince, de la part du duc de Guise; c'est autre chose. Approchez-vous et parlez bas.

LXXXII

COMMENT M. LE DUC D'ANJOU SIGNA, ET COMMENT, APRÈS AVOIR SIGNÉ, IL PARLA.

Il se fit un instant de silence entre le duc d'Anjou et Monsoreau. Puis rompant le premier ce silence :

— Eh bien! monsieur le comte, demanda le duc, qu'avez-vous à me dire de la part de MM. de Guise?

— Beaucoup de choses, monseigneur.

— Ils vous ont donc écrit?

— Oh! non pas; MM. de Guise n'écrivent plus depuis l'étrange disparition de maître Nicolas David.

— Alors vous avez donc été à l'armée?

— Non, monseigneur; ce sont eux qui sont venus à Paris.

— MM. de Guise sont à Paris! s'écria le duc.

— Oui, monseigneur.

— Je ne les ai pas vus!

— Ils sont trop prudents pour s'exposer, et pour exposer en même temps Votre Altesse.

— Et je ne suis pas prévenu?

— Si fait, monseigneur, puisque je vous préviens.

— Mais que viennent-ils faire?

— Mais ils viennent, monseigneur, au rendez-vous que vous leur avez donné.

— Moi! je leur ai donné rendez-vous?

— Sans doute, le même jour où Votre Altesse a été arrêtée, elle avait reçu une lettre de MM. de Guise, et elle leur avait fait répondre verbalement, par moi-même, qu'ils n'avaient qu'à se trouver à Paris du 31 mai au 2 juin. Nous sommes au 31 mai; si vous avez oublié MM. de Guise, MM. de Guise, comme vous voyez, ne vous ont pas oublié, monseigneur.

François pâlit.

Il s'était passé tant d'événements depuis ce jour, qu'il avait oublié ce rendez-vous, si important qu'il fût.

— C'est vrai, dit-il; mais les relations qui existaient à cette époque entre MM. de Guise et moi n'existent plus.

— S'il en est ainsi, monseigneur, dit le comte, vous ferez bien de les en prévenir, car je crois qu'ils jugent les choses tout autrement.

— Comment cela?

— Oui, peut-être vous croyez-vous délié envers eux, monseigneur; mais eux continuent de se croire liés envers vous.

— Piège, mon cher comte, leurre auquel un homme comme moi ne se laisse pas deux fois prendre.

— Et où monseigneur a-t-il été pris une fois?

— Comment! où ai-je été pris! Au Louvre, mordieu!

— Est-ce par la faute de MM. de Guise?

— Je ne dis pas, murmura le duc, je ne dis pas; seulement je dis qu'ils n'ont en rien aidé à ma fuite.

LA DAME DE MONSOREAU

Adieu, mes petits lions, je m'en vais à l'hôtel de Bussy. — Page 503.

— C'eût été difficile, attendu qu'ils étaient en fuite eux-mêmes.

— C'est vrai, murmura le duc.

— Mais, vous une fois en Anjou, n'ai-je pas été chargé de vous dire de leur part que vous pouviez toujours compter sur eux comme ils pouvaient compter sur vous, et que le jour où vous marcheriez sur Paris, ils y marcheraient de leur côté?

— C'est encore vrai, dit le duc; mais je n'ai point marché sur Paris.

— Si fait, monseigneur, puisque vous y êtes.

— Oui; mais je suis à Paris comme l'allié de mon frère.

— Monseigneur me permettra de lui faire observer qu'il est plus que l'allié des Guises.

— Que suis-je donc?

— Monseigneur est leur complice.

Le duc d'Anjou se mordit les lèvres.

— Et vous dites qu'ils vous ont chargé de m'annoncer leur arrivée?

— Oui, Votre Altesse, ils m'ont fait cet honneur.

— Mais ils ne vous ont pas communiqué les motifs de leur retour?

— Ils m'ont tout communiqué, monseigneur, me sachant l'homme de confiance de Votre Altesse, motifs et projets.

— Ils ont donc des projets? Lesquels?

— Les mêmes, toujours.

— Et ils les croient praticables?

— Ils les tiennent pour certains.

— Et ces projets ont toujours pour but?...

Le duc s'arrêta, n'osant prononcer les mots qui devaient naturellement suivre ceux qu'il venait de dire.

Monsoreau acheva la pensée du duc.

— Pour but de vous faire roi de France, oui, monseigneur.

Le duc sentit la rougeur de la joie lui monter au visage.

— Mais, demanda-t-il, le moment est-il favorable?

— Votre sagesse en décidera.

— Ma sagesse?

— Oui; voici les faits, faits visibles, irrécusables.

— Voyons.

— La nomination du roi comme chef de la Ligue n'a été qu'une comédie, vite appréciée, et jugée aussitôt qu'appréciée. Or, maintenant la réaction s'opère, et l'État tout entier se soulève contre la tyrannie du roi et de ses créatures. Les prêches sont des appels aux armes, les églises des lieux où l'on maudit le roi en place de prier Dieu. L'armée frémit d'impatience, les bourgeois s'associent, nos émissaires ne rapportent que signatures et adhésions nouvelles à la Ligue; enfin le règne de Valois touche à son terme. Dans une pareille occurrence, MM. de Guise ont besoin de choisir un compétiteur sérieux au trône, et leur choix s'est naturellement arrêté sur vous. Maintenant, renoncez-vous à vos idées d'autrefois?

Le duc ne répondit pas.

— Eh bien! demanda Monsoreau, que pense monseigneur?

— Dame! répondit le prince, je pense...

— Monseigneur sait qu'il peut, en toute franchise, s'expliquer avec moi.

— Je pense, dit le duc, que mon frère n'a pas d'enfants; qu'après lui le trône me revient; qu'il est d'une vacillante santé; pourquoi donc alors me remuerais-je avec tous ces gens, pourquoi compromettrais-je mon nom, ma dignité, mon affection, dans une rivalité inutile, pourquoi enfin essayerais-je de prendre avec danger ce qui me reviendra sans péril?

— Voilà justement, dit Monsoreau, où est l'erreur de Votre Altesse: le trône de votre frère ne vous reviendra que si vous le prenez. MM. de Guise ne peuvent être rois eux-mêmes, mais ils ne laisseront régner qu'un roi de leur façon; ce roi, qu'ils doivent substituer au roi régnant, ils avaient compté que ce serait Votre Altesse; mais au refus de Votre Altesse, je vous en préviens, ils en chercheront un autre.

— Et qui donc? s'écria le duc d'Anjou en fronçant le sourcil, qui donc osera s'asseoir sur le trône de Charlemagne?

— Un Bourbon au lieu d'un Valois, voilà tout, monseigneur: fils de saint Louis pour fils de saint Louis.

— Le roi de Navarre? s'écria François.

— Pourquoi pas? il est jeune, il est brave; il n'a pas d'enfants, c'est vrai; mais on est sûr qu'il en peut avoir.

— Il est huguenot.

— Lui! est-ce qu'il ne s'est pas converti à la Saint-Barthélemy?

— Oui, mais il a abjuré depuis.

— Eh! monseigneur, ce qu'il a fait pour la vie, il le fera pour le trône.

— Ils croient que je céderai mes droits sans les défendre?

— Je crois que le cas est prévu.

— Je les combattrai rudement.

— Peuh! ils sont gens de guerre.

— Je me mettrai à la tête de la Ligue.

— Ils en sont l'âme.

— Je me réunirai à mon frère.

— Votre frère sera mort.

— J'appellerai les rois de l'Europe à mon aide.

— Les rois de l'Europe feront volontiers la guerre à des rois, mais ils y regarderont à deux fois avant de faire la guerre à un peuple.

— Comment, à un peuple ?
— Sans doute, MM. de Guise sont décidés à tout, même à constituer des États, même à faire une république.

François joignit les mains dans une angoisse inexprimable. Monsoreau était effrayant avec ses réponses qui répondaient si bien.

— Une république? murmura-t-il.
— Oh! mon Dieu! oui, comme en Suisse, comme à Gênes, comme à Venise.
— Mais mon parti ne souffrira point que l'on fasse ainsi de la France une république.
— Votre parti? dit Monsoreau. Eh! monseigneur, vous avez été si désintéressé, si magnanime, que, sur ma parole, votre parti ne se compose plus guère que de M. de Bussy et de moi.

Le duc ne put réprimer un sourire sinistre.

— Je suis lié, alors, dit-il.
— Mais à peu près, monseigneur.
— Alors, qu'a-t-on besoin de recourir à moi, si je suis, comme vous le dites, dénué de toute puissance ?
— C'est-à-dire, monseigneur, que vous ne pouvez rien sans MM. de Guise, mais que vous pouvez tout avec eux.
— Je peux tout avec eux?
— Oui, dites un mot, et vous êtes roi.

Le duc se leva fort agité, se promena par la chambre, froissant tout ce qui tombait sous sa main : rideaux, portières, tapis de table ; puis enfin il s'arrêta devant Monsoreau.

— Tu as dit vrai, comte, quand tu as dit que je n'avais plus que deux amis, toi et Bussy.

Et il prononça ces paroles avec un sourire de bienveillance qu'il avait eu le temps de substituer à sa pâle fureur.

— Ainsi donc? fit Monsoreau, l'œil brillant de joie.
— Ainsi donc, fidèle serviteur, reprit le duc, parle, je t'écoute.
— Vous l'ordonnez, monseigneur?
— Oui.
— Eh bien! en deux mots, monseigneur, voici le plan.

Le duc pâlit, mais il s'arrêta pour écouter.

Le comte reprit :

— C'est dans huit jours la Fête-Dieu, n'est-ce pas, monseigneur?
— Oui.
— Le roi, pour cette sainte journée, médite depuis longtemps une grande procession aux principaux couvents de Paris.
— C'est son habitude de faire tous les ans pareille procession à pareille époque.
— Alors, comme Votre Altesse se le rappelle, le roi est sans gardes, ou du moins les gardes restent à la porte. Le roi s'arrête devant chaque reposoir, il s'y agenouille, y dit cinq *Pater* et cinq *Ave*, le tout accompagné des sept psaumes de la pénitence.
— Je sais tout cela.
— Il ira à l'abbaye Sainte-Geneviève comme aux autres.
— Sans contredit.
— Seulement, comme un accident sera arrivé en face du couvent...
— Un accident ?
— Oui, un égout se sera enfoncé pendant la nuit.
— Eh bien?
— Le reposoir ne pourra être sous le porche, il sera dans la cour même.
— J'écoute.
— Attendez donc : le roi entrera, quatre ou cinq personnes entreront avec lui ; mais derrière le roi et ces quatre ou cinq personnes, on fermera les portes.
— Et alors ?
— Alors, reprit Monsoreau, Votre Altesse connaît les moines qui feront les honneurs de l'abbaye à Sa Majesté.
— Ce seront les mêmes?
— Qui étaient là quand on a sacré Votre Altesse, justement.
— Ils oseront porter les mains sur l'oint du Seigneur?
— Oh! pour le tondre, voilà tout : vous connaissez ce quatrain :

> De trois couronnes, la première,
> Tu perdis, ingrat et fuyard ;
> La seconde court grand hasard ;
> Des ciseaux feront la dernière.

— On osera faire cela! s'écria le duc, l'œil brillant d'avidité, on touchera un roi à la tête?

— Oh! il ne sera plus roi, alors.

— Comment cela?

— N'avez-vous pas entendu parler d'un frère génovéfain, d'un saint homme qui fait des discours en attendant qu'il fasse des miracles?

— De frère Gorenflot?

— Justement.

— Le même qui voulait prêcher la Ligue l'arquebuse sur l'épaule?

— Le même.

— Eh bien! on conduira le roi dans sa cellule; une fois là, le frère se charge de lui faire signer son abdication; puis, quand il aura abdiqué, madame de Montpensier entrera les ciseaux à la main. Les ciseaux sont achetés, madame de Montpensier les porte pendus à son côté. Ce sont de charmants ciseaux, d'or massif, et admirablement ciselés : à tout seigneur tout honneur.

François demeura muet; son œil faux s'était dilaté comme celui d'un chat qui guette sa proie dans l'obscurité.

— Vous comprenez le reste, monseigneur, continua le comte. On annonce au peuple que le roi, éprouvant un saint repentir de ses fautes, a exprimé le vœu de ne plus sortir du couvent; si quelques-uns doutent que la vocation soit réelle, M. le duc de Guise tient l'armée, M. le cardinal tient l'Église, M. de Mayenne tient la bourgeoisie; avec ces trois pouvoirs-là, on fait croire au peuple à peu près tout ce que l'on veut.

— Mais on m'accusera de violence, dit le duc après un instant.

— Vous n'êtes pas tenu de vous trouver là.

— On me regardera comme un usurpateur.

— Monseigneur oublie l'abdication.

— Le roi refusera.

— Il paraît que frère Gorenflot est non-seulement un homme très-capable, mais encore un homme très-fort.

— Le plan est donc arrêté?

— Tout à fait.

— Et l'on ne craint pas que je le dénonce?

— Non, monseigneur, car il y en a un autre non moins sûr arrêté contre vous dans le cas où vous trahiriez.

— Ah! ah! dit François.

— Oui, monseigneur, et celui-là je ne le connais pas, on me sait trop votre ami pour me l'avoir confié. Je sais qu'il existe, voilà tout.

— Alors, je me rends, comte; que faut-il faire?

— Approuver.

— Eh bien! j'approuve.

— Oui; mais cela ne suffit point de l'approuver de paroles.

— Comment donc faut-il l'approuver encore?

— Par écrit.

— C'est une folie que de supposer que je consentirai à cela.

— Et pourquoi?

— Si la conjuration avorte?

— Justement, c'est pour le cas où elle avorterait qu'on demande la signature de monseigneur.

— On veut donc se faire un rempart de mon nom?

— Pas autre chose.

— Alors, je refuse mille fois.

— Vous ne pouvez plus.

— Je ne peux plus refuser?

— Non.

— Êtes-vous fou?

— Refuser, c'est trahir.

— En quoi?

— En ce que je ne demandais pas mieux que de me taire, et que c'est Votre Altesse qui m'a ordonné de parler.

— Eh bien! soit; que ces messieurs le prennent comme ils voudront, j'aurai choisi mon danger, au moins.

— Monseigneur, prenez garde de mal choisir.

— Je risquerai, dit François un peu ému, mais essayant néanmoins de conserver sa fermeté.

— Dans votre intérêt, monseigneur, dit le comte, je ne vous le conseille pas.

— Mais je me compromets en signant.
— En refusant de signer vous faites bien pis ; vous vous assassinez !

François frissonna.

— On oserait? dit-il.
— On osera tout, monseigneur. Les conspirateurs sont trop avancés ; il faut qu'ils réussissent à quelque prix que ce soit.

Le duc tomba dans une indécision facile à comprendre.

— Je signerai, dit-il.
— Quand cela?
— Demain.
— Demain, non, monseigneur ; si vous signez, il faut signer tout de suite.
— Mais encore faut-il que MM. de Guise rédigent l'engagement que je prends vis-à-vis d'eux.
— Il est tout rédigé, monseigneur, je l'apporte.

Monsoreau tira un papier de sa poche : c'était une adhésion pleine et entière au plan que nous connaissons.

Le duc le lut d'un bout à l'autre, et, à mesure qu'il lisait, le comte pouvait le voir pâlir ; lorsqu'il eut fini, les jambes lui manquèrent, et il s'assit ou plutôt il tomba devant la table.

— Tenez, monseigneur, dit Monsoreau en lui présentant la plume.

— Il faut donc que je signe? dit François en appuyant la main sur son front, car la tête lui tournait.

— Il le faut si vous le voulez, personne ne vous y force.

— Mais si, l'on me force, puisque vous me menacez d'un assassinat.

— Je ne vous menace pas, monseigneur, Dieu m'en garde, je vous préviens, c'est bien différent.

— Donnez, fit le duc.

Et comme faisant un effort sur lui-même, il prit ou plutôt il arracha la plume des mains du comte et signa.

Monsoreau le suivait d'un œil ardent de haine et d'espoir ; quand il lui vit poser la plume sur le papier, il fut obligé de s'appuyer sur la table, sa prunelle semblait se dilater à mesure que la main du duc formait les lettres qui composaient son nom.

— Ah! dit-il quand le duc eut fini.

Et, saisissant le papier d'un mouvement non moins violent que le duc avait saisi la plume, il le plia, l'enferma entre sa chemise et l'étoffe en tresses de soie qui remplaçait le gilet à cette époque, boutonna son pourpoint, et croisa son manteau par-dessus.

Le duc regardait faire avec étonnement, ne comprenant rien à l'expression de ce visage pâle sur lequel passait comme un éclair de féroce joie.

— Et maintenant, monseigneur, dit Monsoreau, soyez prudent.

— Comment cela? demanda le duc.

— Oui, ne courez plus par les rues le soir avec Aurilly, comme vous venez de le faire il n'y a qu'un instant encore.

— Qu'est-ce à dire?

— C'est-à-dire que ce soir, monseigneur, vous avez été poursuivre d'amour une femme que son mari adore, et dont il est jaloux au point de... ma foi, oui, de tuer quiconque l'approcherait sans sa permission.

— Serait-ce par hasard de vous et de votre femme que vous voudriez parler?

— Oui, monseigneur, puisque vous avez deviné si juste du premier coup, je n'essaierai pas même de nier. J'ai épousé Diane de Méridor, elle est à moi, et personne ne l'aura, moi vivant, du moins, pas même un prince. Et tenez, monseigneur, pour que vous en soyez bien sûr, je le jure par mon nom et sur ce poignard.

Et il mit la lame du poignard presque sur la poitrine du prince qui recula.

— Monsieur, vous me menacez, dit François, pâle de colère et de rage.

— Non, mon prince, comme tout à l'heure, je vous avertis seulement.

— Et de quoi m'avertissez-vous?

— Que personne n'aura ma femme!

— Et moi, maître sot, s'écria d'Anjou hors de lui, je vous réponds que vous m'avertissez trop tard, et que quelqu'un l'a déjà !

Monsoreau poussa un cri terrible en enfonçant ses deux mains dans ses cheveux.

— Ce n'est pas vous, balbutia-t-il, ce n'est pas vous, monseigneur?

Et son bras, toujours armé, n'avait qu'à s'étendre pour aller percer la poitrine du prince.

François se recula.

— Vous êtes en démence, comte, dit-il en s'apprêtant à frapper sur le timbre.

— Non, je vois clair, je parle raison et j'entends juste; vous venez de dire que quelqu'un possède ma femme; vous l'avez dit.

— Je le répète.

— Nommez cette personne et prouvez le fait.

— Qui était embusqué ce soir à vingt pas de votre porte avec un mousquet?

— Moi.

— Eh bien! comte, pendant ce temps...

— Pendant ce temps...

— Un homme était chez vous, ou plutôt chez votre femme.

— Vous l'avez vu entrer?

— Je l'ai vu sortir.

— Par la porte?

— Par la fenêtre.

— Vous avez reconnu cet homme?

— Oui, dit le duc.

— Nommez-le, s'écria Monsoreau, nommez-le, monseigneur, ou je ne réponds de rien.

Le duc passa sa main sur son front, et quelque chose comme un sourire passa sur ses lèvres.

— Monsieur le comte, dit-il, foi de prince du sang, sur mon Dieu et sur mon âme, avant huit jours je vous ferai connaître l'homme qui possède votre femme.

— Vous le jurez? s'écria Monsoreau.

— Je vous le jure.

— Eh bien! monseigneur, à huit jours, dit le comte en frappant sa poitrine à l'endroit où était le papier signé du prince... à huit jours, ou, vous comprenez?...

— Revenez dans huit jours; voilà tout ce que j'ai à vous dire.

— Aussi bien, cela vaut mieux, dit Monsoreau. Dans huit jours j'aurai toutes mes forces, et il a besoin de toutes ses forces celui qui veut se venger.

Et il sortit en faisant au prince un geste d'adieu que l'on eût pu facilement prendre pour un geste de menace.

LXXXIII

UNE PROMENADE AUX TOURNELLES

Cependant peu à peu les gentilshommes angevins étaient revenus à Paris.

Dire qu'ils y rentraient avec confiance, on ne le croirait pas. Ils connaissaient trop bien le roi, son frère et sa mère pour espérer que les choses se passassent en embrassades de famille.

Ils se rappelaient toujours cette chasse qui leur avait été faite par les amis du roi, et ils ne voulaient pas se décider à croire qu'on pût leur donner un triomphe pour pendant à cette cérémonie assez désagréable.

Ils revenaient donc timidement et se glissaient en ville armés jusqu'à la gorge, prêts à faire feu sur le moindre geste suspect, et ils dégaînèrent cinquante fois, avant d'arriver à l'hôtel d'Anjou, contre des bourgeois qui n'avaient commis d'autre crime que de les regarder passer. Antraguet surtout se montrait féroce et reportait toutes ces disgrâces à MM. les mignons du roi, se promettant de leur en dire à l'occasion deux mots fort explicites.

Il fit part de ce projet à Ribeirac, homme de bon conseil, et celui-ci lui répondit qu'avant de se donner un pareil plaisir, il fallait avoir à sa portée une frontière ou deux.

— On s'arrangera pour cela, dit Antraguet.

Le duc leur fit bon accueil.

C'étaient ses hommes à lui, comme MM. de Maugiron, Quélus, Schomberg et d'Épernon étaient ceux du roi.

Il débuta par leur dire :

— Mes amis, on songe à vous tuer un peu, à ce qu'il paraît. Le vent est à ces sortes de réceptions; gardez-vous bien.

— C'est fait, Monseigneur, répliqua Antraguet; mais ne convient-il pas que nous allions offrir à Sa Majesté nos très-humbles respects? Car enfin si nous nous cachons, cela ne fera pas honneur à l'Anjou. Que vous en semble?

— Vous avez raison, dit le duc; allez, et si vous le voulez, je vous accompagnerai.

Les trois jeunes gens se consultèrent du regard. A ce moment Bussy entra dans la salle et vint embrasser ses amis.

— Eh! dit-il, vous êtes bien en retard! Mais qu'est-ce que j'entends? Son Altesse qui se propose d'aller se faire tuer au Louvre comme César dans le sénat de Rome. Songez donc que chacun de MM. les mignons emporterait volontiers un petit morceau de monseigneur sous son manteau.

— Mais, cher ami, nous voulons nous frotter un peu à ces messieurs.

Bussy se mit à rire.

— Eh! eh! dit-il, on verra, on verra.

Le duc le regarda très-attentivement.

— Allons au Louvre, fit Bussy, mais nous seulement. Monseigneur restera dans son jardin à abattre des têtes de pavots.

François feignit de rire très-joyeusement. Le fait est qu'au fond il se trouvait heureux de n'avoir plus la corvée à faire.

Les Angevins se parèrent superbement. C'étaient de fort grands seigneurs qui mangeaient volontiers en soie, velours et passementerie le revenu des terres paternelles.

Leur réunion était un mélange d'or, de pierreries et de brocart qui sur leur chemin fit crier noël au populaire, dont le flair infaillible devinait sous ces beaux atours des cœurs embrasés de haine pour les mignons du roi.

Henri III ne voulut pas recevoir ces messieurs de l'Anjou, et ils attendirent vainement dans la galerie.

Ce furent MM. Quélus, Maugiron, Schomberg et d'Épernon qui, saluant avec politesse et témoignant tous les regrets du monde, vinrent annoncer cette nouvelle aux Angevins.

— Ah! messire, dit Antraguet, car Bussy s'effaçait le plus possible, la nouvelle est triste; mais passant par votre bouche, elle perd beaucoup de son désagrément.

— Messieurs, dit Schomberg, vous êtes la fine fleur de la grâce et de la courtoisie. Vous plaît-il que nous métamorphosions cette réception qui est manquée en une petite promenade?

— Oh! messieurs, nous allions vous le demander, dit vivement Antraguet, à qui Bussy toucha légèrement le bras pour lui dire:

— Tais-toi donc, et laisse-les faire.

— Où irions-nous bien? dit Quélus en cherchant.

— Je connais un charmant endroit du côté de la Bastille, fit Schomberg.

— Messieurs, nous vous suivons, dit Ribeirac; marchez devant.

En effet, les quatre amis du roi sortirent du Louvre, suivis des quatre Angevins, et se dirigèrent par les quais vers l'ancien enclos des Tournelles, alors Marché-aux-Chevaux, sorte de place unie, plantée de quelques arbres maigres et semée çà et là de barrières destinées à arrêter les chevaux ou à les attacher.

Chemin faisant, les huit gentilshommes s'étaient pris par le bras et, avec mille civilités, s'entretenaient de sujets gais et badins, au grand ébahissement des bourgeois qui regrettaient leurs vivats de tout à l'heure et disaient que les Angevins venaient de pactiser avec les pourceaux d'Hérodes.

On arriva. Quélus prit la parole.

— Voyez le beau terrain, dit-il, voyez l'endroit solitaire, et comme le pied tient bien sur ce salpêtre.

— Ma foi, oui, répliqua Antraguet en battant plusieurs appels.

— Eh bien! continua Quélus, nous avions pensé, ces messieurs et moi, que vous voudriez bien, un de ces jours, nous accompagner jusqu'ici pour seconder, tiercer et quarter M. de Bussy, votre ami, qui nous a fait l'honneur de nous appeler tous quatre.

— C'est vrai, dit Bussy à ses amis stupéfaits.

— Il n'en avait rien dit! s'écria Antraguet.

— Oh! M. de Bussy est un homme qui sait le prix des choses, repartit Maugiron. Accepteriez-vous, messieurs de l'Anjou?

— Certes oui, répliquèrent les trois Angevins d'une seule voix; l'honneur est tel que nous nous en réjouissons.

— C'est à merveille, dit Schomberg en se frottant les mains. Vous plaît-il maintenant que nous nous choisissions l'un l'autre?

— J'aime assez cette méthode, dit Ribeirac avec des yeux ardents... et alors...

— Non pas, interrompit Bussy, cela n'est pas juste. Nous avons tous les mêmes sentiments; donc nous sommes inspirés de Dieu. C'est Dieu qui fait les idées humaines, messieurs, je vous l'assure. Eh bien! laissons à Dieu le soin de nous appareiller. Vous savez d'ailleurs que rien n'est plus indifférent au cas où nous conviendrions que le premier libre charge les autres.

— Et il le faut! et il le faut! s'écrièrent les mignons.

— Alors raison de plus, faisons comme firent les Horaces : tirons au sort.

— Tirèrent-ils au sort? dit Quélus en réfléchissant.

— J'ai tout lieu de le croire, répondit Bussy.

— Alors imitons-les.

— Un moment, dit encore Bussy. Avant de connaître nos antagonistes, convenons des règles du combat. Il serait malséant que les conditions du combat suivissent le choix des adversaires.

— C'est simple, fit Schomberg, nous nous battrons jusqu'à ce que mort s'ensuive, comme a dit M. de Saint-Luc.

— Sans doute; mais comment nous battrons-nous?

— Avec l'épée et la dague, dit Bussy; nous sommes tous exercés.

— A pied? dit Quélus.

— Eh! que voulez-vous faire d'un cheval? On n'a pas les mouvements libres.

— A pied, soit.

— Quel jour?

— Mais le plus tôt possible.

— Non, dit d'Épernon; j'ai mille choses à régler, un testament à faire; pardon, mais je préfère attendre. Trois ou six jours nous aiguiseront l'appétit.

— C'est parler en brave, dit Bussy assez ironiquement.

— Est-ce convenu?

— Oui. Nous nous entendrons toujours à merveille.

— Alors tirons au sort, dit Bussy.

— Un moment, fit Antraguet; je propose ceci. Divisons le terrain en gens impartiaux. Comme les noms vont sortir au hasard deux par deux, coupons quatre compartiments sur le terrain, pour chacune des quatre paires.

— Bien dit.

— Je propose pour le numéro 1 le carré long entre deux tilleuls; il y a belle place.

— Accepté.

— Mais le soleil?

— Tant pis pour le second de la paire; il sera tourné à l'est.

— Non pas, messieurs, ce serait injuste, dit Bussy. Tuons-nous, mais ne nous assassinons pas. Décrivons un demi-cercle, et opposons-nous tous à la lumière; que le soleil nous frappe de profil.

Bussy montra la position, qui fut acceptée, puis on tira les noms.

Schomberg sortit le premier, Ribeirac le second. Ils furent désignés pour la première paire.

Quélus et Antraguet furent les seconds.

Livarot et Maugiron les troisièmes.

Au nom de Quélus, Bussy, qui croyait l'avoir pour champion, fronça le sourcil.

D'Épernon, se voyant forcément accouplé à Bussy, pâlit et fut obligé de se tirer la moustache pour rappeler quelques couleurs à ses joues.

— Maintenant, messieurs, dit Bussy, jusqu'au jour du combat, nous nous appartenons les uns aux autres. C'est à la

LA DAME DE MONSOREAU

Cher comte, le duc d'Anjou est un perfide, un lâche.

vie, à la mort; nous sommes amis. Voulez-vous bien accepter un dîner à l'hôtel Bussy?

Tous saluèrent en signe d'assentiment et revinrent chez Bussy, où un somptueux festin les réunit jusqu'au matin.

LXXXIV

OÙ CHICOT S'ENDORT

Toutes ces dispositions des Angevins avaient été remarquées par le roi d'abord, et par Chicot.

Henri s'agitait dans l'intérieur du Louvre, attendant impatiemment que ses amis revinssent de leur promenade avec messieurs de l'Anjou.

Chicot avait suivi de loin la promenade, examiné en connaisseur ce que personne ne pouvait comprendre aussi bien que lui, et, après s'être convaincu des intentions de Bussy et de Quélus, il avait rebroussé chemin vers la demeure de Monsoreau.

C'était un homme rusé que Monsoreau; mais quant à duper Chicot, il n'y pouvait prétendre : le Gascon lui apportait force compliments de condoléance de la part du roi; comment ne pas le recevoir à merveille?

Chicot trouva Monsoreau couché.

La visite de la veille avait brisé tous les ressorts de cette organisation à peine reconstruite; et Remy, une main sur son menton, guettait avec dépit les premières atteintes de la fièvre qui menaçait de ressaisir sa victime.

Néanmoins Monsoreau put soutenir la conversation et dissimuler assez habilement sa colère contre le duc d'Anjou, pour que tout autre que Chicot ne l'eût pas soupçonnée. Mais plus il était discret et réservé, plus le Gascon découvrait sa pensée.

— En effet, se disait-il, un homme ne peut être si passionné pour M. d'Anjou sans qu'il y ait quelque chose sous jeu.

Chicot, qui se connaissait en malades, voulut savoir également si la fièvre du comte n'était pas une comédie à l'instar de celle qu'avait jouée naguère Nicolas David.

Mais Remy ne trompait pas; et à la première pulsation du pouls de Monsoreau:

— Celui-là est malade réellement, pensa Chicot, et ne peut rien entreprendre. Il reste M. de Bussy; voyons un peu de quoi il est capable.

Et il courut à l'hôtel de Bussy, qu'il trouva tout éblouissant de lumières, tout embaumé de vapeurs qui eussent fait pousser à Gorenflot des exclamations de joie.

— Est-ce que M. de Bussy se marie? demanda-t-il à un laquais.

— Non, monsieur, répliqua celui-ci, M. de Bussy se réconcilie avec plusieurs seigneurs de la cour, et on célèbre cette réconciliation par un repas, fameux repas, allez.

— A moins qu'il ne les empoisonne, ce dont je le sais incapable, pensa Chicot, Sa Majesté est encore en sûreté de ce côté-là.

Il retourna au Louvre et aperçut Henri qui se promenait dans une salle d'armes en maugréant.

Il avait envoyé trois courriers à Quélus, et, comme ses gens ne comprenaient pas pourquoi Sa Majesté était dans l'inquiétude, ils s'étaient arrêtés tout simplement chez M. de Birague le fils, où tout homme aux livrées du roi trouvait toujours un verre plein, un jambon entamé et des fruits confits.

C'était la méthode des Birague pour demeurer en faveur.

Chicot apparaissant à la porte du cabinet, Henri poussa une grande exclamation.

— Oh! cher ami, dit-il, sais-tu ce qu'ils sont devenus?

— Qui cela? tes mignons?

— Hélas! oui, mes pauvres amis.

— Ils doivent être bien bas en ce moment, répliqua Chicot.

— On me les aurait tués! s'écria Henri en se redressant la menace dans les yeux; ils seraient morts!

— Morts, j'en ai peur...

— Tu le sais et tu ris, païen!

— Attends donc, mon fils, morts, oui, mais morts-ivres.

— Ah! bouffon... que tu m'as fait de mal! Mais pourquoi calomnies-tu ces gentilshommes?

— Je les glorifie, au contraire.

— Tu railles toujours... Voyons, du sérieux, je t'en supplie; sais-tu qu'ils sont sortis avec les Angevins?

— Pardieu! si je le sais.

— Eh bien! qu'est-il résulté?

— Eh bien! il est résulté ce que je t'ai dit: ils sont morts-ivres, ou peu s'en faut.

— Mais Bussy, Bussy?

— Bussy les soûle, c'est un homme bien dangereux.

— Chicot, par grâce!

— Eh bien! oui, Bussy leur donne à dîner, à tes amis; est-ce que tu trouves cela bien, toi?

— Bussy leur donne à dîner! Oh! c'est impossible; des ennemis jurés.

— Justement; s'ils étaient amis, ils n'éprouveraient pas le besoin de s'enivrer ensemble. Écoute, as-tu de bonnes jambes?

— Que veux-tu dire?
— Irais-tu bien jusqu'à la rivière?
— J'irais jusqu'au bout du monde pour être témoin d'une chose pareille.
— Eh bien! va seulement jusqu'à l'hôtel Bussy, tu verras ce prodige.
— Tu m'accompagnes?
— Merci, j'en arrive.
— Mais enfin, Chicot...
— Oh! non, non, tu comprends que moi qui ai vu, je n'ai pas besoin de me convaincre; mes jambes sont diminuées de trois pouces à force de me rentrer dans le ventre. Si j'allais jusque-là, elles commenceraient au genou. Va, mon fils, va.

Le roi lui lança un regard de colère.

— Tu es bien bon, dit Chicot, de te faire de la bile pour ces gens-là. Ils rient, festinent et font de l'opposition à ton gouvernement. Réponds à toutes ces choses en philosophe : ils rient, rions ; ils dînent, faisons-nous servir quelque chose de bon et de chaud; ils font de l'opposition, viens nous coucher après souper.

Le roi ne put s'empêcher de sourire.

— Tu peux te flatter d'être un vrai sage, dit Chicot; il y a en France des rois chevelus, un roi hardi, un roi grand, des rois paresseux : je suis sûr que l'on t'appellera Henri le Patient... Ah! mon fils, c'est une si belle vertu... quand on n'en a pas d'autre!

— Trahi! se dit le roi, trahi... ces gens-là n'ont pas même des mœurs de gentilshommes.

— Ah çà! tu es inquiet de tes amis, s'écria Chicot en poussant le roi vers la salle dans laquelle on venait de servir le souper, tu les plains comme s'ils étaient morts, et lorsqu'on te dit qu'ils ne sont pas morts, tu pleures et tu t'inquiètes encore... Henri, tu geins toujours.

— Vous m'impatientez, monsieur Chicot.

— Voyons, aimerais-tu mieux qu'ils eussent chacun sept ou huit grands coups de rapière dans l'estomac? Sois donc conséquent.

— J'aimerais à pouvoir compter sur des amis, dit Henri d'une voix sombre.

— Oh! ventre de biche! répondit Chicot, compte sur moi; je suis là, mon fils, seulement nourris-moi. Je veux du faisan... et des truffes, ajouta-t-il en tendant son assiette.

Henri et son unique ami se couchèrent de bonne heure, le roi soupirant d'avoir le cœur si vide, Chicot essoufflé d'avoir l'estomac si plein.

Le lendemain, au petit lever du roi, se présentèrent MM. de Quélus, Schomberg, Maugiron et d'Épernon; l'huissier avait coutume d'ouvrir, il ouvrit la portière aux gentilshommes.

Chicot dormait encore, le roi n'avait pu dormir. Il sauta furieux hors de son lit, et, arrachant les appareils parfumés qui couvraient ses joues et ses mains :

— Hors d'ici! cria-t-il, hors d'ici!

L'huissier, stupéfait, expliqua aux jeunes gens que le roi les congédiait. Ils se regardèrent avec une stupeur égale.

— Mais, sire, balbutia Quélus, nous voulions dire à Votre Majesté...

— Que vous n'êtes plus ivres, vociféra Henri, n'est-ce pas?

Chicot ouvrit un œil.

— Pardon, sire, reprit Quélus avec gravité, Votre Majesté fait erreur...

— Je n'ai pourtant pas bu le vin d'Anjou, moi!

— Ah!... fort bien, fort bien!... dit Quélus en souriant... Je comprends; oui. Eh bien!...

— Eh bien! quoi?

— Que Votre Majesté demeure seule avec nous, et nous causerons, s'il lui plaît.

— Je hais les ivrognes et les traîtres.

— Sire! s'écrièrent d'une commune voix les trois gentilshommes.

— Patience, messieurs, dit Quélus en les arrêtant; Sa Majesté a mal dormi et aura fait de méchants rêves. Un mot donnera le réveil meilleur à notre très-vénéré prince.

Cette impertinente excuse, prêtée par un sujet à son roi, fit impression sur Henri. Il devina que des gens assez hardis pour dire de pareilles choses ne pouvaient avoir rien fait que d'honorable.

— Parlez! dit-il, et soyez bref.

— C'est possible, sire, mais c'est difficile.

— Oui... on tourne longtemps autour de certaines accusations.

— Non, sire, on y va tout droit, fit Quélus en regardant Chicot et l'huissier comme pour réitérer à Henri sa demande d'une audience particulière.

Le roi fit un geste : l'huissier sortit. Chicot ouvrit l'autre œil et dit :

— Ne faites pas attention à moi, je dors comme un bœuf.

Et refermant ses deux yeux, il se mit à ronfler de tous ses poumons.

LXXXV

OU CHICOT S'ÉVEILLE

Quand on vit que Chicot dormait si consciencieusement, personne ne s'occupa de lui.

D'ailleurs, on avait assez pris l'habitude de considérer Chicot comme un meuble de la chambre à coucher du roi.

— Votre Majesté, dit Quélus en s'inclinant, ne sait que la moitié des choses, et, j'ose le dire, la moitié la moins intéressante. Assurément, et personne de nous n'a l'intention de le nier, assurément nous avons dîné tous chez M. de Bussy, et je dois même dire, en l'honneur de son cuisinier, que nous y avons fort bien dîné.

— Il y avait surtout d'un certain vin d'Autriche ou de Hongrie, dit Schomberg, qui, en vérité, m'a paru merveilleux.

— Oh! le vilain Allemand, interrompit le roi; il aime le vin, je m'en étais toujours douté.

— Moi, j'en étais sûr, dit Chicot, je l'ai vu vingt fois ivre.

Schomberg se retourna de son côté :

— Ne fais pas attention, mon fils, dit le Gascon, le roi te dira que je rêve tout haut.

Schomberg revint à Henri.

— Ma foi, sire, dit-il, je ne me cache ni de mes amitiés ni de mes haines; c'est bon, le bon vin.

— N'appelons pas bonne une chose qui nous fait oublier notre seigneur, dit le roi d'un ton réservé.

Schomberg allait répondre, ne voulant sans doute pas abandonner une si belle cause, quand Quélus lui fit un signe.

— C'est juste, dit Schomberg, continue.

— Je disais donc, sire, reprit Quélus, que, pendant le repas et surtout avant, nous avons eu les entretiens les plus sérieux et les plus intéressants concernant particulièrement les intérêts de Votre Majesté.

— Nous faisons l'exorde bien long, dit Henri, c'est mauvais signe.

— Ventre de biche, que ce Valois est bavard! s'écria Chicot.

— Oh! oh! maître Gascon, dit Henri avec hauteur, si vous ne dormez pas, sortez d'ici.

— Pardieu! dit Chicot, si je ne dors pas, c'est que tu m'empêches de dormir; ta langue claque comme les crécelles du vendredi-saint.

Quélus, voyant qu'on ne pouvait dans ce logis royal aborder sérieusement un sujet, si sérieux qu'il fût, tant l'habitude avait rendu tout le monde frivole, soupira, haussa les épaules et se leva dépité.

— Sire, dit d'Épernon en se dandinant, il s'agit cependant de graves matières.

— De graves matières? répéta Henri.

— Sans doute, si toutefois la vie de huit braves gentilshommes semble mériter à Votre Majesté la peine qu'on s'en occupe.

— Qu'est-ce à dire? s'écria le roi.

— C'est-à-dire que j'attends que le roi veuille bien m'écouter.

— J'écoute, mon fils, j'écoute, dit Henri en posant sa main sur l'épaule de Quélus.

— Eh bien! je vous disais, sire, que nous avions causé sérieusement, et maintenant voici le résultat de nos entretiens : la royauté est menacée, affaiblie.

— C'est-à-dire que tout le monde semble conspirer contre elle, s'écria Henri.

— Elle ressemble, continua Quélus, à ces dieux étranges qui, pareils aux dieux de Tibère et de Caligula, tombaient en vieillesse sans pouvoir mourir, et continuaient à marcher dans leur immortalité par le chemin des infirmités mortelles. Ces dieux, arrivés à ce point-là, ne s'arrêtent, dans leur décrépitude toujours croissante, que si un beau dévouement de quelque sectateur les rajeunit et les ressuscite. Alors, régénérés par la transfusion d'un sang jeune, ardent et généreux, ils recommencent à vivre et redeviennent forts et puissants. Eh bien! sire, votre royauté est semblable à ces dieux-là, elle ne peut plus vivre que par des sacrifices.

— Il parle d'or, dit Chicot; Quélus, mon fils, va-t'en prêcher par les rues de Paris, et je parie un bœuf contre un œuf que tu éteins Lincestre, Cahier, Cotton, et même ce foudre d'éloquence que l'on nomme Gorenflot.

Henri ne répliqua rien; il était évident qu'un grand changement se faisait dans son esprit: il avait d'abord attaqué les mignons par des regards hautains, puis, peu à peu, le sentiment de la vérité l'ayant saisi, il redevenait réfléchi, sombre, inquiet.

— Allez, dit-il, vous voyez que je vous écoute, Quélus.

— Sire, reprit celui-ci, vous êtes un très-grand roi, mais vous n'avez plus d'horizons devant vous; la noblesse vient vous poser des barrières au delà desquelles vos yeux ne voient plus rien, si ce n'est les barrières déjà grandissantes qu'à son tour vous pose le peuple. Eh bien! sire, vous qui êtes un vaillant, dites, que fait-on à la guerre, quand un bataillon vient se placer, muraille menaçante, à trente pas d'un autre bataillon? Les lâches regardent derrière eux, et, voyant l'espace libre, ils fuient; les braves baissent la tête, et fondent en avant.

— Eh bien! soit; en avant! s'écria le roi; par la mordieu! ne suis-je point le premier gentilhomme de mon royaume? a-t-on mené plus belles batailles, je vous le demande, que celles de ma jeunesse? et le siècle à la fin duquel nous touchons a-t-il beaucoup de noms plus retentissants que ceux de Jarnac et de Moncontour? En avant donc, messieurs, et c'est mon habitude, je marcherai le premier, dans la mêlée, à ce que je présume.

— Eh bien! oui, sire, s'écrièrent les jeunes gens électrisés par cette belliqueuse démonstration du roi, en avant!

Chicot se mit sur son séant.

— Paix, là-bas, vous autres, dit-il; laissez continuer mon orateur. Va, Quélus, va, mon fils; tu as déjà dit de belles et bonnes choses, et il t'en reste encore à dire; continue, mon ami, continue.

— Oui, Chicot, et toi aussi tu as raison, comme cela t'arrive souvent. Au reste, oui, je continuerai, et pour dire à Sa Majesté que le moment est venu pour la royauté d'agréer un de ces sacrifices dont nous parlions tout à l'heure. Contre tous ces remparts qui enferment insensiblement Votre Majesté, quatre hommes vont marcher, sûrs d'être encouragés par vous, sire, et d'être glorifiés par la postérité.

— Que dis-tu, Quélus? demanda le roi les yeux brillants d'une joie tempérée par la sollicitude, quels sont ces quatre hommes?

— Moi et ces messieurs, dit le jeune homme avec le sentiment de fierté qui grandit tout homme jouant sa vie pour un principe ou pour une passion; moi et ces messieurs, nous nous dévouons, sire.

— A quoi?
— A votre salut.
— Contre qui?
— Contre vos ennemis.

— Des haines de jeunes gens, s'écria Henri.

— Oh! voilà l'expression du préjugé vulgaire, sire, et la tendresse de Votre Majesté pour nous est si généreuse, qu'elle consent à se déguiser sous ce trivial manteau; mais nous la reconnaissons; parlez en roi, sire, et non en bourgeois de la rue Saint-Denis. Ne feignez pas de croire que Maugiron déteste Antraguet, que Schomberg est gêné par Livarot, que d'Épernon jalouse Bussy, et que Quélus en veut à Ribeirac. Eh! non, pas, ils sont tous jeunes, beaux et bons; amis et ennemis, tous pourraient s'aimer comme frères. Mais ce n'est point une rivalité d'hommes à hommes qui nous met l'épée à la main, c'est la querelle de France contre Anjou, la querelle du droit populaire contre le droit divin; nous nous présentons comme champions de la royauté dans cette lice où descendent des champions de la Ligue, et nous venons vous dire : Bénissez-nous, seigneur, souriez à ceux qui vont mourir pour vous. Votre bénédiction les fera peut-être vaincre, votre sourire les aidera à mourir.

Henri, suffoqué par les larmes, ouvrit ses bras à Quélus et aux autres.

Il les réunit sur son cœur; et ce n'était pas un spectacle sans intérêt, un tableau sans expression que cette scène où le mâle courage s'alliait aux émotions d'une tendresse profonde que le dévouement sanctifiait à cette heure.

Chicot, sérieux et assombri, Chicot, la main sur son front, regardait du fond de l'alcôve, et cette figure, ordinairement refroidie par l'indifférence ou contractée par le rire du sarcasme, n'était pas la moins noble et la moins éloquente des six.

— Ah! mes braves, dit enfin le roi, c'est un beau dévouement, c'est une noble tâche, et je suis fier aujourd'hui, non pas de régner sur la France, mais d'être votre ami. Toutefois, comme je connais mes intérêts mieux que personne, je n'accepterai pas un sacrifice dont le résultat, glorieux en espérance, me livrerait, si vous veniez à échouer, entre les mains de mes ennemis. Pour faire la guerre à Anjou, France suffit, croyez-moi. Je connais mon frère, les Guises et la Ligue; souvent, dans ma vie, j'ai dompté des chevaux plus fougueux et plus insoumis.

— Mais, sire, s'écria Maugiron; des soldats ne raisonnent pas ainsi; ils ne peuvent faire entrer la mauvaise chance dans l'examen d'une question de ce genre; question d'honneur, question de conscience, que l'homme poursuit dans sa conviction sans s'inquiéter comment il jugera dans sa justice.

— Pardonnez-moi, Maugiron, répondit le roi, un soldat peut aller en aveugle, mais le capitaine réfléchit.

— Réfléchissez donc, sire, et laissez-nous faire, nous qui ne sommes que soldats, dit Schomberg : d'ailleurs, je ne connais pas la mauvaise chance, moi, j'ai toujours du bonheur.

— Ami! ami! interrompit tristement le roi, je n'en puis dire autant, moi; il est vrai que tu n'as que vingt ans.

— Sire, interrompit Quélus, les paroles obligeantes de Votre Majesté ne font que redoubler notre ardeur. Quel jour devrons-nous croiser le fer avec MM. de Bussy, Livarot, Antraguet et Ribeirac?

— Jamais, je vous le défends absolument; jamais, entendez-vous bien?

— De grâce, sire, excusez-nous, reprit Quélus, le rendez-vous a été pris hier avant le dîner, les paroles sont dites, et nous ne pouvons les reprendre.

— Excusez-moi, monsieur, répondit Henri, le roi délie des serments et des paroles en disant : Je veux ou je ne veux pas; car le roi est la toute-puissance. Faites dire à ces messieurs que je vous ai menacés de toute ma colère si vous en veniez aux mains, et, pour que vous n'en doutiez pas vous-mêmes, je jure de vous exiler si...

— Arrêtez, sire, dit Quélus, car si vous pouvez nous relever de nos paroles, Dieu seul peut vous relever de la vôtre. Ne jurez donc pas, car si pour une pareille cause nous avons mérité votre colère, et que cette colère se traduise par l'exil, nous irons en exil avec joie, parce que, n'étant plus sur les terres de Votre Majesté, nous pourrons alors tenir notre parole et rencontrer nos adversaires en pays étrangers.

— Si ces messieurs s'approchent de vous à la distance seulement d'une portée d'arquebuse, s'écria Henri, je les fais jeter tous les quatre à la Bastille.

— Sire, dit Quélus, le jour où Votre Majesté se conduirait ainsi, nous irions nu-pieds et la corde au cou nous présenter à maître Laurent Testu, le gouverneur, pour qu'il nous incarcérât avec ces gentilshommes.

— Je leur ferai trancher la tête, mordieu! Je suis le roi, j'espère.

— S'il arrivait pareille chose à nos ennemis, sire, nous nous couperions la gorge au pied de leur échafaud.

Henri garda longtemps le silence, et, relevant ses yeux noirs :

— A la bonne heure, dit-il, voilà de bonne et brave noblesse. C'est bien... Si Dieu ne bénissait pas une cause défendue par de telles gens !...

— Ne sois pas impie... ne blasphème pas ! dit solennellement Chicot en descendant de son lit et en s'avançant vers le roi. Oui, ce sont là de nobles cœurs; mais Dieu fait ce qu'il veut, entends-tu, mais maître? Allons, fixe un jour à ces jeunes gens : c'est ton affaire, et non de dicter son devoir au Tout-Puissant.

— Oh ! mon Dieu ! mon Dieu ! murmura Henri.

— Sire, nous vous en supplions, dirent les quatre gentilshommes en inclinant la tête et en pliant le genou.

— Eh bien ! soit. En effet, Dieu est juste, il nous doit la victoire; mais, au surplus, nous saurons la préparer par des voies chrétiennes et judicieuses. Chers amis, souvenez-vous que Jarnac fit ses dévotions avec exactitude avant de combattre La Châtaigneraie : c'était une rude lame que ce dernier; mais il s'oublia dans les fêtes, les festins, il alla voir des femmes, abominable péché ! Bref, il tenta Dieu qui peut-être souriait à sa jeunesse, à sa beauté, à sa vigueur, et lui voulait sauver la vie. Jarnac lui coupa le jarret, cependant. Écoutez-moi, nous allons entrer en dévotion; si j'avais le temps, je ferais porter vos épées à Rome pour que le saint-père les bénît toutes... Mais nous avons la châsse de sainte Geneviève qui vaut les meilleures reliques. Jeûnons ensemble, macérons-nous, et sanctifions le grand jour de la Fête-Dieu; puis le lendemain...

— Ah ! sire, merci, merci, s'écrièrent les quatre jeunes gens... c'est dans huit jours.

Et ils se précipitèrent sur les mains du roi, qui les embrassa tous encore une fois, et rentra dans son oratoire en fondant en larmes.

— Notre cartel est tout rédigé, dit Quélus; il ne faut qu'y mettre le jour et l'heure. Écris, Maugiron, sur cette table, avec la plume du roi; écris le lendemain de la Fête-Dieu !

— Voilà qui est fait, répondit Maugiron; quel est le héraut qui portera cette lettre?

— Ce sera moi, s'il vous plaît, dit Chicot en s'approchant; seulement je veux vous donner un conseil, mes petits; Sa Majesté parle de jeûnes, de macérations et de châsses... C'est merveilleux comme vœu fait après une victoire ; mais avant le combat, j'aime mieux l'efficacité d'une bonne nourriture, d'un vin généreux, d'un sommeil solitaire de huit heures par jour ou par nuit. Rien ne donne au poignet la souplesse et le nerf comme une station de trois heures à table, sans ivresse du moins. J'approuve assez le roi sur le chapitre des amours; cela est trop attendrissant, vous ferez bien de vous en sevrer.

— Bravo, Chicot ! s'écrièrent ensemble les jeunes gens.

— Adieu, mes petits lions, répondit le Gascon, je m'en vais à l'hôtel de Bussy.

Il fit trois pas et revint.

— A propos, dit-il, ne quittez pas le roi pendant ce beau jour de la Fête-Dieu; n'allez à la campagne ni les uns ni les autres : demeurez au Louvre comme une poignée de paladins. C'est convenu, hein? oui; alors je vais faire votre commission.

Et Chicot, sa lettre à la main, ouvrit l'équerre de ses longues jambes et disparut.

LXXXVI

LA FÊTE-DIEU

Pendant ces huit jours, les événements se préparèrent, comme une tempête se prépare au fond des cieux dans les jours calmes et lourds de l'été.

Monsoreau, remis sur pied après quarante-huit heures de fièvre, s'occupa de guetter lui-même son larron d'honneur; mais comme il ne découvrit personne, il demeura plus convaincu que jamais de l'hypocrisie du duc d'Anjou et de ses mauvaises intentions au sujet de Diane.

Bussy ne discontinua pas ses visites de jour à la maison du grand-veneur.

Seulement il fut averti par Remy des fréquents espionnages du convalescent, et s'abstint de venir la nuit par la fenêtre.

Chicot faisait deux parts de son temps :

L'une était consacrée à son maître bien-aimé Henri de Valois, qu'il quittait le moins possible, le surveillant comme fait une mère de son enfant.

L'autre était pour son tendre ami Gorenflot, qu'il avait déterminé à grand'peine depuis huit jours à retourner à sa cellule où il l'avait reconduit, et où il avait reçu de l'abbé, messire Joseph Foulon, le plus charmant accueil.

A cette première visite, on avait fort parlé de la piété du roi, et le prieur paraissait on ne peut plus reconnaissant à Sa Majesté de l'honneur qu'il faisait à l'abbaye en la visitant.

Cet honneur était même plus grand qu'on ne s'y était attendu d'abord; Henri, sur la demande du vénérable abbé, avait consenti à passer la journée et la nuit en retraite dans le couvent.

Chicot confirma l'abbé dans cette espérance à laquelle il n'osait s'arrêter, et comme on savait que Chicot avait l'oreille du roi, on l'invita fort à revenir, ce que Chicot promit de faire.

Quant à Gorenflot, il grandit de dix coudées aux yeux des moines.

C'était en effet un coup de partie à lui d'avoir ainsi capté toute la confiance de Chicot; Machiavel, de politique mémoire, n'eût pas mieux fait.

Invité à revenir, Chicot revint; et comme avec lui, dans ses poches, sous son manteau, dans ses larges bottes, il apportait des flacons de vins des crus les plus rares et les plus recherchés, frère Gorenflot le recevait encore mieux que messire Joseph Foulon.

Alors il s'enfermait pendant des heures entières dans la cellule du moine, partageant, au dire général, ses études et ses extases.

L'avant-veille de la Fête-Dieu, il passa même la nuit tout entière dans le couvent : le lendemain, le bruit courait dans l'abbaye que Gorenflot avait déterminé Chicot à prendre la robe.

Quant au roi, il donnait pendant ce temps de bonnes leçons d'escrime à ses amis, cherchant avec eux des coups nouveaux, et s'étudiant surtout à exercer d'Épernon à qui le sort avait donné un si rude adversaire, et que l'attente du jour décisif préoccupait fort visiblement.

Quelqu'un qui eût parcouru la ville à de certaines heures de la nuit, eût rencontré dans le quartier Sainte-Geneviève les moines étranges dont nos premiers chapitres ont fourni quelques descriptions, et qui ressemblaient beaucoup plus à des reîtres qu'à des frocards.

Enfin nous pourrions ajouter, pour compléter le tableau que nous avons commencé d'esquisser, nous pourrions ajouter, disons-nous, que l'hôtel de Guise était devenu à la fois l'antre le plus mystérieux et le plus turbulent, le plus peuplé au dedans et le plus désert au dehors qu'il se puisse voir ; que des conciliabules se tenaient chaque soir dans la grande salle, après qu'on avait eu soin de fermer hermétiquement les jalousies, et que ces conciliabules étaient précédés de dîners auxquels on n'invitait que des hommes et que présidait cependant madame de Montpensier.

Ces sortes de détails que nous trouvons dans les Mémoires du temps, nous sommes forcés de les donner à nos lecteurs, attendu qu'ils ne les trouveraient pas dans les archives de la police.

En effet, la police de ce bénin règne ne soupçonnait même pas ce qui se tramait; quoique le complot, comme on le pourra voir, fût d'importance, et les dignes bourgeois qui faisaient leur ronde nocturne, salade en tête et hallebarde au poing, ne le soupçonnaient pas plus qu'elle, n'étant point gens à deviner d'autres dangers que ceux qui résultent du feu, des voleurs,

Signe! Valois, signe! cria Gorenflot, d'une voix de tonnerre.

des chiens enragés et des ivrognes querelleurs.

De temps en temps quelque patrouille s'arrêtait bien devant l'hôtel de la *Belle-Étoile*, rue de l'Arbre-Sec; mais maître La Hurière était connu pour un si zélé catholique, que l'on ne doutait point que le grand bruit qui se menait chez lui ne fût mené pour la plus grande gloire de Dieu.

Voilà dans quelles conditions la ville de Paris atteignit, jour par jour, le matin de cette grande solennité abolie par le gouvernement constitutionnel, et qu'on appelle la Fête-Dieu.

Le matin de ce grand jour, il faisait un temps superbe, et les fleurs qui jonchaient les rues envoyaient au loin leurs parfums embaumés.

Ce matin, disons-nous, Chicot, qui depuis quinze jours couchait assidûment dans la chambre du roi, réveilla Henri de bonne heure; personne n'était encore entré dans la chambre royale.

— Ah! mon pauvre Chicot, s'écria Henri, foin de toi! Je n'ai jamais vu homme choisir plus mal son temps. Tu me tires du plus doux songe que j'aie fait de ma vie.

— Et que rêvais-tu donc, mon fils? demanda Chicot.

— Je rêvais que Quélus avait transpercé Antraguet d'un coup de seconde, et qu'il nageait, ce cher ami, dans le sang de son adversaire. Mais voici le jour. Allons prier le Seigneur que mon rêve se réalise. Appelle, Chicot, appelle.

— Que veux-tu donc?

— Mon cilice et mes verges.

— Tu n'aimerais pas mieux un bon déjeuner? demanda Chicot.

— Païen, dit Henri, qui veut entendre la messe de la Fête-Dieu l'estomac plein!

— C'est juste.

— Appelle, Chicot, appelle.

— Patience, dit Chicot, il est huit heures à peine, et tu as le temps de te fustiger jusqu'à ce soir. Causons premièrement; veux-tu causer avec ton ami? tu ne t'en repentiras pas, Valois, foi de Chicot.

— Eh bien! causons, dit Henri, mais fais vite.

— Comment divisons-nous notre journée, mon fils?

— En trois parties.

— En l'honneur de la Sainte-Trinité, très-bien. Voyons ces trois parties.

— D'abord, la messe à Saint-Germain-l'Auxerrois.

— Bien.

— Au retour au Louvre, la collation.

— Très-bien!

— Puis, processions de pénitents par les rues, en s'arrêtant pour faire des stations dans les principaux couvents de Paris, en commençant par les Jacobins et en finissant par Sainte-Geneviève, où j'ai promis au prieur de faire retraite jusqu'au lendemain dans la cellule d'une espèce de saint qui passera la nuit en prières pour assurer le succès de nos armes.

— Je le connais.

— Le saint?

— Parfaitement.

— Tant mieux; tu m'accompagneras, Chicot; nous prierons ensemble.

— Oui, sois tranquille.

— Alors, habille-toi et viens.

— Attends donc!

— Quoi?

— J'ai encore quelques détails à te demander.

— Ne peux-tu les demander tandis qu'on m'accommodera?

— J'aime mieux te les demander tandis que nous sommes seuls.

— Fais donc vite, le temps se passe.

— Ta cour, que fait-elle?

— Elle me suit.

— Ton frère?

— Il m'accompagne.

— Ta garde?

— Les gardes-françaises m'attendent avec Crillon au Louvre; les Suisses m'attendent à la porte de l'abbaye.

— A merveille! dit Chicot, me voilà renseigné.

— Je puis donc appeler?

— Appelle.

Henri frappa sur un timbre.

— La cérémonie sera magnifique, continua Chicot.

— Dieu nous en saura gré, je l'espère.

— Nous verrons cela demain. Mais, dis-moi, Henri, avant que personne n'entre, tu n'as rien autre chose à me dire?

— Non. Ai-je oublié quelque détail du cérémonial?

— Ce n'est pas de cela que je te parle.

— De quoi me parles-tu donc?

— De rien.

— Mais tu me demandes...

— S'il est bien arrêté que tu vas à l'abbaye de Sainte-Geneviève?

— Sans doute.

— Et que tu y passes la nuit?

— Je l'ai promis.

— Eh bien! si tu n'as rien à me dire, mon fils, je te dirai, moi, que ce cérémonial ne me convient pas, à moi.

— Comment?

— Non, et quand nous aurons dîné...

— Quand nous aurons dîné?

— Je te ferai part d'une autre disposition que j'ai imaginée.

— Soit, j'y consens.

— Tu n'y consentirais pas, mon fils, que ce serait encore la même chose.

— Que veux-tu dire?

— Chut! voici ton service qui entre dans l'antichambre.

En effet, les huissiers ouvrirent les portières, et l'on vit paraître le barbier, le parfumeur et le valet de chambre de Sa Majesté, qui, s'emparant du roi, se mirent à exécuter conjointement sur son auguste personne une de ces toilettes que nous avons décrites dans le commencement de cet ouvrage.

Lorsque la toilette de Sa Majesté fut aux deux tiers, on annonça Son Altesse monseigneur le duc d'Anjou.

Henri se retourna de son côté, préparant son meilleur sourire pour le recevoir.

Le duc était accompagné de M. de Monsoreau, de d'Épernon et d'Aurilly.

D'Épernon et Aurilly restèrent en arrière.

Henri, à la vue du comte encore pâle et dont la mine était plus effrayante que jamais, ne put retenir un mouvement de surprise.

Le duc s'aperçut de ce mouvement qui n'échappa point non plus au comte.

— Sire, dit le duc, c'est M. de Monsoreau qui vient présenter ses hommages à Votre Majesté.

— Merci, monsieur, dit Henri, et je suis d'autant plus touché de votre visite que vous avez été bien blessé, n'est-ce pas?

— Oui, sire.

— A la chasse? m'a-t-on dit.

— A la chasse, sire.

— Mais vous allez mieux à présent, n'est-ce pas?

— Je suis rétabli.

— Sire, dit le duc d'Anjou, ne vous plairait-il pas qu'après nos dévotions faites, M. le comte de Monsoreau nous allât préparer une belle chasse dans les bois de Compiègne?

— Mais, dit Henri, ne savez-vous pas que demain...

Il allait dire: quatre de mes amis se rencontrent avec quatre des vôtres, mais il se rappela que le secret avait dû être gardé, et il s'arrêta.

— Je ne sais rien, sire, reprit le duc d'Anjou, et si Votre Majesté veut m'informer...

— Je voulais dire, reprit Henri, que, passant la nuit prochaine en dévotions à l'abbaye Sainte-Geneviève, je ne serais peut-être pas prêt pour demain; mais que M. le comte parte toujours: si ce n'est demain, ce sera après-demain que la chasse aura lieu.

— Vous entendez? dit le duc à Monsoreau qui s'inclina.

— Oui, monseigneur, répondit le comte.

En ce moment entrèrent Schomberg et Quélus; le roi les reçut à bras ouverts.

— Encore un jour, dit Quélus en saluant le roi.

— Mais plus qu'un jour, heureusement, dit Schomberg.

Pendant ce temps, Monsoreau disait de son côté au duc :

— Vous me faites exiler, à ce qu'il paraît, monseigneur?

— Le devoir d'un grand veneur n'est-il point de préparer les chasses du roi? dit en riant le duc.

— Je m'entends, répondit Monsoreau, et je vois ce que c'est. C'est ce soir qu'expire le huitième jour de délai que Votre Altesse m'a demandé, et Votre Altesse préfère m'envoyer à Compiègne que de tenir sa promesse. Mais que Votre Altesse y prenne garde; d'ici à ce soir, je puis, d'un seul mot...

François saisit le comte par le poignet.

— Taisez-vous, dit-il, car au contraire je la tiens, cette promesse que vous réclamez.

— Expliquez-vous.

— Votre départ pour la chasse sera connu de tout le monde, puisque l'ordre est officiel.

— Eh bien?

— Eh bien! vous ne partirez pas; mais vous vous cacherez aux environs de votre maison; alors, vous croyant parti, viendra l'homme que vous voulez connaître, le reste vous regarde, car je ne me suis engagé à rien autre chose, ce me semble.

— Ah! ah! si cela se fait ainsi, dit Monsoreau.

— Vous avez ma parole, dit le duc.

— J'ai mieux que cela, monseigneur, j'ai votre signature.

— Eh! oui, mordieu, je le sais bien.

Et le duc s'éloigna de Monsoreau pour se rapprocher de son frère; Aurilly toucha le bras de d'Épernon.

— C'est fait, dit-il.

— Quoi? qu'y a-t-il de fait?

— M. de Bussy ne se battra point demain.

— M. de Bussy ne se battra point demain?

— J'en réponds.

— Et qui l'en empêchera?

— Qu'importe! pourvu qu'il ne se batte point.

— Si cela arrive, mon cher sorcier, il y a mille écus pour vous.

— Messieurs, dit Henri qui venait d'achever sa toilette, à Saint-Germain-l'Auxerrois.

— Et de là à l'abbaye Sainte-Geneviève? demanda le duc.

— Certainement, répondit le roi.

— Comptez là-dessus, dit Chicot en bouclant le ceinturon de sa rapière.

Et Henri passa dans la galerie, où toute sa cour l'attendait.

LXXXVII

LEQUEL AJOUTERA ENCORE A LA CLARTÉ DU CHAPITRE PRÉCÉDENT.

La veille au soir, quand tout avait été décidé et arrêté entre les Guises et les Angevins, M. de Monsoreau était rentré chez lui et y avait trouvé Bussy.

Alors, songeant que ce brave gentilhomme auquel il portait toujours une grande amitié pouvait, n'étant prévenu de rien, se compromettre cruellement le lendemain, il l'avait pris à part.

— Mon cher comte, lui avait-il dit, voudriez-vous bien me permettre de vous donner un conseil?

— Comment donc! avait répondu Bussy, je vous en prie; faites.

— A votre place, je m'absenterais demain de Paris.

— Moi! Et pourquoi cela?

— Tout ce que je puis vous dire, c'est que votre absence vous sauverait, selon toute probabilité, d'un grand embarras.

— D'un grand embarras? reprit Bussy regardant le comte jusqu'au fond des yeux; et lequel?

— Ignorez-vous ce qui doit se passer demain?

— Complétement.

— Sur l'honneur?

— Foi de gentilhomme.

— M. d'Anjou ne vous a rien confié?

— Rien. M. d'Anjou ne me confie que les choses qu'il peut dire tout haut, et j'ajouterai presque qu'il peut dire à tout le monde.

— Eh bien! moi qui ne suis pas le duc d'Anjou, moi qui aime mes amis pour eux et non pour moi, je vous dirai, mon cher comte, qu'il se prépare pour demain des événements graves, et que les partis d'Anjou et de Guise méditent un coup dont la déchéance du roi pourrait bien être le résultat.

Bussy regarda M. de Monsoreau avec une certaine défiance, mais sa figure exprimait la plus entière franchise, et il n'y avait point à se tromper à cette expression.

— Comte, lui répondit-il, je suis au duc d'Anjou, vous le savez, c'est-à-dire que ma vie et mon épée lui appartiennent. Le roi, contre lequel je n'ai jamais rien ostensiblement entrepris, me garde rancune, et n'a jamais manqué l'occasion de me dire ou de me faire une chose blessante. Et demain même, Bussy baissa la voix, je vous dis cela, mais je le dis à vous seul, comprenez-vous bien? demain je vais risquer ma vie pour humilier Henri de Valois dans la personne de ses favoris.

— Ainsi, demanda Monsoreau, vous êtes résolu à subir toutes les conséquences de votre attachement au duc d'Anjou?

— Oui.

— Vous savez où cela vous entraîne, peut-être?

— Je sais où je compte m'arrêter; quelque motif que j'aie de me plaindre du roi, jamais je ne lèverai la main sur l'oint du Seigneur; je laisserai faire les autres, et je suivrai, sans frapper et sans provoquer personne, M. le duc d'Anjou, afin de le défendre en cas de péril.

M. de Monsoreau réfléchit un instant, et, posant sa main sur l'épaule de Bussy :

— Cher comte, lui dit-il, le duc d'Anjou est un perfide, un lâche, un traître, capable, sur une jalousie ou une crainte, de sacrifier son serviteur le plus fidèle, son ami le plus dévoué : cher comte, abandonnez-le, suivez le conseil d'un ami, allez passer la journée de demain dans votre petite maison de Vincennes, allez où vous voudrez, mais n'allez pas à la procession de la Fête-Dieu.

Bussy le regarda fixement.

— Mais pourquoi suivez-vous le duc d'Anjou vous-même? répliqua-t-il.

— Parce que, pour des choses qui intéressent mon honneur, répondit le comte, j'ai besoin de lui quelque temps encore.

— Eh bien! c'est comme moi, dit Bussy : pour des choses qui intéressent aussi mon honneur, je suivrai le duc.

Le comte de Monsoreau serra la main de Bussy, et tous deux se quittèrent.

Nous avons dit, dans le chapitre précédent, ce qui se passa le lendemain, au lever du roi.

Monsoreau rentra chez lui et annonça à sa femme son départ pour Compiègne; en même temps, il donna l'ordre de faire tous les préparatifs de ce départ.

Diane entendit la nouvelle avec joie.

Elle savait de son mari le duel futur de Bussy et de d'Épernon, mais d'Épernon était celui des mignons du roi qui avait la moindre réputation de courage et d'adresse, elle n'avait donc qu'une crainte mêlée d'orgueil en songeant au combat du lendemain.

Bussy s'était présenté dès le matin chez le duc d'Anjou et l'avait accompagné au Louvre, tout en se tenant dans la galerie.

Le duc le prit, en revenant de chez son frère, et tout le cortège royal s'achemina vers Saint-Germain-l'Auxerrois.

En voyant Bussy si franc, si loyal, si dévoué, le prince avait eu quelques remords; mais deux choses combattaient en lui les bonnes dispositions : le grand empire que Bussy avait pris sur lui, comme toute nature puissante sur une nature faible, et qui lui inspirait la crainte que, tout en se tenant debout près de son trône, ce ne fût Bussy le véritable roi; puis l'amour de Bussy pour madame de Monsoreau, amour qui éveillait toutes les tortures de la jalousie au fond du cœur du prince.

Cependant il s'était dit, car Monsoreau lui inspirait de son côté des inquiétudes presque aussi grandes que Bussy, cependant il s'était dit :

— Ou Bussy m'accompagnera, et, en me secondant par son courage, fera triompher ma cause, et alors, si j'ai triomphé, peu m'importe ce que dira et ce que fera le Monsoreau; ou Bussy m'abandonnera, et alors je ne lui dois plus rien, et je l'abandonne à mon tour.

Le résultat de cette double réflexion dont Bussy était l'objet faisait que le prince ne quittait pas un instant des yeux le jeune homme.

Il le vit avec son visage calme et souriant entrer à l'église, après avoir galamment cédé le pas à M. d'Épernon, son adversaire, et s'agenouiller un peu en arrière.

Le prince fit alors signe à Bussy de se rapprocher de lui. Dans la position où il se trouvait, il était obligé de tourner complètement la tête, tandis qu'en le faisant mettre à sa gauche il n'avait besoin que de tourner les yeux.

La messe était commencée depuis un quart d'heure à peu près quand Remy entra dans l'église et vint s'agenouiller près de son maître. Le duc tressaillit à l'apparition du jeune médecin qu'il savait être confident des secrètes pensées de Bussy.

En effet, au bout d'un instant, après quelques paroles échangées tout bas, Remy glissa un billet au comte.

Le prince sentit un frisson passer dans

ses veines : une petite écriture fine et charmante formait la suscription de ce billet.

— C'est d'elle, dit-il ; elle lui annonce que son mari quitte Paris.

Bussy glissa le billet dans le fond de son chapeau, l'ouvrit et lut.

Le prince ne voyait plus le billet ; mais il voyait le visage de Bussy que dorait un rayon de joie et d'amour.

— Ah ! malheur à toi si tu ne m'accompagnes pas ! murmura-t-il.

Bussy porta le billet à ses lèvres et le glissa sur son cœur.

Le duc regarda autour de lui. Si Monsoreau eût été là, peut-être le duc n'eût-il pas eu la patience d'attendre le soir pour lui nommer Bussy.

La messe finie, on reprit le chemin du Louvre où une collation attendait le roi dans ses appartements et les gentilshommes dans la galerie.

Les Suisses étaient en haie à partir de la porte du Louvre.

Crillon et les gardes-françaises étaient rangés dans la cour.

Chicot ne perdait pas plus le roi de vue que le duc d'Anjou ne perdait Bussy.

En entrant au Louvre, Bussy s'approcha du duc.

— Pardon, monseigneur, fit-il en s'inclinant ; je désirerais dire deux mots à Votre Altesse.

— Pressés ? demanda le duc.

— Très-pressés, monseigneur.

— Ne pourras-tu me les dire pendant la procession ? Nous marcherons à côté l'un de l'autre.

— Monseigneur m'excusera, mais je l'arrêtais justement pour lui demander la permission de ne pas l'accompagner.

— Comment cela ! demanda le duc d'une voix dont il ne put complétement dissimuler l'altération.

— Monseigneur, demain est un grand jour, Votre Altesse le sait, puisqu'il doit vider la querelle entre l'Anjou et la France ; je désirerais donc me retirer dans ma petite maison de Vincennes et y faire retraite toute la journée.

— Ainsi tu ne viens pas à la procession où vient la cour, où vient le roi ?

— Non, monseigneur, avec la permission toutefois de Votre Altesse.

— Tu ne me rejoindras pas même à Sainte-Geneviève ?

— Monseigneur, je désire avoir toute la journée à moi.

— Mais cependant, dit le duc, si une occasion se présente dans le courant de la journée où j'aie besoin de mes amis !...

— Comme monseigneur n'en aurait besoin, dit-il, que pour tirer l'épée contre son roi, je lui demande doublement congé, répondit Bussy ; mon épée est engagée contre M. d'Épernon.

Monsoreau avait dit la veille au prince qu'il pouvait compter sur Bussy. Tout était donc changé depuis la veille, et ce changement venait du billet apporté par le Haudouin à l'église.

— Ainsi, dit le duc les dents serrées, tu abandonnes ton seigneur et maître, Bussy ?

— Monseigneur, dit Bussy, l'homme qui joue sa vie le lendemain dans un duel acharné, sanglant, mortel, comme sera le nôtre, je vous en réponds, celui-là n'a plus qu'un seul maître, et c'est ce maître-là qui aura mes dernières dévotions.

— Tu sais qu'il s'agit pour moi du trône, et tu me quittes.

— Monseigneur, j'ai assez travaillé pour vous ; je travaillerai encore assez demain ; ne me demandez pas plus que ma vie.

— C'est bien ! répliqua le duc d'une voix sourde ; vous êtes libre, allez, monsieur de Bussy.

Bussy, sans s'inquiéter de cette froideur soudaine, salua le prince, descendit l'escalier du Louvre et, une fois hors du palais, s'acheva vivement vers sa maison.

Le duc appela Aurilly.

Aurilly parut.

— Eh bien ! monseigneur ? demanda le joueur de luth.

— Eh bien ! il s'est condamné lui-même.

— Il ne vous suit pas ?

— Non.

— Il va au rendez-vous du billet ?

— Oui.
— Alors c'est pour ce soir?
— C'est pour ce soir.
— M. de Monsoreau est-il prévenu?
— Du rendez-vous, oui; de l'homme qu'il trouvera au rendez-vous, pas encore.
— Ainsi vous êtes décidé à sacrifier le comte?
— Je suis décidé à me venger, dit le prince. Je ne crains plus qu'une chose maintenant.
— Laquelle?
— C'est que le Monsoreau ne se fie à sa force et à son adresse, et que Bussy ne lui échappe.
— Que monseigneur se rassure.
— Comment?
— M. de Bussy est-il bien décidément condamné?
— Oui, mordieu! Un homme qui me tient en tutelle, qui me prend ma volonté, qui en fait sa volonté; qui me prend ma maîtresse et qui en fait la sienne: une espèce de lion dont je suis moins le maître que le gardien. Oui, oui, Aurilly, il est condamné sans appel, sans miséricorde.
— Eh bien! comme je vous le disais, que monseigneur se rassure; s'il échappe à un Monsoreau, il n'échappera pas à un autre.
— Et quel est cet autre?
— Monseigneur m'ordonne de le nommer?
— Oui, je te l'ordonne.
— Cet autre est M. d'Épernon.
— D'Épernon, d'Épernon qui doit se battre contre lui demain?
— Oui, monseigneur.
— Conte-moi donc cela.

Aurilly allait commencer le récit demandé quand on appela le duc. Le roi était à table, et il s'étonnait de n'y pas voir le duc d'Anjou, ou plutôt Chicot venait de lui faire observer cette absence, et le roi demandait son frère.

— Tu me conteras tout cela à la procession, dit le duc.

Et il suivit l'huissier qui l'appelait.

Maintenant que nous n'aurons pas le loisir, préoccupés que nous serons d'un plus grand personnage, de suivre le duc et Aurilly dans les rues de Paris, disons à nos lecteurs ce qui s'était passé entre d'Épernon et le joueur de luth.

Le matin, vers le point du jour, d'Épernon s'était présenté à l'hôtel d'Anjou et avait demandé à parler à Aurilly.

Depuis longtemps le gentilhomme connaissait le musicien.

Ce dernier avait été appelé à lui enseigner le luth, et plusieurs fois l'élève et le maître s'étaient réunis pour râcler la basse ou pincer la viole, comme c'était la mode en ce temps-là, non-seulement en Espagne, mais encore en France.

Il en résultait qu'une assez tendre amitié, tempérée par l'étiquette, unissait les deux musiciens.

D'ailleurs M. d'Épernon, Gascon subtil, pratiquait la méthode d'insinuation, qui consiste à arriver aux maîtres par les valets, et il y avait peu de secrets chez le duc d'Anjou dont il ne fût instruit par son ami Aurilly.

Ajoutons que, par suite de son habileté diplomatique, il ménageait le roi et le duc, flottant de l'un à l'autre, dans la crainte d'avoir pour ennemi le roi futur et pour se conserver le roi régnant.

Cette visite à Aurilly avait pour but de causer avec lui de son duel prochain avec Bussy.

Ce duel ne laissait pas de l'inquiéter vivement.

Pendant sa longue vie, la partie saillante du caractère de d'Épernon ne fut jamais la bravoure; or il eût fallu être plus que brave, il eût fallu être téméraire pour affronter de sang-froid le combat avec Bussy: se battre avec lui, c'était affronter une mort certaine.

Quelques-uns l'avaient osé qui avaient mesuré la terre dans la lutte et qui ne s'en étaient pas relevés.

Au premier mot que d'Épernon dit au musicien du sujet qui le préoccupait, celui-ci, qui connaissait la sourde haine que son maître nourrissait contre Bussy; celui-ci, disons-nous, abonda dans son sens, plaignant bien tendrement son élève en lui annonçant que depuis huit jours M. de Bussy faisait des armes deux heures chaque matin avec un clairon des gardes, la plus perfide lame que l'on eût encore rencontrée à Paris, une sorte d'artiste en coups d'épée, qui, voyageur et philosophe, avait emprunté aux Italiens leur jeu prudent et serré, aux Espagnols leurs feintes subtiles et brillantes, aux Allemands l'inflexibilité du poignet et la logique des ripostes, enfin aux sauvages Polonais, que l'on appelait alors des Sarmates, leurs voltes, leurs bonds, leurs prostrations subites et les étreintes corps à corps. D'Épernon, pendant cette longue énumération de chances contraires, mangea de terreur tout le carmin qui lustrait ses ongles.

— Ah çà! mais je suis mort, dit-il moitié riant, moitié pâlissant.

— Dame! répondit Aurilly.

— Mais c'est absurde, s'écria d'Épernon, d'aller sur le terrain avec un homme qui doit indubitablement nous tuer. C'est comme si l'on jouait aux dés avec un homme qui serait sûr d'amener tous les coups le double-six.

— Il fallait songer à cela avant de vous engager, monsieur le duc.

— Peste, dit d'Épernon, je me dégagerai. On n'est pas Gascon pour rien. Bien fou qui sort volontairement de la vie, et surtout à vingt-cinq ans. Mais j'y pense, mordieu! oui, ceci est de la logique. Attends.

— Dites.

— M. de Bussy est sûr de me tuer, dis-tu?

— Je n'en doute pas un seul instant.

— Alors ce n'est plus un duel, s'il est sûr; c'est un assassinat.

— Au fait!

— Et si c'est un assassinat, que diable!

— Eh bien?

— Il est permis de prévenir un assassinat par...

— Par?...

— Par... un meurtre.

— Sans doute.

— Qui m'empêche, puisqu'il veut me tuer, de le tuer auparavant, moi!

— Oh! mon Dieu! rien du tout, et j'y songeais même.

— Est-ce que mon raisonnement n'est pas clair?

— Clair comme le jour.

— Naturel?

— Très-naturel!

— Seulement, au lieu de le tuer cruellement de mes mains, comme il veut le faire à mon égard, eh bien! moi qui abhorre le sang, je laisserai ce soin à quelque autre.

— C'est-à-dire que vous payerez des sbires?

— Ma foi, oui! comme M. de Guise, M. de Mayenne pour Saint-Mégrin.

— Cela vous coûtera cher.

— J'y mettrai trois mille écus.

— Pour trois mille écus, quand vos sbires sauront à qui ils ont affaire, vous n'aurez guère que six hommes.

— N'est-ce point assez donc?

— Six hommes! M. de Bussy en aura tué quatre avant d'être seulement effleuré. Rappelez-vous l'échauffourée de la rue Saint-Antoine, dans laquelle il a blessé Schomberg à la cuisse, vous au bras, et presque assommé Quélus.

— Je mettrai six mille écus, s'il le faut, dit d'Épernon. Mordieu! si je fais la chose, je veux la bien faire et qu'il n'en réchappe pas.

— Vous avez votre monde dit Aurilly.

— Dame! répliqua d'Épernon, j'ai çà et là des gens inoccupés, des soldats en retraite, des braves, après tout, qui valent bien ceux de Venise et de Florence.

— Très-bien! très-bien! Mais prenez garde.

— A quoi?

— S'ils échouent, ils vous dénonceront.

— J'ai le roi pour moi.

— C'est quelque chose, mais le roi ne peut vous empêcher d'être tué par M. de Bussy.

— Voilà qui est juste et parfaitement juste, dit d'Épernon rêveur.

— Je vous indiquerais bien une combinaison, dit Aurilly.

— Parle, mon ami, parle.

— Mais vous ne voudriez peut-être pas faire cause commune?

Tiens, tiens, tiens! voilà pour les vices que tu as. — Page 523.

— Je ne répugnerais à rien de ce qui doublerait mes chances de me défaire de ce chien enragé.

— Eh bien! certain ennemi de votre ennemi est jaloux.

— Ah! ah!

— De sorte qu'à cette heure même...

— Eh bien! à cette heure même... achève donc!

— Il lui tend un piége.

— Après?

— Mais il manque d'argent; avec les six mille écus, il ferait votre affaire en même temps que la sienne. Vous ne tenez point à ce que l'honneur du coup vous revienne, n'est-ce pas?

— Mon Dieu, non! je ne demande autre chose, moi, que de demeurer dans l'obscurité.

— Envoyez donc vos hommes au rendez-vous, sans vous faire connaître, et il les utilisera.

— Mais encore faudrait-il, si mes hommes ne me connaissent pas, que je connusse cet homme, moi.

— Je vous le ferai voir ce matin.

— Où cela?

— Au Louvre.

— C'est donc un gentilhomme ?
— Oui.
— Aurilly, séance tenante, les six mille écus seront à ta disposition.
— C'est donc arrêté ainsi ?
— Irrévocablement.
— Au Louvre donc !
— Au Louvre.

Nous avons vu dans le chapitre précédent comment Aurilly dit à d'Épernon :
— Soyez tranquille, M. de Bussy ne se battra pas avec vous demain !

LXXXVIII

LA PROCESSION

Aussitôt la collation finie, le roi était rentré dans sa chambre avec Chicot pour y prendre ses habits de pénitent, et il en était sorti un instant après les pieds nus, les reins ceints d'une corde et le capuchon rabattu sur le visage.

Pendant ce temps les courtisans avaient fait la même toilette.

Le temps était magnifique, le pavé jonché de fleurs ; on parlait de reposoirs plus splendides les uns que les autres, et surtout de celui que les génovéfains avaient dressé dans la crypte de la chapelle.

Un peuple immense bordait le chemin qui conduisait aux quatre stations que devait faire le roi, et qui étaient aux Jacobins, aux Carmes, aux Capucins et aux Génovéfains.

Le clergé de Saint-Germain-l'Auxerrois ouvrit la marche. L'archevêque de Paris portait le Saint-Sacrement. Entre le clergé et l'archevêque marchaient à reculons de jeunes garçons qui secouaient les encensoirs, et de jeunes filles qui effeuillaient des roses.

Puis venait le roi, les pieds nus, comme nous avons dit, et suivi de ses quatre amis, les pieds nus comme lui et enfroqués comme lui.

Le duc d'Anjou suivait, mais dans son costume ordinaire : toute sa cour angevine l'accompagnait, mêlée aux grands dignitaires de la couronne qui marchaient à la suite du prince, chacun gardant le rang que l'étiquette lui assignait.

Puis enfin venaient les bourgeois et le peuple.

Il était déjà plus d'une heure de l'après-midi lorsqu'on quitta le Louvre.

Crillon et les gardes-françaises voulaient suivre le roi, mais celui-ci leur fit signe que c'était inutile, et Crillon et les gardes demeurèrent pour garder le palais.

Il était près de six heures du soir quand, après avoir fait ses stations aux différents reposoirs, la tête du cortège commença d'apercevoir le porche dentelé de la vieille abbaye, et les génovéfains, le prieur en tête, disposés sur les trois marches qui formaient le seuil, pour recevoir Sa Majesté.

Pendant la marche qui séparait l'abbaye de la dernière station, qui était celle que l'on avait faite au couvent des Capucins, le duc d'Anjou, qui était sur pied depuis le matin, s'était trouvé mal de fatigue : il avait alors demandé au roi la permission de se retirer dans son hôtel, permission que le roi lui avait accordée.

Ses gentilshommes s'étaient alors détachés du cortége et s'étaient retirés avec lui, comme pour indiquer bien hautement que c'était le duc qu'ils suivaient et non le roi.

Mais le fait était que, comme trois d'entre eux devaient se battre le lendemain, ils désiraient ne pas se fatiguer outre mesure.

A la porte de l'abbaye, le roi, sous prétexte que Quélus, Maugiron, Schomberg et d'Épernon n'avaient pas moins besoin de repos que Livarot, Ribeirac et Antraguet, le roi, disons-nous, leur donna congé aussi.

L'archevêque, qui officiait depuis le matin et qui n'avait encore rien pris, non plus que les autres prêtres, tombait de fatigue ; le roi prit pitié de ces saints martyrs, et arrivé, comme nous l'avons dit, à la porte de l'abbaye, il les renvoya tous.

Puis, se retournant vers le prieur Joseph Foulon :

— Me voici, mon père, dit-il en nasillant; je viens, comme un pêcheur que je suis, chercher le repos dans votre solitude.

Le prieur s'inclina.

Alors s'adressant à ceux qui avaient résisté à cette rude journée et qui l'avaient suivi jusque-là :

— Je vous remercie, messieurs, dit-il, allez en paix.

Chacun salua respectueusement, et le royal pénitent monta une à une, en se frappant la poitrine, les marches de l'abbaye.

A peine Henri avait-il dépassé le seuil de l'abbaye, que les portes en furent fermées derrière lui.

Le roi était si profondément absorbé dans ses méditations, qu'il ne parut pas remarquer cette circonstance, qui d'ailleurs, après le congé donné par le roi à sa suite, n'avait rien d'extraordinaire.

— Nous allons d'abord, dit le prieur au roi, conduire Votre Majesté dans la crypte, que nous avons ornée de notre mieux en l'honneur du roi du ciel et de la terre.

Le roi se contenta de répondre par un geste d'assentiment et marcha derrière le prieur.

Mais aussitôt qu'il fut passé sous la sombre arcade où se tenaient immobiles deux rangées de moines, aussitôt qu'on l'eut vu tourner l'angle de la cour qui conduisait à la chapelle, vingt capuchons sautèrent en l'air, et l'on vit resplendir dans la demi-teinte des yeux étincelants de la joie et de l'orgueil du triomphe.

Certes, ce n'étaient point là des figures de moines paresseux et poltrons ; la moustache épaisse, le teint basané dénotaient chez eux la force et l'activité.

Bon nombre démasquaient des visages sillonnés de cicatrices, et à côté du plus fier de tous, de celui qui portait la cicatrice la plus illustre et la plus célèbre, apparaissait triomphante et exaltée la figure d'une femme couverte d'un froc.

Cette femme agita une paire de ciseaux d'or qui pendaient d'une chaîne nouée à sa ceinture, et s'écria :

— Ah ! mes frères, nous tenons enfin le Valois.

— Ma foi ! ma sœur, je le crois comme vous, répondit le Balafré.

— Pas encore, pas encore, murmura le cardinal.

— Comment cela?

— Oui, aurons-nous assez de troupes bourgeoises pour maintenir Crillon et ses gardes ?

— Nous avons mieux que des troupes bourgeoises, répliqua le duc de Mayenne, et, croyez-moi, il ne sera pas échangé un seul coup de mousquet.

— Voyons, dit la duchesse de Montpensier, comment entendez-vous cela ? J'aurais cependant bien voulu un peu de tapage, moi.

— Eh bien ! ma sœur, je vous le dis à regret, vous en serez privée. Quand le roi sera pris, il criera ; mais nul ne répondra à ses cris. Nous lui ferons alors, par persuasion ou par violence, mais sans nous montrer, signer une abdication. Aussitôt l'abdication courra la ville et disposera en notre faveur les bourgeois et les soldats.

— Le plan est bon et ne peut échouer maintenant, dit la duchesse.

— Il est un peu brutal, fit le cardinal de Guise en secouant la tête.

— Le roi refusera de signer l'abdication, ajouta le Balafré; il est brave, il aimera mieux mourir.

— Qu'il meure alors, s'écrièrent Mayenne et la duchesse.

— Non pas, répliqua fermement le duc de Guise, non pas ! Je veux bien succéder à un prince qui abdique et que l'on méprise ; mais je ne veux pas remplacer un homme assassiné que l'on plaindra. D'ailleurs, dans vos plans, vous oubliez M. le duc d'Anjou qui, si le roi est tué, réclamera la couronne.

— Qu'il réclame, mordieu ! qu'il réclame, dit Mayenne ; voici notre frère le cardinal qui a prévu le cas ; M. le duc d'Anjou sera compris dans l'acte d'abdication de son frère. M. le duc d'Anjou a eu des relations avec les huguenots : il est indigne de régner.

— Avec les huguenots! êtes-vous sûr de cela?

— Pardieu! puisqu'il a fui par l'aide du roi de Navarre.

— Bien.

— Puis une autre clause en faveur de notre maison suit la clause de déchéance : cette clause vous fera lieutenant du royaume, mon frère, et de la lieutenance à la royauté il n'y aura qu'un pas.

— Oui, oui, dit le cardinal, j'ai prévu tout cela; mais il se pourrait que les gardes-françaises, pour s'assurer que l'abdication est bien réelle et surtout bien volontaire, forçassent l'abbaye. Crillon n'entend pas raillerie, et il serait homme à dire au roi : Sire, il y a danger de la vie, c'est bien; mais, avant tout, sauvons l'honneur.

— Cela regardait le général, dit Mayenne, et le général a pris ses précautions. Nous avons ici pour soutenir le siége quatre-vingts gentilshommes, et j'ai fait distribuer des armes à cent moines. Nous tiendrons un mois contre une armée. Sans compter qu'en cas d'infériorité nous avons le souterrain pour fuir avec notre proie.

— Et que fait le duc d'Anjou dans ce moment?

— A l'heure du danger il a faibli comme toujours. Le duc d'Anjou est rentré chez lui, où il attend sans doute de nos nouvelles entre Bussy et Monsoreau.

— Eh mon Dieu! c'est ici qu'il faudrait qu'il fût, et non chez lui.

— Je crois que vous vous trompez, mon frère, dit le cardinal, le peuple et la noblesse eussent vu dans cette réunion des deux frères un guet-apens contre la famille; comme nous le disions tout à l'heure, nous devons, avant toute chose, éviter de jouer le rôle d'usurpateurs. Nous héritons, voilà tout. En laissant le duc d'Anjou libre, la reine-mère indépendante, nous nous faisons bénir de tous et admirer de nos partisans, et nul n'aura le plus petit mot à nous dire. Sinon, nous aurons contre nous Bussy et cent autres épées fort dangereuses.

— Bah! Bussy se bat demain contre les mignons.

— Pardieu! il les tuera; la belle affaire! et ensuite il sera des nôtres, dit le duc de Guise. Quant à moi, je le fais général d'une armée en Italie, où la guerre éclatera sans nul doute. C'est un homme supérieur et que j'estime fort, que le seigneur de Bussy.

— Et moi, en preuve que je ne l'estime pas moins que vous, mon frère, si je deviens veuve, dit la duchesse de Montpensier, moi je l'épouse.

— L'épouser! ma sœur, s'écria Mayenne.

— Tiens, dit la duchesse, il y a de plus grandes dames que moi qui ont fait plus pour lui, et il n'était pas général d'armée à cette époque.

— Allons, allons, dit Mayenne, nous verrons tout cela plus tard; à l'œuvre maintenant!

— Qui est près du roi? demanda le duc de Guise.

— Le prieur et frère Gorenflot, à ce que je crois, dit le cardinal. Il faut qu'il ne voie que des visages de connaissance, sans cela il s'effaroucherait tout d'abord.

— Oui, dit Mayenne, mangeons les fruits de la conspiration, mais ne les cueillons pas.

— Est-ce qu'il est déjà dans la cellule? dit madame de Montpensier, impatiente de donner au roi la troisième couronne qu'elle lui promettait depuis si longtemps.

— Oh! non pas; il verra d'abord le grand reposoir de la crypte, et il adorera les saintes reliques.

— Ensuite?

— Ensuite, le prieur lui adressera quelques paroles sonores sur la vanité des biens de ce monde; après quoi le frère Gorenflot, vous savez, celui qui a prononcé ce magnifique discours pendant la soirée de la Ligue?...

— Oui; eh bien?

— Le frère Gorenflot essayera d'obtenir de sa conviction ce que nous répugnons d'arracher à sa faiblesse.

— En effet, cela vaudrait infiniment mieux ainsi, dit le duc rêveur.

— Bah! Henri est superstitieux et affaibli, dit Mayenne, je réponds qu'il cédera à la peur de l'enfer.

— Et moi je suis moins convaincu que vous, dit le duc, mais nos vaisseaux sont brûlés, il n'y a plus à revenir en arrière. Maintenant, après la tentative du prieur, après le discours de Gorenflot, si l'un et l'autre échouent, nous essayerons du dernier moyen, c'est-à-dire de l'intimidation.

— Et alors je tondrai mon Valois, s'écria la duchesse revenant toujours à sa pensée favorite.

En ce moment une sonnette retentit sous les voûtes assombries par les premières ombres de la nuit.

— Le roi descend à la crypte, dit le duc de Guise; allons, Mayenne, appelez vos amis et redevenons moines.

Aussitôt les capuchons recouvrirent fronts audacieux, yeux ardents et cicatrices parlantes; puis trente ou quarante moines, conduits par les trois frères, se dirigèrent vers l'ouverture de la crypte.

LXXXIX

CHICOT PREMIER

Le roi était plongé dans un recueillement qui promettait un succès facile aux projets de MM. de Guise.

Il visita la crypte avec toute la communauté, baisa la châsse, et termina toutes les cérémonies en se frappant la poitrine à coups redoublés et en marmottant les psaumes les plus lugubres.

Le prieur commença ses exhortations, que le roi écouta en donnant les mêmes signes de contrition fervente.

Enfin, sur un geste du duc de Guise, Joseph Foulon s'inclina devant Henri et lui dit :

— Sire, vous plairait-il de venir maintenant déposer votre couronne terrestre aux pieds du Maître éternel?

— Allons... répliqua simplement le roi.

Et aussitôt toute la communauté, formant la haie sur son passage, s'achemina vers les cellules dont on entrevoyait à gauche le corridor principal.

Henri semblait très-attendri. Ses mains ne cessaient de battre sa poitrine, le gros chapelet qu'il roulait vivement sonnait sur les têtes de mort en ivoire suspendues à sa ceinture.

On arriva enfin à la cellule : au seuil se carrait Gorenflot, le visage enluminé, l'œil brillant comme une escarboucle.

— Ici? fit le roi.

— Ici même, répliqua le gros moine.

Le roi pouvait hésiter en effet, parce qu'au bout de ce corridor on voyait une porte, ou plutôt un grille assez mystérieuse, ouvrant sur une pente rapide et n'offrant à l'œil que des ténèbres épaisses.

Henri entra dans la cellule.

— *Hic portus salutis?* murmura-t-il de sa voix émue.

— Oui, répondit Foulon, *ici est le port*.

— Laissez-nous, fit Gorenflot avec un geste majestueux.

Et aussitôt la porte se referma ; les pas des assistants s'éloignèrent.

Le roi, avisant un escabeau dans le fond de la cellule, s'y plaça les deux mains sur les genoux.

— Ah ! te voilà, Hérodes, te voilà, païen, te voilà, Nabuchodonoser, dit Gorenflot sans transition aucune et en appuyant ses épaisses mains sur ses hanches.

Le roi sembla surpris.

— Est-ce à moi, dit-il, que vous parlez, mon frère ?

— Oui, c'est à toi que je parle, et à qui donc ? Peut-on dire une injure qui ne te soit pas convenable ?

— Mon frère ! murmura le roi.

— Bah ! tu n'as pas de frère ici. Voilà assez longtemps que je médite un discours... tu l'auras... Je le divise en trois points, comme tout bon prédicateur. D'abord tu es un tyran, ensuite tu es un satyre, enfin tu es détrôné : voilà sur quoi je vais parler.

— Détrôné ! mon frère... dit avec explosion le roi perdu dans l'ombre.

— Ni plus ni moins. Ce n'est pas ici comme en Pologne, et tu ne t'enfuiras pas...

— Un guet-apens !...

— Oh ! Valois, apprends qu'un roi n'est qu'un homme, lorsqu'il est homme encore.

— Des violences, mon frère !

— Pardieu ! crois-tu que nous t'emprisonnions pour te ménager !

— Vous abusez de la religion, mon frère.

— Est-ce qu'il y a une religion ? s'écria Gorenflot.

— Oh ! fit le roi, un saint dire de pareilles choses !

— Tant pis, j'ai dit.

— Vous vous damnerez.

— Est-ce qu'on se damne !

— Vous parlez en mécréant, mon frère.

— Allons, pas de capucinades ; es-tu prêt, Valois ?

— A quoi faire ?

— A déposer ta couronne : on m'a chargé de t'y inviter, je t'y invite.

— Mais vous faites un péché mortel.

— Oh ! oh ! fit Gorenflot avec un sourire cynique, j'ai droit d'absolution, et je m'absous d'avance ; voyons ! renonce, frère Valois.

— A quoi ?

— Au trône de France.

— Plutôt la mort !

— Eh ! mais tu mourras alors... Tiens, voici le prieur qui revient... décide-toi.

— J'ai mes gardes, mes amis ; je me défendrai.

— C'est possible, mais on te tuera d'abord.

— Laisse-moi au moins un instant pour réfléchir.

— Pas un instant, pas une seconde.

— Votre zèle vous emporte, mon frère, dit le prieur.

Et il fit de la main un signe qui voulait dire au roi :

— Sire, votre demande est accordée.

Et le prieur referma la porte.

Henri tomba dans un rêverie profonde.

— Allons ! dit-il, acceptons le sacrifice.

Dix minutes s'étaient écoulées tandis que Henri réfléchissait ; on heurta aux guichets de la cellule.

— C'est fait, dit Gorenflot : il accepte.

Le roi entendit comme un murmure de joie et de surprise autour de lui dans le corridor.

— Lisez-lui l'acte, dit une voix qui fit tressaillir le roi... à tel point qu'il regarda par les grillages de la porte.

Et un parchemin roulé passa de la main du moine dans celle de Gorenflot.

Gorenflot fit péniblement lecture de cet acte au roi, dont la douleur était grande, et qui cachait son front dans ses mains.

— Et si je refuse de signer ? s'écria-t-il en larmoyant.

— C'est vous perdre doublement, repartit la voix du duc de Guise, assourdie par le capuchon. Regardez-vous comme mort au monde, et ne forcez pas des sujets à verser le sang d'un homme qui a été leur roi.

— On ne me contraindra pas, dit Henri.

— Je l'avais prévu, murmura le duc à sa sœur, dont le front se plissa, dont les yeux reflétèrent un sinistre dessein.

— Allez, mon frère, ajouta-t-il en s'adressant à Mayenne, faites armer tout le monde et qu'on se prépare.

— A quoi ? dit le roi d'un ton lamentable.

— A tout, répondit Joseph Foulon.

Le désespoir du roi redoubla.

— Corbleu ! s'écria Gorenflot, je te haïssais, Valois ; mais à présent je te méprise. Allons, signe, ou tu ne périras que de ma main.

— Patientez, patientez, dit le roi, que je me recommande au souverain maître, que j'obtienne de lui la résignation.

— Il veut réfléchir encore ! cria Gorenflot.

— Qu'on lui laisse jusqu'à minuit, dit le cardinal.

— Merci, chrétien charitable, dit le roi dans un paroxysme de désolation. Dieu te le rende !

— C'était réellement un cerveau affaibli, dit le duc de Guise, nous servons la France en le détrônant.

— N'importe! fit la duchesse ; tout affaibli qu'il est, j'aurai du plaisir à le tondre.

Pendant ce dialogue, Gorenflot, les bras croisés, accablait Henri des injures les plus violentes et lui racontait tous ses débordements.

Tout à coup un bruit sourd retentit en dehors du couvent.

— Silence! cria la voix du duc de Guise.

Le plus profond silence s'établit. On distingua bientôt des coups frappés fortement et à intervalles égaux sur la porte sonore de l'abbaye.

Mayenne accourut aussi vite que le lui permettait son embonpoint.

— Mes frères, dit-il, une troupe de gens armés se porte au-devant du portail.

— On vient le chercher, dit la duchesse.

— Raison de plus pour qu'il signe vite, dit la duchesse.

— Signe! Valois, signe! cria Gorenflot d'une voix de tonnerre.

— Vous m'avez donné jusqu'à minuit, dit pitoyablement le roi.

— Oh! tu te ravises, parce que tu crois être secouru...

— Sans doute, j'ai une chance.

— Pour mourir, s'il ne signe aussitôt, répliqua la voix aigre et impérieuse de la duchesse.

Gorenflot saisit le poignet du roi et lui offrit une plume.

Le bruit redoublait au dehors.

— Une nouvelle troupe ! vint dire un moine ; elle entoure le parvis et le cerne à gauche.

— Allons ! crièrent impatiemment Mayenne et la duchesse.

Le roi trempa la plume dans l'encre.

— Les Suisses! accourut dire Foulon ; ils envahissent le cimetière à droite ; toute l'abbaye est cernée présentement.

— Eh bien! nous nous défendrons, répliqua résolument Mayenne. Avec un otage comme celui-là, une place n'est jamais prise à discrétion.

— Il a signé ! hurla Gorenflot en arrachant le papier des mains de Henri, qui, abattu, enfouit sa tête dans son capuchon et son capuchon dans ses deux bras.

— Alors nous sommes roi, dit le cardinal au duc. Emporte vite ce précieux papier.

Le roi, dans son accès de douleur, renversa la petite lampe qui seule éclairait cette scène ; mais le duc de Guise tenait déjà le parchemin.

— Que faire! que faire! vint demander un moine sous le froc duquel se dessinait un gentilhomme bien complet, bien armé. Crillon arrive avec les gardes-françaises et menace de briser les portes. Écoutez !...

— Au nom du roi! cria la voix puissante de Crillon.

— Bon! il n'y a plus de roi, répliqua Gorenflot par une fenêtre.

— Qui dit cela, maraud ? répondit Crillon.

— Moi ! moi ! moi ! fit Gorenflot dans les ténèbres, avec un orgueil des plus provocateurs.

— Qu'on tâche de m'apercevoir ce drôle et de lui planter quelques balles dans le ventre, dit Crillon.

Et Gorenflot, voyant les gardes apprêter leurs armes, fit le plongeon aussitôt et retomba sur son derrière au milieu de la cellule.

— Enfoncez la porte, mons Crillon, dit au milieu du silence général une voix qui fit dresser les cheveux à tous les moines faux ou vrais qui attendaient dans le corridor.

Cette voix était celle d'un homme qui, sorti des rangs, s'était avancé jusqu'aux marches de l'abbaye.

— Voilà, sire, répliqua Crillon en déchargeant dans la porte principale un vigoureux coup de hache.

Les murs en gémirent.

— Que veut-on?... dit le prieur paraissant tout tremblant à la fenêtre.

— Ah! c'est vous, messire Foulon, dit la même voix hautaine et calme. Rendez-moi donc mon fou, qui est allé passer la nuit dans une de vos cellules. J'ai besoin de Chicot ; je m'ennuie au Louvre.

— Et moi je m'amuse joliment, va,

mon fils, répliqua Chicot se dégageant de son capuchon et fendant la foule des moines, qui s'écartèrent avec un hurlement d'effroi.

A ce moment le duc de Guise, qui s'était fait apporter une lampe, lisait au bas de l'acte la signature, encore fraîche, obtenue avec tant de peine :

« CHICOT PREMIER. »

— Quoi, Chicot Ier, s'écria-t-il ; mille damnations !

— Allons, dit le cardinal, nous sommes perdus ; fuyons.

— Ah ! bah ! fit Chicot en distribuant à Gorenflot, presque évanoui, des coups de la corde qu'il portait à sa ceinture ; ah ! bah !

XC

LES INTÉRÊTS ET LE CAPITAL

A mesure que le roi avait parlé, à mesure que les conjurés l'avaient reconnu, ils étaient passés de la stupeur à l'épouvante.

L'abdication signée Chicot Ier avait changé l'épouvante en rage.

Chicot rejeta son froc sur ses épaules, croisa les bras, et tandis que Gorenflot fuyait à toutes jambes, il soutint immobile et souriant le premier choc.

Ce fut un terrible moment à passer.

Les gentilshommes, furieux, s'avancèrent sur le Gascon, bien déterminés à se venger de la cruelle mystification dont ils étaient victimes.

Mais cet homme sans armes, la poitrine couverte de ses deux bras seulement, ce visage au masque railleur qui semblait défier tant de forces de s'attaquer à tant de faiblesse, les arrêta plus encore peut-être que les remontrances du cardinal, lequel leur faisait observer que la mort de Chicot ne servirait à rien, mais tout au contraire serait vengée terriblement par le roi, de complicité avec son fou dans cette scène de terrible bouffonnerie.

Il en résulta que les dagues et les rapières s'abaissèrent devant Chicot qui, soit dévouement, et il en était capable, soit pénétration de leur pensée, continua de leur rire au nez.

Cependant les menaces du roi devenaient plus pressantes et les coups de hache de Crillon plus pressés.

Il était évident que la porte ne pouvait résister longtemps à une pareille attaque, qu'on n'essayait pas même de repousser.

Aussi, après un moment de délibération, le duc de Guise donna-t-il l'ordre de la retraite.

Cet ordre fit sourire Chicot.

Pendant les nuits de retraite avec Gorenflot, il avait examiné le souterrain : il avait reconnu la porte de sortie, et il avait dénoncé cette porte au roi, qui y avait placé Tocquenot, lieutenant des gardes suisses.

Il était donc évident que les ligueurs, les uns après les autres, allaient se jeter dans la gueule du loup.

Le cardinal s'éclipsa le premier, suivi d'une vingtaine de gentilshommes.

Alors Chicot vit passer le duc avec un pareil nombre à peu près de moines ; puis Mayenne, à qui sa difficulté de courir, à cause de son énorme ventre et de son épaisse encolure, avait tout naturellement fait confier le soin de la retraite.

Quand M. de Mayenne passa le dernier devant la cellule de Gorenflot, et que Chicot le vit se traîner alourdi par sa masse, Chicot ne souriait plus, il se tenait les côtes de rire.

Dix minutes s'écoulèrent pendant lesquelles Chicot prêta l'oreille, croyant toujours entendre le bruit des ligueurs refoulés dans le souterrain ; mais, à son grand étonnement, le bruit, au lieu de revenir à lui, continuait de s'éloigner.

Tout à coup une pensée vint au Gascon qui changea ses éclats de rire en grincements de dents.

Le temps s'écoulait, les ligueurs ne revenaient pas ; les ligueurs s'étaient-ils aperçus que la porte était gardée et avaient-ils découvert une autre sortie ?

Chicot allait s'élancer hors de la cellule, quand tout à coup la porte en fut obstruée par une masse informe qui se vautra à ses

Saint-Luc la prit entre ses bras et disparut avec elle par la porte. — Page 532.

pieds en s'arrachant des poignées de cheveux tout autour de la tête.

— Ah! misérable que je suis, s'écriait le moine. Oh! mon bon seigneur Chicot, pardonnez-moi! pardonnez-moi!

Comment Gorenflot, qui était parti le premier, revenait-il seul quand déjà il eût dû être bien loin.

Voilà la question qui se présenta tout naturellement à la pensée de Chicot.

— Oh! mon bon monsieur Chicot, cher seigneur, à moi! continuait de hurler Gorenflot; pardonnez à votre indigne ami, qui se repent et fait amende honorable à vos genoux.

— Mais, demanda Chicot, comment ne t'es-tu pas enfui avec les autres drôles?

— Parce que je n'ai pas pu passer par où passent les autres, mon bon seigneur; parce que le Seigneur, dans sa colère, m'a frappé d'obésité. Oh! malheureux ventre, oh! misérable bedaine! criait le moine, en frappant de ses deux poings la partie qu'il apostrophait. Ah! que ne suis-je mince comme vous, monsieur Chicot! Que c'est beau, et surtout que c'est heureux d'être mince!

Chicot ne comprenait absolument rien aux lamentations du moine.

— Mais les autres passent donc quelque

part? s'écria Chicot d'une voix de tonnerre; les autres s'enfuient donc?

— Pardieu! dit le moine, que voulez-vous qu'ils fassent? qu'ils attendent la corde? Oh! malheureux ventre!

— Silence! cria Chicot, et répondez-moi.

Gorenflot se redressa sur ses deux genoux.

— Interrogez, monsieur Chicot, répondit-il, vous en avez bien certainement le droit.

— Comment se sauvent les autres?

— A toutes jambes.

— Je comprends... mais par où?

— Par le soupirail.

— Mordieu! par quel soupirail?

— Par le soupirail qui donne dans le caveau du cimetière.

— Est-ce le chemin que tu appelles le souterrain? réponds vite.

— Non, cher monsieur Chicot. La porte du souterrain était gardée extérieurement. Le grand cardinal de Guise, au moment de l'ouvrir, a entendu un suisse qui disait : *Mich durstet*, ce qui veut dire, à ce qu'il paraît : *J'ai soif*.

— Ventre de biche! s'écria Chicot, je sais ce que cela veut dire; de sorte que les fuyards ont pris un autre chemin?

— Oui, cher monsieur Chicot, ils se sauvent par le caveau du cimetière.

— Qui donne?

— D'un côté dans la crypte, de l'autre sous la porte Saint-Jacques.

— Tu mens.

— Moi, cher seigneur!

— S'ils s'étaient sauvés par le caveau donnant dans la crypte, je les eusse vus repasser dans ta cellule.

— Voilà justement, cher monsieur Chicot; ils ont pensé qu'ils n'auraient pas le temps de faire ce grand détour, et ils sont passés par le soupirail.

— Quel soupirail?

— Par un soupirail qui donne dans le jardin et qui sert à éclairer le passage.

— De sorte que toi?...

— De sorte que moi qui suis trop gros...

— Eh bien?

— Je n'ai jamais pu passer, et l'on s'est mis à me tirer par les pieds, vu que j'interceptais le chemin aux autres.

— Mais, s'écria Chicot le visage éclairé tout à coup d'une étrange jubilation, si tu n'as pas pu passer...

— Non, et cependant j'ai fait de grands efforts, voyez mes épaules, voyez ma poitrine.

— Alors lui, qui est encore plus gros que toi...

— Qui, lui?

— Oh! mon Dieu! dit Chicot, si tu es pour moi dans cette affaire-là, je te promets un fier cierge; de sorte qu'il ne pourra pas passer non plus.

— Monsieur Chicot.

— Lève-toi, frocard.

Le moine se leva aussi vite qu'il put.

— Bien! Maintenant, conduis-moi au soupirail.

— Où vous voudrez, mon cher seigneur.

— Marche devant, malheureux, marche.

Gorenflot se mit à trotter aussi vite qu'il put, en levant de temps en temps les bras au ciel, maintenu dans l'allure qu'il avait prise par les coups de corde que lui allongeait Chicot.

Tous deux traversèrent le corridor et descendirent dans le jardin.

— Par ici, dit Gorenflot, par ici.

— Tais-toi et marche, drôle.

Gorenflot fit un dernier effort et parvint jusqu'auprès d'un massif d'arbres d'où semblaient sortir des plaintes.

— Là, dit-il, là.

Et, au bout de son haleine, il tomba le derrière sur l'herbe.

Chicot fit trois pas en avant et aperçut quelque chose qui s'agitait à fleur de terre.

A côté de ce quelque chose qui ressemblait au train de derrière de l'animal que Diogène appelait un coq à deux pieds et sans plumes, gisaient une épée et un froc.

Il était évident que l'individu qui se trouvait pris si malheureusement s'était successivement défait de tous les objets qui pouvaient le grossir; de sorte que, pour le moment, désarmé de son épée, non revêtu de son froc, il se trouvait réduit à sa plus simple expression.

Et cependant, comme Gorenflot, il faisait des efforts inutiles pour disparaître complétement.

— Mordieu! ventrebleu! sangdieu! criait la voix étouffée du fugitif. J'aimerais mieux passer au milieu de toute la garde. Aïe! ne tirez pas si fort, mes amis, je glisserai tout doucement; je sens que j'avance, pas vite, mais j'avance.

— Ventre de biche! M. de Mayenne! murmura Chicot en extase. Mon bon Seigneur Dieu, tu as gagné ton cierge.

— Ce n'est pas pour rien que j'ai été surnommé Hercule, reprit la voix étouffée, je soulèverai cette pierre. Hein!

Et il fit un si violent effort qu'effectivement la pierre trembla.

— Attends, dit tout bas Chicot, attends.

Et il frappa des pieds comme quelqu'un qui accourt à grand bruit.

— Ils arrivent, dirent plusieurs voix dans le souterain.

— Ah! fit Chicot, comme s'il arrivait tout essoufflé. Ah! c'est donc toi, misérable moine.

— Ne dites rien, monseigneur, murmurèrent les voix, il vous prend pour Gorenflot.

— Ah! c'est donc toi, lourde masse, *pondus immobile*, tiens! Ah! c'est donc toi, *indigesta moles*, tiens!

Et, à chaque apostrophe, Chicot, arrivé enfin au but si désiré de sa vengeance, fit retomber de toute la volée de son bras sur les parties charnues qui s'offraient à lui, la corde avec laquelle il avait déjà flagellé Gorenflot.

— Silence, disaient toujours les voix, il vous prend pour le moine.

En effet, Mayenne ne poussait que des plaintes étouffées tout en redoublant d'efforts pour soulever la pierre.

— Ah! conspirateur, reprit Chicot; ah! moine indigne: tiens, voilà pour l'ivrognerie; tiens, voilà pour la paresse; tiens, voilà pour la colère; tiens, voilà pour la luxure; tiens, voilà pour la gourmandise. Je regrette qu'il n'y ait que sept péchés capitaux; tiens, tiens, tiens, voilà pour les vices que tu as.

— Monsieur Chicot, disait Gorenflot couvert de sueur; monsieur Chicot, ayez pitié de moi.

— Ah! traître, continua Chicot frappant toujours; tiens, voilà pour ta trahison.

— Grâce! murmurait Gorenflot croyant ressentir tous les coups qui tombaient sur Mayenne, grâce! cher monsieur Chicot.

Mais Chicot, au lieu de s'arrêter, s'enivrait de sa vengeance et redoublait de coups.

Si puissant qu'il fût sur lui-même, Mayenne ne pouvait retenir ses gémissements.

— Ah! continua Chicot, que ne plaît-il à Dieu de substituer à ton corps vulgaire, à ta carcasse roturière, les très-hautes et très-puissantes omoplates du duc de Mayenne, à qui je dois une volée de coups de bâton dont les intérêts courent depuis sept ans!... Tiens, tiens, tiens.

Gorenflot poussa un soupir et tomba.

— Chicot! vociféra le duc.

— Oui, moi-même, oui, Chicot, indigne serviteur du roi, Chicot, bras débile, qui voudrait avoir les cent bras de Briarée pour cette occasion.

Et Chicot, de plus en plus exalté, réitéra les coups de corde avec une telle rage, que le patient, rassemblant toutes ses forces, souleva la pierre dans le paroxysme de la douleur, et, les côtes déchirées, les reins sanglants, tomba entre les bras de ses amis.

Le dernier coup de Chicot frappa dans le vide.

Chicot alors se tourna : le vrai Gorenflot était évanoui, sinon de douleur, du moins d'effroi.

XCI

CE QUI SE PASSAIT DU COTÉ DE LA BASTILLE, TANDIS QUE CHICOT PAYAIT SES DETTES A L'ABBAYE SAINTE-GENEVIÈVE.

Il était onze heures du soir; le duc d'Anjou attendait impatiemment dans le cabinet où il s'était retiré à la suite de la faiblesse dont il avait été pris, rue Saint-Jacques, qu'un messager du duc de Guise vînt lui annoncer l'abdication du roi son frère.

De la fenêtre à la porte du cabinet et de la porte du cabinet aux fenêtres de l'antichambre, il allait et revenait, regardant la grande horloge, dont les secondes tintaient lugubrement dans leur gaîne de bois doré.

Tout à coup il entendit un cheval qui piaffait dans la cour ; il crut que ce cheval pouvait être celui de son messager, et courut s'appuyer au balcon ; mais ce cheval, tenu en bride par un palefrenier, attendait son maître.

Le maître sortit des appartements intérieurs : c'était Bussy, Bussy qui, en sa qualité de capitaine des gardes, venait, avant de se rendre au rendez-vous, de donner le mot d'ordre pour la nuit.

Le duc, en apercevant ce beau et brave jeune homme, dont il n'avait jamais eu à se plaindre, éprouva un instant de remords ; mais, à mesure qu'il le vit s'approcher de la torche que tenait le valet, son visage s'éclaira, et sur ce visage le duc lut tant de joie, d'espérance et de bonheur, que toute sa jalousie lui revint.

Cependant Bussy, ignorant que le duc le regardait et épiait les différentes émotions de son visage, Bussy, après avoir donné le mot d'ordre, roula son manteau sur ses épaules, se remit en selle, et, piquant des deux son cheval, s'élança avec un grand bruit sous la voûte sonore.

Un instant le duc, inquiet de ne voir arriver personne, eut encore l'idée de faire courir après lui, car il se doutait bien qu'avant de se rendre à la Bastille, Bussy ferait une halte à son hôtel ; mais il se représenta le jeune homme riant avec Diane de son amour méprisé, le mettant, lui, prince, sur la même ligne que le mari dédaigné, et cette fois encore son mauvais instinct l'emporta sur le bon.

Bussy avait souri de bonheur en partant ; ce sourire était une insulte au prince ; il le laissa aller ; s'il eût eu le regard attristé et le front sombre, peut-être l'eût-il retenu.

Cependant, à peine hors de l'hôtel d'Anjou, Bussy quitta son allure précipitée, comme s'il eût craint le bruit de sa propre marche, et passant à son hôtel, comme l'avait prévu le duc, il remit son cheval aux mains d'un palefrenier qui écoutait respectueusement une leçon d'hippiatrique que lui faisait Remy.

— Ah ! ah ! dit Bussy reconnaissant le jeune docteur, c'est toi, Remy ?

— Oui, monseigneur, en personne.

— Et pas encore couché ?

— Il s'en faut de dix minutes, monseigneur. Je rentrais chez moi, ou plutôt chez vous. En vérité, depuis que je n'ai plus mon blessé, il me semble que les jours ont quarante-huit heures.

— T'ennuirais-tu par hasard ? demanda Bussy.

— J'en ai peur !

— Et l'amour ?

— Ah ! je vous l'ai souvent dit : l'amour, je m'en défie, et je ne fais en général sur lui que des études utiles.

— Alors Gertrude est abandonnée ?

— Parfaitement.

— Ainsi tu t'es lassé ?

— D'être battu. C'était ainsi que se manifestait l'amour de mon amazone, brave fille du reste.

— Et ton cœur ne te dit rien pour elle, ce soir ?

— Pourquoi ce soir, monseigneur ?

— Parce que je t'eusse emmené avec moi.

— A la Bastille ?

— Oui.

— Vous y allez ?

— Sans doute.

— Et le Monsoreau ?

— A Compiègne, mon cher, où il prépare une chasse pour Sa Majesté.

— Êtes-vous sûr, monseigneur ?

— L'ordre lui en a été donné publiquement ce matin.

— Ah !

Remy demeura un instant pensif.

— Alors ? dit-il après un instant.

— Alors ! j'ai passé la journée à remercier Dieu du bonheur qu'il m'envoyait pour cette nuit, et je vais passer la nuit à jouir de ce bonheur.

— Bien. Jourdain, mon épée, fit Remy.

Le palefrenier disparut dans l'intérieur de la maison.

— Tu as donc changé d'avis? demanda Bussy.

— En quoi?

— En ce que tu prends ton épée.

— Oui, je vous accompagne jusqu'à la porte pour deux raisons.

— Lesquelles?

— La première, de peur que vous ne fassiez par les rues quelque mauvaise rencontre.

Bussy sourit.

— Eh! mon Dieu, oui. Riez, monseigneur. Je sais bien que vous ne craignez pas les mauvaises rencontres, et que c'est un pauvre compagnon que le docteur Remy; mais on attaque moins facilement deux hommes qu'un seul. La seconde, parce que j'ai une foule de bons conseils à vous donner.

— Viens, mon cher Remy, viens. Nous nous entretiendrons d'elle, et, après le plaisir de voir la femme qu'on aime, je n'en connais pas de plus grand que celui d'en parler.

— Il y a même des gens, répliqua Remy, qui mettent le plaisir d'en parler avant celui de la voir.

— Mais, dit Bussy, il me semble que le temps est bien incertain.

— Raison de plus : le ciel est tantôt sombre, tantôt clair. J'aime la variété, moi. Merci, Jourdain, ajouta-t-il, s'adressant au palefrenier qui lui rapportait sa rapière.

Puis se retournant vers le comte :

— Me voici à vos ordres, monseigneur; partons.

Bussy prit le bras du jeune docteur, et tous deux s'acheminèrent vers la Bastille.

Remy avait dit au comte qu'il avait une foule de bons conseils à lui donner, et en effet, à peine furent-ils en route, que le docteur commença de tirer du latin mille citations imposantes pour prouver à Bussy qu'il avait tort de faire ce soir-là une visite à Diane au lieu de se tenir tranquillement dans son lit, attendu que d'ordinaire un homme se bat mal quand il a mal dormi; puis des apophthegmes de la Faculté, il passa aux mythes de la fable et raconta galamment que c'était d'habitude Vénus qui désarmait Mars.

Bussy souriait; Remy insistait.

— Vois-tu, Remy, dit le comte, quand mon bras tient une épée, il s'y attache de telle sorte que les fibres de la chair prennent la rigueur et la souplesse de l'acier, tandis que de son côté l'acier semble s'animer et s'échauffer comme une chair vivante. De ce moment mon épée est un bras et mon bras une épée. Dès lors, comprends-tu? il ne s'agit plus de force ni de dispositions. Une lame ne se fatigue pas.

— Non, mais elle s'émousse.

— Ne crains rien.

— Ah! mon cher seigneur, continua Remy, c'est que demain, voyez-vous, il s'agit de faire un combat comme celui d'Hercule contre Antée, comme celui de Thésée contre le Minotaure, comme celui des Trente, comme celui de Bayard; quelque chose d'homérique, de gigantesque, d'impossible : il s'agit qu'on dise dans l'avenir le combat de Bussy comme étant le combat par excellence, et dans ce combat; je ne veux pas, voyez-vous, je ne veux pas seulement qu'on vous entame la peau.

— Sois tranquille, mon bon Remy; tu verras des merveilles. J'ai ce matin mis quatre épées aux mains de quatre ferrailleurs qui, durant huit minutes, n'ont pu à eux quatre me toucher une seule fois, tandis que je leur ai mis leurs pourpoints en loques. Je bondissais comme un tigre.

— Je ne dis pas le contraire, maître; mais vos jarrets de demain seront-ils vos jarrets d'aujourd'hui?

Ici Bussy et son chirurgien entamèrent un dialogue latin, fréquemment interrompu par leurs éclats de rire.

Ils parvinrent ainsi au bout de la grande rue Saint-Antoine.

— Adieu, dit Bussy; nous sommes arrivés.

— Si je vous attendais? dit Remy.
— Pourquoi faire?
— Pour être sûr que vous serez de retour avant deux heures, et que vous aurez au moins cinq à six heures de bon sommeil avant votre duel.
— Si je te donne ma parole?
— Oh! alors cela me suffira. La parole de Bussy, peste! il ferait beau voir que j'en doutasse.
— Eh bien, tu l'as. Dans deux heures, Remy, je serai à l'hôtel.
— Soit. Adieu, monseigneur.
— Adieu, Remy.

Les deux jeunes gens se séparèrent; mais Remy demeura en place.

Il vit le comte s'avancer vers la maison et, comme l'absence de Monsoreau lui donnait toute sécurité, entrer par la porte que lui ouvrit Gertrude, et non pas monter par la fenêtre.

Puis il reprit philosophiquement à travers les rues désertes sa marche vers l'hôtel Bussy.

Comme il débouchait de la place Beaudoyer, il vit venir à lui cinq hommes enveloppés de manteaux et paraissant, sous ces manteaux, parfaitement armés.

Cinq hommes à cette heure, c'était un événement. Il s'effaça derrière l'angle d'une maison en retraite.

Arrivés à dix pas de lui, ces cinq hommes s'arrêtèrent, et, après un bonsoir cordial, quatre prirent deux chemins différents, tandis que le cinquième demeurait immobile et réfléchissant à sa place.

En ce moment la lune sortit d'un nuage et éclaira d'un de ses rayons le visage du coureur de nuit.

— M. de Saint-Luc! s'écria Remy.

Saint-Luc leva la tête, en entendant prononcer son nom, et vit un homme qui venait à lui.

— Remy! s'écria-t-il à son tour.
— Remy en personne, et je suis heureux de ne pas dire à votre service, attendu que vous me paraissez vous porter à merveille. Est-ce une indiscrétion que de vous demander ce que Votre Seigneurie fait à cette heure si loin du Louvre?

— Ma foi, mon cher, j'examine, par ordre du roi, la physionomie de la ville. Il m'a dit : « Saint-Luc, promène-toi dans les rues de Paris, et si tu entends dire par hasard que j'ai abdiqué, réponds hardiment que ce n'est pas vrai. »

— Et avez-vous entendu parler de cela?
— Personne ne m'en a soufflé le mot. Or, comme il va être minuit, que tout est tranquille et que je n'ai rencontré que M. de Monsoreau, j'ai congédié mes amis, et j'allais rentrer quand tu m'as vu réfléchissant.

— Comment! M. de Monsoreau!
— Oui.
— Vous avez rencontré M. de Monsoreau?
— Avec une troupe d'hommes armés, dix ou douze au moins.
— M. de Monsoreau! impossible.
— Pourquoi cela impossible?
— Parce qu'il doit être à Compiègne.
— Il devait y être, mais il n'y est pas.
— Mais l'ordre du roi?
— Bah! qui est-ce qui obéit au roi?
— Vous avez rencontré M. de Monsoreau avec dix ou douze hommes?
— Certainement.
— Vous a-t-il reconnu?
— Je le crois.
— Vous n'étiez que cinq?
— Mes quatre amis et moi, pas davantage.
— Et il ne s'est pas jeté sur vous?
— Il m'a évité, au contraire, et c'est ce qui m'étonne. En le reconnaissant, je me suis attendu à une horrible bataille.
— De quel côté allait-il?
— Du côté de la rue de la Tixanderie.
— Ah! mon Dieu! s'écria Remy.
— Quoi? demanda Saint-Luc, effrayé de l'accent du jeune homme.
— Monsieur de Saint-Luc, il va sans doute arriver un grand malheur.
— Un grand malheur! à qui?
— A M. de Bussy!
— A Bussy! Mordieu! parlez, Remy; je suis de ses amis, vous le savez.
— Quel malheur! M. de Bussy le croyait à Compiègne.

— Eh bien?
— Eh bien! il a cru pouvoir profiter de son absence.
— De sorte qu'il est?...
— Chez madame Diane.
— Ah! fit Saint-Luc, cela s'embrouille.
— Oui. Comprenez-vous, dit Remy, il aura eu des soupçons ou on les lui aura suggérés, et il n'aura feint de partir que pour revenir à l'improviste.
— Attendez donc! dit Saint-Luc en se frappant le front.
— Avez-vous une idée? répondit Remy.
— Il y a du duc d'Anjou là-dessous.
— Mais c'est le duc d'Anjou qui ce matin a provoqué le départ de M. de Monsoreau!
— Raison de plus. Avez-vous des poumons, mon brave Remy?
— Corbleu! comme des soufflets de forge.
— En ce cas, courons, courons sans perdre un instant. Vous connaissez la maison?
— Oui.
— Marchez devant, alors.

Et les deux jeunes gens prirent à travers les rues une course qui eût fait honneur à des daims poursuivis.

— A-t-il beaucoup d'avance sur nous? demanda Remy en courant.
— Qui? le Monsoreau?
— Oui.
— Un quart d'heure à peu près, dit Saint-Luc en franchissant un tas de pierres de cinq pieds de haut.
— Pourvu que nous arrivions à temps, dit Remy en tirant son épée pour être prêt à tout événement.

XCII

L'ASSASSINAT

Bussy, sans inquiétude et sans hésitation, avait été reçu sans crainte par Diane, qui croyait être sûre de l'absence de son mari.

Jamais la belle jeune femme n'avait été si joyeuse, jamais Bussy n'avait été si heureux; dans certain moment, dont l'âme ou plutôt l'instinct conservateur sent toute la gravité, l'homme unit ses facultés morales à tout ce que ses sens peuvent lui fournir de ressources physiques; il se concentre et se multiplie. Il aspire de toutes ses forces la vie, qui peut lui manquer d'un moment à l'autre, sans qu'il devine par quelle catastrophe elle lui manquerait.

Diane émue, et d'autant plus émue qu'elle cherchait à cacher son émotion, Diane, émue des craintes de ce lendemain menaçant, paraissait plus tendre, parce que la tristesse, tombant au fond de tout amour, donne à cet amour le parfum de poésie qui lui manquait; la véritable passion n'est point folâtre, et l'œil d'une femme sincèrement éprise est plus souvent humide que brillant.

Aussi débuta-t-elle par arrêter l'amoureux jeune homme. Ce qu'elle avait à lui dire ce soir-là, c'est que sa vie était sa vie; ce qu'elle avait à débattre avec lui, c'étaient les plus sûrs moyens de fuir.

Car ce n'était pas le tout que de vaincre, il fallait, après avoir vaincu, fuir la colère du roi; car jamais Henri, c'était probable, ne pardonnerait au vainqueur la défaite ou la mort de ses favoris.

— Et puis, disait Diane, le bras passé autour du cou de Bussy et dévorant des yeux le visage de son amant, n'es-tu pas le plus brave de France? Pourquoi mettrais-tu un point d'honneur à augmenter ta gloire? Tu es déjà si supérieur aux autres hommes, qu'il n'y aurait pas de générosité à toi de vouloir te grandir encore. Tu ne veux pas plaire aux autres femmes, car tu m'aimes et tu craindrais de me perdre à jamais, n'est-ce pas, Louis? Louis, défends ta vie. Je ne te dis pas: Songe à la mort, car il me semble qu'il n'existe pas au monde un homme assez fort, assez puissant pour tuer mon Louis autrement que par trahison; mais songe aux blessures: on peut être blessé, tu le sais bien, puisque c'est à une blessure reçue en combattant contre ces mêmes hommes que je dois de te connaître.

— Sois tranquille, dit Bussy en riant, je garderai le visage ; je ne veux pas être défiguré.

— Oh! garde ta personne tout entière. Qu'elle te soit sacrée, mon Bussy, comme si toi c'était moi. Songe à la douleur que tu éprouverais si tu me voyais revenir blessée et sanglante ; eh bien ! la même douleur que tu ressentirais, je l'éprouverais en voyant ton sang. Sois prudent, mon lion trop courageux, voilà tout ce que je te recommande. Fais comme ce Romain dont tu me lisais l'histoire pour me rassurer l'autre jour. Oh! imite-le bien ; laisse tes trois amis faire leur combat, porte-toi au secours du plus menacé ; mais si deux hommes, si trois hommes l'attaquent à la fois, fuis ; tu te retourneras comme Horace, et tu les tueras les uns après les autres et à distance.

— Oui, ma chère Diane, dit Bussy.

— Oh! tu me réponds sans m'entendre, Louis ; tu me regardes, et tu ne m'écoutes pas.

— Oui, mais je te vois, et tu es bien belle!

— Ce n'est point de ma beauté qu'il s'agit en ce moment, mon Dieu! il s'agit de toi, de ta vie, de notre vie ; tiens, c'est bien affreux ce que je vais te dire, mais je veux que tu le saches, cela te rendra non pas plus fort, mais plus prudent. Eh bien! j'aurai le courage de voir ce duel!

— Toi?

— J'y assisterai.

— Comment cela? Impossible, Diane.

— Non! Écoute : il y a, tu sais, dans la chambre à côté de celle-ci, une fenêtre qui donne sur une petite cour et qui regarde de biais l'enclos des Tournelles.

— Oui, je me la rappelle, cette fenêtre élevée de vingt pieds à peu près, et qui domine un treillis de fer, aux pointes duquel, l'autre jour, je faisais tomber du pain que les oiseaux venaient prendre.

— De là, comprends-tu? Bussy, je te verrai. Surtout place-toi de manière à ce que je te voie ; tu sauras que je suis là, tu pourras me voir moi-même. Mais non, insensée que je suis, ne me regarde pas, car ton ennemi peut profiter de ta distraction.

— Et me tuer! n'est-ce pas? tandis que j'aurais les yeux fixés sur toi. Si j'étais condamné, et qu'on me laissât le choix de la mort, Diane, ce serait celle-là que je choisirais.

— Oui, mais tu n'es pas condamné ; mais il ne s'agit pas de mourir, il s'agit de vivre au contraire.

— Et je vivrai, sois tranquille ; d'ailleurs je suis bien secondé, crois-moi ; tu ne connais pas mes amis, mais je les connais : Antraguet tire l'épée comme moi ; Ribeirac est froid sur le terrain, et semble n'avoir de vivant que les yeux avec lesquels il dévore son adversaire, et le bras avec lequel il le frappe ; Livarot brille par une agilité de tigre. La partie est belle, crois-moi, Diane, trop belle. Je voudrais courir plus de danger pour avoir plus de mérite.

— Eh bien! je te crois, cher ami, et je souris, car j'espère, mais écoute-moi, et promets-moi de m'obéir.

— Oui, pourvu que tu ne m'ordonnes pas de te quitter.

— Eh bien! justement, j'en appelle à ta raison.

— Alors il ne fallait pas me rendre fou.

— Pas de concetti, mon beau gentilhomme, de l'obéissance ; c'est en obéissant que l'on prouve son amour.

— Ordonne, alors.

— Cher ami, tes yeux sont fatigués ; il te faut une bonne nuit ; quitte-moi.

— Oh! déjà !

— Je vais faire ma prière, et tu m'embrasseras.

— Mais c'est toi qu'on devrait prier comme on prie les anges.

— Et crois-tu donc que les anges ne prient pas Dieu? dit Diane en s'agenouillant.

Et, du fond du cœur, avec des regards qui semblaient, à travers le plafond, aller chercher Dieu sous les voûtes azurées du ciel :

— Seigneur, dit-elle, si tu veux que ta servante vive heureuse et ne meure pas

Bussy plongea son épée si vigoureusement dans la poitrine du grand-veneur qu'il le cloua au parquet. — Page 534.

désespérée, protége celui que tu as poussé sur mon chemin, pour que je l'aime et que je n'aime que lui.

Elle achevait ces paroles, Bussy se baissait pour l'envelopper de son bras et ramener son visage à la hauteur de ses lèvres, quand tout à coup une vitre de la fenêtre vola en éclats; puis la fenêtre elle-même, et trois hommes armés parurent sur le balcon, tandis que le quatrième enfourchait la balustrade. Celui-là avait le visage couvert d'un masque et tenait dans la main gauche un pistolet, de l'autre une épée nue.

Bussy demeura un instant immobile et glacé par le cri épouvantable que poussa Diane en s'élançant à son cou.

L'homme au masque fit un signe, et ses trois compagnons avancèrent d'un pas; un de ces trois hommes était armé d'une arquebuse.

Bussy, d'un même mouvement, écarta Diane avec la main gauche, tandis que de la droite il tirait son épée.

Puis, se repliant sur lui-même, il l'abaissa lentement et sans perdre de vue ses adversaires.

— Allez, allez, mes braves, dit une

voix sépulcrale qui sortait de dessous le masque de velours ; il est à moitié mort, la peur l'a tué.

— Tu te trompes, dit Bussy, je n'ai jamais peur.

Diane fit un mouvement pour se rapprocher de lui.

— Rangez-vous, Diane, dit-il avec fermeté.

Mais Diane, au lieu d'obéir, se jeta une seconde fois à son cou.

— Vous allez me faire tuer, madame, dit-il.

Diane s'éloigna, le démasquant entièrement.

Elle comprenait qu'elle ne pouvait venir en aide à son amant que d'une seule manière : c'était en obéissant passivement.

— Ah! ah! dit la voix sombre, c'est bien M. de Bussy, je ne le voulais pas croire, niais que je suis. Vraiment, quel ami, quel bon et excellent ami !

Bussy se taisait, tout en mordant ses lèvres et en examinant tout autour de lui quels seraient ses moyens de défense quand il faudrait en venir aux mains.

— Il apprend, continua la voix avec une intonation railleuse que rendait encore plus terrible sa vibration profonde et sombre, il apprend que le grand-veneur est absent, qu'il a laissé sa femme seule, que cette femme peut avoir peur, et il vient lui tenir compagnie ; et quand cela ? la veille d'un duel. Je le répète, quel bon et excellent ami que le seigneur de Bussy !

— Ah ! c'est vous, monsieur de Monsoreau, dit Bussy. Bon, jetez votre masque. Maintenant, je sais à qui j'ai affaire.

— Ainsi ferai-je, répliqua le grand-veneur ; et il jeta loin de lui le loup de velours noir.

Diane poussa un faible cri.

La pâleur du comte était celle d'un cadavre, tandis que son sourire était celui d'un damné.

— Çà, finissons, monsieur, dit Bussy, je n'aime pas les façons bruyantes, et c'é-

tait bon pour les héros d'Homère, qui étaient des demi-dieux, de parler avant de se battre ; moi je suis un homme ; seulement je suis un homme qui n'a pas peur, attaquez-moi ou laissez-moi passer.

Monsoreau répondit par un rire sourd et strident qui fit tressaillir Diane, mais qui provoqua chez Bussy la plus bouillante colère.

— Passage, voyons ! répéta le jeune homme dont le sang, qui un instant avait reflué vers son cœur, lui montait aux tempes.

— Oh ! oh ! fit Monsoreau, passage ; comment dites-vous cela, monsieur de Bussy ?

— Alors, croisez donc le fer et finissons-en, dit le jeune homme ; j'ai besoin de rentrer chez moi, et je demeure loin.

— Vous étiez venu pour coucher ici, monsieur, dit le grand-veneur, et vous y coucherez.

Pendant ce temps, la tête de deux autres hommes apparaissait à travers les barres du balcon, et ces deux hommes, enjambant la balustrade, vinrent se placer près de leurs camarades.

— Quatre et deux font six, dit Bussy ; où sont les autres ?

— Ils sont à la porte et attendent, dit le grand-veneur.

Diane tomba sur ses genoux, et, quelque effort qu'elle fît, Bussy entendit ses sanglots.

Il jeta un coup d'œil rapide sur elle ; puis ramenant son regard vers le comte :

— Mon cher monsieur, dit-il après avoir réfléchi une seconde, vous savez que je suis un homme d'honneur ?

— Oui, dit Monsoreau, vous êtes homme d'honneur, comme madame est une femme chaste.

— Bien, monsieur, répondit Bussy en faisant un léger mouvement de tête de haut en bas ; c'est vif, mais c'est mérité, et tout cela se paiera ensemble. Seulement, comme j'ai demain partie liée avec quatre gentilshommes que vous connaissez, et qu'ils ont la priorité sur vous, je réclame la grâce de me retirer ce soir en vous engageant ma parole de me retrouver où et quand vous voudrez.

Monsoreau haussa les épaules.

— Écoutez, dit Bussy ; je jure Dieu, monsieur, que lorsque j'aurai satisfait MM. de Schomberg, d'Épernon, Quélus et Maugiron, je serai à vous, tout à vous, et rien qu'à vous. S'ils me tuent, eh bien ! vous serez payé par leurs mains : voilà tout ; si, au contraire, je me trouve en fonds pour vous payer moi-même...

Monsoreau se retourna vers ses gens.

— Allons, leur dit-il, sus ! mes braves.

— Ah ! dit Bussy, je me trompais ; ce n'est plus un duel, c'est un assassinat.

— Parbleu ! fit Monsoreau.

— Oui, je le vois : nous nous étions trompés tous deux l'un à l'égard de l'autre ; mais songez-y, monsieur, le duc d'Anjou prendra mal la chose.

— C'est lui qui m'envoie, dit Monsoreau.

Bussy frissonna. Diane leva les mains au ciel avec un gémissement.

— En ce cas, dit le jeune homme, j'en appelle à Bussy tout seul. Tenez-vous bien, mes braves !

Et d'un tour de main il renversa le prie-Dieu, attira à lui une table et jeta sur le tout une chaise ; de sorte qu'il avait en une seconde improvisé comme un rempart entre lui et ses ennemis.

Ce mouvement avait été si rapide que la balle partie de l'arquebuse ne frappa que le prie-Dieu, dans l'épaisseur duquel elle se logea en s'amortissant ; pendant ce temps, Bussy abattait une magnifique crédence du temps de François Ier et l'ajoutait à son retranchement.

Diane se trouva cachée par ce dernier meuble ; elle comprenait qu'elle ne pouvait aider Bussy que de ses prières, et elle priait. Bussy jeta un coup d'œil sur elle ; puis sur les assaillants, puis sur son rempart improvisé.

— Allez, maintenant, dit-il ; mais prenez garde, mon épée pique.

Les braves poussés par Monsoreau firent un mouvement vers le sanglier qui les attendait replié sur lui-même et les yeux ardents ; l'un d'eux allongea même la main vers le prie-Dieu pour l'attirer à lui ; mais, avant que sa main n'eût touché le meuble protecteur, l'épée de Bussy, passant par une meurtrière, avait pris le bras dans toute sa longueur, et l'avait percé depuis la saignée jusqu'à l'épaule.

L'homme poussa un cri et se recula jusqu'à la fenêtre.

Bussy entendit alors des pas rapides dans le corridor et se crut pris entre deux feux. Il s'élança vers la porte pour en pousser les verrous ; mais avant qu'il ne l'eût atteinte, elle s'ouvrit.

Le jeune homme fit un pas en arrière pour se mettre en défense à la fois contre ses anciens et contre ses nouveaux ennemis.

Deux hommes se précipitèrent par cette porte.

— Ah ! cher maître, cria une voix bien connue, arrivons-nous à temps ?

— Remy ! dit le comte.

— Et moi ! cria une seconde voix ; il paraît que l'on assassine ici ?

Bussy reconnut cette voix, et poussa un rugissement de joie.

— Saint-Luc ! dit-il.

— Moi-même.

— Ah ! ah ! dit Bussy, je crois maintenant, cher monsieur de Monsoreau, que vous ferez bien de nous laisser passer ; car maintenant, si vous ne vous rangez pas, nous passerons sur vous.

— Trois hommes à moi ! cria Monsoreau.

Et l'on vit trois nouveaux assaillants apparaître au-dessus de la balustrade.

— Ah çà ! mais ils sont donc une armée ? dit Saint-Luc.

— Mon Dieu Seigneur, protégez-le, priait Diane.

— Infâme ! cria Monsoreau ; et il s'avança pour frapper Diane.

Bussy vit le mouvement. Agile comme un tigre, il sauta d'un bond par-dessus le retranchement ; son épée rencontra celle de Monsoreau, puis il se fendit et le toucha à la gorge ; mais la distance était trop grande ; il en fut quitte pour une écorchure.

Cinq ou six hommes fondirent à la fois sur Bussy.

Un de ces hommes tomba sous l'épée de Saint-Luc.

— En avant ! cria Remy.

— Non pas en avant, dit Bussy ; au contraire, Remy, prends et emporte Diane.

Monsoreau poussa un rugissement, et arracha un pistolet des mains d'un des nouveaux venus.

Remy hésitait.

— Mais vous ? dit-il.

— Enlève ! enlève ! cria Bussy. Je te la confie.

— Mon Dieu ! murmura Diane, mon Dieu ! secourez-le.

— Venez, madame, dit Remy.

— Jamais ; non, jamais je ne l'abandonnerai.

Remy l'enleva entre ses bras.

— Bussy ! cria Diane ; Bussy, à moi ! au secours !

La pauvre femme était folle, elle ne distinguait plus ses amis de ses ennemis ; tout ce qui l'écartait de Bussy lui était fatal et mortel.

— Va, va, dit Bussy, je te rejoins.

— Oui, hurla Monsoreau ; oui, tu la rejoindras, je l'espère.

Bussy vit le Haudouin osciller, puis s'affaisser sur lui-même et presque aussitôt tomber en entraînant Diane.

Bussy jeta un cri, et se retournant :

— Ce n'est rien, maître, dit Remy ; c'est moi qui ai reçu la balle ; elle est sauve.

Trois hommes se jetèrent sur Bussy ; au moment où il se retournait, Saint-Luc passa entre Bussy et les trois hommes ; un des trois tomba.

Les deux autres reculèrent.

— Saint-Luc, dit Bussy, Saint-Luc, par celle que tu aimes ! sauve Diane.

— Mais toi ?

— Moi, je suis un homme.

Saint-Luc s'élança vers Diane, déjà relevée sur ses genoux, la prit entre ses bras et disparut avec elle par la porte.

— A moi ! cria Monsoreau ; à moi ceux de l'escalier !

— Ah ! scélérat ! cria Bussy. Ah ! lâche !

Monsoreau se retira derrière ses hommes.

Bussy tira un revers et poussa un coup de pointe ; du premier il fendit une tête par la tempe ; du second il troua une poitrine.

— Cela déblaye, dit-il ; puis il revint dans son retranchement.

— Fuyez ! maître, fuyez ! murmura Remy.

— Moi ! fuir... fuir... devant des assassins !

Puis se penchant vers le jeune homme :

— Il faut que Diane se sauve, lui dit-il ; mais toi, qu'as-tu ?

— Prenez garde ! dit Remy, prenez garde !

En effet, quatre hommes venaient de s'élancer par la porte de l'escalier.

Bussy se trouvait pris entre deux troupes.

Mais il n'eut qu'une pensée.

— Et Diane ! cria-t-il, Diane !

Alors, sans perdre une seconde, il s'élança sur ces quatre hommes ; pris au dépourvu, deux tombèrent, un blessé, un mort.

Puis, comme Monsoreau avançait, il fit un pas de retraite et se retrouva derrière son rempart.

— Poussez les verrous, cria Monsoreau, tournez la clef ; nous le tenons, nous le tenons.

Pendant ce temps, par un dernier effort, Remy s'était traîné jusque devant Bussy ; il venait ajouter son corps à la masse du retranchement.

Il y eut une pose d'un instant.

Bussy, les jambes fléchies, le corps collé contre la muraille, le bras plié, la pointe en arrêt, jeta un rapide regard autour de lui.

Sept hommes étaient couchés à terre, neuf restaient debout. Bussy les compta des yeux.

Mais en voyant reluire neuf épées, en entendant Monsoreau encourager ses hommes, en sentant ses pieds clapoter dans le sang, ce vaillant, qui n'avait jamais connu la peur, vit comme l'image de la mort se dresser au fond de la chambre et l'appeler avec son morne sourire.

— Sur neuf, dit-il, j'en tuerai bien cinq encore, mais les quatre autres me tueront. Il me reste des forces pour dix minutes de combat; eh bien! faisons pendant les dix minutes ce que jamais homme ne fit ni ne fera.

Alors, détachant son manteau dont il enveloppa son bras gauche comme d'un bouclier, il fit un bond jusqu'au milieu de la chambre, comme s'il eût été indigne de sa renommée de combattre plus longtemps à couvert.

Là, il rencontra un fouillis dans lequel son épée glissa comme une vipère dans sa couvée, trois fois il vit le jour et allongea le bras dans ce jour; trois fois il entendit crier le cuir des baudriers ou le buffle des justaucorps, et trois fois un filet de sang tiède coula jusque sur sa main droite par la rainure de la lame.

Pendant ce temps, il avait paré vingt coups de taille ou de pointe avec son bras gauche.

Le manteau était haché.

La tactique des assassins changea en voyant tomber deux hommes et se retirer le troisième; ils renoncèrent à faire usage de l'épée : les uns tombèrent sur lui à coups de crosse de mousquet, les autres tirèrent sur lui leurs pistolets dont ils ne s'étaient pas servis encore, et dont il eut l'adresse d'éviter les balles, soit en se jetant de côté, soit en se baissant. Dans cette heure suprême tout son être se multipliait, car non-seulement il voyait, entendait et agissait, mais encore il devinait presque la plus subite et la plus secrète pensée de ses ennemis; Bussy enfin était dans un de ces moments où la créature atteint l'apogée de la perfection : il était moins qu'un Dieu, parce qu'il était mortel, mais il était certes plus qu'un homme.

Alors il pensa que tuer Monsoreau ce devait mettre fin au combat; il le chercha donc des yeux parmi ses assassins. Mais celui-ci, aussi calme que Bussy était animé, chargeait les pistolets de ses gens, ou, les prenant tout chargés de leurs mains, tirait tout en se tenant masqué derrière ses spadassins.

Mais c'était chose facile pour Bussy que de faire une trouée; il se jeta au milieu des sbires, qui s'écartèrent, et se trouva face à face avec Monsoreau.

En ce moment, celui-ci, qui tenait un pistolet tout armé, ajusta Bussy et fit feu.

La balle rencontra la lame de l'épée, et la brisa à six pouces au-dessus de la poignée.

— Désarmé! cria Monsoreau, désarmé!

— Bussy fit un pas de retraite, et, en reculant, ramassa sa lame brisée.

En une seconde, elle fut soudée à son poignet avec son mouchoir.

Et la bataille recommença, présentant ce spectacle prodigieux d'un homme presque sans armes, mais aussi presque sans blessures, épouvantant six hommes bien armés et se faisant un rempart de dix cadavres.

La lutte recommença et redevint plus terrible que jamais; tandis que les gens de Monsoreau se ruaient sur Bussy, Monsoreau, qui avait deviné que le jeune homme cherchait une arme par terre, tirait à lui toutes celles qui pouvaient être à sa portée.

Bussy était entouré. Le tronçon de sa lame, ébréché, tordu, émoussé, vacillait dans sa main; la fatigue commençait à engourdir son bras; il regardait autour de lui, quand un des cadavres, ranimé, se relève sur ses genoux, lui met aux mains une longue et forte rapière.

Ce cadavre, c'était Remy, dont le dernier effort était un dévouement.

Bussy poussa un cri de joie, et bondit en arrière, afin de dégager sa main de son mouchoir, et de se débarrasser du tronçon devenu inutile.

Pendant ce temps, Monsoreau s'approcha de Remy, et lui déchargea à bout portant son pistolet dans la tête.

Remy tomba le front fracassé, et cette fois pour ne plus se relever. Bussy jeta un cri, ou plutôt poussa un rugissement.

Les forces lui étaient revenues avec les

moyens de défense; il fit siffler son épée en cercle, abattit un poignet à droite, et ouvrit une joue à gauche.

La porte se trouvait dégagée par ce double coup.

Agile et nerveux, il s'élança contre elle et essaya de l'enfoncer avec une secousse qui ébranla le mur. Mais les verrous lui résistèrent.

Épuisé de l'effort, Bussy laissa retomber son bras droit, tandis que du gauche il essayait de tirer les verrous derrière lui, tout en faisant face à ses adversaires.

Pendant cette seconde, il reçut un coup de feu qui lui perça la cuisse, et deux coups d'épée lui entamèrent les flancs.

Mais il avait tiré les verrous et tourna la clef.

Hurlant et sublime de fureur, il foudroya d'un revers le plus acharné des bandits, et, se fendant sur Monsoreau, il le toucha à la poitrine.

Le grand-veneur vociféra une malédiction.

— Ah! dit Bussy en tirant la porte, je commence à croire que j'échapperai.

Les quatre hommes jetèrent leurs armes et s'accrochèrent à Bussy; ils ne pouvaient l'atteindre avec le fer, tant sa merveilleuse adresse le faisait invulnérable. Ils tentèrent de l'étouffer.

Mais à coups de pommeau d'épée, mais à coups de taille, Bussy les assommait, les hachait sans relâche. Monsoreau s'approcha deux fois du jeune homme et fut touché deux fois encore.

Mais trois hommes s'attachèrent à la poignée de son épée et la lui arrachèrent des mains.

Bussy ramassa un trépied de bois sculpté qui servait de tabouret, frappa trois coups, abattit deux hommes; mais le trépied se brisa sur l'épaule du dernier, qui resta debout.

Celui-là lui enfonça sa dague dans la poitrine.

Bussy le saisit au poignet, arracha la dague, et, la retournant contre son adversaire, il le força de se poignarder lui-même.

Le dernier sauta par la fenêtre.

Bussy fit deux pas pour le poursuivre, mais Monsoreau, étendu parmi les cadavres, se releva à son tour, et lui ouvrit le jarret d'un coup de couteau.

Le jeune homme poussa un cri, chercha des yeux une épée, ramassa la première venue, et la plongea si vigoureusement dans la poitrine du grand-veneur qu'il le cloua au parquet.

— Ah! s'écria Bussy, je ne sais pas si je mourrai; mais du moins je t'aurai vu mourir.

Monsoreau voulut répondre; mais ce fut son dernier soupir qui passa par sa bouche entr'ouverte.

Bussy alors se traîna vers le corridor; il perdait tout son sang par sa blessure de la cuisse, et surtout par celle du jarret.

Il jeta un dernier regard derrière lui.

La lune venait de sortir brillante d'un nuage; sa lumière entrait dans cette chambre inondée de sang, elle vint se mirer aux vitres et illuminer les murailles hachées par les coups d'épées, trouées par les balles, effleurant au passage les pâles visages des morts qui, pour la plupart, avaient conservé, en expirant, le regard féroce et menaçant de l'assassin.

Bussy, à la vue de ce champ de bataille peuplé par lui, tout blessé, tout mourant qu'il était, se sentit pris d'un orgueil sublime.

Comme il l'avait dit, il avait fait ce qu'aucun homme n'aurait pu faire.

Il lui restait maintenant à fuir, à se sauver; mais il pouvait fuir, car il fuyait devant les morts.

Mais tout n'était pas fini pour le malheureux jeune homme.

En arrivant sur l'escalier, il vit reluire des armes dans la cour; un coup de feu partit; la balle lui traversa l'épaule.

La cour était gardée.

Alors il songea à cette petite fenêtre par laquelle Diane lui promettait de regarder le combat du lendemain, et aussi rapidement qu'il put il se traîna de ce côté.

Elle était ouverte, en encadrant un beau ciel parsemé d'étoiles.

Bussy referma et verrouilla la porte derrière lui; puis il monta sur la fenêtre à grand'peine, enjamba la rampe, et mesura des yeux la grille de fer, afin de sauter de l'autre côté.

— Oh! je n'aurai jamais la force, murmura-t-il.

Mais en ce moment il entendit des pas dans l'escalier; c'était la seconde troupe qui montait.

Bussy était hors de défense; il rappela toutes ses forces. S'aidant de la seule main et du seul pied dont il pût se servir encore, il s'élança.

Mais en s'élançant la semelle de sa botte glissa sur la pierre.

Il avait tant de sang aux pieds!

Il tomba sur les pointes de fer : les unes pénétrèrent dans son corps, les autres s'accrochèrent à ses habits, et il demeura suspendu.

En ce moment il pensa au seul ami qui lui restât au monde.

— Saint-Luc! cria-t-il, à moi! Saint-Luc! à moi!

— Ah! c'est vous, monsieur de Bussy, dit tout à coup une voix sortant d'un massif d'arbres.

Bussy tressaillit. Cette voix n'était pas celle de Saint-Luc.

— Saint-Luc! s'écria-t-il de nouveau, à moi! à moi! ne crains rien pour Diane. J'ai tué le Monsoreau!

Il espérait que Saint-Luc était caché aux environs, et viendrait à cette nouvelle.

— Ah! le Monsoreau est tué? dit une autre voix.

— Oui.

— Bien.

Et Bussy vit sortir deux hommes du massif; ils étaient masqués tous deux.

— Messieurs, dit Bussy, messieurs, au nom du ciel secourez un pauvre gentilhomme qui peut échapper encore, si vous le secourez!

— Qu'en pensez-vous, monseigneur? demanda à demi-voix un des deux inconnus.

— Imprudent! dit l'autre.

— Monseigneur! s'écria Bussy qui avait entendu, tant l'acuïté de ses sens s'était augmentée du désespoir de sa situation; monseigneur! délivrez-moi, et je vous pardonnerai de m'avoir trahi.

— Entends-tu? dit l'homme masqué.

— Qu'ordonnez-vous?

— Eh bien! que tu le délivres.

Puis il ajouta avec un rire que cacha son masque :

— De ses souffrances...

Bussy tourna la tête du côté par où venait la voix qui osait parler avec un accent railleur dans un pareil moment.

— Oh! je suis perdu, murmura-t-il.

En effet, au même moment le canon d'une arquebuse se posa sur sa poitrine et le coup partit. La tête de Bussy retomba sur son épaule, ses mains se raidirent.

— Assassin! dit-il, sois maudit!

Et il expira en prononçant le nom de Diane.

Les gouttes de son sang tombèrent du treillis sur celui qu'on avait appelé monseigneur.

— Est-il mort? crièrent plusieurs hommes qui, après avoir enfoncé la porte, apparaissaient à la fenêtre.

— Oui, cria Aurilly; mais fuyez; songez que monseigneur le duc d'Anjou était le protecteur et l'ami de M. de Bussy.

Les hommes n'en demandèrent pas davantage; ils disparurent.

Le duc entendit le bruit de leurs pas s'éloigner, décroître et se perdre.

— Maintenant, Aurilly, dit l'autre homme masqué, monte dans cette chambre, et jette-moi par la fenêtre le corps du Monsoreau.

Aurilly monta, reconnut parmi ce nombre inouï de cadavres le corps du grand-veneur, le chargea sur ses épaules, et, comme le lui avait ordonné son compagnon, il jeta par la fenêtre le corps qui, en tombant, vint à son tour éclabousser de son sang les habits du duc d'Anjou.

François fouilla sous le justaucorps du grand-veneur et en tira l'acte d'alliance signé de sa royale main.

— Voilà ce que je cherchais, dit-il; nous n'avons plus rien à faire ici.

— Et Diane? demanda Aurilly de la fenêtre.

— Ma foi! je ne suis plus amoureux, et comme elle ne nous a pas reconnus, détache-la, détache aussi Saint-Luc, et que tous deux s'en aillent où ils voudront.

Aurilly disparut.

— Je ne serai pas roi de France de ce coup-ci encore, dit le duc en déchirant l'acte en morceaux. Mais de ce coup-ci non plus je ne serai pas encore décapité pour cause de haute trahison.

XCIII

COMMENT FRÈRE GORENFLOT SE TROUVA PLUS QUE JAMAIS ENTRE LA POTENCE ET L'ABBAYE

L'aventure de la conspiration fut jusqu'au bout une comédie; les Suisses, placés à l'embouchure de ce fleuve d'intrigue, non plus que les gardes-françaises embusqués à son confluent et qui avaient tendu là leurs filets pour y prendre les gros conspirateurs, ne purent pas même saisir le fretin.

Tout le monde avait filé par le passage souterrain.

Ils ne virent donc rien sortir de l'abbaye; ce qui fit qu'aussitôt la porte enfoncée, Crillon se mit à la tête d'une trentaine d'hommes et fit invasion dans Sainte-Geneviève avec le roi.

Un silence de mort régnait dans les vastes et sombres bâtiments.

Crillon, en homme de guerre expérimenté, eût mieux aimé un grand bruit; il craignait quelque embûche.

Mais en vain se couvrit-on d'éclaireurs, en vain ouvrit-on les portes et les fenêtres, en vain fouilla-t-on la crypte; tout était désert.

Le roi marchait des premiers, l'épée à la main, criant à tue-tête:

— Chicot! Chicot!

Personne ne répondait.

— L'auraient-ils tué? disait le roi. Mordieu! ils me payeraient mon fou le prix d'un gentilhomme.

— Vous avez raison, sire, répondit Crillon, car c'en est un et des plus braves.

Chicot ne répondait pas, parce qu'il était occupé à fustiger M. de Mayenne, et qu'il prenait un si grand plaisir à cette occupation, qu'il ne voyait ni n'entendait rien de ce qui se passait autour de lui.

Cependant, lorsque le duc eut disparu, lorsque Gorenflot fut évanoui, comme rien ne préoccupait plus Chicot, il entendit appeler et reconnut la voix royale.

— Par ici, mon fils, par ici, cria-t-il de toute sa force, en essayant de remettre au moins Gorenflot sur son derrière.

Il y parvint et l'adossa contre un arbre.

La force qu'il était obligé d'employer à cette œuvre charitable ôtait à sa voix une partie de sa sonorité; de sorte que Henri crut un instant remarquer que cette voix arrivait à lui empreinte d'un accent lamentable.

Il n'en était cependant rien. Chicot, au contraire, était dans toute l'exaltation du triomphe; seulement, voyant le piteux état du moine, il se demandait s'il fallait faire percer à jour cette traîtresse bedaine, ou user de clémence envers ce volumineux tonneau.

Il regardait donc Gorenflot comme, pendant un instant, Auguste dut regarder Cinna.

Gorenflot revenait peu à peu à lui, et, si stupide qu'il fût, il ne l'était pas cependant au point de se faire illusion sur ce qui l'attendait: d'ailleurs, il ne ressemblait pas mal à ces sortes d'animaux incessamment menacés par les hommes, qui sentent instinctivement que jamais la main ne les touche que pour les battre, que jamais la bouche ne les effleure que pour les manger.

Ce fut dans cette disposition intérieure d'esprit qu'il rouvrit les yeux.

— Seigneur Chicot, s'écria-t-il.

— Ah! ah! fit le Gascon, tu n'es donc pas mort?

— Mon bon seigneur Chicot, continua le moine en faisant un effort pour joindre les deux mains devant son énorme ventre, est-il donc possible que vous me livriez à mes persécuteurs, moi, Gorenflot?

— Canaille! dit Chicot avec un accent de tendresse mal déguisée.

Et, du doigt, Chicot montra au roi les bottes de d'Épernon. — Page 544.

Gorenflot se mit à hurler.

Après être parvenu à joindre les mains, il essayait de se les tordre.

— Moi qui ai fait avec vous de si bons dîners, cria-t-il en suffoquant; moi qui buvais si gracieusement, selon vous, que vous m'appeliez toujours le roi des éponges; moi qui aimais tant les poulardes que vous commandiez à la *Corne d'Abondance*, que je n'en laissais jamais que les os!

Ce dernier trait parut le sublime du genre à Chicot, et le détermina tout à fait pour la clémence.

— Les voilà! juste Dieu! cria Gorenflot essayant de se relever, mais sans pouvoir en venir à bout; les voilà! ils viennent, je suis mort. Oh! bon seigneur Chicot, secourez-moi!

Et le moine, ne pouvant parvenir à se relever, se jeta, ce qui était plus facile, la face contre terre.

— Relève-toi, dit Chicot.

— Me pardonnez-vous?

— Nous verrons.

— Vous m'avez tant battu que cela peut passer comme ça.

Chicot éclata de rire. Le pauvre moine avait l'esprit si troublé, qu'il avait cru recevoir les coups remboursés à Mayenne.

— Vous riez, bon seigneur Chicot? dit-il.

— Eh! sans doute, je ris, animal.

— Je vivrai donc?

— Peut-être.
— Enfin vous ne ririez pas si votre Gorenflot allait mourir.
— Cela ne dépend pas de moi, dit Chicot, cela dépend du roi ; le roi seul a droit de vie et de mort.

Gorenflot fit un effort, et parvint à se caler sur ses genoux.

En ce moment, les ténèbres furent envahies par une splendide lumière : une foule d'habits brodés et d'épées flamboyantes aux lueurs des torches entoura les deux amis.

— Ah ! Chicot ! mon cher Chicot, s'écria le roi, que je suis aise de te revoir !
— Vous entendez, monsieur Chicot, dit tout bas le moine, ce grand prince est heureux de vous revoir.
— Eh bien?
— Eh bien ! dans son bonheur, il ne vous refusera point ce que vous lui demanderez : demandez-lui ma grâce.
— Au vilain Hérodes ?
— Oh ! oh ! silence, cher monsieur Chicot !
— Eh bien ! sire, demanda Chicot en se retournant vers le roi, combien en tenez-vous ?
— *Confiteor !* disait Gorenflot.
— Pas un, répliqua Crillon, Les traîtres ! il faut qu'ils aient trouvé quelque ouverture à nous inconnue.
— C'est probable, dit Chicot.
— Mais tu les as vus? dit le roi.
— Certainement que je les ai vus.
— Tous?
— Depuis le premier jusqu'au dernier.
— *Confiteor !* répétait Gorenflot qui ne pouvait sortir de là.
— Tu les as reconnus, sans doute?
— Non, sire.
— Comment ! tu ne les as pas reconnus?
— C'est-à-dire je n'en ai reconnu qu'un seul et encore...
— Et encore ?
— Ce n'était pas à son visage, sire.
— Et lequel as-tu reconnu?
— M. de Mayenne.
— M. de Mayenne? Celui à qui tu devais...
— Eh bien ! nous sommes quittes, sire.
— Ah! conte-moi donc cela, Chicot !
— Plus tard, mon fils, plus tard ; occupons-nous du présent.

— *Confiteor !* répétait Gorenflot.
— Ah ! vous avez fait un prisonnier, dit tout à coup Crillon en laissant tomber sa large main sur Gorenflot qui malgré la résistance que présentait sa masse plia sous le coup.

Le moine perdit la parole.

Chicot tarda à répondre, permettant que pour un moment toutes les angoisses qui naissent de la plus profonde terreur vinssent habiter le cœur du malheureux moine. Gorenflot faillit s'évanouir une seconde fois en voyant autour de lui tant de colères inassouvies.

Enfin, après un moment de silence pendant lequel Gorenflot crut entendre bruire à son oreille la trompette du jugement dernier :

— Sire, dit Chicot, regardez bien ce moine.

Un des assistants approcha une torche du visage de Gorenflot ; celui-ci ferma les yeux pour avoir moins à faire en passant de ce monde dans l'autre.

— Le prédicateur Gorenflot ! s'écria Henri.
— *Confiteor ! Confiteor ! Confiteor !* répéta vivement le moine.
— Lui-même, répondit Chicot.
— Celui qui...
— Justement, interrompit le Gascon.
— Ah ! ah ! fit le roi d'un air de satisfaction.

On eût recueilli la sueur avec une écuelle sur les joues de Gorenflot.

Et il y avait de quoi, car on entendait sonner les épées comme si le fer lui-même eût été doué de vie et ému d'impatience.

Quelques-uns s'approchèrent menaçants.

Gorenflot les sentit plutôt qu'il ne les vit venir, et poussa un faible cri.

— Attendez, dit Chicot ; il faut que le roi sache tout.

Et prenant Henri à l'écart :

— Mon fils, lui dit-il tout bas, rends grâce au Seigneur d'avoir permis à ce saint homme de naître, il y a quelques trente-cinq ans ; car c'est lui qui nous a sauvés tous.

— Comment cela?
— Oui, c'est lui qui m'a raconté le complot depuis alpha jusqu'à oméga.

— Quand cela?

— Il y a huit jours à peu près ; de sorte que si jamais les ennemis de Votre Majesté le trouvaient, ce serait un homme mort.

Gorenflot n'entendit que les derniers mots :

— Un homme mort!

Et il tomba sur ses deux mains.

— Digne homme! dit le roi en jetant un bienveillant coup d'œil sur cette masse de chair, qui, aux regards de tout homme sensé, ne représentait qu'une somme de matière capable d'absorber et d'éteindre des brasiers d'intelligence; digne homme! nous le couvrirons de notre protection.

Gorenflot saisit au vol ce regard miséricordieux, et demeura comme le masque du parasite antique, riant d'un côté jusqu'aux dents, et pleurant de l'autre jusqu'aux oreilles.

— Et tu feras bien, mon roi, répondit Chicot, car c'est un serviteur des plus étonnants.

— Que penses-tu donc qu'il faille faire de lui? demanda le roi.

— Je pense que, tant qu'il sera dans Paris, il courra gros risque.

— Si je lui donnais des gardes? dit le roi.

Gorenflot entendit cette proposition de Henri.

— Bon! dit-il, il paraît que j'en serai quitte pour la prison. J'aime encore mieux cela que l'estrapade, et pourvu qu'on me nourrisse bien.

— Non pas, dit Chicot, inutile ; il suffit que tu me permettes de l'emmener.

— Où cela?

— Chez moi.

— Eh bien! emmène-le et reviens au Louvre, où je vais retrouver nos amis, pour les préparer au jour de demain.

— Levez-vous, mon révérend père, dit Chicot au moine.

— Il raille, murmura Gorenflot; mauvais cœur!

— Mais relève-toi donc, brute! reprit le Gascon en lui donnant un coup de pied au derrière.

— Ah! j'ai bien mérité cela! s'écria Gorenflot.

— Que dit-il donc? demanda le roi.

— Sire, reprit Chicot, il se rappelle toutes ses fatigues, il énumère toutes ses tortures, et comme je lui promets la protection de Votre Majesté, il dit, dans la conscience de ce qu'il vaut : J'ai bien mérité cela!

— Pauvre diable! dit le roi : aies-en bien soin, au moins, mon ami.

— Ah! soyez tranquille, sire ; quand il est avec moi, il ne manque de rien.

— Ah! monsieur Chicot, mon cher monsieur Chicot, où me mène-t-on?

— Tu le sauras tout à l'heure. En attendant, remercie Sa Majesté, monstre d'iniquités, remercie.

— De quoi?

— Remercie, te dis-je.

— Sire, balbutia Gorenflot, puisque Votre gracieuse Majesté!...

— Oui, dit Henri, je sais tout ce que vous avez fait dans votre voyage de Lyon, pendant la soirée de la Ligue, et aujourd'hui enfin. Soyez tranquille, vous serez récompensé selon vos mérites.

Gorenflot poussa un soupir.

— Où est Panurge? demanda Chicot.

— Dans l'écurie, pauvre bête!

— Eh bien! va le chercher, monte dessus et reviens me trouver ici.

— Oui, monsieur Chicot.

Et le moine s'éloigna le plus vite qu'il put, étonné de ne pas être suivi par des gardes.

— Maintenant, mon fils, dit Chicot, garde vingt hommes pour ton escorte, et détaches-en dix autres avec M. de Crillon.

— Où dois-je les envoyer?

— A l'hôtel d'Anjou, et qu'on t'amène ton frère.

— Pourquoi cela?

— Pour qu'il ne se sauve pas une seconde fois.

— Est-ce que mon frère...

— T'es-tu mal trouvé d'avoir suivi mes conseils aujourd'hui?

— Non, par la mordieu!

— Eh bien! fais ce que je te dis.

Henri donna l'ordre au colonel des gardes-françaises de lui amener le duc d'Anjou au Louvre.

Crillon, qui n'avait pas une profonde tendresse pour le prince, partit aussitôt.

— Et toi? dit Henri.

— Moi, j'attends mon saint.

— Et tu me rejoins au Louvre?

— Dans une heure.

— Alors je te quitte.

— Va, mon fils.

Henri partit avec le reste de la troupe.

Quant à Chicot, il s'achemina vers les écuries, et comme il entrait dans la cour, il vit apparaître Gorenflot monté sur Panurge.

Le pauvre diable n'avait pas même eu l'idée d'essayer de se soustraire au sort qui l'attendait.

— Allons, allons, dit Chicot en prenant Panurge par la longe, dépêchons! on nous attend.

Gorenflot ne fit pas l'ombre de la résistance, seulement il versait tant de larmes, qu'on eût pu le voir maigrir à vue d'œil.

— Quand je le disais! murmurait-il, quand je le disais!

Chicot tirait Panurge à lui, tout en haussant les épaules.

XCIV

OU CHICOT DEVINE POURQUOI D'ÉPERNON AVAIT DU SANG AUX PIEDS ET N'EN AVAIT PAS AUX JOUES.

Le roi, en rentrant au Louvre, trouva ses amis couchés et dormant d'un paisible sommeil.

Les événements historiques ont une singulière influence, c'est de refléter leur grandeur sur les circonstances qui les ont précédés.

Ceux qui considéreront donc les événements qui devaient arriver le matin même, car le roi rentrait vers deux heures au Louvre, ceux, disons-nous, qui considéreront ces événements avec le prestige que donne la prescience, trouveront peut-être quelque intérêt à voir le roi, qui vient de manquer perdre la couronne, se réfugier près de ses trois amis, qui, dans quelques heures, doivent affronter pour lui un danger où ils risquent de perdre la vie.

Le poëte, cette nature privilégiée qui ne prévoit pas, mais qui devine, trouvera, nous en sommes certain, mélancoliques et charmants ces jeunes visages que le sommeil rafraîchit, que la confiance fait sourire, et qui, pareils à des frères couchés dans le dortoir paternel, reposent sur leurs lits rangés à côté les uns des autres.

Henri s'avança légèrement au milieu d'eux, suivi par Chicot qui, après avoir déposé son patient en lieu de sûreté, était venu rejoindre le roi.

Un lit était vide, celui de d'Épernon.

— Pas rentré encore, l'imprudent! murmura le roi; ah! le malheureux! ah! le fou! se battre contre Bussy, l'homme le plus brave de France, le plus dangereux du monde, et n'y pas plus songer!

— Tiens, au fait! dit Chicot.

— Qu'on le cherche! qu'on l'amène! s'écria le roi. Puis qu'on me fasse venir Miron; je veux qu'il endorme cet étourdi, fût-ce malgré lui. Je veux que le sommeil le rende robuste et souple, et en état de se défendre.

— Sire, dit un huissier, voici M. d'Épernon qui rentre à l'instant même.

D'Épernon venait de rentrer en effet. Apprenant le retour du roi et se doutant de la visite qu'il allait faire au dortoir, il se glissait vers la chambre commune, espérant y arriver inaperçu.

Mais on le guettait, et, comme nous l'avons vu, on annonça son retour au roi.

Voyant qu'il n'y avait pas moyen d'échapper à la mercuriale, il aborda le seuil, tout confus.

— Ah! te voilà enfin! dit Henri; viens ici, malheureux, et vois tes amis.

D'Épernon jeta un regard tout autour de la chambre, et fit signe qu'effectivement il avait vu.

— Vois tes amis, continua Henri; ils sont sages, ils ont compris de quelle importance est le jour de demain; et toi, malheureux, au lieu de prier comme ils ont fait et de dormir comme ils font, tu vas courir le passe-dix et les ribaudes. Cordieu! que tu es pâle! et la belle figure que tu feras demain, si tu n'en peux déjà plus ce soir!

D'Épernon était bien pâle en effet, si pâle que la remarque du roi le fit rougir.

— Allons, continua Henri, couche-toi, je le veux! et dors. Pourras-tu dormir seulement?

— Moi? répondit d'Épernon, comme si une pareille question le blessait jusqu'au fond du cœur.

— Je te demande si tu auras le temps de dormir. Sais-tu que vous vous battez au jour; que, dans cette malheureuse saison, le jour vient à quatre heures? il en est

deux; deux heures te restent à peine.
— Deux heures bien employées, dit d'Épernon, suffisent à bien des choses.
— Tu dormiras?
— Parfaitement, sire.
— Et moi, je n'en crois rien.
— Pourquoi cela?
— Parce que tu es agité, tu penses à demain. Hélas! tu as raison, car demain c'est aujourd'hui. Mais, malgré moi, m'emporte le désir secret de dire que nous ne sommes point encore arrivés au jour fatal.
— Sire, dit d'Épernon, je dormirai, je vous le promets; mais pour cela faut-il encore que Votre Majesté me laisse dormir.
— C'est juste, dit Chicot.
En effet, d'Épernon se déshabilla et se coucha avec un calme et même une satisfaction qui parurent de bon augure au prince et à Chicot.
— Il est brave comme un César, dit le roi.
— Si brave, fit Chicot en se grattant l'oreille, que, ma parole d'honneur! je n'y comprends plus rien.
— Vois, il dort déjà.
Chicot s'approcha du lit; car il doutait que la sécurité de d'Épernon allât jusque-là.
— Oh! oh! fit-il tout à coup.
— Quoi donc? demanda le roi.
— Regarde.
Et, du doigt, Chicot montra au roi les bottes de d'Epernon.
— Du sang! murmura le roi.
— Il a marché dans le sang, mon fils. Quel brave!
— Serait-il blessé? demanda le roi avec inquiétude.
— Bah! il l'aurait dit. Et puis, à moins qu'il ne fût blessé comme Achille, au talon...
— Tiens, et son pourpoint aussi est taché; vois sa manche. Que lui est-il donc arrivé?
— Peut-être a-t-il tué quelqu'un, dit Chicot.
— Pourquoi faire?
— Pour se faire la main, donc.
— C'est singulier! fit le roi.
Chicot se gratta beaucoup plus sérieusement l'oreille.
— Hum! hum! dit-il.

— Tu ne me réponds pas?
— Si fait : je fais hum! hum! Cela signifie beaucoup de choses, ce me semble.
— Mon Dieu! dit Henri, que se passe-t-il donc autour de moi, et quel est l'avenir qui m'attend? Heureusement que demain...
— Aujourd'hui, mon fils; tu confonds toujours.
— Oui, c'est vrai.
— Eh bien! aujourd'hui?
— Aujourd'hui, je serai tranquille.
— Pourquoi cela?
— Parce qu'ils m'auront tué les Angevins maudits.
— Tu crois, Henri?
— J'en suis sûr, ils sont braves.
— Je n'ai pas entendu dire que les Angevins fussent lâches.
— Non sans doute; mais vois comme ils sont forts, vois le bras de Schomberg, les beaux muscles, les beaux bras!
— Ah! si tu voyais celui d'Antraguet.
— Vois cette lèvre impérieuse de Quélus, et ce front de Maugiron, hautain jusque dans son sommeil. Avec de telles figures, on ne peut manquer de vaincre. Ah! quand ces yeux-là lancent l'éclair, l'ennemi est déjà à moitié vaincu.
— Cher ami, dit Chicot en secouant tristement la tête, il y a au-dessous de fronts aussi hautains que celui-ci des yeux que je connais qui lancent des éclairs non moins terribles que ceux sur lesquels tu comptes. Est-ce là tout ce qui te rassure?
— Non, viens, et je te montrerai quelque chose.
— Où cela?
— Dans mon cabinet.
— Et ce quelque chose que tu vas me montrer te donne la confiance de la victoire?
— Oui.
— Viens donc!
— Attends.
Et Henri fit un pas pour se rapprocher des jeunes gens.
— Quoi? demanda Chicot.
— Écoute, je ne veux, demain, ou plutôt aujourd'hui, ni les attrister ni les attendrir. Je vais prendre congé d'eux tout de suite.
Chicot secoua la tête.
— Prends, mon fils, dit-il.

L'intonation de voix avec laquelle il prononça ces paroles était si mélancolique, que le roi sentit un frisson qui parcourait ses veines et qui conduisait une larme à ses yeux arides.

— Adieu, mes amis! murmura le roi; adieu, mes bons amis!

Chicot se détourna, son cœur n'était pas plus de marbre que celui du roi.

Et bientôt, comme malgré lui, ses yeux se reportèrent sur les jeunes gens.

Henri se penchait vers eux et les baisait au front l'un après l'autre.

Une pâle bougie rose éclairait cette scène et communiquait sa teinte funèbre aux draperies de la chambre et aux visages des acteurs.

Chicot n'était pas superstitieux; mais lorsqu'il vit Henri toucher de ses lèvres le front de Maugiron, de Quélus et de Schomberg, son imagination lui représenta un vivant désolé qui venait faire ses adieux à des morts déjà couchés sur leurs tombeaux.

— C'est singulier, dit Chicot, je n'ai jamais éprouvé cela; pauvres enfants!

A peine le roi eut-il achevé d'embrasser ses amis, que d'Épernon rouvrit les yeux pour voir s'il était parti.

Il venait de quitter la chambre, appuyé sur le bras de Chicot.

D'Épernon sauta en bas de son lit et se mit à effacer du mieux qu'il put les taches de sang empreintes sur ses bottes et sur son habit.

Cette occupation ramena sa pensée vers la scène de la place de la Bastille.

— Je n'eusse jamais eu, murmura-t-il, assez de sang pour cet homme qui en a tant versé ce soir à lui seul.

Et il se recoucha.

Quant à Henri, il conduisit Chicot à son cabinet, et ouvrant un long coffret d'ébène doublé de satin blanc :

— Tiens, dit-il, regarde.

— Des épées, fit Chicot. Je vois bien. Après?

— Oui, des épées, mais des épées bénites, cher ami.

— Par qui?

— Par notre saint-père le pape lui-même, lequel m'accorde cette faveur. Tel que tu le vois, ce coffret, pour aller à Rome et revenir, me coûte vingt chevaux et quatre hommes; mais j'ai les épées.

— Piquent-elles bien? demanda Chicot.

— Sans doute; mais ce qui fait leur mérite suprême, Chicot, c'est d'être bénites.

— Oui, je sais bien; mais cela me fait toujours plaisir de savoir qu'elles piquent.

— Païen!

— Voyons, mon fils, maintenant, parlons d'autre chose.

— Soit; mais dépêchons.

— Tu veux dormir?

— Non, je veux prier.

— En ce cas, parlons d'affaires. As-tu fait venir M. d'Anjou?

— Oui, il attend en bas.

— Que comptes-tu en faire?

— Je compte le faire jeter à la Bastille.

— C'est fort sage. Seulement, choisis un cachot bien profond, bien sûr, bien clos; celui, par exemple, qui a reçu le connétable de Saint-Pol ou Jacques d'Armagnac.

— Oh! sois tranquille.

— Je sais où l'on vend de beau velours noir, mon fils.

— Chicot, c'est mon frère.

— C'est juste, et, à la cour, le deuil de famille se porte en violet. Lui parleras-tu?

— Oui, certainement, ne fût-ce que pour lui ôter tout espoir, en lui prouvant que ses complots sont découverts.

— Hum! fit Chicot.

— Vois-tu quelque inconvénient à ce que je l'entretienne?

— Non; mais, à ta place, je supprimerais le discours et doublerais la prison.

— Qu'on amène le duc d'Anjou, dit Henri.

— C'est égal, dit Chicot en secouant la tête, je m'en tiens à ma première idée.

Un moment après, le duc entra; il était fort pâle et désarmé. Crillon le suivait, tenant son épée à la main.

— Où l'avez-vous trouvé? demanda le roi à Crillon, l'interrogeant du même ton que si le duc n'eût point été là.

— Sire, Son Altesse n'était pas chez elle; mais un instant après que j'eus pris possession de son hôtel au nom de Votre Majesté, Son Altesse est rentrée, et nous l'avons arrêtée sans résistance.

— C'est bien heureux, dit le roi avec dédain.

Puis se retournant vers le prince :

— Où étiez-vous, monsieur? demanda-t-il.

— Quelque part que je fusse, sire, soyez convaincu, répondit le duc, que je m'occupais de vous.

— Je m'en doute, dit Henri, et votre réponse me prouve que je n'avais pas tort de vous rendre la pareille.

François s'inclina, calme et respectueux.

— Voyons, où étiez-vous? dit le roi en marchant vers son frère; que faisiez-vous tandis qu'on arrêtait vos complices?

— Mes complices? dit François.

— Oui, vos complices, répéta le roi.

— Sire, à coup sûr, Votre Majesté est mal renseignée à mon égard.

— Oh! cette fois, monsieur, vous ne m'échapperez pas, et votre carrière de crimes est terminée. Cette fois encore vous n'hériterez pas de moi, mon frère.

— Sire, sire, par grâce, modérez-vous! il y a bien certainement quelqu'un qui vous aigrit contre moi.

— Misérable! s'écria Henri au comble de la colère, tu mourras de faim dans un cachot de la Bastille.

— J'attends vos ordres, sire; et je les bénis, dussent-ils me frapper de mort.

— Mais enfin, où étiez-vous, hypocrite?

— Sire, je sauvais Votre Majesté, et je travaillais à la gloire et à la tranquillité de son règne.

— Oh! fit le roi pétrifié; sur mon honneur! l'audace est grande.

— Bah! fit Chicot en se renversant en arrière, contez-nous donc cela, mon prince, ce doit être curieux.

— Sire, je le dirais à l'instant même à Votre Majesté, si Votre Majesté m'eût traité en frère; mais comme elle me traite en coupable, j'attendrai que l'événement parle pour moi.

Sur ces mots, il salua de nouveau et plus profondément encore que la première fois le roi son frère, et se retournant vers Crillon et les autres officiers qui étaient là :

— Çà, dit-il, lequel d'entre vous, messieurs, va conduire le premier prince du sang de France à la Bastille?

Chicot réfléchissait : un éclair illumina son esprit.

— Ah! ah! murmura-t-il, je crois que je comprends à cette heure pourquoi M. d'Épernon avait tant de sang aux pieds et en avait si peu sur les joues.

XCV

LE MATIN DU COMBAT

Un beau jour se levait sur Paris ; aucun bourgeois ne savait la nouvelle ; mais les gentilshommes royalistes et ceux du parti de Guise, ces derniers encore dans la stupeur, s'attendaient à l'événement et prenaient des mesures de prudence pour complimenter à temps le vainqueur.

Ainsi qu'on l'a vu dans le chapitre précédent, le roi ne dormit point de toute la nuit, il pria et pleura; et comme après tout c'était un homme brave et expérimenté, surtout en matière de duel, il sortit vers trois heures du matin avec Chicot, pour aller rendre à ses amis le seul office qu'il fût en son pouvoir de leur rendre.

Il alla visiter le terrain où devait avoir lieu le combat.

Ce fut une scène bien remarquable et, disons-le sans raillerie, bien peu remarquée.

Le roi, vêtu d'habits de couleur sombre, enveloppé d'un large manteau, l'épée au côté, les cheveux et les yeux cachés sous les bords de son chapeau, suivit la rue Saint-Antoine jusqu'à trois cents pas en avant de la Bastille ; mais arrivé là voyant un grand rassemblement de monde un peu au-dessus de la rue Saint-Paul, il ne voulut point se hasarder dans cette foule, prit la rue Sainte-Catherine et gagna par derrière l'enclos des Tournelles.

Cette foule, on devine ce qu'elle faisait là : elle comptait les morts de la nuit.

Le roi l'évita et en conséquence ne sut rien de ce qui s'était passé.

Chicot, qui avait assisté à la querelle ou plutôt à l'accord qui avait eu lieu huit jours auparavant, expliquait au roi, sur l'emplacement même où l'affaire allait se passer, la place que devaient occuper les combattants et les conditions du combat.

A peine renseigné, Henri se mit à mesurer l'espace, regarda entre les arbres, calcula la réflexion du soleil et dit :

— Quélus se trouvera bien exposé ; il aura le soleil à droite, juste dans l'œil qui lui reste¹, tandis que Maugiron aura toute l'ombre. Quélus aurait dû prendre la place de Maugiron, et Maugiron, qui a des yeux excellents, celle de Quélus. Voilà qui est bien mal réglé jusqu'à présent. Quant à Schomberg, qui a le jarret faible, il a un arbre pour lui servir de retraite en cas de besoin. Voilà qui me rassure pour lui ; mais Quélus, mon pauvre Quélus !

Et il secoua tristement la tête.

— Tu me fais peine, mon roi, dit Chicot. Voyons, ne te tourmente pas ainsi, que diable ! ils auront ce qu'ils auront.

Le roi leva les yeux au ciel et soupira.

— Voyez, mon Dieu, comme il blasphème ; mais, murmura-t-il, heureusement que vous savez que c'est un fou.

Chicot leva les épaules.

— Et d'Épernon, reprit le roi ; je suis, par ma foi ! injuste, je ne pensais pas à lui, d'Épernon, qui aura affaire à Bussy : comme il va être exposé !... Regarde la disposition du terrain, mon brave Chicot : à gauche, une barrière ; à droite, un arbre ; derrière, un fossé ; d'Épernon, qui aura besoin de rompre à tout moment, car Bussy, c'est un tigre, un lion, un serpent ; Bussy, c'est une épée vivante, qui bondit, qui se développe, qui se replie.

— Bah ! dit Chicot, je ne suis pas inquiet de d'Épernon, moi.

— Tu as tort, il se fera tuer.

— Lui ! pas si bête ; il aura pris ses précautions, va !

— Comment l'entends-tu ?

— J'entends qu'il ne se battra pas, mordieu !

— Allons donc ! ne l'as-tu pas entendu tout à l'heure ?

— Justement.

— Eh bien ?

— Eh bien ! c'est pour cela que je te répète qu'il ne se battra point.

— Homme incrédule et méprisant !

— Je connais mon Gascon, Henri ; mais si tu m'en crois, cher sire, voilà le grand jour venu, retournons au Louvre.

— Peux-tu croire que je resterai au Louvre pendant le combat ?

— Ventre de biche ! tu y resteras, car si l'on te voyait ici, chacun dirait, au cas où tes amis seraient vainqueurs, que tu as forcé la victoire par quelque sortilége, et, au cas où ils seraient vaincus, que tu leur as porté malheur.

— Et que me font les bruits et les interprétations ? Je les aimerai jusqu'au bout.

— Je veux bien que tu sois esprit fort, Henri ; je te fais même mon compliment d'aimer tes amis, c'est une vertu rare chez les princes ; mais je ne veux pas que tu laisses M. d'Anjou seul au Louvre.

— Crillon n'est-il pas là ?

— Eh ! Crillon n'est qu'un buffle, un rhinocéros, un sanglier, tout ce que tu voudras de brave et d'indomptable ; tandis que ton frère, c'est la vipère, c'est le serpent à sonnettes, c'est tout animal dont la puissance est moins dans sa force que dans son venin.

— Tu as raison, j'aurais dû le faire jeter à la Bastille.

— Je t'avais bien dit que tu avais tort de le voir.

— Oui, j'ai été vaincu par son assurance, par son aplomb, par ce service qu'il prétend m'avoir rendu.

— Raison de plus pour que tu t'en défies. Rentrons, mon fils, crois-moi.

Henri suivit le conseil de Chicot, et reprit avec lui le chemin du Louvre, après avoir jeté un dernier regard sur le futur champ du combat.

Déjà tout le monde était sur pied dans le Louvre, lorsque le roi et Chicot y entrèrent.

Les jeunes gens s'y étaient éveillés des premiers et se faisaient habiller par leurs laquais.

Le roi demanda à quelle chose ils s'occupaient.

Schomberg faisait des pliés, Quélus se bassinait les yeux avec de l'eau de vigne, Maugiron buvait un verre de vin d'Espagne, d'Épernon aiguisait son épée sur une pierre.

On pouvait le voir, d'ailleurs, car il s'était, pour cette opération, fait apporter un grès à la porte de la chambre commune.

— Et tu dis que cet homme n'est pas un Bayard ? fit Henri en le regardant avec amour.

— Non, je dis que c'est un remouleur, voilà tout, reprit Chicot.

---

1. Quélus avait eu, dans un duel précédent, l'œil gauche crevé d'un coup d'épée.

LA DAME DE MONSOREAU

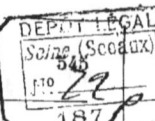

La chambre portait partout les traces de l'horrible lutte de la nuit. — Page 548.

D'Épernon le vit et cria : « Le roi ! »

Alors, malgré la résolution qu'il avait prise, et que même, sans cette circonstance, il n'eût pas eu la force de maintenir, Henri entra dans leur chambre.

Nous l'avons déjà dit, c'était un roi plein de majesté et qui avait une grande puissance sur lui-même.

Son visage, tranquille et presque souriant, ne trahissait donc aucun sentiment de son cœur.

— Bonjour, messieurs ! dit-il ; je vous trouve en excellentes dispositions, ce me semble.

— Dieu merci ! oui, sire, répliqua Quélus.

— Vous avez l'air sombre, Maugiron.

— Sire, je suis très-superstitieux, comme le sait Votre Majesté, et comme j'ai fait de mauvais rêves, je me remets le cœur avec un doigt de vin d'Espagne.

— Mon ami, dit le roi, il faut se rappeler, et je parle d'après Miron, qui est un grand docteur ; il faut se rappeler, dis-je, que les rêves dépendent des impressions de la veille, mais n'influent jamais sur les actions du lendemain, sauf toutefois la volonté de Dieu.

— Aussi, sire, dit d'Épernon, me voyez-vous aguerri. J'ai aussi fort mal songé cette nuit ; mais, malgré le songe, le bras est bon et le coup d'œil perçant.

Et il se fendit contre le mur, auquel il fit une entaille avec son épée fraîche émoulue.

— Oui, dit Chicot, vous avez rêvé que vous aviez du sang à vos bottes ; ce rêve-là n'est pas mauvais : il signifie que l'on sera un jour un triomphateur dans le genre d'Alexandre et de César.

— Mes braves, dit Henri, vous savez que l'honneur de votre prince est en question, puisque c'est sa cause en quelque sorte que vous défendez ; mais l'honneur seulement, entendez-vous bien ? ne vous préoccupez donc pas de la sécurité de ma personne. Cette nuit, j'ai assis mon trône de manière à ce que, d'ici à quelque temps du moins, aucune secousse ne le puisse ébranler. Battez-vous donc pour l'honneur.

— Sire, soyez tranquille ; nous perdrons peut-être la vie, dit Quélus, mais en tout cas l'honneur sera sauf.

— Messieurs, continua le roi, je vous aime tendrement, et je vous estime aussi. Laissez-moi donc vous donner un conseil : pas de fausse bravoure ; ce n'est pas en mourant que vous me donnerez raison, mais en tuant vos ennemis.

— Oh! quant à moi, dit d'Épernon, je ne fais pas de quartier.

— Moi, dit Quélus, je ne réponds de rien ; je ferai ce que je pourrai, voilà tout.

— Et moi, dit Maugiron, je réponds à Sa Majesté que si je meurs je tuerai mon homme coup pour coup.

— Vous vous battez à l'épée seule ?

— A l'épée et à la dague, dit Schomberg.

Le roi tenait sa main sur sa poitrine. Peut-être cette main et ce cœur qui se touchaient se parlaient-ils l'un à l'autre de leurs craintes par leurs frémissements et leurs pulsations ; mais, à l'extérieur, fier, l'œil sec, la lèvre hautaine, il était bien le roi, c'est-à-dire qu'il entrevoyait bien des soldats au combat et non des amis à la mort.

— En vérité, mon roi, lui dit Chicot, tu es vraiment beau en ce moment.

Les gentilshommes étaient prêts ; il ne leur restait plus qu'à faire la révérence à leur maître.

— Allez-vous à cheval ? dit Henri.

— Non pas, sire, dit Quélus, nous marcherons ; c'est un salutaire exercice, il dégage la tête, et Votre Majesté l'a dit mille fois, c'est la tête plus que le bras qui dirige l'épée.

— Vous avez raison, mon fils. Votre main ?

Quélus s'inclina et baisa la main du roi ; les autres l'imitèrent.

D'Épernon s'agenouilla en disant :

— Sire, bénissez mon épée.

— Non pas, d'Épernon, fit le roi ; rendez votre épée à votre page. Je vous réserve des épées meilleures que les vôtres. Apporte les épées, Chicot.

— Non pas, dit le Gascon ; donne cette commission à ton capitaine des gardes, mon fils ; je ne suis qu'un fou, moi, qu'un païen même, et les bénédictions du ciel pourraient se changer en sortilèges funestes, si le diable, mon ami, s'avisait de regarder à mes mains, et s'apercevait de ce que je porte.

— Quelles sont donc ces épées, sire ? demanda Schomberg en jetant un coup d'œil sur la caisse qu'un officier venait d'apporter.

— Des épées d'Italie, mon fils, des épées forgées à Milan ; les coquilles en sont bonnes, vous le voyez ; et comme, à l'exception de Schomberg, vous avez tous les mains délicates, le premier coup de fouet vous désarmerait, si vos mains n'étaient bien emboîtées.

— Merci, merci, Majesté ! dirent ensemble et d'une seule voix les quatre jeunes gens.

— Allez, il est temps, dit le roi qui ne pouvait dominer plus longtemps son émotion.

— Sire, demanda Quélus ; n'aurons-nous point pour nous encourager les regards de Votre Majesté ?

— Non, cela ne serait pas convenable ; vous vous battrez sans qu'on le sache, vous vous battrez sans mon autorisation. Ne donnons pas de solennité au combat : qu'on le croie surtout le résultat d'une querelle particulière.

Et il les congédia d'un geste vraiment majestueux.

Lorsqu'ils furent hors de sa présence, que les derniers valets eurent franchi le seuil du Louvre, et qu'on n'entendit plus le bruit ni des éperons ni des cuirasses que portaient les écuyers armés en guerre :

— Ah ! je me meurs, dit le roi en tombant sur une estrade.

— Et moi, dit Chicot, je veux voir ce duel : j'ai l'idée, je ne sais pourquoi, mais je l'ai, qu'il s'y passera quelque chose de curieux à l'endroit de d'Épernon.

— Tu me quittes, Chicot? dit le roi d'une voix lamentable.

— Oui, dit Chicot; car si quelqu'un d'entre eux faisait mal son devoir, je serais là pour le remplacer et soutenir l'honneur de mon roi.

— Va donc! dit Henri.

A peine le Gascon eut-il le congé, qu'il partit, rapide comme l'éclair.

Le roi alors rentra dans sa chambre, en fit fermer les volets, défendit à qui que ce fût dans le Louvre de pousser un cri ou de proférer une parole, et dit seulement à Crillon qui savait tout ce qui allait se passer :

— Si nous sommes vainqueurs, Crillon, tu me le diras ; si au contraire nous sommes vaincus, tu frapperas trois coups à ma porte.

— Oui, sire, répondit Crillon en secouant la tête.

XCVI

LES AMIS DE BUSSY

Si les amis du roi avaient passé la nuit à dormir tranquillement, ceux du duc d'Anjou avaient pris la même précaution.

A la suite d'un bon souper auquel ils s'étaient réunis d'eux-mêmes, sans le conseil ni la présence de leur patron, qui ne prenait pas de ses favoris les mêmes inquiétudes que le roi prenait des siens, ils se couchèrent dans de bons lits, chez Antraguet, dont la maison avait été choisie comme lieu de réunion, se trouvant la plus proche du champ de bataille.

Un écuyer, celui de Ribeirac, grand chasseur et habile armurier, avait passé toute la journée à nettoyer, fourbir et aiguiser les armes.

Il fut en outre chargé de réveiller les jeunes gens au point du jour; c'était son habitude tous les matins de fête, de chasse ou de duel.

Antraguet, avant de souper, s'en était allé voir, rue Saint-Denis, une petite marchande qu'il idolâtrait, et qu'on n'appelait dans tout le quartier que la belle imagière. Ribeirac avait écrit à sa mère, Livarot avait fait son testament.

A trois heures sonnant, c'est-à-dire quand les amis du roi s'éveillaient à peine, ils étaient déjà tous sur pieds, frais, dispos et armés de bonne sorte.

Ils avaient pris des caleçons et des bas rouges pour que leurs ennemis ne vissent pas leur sang, et que ce sang ne les effrayât point eux-mêmes ; ils avaient des pourpoints de soie grise, afin, si l'on se battait tout habillé, qu'aucun pli ne gênât leurs mouvements ; enfin ils étaient chaussés de souliers sans talons, et leurs pages portaient leurs épées, pour que leur bras et leur épaule n'éprouvassent aucune fatigue.

C'était un admirable temps pour l'amour, pour la bataille ou pour la promenade : le soleil dorait les pignons des toits sur lesquels fondait étincelante la rosée de la nuit.

Une senteur âcre et délicieuse en même temps montait des jardins et se répandait par les rues. Le pavé était sec et l'air vif.

Avant de sortir de la maison, les jeunes gens avaient fait demander au duc d'Anjou des nouvelles de Bussy.

On leur avait fait répondre qu'il était sorti la veille à dix heures du soir, et qu'il n'était pas rentré depuis.

Le message s'informa s'il était sorti seul et armé.

Il apprit qu'il était sorti accompagné de Remy, et que tous deux avaient leurs épées.

Au reste, on n'était point inquiet chez le comte, il faisait souvent des absences semblables ; puis on le savait si fort, si brave et si adroit que ses absences, même prolongées, causaient peu d'inquiétudes.

Les trois amis se firent répéter tous ces détails.

— Bon! dit Antraguet. N'avez-vous pas entendu dire, messieurs, que le roi avait commandé une grande chasse au cerf dans la forêt de Compiègne, et que M. de Monsoreau avait à cet effet dû partir hier?

— Oui, répondirent les jeunes gens.

— Alors je sais où il est : tandis que le grand-veneur détourne le cerf, lui chasse la biche du grand-veneur. Soyez tranquilles, messieurs, il est plus près du terrain que nous, et il y sera avant nous.

— Oui, dit Livarot, mais fatigué, harassé, n'ayant pas dormi.

Antraguet haussa les épaules.

— Est-ce que Bussy se fatigue? répliqua-t-il. Allons ! en route, en route, messieurs ! nous le prendrons en passant.

Tous se mirent en marche.

C'était juste le moment où Henri distribuait les épées à leurs ennemis; ils avaient donc dix minutes à peu près d'avance sur eux.

Comme Antraguet demeurait vers Saint-Eustache, ils prirent la rue des Lombards, la rue de la Verrerie et enfin la rue Saint-Antoine.

Toutes ces rues étaient désertes. Les paysans qui venaient de Montreuil, de Vincennes ou de Saint-Maur-les-Fossés avec leur lait et leurs légumes, et qui dormaient sur leurs chariots ou sur leurs mules, étaient seuls admis à voir cette fière escouade de trois vaillants hommes suivis de leurs trois pages et de leurs trois écuyers.

Plus de bravades, plus de cris, plus de menaces; lorsqu'on se bat pour tuer ou pour être tué, qu'on sait que le duel de part et d'autre sera acharné, mortel, sans miséricorde, on réfléchit; les plus étourdis des trois étaient, ce matin-là, les plus rêveurs.

En arrivant à la hauteur de la rue Sainte-Catherine, tous trois portèrent, avec un sourire qui indiquait qu'une même pensée les tenait en ce moment, leurs yeux vers la petite maison de Monsoreau.

— On verra bien de là, dit Antraguet, et je suis sûr que la pauvre Diane viendra plus d'une fois à sa fenêtre.

— Tiens ! dit Ribeirac, elle y est déjà venue, ce me semble.

— Pourquoi cela?

— Elle est ouverte.

— C'est vrai. Mais pourquoi cette échelle dressée devant la fenêtre, quand le logis a des portes?

— En effet, c'est bizarre, dit Antraguet.

Tous trois s'approchèrent de la maison, avec le pressentiment intérieur qu'ils marchaient à quelque grave révélation.

— Et nous ne sommes pas les seuls à nous étonner, dit Livarot : voyez ces paysans qui passent et qui se dressent dans leurs voitures pour regarder.

Les jeunes gens arrivèrent sous le balcon.

Un maraîcher y était déjà et semblait examiner la terre.

— Eh ! seigneur de Monsoreau, cria Antraguet, venez-vous nous voir? En ce cas, dépêchez-vous, car nous tenons à arriver les premiers.

Ils attendirent, mais inutilement.

— Personne ne répond, dit Ribeirac; mais pourquoi diable cette échelle?

— Eh ! manant, dit Livarot au maraîcher, que fais-tu là? Est-ce que c'est toi qui as dressé cette échelle?

— Dieu m'en garde, messieurs ! répondit-il.

— Et pourquoi cela? demanda Antraguet.

— Regardez donc là-haut.

Tous trois levèrent la tête.

— Du sang! s'écria Ribeirac.

— Ma foi ! oui, du sang, dit le villageois, et qui est bien noir, même.

— La porte a été forcée, dit en même temps le page d'Antraguet.

Antraguet jeta un coup d'œil de la porte à la fenêtre, et, saisissant l'échelle, il fut sur le balcon en une seconde.

Il plongea son regard dans la chambre.

— Qu'y a-t-il donc? demandèrent les autres qui le virent chanceler et pâlir.

Un cri terrible fut sa seule réponse.

Livarot était monté derrière lui.

— Des cadavres! la mort, la mort partout ! s'écria le jeune homme.

Et tous deux entrèrent dans la chambre. Ribeirac resta en bas, de peur de surprise.

Pendant ce temps, le maraîcher arrêtait, par ses exclamations, tous les passants.

La chambre portait partout les traces de l'horrible lutte de la nuit. Les taches, ou plutôt une rivière de sang s'était étendue sur le carreau. Les tentures étaient hachées de coups d'épées et de balles de pistolets. Les meubles gisaient brisés et rouges, dans des débris de chair et de vêtements.

— Oh! Remy, le pauvre Remy! dit tout à coup Antraguet.

— Mort? demanda Livarot.

— Déjà froid.

— Mais il faut donc, s'écria Livarot, qu'un régiment de reîtres ait passé par cette chambre!

En ce moment, Livarot vit la porte du corridor ouverte; des traces de sang indiquaient que de ce côté aussi avait eu lieu la lutte; il suivit les terribles vestiges et vint jusqu'à l'escalier.

La cour était vide et solitaire.

Pendant ce temps, Antraguet, au lieu de le suivre, prenait le chemin de la chambre voisine; il y avait du sang partout : le sang conduisait à la fenêtre.

Il se pencha sur son appui et plongea son œil effrayé sur le petit jardin.

Le treillage de fer retenait encore le cadavre livide et raide du malheureux Bussy.

A cette vue, ce ne fut pas un cri, mais un rugissement qui s'échappa de la poitrine d'Antraguet.

Livarot accourut.

— Regarde, dit Antraguet, Bussy est mort!

— Bussy assassiné, précipité par une fenêtre! Entre, Ribeirac, entre!

Pendant ce temps, Livarot s'élançait dans la cour, et rencontrait au bas de l'escalier Ribeirac qu'il emmenait avec lui.

Une petite porte qui communiquait de la cour au petit jardin leur donna passage.

— C'est bien lui, s'écria Livarot.

— Il a le poing haché, dit Ribeirac.

— Il a deux balles dans la poitrine.

— Il est criblé de coups de dague.

— Ah! pauvre Bussy, hurlait Antraguet; vengeance! vengeance!

En se retournant, Livarot heurta un second cadavre.

— Monsoreau! cria-t-il.

— Quoi! Monsoreau aussi?

— Oui, Monsoreau percé comme une cible, et qui a eu la tête brisée sur le pavé.

— Ah çà! mais on a donc assassiné tous nos amis, cette nuit?

— Et sa femme, sa femme, cria Antraguet; Diane, madame Diane!

Personne ne répondit, excepté la populace qui commençait à fourmiller autour de la maison.

C'est en ce moment que le roi et Chicot arrivaient à la hauteur de la rue Sainte-Catherine, et se détournaient pour éviter le rassemblement.

— Bussy! pauvre Bussy! s'écriait Ribeirac désespéré.

— Oui, dit Antraguet : on a voulu se défaire du plus terrible de nous tous.

— C'est une lâcheté! c'est une infamie! crièrent les deux autres jeunes gens.

— Allons nous plaindre au duc, cria l'un d'eux.

— Non pas, dit Antraguet, ne chargeons personne du soin de notre vengeance ; nous serions mal vengés, ami : attends-moi.

En une seconde, il descendit et rejoignit Livarot et Ribeirac.

— Mes amis, dit-il, regardez cette noble figure du plus brave des hommes, voyez les gouttes encore vermeilles de son sang; celui-là nous donne l'exemple: celui-là ne chargeait personne du soin de le venger... Bussy! Bussy! nous ferons comme toi, et sois tranquille, nous nous vengerons.

En disant ces mots il se découvrit, posa ses lèvres sur les lèvres de Bussy, et, tirant son épée, il la trempa dans son sang.

— Bussy, dit-il, je jure sur ton cadavre que ce sang sera lavé dans le sang de tes ennemis!

— Bussy, dirent les autres, nous jurons de tuer ou de mourir!

— Messieurs, dit Antraguet remettant son épée au fourreau, pas de merci, pas de miséricorde, n'est-ce pas?

Les deux jeunes gens étendirent la main sur le cadavre :

— Pas de merci, pas de miséricorde, répétèrent-ils.

— Mais, dit Livarot, nous ne serons que trois contre quatre.

— Oui, mais nous n'aurons assassiné personne, nous, dit Antraguet, et Dieu fera forts ceux qui sont innocents. Adieu, Bussy!

— Adieu, Bussy! répétèrent les deux autres compagnons.

Et ils sortirent, l'effroi dans l'âme et la pâleur au front, de cette maison maudite.

Ils y avaient trouvé, avec l'image de la mort, ce désespoir profond qui centuple les forces; ils y avaient recueilli cette indignation généreuse qui rend l'homme supérieur à son essence mortelle.

Ils percèrent avec peine la foule, tant en un quart d'heure la foule était devenue considérable.

En arrivant sur le terrain, ils trouvèrent leurs ennemis qui les attendaient, les uns assis sur des pierres, les autres pittoresquement campés sur des barrières de bois.

Ils firent les derniers pas en courant, honteux d'arriver les derniers.

Les quatre mignons avaient avec eux quatre écuyers.

Leurs quatre épées, posées à terre, semblaient attendre et se reposer comme eux.

— Messieurs, dit Quélus, en se levant et en saluant avec une espèce de morgue hautaine, nous avons eu l'honneur de vous attendre.

— Excusez-nous, messieurs, dit Antraguet; mais nous fussions arrivés avant vous sans le retard d'un de nos compagnons.

— M. de Bussy? fit d'Épernon; effectivement, je ne le vois pas. Il paraît qu'il se fait tirer l'oreille, ce matin.

— Nous avons bien attendu jusqu'à présent, dit Schomberg; nous attendrons bien encore.

— M. de Bussy ne viendra pas, répondit Antraguet.

Une stupeur profonde se peignit sur tous les visages; celui de d'Épernon seul exprima un autre sentiment.

— Il ne viendra pas? dit-il; ah! ah! le brave des braves a donc peur?

— Ce ne peut être pour cela, reprit Quélus.

— Vous avez raison, monsieur, dit Livarot.

— Et pourquoi ne viendra-t-il pas? demanda Maugiron.

— Parce qu'il est mort, répliqua Antraguet.

— Mort! s'écrièrent les mignons.

D'Épernon ne dit rien, et pâlit même légèrement.

— Et mort assassiné! reprit Antraguet. Ne le savez-vous pas, messieurs?

— Non, dit Quélus; et pourquoi le saurions-nous?

— D'ailleurs, est-ce sûr? demanda d'Épernon.

Antraguet tira sa rapière.

— Si sûr, dit-il, que voilà de son sang sur mon épée.

— Assassiné! s'écrièrent les trois amis du roi. M. de Bussy assassiné!

D'Épernon continuait de secouer la tête d'un air de doute.

— Ce sang crie vengeance, dit Ribeirac; ne l'entendez-vous pas, messieurs?

— Ah çà! reprit Schomberg, on dirait que votre douleur a un sens.

— Pardieu! fit Antraguet.

— Qu'est-ce à dire? s'écria Quélus.

— *Cherche à qui le crime profite*, dit le légiste, murmura Livarot.

— Ah çà! messieurs, vous expliquerez-vous haut et clair? dit Maugiron d'une voix tonnante.

— Nous venons justement pour cela, messieurs, dit Ribeirac, et nous avons plus de sujets qu'il n'en faut pour nous égorger cent fois.

— Alors, vite l'épée à la main, dit d'Épernon en tirant son arme du fourreau, et faisons vite!

— Oh! oh! vous êtes bien pressé, monsieur le Gascon, dit Livarot; vous ne chantiez pas si haut quand nous étions quatre contre quatre.

— Est-ce notre faute! si vous n'êtes plus que trois? répondit d'Épernon.

— Oui, c'est votre faute! s'écria Antraguet; il est mort parce qu'on l'aimait mieux couché dans la tombe que debout sur le terrain; il est mort le poing coupé, pour que son poing ne pût plus soutenir son épée; il est mort parce qu'il fallait à tout prix éteindre ces yeux dont l'éclair vous eût ébloui tous quatre. Comprenez-vous? suis-je clair?

Schomberg, Maugiron et d'Épernon hurlaient de rage.

— Assez, assez, messieurs! dit Quélus. Retirez-vous, monsieur d'Épernon; nous nous battrons trois contre trois; ces messieurs verront alors si, malgré notre droit, nous sommes gens à profiter d'un malheur que nous déplorons comme eux. Venez, messieurs, venez, ajouta le jeune homme en jetant son chapeau en arrière et en levant la main gauche tandis que de la droite il faisait siffler son épée; venez, et, en nous voyant combattre à ciel ouvert et sous le regard de Dieu, vous pourrez juger si nous sommes des assassins. Allons, de l'espace! de l'espace!

— Ah! je vous haïssais, dit Schomberg; maintenant je vous exècre.

— Et moi, dit Antraguet, il y a une heure je vous eusse tué, maintenant je vous égorgerais. En garde! messieurs, en garde!

— Avec nos pourpoints ou sans pourpoints? demanda Schomberg.

— Sans pourpoint, sans chemise, dit Antraguet; la poitrine à nu, le cœur à découvert.

Les jeunes gens jetèrent leurs pourpoints et arrachèrent leurs chemises.

— Tiens, dit Quélus en se dévêtant, j'ai perdu ma dague. Elle tenait mal au fourreau et sera tombée en route.

— Ou vous l'aurez laissée chez M. de Monsoreau, place de la Bastille, dit Antraguet, dans quelque fourreau dont vous n'aurez pas osé la retirer.

Quélus poussa un hurlement de rage et tomba en garde.

— Mais il n'a pas de dague, monsieur Antraguet, il n'a pas de dague! cria Chicot qui arrivait en ce moment sur le champ de bataille.

— Tant pis pour lui, dit Antraguet; ce n'est point ma faute.

Et, tirant sa dague de la main gauche, il tomba en garde de son côté.

XCVII

LE COMBAT

Le terrain sur lequel allait avoir lieu cette terrible rencontre était ombragé d'arbres, ainsi que nous l'avons vu, et situé à l'écart.

Il n'était fréquenté d'ordinaire que par les enfants qui venaient y jouer le jour, ou les ivrognes et les voleurs qui venaient y dormir la nuit.

Les barrières, dressées par les marchands de chevaux, écartaient naturellement la foule qui, semblable aux flots d'une rivière, suit toujours un courant et ne s'arrête ou ne revient qu'attirée par quelque remous.

Les passants longeaient cet espace et ne s'y arrêtaient point.

D'ailleurs il était de trop bonne heure, et l'empressement général se portait vers la maison sanglante de Monsoreau.

Chicot, le cœur palpitant, bien qu'il ne fût pas fort tendre de sa nature, s'assit en avant des laquais et des pages sur une balustrade de bois.

Il n'aimait pas les Angevins, il détestait les mignons; mais les uns et les autres étaient de braves jeunes gens, et sous leur chair courait un sang généreux que bientôt on allait voir jaillir au grand jour.

D'Épernon voulut risquer une dernière fois la bravade.

— Quoi! on a donc bien peur de moi? s'écria-t-il.

— Taisez-vous, bavard! lui dit Antraguet.

— J'ai mon droit, répliqua d'Épernon; la partie fut liée à huit.

— Allons, au large! dit Ribeirac impatienté en lui barrant le passage.

Il s'en revint avec des airs de tête superbes et rengaîna son épée.

— Venez, dit Chicot, venez, fleur des braves, sans quoi vous allez perdre encore une paire de souliers comme hier.

— Que dit ce maître fou?

— Je dis que tout à l'heure il y aura du sang par terre, et vous marcheriez dedans comme vous fîtes cette nuit.

D'Épernon devint blafard. Toute sa jactance tombait sous ce terrible reproche.

Il s'assit à dix pas de Chicot, qu'il ne regardait plus sans terreur.

Ribeirac et Schomberg s'approchèrent après le salut d'usage.

Quélus et Antraguet qui, depuis un instant déjà, étaient tombés en garde, engagèrent le fer en faisant un pas en avant.

Maugiron et Livarot, appuyés chacun sur une barrière, se guettaient en faisant des feintes sur place pour engager l'épée dans leur garde favorite.

Le combat commença comme cinq heures sonnaient à Saint-Paul.

La fureur était peinte sur les traits des combattants; mais leurs lèvres serrées, leur pâleur menaçante, l'involontaire trémblement du poignet indiquaient que cette fureur était maintenue par eux à force de prudence, et que, pareille à un cheval fougueux, elle ne s'échapperait point sans de grands ravages.

Il y eut durant plusieurs minutes, ce qui est un espace de temps énorme, un frottement d'épées qui n'était pas encore un cliquetis.

Pas un coup ne fut porté.

Ribeirac, fatigué ou plutôt satisfait d'avoir tâté son adversaire, baissa la main et attendit un moment.

Schomberg fit deux pas rapides, et lui porta un coup qui fut le premier éclair sorti du nuage.

Ribeirac fut frappé.

Sa peau devint livide, et un jet de sang sortit de son épaule; il rompit pour se rendre compte à lui-même de sa blessure.

Schomberg voulut renouveler le coup; mais Ribeirac releva son épée par une parade de prime, et lui porta un coup qui l'atteignit au côté.

Chacun avait sa blessure.

— Maintenant, reposons-nous quelques secondes, si vous voulez, dit Ribeirac.

Cependant Quélus et Antraguet s'échauffaient de leur côté; mais Quélus, n'ayant pas de dague, avait un grand désavantage; il était obligé de parer avec son bras gauche, et comme son bras était nu, chaque parade lui coûtait une blessure.

Sans être atteint grièvement, au bout de quelques secondes il avait la main complétement ensanglantée.

Antraguet, au contraire, comprenant tout son avantage, et non moins habile que Quélus, parait avec une mesure extrême.

Trois coups de riposte portèrent, et, sans être touché grièvement, le sang s'échappa de la poitrine de Quélus par trois blessures.

Mais à chaque coup Quélus répéta :

— Ce n'est rien.

Livarot et Maugiron en étaient toujours à la prudence.

Quant à Ribeirac, furieux de douleur et sentant qu'il commençait à perdre ses forces avec son sang, il fondit sur Schomberg.

Schomberg ne recula pas d'un pas et se contenta de tendre son épée.

Les deux jeunes gens firent coup fourré.

Ribeirac eut la poitrine traversée, et Schomberg fut blessé au cou.

Ribeirac, blessé mortellement, porta la main gauche à sa plaie en se découvrant.

Schomberg en profita pour porter à Ribeirac un second coup qui lui traversa les chairs.

Mais Ribeirac, de sa main droite, saisit la main de son adversaire, et de la gauche lui enfonça dans la poitrine sa dague jusqu'à la coquille.

La lame aiguë traversa le cœur.

Schomberg poussa un cri sourd et tomba sur le dos, entraînant avec lui Ribeirac, toujours traversé par l'épée.

Livarot, voyant tomber son ami, fit un pas de retraite rapide et courut à lui, poursuivi par Maugiron.

Il gagna plusieurs pas dans la course, et aidant Ribeirac dans les efforts qu'il faisait pour se débarrasser de l'épée de Schomberg, il lui arracha cette épée de la poitrine.

Mais alors, rejoint par Maugiron, force lui fut de se défendre avec le désavantage d'un terrain glissant, d'une garde mauvaise et du soleil dans les yeux.

Au bout d'une seconde, un coup d'estoc ouvrit la tête de Livarot, qui laissa échapper son épée, et tomba sur les genoux.

Quélus était vivement serré par Antraguet. Maugiron se hâta de percer Livarot d'un autre coup de pointe. Livarot tomba tout à fait.

D'Épernon poussa un grand cri.

Quélus et Maugiron restaient contre le seul Antraguet. Quélus était tout sanglant, mais de blessures légères.

Maugiron était à peu près sauf.

Antraguet comprit le danger; il n'avait pas reçu la moindre égratignure, mais il commençait à se sentir fatigué; ce n'était cependant pas le moment de demander trêve à un homme blessé et à un autre tout chaud de carnage. D'un coup de fouet il écarta violemment l'épée de Quélus, et, profitant de l'écartement du fer, il sauta légèrement par-dessus une barrière.

Quélus revint par un coup de taille, mais qui n'entama que le bois.

En ce moment Maugiron attaqua Antraguet de flanc. Antraguet se retourna.

Quélus profita du mouvement pour passer sous la barrière.

LA DAME DE MONSOREAU

Il se releva sur ses genoux et plongea sa dague entre les épaules de Maugiron. — Page 553.

— Il est perdu, dit Chicot.

— Vive le roi! cria d'Épernon; hardi! mes lions, hardi!

— Monsieur, du silence, s'il vous plaît, dit Antraguet; n'insultez pas un homme qui se battra jusqu'au dernier souffle.

— Et qui n'est pas encore mort, s'écria Livarot.

Et, au moment où nul ne pensait plus à lui, hideux de la fange sanglante qui lui couvrait le corps, il se releva sur ses genoux et plongea sa dague entre les épaules de Maugiron, qui tomba comme une masse en soupirant :

— Jésus, mon Dieu! je suis mort.

Livarot retomba évanoui; l'action et la colère avaient épuisé le reste de ses forces.

— Monsieur de Quélus, dit Antraguet abaissant son épée, vous êtes un brave homme; rendez-vous, je vous offre la vie.

— Et pourquoi me rendre? dit Quélus; suis-je à terre?

— Non; mais vous êtes criblé de coups, et moi je suis sain et sauf.

— Vive le roi! cria Quélus; j'ai encore mon épée, monsieur.

Et il se fendit sur Antraguet, qui para le coup, si rapide qu'il eût été.

70ᵉ LIV.

— Non, monsieur, vous ne l'avez plus, dit Antraguet saisissant à pleine main la lame près de la garde.

Et il tordit le bras de Quélus qui lâcha l'épée.

Seulement Antraguet se coupa légèrement un doigt de la main gauche.

— Oh! hurla Quélus, une épée! une épée!

Et se lançant sur Antraguet d'un bond de tigre, il l'enveloppa de ses deux bras.

Antraguet se laissa prendre au corps, et, passant son épée dans sa main gauche et sa dague dans sa main droite, il se mit à frapper sur Quélus sans relâche et partout, s'éclaboussant à chaque coup du sang de son ennemi à qui rien ne pouvait faire lâcher prise, et criant à chaque blessure :

— Vive le roi!

Il réussit même à retenir la main qui le frappait et à garrotter, comme eût fait un serpent, son ennemi intact entre ses jambes et ses bras.

Antraguet sentit que la respiration allait lui manquer.

En effet, il chancela et tomba.

Mais en tombant, comme si tout le devait favoriser ce jour-là, il étouffa pour ainsi dire le malheureux Quélus.

— Vive le roi! murmura ce dernier à l'agonie.

Antraguet parvint à dégager sa poitrine de l'étreinte, il se raidit sur un bras, et le frappant d'un dernier coup qui lui traversa la poitrine :

— Tiens, lui dit-il, es-tu content?

— Vive le r...! articula Quélus, les yeux à demi fermés.

Ce fut tout; le silence et la terreur de la mort régnaient sur le champ de bataille.

Antraguet se releva tout sanglant, mais du sang de son ennemi; il n'avait, comme nous l'avons dit, qu'une égratignure à la main.

D'Épernon, épouvanté, fit un signe de croix et prit la fuite, comme s'il eût été poursuivi par un spectre.

Antraguet jeta sur ses compagnons et ses ennemis, morts et mourants, le même regard qu'Horace dut jeter sur le champ de bataille qui décidait les destins de Rome.

Chicot accourut et releva Quélus qui rendait son sang par dix-neuf blessures.

Le mouvement le ranima.

Il rouvrit les yeux.

— Antraguet, sur l'honneur! dit-il, je suis innocent de la mort de Bussy.

— Oh! je vous crois, monsieur, fit Antraguet attendri, je vous crois.

— Fuyez, murmura Quélus, fuyez; le roi ne vous pardonnerait pas.

— Et moi, monsieur, je ne vous abandonnerai pas ainsi, dit Antraguet, dût l'échafaud me prendre.

— Sauvez-vous, jeune homme, dit Chicot, et ne tentez pas Dieu; vous vous sauvez par un miracle, n'en demandez pas deux le même jour.

Antraguet s'approcha de Ribeirac qui respirait encore.

— Eh bien? demanda celui-ci.

— Nous sommes vainqueurs, répondit Antraguet à voix basse pour ne pas offenser Quélus.

— Merci, dit Ribeirac. Va-t'en.

Et il tomba évanoui.

Antraguet ramassa sa propre épée qu'il avait laissée tomber dans la lutte, puis celles de Quélus, de Schomberg et de Maugiron.

— Achevez-moi, monsieur, dit Quélus, ou laissez-moi mon épée.

— La voici, monsieur le comte, dit Antraguet en la lui offrant avec un salut respectueux.

Une larme brilla aux yeux du blessé.

— Nous eussions pu être amis, murmura-t-il.

Antraguet lui tendit la main.

— Bien! fit Chicot, c'est on ne peut plus chevaleresque. Mais sauve-toi, Antraguet, tu es digne de vivre.

— Et mes compagnons? demanda le jeune homme.

— J'en aurai soin comme des amis du roi.

Antraguet s'enveloppa du manteau que lui tendait son écuyer, afin que l'on ne vît pas le sang dont il était couvert, et, laissant les morts et les blessés au milieu des pages et des laquais, il disparut par la porte Saint-Antoine.

XCVIII

CONCLUSION

Le roi, pâle d'inquiétude et frémissant au moindre bruit, arpentait la salle d'armes, conjecturant, avec l'expérience d'un homme exercé, tout le temps que ses amis avaient dû employer à joindre et à combattre leurs adversaires, ainsi que toutes les chances bonnes ou mauvaises que leur donnaient leur force et leur adresse.

— A cette heure, avait-il dit d'abord, ils traversent la rue Saint-Antoine.

« Ils entrent dans le champ clos, maintenant.

« On dégaîne. A cette heure, ils en sont aux mains. »

Et, à ces mots, le pauvre roi, tout frissonnant, s'était mis en prières.

Mais le fond du cœur absorbait d'autres sentiments, et cette dévotion ne faisait que glisser à la surface.

Au bout de quelques secondes, le roi se releva.

— Pourvu que Quélus, dit-il, se souvienne de ce coup de riposte que je lui ai montré, en parant avec l'épée et en frappant avec la dague !

« Quant à Schomberg, l'homme de sang-froid, il doit tuer ce Ribeirac. Maugiron, s'il n'a pas mauvaise chance, se débarrassera vite de Livarot. Mais d'Épernon ! oh ! celui-là est mort. Heureusement que c'est celui des quatre que j'aime le moins. Mais, malheureusement, ce n'est pas tout qu'il soit mort, c'est que, lui mort, Bussy, le terrible Bussy, ne tombe sur les autres en se multipliant. Ah ! mon pauvre Quélus ! mon pauvre Schomberg ! mon pauvre Maugiron.

— Sire ! dit à la porte la voix de Crillon.

— Quoi ! déjà ! s'écria le roi.

— Non, sire, je n'apporte aucune nouvelle, si ce n'est que le duc d'Anjou demande à parler à Votre Majesté.

— Et pourquoi faire ? demanda le roi dialoguant toujours à travers la porte.

— Il dit que le moment est venu pour lui d'apprendre à Votre Majesté quel genre de service il lui a rendu, et que ce qu'il a à dire au roi calmera une partie des craintes qui l'agitent en ce moment.

— Eh bien ! allez donc, dit le roi.

En ce moment, et comme Crillon se retournait pour obéir, un pas rapide retentit par les montées, et l'on entendit une voix qui disait à Crillon :

— Je veux parler au roi à l'instant même.

Le roi reconnut la voix et ouvrit lui-même.

— Viens, Saint-Luc, viens, dit-il. Qu'y a-t-il encore ? Mais qu'as-tu, mon Dieu, et qu'est-il arrivé ? Sont-ils morts ?

En effet, Saint-Luc, pâle, sans chapeau, sans épée, tout marbré de taches de sang, se précipitait dans la chambre du roi.

— Sire ! s'écria Saint-Luc en se jetant aux genoux du roi, vengeance ! je viens demander vengeance !

— Mon pauvre Saint-Luc, dit le roi, qu'y a-t-il donc ? parle, et qui peut te causer un pareil désespoir ?

— Sire, un de vos sujets, le plus noble, un de vos soldats, le plus brave…

La parole lui manqua.

— Hein ! fit en avançant Crillon qui croyait avoir des droits à ce dernier titre surtout.

— A été égorgé cette nuit, traîtreusement égorgé, assassiné, acheva Saint-Luc.

Le roi, préoccupé d'une seule idée, se rassura ; ce n'était aucun de ses quatre amis, puisqu'il les avait vus le matin.

— Égorgé, assassiné cette nuit ? dit le roi ; de qui parles-tu donc, Saint-Luc ?

— Sire, vous ne l'aimez pas, je le sais bien, continua Saint-Luc ; mais il était fidèle, et, dans l'occasion, je vous le jure, il eût donné tout son sang pour Votre Majesté ; sans quoi, il n'eût pas été mon ami.

— Ah ! fit le roi qui commençait à comprendre.

Et quelque chose comme un éclair, sinon de joie, du moins d'espérance, illumina son visage.

— Vengeance, sire, pour M. de Bussy ! cria Saint-Luc, vengeance !

— Pour M. de Bussy ? répéta le roi en appuyant sur chaque mot.

— Oui, pour M. de Bussy que vingt assassins ont poignardé cette nuit. Et bien leur en a pris d'être vingt, car il en a tué quatorze.

— M. de Bussy mort !…

— Oui, sire.

— Alors il ne se bat pas ce matin ! dit tout à coup le roi emporté par un mouvement irrésistible.

Saint-Luc lança au roi un regard qu'il ne put soutenir : en se détournant, il vit Crillon qui, toujours debout près de la porte, attendait de nouveaux ordres.

Il lui fit signe d'amener le duc d'Anjou.

— Non, sire, ajouta Saint-Luc d'une voix sévère ; M. de Bussy ne s'est point battu en effet, et voilà pourquoi je viens demander, non pas vengeance, comme j'ai eu tort de le dire à Votre Majesté, mais justice : car j'aime mon roi, et surtout l'honneur de mon roi par-dessus toutes choses, et je trouve qu'en poignardant M. de Bussy on a rendu un déplorable service à Votre Majesté.

Le duc d'Anjou venait d'arriver à la porte ; il s'y tenait debout et immobile comme une statue de bronze.

Les paroles de Saint-Luc avaient éclairé le roi ; elles lui rappelaient le service que son frère prétendait lui avoir rendu.

Son regard se croisa avec celui du duc, et il n'eut plus de doute, car, en même temps qu'il lui répondait oui du regard, le duc avait fait de haut en bas un signe imperceptible de tête.

— Savez-vous ce que l'on va dire maintenant ? s'écria Saint-Luc. On va dire, si vos amis sont vainqueurs, qu'ils ne le sont que parce que vous avez fait égorger Bussy.

— Et qui dira cela, monsieur ? demanda le roi.

— Pardieu ! tout le monde, dit Crillon se mêlant sans façon et comme d'habitude à la conversation.

— Non, monsieur, dit le roi inquiet et subjugué par cette opinion de celui qui était le plus brave de son royaume depuis que Bussy était mort ; non, monsieur, on ne le dira pas, car vous me nommerez l'assassin.

Saint-Luc vit une ombre se projeter.

C'était le duc d'Anjou qui venait de faire deux pas dans la chambre. Il se retourna et le reconnut.

— Oui, sire, je le nommerai ! dit-il en se relevant, car je veux à tout prix disculper Votre Majesté d'une si abominable action.

— Eh bien ! dites.

Le duc s'arrêta et attendit tranquillement.

Crillon se tenait derrière lui, le regardant de travers et secouant la tête.

— Sire, reprit Saint-Luc, cette nuit, on a fait tomber Bussy dans un piège : tandis qu'il rendait visite à une femme dont il était aimé, le mari, prévenu par un traître, est rentré chez lui avec des assassins ; il y en avait partout : dans la rue, dans la cour et jusque dans le jardin.

Si tout n'eût pas été fermé, comme nous l'avons dit, dans la chambre du roi, on eût pu voir, malgré sa puissance sur lui-même, pâlir le prince à ces dernières paroles.

— Bussy s'est défendu comme un lion, sire, mais le nombre l'a emporté, et...

— Et il est mort, interrompit le roi, et mort justement, car je ne vengerai certes pas un adultère.

— Sire, je n'ai pas fini mon récit, reprit Saint-Luc. Le malheureux, après s'être défendu près d'une demi-heure dans la chambre, après avoir triomphé de ses ennemis, le malheureux se sauvait blessé, sanglant, mutilé ; il ne s'agissait plus que de lui tendre une main secourable, que je lui eusse tendue, moi, si je n'eusse été arrêté, avec la femme qu'il m'avait confiée, par ses assassins ; si je n'eusse été garrotté, bâillonné. Malheureusement, on avait oublié de m'ôter la vue, comme on m'avait ôté la parole, et j'ai vu, sire, j'ai vu deux hommes s'approcher du malheureux Bussy, suspendu par la cuisse aux lances d'une grille de fer ; j'ai entendu le blessé leur demander secours, car dans ces deux hommes il avait le droit de voir deux amis. Eh bien ! l'un, sire, c'est horrible à raconter ! mais, croyez-le, c'était encore bien plus horrible à voir et à entendre, l'un a ordonné de faire feu, et l'autre a obéi.

Crillon serra les poings et fronça le sourcil.

— Et vous connaissez l'assassin ? demanda le roi ému malgré lui.

— Oui, dit Saint-Luc.

Et se retournant vers le prince en chargeant sa parole et son geste de toute sa haine si longtemps contenue :

— C'est monseigneur, dit-il ; l'assassin, c'est le prince ! l'assassin, c'est l'ami !

Le roi s'attendait à ce coup ; le duc le supporta sans sourciller.

— Oui, dit-il tranquillement, oui, M. de Saint-Luc a bien vu, bien entendu ; c'est moi qui ai fait tuer M. de Bussy, et Votre Majesté appréciera cette action, car M. de Bussy était mon serviteur, c'est vrai ; mais ce matin, quelque chose que j'aie pu dire, M. de Bussy devait porter les armes contre Votre Majesté.

— Tu mens ! assassin ! tu mens ! s'écria Saint-Luc : Bussy percé de coups, Bussy la main hachée de coups d'épée, l'épaule brisée d'une balle, Bussy pendant accroché par la cuisse au treillis de fer, Bussy n'était plus bon qu'à inspirer de la pitié à ses plus cruels ennemis, et ses plus cruels ennemis l'eussent secouru. Mais toi, toi l'assassin de La Mole et de Coconas, tu as tué Bussy comme, les uns après les autres, tous tes amis ; tu as tué Bussy, non parce qu'il était l'ennemi de ton frère, mais parce qu'il était le confident de tes secrets. Ah ! Monsoreau savait bien, lui, pourquoi tu faisais ce crime.

— Cordieu ! murmura Crillon, que ne suis-je le roi !

— On m'insulte chez vous, mon frère, dit le duc blême de terreur, car entre la main convulsive de Crillon et le regard sanglant de Saint-Luc il ne se sentait pas en sûreté.

— Sortez, Crillon ! dit le roi.

Crillon sortit.

— Justice ! sire, justice ! continua de crier Saint-Luc.

— Sire, dit le duc, punissez-moi d'avoir sauvé ce matin les amis de Votre Majesté et d'avoir donné une éclatante justice à votre cause qui est la mienne.

— Et moi, reprit Saint-Luc ne se possédant plus, je te dis que la cause dont tu es est une cause maudite, et qu'où tu passes doit s'abattre sur tes pas la colère de Dieu ! Sire, sire ! votre frère a protégé nos amis, malheur à eux !

Le roi sentit passer en lui comme un frisson de terreur.

En ce moment même, on entendit au dehors une vague rumeur, puis des pas précipités, puis des interrogatoires empressés.

Il se fit un grand, un profond silence.

Au milieu de ce silence, et comme si une voix du ciel venait donner raison à Saint-Luc, trois coups frappés avec lenteur et solennité ébranlèrent la porte sous le poing vigoureux de Crillon.

Une sueur froide inonda les tempes de Henri et bouleversa les traits de son visage.

— Vaincus ! s'écria-t-il, mes pauvres amis vaincus !

— Que vous disais-je, sire ? s'écria Saint-Luc.

Le duc joignit les mains avec terreur.

— Vois-tu, lâche ! s'écria le jeune homme avec un superbe effort, voilà comme les assassinats sauvent l'honneur des princes ! Viens donc m'égorger aussi ! je n'ai pas d'épée.

Et il lança son gant de soie au visage du duc.

François poussa un cri de rage et devint livide.

Mais le roi ne vit rien, n'entendit rien ; il avait laissé tomber son front entre ses mains.

— Oh ! murmura-t-il, mes pauvres amis, ils sont vaincus, blessés. Oh ! qui me donnera d'eux des nouvelles certaines ?

— Moi, sire, dit Chicot.

Le roi reconnut cette voix amie et tendit ses bras en avant.

— Eh bien ? dit-il.

— Deux sont déjà morts, et le troisième va rendre le dernier soupir.

— Quel est ce troisième qui n'est pas encore mort ?

— Quélus, sire !

— Et où est-il ?

— A l'hôtel Boissy, où je l'ai fait transporter.

Le roi n'en écouta pas davantage et s'élança hors de l'appartement en poussant des cris lamentables.

Saint-Luc avait conduit Diane chez son amie Jeanne de Brissac ; de là son retard à se présenter au Louvre.

Jeanne passa trois jours et trois nuits à veiller la malheureuse femme en proie au plus atroce délire.

Le quatrième jour, Jeanne brisée de fatigue alla prendre un peu de repos ; mais lorsqu'elle rentra, deux heures après, dans la chambre de son amie, elle ne la trouva plus.

On sait que Quélus, le seul des trois combattants défenseurs de la cause du roi qui ait survécu à dix-neuf blessures, mourut dans ce même hôtel de Boissy où Chicot l'avait fait transporter, après une agonie de trente jours, et entre les bras du roi.

Henri fut inconsolable.

Il fit faire à ses trois amis de magnifiques tombeaux où ils étaient taillés en marbre et dans leur grandeur naturelle.

Il fonda des messes à leur intention, les recommanda aux prières des prêtres, et ajouta à ses oraisons habituelles ce distique qu'il répéta toute sa vie après ses prières du matin et du soir :

> Que Dieu reçoive en son giron
> Quélus, Schomberg et Maugiron.

Pendant près de trois mois, Crillon garda à vue le duc d'Anjou que le roi avait pris dans une haine profonde et auquel il ne pardonna jamais.

On atteignit ainsi le mois de septembre, époque à laquelle Chicot qui ne quittait pas son maître, qui eût consolé Henri si Henri eût pu être consolé, reçut la lettre suivante, datée du prieuré de Beaume.

Elle était écrite de la main d'un clerc.

« Cher seigneur Chicot,

« L'air est doux dans notre pays, et les vendanges promettent d'être belles en Bourgogne, cette année. On dit que le roi, notre sire, à qui j'ai sauvé la vie, à ce qu'il paraît, a toujours beaucoup de chagrin ; amenez-le au prieuré, cher monsieur Chicot, nous lui ferons boire d'un vin de 1550 que j'ai découvert dans mon cellier, et qui est capable de faire oublier les plus grandes douleurs ; cela le réjouira, je n'en doute point, car j'ai trouvé dans les livres saints cette phrase admirable : « Le bon vin réjouit le cœur de l'homme ! » C'est très-beau en latin, je vous le ferai lire. Venez donc, cher monsieur Chicot, venez avec le roi, venez avec M. d'Épernon, venez avec M. Saint-Luc ; et vous verrez que nous engraisserons tous.

« Le révérend prieur DOM GORENFLOT, qui se dit votre humble serviteur et ami.

« P.-S. Vous direz au roi que je n'ai pas encore eu le temps de prier pour l'âme de ses amis, comme il me l'avait recommandé, à cause des embarras que m'a donnés mon installation ; mais, aussitôt les vendanges faites, je m'occuperai certainement d'eux. »

— Amen, dit Chicot ; voilà de pauvres diables bien recommandés à Dieu !

FIN DE LA DAME DE MONSOREAU

TABLE DES MATIÈRES

I.	— Les noces de Saint-Luc	1
II.	— Comment ce n'est pas toujours celui qui ouvre la porte qui entre dans la maison.	17
III.	— Comment il est difficile parfois de distinguer le rêve de la réalité.	27
IV.	— Comment mademoiselle de Brissac, autrement dit madame de Saint-Luc, avait passé sa nuit de noces.	32
V.	— Comment mademoiselle de Brissac, autrement dit madame de Saint-Luc, s'arrangea pour passer la seconde nuit de ses noces autrement qu'elle n'avait passé la première	38
VI.	— Comment se faisait le petit coucher du roi Henri III	44
VII.	— Comment, sans que personne sût la cause de cette conversion, le roi Henri se trouva converti du jour au lendemain.	51
VIII.	— Comment le roi eut peur d'avoir eu peur, et comment Chicot eut peur d'avoir peur	56
IX.	— Comment la voix du Seigneur se trompa et parla à Chicot croyant parler au roi	62
X.	— Comment Bussy se mit à la recherche de son rêve, de plus en plus convaincu que c'était une réalité.	67
XI.	— Quel homme c'était que M. le grand-veneur Bryan de Monsoreau. . .	75
XII.	— Comment Bussy retrouva à la fois le portrait et l'original.	87
XIII.	— Ce que c'était que Diane de Méridor.	93
XIV.	— Ce que c'était que Diane de Méridor. — Le traité.	109
XV.	— Ce que c'était que Diane de Méridor. — Le mariage.	116
XVI.	— Ce que c'était que Diane de Méridor. — Le mariage (suite). . .	123
XVII.	— Comment voyageait le roi Henri III, et quel temps il lui fallait pour aller de Paris à Fontainebleau.	129
XVIII.	— Où le lecteur aura le plaisir de faire connaissance avec frère Gorenflot, dont il a déjà été parlé deux fois dans le cours de cette histoire.	140
XIX.	— Comment Chicot s'aperçut qu'il était plus facile d'entrer dans l'abbaye Sainte-Geneviève que d'en sortir.	150
XX.	— Comment Chicot, forcé de rester dans l'église de l'abbaye, vit et entendit des choses qu'il était fort dangereux de voir et d'entendre.	158
XXI.	— Comment Chicot, croyant faire un cours d'histoire, fit un cours de généalogie	173
XXII.	— Comment M. et madame de Saint-Luc voyageaient côte à côte et furent rejoints par un compagnon de voyage	179
XXIII.	— Le vieillard orphelin.	187
XXIV.	— Comment Remy le Haudouin s'était, en l'absence de Bussy, ménagé des intelligences dans la maison de la rue Saint-Antoine . . .	194
XXV.	— Le père et la fille.	200
XXVI.	— Comment frère Gorenflot se réveilla, et de l'accueil qui lui fut fait à son couvent.	206
XXVII.	— Comment frère Gorenflot demeura convaincu qu'il était somnambule, et déplora amèrement cette infirmité.	213
XXVIII.	— Comment frère Gorenflot voyagea sur un âne nommé Panurge, et apprit dans son voyage beaucoup de choses qu'il ne savait pas. .	220
XXIX.	— Comment frère Gorenflot troqua son âne contre une mule, et sa mule contre un cheval	226
XXX.	— Comment Chicot et son compagnon s'installèrent à l'hôtellerie du Cygne de la Croix, et comment ils y furent reçus par l'hôte. . .	231
XXXI.	— Comment le moine confessa l'avocat et comment l'avocat confessa le moine.	238
XXXII.	— Comment Chicot, après avoir fait un trou avec une vrille, en fit un avec son épée.	245
XXXIII.	— Comment le duc d'Anjou apprit que Diane de Méridor n'était point morte.	251
XXXIV.	— Comment Chicot revint au Louvre et fut reçu par le roi Henri III.	256
XXXV.	— Ce qui s'était passé entre monseigneur le duc d'Anjou et le grand-veneur.	263
XXXVI.	—	269
XXXVII.	— Ce que venait faire M. de Guise au Louvre.	275
XXXVIII.	— Castor et Pollux.	279
XXXIX.	— Comment il est prouvé qu'écouter est le meilleur moyen pour entendre.	285
XL.	— La soirée de la Ligue	291
XLI.	— La rue de la Ferronnerie.	297
XLII.	— Le prince et l'ami.	303
XLIII.	— Étymologie de la rue de la Jussienne.	308

XLIV.	— Comment d'Épernon eut son pourpoint déchiré, et comment Schomberg fut teint en bleu.	315	LXX. — Comment le duc d'Ajou alla à Méridor pour faire à madame de Monsoreau des compliments sur la mort de son mari, et comment il trouva M. de Monsoreau qui venait au-devant de lui.	437

XLIV. — Comment d'Épernon eut son pourpoint déchiré, et comment Schomberg fut teint en bleu...... 315
XLV. — Chicot est de plus en plus roi de France........ 319
XLVI. — Comment Chicot fit une visite à Bussy, et de ce qui s'ensuivit. 325
XLVII. — Les échecs de Chicot, le bilboquet de Quélus et la sarbacane de Schomberg........ 331
XLVIII. — Comment le roi nomma un chef à la Ligue, et comment ce ne fut ni Son Altesse le duc d'Anjou ni monseigneur le duc de Guise... 336
XLIX. — Comment le roi nomma un chef qui n'était ni Son Altesse le duc d'Anjou ni monseigneur le duc de Guise........ 341
L. — Étéocle et Polynice....... 346
LI. — Comment on ne perd pas toujours son temps en fouillant dans les armoires vides....... 351
LII. — Ventre-saint-gris !....... 356
LIII. — Les amies....... 360
LIV. — Les amants....... 364
LV. — Comment Bussy trouva trois cents pistoles de son cheval et le donna pour rien....... 369
LVI. — Diplomatie de M. le duc d'Anjou. 373
LVII. — Diplomatie de M. de Saint-Luc. 378
LVIII. — 382
LIX. — Une volée d'Angevins....... 387
LX. — Roland....... 391
LXI. — Ce que venait annoncer M. le comte de Monsoreau....... 396
LXII. — Comment le roi Henri III apprit la fuite de son frère bien-aimé le duc d'Anjou et de ce qui s'ensuivit....... 400
LXIII. — Comment Chicot et la reine-mère se trouvant être du même avis, le roi se rangea à l'avis de la reine-mère et de Chicot....... 406
LXIV. — Où il est prouvé que la reconnaissance était une des vertus de M. de Saint-Luc....... 411
LXV. — Le projet de M. de Saint-Luc. 416
LXVI. — Comment M. de Saint-Luc montra à M. de Monsoreau le coup que le roi lui avait montré....... 420
LXVII. — Où l'on voit la reine-mère entrer peu triomphalement dans la bonne ville d'Angers....... 424
LXVIII. — Les petites causes et les grands effets....... 428
LXIX. — Comment M. de Monsoreau ouvrit, ferma et rouvrit les yeux, ce qui était une preuve qu'il n'était pas tout à fait mort....... 432

LXX. — Comment le duc d'Ajou alla à Méridor pour faire à madame de Monsoreau des compliments sur la mort de son mari, et comment il trouva M. de Monsoreau qui venait au-devant de lui....... 437
LXXI. — Du désagrément des litières trop larges et des portes trop étroites. 442
LXXII. — Dans quelles dispositions était le roi Henri III quand M. de Saint-Luc reparut à la cour....... 446
LXXIII. — Où il est traité de deux personnages importants de cette histoire que le lecteur avait depuis quelque temps perdus de vue....... 450
LXXIV. — 454
LXXV. — Comment l'ambassadeur de M. le duc d'Anjou arriva à Paris, et la réception qui lui fut faite....... 459
LXXVI. — Lequel n'est autre chose que la suite du précédent, écourté par l'auteur pour cause de fin d'année. 462
LXXVII. — Comment M. de Saint-Luc s'acquitta de la commission qui lui avait été donnée par Bussy....... 467
LXXVIII. — En quoi M. de Saint-Luc était plus civilisé que M. de Bussy, des leçons qu'il lui donna, et de l'usage qu'en fit l'amant de la belle Diane....... 472
LXXIX. — Les précautions de M. de Monsoreau....... 475
LXXX. — Une visite à la maison des Tournelles....... 479
LXXXI. — Les guetteurs....... 484
LXXXII. — Comment M. le duc d'Anjou signa, et comment, après avoir signé, il parla....... 488
LXXXIII. — Une promenade aux Tournelles....... 494
LXXXIV. — Où Chicot s'endort....... 497
LXXXV. — Où Chicot s'éveille....... 500
LXXXVI. — La Fête-Dieu....... 503
LXXXVII. — Lequel ajoutera encore à la clarté du chapitre précédent....... 508
LXXXVIII. — La procession....... 514
LXXXIX. — Chicot Ier....... 517
XC. — Les intérêts et le capital....... 520
XCI. — Ce qui se passait du côté de la Bastille, tandis que Chicot payait ses dettes à l'abbaye Sainte-Geneviève. 523
XCII. — L'assassinat....... 527
XCIII. — Comment frère Gorenflot se trouva plus que jamais entre la potence et l'abbaye....... 536
XCIV. — Où Chicot devine pourquoi d'Épernon avait du sang aux pieds et n'en avait pas aux joues....... 540
XCV. — Le matin du combat....... 543
XCVI. — Les amis de Bussy....... 547
XCVII. — Le combat....... 551
XCVIII. — Conclusion....... 555

FIN DE LA TABLE.

www.ingramcontent.com/pod-product-compliance
Lightning Source LLC
Chambersburg PA
CBHW060749230426
43667CB00010B/1497